道家思想の新研究

――『莊子』を中心として

池田知久著

汲古書院

前書き

『莊子』や『老子』や『淮南子』という書物に書きこまれている深くかつ廣い範圍に及ぶ諸思想は、ただ一冊の『莊子』、一冊の『老子』、一冊の『淮南子』を讀んでいるだけでは理解することがはなはだ難しい。少なくとも同じ道家系の諸文獻、すなわち『呂氏春秋』『韓非子』『管子』などの中の道家的な部分、また『鶡冠子』やいわゆる『黃帝四經』などの諸思想と合わせて、その「道」を中心とした諸思想の歷史的な展開を跡づけながら一緒に讀まなければ、到底理解することができないと思う。

この思想を、本書においては、『漢書』藝文志「諸子略」道家にほぼ從って「道家思想」と呼ぶ。すなわち、「道家思想」とは、主に中國古代の莊子・老子・淮南王、劉安、及びその周邊の思想家たちによって唱えられた諸思想を指している。一般には、主唱者とされる老子と莊子に着目して、この思想をまた「老莊思想」と呼ぶ場合も多いが、本書では、「道家」という言葉と「老莊」という言葉の、兩者の意味するところに若干のちがいを設けている（本書の第3章を參照）。

この思想は、戰國時代（紀元前四〇三年〜前二二一年）に誕生して以來、その後、近現代に至るまで、中國の人々・社會・文化にとって極めて重要な思想の一つであったし、また現在もそうであり續けている。いや、單に中國だけにとどまらず、日本・朝鮮・ベトナムを含む東アジアの諸地域の人々・社會・文化にとっても、事情はほぼ同じであろう。

本書は、『莊子』と『老子』『淮南子』を中心とする中國の道家思想を取り上げて、その內容を多方面から立體的に解明しようとしたものである。末尾の第15章には、「日本における林希逸『莊子鬳齋口義』」と題して、日本の近世思想史の中に發生した、ある格別に顯著な現象についても述べた。さらに、卷末の附錄1と附錄2には、最新の出土資料、郭店楚墓竹簡『老子』を資料として用いた新しい研究をも附載した。

道家思想に限らず儒教や佛教などでもみな同じであるが、およそ思想というものは歷史的な形成物である。すなわち、歷史的社會的な現實が解決を要求する諸課題に、それに對する先行の諸思想の解決力量に滿足せずに、答えようとして形成されるものである。したがって、その內容を正しく理解しその意義を正しく評價するためには、このような二重の意味での歷史性——思想がいかなる現實の諸課題の解決を目指して、いかなる先行諸思想の乘り越えを企圖していたかという問題——への配慮が必要不可缺であろう。それ故、本書では道家思想がいかなる本質を有しているかをスタティックに論ずるのではなく、

第一に、可能な限りこの思想を歷史的な社會との關わりの中に置いて解明しようと努めた。實は、このことは歷史家でもない筆者の能力に餘ることなのであるけれども。

第二に、主に戰國時代中期（前三〇〇年ごろ）におけるその誕生から、前漢時代、武帝期（前一四〇年~前八七年）の儒教による國教統一の開始に至るまでの——またテーマによっては後漢時代（紀元二五年~二二〇年）や魏晉南北朝時代（二二〇年~五八九年）に至るまでの——、この思想の歷史的な展開を、できる限り思想史內在的に跡づけようと努めた。そして、本書で解明した時代の道家思想を、筆者は便宜上これを初期・中期・後期の三つに時代區分して考えている。

初期道家　戰國時代の中期~末期

中期道家　戰國時代の末期~前漢時代の初期

後期道家　前漢時代の初期～武帝期

である。

第二のような取り扱いが必要であるのは、同じく道家思想と言っても時代の相異によりその内容はまことに千差萬別だからである。例えば、戰國時代中期の誕生したばかりのころの道家思想、前漢時代初期に皇帝一族も支持して盛行した黃老思想、前漢、武帝期に劉安の下で研究が進められた老莊思想、後漢時代以降、道家の宗教化の跡を示す道教の思想、後漢の王充が天人相關說に反對して唱えた黃老思想、魏晉南北朝時代に道家思想・儒教・佛教が融合した玄學の思想等々を、同じ「道家思想」という言葉で括って一律にその本質を論ずることは、明らかに不合理・不可能だからである。

以上のような歷史性を配慮した解明を通じて、かえって道家思想の時代を越えた眞實の姿も開示されるのではないかと、筆者は期待している。

なお、本書の敍述を開始するに先だって、從來の『莊子』『老子』『淮南子』や道家思想の研究に對する總括を行わなければならないであろうが、それを行うと紙幅を大量に浪費する恐れがあるので敢えて省略に從った。筆者の手に成る以下の兩論文を參照していただければ幸いである。

池田知久「戰後日本的先秦道家研究」（中國文）『中國哲學史研究』一九八七年第二期　中國社會科學出版社一九八七年

池田知久「莊子研究の動向（中國）」『東方學』第七十四輯「海外東方學界消息」（七十三）一九八七年

二〇〇八年九月

池田 知久

目　次

凡例

一、本書で引用する各種の中國の古典文獻の底本には、最も精善でかつ比較的入手しやすいテキストを用いた。主な文獻の具體的な底本については、以下の「主要引用文獻底本一覽」を參照されたい。

二、引用する文章は、精善な諸テキストを求めた上で校勘して改めてある。改めた個所には下記の「三」に掲げる記號を施したが、改めた理由などは煩瑣にわたるのを避けるために基本的に省略した。

三、引用文獻の文字は、一般に正漢字を用いた。

異體字・俗字や假借字は可能な限りそのままとして改めず、必要な場合にはその下に正字を「（　）」に入れて示した。

錯字はそのままとしたが、その下に正字を「〈　〉」に入れて示した。奪字は「〔　〕」に入れて補足し、衍字は削除した。

四、近年の出土資料を引用する場合の文字も、基本的に上記の「三」と同じであるが、殘缺の文字や判讀できない文字（すなわち缺字）は「□」（一字）や「⧄」（二字以上）を用いて表わし、それが推測できる場合には「〔　〕」の中に文字を入れた。

主要引用文獻底本一覽

『老子』　景常熟瞿氏鐵琴銅劍樓藏宋刋本（四部叢刋所收）
馬王堆漢墓帛書『老子』　馬王堆漢墓帛書〔壹〕本（文物出版社）
馬王堆漢墓帛書『經法』　馬王堆漢墓帛書〔壹〕本（文物出版社）
『莊子』　景南宋北宋刋本合璧本（續古逸叢書所收）
『南華眞經注』　景據北京圖書館藏南宋刻本影印本（古逸叢書三編所收）
『南華眞經注疏』　景南宋本（古逸叢書所收）
『淮南子』　景上海涵芬樓藏景抄北宋小字本（四部叢刋所收）

『周易注疏』　景北京圖書館藏宋刋本（古逸叢書三編所收）
『論語集解』　景長沙葉氏觀古堂藏日本正平刋本（四部叢刋所收）
『春秋繁露義證』　清蘇輿撰　據清宣統二年長沙刋本影印本（中文出版社）
『經典釋文』　景北京圖書館藏宋刋本（上海古籍出版社）
『史記會注考證』　日本瀧川龜太郎撰（史記會注考證校補刋行會）
『漢書』　景南宋慶元刋本（米澤上杉氏舊藏本）
『孟子』　景清内府藏宋刋大字本（四部叢刋所收）

『荀子』　景宋台州刊本（古逸叢書所收）
『管子』　景常熟瞿氏鐵琴銅劍樓藏宋刊本（四部叢刊所收）
『通玄眞經纘義』　道藏本（正統道藏所收）
『冲虚至德眞經』　景常熟瞿氏鐵琴銅劍樓藏北宋刊本（四部叢刊所收）
『鶡冠子彙校集注』　中華人民共和國黃懷信撰（中華書局）
『論衡』　景上海涵芬樓藏明通津草堂刊本（四部叢刊所收）
『韓非子』　景上海涵芬樓藏景宋抄校本（四部叢刊所收）
『公孫龍子懸解』　中華民國王琯撰（新編諸子集成所收）
『墨子閒詁』　清孫詒讓撰（新編諸子集成所收）
『呂氏春秋』　景上海涵芬樓藏明刊本（四部叢刊所收）
『東坡集』　景日本內閣文庫所藏宋刊本（汲古書院）

道家思想の新研究

――『莊子』を中心として

第1章　最初の道家の思想家たち——老子・莊子・劉安

中國古代に花開いた多種多様の知識人集團、諸子百家の中の一つの學派である「道家」が、老子を開祖として始まり莊子はそれを祖述した者であるということは、近年に至るまで學界の通說でもあり、また我々の常識でもあった。しかしながら、今日ではこれは確かな歴史的な事實と認めるわけにはいかない。[1]

この通說を初めて述べたのは、前漢時代、武帝期の司馬遷（紀元前一四五年〜？）である。[2] 道家系の諸思想をまとめて表現する言葉は、司馬遷に少し先だつ時代にすでに「黄老」「老莊」「道家」という言葉が存在していた。しかしながら、「黄老」はその思想が老子ではなく黄帝に由來するという概念であるし、「老莊」は確かに老子を開祖として始まり莊子に繼承された思想という概念ではあるが、早くとも前漢時代、景帝期（前一五六年〜前一四一年）に全天下においてではなく、せいぜい淮南というローカルな國において用いられていた概念でしかなかった。そして、「道家」はだれだれを開祖として學派が發生したというような發生的な見方ではないのである。

ここでは、まず最初に司馬遷の『史記』老子韓非列傳によって、老子の傳記を檢討してみよう。ちなみに、『史記』老子列傳を批判的に檢討した日本人の論著としては、

津田左右吉『道家の思想とその展開』の第一編、第一章「「老子」」

武内義雄『老子の研究』の第一章「老子傳の變遷と道家思想の推移」と第二章「老子およびその後學の年代」

が優れている。[3] ただし、武内義雄『老子の研究』は、『史記』老子列傳の批判的な檢討に基づいて、

老子は孔子よりも約百年後の人で孔子の孫子思、および子思とほぼ同時である墨子とはやや後輩、孟子よりはや

や前の人となる。

すなわち、戰國初期の人であり、また、

今の道德經は愼到から韓非まで西暦紀元前三百年から二百四十年に至る六十年間の間に編纂されたものと考えなければならぬ。

すなわち、戰國後期の編纂であると言い、

それ以前の老子の語は、その後學の間に口から口へと傳えられて、まだ竹帛に上されてはいなかったものらしい。それが「後世の竄入」のない「老子本來の面目」であるとして、ひたすら後者の復元に努めた。しかしながら、馬王堆漢墓帛書と郭店楚墓竹簡の『老子』が出土した今日では、武内敎授の言う「後世の竄入」のない「老子本來の面目」を復元する作業はもともと不必要かつ無意味であったし、また武内敎授の言う「今の道德經」の編纂年代も最古の『老子』の成書（編纂）年代に比べて數十年早すぎた、などといったことが徐々に明らかになりつつある。當然のことながら、筆者の見解は以上の兩者の見解と重要な諸點において異なっている。

第1節　多くの矛盾を含む『史記』老子列傳

A　『史記』老子列傳の出現

道家の思想家であり、『老子』の著者である者としての老子について、初めてまとまった傳記を書いたのは『史記』老子列傳であるが、それは同時にまた初めて老子を道家の開祖であると認める説を述べた文獻でもあった。

從來の『老子』研究の中には、『老子』の著者である老子と、古代の有名人である老子とを切り離し、全然關係のない二人として議論しているものもあるが、こういう議論のやり方は筆者には適當とは思われない。なぜなら、人々にとって關心を惹き起こす古代の有名人としての老子は、あくまで『老子』の著者としての老子だからであり、事實、『老子』という著書があると明言しているか否かは別にしても、戰國時代以來一貫して、道家系の教えを説く老子を老子その人と見なしてきたからである。そのような意味では、司馬遷が擧げた三名の老子候補者（後述）、すなわち老聃・老萊子・周の太史儋以外に、選擇の範圍をさらに擴げて、『莊子』知北遊篇の妸荷甘與神農章の老龍吉や『漢書』藝文志「諸子略」道家の老成子などをも、有力な老子候補者に數えなければならない。[4]

また、老子の思想のまとまった紹介は、文帝期〜景帝期に成書されたと考えられる『莊子』天下篇においてなされているが、これには老子の姓名・出身地・職業・活動年代などの、生涯に關する記述が一つもなく、まだ總合的體系的な傳記とはなっていない。他方、老子の生涯に關する多種多様のエピソードは、『莊子』『呂氏春秋』『淮南子』などの中の戰國後期〜前漢初期の道家系の書いた部分に澤山見えているけれども、それらは彼らが自己の思想を表明するフィクションとして老子に假託した「寓言・重言・卮言」（後述）、つまり老子物語であるから、[5]老子に關する歴史的な事實とは到底見なすことができない上に、各個ばらばらで何のまとまりもない代物《しろもの》であった。ところが、紀元前一〇〇年ごろに至って、以上のような老子物語の中から適當に材料を取り、道家の思想家で『老子』の著者としての老子について、まとまった傳記を書くという冒險を敢行する者が現れた。——それが司馬遷に他ならない。

そこで、『史記』老子列傳の當該箇所を引用して、檢討してみよう。

老子者、楚苦縣厲郷曲仁里人也。名耳、字聃、姓李氏。周守藏室之史也。

孔子適周、將問禮於老子。老子曰、「子所言者、其人與骨皆已朽矣、獨其言在耳。且君子得其時則駕、不得其時則蓬累而行。吾聞之、良賈深藏若虚、君子盛德容貌若愚。去子之驕氣與多欲、態色與淫志、是皆無益於子之身。吾所以告子、若是而已。」孔子去、謂弟子曰、「鳥吾知其能飛、魚吾知其能游、獸吾知其能走。走者可以爲罔、游者可以爲綸、飛者可以爲矰。至於龍、吾不能知其乘風雲而上天。吾今日見老子、其猶龍邪。」

老子脩道德、其學以自隱無名爲務。居周久之、見周之衰、廼遂去至關。關令尹喜曰、「子將隱矣、彊爲我著書。」於是老子廼著書上下篇、言道德之意五千餘言而去、莫知其所終。

或曰、「老萊子亦楚人也。著書十五篇、言道家之用、與孔子同時云。」

蓋老子百有六十餘歳、或言二百餘歳、以其脩道而養壽也。

自孔子死之後百二十九年、史記周太史儋見秦獻公曰、「始秦與周合、合五百歳而離、離七十歳而霸王者出焉。」或曰、「儋卽老子也。」或曰、「非也。」世莫知其然否。老子、隱君子也。

老子之子名宗、宗爲魏將、封於段干。宗子注、注子宮、宮玄孫假、假仕於漢孝文帝。而假之子解爲膠西王卬太傅、因家于齊焉。

世之學老子者絀儒學、儒學亦絀老子。道不同不相爲謀、豈謂是邪。李耳無爲自化、清靜自正。

この文章を、老子に關する傳記として信用することができると主張する研究は、古今東西極めて多く、枚擧するに暇がないほどである。しかし、それらの研究には、今から二〇〇〇年以上も以前の、古代の歴史家である司馬遷を一種の近代的な歴史家として描寫するあまり、過分に美化したり或いは尊崇したりする態度に出たものが少なくなく、ここに含まれている矛盾や曖昧さに對して、故意に目をつぶって全然見ようとしないものも多い。そのような主觀的恣意的な處理のし方は、到底、嚴密な學問的檢討に耐えられないものである。例えば、徐復觀教授は、『史記』老子列傳の文章全體を「正傳」と「附錄」とに分け、作者、徐教授にとって都合の悪い、その中の矛盾する箇所を「附錄」にすぎないと認めて、實際には存在しないものとして取り扱っている[6]。

嚴密な學問的檢討を行った研究者たちにとって、この文章は古來、矛盾や曖昧さを含んだものとして特に有名であり、その內容の眞僞について今日に至るまで多くの議論が行われてきた。ここではそれらのすべてを再現することはできないので、重要と思われるいくつかの問題にしぼって檢討してみたい。

B　老子列傳中の重要問題

第一に、初めてまとまった老子の傳記を書いた司馬遷にしても、そもそも老子が一體だれであるかについてはあまり確信が持てなかった、という事實が指摘されなければならない。ここには、老子は老聃である、老萊子である、周の太史儋であるとする三説が竝記されている。列傳の冒頭に、

老子者、楚苦縣厲鄉曲仁里人也。名耳、字聃、姓李氏。

とあったように、作者が老聃を最も有力な候補者と見ていることは疑いないけれども、他の二名も否定しているわけではない。特に周の太史儋をもう一人の有力候補者と見ていることは、以下に指摘するとおりであるが、その周の太史儋について、

或曰、「儋卽老子也。」或曰、「非也。」世莫知其然否。

と述べた後に、

老子、隱君子也。

と附記しているのを讀むと、作者はだれが老子であるかを決めるのは不可能だと匙を投げてしまった感さえ受ける。前漢時代、武帝期の紀元前一〇〇年ごろに成った最古の傳記ですら、老子のアイデンティティーという最も基本的な事項の記述がこのように不確實なのだ。

そうであるとすれば、老子の出身地・姓名・職業・活動年代などの生涯に關する具體的な記述や、その子から前漢初期、景帝期の後裔に至るまでの八代に及ぶ子孫の具體的な系圖も、ほとんど信用することができないのではなかろうか。(7)

第二に、老子の年齡の設定が著しく不合理であり、かつ列傳の內部に相互矛盾をもたらしていることに注目したい。

蓋老子百有六十餘歲。

という文は、恐らく唐代の司馬貞『史記索隱』が注しているとおり、その生年より數えて孔子（紀元前五五一年～前四七九年）と會見するに至った老耼と、孔子と同時に活動していた老萊子とについて、その長壽を述べたものであろう。また、

或言二百餘歲。

という文は、周の太史儋が孔子に先んじてこの世に生を受け、以後ずっと生き續けて秦の獻公（前三八四年～前三六二年在位）に見《まみ》えて始皇帝の出現を豫言した、とする長壽を述べたものと考えると計算の數値が合う。そうだとすれば、老子の有力候補者は三名が三名とも實在の人物らしい形跡がないことになる。

また、列傳の下文には、老子の子から前漢初期、景帝期の後裔までの八代の子孫の系圖が載っている。八代の年數の合計を二〇〇年～二三〇年として試算してみると、この老子の年代は上文の秦の獻公の在位年代と大體一致するか

ら、これは周の太史儋が老子であると認めた上での系圖にちがいない。しかし、そうなると、作者の生きている現代に到達する內容の、具體的な系圖を伴って老子と認めるこの周の太史儋は、上文で最も有力な候補者と見てきたあの老耼との間に矛盾を來たしてしまう。ちなみに、道家系の思想が、

以其脩道而養壽也。

のように養生說もしくは神仙思想に傾き、老子をそれを實現した代表者のように描くのは、戰國時代（前四〇三年～前二二一年）の末期以後に多く現れる現象である。

第三に、作者が列傳を構成するに際して採用した材料を檢討してみると、それらの多くが道家系の諸文獻の中でも、比較的新しい戰國末期～前漢初期に成った部分から取られており、より古い戰國中期～戰國後期に成った部分から取られていないことが注目される。例えば、老子が、

周守藏室之史也。

であったというのは、『莊子』天道篇の孔子と老耼の會見物語（孔子・老耼問答）から取ったようであって、そこには、

孔子西藏書於周室。子路謀曰、「由聞周之徵藏史、有老耼者、免而歸居。夫子欲藏書、則試往因焉。」孔子曰、「善。」

とあるが(8)、これは戰國末期～前漢初期の作であると考えられる。

孔子が周に適き禮を老子に問おうとした時、老子が發した言葉の、

去子之驕氣與多欲、態色與淫志、是皆無益於子之身。

は、『莊子』外物篇の仲尼と老萊子の會見物語（仲尼・老萊子問答）で老萊子が諭した言葉、

（老萊子）曰、「丘、去汝躬矜與汝容知、斯爲君子矣。」

から取ったにちがいない。後者は前漢初期の作であると考えられる。そして、列傳の下文に老萊子が老子の有力候補

者として出てくるのは、言うまでもなく、作者が材料を『莊子』外物篇の仲尼・老萊子問答から取ったことの端的な證據に他ならない。

また、老子と會見した後、孔子が弟子に向かって、

> 孔子去、謂弟子曰、「……至於龍、吾不能知其乘風雲而上天。吾今日見老子、其猶龍邪。」

と語るのは、『莊子』天運篇の孔子と老聃の會見物語（孔子・老聃問答（二））における同じ状況下の孔子の感想、

> 孔子見老聃歸、三日不談。弟子問曰、「夫子見老聃、亦將何規哉。」孔子曰、「吾乃今於是乎見龍。龍合而成體、散而成章、乘乎雲氣、而養（翔）乎陰陽。予口張而不能嗋。予又何規老聃哉。」

から取ったものであることが明らかである[9]。後者は前漢時代、文帝期（前一七九年～前一五七年）～武帝期（前一四〇年～前八七年）の作であろう。

ところで、この種の孔老會見物語は、今さら改めて言うまでもないが、歴史的な事實ではない。道家系の思想家たちが、自らの思想の表現として好き勝手に作ったフィクションである。――當代の對立する強力なライヴァル、儒家の人々やその思想の優位に立ちたいという願望から、自らの代表またはシンボルとも言うべき老子・老萊子などと、儒家の大宗師、孔子やその弟子たちとを登場させて、孔子や弟子たちをさんざんに貶めるという構成を持ったフィクションなのである。そして、この種の物語が多く作られたのは、諸子百家の學派對立が激化した戰國末期～前漢初期のことであった。

第四に、老子は儒家の開祖、孔子よりもかなり先輩という設定であるから、道家の開祖としてその思想を始めた者と描いているはずである。關令の尹喜が『老子』を著作することを求めた言葉の、

> 居周久之、見周之衰、迺遂去至關。關令尹喜曰、「子將隱矣、彊爲我著書。」

も、そのような取り扱い方の一つであると把えられる。また、『史記』老子韓非列傳では、上引の老子列傳を除いて、他に莊子列傳に、

莊子者、……其學無所不闚。然其要本歸於老子之言。……作漁父盜跖胠篋、以詆訿孔子之徒、以明老子之術。

と言い、申不害列傳に、

申子之學、本於黃老、而主刑名。

と言い、韓非列傳に、

韓非者、……喜刑名法術之學、其歸本於黃老。

と言う。後二者の「黃老」は、また孟子荀卿列傳にも、

愼到、……。田駢接子、……。環淵、……。皆學黃老道德之術。

とあって、「黃帝老子」の略稱であるから、[10]これら數名の思想はいずれも老子に本づくと見ていることになる。黃帝のことはさておいて。

ただし、『史記』老子列傳の世界だけに閉じこもらず、眼を轉じて廣く春秋時代〜前漢初期の諸文獻を眺めてみると、「老子を開祖とし彼から源を發した道家（または道德）という思想上の一學派」というこの概念も、決して春秋・戰國時代の道家に關するリアル・タイムの歷史的な事實などではないことに氣づかされる。これは、司馬遷の父でやはり太史令の職（前一四〇年〜前一一〇年在職）にあった司馬談において萌し始め、[11]その數十年後、司馬遷が初めて本格的に唱えるようになったものであって、それ以前には前漢初期の時點に降ってさえ、影も形も見えなかった全く新しいアイディアなのである。[12]したがって、春秋・戰國時代の諸子百家が一とおり開花し終えた後に位置して、前漢時代、武帝期の知識人がそれらの諸思想を整理するために必要とするに至った道具の一つであると考えなければならない。

第2節　前漢初期に作られた老子のイメージ

A　老子のアイデンティティーの不定性

以上に述べたところを總括しながら、結論を出すことにしよう。――『史記』老子列傳によるならば、道家の思想家で『老子』の著者としての老子は、三名の有力候補者がいるにはいるけれども、だれが老子であるかは決められず、またどれに決まってもその人物の實在性は疑わしい。「老子」という言葉は、上記の三名の他に老龍吉や老成子などをも加えて、道家系の理想的な人物という意味の一種の集合名詞として理解するのがよいのではないか、というのが筆者の正直な感想である。

老龍吉という人物は、『莊子』知北遊篇の妸荷甘與神農章に、

妸荷甘與神農同學於老龍吉。神農隱几闔戶晝瞑。妸荷甘日中奓戶而入曰、「老龍死矣。」神農隱几擁杖而起、曝然放杖而笑曰、「天知予僻陋慢訑。故棄予而死已矣。夫子无所發予之狂言而死矣夫。」弇堈弔聞之曰、「夫體道者、天下之君子所繫焉。今於道、秋豪之端、萬分未得處一焉、而猶知藏其狂言而死。又況夫體道者乎。視之无形、聽之无聲、於人之論者、謂之冥冥。所以論道、而非道也。」

という文章がある。この文章において、老龍吉は、「道」の「視之无形、聽之无聲。」という本質を「體」して「藏其狂言而死」を實踐した者、として相當高く評價されているが、その「視之无形、聽之无聲。」は、通行本の『老子』第

十四章の、

視之不見、名曰夷。聽之不聞、名曰希。搏之不得、名曰微。

と極めてよく似ているではないか。(13)『老子』第十四章の馬王堆漢墓帛書は、

視之而弗見、名之曰聲（微）。聽之而弗聞、名之曰希。捪之而弗得、名之曰夷。

に作っている。（甲本を底本として、その殘缺箇所を乙本・通行本によって補った。以下、馬王堆漢墓帛書『老子』からの引用は主としてこの方法による場合が多いが、これを「甲本・乙本」と表記する。）この老龍吉も老子の候補者として擧げられる十分な資格がある。また、老成子は、『漢書』藝文志「諸子略」の道家の項目に、

老成子十八篇

とある。(14)この『老成子』という書はすでに散佚して今日傳わらないが、人物としては『列子』周穆王篇にも出てくる。この老成子もまた老子の候補者として擧げられる相當な資格があると考えられる。

B　老子イメージの展開と「道家」の形成

こういうわけであるから、先に見た老子の出身地・姓名・職業・活動年代、子孫の系圖などの具體的な記述もほとんど信用するに足りないのだ。

とりわけ、老子の活動年代を春秋時代の孔子よりも早い、或いは孔子と同時と描くのは、歴史的事實としては到底成立しがたく、逆に道家系の思想家たちが戰國末期～前漢初期に盛んに作ったフィクションであるから、それらの材料によって把えられる限りの老子は、むしろ戰國末期～前漢初期以後という時代の文化狀況が生み出した人物と見な

す方が適當である。『史記』老子列傳の記述から離れてそれとは別個に、『莊子』『荀子』『呂氏春秋』『韓非子』などの諸文獻に登場する老子という人物や彼の語った言葉を調べてみると、老子の名は、戰國後期にはぼつぼつ知られ始めていたことが分かる。また、通行本或いは馬王堆漢墓帛書の『老子』の思想内容によって判斷すれば、『老子』の成書は、人としての名が知られた少し後の戰國末期～前漢初期にあるようである(15)。

さらに、「老子を開祖とし彼から源を發した道家という一學派」なる概念に至っては、春秋・戰國時代の歴史的事實でないことは言わずもがな、前漢初期に降ってもまだ思いつかれず、前漢、武帝期になって始めて諸思想を整理するために使用された全く新しいアイディアである。したがって、道家の開祖として描かれた老子は、むしろ前漢、武帝期以後という時代の文化狀況を背負った人物と見なすべきである。――話を分かりやすくするために極端に單純化してしまえば、老子は戰國末期～前漢初期の人であり、彼が道家の開祖となるのは前漢、武帝期のことである。

そして、今ここに述べたような、老子のイメージが時代とともに移りゆく展開は、實は道家系の諸思想が次第に整理されて、「道家」に向かって進んでいくプロセスの一つの表現でもあった。なぜかと言えば、道家系の人物・書物・思想などは戰國中期に「道」という窮極的根源的な實在を思索の中心にすえて誕生して以來、全天下にばらばらに分散して存在しており、相互の閒にはっきりした繼續性も繫がりもないという實態にあったのであるが、戰國末期以後、それらを「黃老」「老莊」「道家」「老莊申韓」などの概念を用いてグルーピングする試行錯誤が行われた擧げ句の果て、ついに老子を中心とするこのグルーピングが他を抑えて「老子を開祖とし彼から源を發した道家という思想上の一學派」が形作られ、以後そのまままこれが定着していったというのが、諸思想の學問的な整理の歴史的事實だからである。この展開を促したものは、直接的には諸子百家の學派對立の激化の趨勢であろうけれども、その背景には秦漢統一帝國の形成に向かう歴史社會のあわただしい動きがあった。

第3節　老子の祖述者とされた莊子

A　『史記』莊子列傳

老子と竝んで重要な道家の思想家で『莊子』の著者とされる莊子についても、最初にまとまった傳記を書いたのは、やはり『史記』老子韓非列傳である。莊子についても、その思想のまとまった紹介はすでに『莊子』天下篇でなされているが、それには莊子の姓名・出身地・職業・活動年代などの記述が一つもなく、まだ總合的體系的な傳記とはなっていない。また、莊子の生涯に關する多種多様のエピソードの有している基本的な性格と、それらから材料を取って最初に莊子の傳記を書いたのが司馬遷である事實については、老子の場合に指摘したことがほぼそのまま當てはまる。(16)

その『史記』老子韓非列傳の中に收められている莊子列傳を以下に引用する。

莊子者、蒙人也、名周。周嘗爲蒙漆園吏、與梁惠王齊宣王同時。其學無所不闚。然其要本歸於老子之言。故其著書十餘萬言、大抵率寓言也。作漁父盜跖胠篋、以詆訿孔子之徒、以明老子之術。畏累虛亢桑子之屬、皆空語無事實。然善屬書離辭、指事類情、用剽剝儒墨、雖當世宿學、不能自解免也。其言洸洋自恣以適己。故自王公大人不能器之。

楚威王聞莊周賢、使使厚幣迎之、許以爲相。莊周笑謂楚使者曰、「千金重利、卿相尊位也。子獨不見郊祭之犧牛乎。養食之數歲、衣以文繡、以入大廟。當是之時、雖欲爲孤豚、豈可得乎。子亟去、無汚我。我寧游戲汚瀆之中自快、無爲有國者所羈、終身不仕、以快吾志焉。[17]」

この文章には莊子の姓名・出身地・職業・活動年代・著書・思想など、凡そ思想家の傳記として不可缺と思われるすべての事項が、手際よくまとめて記されている。そのために、『莊子』研究の通說はこの記述を莊子に關する歷史的事實と信じ、これに從って莊子の傳記を描いてきた。確かに先に檢討した老子列傳と比べて、ここには莊子のだれであるかが不明であるといったようなアイデンティティーの不確實性はないし、「百有六十餘歲」さらには「二百餘歲」の長壽を保ったなどという著しい不合理も含まれていない。――それは、道家の主役を演じさせられたのが老子であって、莊子はあくまで脇役に止まったためではなかろうか。それ故、この記述は老子の傳記よりも信用できるものであって、以下に指摘する諸點を除いて疑う必要はないように感じられる。

B　莊子列傳の「寓言」性

ただし、詳細に檢討してみると、先に老子の場合に指摘したのとほぼ同じ性質の問題が、『史記』莊子列傳にもやはり存在している。

と言うのは、司馬遷がこれを書いたのは紀元前一〇〇年ごろのことであるが、戰國後期からこの時までの百數十年間に、相當多くの莊子物語が作られており、彼はそれらを材料として莊子列傳を書いているからである。莊子物語の作者たち（すなわち道家系の思想家たち）はそれらを莊子に關する歷史的事實として書いたわけではなく、それどころか全く反對に、自らの思想の表現のために莊子に假託して、意識的に「寓言・重言・卮言」（『莊子』寓言篇の寓言十九章の言葉）として創作したのである。

『莊子』寓言篇の寓言十九章には、

> 寓言十九、重言十七、巵言日出、和以天倪。
>
> 寓言十九、藉外論之。親父不爲其子媒。親父譽之、不若非其父者也。非吾罪也、人之罪也。與己同則應、不與己同則反。同於己爲是之、異於己爲非之。
>
> 重言十七、所以已言也。是爲耆艾年先矣。而无經緯本末、以期年耆者、是非先也。人而无以先人、无人道也。人而无人道、是之謂陳人。
>
> 巵言日出、和以天倪、因以曼衍、所以窮年。不言則齊、齊與言不齊、言與齊不齊也。故曰、「无言。」言无言、終身言、未嘗言。終身不言、未嘗不言。……非巵言日出、和以天倪、孰得其久。萬物皆種也、以不同形相禪、始卒若環、莫得其倫。是謂天均。天均者、天倪也。

という文章がある。[18] この文章は、『莊子』の中に現れるすべての文章表現を三つのタイプに分けてそれらの一つ一つを解説した、戰國末期〜前漢初期に成った文章である。『莊子』寓言篇の寓言十九章が戰國末期〜前漢初期に成ったと判斷される理由は、一方では、これが前漢、文帝期から景帝期にかけてのある時期に成ったと考えられる『莊子』天下篇の莊周論の中に引用されており、[19] 他方では、寓言篇の寓言十九章は、その中に戰國中期の紀元前三〇〇年ごろに成ったと考えられる『莊子』齊物論篇の南郭子綦・顏成子游問答[20]の表現や思想がそのまま殘されているが、それと同時に、またそれらに改變が加えられて、齊物論篇の南郭子綦・顏成子游問答とは異なった新たな萬物の輪廻・轉生の思想が表明されているからである。[21]

この文章によれば、『莊子』の全文章表現の中で十分の九の割合を占める「寓言」とは、凡そ人間という者の持つ、自己中心的な思考方法を配慮して、譬えば、

親父不爲其子媒。親父譽之、不若非其父者也。

のように、作者という父親が、その息子である自分の思想を直接、譽めるのでなく、

藉外論之。

のように、作者以外の人物を登場させ、その口を借りて作者の思想を論ずる（譽める）のであると言う。

また、十分の七を占める「重言」とは、作者の言いたいことを徹底させるために、事柄の「經緯本末」を知り盡くした長老の先達《せんだち》を登場させて、遠い昔に起こったこととして語らせる、人々から尊重を受ける者の言葉である。[22]

さらに、十分の九や十分の七に止まらず、日毎に口を衝いて出る「卮言」とは、世界の眞實の姿である「萬物齊同」に關しては何も言わないことを通じて、かえって「萬物」の「齊同」を保證する「言」であり（「言无言」）、また實際に「萬物」が「齊同」であるか否かについては、卽自的世界の個物を均一化する作用（「天倪」「天均」）やその聯續性という存在形態（「曼衍」）に委ねてしまおうという「言」である。[23][24]

さて、『莊子』中の莊子に關する記事が以上の三つのタイプのどれに屬するにしても、それらのタイプは作者の內面に何か主張したい（莊子とは本來關係のない）思想があって、他人にそれを效果的に訴えるための方便として選擇されたものである。それ故、これらの三つの「言」をもって描かれた莊子は、「外」或いは「耆艾年先」などの一人として擧げられているだけであって、作者が生きた人間としての莊子自身に深い關心を抱き、莊子の人と爲りや思想を對象化客觀化して描こうというのとは、全然趣《おもむ》きを異にしている。その上、さらに推測を加えるならば、『莊子』中の少なくとも莊子物語の描かれている部分の作者が、以上の三つの「言」の本質から考えて、莊子でありえないことは明らかではなかろうか。したがって、司馬遷が思想家たちの作ったフィクションを材料にして書いた莊子の傳記に、老子の場合と同じ問題があるのは當然と言わなければならない。

C　「寓言」と史實の間

例えば、列傳は莊子の職について、

周嘗爲蒙漆園吏。

と言う。この記述は、下文で莊周が楚の威王の招聘を、

我寧游戲汚瀆之中自快、無爲有國者所羈、終身不仕、以快吾志焉。

と言って斷っているのとバッティングするけれども、實は後者の方が『莊子』秋水篇・列御寇篇などにもある（後述）古くからの莊子のイメージである。前者は『史記』以前には見えないようであって、何に基づくかは不明であるが、恐らく前漢初期に創作された物語であろう。前漢時代に入って武帝期に至るまでの閒、父の司馬談を含む黄老學派の多くの人士たちが祿仕するようになっていた（直不疑・許昌・田叔・田蚡・汲黯・鄭當時等々）という狀況の變化が、ここに反映していると解されるからである。[25]

その楚の威王の招聘を斷ったというエピソードは、すでに瀧川龜太郎『史記會注考證』が指摘しているとおり、司馬遷が『莊子』秋水篇と列御寇篇とから材料を取り、二つの物語を合わせて一つの物語に構成したものであろう。秋水篇の莊子・楚二大夫問答には、

莊子釣於濮水。楚王使大夫二人往先焉。曰、「願以竟內累矣。」

莊子持竿不顧曰、「吾聞楚有神龜、死已三千歲矣。王巾笥而藏之廟堂之上。此龜者、寧其死爲留骨而貴乎、寧其生而曳尾於塗中乎。」

二大夫曰、「寧生而曳尾塗中。」莊子曰、「往矣。吾將曳尾於塗中。」

とあり、列御寇篇の或人・莊子問答には、

或聘於莊子。莊子應其使曰、「子見夫犧牛乎。衣以文繡、食以芻菽、及其牽而入於太廟、雖欲爲孤犢、其可得乎。」

とあって、兩篇ともに戰國後期〜戰國末期の作であるらしい。秋水篇の「楚王」を莊子列傳が「楚威王」（前三三九年〜前三二九年在位）としたのは、兩篇に見えないことであるが、多分、司馬遷が莊周の生きていた時代を列傳の上文で、

與梁惠王齊宣王同時。

のように想定したのに合わせて、同時代の「楚王」は「威王」であると推測したのであろう。『史記』六國年表によれば、梁惠王は紀元前三七〇年〜前三三五年在位、齊宣王は紀元前三四二年〜前三二四年在位である。ちなみに、『史記』六國年表に誤りが含まれていることは、周知の事實であるが、ここでは司馬遷がどのように想定したかが問題であるので、本文のように述べておく。武內義雄「六國年表訂誤」によれば、正しい在位期間は、

梁惠王　前三七〇年〜前三一九年

齊宣王　前三一九年〜前三〇一年

楚威王　前三三九年〜前三二九年

であり、最近の平勢隆郎『新編史記東周年表――中國古代紀年の研究序章――』によれば、

梁惠成王　前三七〇年〜前三一九年

齊湣宣王　前三一九年〜前二八〇年

齊威宣王　前三三八年〜前三二九年

楚威王　前三四六年〜前三二六年

である。[26] そして、これらの物語に歴史的事實性があるか否かという問題となると、やはり老子の場合と同様に考えざるをえない。

現に、『史記』のこの記事が書かれたのと相い前後して成書されたと思われる『韓詩外傳』の佚文には、

『韓詩外傳』曰、楚襄王遣使者、持金千斤、白璧百雙、聘莊子、欲以爲相。莊固辭而不許。使者曰、「黃金白璧、寶之至也。卿相、尊位也。先生辭不受何也。」（『藝文類聚』卷第八十三）

とあり、或いは、

『韓詩外傳』曰、楚襄王遣使、持金千斤聘莊子、欲以爲相。莊固辭不許。（『初學記』卷第二十七）

とあり、或いは、

『韓詩外傳』曰、楚襄王遣使者、持金千斤、白璧百雙、聘莊子、欲以爲相。莊子曰、「獨不見未入廟之牲乎。衣以文繡、食以芻豢、出則清道而行、止則居帳之內。此豈不貴乎。及其不免於死、宰執旌居前、或持在後。當此之時、雖欲爲孤犢、從雞鼠遊、豈可得乎。僕聞之左手據天下之國、右手刎其吭、愚者不爲也。」（『太平御覽』卷第四百七十四）

とあるのだ。『韓詩外傳』の佚文をも含めて考察するならば、楚王の使者と莊子が問答を交わしたというこれらの物語は、特に莊子を招聘しようとしたのが『韓詩外傳』では楚の襄王（すなわち頃襄王、紀元前二九八年〜前二六三年在位）となっているところに代表的に現れているように、內容も相互に相當に異なっている。このことは、作者たちが自己の思想を述べるための必要上から構成したこの種の物語を、そのまま歴史的事實と信じて、或いは莊子の行動を描寫したり、或いは莊子の生卒年を推測したりすることが、いかに不合理であり無意味であるかということを示して餘りがある。

第4節　莊子に關する眞實とフィクション

A 『莊子』中の莊子物語

すでに見たように、列傳は莊子の活動年代を梁惠王、齊宣王と同時としていた。ところで、莊子についての記述が最も豐富な文獻は何と言っても『莊子』であり、『莊子』中には彼についての記事や言葉が合計三十一條含まれている。三十一條はどれもみな上述したような莊子物語であって、莊子に關する歷史的事實でないのは勿論であるけれども、司馬遷が莊子列傳を書いた際、材料の大部分はそれらから取ったと考えられるので、それらを檢討してみると、――最も早い時期に現れた莊子は、魯の哀公（前四九四年～前四六八年在位）と會見し（田子方篇の莊子・魯哀公問答）、監河侯つまり魏の文侯（前四四六年～前三九七年在位）と問答を交わし（外物篇の莊周・監河侯問答）、最もおそく現れた莊子は、公孫龍（前二八四年～前二五七年以後）と魏牟（前二六六年乃至前二五五年～前二五一年以後）の問答の中に彼らの同時代人として登場している（秋水篇の公孫龍・魏牟問答）。これらの材料から活動年代の上限と下限を最大に取ると、紀元前四九四年～前二五一年以後という結果を得る。

こういう放埒な狀態にあるので、三十一條の材料をすべて歷史的事實と信じて生かすことは明らかに不可能である。ただ、莊子物語の中では莊子と名家の思想家、惠子との問答が數量の上で最も多く、その惠子の活動年代が前三四三年～前三一四年乃至前三一〇年であるのによれば(27)、莊子物語の作者たちの多くは、莊子の活動年代を紀元前四世紀後半に想定していたと推測することができる。そして、司馬遷はこれを採用したのであろう。

B　莊子の眞實を求めて

筆者は、物語としての莊子の活動年代ではなく、歴史的事實としての莊子の活動年代を把えるためには、檢討する材料の範圍をさらに擴げて三十一條の莊子についての記述に止まらず、『莊子』三十三篇全體を精讀してその中から最古の部分を推測し、それを莊子その人の作と認めてその部分の成書年代を決定するという方法によるべきではないかと考える。その方法によって得られた結論だけをここに記すならば、——『莊子』全體の中の最古の部分は、初めて「道」という窮極的根源的な實在を思索の中心にすえた齊物論篇の南郭子綦・顔成子游問答などである。

『莊子』全體の中の最古の部分が、齊物論篇の南郭子綦・顔成子游問答などであると、筆者が言うその理由は、主として道家諸思想の歴史的な展開に關する構想にある。その構想の根據となるメルクマールの代表的なものを二三擧げるならば、以下のとおり。

哲學の面では、初期（戰國時代の中期～末期）には、道家の思想家たちの主な關心が、どのようにすれば「道」を把握することができるか、という問題に注がれていたのに對して、中期（戰國時代の末期～前漢時代の初期）と後期（前漢時代の初期～武帝期）には、彼らの主な關心が、すでに把握した「道」を、どのように應用して現實社會を生きていくか、という問題に移行したこと。

倫理思想の面では、初期には、既存の世間的な倫理、特に儒家の唱える倫理を、ことさらの作爲、「人」であると認めてほぼ全面的に否定・排除していたのに對して、中期には、一方で、それに對する批判・非難をエスカレートすると同時に、他方で、道家の下位に位置づけた上でそれを包攝・折衷しようとする態度に變わり、後期になると、「天」の概念の外延の擴大を伴いつつ、既存の世間的な倫理、特に儒家の唱える倫理の多くを、無作爲の「天」であると認めて肯定するように轉じていったこと。

政治思想の面では、初期には、政治に對して原理的に無視・拒否する態度を取り、儒家や法家などの政治思想をほぼ全面的に否定・排除していたのに對して、中期には、一方で、「道」の形而上學を社會化政治化した理想主義のユートピア思想を唱えるとともに、他方で、同じように「道」の形而上學に基づいて一君萬民の中央集權的な政治思想をも唱えるようになり、後期になると、前漢の皇帝權力が強化されるにつれて、その一君萬民の中央集權主義はますます強化され、法家の政治思想とほとんど區別がつかないまでに變わっていったこと、等々[28]。

そして、この問答が成書されこれをもって莊子が思想界に登場した時、惠子はすでに卒しており[29]、その子もまた亡くなっていた。南郭子綦・顏成子游問答に、

子綦曰、「……昭文之鼓琴也、師曠之枝策也、惠子之據梧也、三子之知幾乎。皆其盛者也、故載之末年。唯其好之也、以異於彼。其好之也、欲以明之。彼非所明而明之、故以堅白之昧終。而其子又文之綸（倫）終、終身無成。」

とあるのによれば[30]、初期道家が、或いは少なくとも『莊子』の最初の部分が、この文章をもってこの世に誕生の産聲を擧げたまさにその時、惠子はすでに卒しており、その息子の代も終わっていた、もしくは終わろうとしていた。ちなみに、ここに引用した文章は、今まで上に述べてきたような、作者が自己の思想を假託するために創作した莊子物語などとは全く異なって、惠子に關する歴史的事實性の極めて高い資料である。以下の兩拙論を參照されたい。

「『莊子』齊物論篇の知識論――齧缺・王倪問答と瞿鵲子・長梧子問答――」

「『莊子』齊物論篇の知識論――南郭子綦・顏成子游問答――」

そうだとすれば、莊子の活動年代は紀元前三〇〇年を中心とする戰國中期に設定するのがよいであろう。司馬遷の想定は數十年早すぎたのである。

莊子と老子との關係については、列傳は、

其學無所不闚。然其要本歸於老子之言。故其著書十餘萬言、大抵率寓言也。作漁父盜跖胠篋、以詆訿孔子之徒、以明老子之術。

のように、莊子は老子に基づいて老子を祖述したと述べていた。しかしながら、先に指摘したように、「老子を開祖とし彼から源を發した道家という思想上の一學派」は、前漢、武帝期になって始めて道家系の諸思想を整理するために使用された全く新しい概念である。考えてみれば、列傳の莊子祖述說はこの概念を構成する重要な要素の一つであるはずだから、それが歷史的事實であるか否かには、筆者としても關心を抱かざるをえない。もし本當に莊子が老子を祖述したのであれば、上に言及した『莊子』中の莊子についての三十一條の記述の中で、老子は同じ學派の開祖または老師または先輩として、尊敬をもって處遇されてしかるべきであう。それにまた莊子の記述の中に『老子』の語句が、權威ある聖人、老子の語った言葉として、或いは權威ある經典、『老子』に見える經文として多く引用されてしかるべきであろう。

ところが、『莊子』を詳細に調査してみると、この二點は豫期に反して全然そのようになっていないのだ。あまつさえ、『莊子』の中には、養生主篇の秦失・弟子問答の、

老耼死。秦失弔之、三號而出。弟子曰、「非夫子之友邪。」曰、「然。」「然則弔焉若此、可乎。」曰、「然。始也吾以爲其人也、而今非也。向吾入而弔焉、有老者哭之如哭其子、少者哭之如哭其母。彼其所以會之、必有不蘄言而言、不蘄哭而哭者。是遁天倍情、忘其所受。古者謂之遁天之刑。適來、夫子時也。適去、夫子順也。

安時而處順、哀樂不能入也。古者謂是帝之縣解。指窮於爲薪、火傳也、不知其盡也。」の如く、老耼をまだ死生の理に達していない未熟者として批判する文章さえ含まれている。(31) そして、この文章は、老子をテーマとするものの中では比較的早い、戰國後期の作であろう。それ故、莊子物語の作者たち（すなわち道家系の思想家たち）は、老子と莊子の關係を老子→莊子という開祖と後學、老師と弟子、先輩と後輩などの、思想上の繫がりのあるものとは把えておらず、莊子は自ずから莊子であり、老子とは別個の獨立した思想家であると考えていたことになる。そして、こちらの方が前漢、武帝期を迎える前の、より古くかつ正しい莊子のイメージであった。

第5節　莊子の先輩としての惠子

莊子の活動していた時代がいつごろであるかを推測するためには、惠子の生きていた時代や事跡を知ることが必要であり不可缺である。ここでは、先秦時代のことを記した諸文獻の中から惠子に關係する資料を集めて、錢穆『先秦諸子繫年』上册や楊俊光『惠施公孫龍評傳』の研究成果を利用しながら、彼の時代と事跡をごく簡單に年表風にまとめてみよう。ただし、ここに記した記事の中には、必ずしも歴史的事實とは言いかねる物語も含まれていることを、あらかじめお斷りしておく。

前三五四年　魏の惠王は、趙の邯鄲を三年間取り圍んだが、取ることができなかった。この行動は惠子の策を採用したものであろうか（『呂氏春秋』不屈篇）。

前三四三年　魏（惠王）は、馬陵の戰いで齊に大敗を喫した。その後、魏王は、惠施を召す（『戰國策』魏策二）。

惠子が、魏に遊び、初めて重臣の白圭と遇った（『呂氏春秋』不屈篇）。

白圭が、惠子の言を「視之蝺焉美、無所可用。」と言って魏王（惠王）にそしった（『呂氏春秋』應言篇）。

惠子は、魏の惠王のために法を爲ったが、重臣の翟翦に「善而不可行。」として阻まれる（『呂氏春秋』淫辭篇）。

惠子は、魏の相となり、莊子に代わられることを恐れた（『莊子』秋水篇の惠子・莊子問答）。

惠子は、魏王（惠王）より大瓠の種を貽られたが、「爲其無用而掊之。」という態度を取った（『莊子』逍遙遊篇の惠子・莊子問答（一））。

魏の惠王は、惠子に國を讓ろうとするが、惠子は辭退する（『呂氏春秋』不屈篇）。

前三三四年　惠子の策により、魏（惠王）は、齊（威王）と徐州に會して互いに王を稱することを約した（『史記』魏世家・『呂氏春秋』愛類篇）。

惠子は、齊の將、匡章と會見した。匡章は惠子の思想と行動との間の矛盾を衝いた（『呂氏春秋』愛類篇）。

前三三三年　楚が徐州で齊を大敗させた。これは、馬陵の戰いで魏が齊に大敗を喫した時に、惠子が建てた策によるものである（『戰國策』魏策二）。

齊の將、匡章が、魏王（惠王）の前で惠子を蝗螟に譬えて非難した（『呂氏春秋』不屈篇）。

前三二四年　惠施の策により、平阿の會において齊・韓・魏が交わりをなした（『戰國策』魏策一・『史記』孟嘗君列傳）。

前三二三年　秦の相、張儀の策により、齧桑において齊・楚・魏が會した（『史記』秦本紀・楚世家・張儀列傳など）。

惠施の策により、魏は鄄において齊と會したが、魏の惠王が布冠して鄄で拘われるという不首尾な結果に終わった（『呂氏春秋』不屈篇）。

前三二二年　張儀が、秦の相をやめて魏にのりこんできて、連横策を説く（『史記』六國年表・張儀列傳・『戰國策』魏策一）。

魏の朝廷において、惠施は張儀と政策の點で對立し、少數派となって孤立し、ついに權力鬪爭に敗れる（『韓非子』內儲說上篇・『戰國策』魏策一）。

張儀が、魏の相となる（『史記』秦本紀・魏世家）。

惠施は、張儀に逐われ魏を去って楚に之き、一旦は楚王（懷王）に受け入れられた（『戰國策』楚策三）。

楚王（懷王）は、一旦は受け入れたが、惠子を奉じて宋に納れた（『戰國策』楚策三）。

惠盎という者が、宋の康王に「孔墨之道」を說いている（『呂氏春秋』順說篇）が、惠盎は惠施その人であるかもしれない。

前三一九年　魏の惠王が卒し、子の襄王が卽位した。張儀は、また秦に歸って相となった（『史記』魏世家・張儀列傳）。

惠公（惠子）は、宋より魏に歸り、襄王に說いて大雪のために惠王の葬期を遲らせた（『呂氏春秋』開春篇・『戰國策』魏策二）。

前三一八年　魏・韓・趙・楚・燕の五國が秦を伐って敗れた後、魏（襄王）は和を行うために惠施を使者として楚に之かせた（『戰國策』楚策三・魏策二）。

惠施は、南方の倚人、黃繚と徧く天地・萬物について論じあった（『莊子』天下篇の惠施論）。

前三一四年　齊が燕を破った事件の後、惠施は燕を存續させるために魏の使者として趙に之く（『戰國策』趙策三）。

魏王（襄王）に貴ばれている田需に對して、惠子は「必善左右」と忠告した（『戰國策』魏策二・『韓非子』說林上篇）。

惠施が卒した。

前三一〇年　魏の相である田需が死んだ（『史記』魏世家・『戰國策』魏策二）。

莊子が、惠子の墓を過ぎった（『莊子』徐无鬼篇の莊子・從者問答）。

以上の諸資料を基にして考えるならば、惠子の卒年は前三一四年～前三一〇年の閒にあるのだから、その息子の代が「終わ」った（本章の第4節を參照）のは、大體のところ前三〇〇年～前二九〇年ごろであって、後者が同時に『莊子』中の最も早い部分、つまり道家の諸思想中の最初の部分である、齊物論篇の南郭子綦・顏成子游問答の書かれた時代でもあるということになる。

第6節　濟濟たる道家の思想家たち

A　『漢書』藝文志中の「道家」書

舊中國の學問分類の基礎を築いたのは、後漢時代の班固（紀元後三十二年～九十二年）の『漢書』藝文志である。この學問分類は、前漢末期の劉向（前七十九年～前八年）の、紀元前二十六年～前七年の長きに及ぶ『別錄』の圖書整理に由來し、その子、劉歆（?～紀元後二十三年）の『七略』に承け繼がれた圖書目錄に、若干手を加えたものであるが、[32]その諸子百家に關する分類「諸子略」には「道家」の項目が設けられている。

その「道家」の前半部分は、『老子』を中心にすえつつ老子系列の思想家の書物凡そ二十四家を竝べており、劉向の當時存在していた「老子を開祖とし彼から源を發した道家という思想上の一學派」の著した書物、すなわち老子を出發點とする道家の思想家たちの繼起的な出現という構想の下、彼らの著作であると見なしたすべての書物を、大體のところ網羅していると考えられる。なお、「道家」の後半部分は、『黃帝四經』四篇を先頭に置いて黃帝系列の思想家の書物、凡そ十三家を竝べている。前半部分と合わせると、コンセプトは「黃老」ではなく「老黃」である。[33]

その前半部分によれば、『老子』の先驅をなした思想家の書物として、『伊尹』『太公』『辛甲』『鬻子』『筦子』の五種が著錄されており、『老子』の弟子や後輩の書物として『蜎子』『文子』『關尹子』『莊子』『列子』『老成子』『長盧子』『王狄子』『公子牟』『田子』『老萊子』『黔婁子』『宮孫子』『鶡冠子』『周訓』の十五種が著錄されている。

これらの內、現存するものは、『鬻子』『筦子』『文子』『關尹子』『莊子』『列子』『鶡冠子』の七種だけであって、他はすでに散佚して傳わらず、しかも現存する『鬻子』『文子』『關尹子』『列子』の四種は後世の人が作った僞書であるらしい。通行本『鶡冠子』も同樣に後世の僞書と見なされてきたが、一九七三年、湖南省長沙市の郊外の馬王堆にある前漢時代、文帝期の墓（三號墓）から、大量の文獻すなわち馬王堆漢墓帛書が出土して、その中にあったいわゆる『黃帝四經』と共通部分が少なくないために、僞書ではないことが確認された。『筦子』はすなわち『管子』であり、『漢書』藝文志では道家に入れているけれども、『隋書』經籍志以下はこれを法家に入れている。

B　濟濟たる道家の思想家たち

以上のことを思想家に卽して考えてみよう。『漢書』藝文志は、老子の先驅者として伊尹・太公・辛甲・鬻子・筦子の五家を擧げているが、失われた書の作者を除外することにすれば、筦子すなわち管仲だけが殘る。しかし、現存する『管子』の內容から判斷して管仲を道家の先驅者と見るわけにはいくまい。ただ、『管子』中には道家的な色彩の強い心術上・心術下・白心・內業の四篇が含まれており、それら四篇を著した思想家たちが戰國末期～前漢初期に『管子』を生んだ齊の地で活動をしていたことは疑いない。

また、『漢書』藝文志は、老子の弟子や後輩として蜎子・文子・關尹子・莊子・列子・老成子・長盧子・王狄子・公子牟・田子・老萊子・黔婁子・宮孫子・鶡冠子の十四家を擧げている。これらの內、蜎子は環淵のこと、田子は田駢のことで、齊の宣王（前三一九年～前三〇一年在位）時代の稷下の學士たちである。この兩家は愼到・接子とともに、戰國中期～後期の道家系の思想家で、道家の直接の先驅者と見なしてよいと思われる。(34)

ところで、愼到は、『漢書』藝文志の「諸子略」では「法家」に列せられている。「道家」とか「法家」とか「名家」とかの學派を表す名稱は、學派の成立の早かった「儒家」と「墨家」を除いて、當時はまだ存在しておらず、前漢初期に入って定められたものである。したがって、「儒家」「墨家」の二學派は確かに存在していたけれども、それ以外は「道家」も「法家」も「名家」も實はまだ存在していなかった。當時の思想家たちの思想は、後世にできた言葉をさかのぼって適用して說明するならば、ある部分は道家的、同時にある部分は法家的、また他の部分は名家的、の如く複雜に絡みあって構成されていた、というのが實態である。『漢書』藝文志はこのような戰國時代の生きた思想の實態を無視して、前漢初期以後に諸思想を整理するために作られたアイディアル・タイプ（理念型）を用いて諸子百家の人物・書物などを無理に分類したので、このような混亂が生じているわけである。ここの愼到、先の『管子』、また以下の『淮南子』はその典型的な例に他ならない。それ故、筆者は、同じ思想家の思想が同時に道家的でもあり、法家的でもあり、名家的でもあるといったようなことが、特に學派の未分化な戰國時代には十分に起こりえたという前提

に立った上で、「道家」「法家」「名家」などの言葉を使用したいと思う。(35)

公子牟は魏牟のこと、戰國後期の道家系の思想家である。(36)關尹子・列子・老成子・老萊子もまた道家の書物の中に思想家としてしばしば名が出るけれども、假託された人物であって實在してはいないようである。鶡冠子はその書物の內容から考えて前漢初期の人であろう。その他の思想家のことは不明である。

道家の思想家として他にもう一人忘れてはならない人物がいる。すなわち、漢の高祖、劉邦の孫で、淮南國（壽春を都とする淮水中流域の國）の王である劉安（前一七九年～前一二二年）である。『漢書』藝文志が「諸子略」の「雜家」の中に押しこんだ『淮南內』二十一篇と『淮南外』三十三篇の內、『淮南內』二十一篇は現存する『淮南子』二十一篇に當たる。この書が道家に列せられるべき內容を具えていることは、今日すでに定說となっているが、その編纂者が前漢、景帝期・武帝期の劉安であり、實際の作者は戰國末期より生き殘って全天下から淮南王の下に蝟集した諸子百家であった。彼らの中に道家系の思想家たちが多く含まれていたことは、『淮南子』の內容によって正確に推測することができる。

道家の思想家たちの名はこれだけに止まらず、魏晉南北朝時代まで降って以上の數倍、數十倍を擧げることもできよう。しかし、最初に道家の思想を思索した戰國中期～前漢、武帝期の主な思想家たちは、これでほぼ盡くされているとも言いうる。そして、筆者の考えによれば、彼らの中でもその書物が現存していて、かつ最も重要視されるべき思想家は、戰國中期～前漢、武帝期の『莊子』を書いた思想家たちとしての莊子、戰國末期～前漢初期の『老子』の著者たちとしての老子、それに前漢、景帝期～武帝期の劉安と『淮南子』の作者たちである。

注　釋

（1）この問題については、以下の兩拙文を參照。
拙著『莊子』上の「『莊子』の著者・莊周」
拙論「莊子——「道」の哲學とその展開」
（2）この問題については、本書の第3章を參照。
（3）馬王堆帛書『老子』を使用して武內義雄の『老子の研究』を再檢討した論文には、
澤田多喜男「『馬王堆漢墓帛書』德篇・道篇考——原初的『老子』試探——」
があり、筆者は參照して裨益されるところが少なくなかった。また、拙著『郭店楚簡老子研究』をも參照されたい。
（4）「老子」のアイデンティティーをめぐる諸問題については、本章の第2節を參照。
（5）『莊子』寓言篇の寓言十九章を參照。
（6）徐復觀『中國人性論史　先秦篇』所收の附錄一、三「檢討史記老子列傳」を參照。
（7）老子列傳の下文に載っている、老子の子から景帝期の後裔までの子孫の系圖は、以下に指摘するように、周の太史儋を老子と認めた上での系圖である。しかし、その記述に具わっている奇妙な具體性は、上文の三名の老子候補者、中んづく周の太史儋についての記述の不確實さと全く調和しない、相互に矛盾しあう性質のものであって、それ故、かえって讀む者をして老子の子孫の系圖であることに疑いを抱かしめる。
（8）本書第14章の第3節を參照。
（9）本書第10章の注釋（16）を參照。
（10）本書第3章の第1節を參照。
（11）『史記』太史公自序の「六家之要指」を參照。
（12）本書第3章の第5節を參照。
（13）本書第2章の第4節、その注釋（27）、第7章の注釋（41）（49）、及び第10章の注釋（36）を參照。
（14）本章の第6節を參照。

(15) 本書第2章の第4節を參照。
(16) 本章の第2節、及びその注釋(4)を參照。
(17) 本書第13章の第3節、及びその注釋(33)を參照。
(18) 本書第4章の注釋(14)、及び第13章の第3節を參照。「寓言・重言・巵言」は、前漢時代の文帝期(紀元前一七九年~前一五七年)から景帝期(前一五六年~前一四一年)にかけての、ある時期に成ったと考えられる『莊子』天下篇の「寂漠无形、變化无常。」に始まる莊周論の中に、

以巵言爲曼衍、以重言爲眞、以寓言爲廣。

の如く、「莊周」の「言」の三つのタイプとして引用されている。『莊子』天下篇が書かれたころ——『史記』莊子列傳が書かれた時よりも數十年ほど前——には、『莊子』と呼ばれる多くの文獻がそれほど整理もされずに雜然と堆積しており、『莊子』天下篇は「莊周」をそれらの作者と見なして擧げたにすぎないと考えられるので(本書第2章の第1節を參照)、以上の三つの「言」は、嚴密には「莊周」の「言」というよりも『莊子』の作者たちの「言」と把えるべきであろう。ちなみに、『史記』莊子列傳も、上に見たように、

故其著書十餘萬言、大抵率寓言也。

と證言している(本書第13章の第3節を參照)。
(19) 本章の注釋(18)を參照。
(20) 『莊子』齊物論篇の南郭子綦・顏成子游問答は初期道家の作である。この問題については、本章の第4節を參照。
(21) 本書の第7章を參照。
(22) 「已」は、『廣雅』釋詁に、

已、成也。

とあり、『玉篇』に、

已、畢也。

とある。ここでは、赤塚忠『莊子』下の、
「已」は、既と同じで、盡くす、つまり、言うべきことを言い盡くすの意である。
とする說がよいと思う。
(23)「卮言」については、本書第4章の注釋(14)を參照。その意味は、『經典釋文』の引用する司馬が、
謂支離無首尾言也。
とするのによっておく。
(24)この箇所の「和以天倪」や齊物論篇の瞿鵲子・長梧子問答の「和之以天倪」は、齊物論篇の南郭子綦・顏成子游問答の「聖人和之以是非、而休乎天鈞。」の縮約表現であろう。「天倪」は、『經典釋文』瞿鵲子・長梧子問答が引用する班固の、
曰、天研。
という訓詁が正しい。「天均」は、齊物論篇の南郭子綦・顏成子游問答と庚桑楚篇の學者章に「天鈞」として出ており、『經典釋文』南郭子綦・顏成子游問答は「天鈞」を掲出して、
本又作均。崔云、「鈞、陶鈞也。」
とする。その「均」は、成玄英『南華眞經疏』寓言篇の寓言十九章の、
均、齊也。
がよいと思う。『墨子』尙同中篇に、
是以先王之書、相年之道曰、「夫建國設都、乃作后王君公、否用泰也。輕（卿）大夫師長、否用佚也。維辯使治天均。」
とあり、『淮南子』俶眞篇に、
夫秉皓白而不里〈黑〉、行純粹而不糅、處玄冥而不闇、休于天鈞而不僞、孟門終隆之山不能禁、湍瀨旋淵呂梁之深不能留也、大行石澗飛狐句望之險不能難也。
とあるのは、いずれも『莊子』の「天均」「天鈞」に基づく。
「曼衍」は、齊物論篇の瞿鵲子・長梧子問答と天下篇の莊周論とにもあり、『經典釋文』瞿鵲子・長梧子問答が引用する司馬

は、

無極也。

とするけれども、『漢書』鼂錯傳に、

土山丘陵、曼衍相屬。

とあり、顔師古注が、

曼衍、猶聯延也。

とするのがよい。

(25) 本書第10章の第４節、及びその注釋（45）を參照。

(26) さらに、以下の兩論著をも參照されたい。

山田統「竹書紀年と六國魏表」

平勢隆郎『中國古代紀年の研究——天文と曆の検討から——』

(27) 本章の第５節を參照。

(28) 以上の構想については、本書全體を通覽していただきたい。

(29) 惠子の卒年については、本章の第５節を參照。

(30) 本書第４章の第２節・第３節、その注釋（12）、第５章の第２節、その注釋（12）、第９章の注釋（14）、及び第14章の第２節を參照。

(31) 本書第７章の注釋（12）、第８章の注釋（15）（27）、第９章の注釋（19）（29）、及び第10章の注釋（13）（14）（19）を參照。

(32) 本書第14章の第５節を參照。

(33) 本書第３章の第４節を參照。

(34) 『荀子』非十二子篇、『莊子』天下篇の彭蒙・田駢・愼到論、及び『史記』田敬仲完世家・孟子荀卿列傳を參照。

(35) 中んづく道家については、「老子を開祖とし彼から源を發した道家という思想上の一學派」という概念にこだわらずに、主として「道」という窮極的根源的な實在を思索の中心にすえている莊子的なもの、老子的なもの、淮南子的なものを、道家的或いは道家系と呼ぶことにする。

(36)『莊子』秋水篇の公孫龍・魏牟問答、及び『荀子』非十二子篇を參照。

參考文獻

武内義雄『老子原始』『武内義雄全集』第五卷「老子篇」角川書店 一九七八年
武内義雄『老子の研究』『武内義雄全集』第五卷「老子篇」角川書店 一九七八年
武内義雄『老子と莊子』『武内義雄全集』第六卷「諸子篇」一 角川書店 一九七八年
武内義雄「六國年表訂誤」『武内義雄全集』第六卷「諸子篇」一 角川書店 一九七八年
武内義雄『諸子概說』『武内義雄全集』第七卷「諸子篇」二 角川書店 一九七九年
津田左右吉『道家の思想とその展開』『津田左右吉全集』第十三卷 岩波書店 一九六四年
山下寅次『老子年代考』六盟館 一九四〇年
山田統『老子』角川新書 角川書店 一九五七年
木村英一『老子の新研究』創文社 一九五九年
加藤常賢『老子原義の研究』明德出版社 一九六六年
徐復觀『中國人性論史 先秦篇』臺灣商務印書館 一九六九年
國家文物局古文獻研究室編『馬王堆漢墓帛書〔壹〕』文物出版社 一九八〇年
詹劍峰『老子其人其書及其道論』湖北人民出版社 一九八二年
澤田多喜男「『馬王堆漢墓帛書』德篇・道篇考――原初的『老子』試探――」千葉大學『人文研究』第二十號 一九九一年
陳鼓應『老莊新論』香港中華書局 一九九一年
楠山春樹『道家思想と道教』平河出版社 一九九二年

譚宇權『老子哲學評論』文史哲大系51　文津出版社　一九九二年
池田知久『郭店楚簡老子研究』（第一刷）東京大學文學部中國思想文化學研究室　一九九九年
池田知久『老子』馬王堆出土文獻譯注叢書　東方書店　二〇〇六年
Herrlee G. Creel, "*What is Taoism?*", The State University of Chicago Press, Chicago, 1970.
Liu Xiaogan, "*Taoism*", edited by Arvind Sharma, "*Our Religions*", Harper San Francisco, New York, 1993.
武內義雄「莊子攷」『武內義雄全集』第六卷「諸子篇」一　角川書店　一九七八年
武內義雄「讀莊私言」『武內義雄全集』第六卷「諸子篇」一　角川書店　一九七八年
前田利鎌『宗教的人間』岩波書店　一九三二年
馬敍倫『莊子義證』弘道文化事業有限公司影印本　一九七〇年
王叔岷『莊子校釋』上册・下册　臺灣中央研究院歷史語言研究所專刊之二十六　臺聯國風出版社　一九七二年
福永光司『莊子——古代中國の實存主義』中公新書　中央公論社　一九六四年
赤塚忠『莊子』上・下　全釋漢文大系第十六卷・第十七卷　集英社　一九七四年・一九七七年
池田知久「『莊子』齊物論篇の知識論——齧缺・王倪問答と瞿鵲子・長梧子問答——」『日本中國學會報』第二十七集　一九七五年
池田知久「『莊子』齊物論篇の知識論——南郭子綦・顏成子游問答——」『岐阜大學教育學部研究報告』人文科學第二十五卷　一九七七年
池田知久『莊子』上・下　中國の古典5・6　學習研究社　一九八三年・一九八六年
池田知久「莊子——「道」の哲學とその展開」日原利國編『中國思想史』（上）ぺりかん社　一九八七年
池田知久「《莊子》——"道"的哲學及其展開」（中國文）向寧譯　南開大學學報編輯部『南開學報』（哲學社會科學版）一九八七年第二期　一九八七年

神田秀夫『荘子の蘇生—今なぜ荘子か—』明治書院　一九八八年
羅根澤『管子探源』　太平書局影印本　一九六六年
銭穆『先秦諸子繫年』（增訂初版）上・下　香港大學出版社　一九五六年
瀧川龜太郎『史記會注考證』　史記會注考證校補刊行會　一九五八年
鈴木由次郎『漢書藝文志』　中國古典新書　明德出版社　一九六八年
細川一敏「『鶡冠子』と漢初黄老思想との關係とその意義」　弘前大學人文學部『文經論叢』第十四巻第二號　一九七九年
山田統「竹書紀年と六國魏表」『山田統著作集』一　明治書院　一九八一年
李學勤「馬王堆帛書與《鶡冠子》」『江漢考古』一九八三年第二期　一九八三年
楊俊光『惠施公孫龍評傳』　南京大學出版社　一九九二年
平勢隆郎『新編史記東周年表——中國古代紀年の研究序章——』　東京大學東洋文化研究所報告　一九九五年
平勢隆郎『中國古代紀年の研究——天文と暦の検討から——』　東京大學東洋文化研究所報告　一九九六年
戴卡琳『解讀『鶡冠子』——從論辯學的角度』　楊民譯　當代漢學家論著譯叢　二〇〇〇年
黄懷信『鶡冠子彙校集注』　中華書局　二〇〇四年
Carine Defoort, "*The Pheasant Cap Master(He guan zi)*", State University of New York Press, Albany, 1997.

第2章　道家の諸テキストの編纂——『莊子』『老子』『淮南子』

『莊子』の諸思想とほぼ同じ道家諸思想を盛りこんだ書物は、本書の第1章で見たように相當多數にのぼる。しかし、最初の思想家たちの最も重要視されるべきテキストで、かつ現存している思想書の主なものは、戰國中期～前漢、武帝期の『莊子』、戰國末期～前漢初期の『老子』、それに前漢、景帝期～武帝期の『淮南子』である。

これらの中で、通行本（王弼本）と同じような形態のテキストとしての成書が最も早かったのは、戰國末期～前漢初期に編纂された『老子』であるが、しかし、『莊子』の一部分はもっと早く戰國中期に書かれ始めている。『淮南子』の編纂は武帝期の初年である。本章では、まず『莊子』のテキスト編纂の歷史について述べ、しかる後に『老子』『淮南子』に及ぶことにしたい。

第1節　『莊子』の十餘萬言本

A　戰國末期における莊子への言及

本書第1章の第4節において、筆者は、『莊子』中の最古の部分は齊物論篇の南郭子綦・顏成子游問答であり、その成書年代は紀元前三〇〇年を中心とする戰國中期であろうと述べた。ほぼ同じ年代に成書された文獻として齊物論篇の齧缺・王倪問答、瞿鵲子・長梧子問答、罔兩・景問答を、またやや後の戰國後期の文獻として逍遙遊篇の北冥有魚章などを擧げることができる。しかし、莊子の人物と思想は、當時の思想界にまだ廣く知られてはいなかった。例えば、戰國初期〜前漢初期に成った墨家の文獻である『墨子』や、戰國中期の代表的な儒家の思想を載せる『孟子』には、莊子の人物や思想はまだ登場していない。それが廣く知られるようになるには、戰國末期まで待たなければならない。

『莊子』を除く現存の諸文獻の中で最も早く莊子の人物や思想に言及しているのは、『荀子』解蔽篇と『呂氏春秋』去尤篇・必己篇である。『荀子』解蔽篇には、

昔賓孟（萌）之蔽者、亂家是也。墨子……。宋子……。愼子……。申子……。惠子……。莊子蔽於天、而不知人。
故……由天謂之、道盡因矣。此數具者、皆道之一隅也。

とあり、(1)『呂氏春秋』去尤篇には、

莊子曰、「以瓦投（投）者翔、以鉤投（投）者戰、以黃金投（投）者殆。其祥一也、而有所殆者、必外有所重者也。外有所重者、泄蓋內掘。」

とあり、また、同じく必己篇には、

莊子行於山中、見木甚美長大、枝葉盛茂。伐木者、止其旁而弗取。問其故。曰、「無所可用。」莊子曰、「此以不材得終其天年矣。」……
莊子笑曰、「……若夫萬物之情、人倫之傳、則不然。成則毀、大則衰、廉則剉、尊則虧、直則骫、合則離、愛則隳、多智則謀、不肖則欺。胡可得而必。」

とある。[2]荀子は紀元前三一四年ごろ～前二三三年ごろの人であるが、彼が莊子の人物や思想を知ったのは、五十歳で齊に遊學した紀元前二六四年以後のことであろう。

『呂氏春秋』去尤篇の引用は『莊子』達生篇の顏淵・仲尼問答に、

仲尼曰、「……以瓦注者巧、以鉤注者憚、以黄金注者殙。其巧一也、而有所矜、則重外也。凡外重者內拙。」

の如く、また『呂氏春秋』必己篇の引用は『莊子』山木篇の莊子・弟子問答に、

莊子行於山中、見大木枝葉盛茂。伐木者、止其旁而不取也。問其故。曰、「无所可用。」莊子曰、「此木以不材得終其天年。」……

莊子笑曰、「……若夫萬物之情、人倫之傳、則不然。合則離、成則毀、廉則挫、尊則議、有爲則虧、賢則謀、不肖則欺。胡可得而必乎哉。悲夫。」

の如く、[3]それぞれほぼ同じ文章が見えている。それ故、『呂氏春秋』が『莊子』の原形つまり原本『莊子』を目覩していることは確實であるが、その『呂氏春秋』は戰國末期、紀元前二三九年以後間もなくの成書である。なお、原本『莊子』ではなく通行本『莊子』山木篇の、莊子・弟子問答と『呂氏春秋』必己篇との關係について述べれば、むしろ通行本『莊子』山木篇の方が『呂氏春秋』必己篇に修飾を加えて成った文章である。[4]資料をさらに追加すれば、『韓非子』難三篇には、

宋人語曰、「一雀過羿、羿必得之、則羿誣矣。以天下爲之羅、則雀不失矣。」

とある。[5]これも『莊子』庚桑楚篇の一雀適羿章に、

一雀適羿、羿必得之、威〈或〉也。以天下爲之籠、則雀无所逃。

とある文章の、より素樸な原形からの引用ではなかろうか。こういう事實から判斷して、莊子の人物と思想は戰國末

期には廣く知られるようになっていたと思われる。

B　前漢初期における『莊子』の書

時代が降って前漢時代に入ると、諸文獻における『莊子』からの引用の數量は、次第に增加してくる。例えば、武帝卽位後二年（紀元前一三九年）に劉安が編纂した『淮南子』には、合計一〇一條もの引用があり、逍遙遊篇七條、齊物論篇七條、養生主篇一條、人閒世篇三條、德充符篇七條、大宗師篇十六條、應帝王篇四條、駢拇篇一條、馬蹄篇二條、在宥篇一條、天地篇九條、天運篇二條、刻意篇九條、繕性篇一條、秋水篇四條、達生篇二條、山木篇二條、田子方篇三條、知北遊篇六條、庚桑楚篇五條、徐无鬼篇四條、則陽篇二條、外物篇一條、讓王篇二條、合計一〇一條である。[6] 道家系の思想家たちの書いた『莊子』を構成する文章が、時の經過とともに增加していく樣子が推知される。また、『淮南子』の編纂に少し先だつ文帝期から景帝期にかけてのある時期に書かれたと認められる『莊子』天下篇、に收められている莊周論は、莊周の「書」について論及している最も早い文章であるが、これに基づくならば、當時『莊子』はまがりなりにも「書」と呼ぶことができる程度の、文章の數量と體裁とを具えるに至ったらしい。

さらに時代が降って、紀元前一〇〇年ごろの『史記』莊子列傳になると、本書第1章の第3節で見たとおり、

> 其著書十餘萬言、大抵率寓言也。作漁父盜跖胠篋、以詆訿孔子之徒、以明老子之術。畏累虛亢桑子之屬、皆空語無事實。

と述べている。この中の「漁父・盜跖・胠篋・畏累虛・亢桑子」は、いずれもみな篇名であろうと思われるが、漁父・盜跖・庚桑楚の三篇は現在の三十三篇本の雜篇にあり、胠篋篇は三十三篇本の外篇にある。だから、この時代になっ

ても、まだ內篇・外篇・雜篇などの區別はなかった。なぜなら、假りに當時すでに內篇・外篇・雜篇などの區別があったとすれば、司馬遷が內篇の篇名を一つも擧げずに、外篇・雜篇の篇名ばかりを擧げることなど、あるはずがないからである。(7)

いずれにしても、この閒、すなわち『莊子』天下篇・『淮南子』諸篇の時代から『史記』莊子列傳の時代までの數十年間に、莊子に關係づけられる、さらに多量の文章が新たに書き下ろされたり、或いは集められたりしたことであろう。その結果、紀元前一〇〇年當時になると、『莊子』と呼ばれる文獻が大して整理もされずに雜然と堆積しており、その數量は「十餘萬言」の多きに達していた。ちなみに、現在の三十三篇本は約六萬五千言である。

第2節　『莊子』の五十二篇本・二十七篇本・三十三篇本

A　『莊子』の五十二篇本――劉向・劉歆の圖書整理

次に現れる『莊子』のテキストに關する記述は、班固『漢書』藝文志「諸子略」の「道家」の項目であって、その前半部分の老子系列の中に、

莊子五十二篇。(名周、宋人。)

とある。『漢書』藝文志の內容は、本書第1章の第6節で述べたように、劉向・劉歆父子に由來しているから、この五

十二篇本の『莊子』は、前漢末期の劉向が整えたテキストであろうと推測される。こうして、司馬遷が眼にしていた「十餘萬言」の雜然たる堆積は、八九十年後に行われた劉向の圖書整理を通じて、ついに五十二篇本の『莊子』となって一應の完成を見たわけである。

その後、後漢時代にも『莊子』は五十二篇本が通行していたことは、班固より約一〇〇年後の人、高誘の『呂氏春秋』必己篇の注によって確かめることができる。その注には、

莊子名周、宋之蒙人也。輕天下、細萬物、其術尙虛無。著書五十二篇、名之曰『莊子』。

とあるのである。なお、高誘は『淮南子』俶務篇の注において、

莊子名周、宋蒙縣人。作者〈書〉三十三篇、爲道家之言也。

と言っているが、その「三十三篇」は、もとは「五十二篇」に作っていたのを、後人が郭象本が三十三篇であるのを見て、妄りに改めたのであろう(8)。

そして、唐代初期の陸德明の『經典釋文』の『莊子』齊物論篇の部分に「夫道未始有封」を揭出して、

崔云、「齊物七章。此連上章、而班固說在外篇。」

とあるのによれば、班固の見た五十二篇本『莊子』はまちがいなく、すでに「外篇」その他に分かれていた。

B　『莊子』の二十七篇本と三十三篇本——晉代のテキスト編纂

唐代初期の時點で確認することのできる、『莊子』のテキストについての一層具體的で確實なデータは、今引用した『經典釋文』である。その序錄の「莊子」の項には、

崔譔注十卷二十七篇。（淸河人、晉議郎。內篇七、外篇二十。）

向秀注二十卷二十六篇。（一作二十七篇、一作二十八篇。亦無雜篇。爲音三卷。）

司馬彪注二十一卷五十二篇。（字紹統、河內人、晉祕書監。內篇七、外篇二十八、雜篇十四、解說三。爲音三卷。）

郭象注三十三卷三十三篇。（字子玄、河內人、晉太傅主簿。內篇七、外篇十五、雜篇十一。爲音三卷。）

李頤集解三十卷三十篇。（字景眞、潁川襄城人、晉丞相參軍、自號玄道子。一作三十五篇。爲音一卷。）

孟氏注十八卷五十二篇。（不詳何人。）

王叔之義疏三卷。（字穆夜、琅邪人、宋處士。亦作注。）

李軌音一卷。

徐邈音三卷。


と記されている。これに基づいて推測すれば、司馬彪と孟氏の使用した五十二篇本の『莊子』は、

劉向→劉歆→班固→高誘

のように、次々に承け繼がれてきた由緒正しいテキストであって、それが「內篇七、外篇二十八、雜篇十四、解說三。」から成るのは、單に班固の見た『莊子』のテキストがそうなっていただけでなく、さらにさかのぼって劉向の整理したテキストに始まったことではなかろうか。

晉代におけるテキスト編纂の歴史の中で、重要なのは以下の三種である。

司馬彪と孟氏の五十二篇本
崔譔と向秀の二十七篇本
郭象の三十三篇本

五十二篇本は、上述のように、前代から引き継がれたテキストであって、當時はこれが廣く流布していた。內篇七、外篇二十八、雜篇十四、解說三から成る。司馬彪と孟氏はこの構成には手をつけず、そのまま注を施したと思われる。これを基にして崔譔と向秀が二十七篇本を編纂し注を施したが(9)、內篇七、外篇二十、雜篇なし、から成る。編纂の主な內容は、彼らが不要と考える部分を大幅に削ることであった。

　これらに對して郭象（二五二年ごろ～三一二年）は、崔譔と向秀の二十七篇本の編纂作業を參考にしながら、やはり五十二篇本から不要と考える部分を削って三十三篇本を定め、また特に向秀の注を利用して注を施したが(10)、內篇七、外篇十五、雜篇十一から成る。このあたりの事實經過については、『經典釋文』序錄に、

　然莊生宏才命世、辭趣華深、正言若反、故莫能暢其弘致。後人增足、漸失其眞。故郭子玄云、「一曲之才、妄竄奇說。若閼弈意脩之首、危言游鳧子胥之篇、凡諸巧雜、十分有三。」『漢書』藝文志「莊子五十二篇」、卽司馬彪孟氏所注是也。言多詭誕、或似『山海經』、或類占夢書、故注者以意去取。其內篇衆家竝同、自餘或有外而無雜。唯子玄所注、特會莊生之旨、故爲世所貴。

とあり、郭象『莊子注』跋文に、

　夫學者尙以成性易知爲德、不以能政〈攻〉異端爲貴也。然莊子閎才命世、誠多英文偉詞、正言若反。故一曲之士、不能暢其弘旨、而妄竄奇說。若閼亦（弈）意脩之首、尾〈危〉言遊易〈鳧〉子胥之篇、凡諸巧雜、若此之類、十分有三。

　或牽之令近、或迂之令誕、或似『山海經』、或似（占）夢書、或出『淮南』、或辯形名。而參之高韻、龍蛇竝御。旦〈且〉辝（辭）氣鄙背、竟無深澳（奧）。而徒難知、以因〈困〉後蒙、令沈滯失乎流、豈所求莊子之意哉。故皆略而不存。令〈今〉唯哉〈裁〉取其長達、致全乎大體（體）者、爲卅三篇者〈焉〉。

太史公曰、「莊子者、名周。守〈宋〉蒙縣人也。曾爲漆園史、與魏惠〔王〕齊〔宣〕王楚威王同時者也。」

とあるように[11]、郭象は五十二篇本から十分の三を削ったのである。それらが鄙近にすぎ荒誕にすぎた巧雜な、莊子の意に合わない奇說であるという理由によって。具體的には、『山海經』や「占夢書」に類似しているもの、『淮南子』から取ったものや「形名」を辯じているもの、閼弈・意脩・危言・游鳧・子胥の凡そ五篇を削っている。

以上に見てきた、テキスト編纂の歷史のアウトラインを大雜把に押さえれば、

五十二篇本→二十七篇本→三十三篇本

のように展開したことになるが、このような經過を經て、『莊子』のテキストは、郭象の編纂した三十三篇本だけが廣く通行して生き殘り、それ以前の五十二篇本や二十七篇本などはすべて散佚して今に傳わらない。

第3節　『莊子』の內篇・外篇・雜篇

A　劉向に始まる內篇・外篇・雜篇の分類

現在本『莊子』三十三篇の中で、內篇は莊子の自著であり、外篇・雜篇は莊子の門弟・後輩或いは亞流の作である。それであるから、內篇は成立が最も早く價値も最も高く、外篇は成立がやや新しく價値も低くなり、雜篇ともなれば成立が最も新しく價値も最も低いと、このように今日の通說は考えている。しかし、この通說は正しくない。

なぜかと言えば、第一に、『莊子』からの引用によって見る限り、古い戰國末期~前漢、武帝期の時期には、そもそも內篇・外篇・雜篇などの區別はまだなかったからである。『荀子』正論篇が引用した『莊子』秋水篇、『呂氏春秋』去尤篇・必己篇が引用した達生篇・山木篇、はすべて三十三篇本の外篇にあり、『韓非子』難三篇が引用した庚桑楚篇は雜篇にある。『史記』莊子列傳が擧げた漁父篇・盜跖篇・庚桑楚篇は雜篇にあり、胠篋篇は外篇にある。すでに述べたように、假りにもし當時すでに內篇・外篇・雜篇などの區別があったとすれば、彼らが內篇の文章や篇名を一つも擧げずに、外篇・雜篇の文章や篇名だけを擧げることなど、あるはずがない。『史記』より約四十年前に編纂された『淮南子』には、合計一〇一條もの引用があるけれども、內篇・外篇・雜篇から滿遍なく引用されており、特に內篇だけが重視されている事實はないようである。

第二に、司馬遷の「十餘萬言」の雜然たる堆積を初めて五十二篇本に整理したのは、前漢末期の劉向であったが、その五十二篇本を初めて、

内篇七、外篇二十八、雜篇十四、解說三。

に分けたのも、他ならぬ劉向であったと考えられるからだ。――劉向は、祕府の內に藏されていた「十餘萬言」を中心にし、外から集めてきた材料をも加えて、それらを整理して五十二篇本に編纂したのであるが、その際、初めて內篇・外篇・雜篇などの區別を設けた他、三文字から成る內篇七篇の篇名を始めとして、外篇・雜篇の多くの諸篇の篇名をも着想し、その上それらの篇名の下に、雜然たる堆積の中から適當な文章をそれぞれいくらかずつピックアップしてほどよく案配した、というわけである(12)。

編纂者、劉向が內篇を外篇・雜篇よりも重要と考えたことは確かであろう。けれども、それは前漢末期の劉向がそのように考えたというだけのことであって、戰國中期の思想家、莊子の自著であることを保證するものでは全くない。

このような形式上の枠組みは、實はただ前漢末期の思想界やそれに屬する一人の知識人、劉向の、『莊子』イメージまたは莊子イメージを示す思想史の資料の一つとして、何がしかの意味を持つだけのものでしかない。

第三に、劉向が『莊子』を內篇・外篇・雜篇などに分けた時、彼はまたそれらの間に初めて價値的な差別をも持ちこんだのであった。つまり、內篇は最も價値が高く、外篇はそれに次ぎ、雜篇は價値が最も低いと見たのであるが、しかし、この劉向にしても內篇・外篇・雜篇などのすべてを莊子の自著と信じていたのである。

劉向だけではない。唐代の韓愈、宋代の蘇軾が新說を唱える（後述）までは、だれもがみな內篇・外篇・雜篇などのすべてを莊子の自著と信じていた。例えば、『漢書』藝文志の、

　莊子五十二篇。（名周、宋人。）

や、高誘の『呂氏春秋』必己篇注の、

　莊子名周、宋之蒙人也。……著書五十二篇、名之曰『莊子』。

は、ともに內篇・外篇・雜篇などを含む五十二篇全體を、莊周自身が著したと見なしている。また、五十二篇本を基にして二十七篇本や三十三篇本を編纂した崔譔・向秀や郭象の場合は、『經典釋文』序錄に、

　然莊生宏才命世、辭趣華深、正言若反、故莫能暢其弘致。後人增足、漸失其眞。故郭子玄云、「一曲之才、妄竄奇說。若閼弈意脩之首、危言游鳧子胥之篇、凡諸巧雜、十分有三。」『漢書』藝文志「莊子五十二篇」、卽司馬彪孟氏所注是也。言多詭誕、或似『山海經』、或類占夢書、故注者以意去取。其內篇衆家竝同、自餘或有外而無雜。唯子玄所注、特會莊生之旨、故爲世所貴。

とあるとおり、『漢書』藝文志の五十二篇本の中に、「莊生の旨に會わ」ない文章、すなわち、

　後人增足、漸失其眞。……一曲之才、妄竄奇說。

の部分を發見して、それを莊子の自著でないとして削っている。したがって、崔譔・向秀・郭象の眼から見るならば、五十二篇本には莊子の自著でない文章が含まれていたけれども、自らの編纂した內篇七篇、外篇二十篇の凡そ二十七篇や、內篇七篇、外篇十五篇、雜篇十一篇の凡そ三十三篇は、すべてみな保存するに値いする莊子の自著であったはずである。

さらに、唐代初期の道教の思想家、成玄英（六〇〇年ごろ～六六〇年ごろ）の場合は、その著『南華眞經疏』の序で內篇・外篇・雜篇の關係について、

內篇明於理本、外篇語其事迹、雜篇雜明於理事。內篇雖明理本、不无事迹。外篇雖明事迹、甚有妙理。但立教分篇、據多論耳。

と論じている。內篇は「理本」、外篇は「事迹」、雜篇は「理本」と「事迹」の兩者、をそれぞれ明らかにするという風に任務分擔を設けてはいるが、成玄英がそれらのすべてを莊子の自著と考えていたことに、疑問の餘地はない。(13)

B　韓愈・蘇軾に始まる雜篇への疑問

第四に、『莊子』の外篇・雜篇を莊子の自著でないと言って疑ったり批判したりするのは、唐代の韓愈や宋代の蘇軾・蘇轍に始まる新しい議論であって、『莊子』の歴史全體の中では決して古くからの傳承ではないからである。すなわち、歴史上初めて雜篇の中の盜跖・說劍・漁父の三篇を疑ったのは韓愈（七六八年～八二四年）であり、(14)これを承け繼いだのは盜跖・漁父・讓王・說劍の四篇を疑った蘇軾（一〇三六年～一一〇一年）、及び兄に追隨して同じ四篇を疑った蘇轍（一〇三九年～一一一二年）である。(15)

蘇軾の「莊子祠堂記」は次のように論じている。

謹按『史記』、「莊子與梁惠王齊宣王同時。其學無所不闚。然要本歸於老子之言。故其著書十餘萬言、大抵率寓言也。作漁父盜跖胠篋、以詆訾孔子之徒、以明老子之術。」此知莊子之粗者。余以爲莊子蓋助孔子者、要不可以爲法耳。……故莊子之言、皆實予而文不予、陽擠而陰助之。其正言蓋無幾。至於詆訾孔子、未嘗不微見其意。其論天下道術、自墨翟禽滑釐彭蒙愼到田駢關尹老聃之徒、以至於其身、皆以爲一家。而孔子不與、其尊之也至矣。

然余嘗疑盜跖漁父則若眞詆孔子者。至於讓王說劍、皆淺陋不入於道。反復觀之、得其寓言之終曰、「陽子居西遊於秦、遇老子。老子曰、『而睢睢而盱盱、而誰與居。大白若辱、盛德若不足。』陽子居蹵然變容。其往也、舍者將迎、其家公執席、妻執巾櫛、舍者避席、煬者避竈。其反也、舍者與之爭席矣。」去其讓王說劍漁父盜跖四篇、以合於列禦寇之篇曰、「列禦寇之齊、中道而反。曰、『吾驚焉。吾食於十漿、而五漿先饋。』」然後悟而笑曰、「是固一章也。莊子之言未終、昧者勦之、以入其言。余不可以不辨。凡分章名篇、皆出於世俗、非莊子本意。」

蘇軾が四篇を削った理由は、主に以下の二つである。――第一に、莊子は孔子を助けようとしていた人であるから、それとは反對に孔子を「眞に詆っ」ている「淺陋にして道に入らざ」る內容の四篇は、莊子自身の作ではありえないということ。第二に、寓言篇の末章と列御寇篇の首章は同じモティーフを取り扱った一つの文章で、莊子の言葉も寓言篇の末尾では完結しておらず、だから兩者の中間にある四篇は、後世の愚か者が自分の文章を竄入させたものであるということ。

以上の理由を擧げて蘇軾が四篇を削った以後は、今日に至るまで追隨者・支持者が陸續と世に現れて、右の四篇を後世の僞作とする評價が定まり、さらに疑問が新たな疑問を呼び、批判が新たな批判を招いて、最後には內篇以外は雜篇だけでなく外篇もすべて例外なく莊子の自著でないとする通說が形作られるに至った。そのような意味で、蘇軾の後世に對する影響はまことに大きかったと言わなければならない。[16]しかしながら、二つの理由がいずれも今日では到底、學問的な檢討に耐えられないものであることは、縷說するまでもなく明らかであろう。

もしも蘇軾のこの議論にプラスの肯定的な意義があるとすれば、それは、これが外篇・雜篇だけでなく內篇に對する我々の批判力をも培ってくれたことであろうか。筆者は、「內篇は莊子の自著、外篇・雜篇は莊子の門弟・後輩・亞流の作」とする今日の通說に反對であるが、だからといって、內篇・外篇・雜篇全體を莊子の自著と信じているのではない。と言うのは、『莊子』という書物が、一人もしくは少數の思想家が一時もしくは短時に書き上げたものではなく、多數の道家系の思想家たちが戰國中期～前漢、武帝期の約二〇〇年間、書き繼いで成った全集の一種であることは、すでに十分に明らかだからである。

筆者は、どの部分を莊子の自著と信じるかといった狹い世界に跼蹐するのではなく、韓愈・蘇軾以來の批判精神を徹底させることのできる位置にいる現代の讀者として、劉向乃至郭象の設定した內篇・外篇・雜篇などの區別、とりわけ韓愈・蘇軾以來形成されてきた外篇・雜篇に對する輕視、內篇・外篇・雜篇を構成する逍遙遊・齊物論・駢拇・庚桑楚などの部立て、などといった舊來の形式上の枠組みのすべてを自由に批判の對象としつつ、各篇各章の內容を可能な限り正確に讀解・分析することを通じて、それらに代わって新たにこの學派の淵源・發生・系統・類別・展開などを體系的總合的に論じたいと考える者である。

C　三種のテキスト間の諸篇の移動

さて、晉代におけるテキスト編纂の歷史は、上述のとおり、司馬彪と孟氏の五十二篇本→崔譔と向秀の二十七篇本→郭象の三十三篇本のように展開した。この展開を通じて、三種のいずれもに內篇・外篇（さらに雜篇）の區別が設けられており、またその內篇が七篇であるので、內篇は逍遙遊・齊物論・養生主……の各三文字から成る篇名と、その篇名の下に編まれた諸章の文章が、基本的に變わらなかったものと認められる。『經典釋文』序錄は、

其內篇衆家竝同、自餘或有外而無雜。

と言っている。

次に、三種のテキスト閒の外篇・雜篇などの移動を推測してみよう。二十七篇本の外篇二十篇の篇名は、武內義雄「莊子攷」によって突きとめられている。――駢拇・馬蹄・胠篋・在宥・天地・天運・繕性・秋水・至樂・達生・山木・知北遊の十二篇が三十三篇本の外篇、庚桑楚・徐无鬼・則陽・外物・寓言・盜跖・列御寇・天下の八篇が三十三篇本の雜篇である。言い換えれば、二十七篇本の外篇二十篇は、三十三篇本の外篇十二篇と三十三篇本の雜篇八篇に分けられたのである。郭象は三十三篇本を編んだ時、いかなる基準を用いて二十七篇本の外篇を外篇と雜篇に分けたのであろうか。それは郭象『莊子注』のどこにも說明されていない。ということは、彼が獨自の基準を立てたのではないことを意味しているのであろう。それ故、用いた可能性の最も高い基準はやはり五十二篇本のそれではなかろうか。

したがって、郭象は、五十二篇本の外篇二十八篇の中から二十七篇本にも重複して含まれている上記の十二篇を取り出し、それらに五十二篇本の外篇にある天道・刻意・田子方の三篇を加えて、凡そ十五篇から成る外篇を定めた。また、五十二篇本の雜篇十四篇の中から二十七篇本にも重複して含まれている上記の八篇を取り出し、それらに五十二篇本の雜篇にある讓王・說劍・漁父の三篇を加えて、凡そ十一篇から成る雜篇を定めた。――ざっと以上のように推測することができる。これを一覽表にまとめておく。

／	內篇	篇
司馬彪・孟氏五十二篇本	七篇 逍遙遊 齊物論 養生主 人間世 德充符 大宗師 應帝王	二十八篇 駢拇 馬蹄 胠篋 在宥 天地 天道 天運 刻意 繕性 秋水 至樂
崔譔・向秀二十七篇本	七篇 逍遙遊 齊物論 養生主 人間世 德充符 大宗師 應帝王	二十篇 駢拇 馬蹄 胠篋 在宥 天地 天運 繕性 秋水 至樂
郭象三十三篇本	七篇 逍遙遊 齊物論 養生主 人間世 德充符 大宗師 應帝王	十五篇 駢拇 馬蹄 胠篋 在宥 天地 天道 天運 刻意 繕性 秋水 至樂

外
達生　山木　田子方　知北遊　佚篇一　佚篇二　佚篇三　佚篇四　佚篇五　佚篇六　佚篇七　佚篇八　佚篇九
達生　山木　知北遊　庚桑楚　徐无鬼　則陽　外物　寓言　盜跖　列御寇　天下
達生　山木　田子方　知北遊

		雑篇	説
司馬彪・孟氏五十二篇本	佚篇十 佚篇十一 佚篇十二 佚篇十三	十四篇 庚桑楚 徐无鬼 則陽 外物 寓言 譲王 盗跖 説剣 漁父 列御寇 天下 佚篇一 佚篇二 佚篇三	三篇
崔譔・向秀二十七篇本		なし	なし
郭象三十三篇本		十一篇 庚桑楚 徐无鬼 則陽 外物 寓言 譲王 盗跖 説剣 漁父 列御寇 天下	なし

解
佚篇一
佚篇二
佚篇三

なお、郭象が三十三篇本を編纂した後、五十二篇本の外篇・雜篇・解說の凡そ四十五篇の中から十九篇が亡佚した。上記の一覽表の「佚篇」というのがそれである。その十九篇は、司馬貞『史記索隱』・洪邁『容齋續筆』・王應麟『困學紀聞』などによって畏累虛・閼弈・意脩・危言・游鳧・子胥・惠施の篇名が復元され、後に孫志祖『讀書脞錄續編』・翁元圻『困學紀聞注』によって馬棰の篇名が加えられた。

第4節　戰國末期に編纂された『老子』

老子の人物や思想が思想界に廣く知られるのは、戰國末期になってからであって、この點は莊子の場合と同じである。しかし、『老子』の編纂は戰國末期～前漢初期で、『莊子』の場合とは異なる。『老子』の編纂は、『莊子』のある部分が成書されてから後、『莊子』の全體が編纂されるより前に、比較的短期間に行われている。

A　『荀子』『呂氏春秋』に現れた『老子』

老子の人物や思想は、戰國初期～前漢初期の『墨子』や戰國中期の『孟子』にはまだ登場していない。『莊子』を除く現存の諸文獻の中で最も早く老子の人物や思想に言及しているのは、『荀子』と『呂氏春秋』である。『荀子』は、天論篇に、

萬物爲道一偏、一物爲萬物一偏、愚者爲一物一偏、而自以爲知道、無知也。愼子……。老子有見於詘（屈）、無見於信（伸）。墨子……。宋子……。……有詘（屈）而無信（伸）、則貴賤不分。……『書』曰、「無有作好、遵王之道。無有作惡、遵王之路。」此之謂也。

とあって、[17]明らかに老子の人物や思想を知っている。また『荀子』の中には、道家系の諸思想から影響を受けたと覺《おぼ》しい文句や觀念が散見する。例えば、解蔽篇の中に含まれている「物物者非物」という二世界論や、「虚壹而靜」という辨證法的な知識論などがそれである。[18]したがって、荀子の當時、道家系の人物や思想がすでに誕生していたことも疑いえない。けれども、『荀子』には『老子』からの引用が一條もないので、通行本（王弼本）の原形となる『老子』はまだ編纂されていなかったと判斷される。

『呂氏春秋』になると、老子の人物や思想についての言及は增えてきて、凡そ五條に上る。例えば、貴公篇に、

天下非一人之天下也、天下之天下也。陰陽之和、不長一類。甘露時雨、不私一物。萬民之主、不阿一人。……荊人有遺弓者、而不肯索。曰、「荊人遺之、荊人得之。又何索焉。」孔子聞之曰、「去其荊而可矣。」老耼聞之曰、「去其人而可矣。」故老耼則至公矣。

天地大矣。生而弗子、成而弗有。萬物皆被其澤得其利、而莫知其所由始。此三皇五帝之德也。

とあり、當染篇に、

墨子見染素絲者而歎曰、「染於蒼則蒼、染於黃則黃。所以入者變、其色亦變、五入而以爲五色矣。」故染不可不愼也。

非獨染絲然也、國亦有染。……非獨國有染也。孔子學於老聃孟蘇夔靖叔。

とあり、不二篇に、

聽群衆人議以治國、國危無日矣。何以知其然也。老耽貴柔、孔子貴仁、墨翟貴廉（兼）、關尹貴淸、子列子貴虛、陳駢貴齊、陽生貴己、孫臏貴勢、王廖貴先、兒良貴後。

とある。(19)『呂氏春秋』では、以上の他に、去尤篇に、

解在乎齊人之欲得金也、及秦墨者之相妬也、皆有所乎尤也。老聃則得之矣。若植木而立乎獨、必不合於俗、則何可擴矣。

の如く「老耼」が見えており、重言篇に、

故聖人聽於無聲、視於無形、詹何田子方老耽是也。

の如く「老耽」が見えている。しかし、『呂氏春秋』には『老子』からの引用であると明言した例が一條もなく、この段階になっても原本『老子』は、やはりまだ編纂されていなかったのである。

とは言うものの、『呂氏春秋』には、老子または『老子』の言葉であると明言しないまま、通行本の『老子』と一致または類似する文が非常に多く載せられている。二三の例を擧げてみよう。貴公篇には、上に引用した文章の中に、

天地大矣。生而弗子、成而弗有。萬物皆被其澤得其利、而莫知其所由始。此三皇五帝之德也。

とあった。この文章は、通行本の『老子』第二十五章の、

道大、天大、地大、王亦大。域中有四大、而王居其一焉。人法地、地法天、天法道、道法自然。[20]

第二章・第十章・第五十一章の、

萬物作焉而不辭、生而不有、爲而不恃、功成而不居。夫唯不居、是以不去。（第二章）[21]

生之畜之、生而不有、爲而不恃、長而不宰。是謂玄德。（第十章）[22]

故道生之、德畜之、長之育之、亭之毒之、養之覆之。生而不有、爲而不恃、長而不宰、是謂玄德。（第五十一章）[23]

第三十四章の、

大道氾兮、其可左右。萬物恃之而生而不辭、功成而不名有、衣養萬物而不爲主。常無欲、可名於小。萬物歸焉而不爲主、可名於大。以其終不自爲大、故能成其大。[24]

第七十七章の、

孰能有餘以奉天下、唯有道者。是以聖人爲而不恃、功成而不處。其不欲見賢。[25]

などと類似するところがある。

また、大樂篇には、

道也者、視之不見、聽之不聞、不可爲狀。有知不見之見、不聞之聞、無狀之狀者、則幾於知之矣。道也者、至精也。不可爲形、不可爲名。彊（強）爲之〔名〕、謂之太乙（一）。故一也者制令、兩也者從聽。

とある。[26]この文章は、通行本『老子』第十四章の、

視之不見、名曰夷。聽之不聞、名曰希。搏之不得、名曰微。此三者不可致詰、故混而爲一。其上不皦、其下不昧、繩繩不可名、復歸於無物。是謂無狀之狀、無物之象、是謂惚恍。迎之不見其首、隨之不見其後。執古之道、以御

今之有。能知古始、是謂道紀。[27]

第二十一章の、

孔德之容、唯道是從。道之爲物、唯恍惟惚。惚兮恍兮、其中有象。恍兮惚兮、其中有物。窈兮冥兮、其中有精。其精甚眞、其中有信。自古及今、其名不去、以閲衆甫。吾何以知衆甫之然哉、以此。[28]

第二十五章の、

有物混成、先天地生。寂兮寥兮、獨立而不改、周行而不殆。可以爲天下母、吾不知其名。字之曰道、強爲之名曰大。大曰逝、逝曰遠、遠曰反。故道大、天大、地大、王亦大。域中有四大、而王居其一焉。人法地、地法天、天法道、道法自然。[29]

などと一致または類似している。

また、君守篇には、

得道者必靜。靜者無知、知乃無知、可以言君道也。……故曰、「不出於戶而知天下、不窺於牖而知天道。其出爾遠者、其知爾少。」故博聞之人、彊（強）識之士闕矣。事耳目、深思慮之務敗矣。堅白之察、無厚之辯外矣。不出者、所以出之也。不爲者、所以爲之也。此之謂以陽召陽、以陰召陰。

とある。この文章の中の、「不出於戶而知天下、不窺於牖而知天道。其出爾遠者、其知爾少。」の部分は、通行本『老子』第四十七章の、

不出戶知天下、不窺牖見天道。其出彌遠、其知彌少。是以聖人不行而知、不見而名、不爲而成。

とかなりの程度一致している。[30]

以上の諸事實に基づいて推測するならば、『呂氏春秋』成書の當時、道家系の思想家たちが多數活動し、道家系の思

想書が多数書かれていて、後者は間もなく『老子』に編纂されることになる一歩手前にまで接近していた、すなわち、道家系の思想書から『老子』の編纂に轉ずる臨界點にほとんど達していたのである。

B　『韓非子』に現れた『老子』

降って『韓非子』ともなれば、『老子』の編纂はすでに一まず終了していた。何よりも『韓非子』にはもっぱら『老子』を解釋することを目的とした解老篇・喩老篇の二篇があって、これは歴史上初めて現れた『老子』の注釋書であるが、『老子』中の凡そ二十一條の文章を引用して逐條的な解釋を加えている。解老・喩老の二篇以外にも、『韓非子』には「老聃」「老子」の言葉と明言して『老子』の文を引く例が三條あり、例えば、六反篇には、

老聃有言曰、「知足不辱、知止不殆。」夫以殆辱之故、而不求於足之外者、老聃也。今以爲足民而可以治、是以民爲皆如老聃也。

とある。この文章の「知足不辱、知止不殆。」の部分は、通行本『老子』第四十四章の、

名與身孰親、身與貨孰多、得與亡孰病。是故甚愛必大費、多藏必厚亡。知足不辱、知止不殆、可以長久。

と完全に一致している[31]から、この時、『老子』の編纂は一まず終了していたにちがいない。他の二條は、内儲說下篇に、

權勢不可以借人。上失其一、臣以爲百。故臣得借則力多、力多則内外爲用、内外爲用則人主壅。其說在老聃之言失魚也。

とあり、これは、通行本『老子』第三十六章の、

魚不可脫於淵、國之利器不可以示人。

を指していると思われる。また、難三篇に、

或曰、「子產之治、不亦多事乎。……不任典成之吏、不察參伍之政、不明度量、恃盡聰明、勞智慮、而以知姦、不亦無術乎。……老子曰、『以智治國、國之賊也。』其子產之謂矣。」

とあり、これは、通行本第六十五章の、

古之善爲道者、非以明民、將以愚之。民之難治、以其智多。故以智治國、國之賊。不以智治國、國之福。知此兩者、亦稽式。常知稽式、是謂玄德。

を引用しているものである。(32)

ただし、これらの諸篇は、今日、韓非（前二八〇年～前二三三年）の自著ではなく、彼よりやや後の後學の手に成るものであることが判明しているし、それに韓非の自著と認められる孤憤・說難・姦刼弑臣・五蠹・顯學などの諸篇には、老子の人物と思想が全然見えていないから、『老子』の編纂は、結局、韓非の卒した後の戰國最末期～前漢初期に行われたと考えられる。解老篇・喩老篇などの用いた『老子』は、多分、編纂されたばかりの最もホットなテキストだったのである。筆者はここに「『老子』の編纂は一まず終了していた」と書いたが、解老篇・喩老篇などの用いた『老子』の經文と馬王堆漢墓帛書『老子』（後述）や通行本『老子』とを比較してみると、兩者の間にまだ若干の距離があり相異がある。それ故、『老子』の編纂はこの段階で完了したわけではなく、なおしばらくは編纂の作業が續けられたと考えるべきであろう。

ちなみに、一九九八年に『老子』の甲本・乙本・丙本を含む『郭店楚墓竹簡』（文物出版社、一九九八年）所收の『老子』が公刊された。筆者はこれらの新出文獻を詳細に研究した結果、以上に述べた筆者の諸見解は基本的に正しく、大幅に改める必要はないと考えるに至っている。筆者の研究によれば、郭店一號楚墓の下葬年代については、今日の

中國の學界では、戰國時代中期、すなわち西暦紀元前三〇〇年前後の下葬とする見解が最も盛行しているが、しかし、筆者は、思想史研究の立場から考えて、下葬はそのような早い時期にはなく、正しくは戰國末期であろうと推測する。また、郭店楚簡『老子』の甲本・乙本・丙本については、これらはいずれもすでに完成している『老子』五千言の節略本ではなく、今、まさに形成途上にある『老子』の、最も早い時期のテキストであって、恐らく『韓非子』解老篇・喩老篇よりさかのぼること少し前の成書と考えるべきであろう。(33)

C　『莊子』に現れた『老子』

本節の終わりに、老子の人物や思想に言及することが諸文獻の中で最も多い『莊子』について觸れておく。『莊子』には、老子または『老子』の言であると明言しないで、通行本『老子』と一致または類似する文章が非常に多く載っている。『老子』の編纂を推測するという觀點からそれらを論ずるならば、大體のところは『呂氏春秋』の場合に『韓非子』の場合を加えたような狀況となっている。――すなわち、『莊子』のある文章は『老子』の編纂に先だって書かれ、『老子』に取り入れられる材料を提供している。また、ある文章は『老子』の編纂とほぼ同時に平行して書かれ、『老子』との先後・影響關係については決定的なことは何とも言いがたい。さらに、ある文章は『老子』の編纂が一まず終了した後に書かれ、『老子』の強い影響を被っている。なぜこのような狀況になるのかと言えば、『莊子』は一人または少數の思想家が一時または短時に書き上げた書物ではなく、多數の道家系の思想家たちが戰國中期～前漢、武帝期の約二〇〇年間、書き繼いで成った一種の全集だからである。

『莊子』には「老聃」「老子」が登場する老子物語が凡そ十七條含まれているが、(34)これらの物語も『老子』の編纂に先だつ文章、『老子』と平行して書かれた文章、『老子』の後のその影響を被った文章、の三つに分けることができよう。

『老子』の編纂に先だつ例は、本書第1章の第4節に引用した養生主篇の秦失・弟子問答である（戰國後期の作）。これは、老聃をまだ死生の理に達していない未熟者として批判する文章であって、しかもここには『老子』と一致または類似する表現が全く現れていない。

『老子』と平行して書かれた例は、在宥篇の崔瞿・老聃問答である（戰國末期～前漢初期の作）。ここでは老聃が、

崔瞿問於老聃曰、「不治天下、安臧人心。」老聃曰、「汝愼无攖人心。……故曰、『絶聖棄知、而天下大治。』」

と言っているが、これは通行本『老子』第十九章の、

絶聖棄智、民利百倍。絶仁棄義、民復孝慈。絶巧棄利、盗賊無有。此三者、以爲文不足、故令有所屬。見素抱樸、少私寡欲。

と類似する。[35] 兩者の關係は、『莊子』在宥篇の「而天下大治」と『老子』の「民利百倍」が相當に異なっているので、必ずしも『老子』が藍本で『莊子』がそれに手を加えたとは斷言できず、ほぼ同時に平行して書かれ相互に影響を與えあっているのではなかろうか。

『老子』の後に書かれた例は、天下篇の關尹・老聃論である（前漢初期、文帝期乃至景帝期の作）。ここには老聃の言葉が四條引かれている。その一は、

老聃曰、「知其雄、守其雌、爲天下谿。知其白、守其辱、爲天下谷。」

であり、その二は、

曰、「受天下之垢。」

であり、その三は、

曰、「苟免於咎。」

であり、その四は、

曰、「堅則毀矣、鋭則挫矣。」

である。

その一は、通行本『老子』第二十八章に、

知其雄、守其雌、爲天下谿。爲天下谿、常徳不離、復歸於嬰兒。知其白、守其黑、爲天下式。爲天下式、常徳不忒、復歸於無極。知其榮、守其辱、爲天下谷。爲天下谷、常徳乃足、復歸於樸。樸散則爲器、聖人用之、則爲官長。故大制不割。

とあるのとほぼ一致している。[36] その二は、『老子』第七十八章に、

天下莫柔弱於水、而攻堅強者、莫之能勝、以其無以易之。弱之勝強、柔之勝剛、天下莫不知、莫能行。是以聖人言云、「受國之垢、是謂社稷主。受國不祥、是謂天下王。」正言若反。

とあるのと類似している。[37] その三とその四は、『老子』に一致または類似する文が見當たらない。その一とその二から考えて、『老子』の原形がすでに編纂されていることは疑いないが、その三とその四から考えれば、馬王堆帛書『老子』や通行本『老子』とは系統の異なる諸テキストが存在しており、天下篇の作者はそれを見ているようである。こういうわけで、當時の『老子』はまだ馬王堆帛書『老子』・通行本『老子』の一種だけに收斂してはいなかったのだ。

第5節　馬王堆帛書『老子』の出土

一九七三年、湖南省長沙市の郊外の馬王堆にある前漢時代の墓（三號墓）から、副葬品として大量の帛書・竹簡とともに二種の『老子』のテキストが出土した。それが馬王堆漢墓帛書『老子』の甲本と乙本である。墓主人は、長沙國の丞相である軑侯、利蒼の息子で、文帝の初元十二年（前一六八年）に下葬されたことが判明している。

A　馬王堆『老子』の甲本と乙本

まず、馬王堆漢墓帛書『老子』甲本は、縦幅約二十四センチ・メートルの帛の上に、篆文と隸書の中間の字體で墨書されている。その體裁は、『老子』或いは『道德經』などという書名がつけられていない、「一章」「二章」……「八十一章」の分章も行われていない、まして「體道」「養身」などの章名もつけられていない、また、約五四〇〇字の全體が二つの部分に大分されてはいるけれども、それぞれに「德經」「道經」という名稱がつけられていない、という古樸なものである。

その抄寫年代はいつごろかという問題であるが、用いられている字體については、秦の始皇帝が文字を統一した後の、篆文から隸書に向かって變化しつつある過渡期の字體であることと、皇帝の諱を避ける文字については、前漢の惠帝、劉盈の「盈」、高后、呂雉の「雉」、文帝、劉恆の「恆」などは、いずれもみな避けていないものの、高祖、劉邦の「邦」を避けて「國」に改めている部分があること、の二點を根據にして、筆者は、惠帝期（前一九四年～前一八八年）乃至呂后期（前一八七年～前一八〇年）の抄寫ではないかと推測する。

ところが、從來の研究はいずれも例外なく、『老子』甲本及びその卷後古佚書四篇において、劉邦以下の諱がすべて避けられていないと述べているが、この見解は誤りである。なるほど從來の研究が述べているとおり、『老子』甲本では劉邦の「邦」は避けられていないけれども、しかし、『老子』甲本と同じの帛に同じ字體で抄寫された『五行』には、その第十八章經・說に「國家」という語が三例現れているのだ。これは、『老子』甲本第十八章・第五十七章などに「邦家」とあるように、もともとは「邦家」と書いていたのを、『老子』乙本と同じように「邦」を避けて「國家」に改めたものにちがいない。ちなみに、郭店楚墓竹簡『五行』の當該箇所つまり第十五章も「國家」には作っておらず、「邦[穴/家]（家）」に作っている。そうだとするならば、馬王堆帛書『老子』甲本及び卷後古佚書の中に、部分的にではあれ劉邦の諱を避けている事實があることになる。(38)

他方、乙本は、縦幅約四十八センチ・メートルの帛上に隷書の字體で墨書されている。その體裁は、甲本と同じように、『老子』『道德經』などの書名、「一章」「二章」……「八十一章」の分章、「體道」「養身」などの章名がすべて存在しないが、しかし、甲本と異なって、全體が二つに大分された部分の末尾に、それぞれ「德　三千卌一」「道　二千四百廿六」の如く篇名と字數が記されている。

その抄寫年代は、用いられている字體が、よく整えられるに至った時期の美しい隷書であることと、皇帝の避諱の文字が、高祖の「邦」を避けているけれども、惠帝の「盈」以下をいずれも避けていないこと、の二點によって、文帝期（前一七九年～前一五七年）の初年で、紀元前一六八年までではないかと推測したい。

B　『老子』甲本から乙本への發展

大體から言って、馬王堆帛書『老子』の甲本と乙本の二つは、同一の系統に屬するテキストである。明らかに甲本が古く乙本が新しいという相異はあるにしても。馬王堆帛書『老子』の甲本と乙本が同一の系統に屬するテキストである、と筆者が認める理由を、ここで一つだけ擧げておく。――それは、章の順序という問題である。すなわち、章の順序が、馬王堆帛書『老子』兩本が通行諸本と異なっている三箇所で、甲本と乙本は完全に同一なのである。

第一に、通行本の第四十一章が馬王堆帛書『老子』では第三十九章の後、第四十章の前に置かれており、第二に、通行本の第八十章・第八十一章が馬王堆帛書『老子』では第六十六章と第六十七章の中間に置かれており、第三に、通行本の第二十四章が馬王堆帛書『老子』では第二十一章の後、第二十二章の前に置かれている。これらの三箇所の章の順序は、馬王堆帛書『老子』甲本と乙本がまったく同一であるのに對して、諸他のテキストの中でこのようになっているものは一つとして存在しない。この事實に基づいて推測するならば、馬王堆帛書『老子』甲本と乙本の章序が『老子』の比較的古い章序であり、通行本は後代になってそれを變更したもの、と考えることができる。(39)『韓非子』解老篇・喩老篇が用いた最初の『老子』から馬王堆帛書甲本・乙本の抄寫に至るまでの閒は、わずかに三十年～五十年しか隔たっていないが、解老篇・喩老篇の『老子』と甲本・乙本とを比較してみると共通點もあれば相異點もある。

共通點とは、兩者ともに「德經」に當たる部分が前にあり「道經」に當たる部分が後にあるという構成になっていることであり、最初のテキストは解老篇・喩老篇の『老子』の順序に文章を竝べていたのであろう。(40)また、通行本に比べて解老篇・喩老篇の『老子』の經文と甲本・乙本の經文がより親近な關係にあることであり、この例は相當に多い。例えば、第四十六章の經文は、解老篇の『老子』は、

禍莫大於可欲、禍莫大於不知足、咎莫憯於欲利。

に作り、喩老篇の『老子』は、

罪莫大於可欲、禍莫大於不知足、咎莫憯於欲得。

に作る。一方、馬王堆甲本は、

●罪莫大於可欲、旤（禍）莫大於不知足、咎莫憯於欲得。

に作って、完全に喩老篇と同じである(41)。それに對して、通行本は、

罪莫大於可欲、禍莫大於不知足、咎莫大於欲得。

に作る。第三句の「憯」の字を「憯」に作って「大」に作らない點で、解老篇・喩老篇の『老子』と馬王堆甲本・乙本が一つのグループをなし、相互に通行本よりも親近であることは明らかである(42)。

相異點とは、馬王堆甲本・乙本が解老篇・喩老篇の『老子』にあった文章をいくらか捨て去り、なかった文章を大量に追加・補充して成っていることであり、また文章それ自體をかなり加筆・修正してよく整った文章に改めていることである。後者については、上に引用した第四十六章の經文を見てみよう。第一句の「禍」の字は、解老篇と喩老篇とで一致せず搖れていたところであるが、馬王堆甲本・乙本が喩老篇のを襲って「罪」に作って以後は、通行本も「罪」に作って安定するに至っている。解老篇のは第二句も「禍」であるので、文章表現が最も古拙と認めざるをえまい。第三句の「利」の字は、解老篇のが「欲」「足」と韻を踏まずやはり古拙であったのを、馬王堆甲本・乙本が喩老篇のを襲って押韻する「得」に作って以後、通行本も「得」に作っている。ちなみに、第三句の「憯」の字は、解老

篇・喩老篇のと甲本・乙本がいずれも「慴」であったのを、第一句・第二句ともに「大」であるのに合わせて通行本が整えたにちがいない。(43)

馬王堆『老子』の甲本と乙本は、上述のとおり同一の系統に屬するテキストではあるが、抄寫年代が約二十年離れているために、甲本→乙本のような發展が認められる。

第一に、甲本はテキストの全體が二つに大分されていたけれども、それぞれに何の名稱もつけられていなかった。それに對して、乙本は二つの大分された部分にそれぞれ「德」「道」の名稱を與えている。『老子道德經』の起こりは、恐らくこのあたりに胚胎していたのではなかろうか。

第二に、甲本は縱幅約二十四センチ・メートルの帛上に抄寫されていた。それに對して、乙本は縱幅約四十八センチ・メートルの帛上に抄寫されている。これはテキストの中身の發展ではないけれども、甲本の段階では、『老子』はまだ一般的な書物として取り扱われるにすぎなかったのが、乙本の段階になると、經典的な書物と見なされるに至ったのである。と言うのは、後漢時代の王充（二十七年ごろ～一〇〇年）が『論衡』謝短篇において、

彼人曰、「二尺四寸、聖人文語。朝夕講習、義類所及、故可務知。漢事未載於經、名爲尺藉短書。比於小道、其能知、非儒者之貴也。」

と言い、同じく書解篇において、

知屋漏者在宇下、知政失者在草野、知經誤者在諸子。諸子尺書、文明實是。

と言っているように、漢代の書物用の木簡・竹簡には長短二種の尺度があり、長簡は漢尺の二尺四寸で經典を書寫するのに用い、短簡は一尺乃至一尺二寸で諸子を書寫するのに用いた。これとほぼ見合って、帛書にも全幅と半幅の二種の尺度があり、全幅の帛上に書寫された文獻は重要と見なされた著作であるのに對して、半幅の帛上に書寫された

文獻は一般的な讀み物であった、と考えられるからだ。それ故、ここには黄老思想がまだ盛行する以前の一般的な書物としての甲本から、黄老思想がまさに盛行している時代の經典的な書物としての乙本への發展があったことになる。[44]

第三に、甲本の文章それ自體についても、乙本は加筆・修正して整った文章に改めている箇所が少なくない。ただし、實例を擧げるのは煩瑣にわたるのでここでは省略する。

C　馬王堆甲本・乙本以後の『老子』

この節の最後に、馬王堆帛書甲本と乙本の後世に向けた顔をも眺めておこう。すでに述べたとおり、『莊子』天下篇の見た『老子』は乙本に二、三十年後れるテキストであるが、通行本よりは馬王堆帛書『老子』に近い。けれども、當時、馬王堆帛書『老子』や通行本『老子』とは系統の異なる諸テキストも存在しており、天下篇が見たのはそれであるらしい。だから、『老子』はまだ馬王堆帛書『老子』・通行本『老子』の一種だけに收斂してはいなかったのだ。その後、乙本に七、八十年後れるテキストを見たのが、司馬遷である。『史記』老子列傳は、本書第1章の第1節で引用したように、

　於是老子廼著書上下篇、言道德之意五千餘言而去。

と記している。甲本・乙本に初めて認められた全體を二つに大分する處置は、ここでも維持されて「上下篇」となった。乙本が初めてそれぞれに名稱を與えた「德」「道」を、ここでは「道德之意」としたのかもしれない。そうだとすれば、この段階で「德」「道」が覆されて「道經」と「德經」、つまり通行本と同じ構成の『道德經』が成立していたのかもしれないが、この憶測は果たしてどうであろうか。また、乙本が初めて計算した「德　三千卌一」「道　二千四

百廿六」の總字數、約五四〇〇字は、ここでも變更がなく「五千餘言」である。こうして、多數あったにちがいない、系統の異なる諸テキストを蹴落として、馬王堆甲本・乙本は通行本の形成に向かって進んでいったのである。(45)

以上のような經緯から、極めて大雑把に押さえるならば、馬王堆『老子』甲本・乙本は、通行本『老子』の直接の原形と言って差し支えない。

第６節　郭店楚簡『老子』の新たな登場

一九九八年、今日我々が見ることのできる最古の『老子』が新たに出版・公表された。『郭店楚墓竹簡』（文物出版社。以下、文物本『郭店楚簡』と略稱する。）所收の郭店楚墓竹簡『老子』（以下、郭店楚簡『老子』と略稱する。）甲本・乙本・丙本の三本である。ここでは、それについて簡單に觸れておく。(46)

Ａ　郭店楚簡甲本・乙本・丙本――最古の『老子』

さて、文物本『郭店楚簡』は、一九九三年の冬に中國湖北省荊門市郭店村の一號楚墓より出土した八〇〇餘枚の竹簡（以下、郭店楚簡と略稱する。）の「圖版」（寫眞版）と「釋文注釋」を收めている。郭店楚簡の八〇〇餘枚の竹簡は、荊州市博物館や荊門市博物館の整理者の手によって以下の十六種類の文獻に整理された。

『老子』甲・乙・丙（本書では、『老子』甲本・乙本・丙本と稱する。）

『太一生水』（「太」の字は、文物本『郭店楚簡』は「大」に作っている。本書では、正確を期して『大一生水』と稱する。）

『緇衣』

『魯穆公問子思』

『窮達以時』

『五行』

『唐虞之道』

『忠信之道』

『成之聞之』

『尊德義』

『性自命出』

『六德』

『語叢一』

『語叢二』

『語叢三』

『語叢四』


以上の內、『五行』の冒頭に成書者或いは抄寫者によって「五行」という篇題（標題）がつけられているのを除いて、他の篇題はすべて上記の整理者によって假りにつけられたものである。これらの篇題が正しくは何であるべきかに關しては、『老子』がいつごろ、どの地において、いかなる理由により『老子』と呼ばれるようになったのかを檢討する資料としても、この郭店楚簡が重要であるなどの事情もあることであるから、その『老子』という篇題をも含めて、十分に愼重に取り扱い堅實で緻密な考證を行わなければなるまい。本書において書名に『老子』と表現するのは、あくまでも行論の便宜に従うにすぎない。

さて、この『郭店楚簡』に含まれる『老子』三本は、疑いもなく今日我々が見ることのできる最古の『老子』の抄寫本であり、したがって、原本『老子』に最も近いテキストである。

三本ともに戰國時代の楚系文字をもって墨書されている。竹簡の長さは、甲本が約三十二センチ、乙本が約三十センチ、丙本が約二十六センチであるが(47)、これらの間にある長短の相異は、必ずしも上述したような、漢代の書籍用の木簡・竹簡に認められた長短二種の尺度を意味しているわけではないようである。

三本の體裁は、『老子』或いは『道德經』などという書名がつけられておらず、また全體が二つの部分に大分されてそれぞれに「德經」「道經」という名稱が與えられる、という處置も施されていない。さらに、「一章」「二章」……「八十一章」の分章も行われておらず、まして「體道」「養身」などの章名もつけられていない。その上、各章の配列は「一章」「二章」「三章」……の馬王堆帛書『老子』や通行本『老子』の順序には竝んでおらず、各章の文章構成も馬王堆帛書や通行本のようには完全具足していない（後述）、といった最も古樸なものである。

郭店楚簡『老子』三本に含まれている（通行本を基準とする）章とその配列の順序は、以下のとおりである。

●甲本

第十九章→第六十六章→第四十六章中段・下段（上段を缺く）→第三十章上段・中段（下段を缺く）→第十五章上段・中段（下段を缺く）→第六十四章下段（上段を缺く）→第三十七章→第六十三章上段・下段（中段を缺く）→第二章→第三十二章。

第二十五章↓第五章中段（上段・下段を缺く）。

第十六章上段（下段を缺く）。

第六十四章上段（下段を缺く）↓第五十六章↓第五十七章。

第五十五章上段・中段・下段（最下段を缺く）↓第四十四章↓第四十章↓第九章。

●乙本
第五十九章↓第四十八章上段（下段を缺く）↓第二十章上段（下段を缺く）↓第十三章。

第四十一章。

第五十二章中段（上段・下段を缺く）↓第四十五章↓第五十四章。

●丙本
第十七章↓第十八章。

第三十五章↓第三十一章中段・下段（上段を缺く）。

第六十四章下段（上段を缺く）。


これらの內、「中段・下段（上段を缺く）」などという附記のない、單に「第十九章」とか「第六十六章」とか書かれているのは、當該章の文章がほぼ通行本のとおりに完全具足していることを意味する。また、「↓」印は、綴合した竹簡の中で、前の章を承けて後の章が連續して抄寫されていることを示し、また「。」の記號は、その連續がそこに至って斷絶していることを示す。

全體として、通行本を基準に考えるならば、郭店楚簡『老子』三本で出現した章は、『老子』八十一章中の三十一章であり（第六十四章下段の一箇所だけは重複して出現）、三本の合計字數は二〇四六字である。したがって、通行本の約五分の二が出現したことになる。[48]

以上に紹介した郭店楚簡『老子』三本に對して、筆者が行った上掲の諸論文の研究によれば、以下の結論を導き出すことができる。――上段・中段・下段の完全具足していない諸章を含む郭店楚簡『老子』三本は、歴史上ほとんど最初にこの世に現れた古い『老子』の、その內部にそれほどの矛盾や齟齬を含まない本來の姿であり、同時にまた、テキストとしてまだ形成途上にあるはなはだ不安定な、原本に最も近い內容を持った『老子』である。それに對して、各段の完具している馬王堆『老子』兩本・通行本は、前漢初期までに或いはそれ以後に、新たな文章が著述されたり捜求されたりして成った『老子』の姿を示しており、それ故、內部に矛盾や齟齬を抱えつつもテキストとして一歩一歩安定するようになっていった時代の『老子』である。

B　郭店『老子』は戰國末期の成書

ところで、郭店楚墓は、一體いつごろ下葬されたものであろうか。下葬年代が重要であるのは、改めて言うまでもなく、今回出土した諸文獻の成書年代や抄寫年代がいつであるかを測る基礎になるのが、下葬年代だからである。この問題については、すでに中國の研究者に見解があり、今日の學界では、その紀元前三〇〇年前後の下葬とする見解が最も盛行しているようである。

しかしながら、筆者は、この見解に根本的な疑問を抱いている。と言うのは、筆者は、かつて郭店楚簡の中に收められている『窮達以時』という文獻を、具體的かつ詳細に研究したことがあるが、[49] この『窮達以時』の中には『荀子』天論篇の「天人の分」の思想に由來する文章が發見されるからである。採用した研究の方法は、『窮達以時』の思想內容及び文章表現を、これと密接に關聯する諸文獻――『荀子』天論篇・『呂氏春秋』愼人篇・『荀子』宥坐篇・『韓詩外傳』卷七・『說苑』雜言篇・『孔子家語』在厄篇など――と比較・對照することである。その結果、上述の盛行している見解とは根本的に異なる郭店楚墓の下葬年代を想定せざるをえないと考えるに至った。すなわち、その下葬年代は、戰國末期であり、紀元前二六五年前後～前二五五年より少し後であろうと考える。

その理由は、一つには、『荀子』天論篇の「天人の分」の思想は、戰國後期、齊の稷下に遊學していた荀子が、莊子學派と接觸してその「天人」關係論から強い影響を被りながらも、彼らの「人」の否定を覆して「人」の肯定に轉ずる思想の革新を起こす中で、齊の土地において形成していった思想であり、『荀子』天論篇の成書年代は荀子がこの土地に滯在していた紀元前二六五年か二六四年～二五五年の約十年の閒にあること。

二つには、『窮達以時』は、『荀子』天論篇が世に出た少しばかり後、その影響の下に「天人の分」の思想を大體のところ忠實に襲って、荀子の後學が筆を振るって成書した文獻であること。

三つには、『窮達以時』の成書された土地は、荀子をして莊子學派の「天人」關係論の影響からほぼ完全に自由になることを可能ならしめた楚の蘭陵よりも、むしろそれ以前の齊の稷下の方がふさわしいが、荀子が楚の蘭陵に家を構えて生活していたのは前二五五年～二三八年の約十八年閒であること。

四つには、大體、忠實に襲いはしたものの、しかし、『窮達以時』には『荀子』天論篇の「天人の分」の思想を修正した點もあって、この點において、『窮達以時』は『荀子』天論篇より後の『呂氏春秋』愼人篇・『荀子』宥坐篇などに接近しつつあること。

五つには、結局のところ、『窮達以時』の成書年代は、『荀子』天論篇の成書年代（前二六五年前後～二五五年）よりやや後で、同じく前二六五年前後～二五五年の約十年閒にあるが、『呂氏春秋』編纂年代（前二三九年乃至二三五年）に至る過程にあること。――ざっと以上のとおりである。

そして、もし郭店楚墓の下葬年代を以上のように想定することが許されるならば、郭店楚簡『老子』三本の成書年代或いは抄寫年代の下限を、戰國末期、前二六五年前後～二五五年より少し後までに置くことが、荒唐無稽ではなくなり、そのことを通じて、郭店楚簡『老子』三本の中に荀子の思想をふまえている箇所があることを始めとして、郭店楚簡『老子』三本の抱く思想内容全體に對しても、一層、合理的な説明、正確な分析を行うことが可能となるのである。

第７節　武帝期初年における『淮南子』の編纂

Ａ　『淮南子』編纂の目的と構成

『淮南子』の編纂に關することは、武帝と同時代の司馬遷の筆に成る『史記』は默して何も語らないけれども、『漢書』淮南王傳は次のようににぎにぎしく描いている。

淮南王安爲人好書鼓琴、不喜弋獵狗馬馳騁。亦欲以行陰德拊循百姓流名譽。招致賓客方術之士數千人、作爲「內書」二十一篇、「外書」甚衆。又有「中篇」八卷、言神仙黃白之術、亦二十餘萬言。時武帝方好藝文。以安屬爲諸父、辯博善爲文辭、甚尊重之。每爲報書及賜、常召司馬相如等視草迺遣。

初安入朝、獻所作。「内篇」新出、上愛祕之。使爲「離騷傳〈傅（賦）〉」、旦受詔、日食時上。又獻「頌德」及「長安都國頌」。每宴見、談說得失及方技賦頌、昏暮然後罷。

この文章の「内篇」は上文の「内書二十一篇」であり、また『漢書』藝文志「諸子略」雜家の「淮南内二十一篇」であり、同時にそのまま今の『淮南子』二十一篇である。それがこの入朝の時に新出したばかりであったのを武帝に獻ぜられ、武帝はこれを愛祕したと言う。この入朝は『史記』淮南列傳などによって建元二年（前一三九年）のことと定められるが、時に劉安は四十歳、武帝は十八歳であった。

さて、『淮南子』という書物は、『漢書』藝文志が「雜家」に列しているので、特に明確な主張を持たない何でもづくしの百科全書、という印象を人に與えるかもしれない。しかし、實はそうではない。當時、前漢の皇帝を始めとする中央政權は、淮南王のような諸侯王の力を削減することを通じて、中央への權力集中を強化しようという政策を實行しつつあったが、その政策の責任者、景帝が崩御して（前一四一年）新たに武帝（前一四〇年～前八十七年在位）が卽位したのを絶好の機會と把えて、漢朝が支配する天下の諸思想・諸勢力をすべて容認しながら、それらのより緩やかな大調和・大統一を實現せよと、編纂者、劉安が若い皇帝に對して要求したのが本書だからである。劉安は、吳楚七國の亂（前一五四年）の後から、「賓客方術之士」を招いてそのパトロン役を引き受けたので、全天下から數千名の諸子百家が賓客として淮南王の下に身を寄せていた。『淮南子』は、上述のような熱い政治的思想的な主張を提唱するために、こうして集まってきた諸子百家の樣々の思想を網羅して、わずかに二年という倉卒の閒に編纂されたものである。

その内容は、諸子百家の樣々の思想を網羅しているから「雜家」的であり、儒家・墨家・法家などの諸思想がすべて含まれるのは、勿論である。(50) しかし、諸思想・諸勢力を大きく調和・統一する中心の位置に、道家思想やそれを體得した帝王の座ることが豫定されており、道家的な色彩が濃厚であることは否定すべくもない。例えば、最も大きな

枠組みである二十一篇全體の構成については、道家系の宇宙生成論に基づいて、

道↓一↓二↓四↓萬物

のように組み立てようとしている。すなわち、『呂氏春秋』大樂篇に、

太一出兩儀、兩儀出陰陽。陰陽變化、一上一下、合而成章。渾渾沌沌、離則復合、合則復離、是謂天常。天地車輪、終則復始、極則復反、莫不咸當。日月星辰、或疾或徐、日月不同、以盡其行。四時代興、或暑或寒、或短或長、或柔或剛。萬物所出、造於太一、化於陰陽。

とあり、(51)『老子』第四十二章に、

〔道生一、一生二、二生三、三生萬物〕。(馬王堆帛書甲本・乙本)

とあるのなどに基づいて、(52)

原道篇（道についての形而上學をまとめる）↓俶眞篇（太初の一に關する宇宙生成論を述べる）↓天文篇・墬形篇（天と地の二者に關する自然學を研究する）↓時則篇（春夏秋冬の四時の時令について解明する）↓覽冥篇乃至泰族篇（世界における森羅萬象を個別的に論ずる）

のように全體を敍述しようとしているのである。

B　『淮南子』における『老子』『莊子』の引用

このように道家的な色彩が濃厚な書物であるから、『淮南子』の至るところに『老子』や『莊子』の引用があることは、改めて言うまでもない。その實例を擧げるのは煩瑣にわたるので省略するが、ただ二つだけ注目すべき事象を述

べておきたい。

第一に、『淮南子』において、主に『老子』を經典として奉じそれに注釋を施すアカデミズムが成立していることである。道應篇を検討してみよう。道應篇は、過去の歴史的事實を說話の形で數多く集めて（五十六例）、それら一つ一つの歴史的事實の中に「道」が現れていることを確認し、それを知ることによって現在・未來に對處していこうという趣旨の篇である。ところで、作者たちには、「道」は主に『老子』の中に書きこまれているという自明の前提があったから、道應篇の實際は『老子』の正しさを歴史的事實（說話）によって檢證するという、いささか倒錯したスタイルを取ることになる。――『韓非子』解老篇と喩老篇、特に後者を繼承し發展させた仕事と評することができようか。

第二に、やはり道應篇に關係することであるが、檢證される經典が『老子』（五十三條）だけでなく、『莊子』（一條）も加えられていることである。[53] これは、淮南國において、『莊子』が『老子』と竝んで經典として重視され、研究され始めている事實を示唆している。この事實と呼應するかのように、本書の末尾にある要略篇の中の、二十篇一つ一つの内容を解說した部分では、道應篇について、

> 道應者、攬掇遂事之蹤、追觀往古之跡、察禍福利害之反、考驗乎老莊之術、而以合得失之勢者也。

と說いているのである。この中の「老莊」は、『老子』と『莊子』を一體と見て竝稱した歴史上最初の表現として、エポック・メーキングな意味を持っている。

この『淮南子』は、一方では、卽位したばかりの若い武帝に帝王の道としての諸思想・諸勢力の調和と統一の意義を教え、他方では、董仲舒を含む、對抗する儒家の思想家たちに中央集權的な政治思想の整備を急がせた。その結果、このころからしばらくの間、

> 及竇太后崩、武安侯田蚡爲丞相、絀黃老刑名百家之言、延文學儒者數百人、而公孫弘以『春秋』白衣爲天子三公、

封以平津侯。天下之學士靡然鄉風矣。（『史記』儒林列傳）

という儒教勃興の時代を迎えるに至る。より具體的に述べれば、即位した直後の建元元年（前一四〇年）、武帝は儒教に傾斜して方正・賢良・文學の士を招いたが、この時、文學をもって儒家の趙綰と王臧を擧げ、二人を御史大夫と郎中令に任命して、古を議し明堂を立てて諸侯を參朝させようとし、巡狩・封禪・改暦・服色などの儒教化政策を實施しようと計劃させた。（しかし、建元二年、黄老學派の後ろ盾であった儒教嫌いの武帝の祖母、竇太后がまだ健在であり、二人は彼女に睨まれて自殺させられたために、この儒教化政策は頓挫する。この黄老トラウマから儒家がかろうじて解放されるのは、竇太后が崩御した建元六年（前一三五年）のことであった。）丞相、衞綰はこの時擧げられた賢良について、申不害・商鞅・韓非・蘇秦・張儀の思想を學んだ者が含まれており、彼らは國政を亂す恐れがあるので不採用にしたいと奏請して許可された。これは法家と縱橫家の官界進出を阻止し、逆に主として儒家の官界進出を促進する處置と考えられる。また、武帝は元光元年（前一三四年）に『春秋』の雜説を學んだ儒者、公孫弘を文學の選擧で徴したが、彼は儒者で丞相となった歴史上最初の博士である（元朔五年）。さらに、武帝は元朔元年（前一二八年）、郡國の二千石に詔して孝廉を擧げることの徹底を令し、元封五年（前一〇六年）、初めて刺史を設置して十三州に配屬させた時、州郡に令して吏民の茂材・異等を擧げさせている。武帝期における以上の選擧制度の確立と武帝の人事登用の政策は、そのすべての面にわたって儒教的性質が具わっていたわけではないけれども、しかしかなりの程度と範圍において、儒教の重視が進められたことは否定できない事實である。(54) そして、このような狀況の推移の中で、元狩元年（前一二二年）劉安はついに謀反の罪で自殺させられるに至った。

注釋

(1) 本書第4章の注釋(22)、第9章の第2節、及び第14章の第1節を參照。また、『荀子』正論篇には、

語曰、「淺不足與(以)測深、愚不足與(以)謀智、坎井之鼃不可與(以)語東海之樂。」此之謂也。

とある。これは、『莊子』秋水篇の河伯・北海若問答に、

北海若曰、「井鼃不可以語於海者、拘於虛也。夏蟲不可以語於冰者、篤於時也。曲士不可以語於道者、束於敎也。今爾出於崖涘、觀於大海、乃知爾醜。爾將可與(以)語大理矣。」

とある文章の、或いは同じく秋水篇の公孫龍・魏牟問答に、

公子牟隱机大息、仰天而笑曰、「子獨不聞夫埳井之鼃乎。謂東海之鱉曰、『吾樂與。吾跳梁乎井幹之上、入休乎缺甃之崖。赴水則接腋持頤、蹶泥則沒足滅跗。還虷蟹與科斗、莫吾能若也。且夫擅一壑之水、而跨跱埳井之樂、此亦至矣。夫子奚不時來入觀乎。』東海之鱉、左足未入、而右膝已縶矣。於是逡巡而卻、告之海曰、『夫千里之遠、不足以擧其大。千仞之高、不足以極其深。禹之時、十年九潦、而水弗爲加益。湯之時、八年七旱、而崖不爲加損。夫不爲頃久推移、不以多少進退者、此亦東海之大樂也。』於是埳井之鼃聞之、適適然驚、規規然自失也。」

とある文章(本書第5章の第5節、その注釋(46)(47)、第13章の第1節、及び第14章の第3節を參照)の、より素樸な原形つまり原本『莊子』を引用したのではなかろうか。

(2) 本書第3章の第2節、及び第6章の第2節を參照。

(3) 本書第3章の第2節、その注釋(7)、第6章の第2節、その注釋(15)、第10章の第4節、及びその注釋(38)を參照。

(4) 張恆壽『莊子新探』の上編、第三章、第三節、(四)「《山木》篇爲莊子派後學所作及其羼改」の後半部分を參照。また、本書第6章の第2節、及びその注釋(15)を參照。

(5) 難三篇は韓非(前二八〇年ごろ~前二三三年)の自著ではなく、その後學の著作であろう。

(6) 楠山春樹『道家思想と道敎』の「淮南子より見たる莊子の成立」による。

(7) 『史記』莊子列傳の擧げている「漁父・盜跖・胠篋・畏累虛・亢桑子」に基づいて推測するならば、「十餘萬言」の内のある

部分は確かに後の五十二篇本の篇名の下にまとめられていたけれども、しかし、逍遙遊・齊物論・養生主……の三文字から成る内篇七篇の篇名を始めとして、多くの諸篇の篇名はまだつけられておらず、ましてそれらの篇名の下にいくつかの文章が列《なら》べられることなども、まだ行われていなかったと考えられる。

（8）王叔岷『諸子斠證』の「淮南子斠證」を參照。

（9）『世說新語』文學篇の劉孝標注に、

秀本傳或言、秀遊託數賢、蕭屑卒歲、都無注述。唯好莊子、聊應崔譔所注、以備遺忘云。

とあるのによって、向秀は崔譔本をテキストにして注をつけたことが知られる。

（10）郭象注が向秀注を利用して書かれたことは、古來、はなはだ有名なことであって、『世說新語』文學篇に、

初、注『莊子』者數十家、莫能究其旨要。向秀於舊注外爲解義、妙析奇致、大暢玄風。唯秋水至樂二篇未竟秀卒。秀子幼、義遂零落、然猶有別本。郭象者、爲人薄行、有儁才。見秀義不傳於世、遂竊以爲己注。乃自注秋水至樂二篇、又易馬蹄一篇、其餘衆篇、或定點文句而已。後秀義別本出、故今有向郭二『莊』、其義一也。

と記してあり、『晉書』郭象列傳もこの記述を襲っている。郭象注が向秀注を「竊ん」だとまでは決めつけられないにしても、郭象が崔譔・向秀のテキストと注を利用したことは確かである。

（11）高山寺典籍文書綜合調査團編『高山寺古訓點資料』第二「莊子」の第一篇、影印、五「莊子雜篇天下第三十三（甲卷）」による。

（12）劉向の編纂したテキストの内、他に『晏子』は内篇と外篇に分かれており、『管子』は經言・外言・内言・短語・區言・雜篇・管子解・輕重の八類に分かれているが、これらの分類も劉向の行った仕事と考えられる。

（13）『漢書』藝文志「諸子略」雜家の「淮南内二十一篇」「淮南外三十三篇」に、顏師古は注をつけて、

内篇論道、外篇雜說。

と言う。「内篇」と「外篇」の區別というもの一般に關する、唐代初期の知識人の常識を示している點で、參考にすることのできる資料である。

（14）韓愈の雜篇三篇に關する論評は、歸有光・文震孟『南華眞經評註』の各篇の末尾につけられた評語の中に見えており、盜跖篇については、
　韓文公曰、「譏侮列聖、戲劇夫子、蓋效顰莊老而失之者。」
とし、說劍篇については、
　韓昌黎曰、「此篇類戰國策士雄譚、意趣薄而理道疎、識者謂非莊生所作。」
とし、漁父篇については、
　韓昌黎曰、「論亦醇正、但筆力差弱於莊子。然非熟讀莊子者、不能辨。」
としている。
（15）蘇轍『古史』卷三十三、老子列傳第十を參照。
（16）元代には、吳澄が駢拇・胠篋・馬蹄・繕性・刻意の五篇を疑い、明代に入って、羅勉道が讓王・說劍・漁父・盜跖・刻意・繕性の六篇を疑い、また鄭瑗が讓王・盜跖・說劍・馬蹄・胠篋の五篇を疑うなどのように、時代の進展とともに外篇・雜篇への疑問・批判は激しさを增していった。そして、明代後期になると、ついに朱得之・李贄・焦竑の出現を見て、外篇・雜篇は全面的に否定されるに至る。その後、淸代になって、外篇・雜篇が例外なくすべて莊子の自著でないとする說は、王夫之・林雲銘以下の多くの研究によって廣く定着するようになる。さらに、最近の世界の學界では、外篇・雜篇が莊子の自著でないことを前提にして、外篇・雜篇凡そ二十六篇全體の類別や、內篇七篇と外篇・雜篇凡そ二十六篇との系統づけなども行われている。
（17）本書第４章の注釋（22）、及び第14章の第１節を參照。
（18）「物物者非物」の二世界論については、本書第６章の第１節を參照。辨證法的な知識論については、本書第13章の第４節を參照。
（19）本書第４章の第３節、第14章の第４節及びその注釋（33）を參照。
　ちなみに、筆者がここにおいて採用している學術研究の方法は、嚴密な實證主義である。思想史に關する學術研究を進める

ためには、多くの資料の中から確實なかつ信頼することのできる資料を求めて、嚴密な態度で資料批判を行わなければならない。そのような資料批判の検討に合格した、確實なかつ信頼できる資料を根據にして始めて、正確な分析や意味のある論述が可能となるのである。そして、比較的早い時期に成書された『呂氏春秋』や『荀子』その他に確實に存在する記述は、そのような信頼できる資料と見なすことができるし、また、それらに基づいて思想史の分析や論述が可能となる。しかし逆に言って、もしも『呂氏春秋』や『荀子』その他の比較的早い時期に成書された文獻に存在しない、あやふやな事柄であるならば、それらを使用しても何一つとして正確な分析や意味のある論述が可能とはならないのだ。以上のような嚴密な實證主義は、自然科學であれ人文科學であれ社會科學であれ、凡そ近代的な學術研究を行おうとする場合には、必要不可缺として必ず要求される研究方法の一つであり、東西のまともな學術研究に從事する者の閒で堅く遵守されている原則である。ところが、最近の學界では、このような嚴密な方法を採用する研究を見ると、直ちにこれを非難して「古史辨運動的影響」とか「擬古派」とかといった、皮相かつ淺薄なレッテルを貼りつける研究者が增加している。このような皮相かつ淺薄なレッテル貼りを、我々は一日も速く克服しなければならない。

(20) ちなみに、戰國末期に成書されたと考えられる郭店楚墓竹簡『老子』甲本は、

天大、陸（地）大、道大、王亦大。國中又（有）四大安（焉）、王凥（處）一安（焉）。人法陸（地）、陸（地）法天、天法道、道法自肰（然）。■

に作り、また、馬王堆帛書『老子』甲本は、

〔道大〕、天大、地大、王亦大。國中有四大、而王居一焉。人法地、〔地〕法天、天法〔道、道〕法〔自然〕。

に作り、馬王堆帛書『老子』乙本は、

道大、天大、地大、王亦大。國中有四大、而王居一焉。人法地、地法天、天法道、道法自然。

に作っている（本書第11章の注釋（28）、及び第12章の第3節を參照）。郭店楚墓竹簡『老子』甲本が眞っ先に「道」を言わず、「天」と「地」をまとめて言うのは、『呂氏春秋』貴公篇の「天地」だけを言う表現に近い。

(21) ちなみに、郭店楚墓竹簡『老子』甲本は、

萬勿（物）復（作）而弗忌（治）也、爲而弗志（恃）也、成而弗居。天〈夫〉售（唯）弗居也、是以弗去也。■

に作り、また、馬王堆帛書『老子』甲本は、

〔萬物昔（作）而弗始（治）〕也、爲而弗志（恃）也、成功而弗居也。夫唯〔弗〕居、是以弗去。

に作り、馬王堆帛書『老子』乙本は、

萬物昔（作）而弗始（治）、爲而弗侍（恃）也、成功而弗居也。夫唯弗居、是以弗去。

に作っている（本書第7章の注釋（42）、及び第12章の第4節を參照）。郭店楚簡『老子』甲本の「成」とだけ言って「成功」と言わないのは、『呂氏春秋』貴公篇の「成」とだけ言う表現に近い。

（22）馬王堆帛書『老子』甲本は、

生之畜之、生而弗〔有、長而弗宰也。是胃（謂）玄〕德。

に作り、馬王堆帛書『老子』乙本は、

生之畜之、生而弗有、長而弗宰也。是胃（謂）玄德。

に作っている（本書第10章の注釋（36）を參照）。

（23）馬王堆帛書『老子』甲本は、

●道生之畜之、長之遂之、亭之〔毒之、養之復（覆）之。生而〕弗有也、爲而弗寺（恃）也、長而弗宰也。此之謂玄德。

に作り、馬王堆帛書『老子』乙本は、

道生之畜〔之、長之遂〕之、亭之毒之、養之復（覆）〔之。生而弗有、爲而弗寺（恃）、長而〕弗宰。是胃（謂）玄德。

に作っている（本書第6章の第1節・第4節を參照）。

（24）馬王堆帛書『老子』甲本は、

道〔渢（汎）呵（乎）、其可左右也、成功〕遂事而弗名有也。萬物歸焉而弗爲主、則恆无欲也、可名於小。萬物歸焉〔而弗〕爲主、可名於大。是〔以〕聲（聖）人之能成大也、以其不爲大也、故能成大。

に作り、馬王堆帛書『老子』乙本は、

道渢（汎）呵（乎）、亓（其）可左右也。成功遂〔事而〕弗名有也。萬物歸焉而弗爲主、則恆无欲也、可名於小。萬物歸焉而弗爲主、可命（名）於大。是以耶（聖）人之能成大也、以亓（其）不爲大也、故能成大。

に作っている。

(25) 馬王堆帛書『老子』甲本は、

孰能有餘而有以取奉於天者乎、〔唯又（有）道者乎。是以聲（聖）人爲而弗又（有）、成功而弗居也。若此亓（其）不欲〕見賢也。

に作り、馬王堆帛書『老子』乙本は、

夫孰能又（有）余（餘）而〔有以取〕奉於天者、唯又（有）道者乎。是以耶（聖）人爲而弗又（有）、成功而弗居也。若此亓（其）不欲見賢也。

に作っている。乙本の「爲而弗又（有）」の「又」の字は、通行本（王弼本）の「恃」よりも『呂氏春秋』貴公篇の「有」に一致している。

(26) 本書第7章の注釋（2）を參照。

(27) 馬王堆帛書『老子』甲本は、

視之而弗見、名之曰聲（微）。聽之而弗聞、名之曰希。揗之而弗得、名之曰夷。三者、不可至（致）計（詰）、故園（捆）〔而爲一〕。一者、其上不攸（悠）、其下不忽。尋（繩）尋（繩）呵（乎）不可名也、復歸於无物。是胃（謂）无狀之狀、无物之〔象。是胃（謂）沕（忽）朢（恍）。隋（隨）而不見亓（其）後、迎〕而不見其首。執今之道、以御今之有、以知古始。是胃（謂）〔道紀〕。

に作り、馬王堆帛書『老子』乙本は、

視之而弗見、〔名〕之曰微。聽之而弗聞、命（名）之曰希。○揗之而弗得、命（名）之曰夷。三者、不可至（致）計（詰）、故緍（捆）而爲一。一者、亓（其）上不謬（悠）、亓（其）下不忽。尋（繩）尋（繩）呵（乎）不可命（名）也、復歸於无物。是胃（謂）无狀之狀、无物之象。是胃（謂）沕（忽）朢（恍）。隋（隨）而不見亓（其）後、迎而不見亓（其）首。執今之道、以御今之有、以知古始、是胃（謂）道紀。

に作っている（本書第1章の第2節、その注釋（13）、第7章の注釋（41）（49）、及び第10章の注釋（36）を參照）。

（28）馬王堆帛書『老子』甲本は、

孔徳之容、唯道是從。道之物、唯朢（恍）唯忽。〔忽呵（乎）朢（恍）〕呵（乎）、中有象呵（乎）。朢（恍）呵（乎）忽呵（乎）、中有物呵（乎）。灣（幽）呵（乎）鳴（冥）呵（乎）、中有請（情）吔〔呵（乎）〕。其請（情）甚眞、其中〔有信〕。自今及古、其名不去、以順衆仪（父）。吾何以知衆仪（父）之然、以此。

に作り、馬王堆帛書『老子』乙本は、

孔徳之容、唯道是從。道之物、唯朢（恍）唯沕（忽）。沕（忽）呵（乎）朢（恍）呵（乎）、中又（有）象呵（乎）。朢（恍）呵（乎）沕（忽）呵（乎）、中有物呵（乎）。幼（窈）呵（乎）冥呵（乎）、亓（其）中有請（情）呵（乎）。亓（其）請（情）甚眞、亓（其）中有信。自今及古、亓（其）名不去、以順衆父。吾何以知衆父之然也、以此。

に作っている（本書第6章の注釋（4）（10）、第7章の注釋（41）（47）、第8章の注釋（42）、及び第9章の注釋（13）を參照）。

（29）郭店楚簡『老子』甲本は、

又（有）脜（狀）蟲（蚰）成、先天陸（地）生。敓（寂）纏（穆）、蜀（獨）立不亥（改）、可以爲天下母。未智（知）亓（其）名、孥（字）之曰道。虐（吾）彊（強）爲之名曰大。大曰潛、潛曰遠、遠曰反。天大、陸（地）大、道大、王亦大。國中又（有）四大安（焉）、王凥（處）一安（焉）。人法陸（地）、陸（地）法天、天法道、道法自肰（然）。■

に作り、また、馬王堆帛書『老子』甲本は、

有物昆（混）成、先天地生。繡（寂）呵（乎）繆（寥）呵（乎）、獨立〔而不玹（改）〕、可以爲天地母。吾未知其名、字之曰道。吾強爲之名曰大。〔大〕曰筮（逝）、筮（逝）曰〔遠、遠曰反。道大〕、天大、地大、王亦大。國中有四大、而王居一焉。人法地、〔地〕法天、天法〔道、道〕法〔自然〕。

に作り、馬王堆帛書『老子』乙本は、

有物昆（混）成、先天地生。蕭（寂）呵（乎）漻（寥）呵（乎）、獨立而不玹（改）、可以爲天地母。吾未知亓（其）名也、

字之曰道。吾強爲之名曰大。大曰筮（逝）、筮（逝）曰遠、遠曰反。道大、天大、地大、王亦大。國中有四大、而王居一焉。
人法地、地法天、天法道、道法自然。

に作っている（本書第8章の第5節、第10章の注釋（36）、及び第11章の注釋（28）を參照）。

（30）　馬王堆帛書『老子』甲本は、

不出於戸、以知天下、不規（窺）於牖、以知天道。亓（其）出也彌（彌）遠、亓（其）〔知彌（彌）少。是以聲（聖）人不行而知、不見而名（明）〕、弗爲而〔成〕。

に作っており、二番目の「知」の字が、通行本（王弼本）の「見」の字よりも『呂氏春秋』君守篇の「知」の字に一致している。馬王堆帛書『老子』乙本は、

不出於戸、以知天下、不規（窺）於〔牖、以〕知天道。亓（其）出籥（彌）遠者、亓（其）知籥（彌）〔少。是以耶（聖）人不行而知、不見〕而名（明）、弗爲而成。

に作っており、二番目の「知」の字だけでなく、「者」の字も『呂氏春秋』君守篇に一致している。修辭の觀點から見れば、『呂氏春秋』君守篇が最も素樸・稚拙であって、通行本『老子』が最も整っているから、『老子』のこの箇所は『呂氏春秋』などを材料として、

『呂氏春秋』君守篇→馬王堆帛書『老子』甲本・乙本→通行本『老子』

のように順次彫琢の手が加えられ、次第にテキストが形成されていったと考えられる。

（31）　郭店楚簡『老子』甲本は、

名與身管（孰）新（親）、身與貨管（孰）多、貣（得）與貢（亡）管（孰）疠（病）。甚悉（愛）必大贊（費）、局（厚）贓（藏）必多貢（亡）。古（故）智（知）足不辱、智（知）止不怠（殆）、可以長舊（久）。■

に作り、また、馬王堆帛書『老子』甲本は、

名與身孰親、身與貨孰多、得與亡孰病。甚〔愛必大費、多藏必厚〕亡。故知足不辱、知止不殆、可以長久。

に作り、馬王堆帛書『老子』乙本は、

名與〔身孰親、身與貨孰多、得與亡孰病。甚愛必大費、多藏必厚亡。故知足不辱、知止不殆、可以長久〕。

に作っている（本書第11章の第２節を參照）。

(32) ちなみに、馬王堆帛書『老子』甲本第三十六章は、

魚不〔可〕脫於潚（淵）、邦利器不可以視（示）人。

に作り、馬王堆帛書『老子』乙本は、

魚不可說（脫）於淵、國利器不可以示人。

に作っている。また、馬王堆帛書『老子』甲本第六十五章は、

故曰、爲道者、非以明民也、將以愚之也。民之難〔治〕也、以亓（其）知（智）也。故以知（智）知（治）邦、邦之賊也。以不知（智）知（治）邦、〔邦之〕德也。恆知此兩者、亦稽式也。恆知稽式、此胃（謂）玄德。玄德深矣遠矣、與物〔反〕矣、乃〔至大順〕。

に作り、馬王堆帛書『老子』乙本は、

古之爲道者、非以明〔民也、將以愚〕之也。夫民之難治也、以亓（其）知（智）也。故以知（智）知（治）國、國之賊也。以不知（智）知（治）國、國之德也。恆知此兩者、亦稽式也。恆知稽式、此胃（謂）玄德。玄德深矣遠矣、〔與〕物反也、乃至大順。

に作っている（本書第9章の注釋（18）を參照）。

(33) 郭店一號楚墓の下葬年代については、拙著『郭店楚簡老子研究』（第一刷）、「前書き」、二「郭店一號墓の下葬年代」及び拙論「郭店楚簡『窮達以時』の研究」を參照。また、郭店楚簡『老子』の甲本・乙本・丙本のテキストとしての性質については、拙著『郭店楚簡老子研究』（第一刷）、第一編「形成途上にある最古のテキストとしての郭店楚墓竹簡『老子』」、及び拙論「尚處形成階段的『老子』最古文本——郭店楚簡『老子』」を參照。

(34) 養生主篇の秦失・弟子問答、德充符篇の叔山无趾・仲尼問答、應帝王篇の陽子居・老耼問答、在宥篇の崔瞿・老耼問答、天地篇の夫子・老耼問答、天道篇の孔子・老耼問答、同じく士成綺・老子問答、天運篇の孔子・老耼問答（一）、同じく孔子・老

聃問答（二）、同じく子貢・老聃問答、同じく孔子・老聃問答（三）、田子方篇の孔子・老聃問答、知北遊篇の孔子・老聃問答、庚桑楚篇の庚桑楚・南榮趎問答、則陽篇の柏矩・老聃問答、同じく陽子居・老子問答、天下篇の關尹・老聃論、以上の十七條である。

（35）本書第7章の注釋（47）、及び第14章の第3節を參照。郭店楚簡『老子』甲本は、

㡭（絕）智（智）弃（棄）支（辯）、民利百伓（倍）。㡭（絕）攷（巧）弃（棄）利、覜（盜）惻（賊）亡（無）又（有）。㡭（絕）憍（僞）弃（棄）慮、民复（復）季〈孝〉子（慈）。三言以爲㚔（事）不足、或命之或唇（乎）豆（續）。視（示）索（素）保業（樸）、少ム（私）須〈寡〉欲。

に作り、また、馬王堆帛書『老子』甲本は、

絕聲（聖）棄知（智）、民利百負（倍）。絕仁棄義、民復畜（孝）茲（慈）。絕巧棄利、盜賊无有。此三言也、以爲文未足、故令之有所屬。見素抱〔樸、少私而寡欲〕。

に作り、馬王堆帛書『老子』乙本は、

絕耶（聖）棄知（智）、而民利百倍。絕仁棄義、而民復孝茲（慈）。絕巧棄利、盜賊无有。此三言也、以爲文未足、故令之有所屬。見素抱樸、少私而寡欲。

に作っている。

（36）馬王堆帛書『老子』甲本は、

知其雄、守其雌、爲天下溪。爲天下溪、恆德不雞〈離〉。恆〔德〕不雞〈離〉、復歸〔於〕嬰兒。知其白、守其辱、爲天下浴（谷）。爲天下〔浴（谷）〕、恆德乃〔足〕。〔恆〕德乃〔足、復歸於樸（樸）〕。知其〔白〕、守其黑、爲天下式。爲天下式、恆德不貣（忒）。〔恆〕德不貣（忒）、復歸於无極。樸（樸）散〔則爲器、耶（聖）〕人用則爲官長。夫大制无割。

に作り、同じく馬王堆帛書『老子』乙本は、

知亓（其）雄、守亓（其）雌、爲天下鷄（溪）。爲天下鷄（溪）、恆德不离（離）。恆〔德〕不离（離）、復〔歸於嬰兒。知〕亓（其）白、守亓（其）辱、爲天下〇浴（谷）。爲天下浴（谷）、恆德乃足。恆德乃足、復歸於樸。知亓（其）白、守亓（其）

黒、爲天下式。爲天下式、恆德不貸（忒）。恆德不貸（忒）、復歸於无極。樸散則爲器、耶（聖）人用則爲官長。夫大制无割。

に作っている。甲本・乙本のどちらも第二文の表現が通行本よりも『莊子』天下篇に近く、『莊子』天下篇が古い『老子』の表現を遺していることは明らかである。

(37) 馬王堆帛書『老子』甲本は、

天下莫柔〔弱於水、而攻〕堅強者、莫之能〔朕（勝）〕也、以亓（其）无〔以〕易〔之也。水之朕（勝）剛、弱之〕勝強、天〔下莫弗知也、而莫能〕行也。故聖人之言云曰、「受邦之詢（詬）、是胃（謂）社稷之主。受邦之不祥、是胃（謂）天下之王。」〔正言〕若反。

に作り、馬王堆帛書『老子』乙本は、

天下莫柔弱於水、〔而攻堅強者、莫之能朕（勝）〕、以亓（其）無以易之也。水之朕（勝）剛也、弱之朕（勝）強也、天下莫弗知也、而莫〔之能行〕也。是故耶（聖）人言云曰、「受國之詢（詬）、是胃（謂）社稷之主。受國之不祥、是胃（謂）天下之王。」正言若反。

に作っている。

(38) この問題、すなわち馬王堆帛書『老子』甲本及び巻後佚書四篇において、まちがいなく劉邦の諱が避けられていることについては、拙著『馬王堆漢墓帛書五行篇研究』の第一部、第一章、第二節「『馬王堆漢墓帛書五行篇』の抄寫年代」、及び拙著『莊子――「道」的思想及其演變』の第Ⅰ部、第二章、第５節「新出土的馬王堆漢墓帛書『老子』」とその注釋（38）とを參照。また、馬王堆帛書の『老子』甲本及び巻後古佚書の抄寫年代が、いつごろかという問題についての詳しい検討は、拙著『馬王堆漢墓帛書五行篇研究』の第一部、第一章、第二節「『馬王堆漢墓帛書五行篇』の抄寫年代」を參照。

(39) 本書第８章の注釋（44）を參照。

(40) 解老篇・喩老篇の用いたテキストに最初から『老子』という書名がついていたか否かは、未詳とすべきである。筆者は、「解老」「喩老」の篇名は後世になってつけられた可能性が高いと考えている。

(41) 馬王堆乙本は殘缺が多いが、

罪莫大可欲、禍〔莫大於不知足、咎莫憯於欲得。〕

に作っているようである。

(42) ちなみに、郭店楚簡『老子』甲本は、

辠莫厚虖(乎)甚欲、咎莫僉(憯)虖(乎)谷(欲)㝵(得)、化(禍)莫大虖(乎)不智(知)足。

に作っている。三文の順序が以上の解老篇・喩老篇の『老子』及び馬王堆『老子』甲本・乙本とは異なるが、各文末に押韻している點などを考慮すれば、解老篇の『老子』とほぼ同時か、もしくはそれよりもやや新しく成ったテキストである可能性がある。

(43) 第四十六章の修辭に注目して諸テキストを眺めれば、解老篇の表現が最も古拙で通行本が最もよく彫琢されている。それ故、『老子』のテキストの先後・舊新は、

解老篇→喩老篇→馬王堆甲本→馬王堆乙本→通行本

の如く展開したのではなかろうか。

(44) 他の馬王堆帛書では、いわゆる『黃帝四經』四篇や『周易』七篇などが全幅の帛上に抄寫されている。

(45) 本章の第5節に述べたように、馬王堆甲本と乙本の章の順序は全く同じであって、この點から甲本と乙本が同一の系統に屬していると認めることができるが、それがいつごろ、だれの手によって通行本の順序に變更されたのかは、今のところ調べがついておらず未詳である。また、甲本・乙本になかった都合八十一章の分章が、いつごろ、だれの手によって通行本のように行われるようになったのかも、筆者は竊かに後漢末期の『道德眞經河上章句』ではないかと憶測しているものの、正確には未詳である。

(46) 郭店楚簡『老子』の內容・形式・成書年代・抄寫年代などに關する分析は、筆者は今日まで以下の諸論文を世に問うてきた。本節の詳しい內容については、これらを參照していただきたい。

「尙處形成階段的《老子》最古文本——郭店楚簡《老子》」

「前書き」（『郭店楚簡老子研究』（第一刷）所收）
「郭店楚簡『老子』諸章の上段・中段・下段――『老子』のテキスト形成史の中で――」
本書附錄1「郭店楚簡『老子』諸章の上段・中段・下段――『老子』のテキスト形成史の探究」
「原本『老子』の形成と郭店楚簡『老子』」

(47)『太一生水』と名づけられて『老子』丙本と別扱いされることになった十四條の竹簡は、その字體・竹簡の長さ等々の仕様が完全に丙本と同じであり、その內容も郭店楚簡『老子』三本とよく調和するところから、本來『老子』丙本の中に含まれていた文章と考えるべきである。

(48) 文物本『郭店楚簡』の「前言」を參照。

(49) 拙論「郭店楚簡『窮達以時』の研究」を參照。

(50) 劉安の知的世界が廣大であることは、『漢書』淮南王傳に劉安の著作として、

「內書」二十一篇（「內篇」）
「外書」
「中篇」八卷
「離騷傳」（傅（賦））
「頌德」
「長安都國頌」

が擧げられていることからも明らかである。『漢書』藝文志によれば、本書第1章の第6節で指摘した著作の他に、

『淮南道訓』二篇（「六藝略」易家）
『淮南王賦』八十二篇（「詩賦略」賦家）
『淮南王羣臣賦』四十四篇（「詩賦略」賦家）
『淮南歌詩』四篇（「詩賦略」歌詩家）

『淮南雜子星』十九卷（「術數略」天文家）が著錄されている。
(51) 本書第8章の第5節を參照。
(52) 通行本も同じように、
道生一、一生二、二生三、三生萬物。

に作る。なお、本書第5章の注釋(35)、第7章の注釋(2)(48)、第8章の第5節、及びその注釋(44)を參照。
(53) 『淮南子』道應篇における『莊子』の引用については、本書第3章の第3節、及び第10章の注釋(47)を參照。その他の書では、『愼子』と『筦子』がそれぞれ一條ずつ引用されている。
(54) 中國史における儒教の國教化、つまり國家が儒教を唯一の正統思想として認定し基本的にその他を包攝・抑制するという形での思想統一は、前漢時代に行われたと言ってよい。しかし、これは前漢全期にわたる儒教重視の積み重ねの結果、最後に到達したという過程を持つものであり、從來の中國哲學研究の定説が說いてきたような、董仲舒と武帝が短期間の內にこれを行ったなどというものではない。この問題に關する最近の研究では、福井重雅『漢代儒教の史的研究』が優れている。

參考文獻

蘇軾「莊子祠堂記」內閣文庫所藏宋刊本『東坡集』汲古書院影印本　一九九一年
李贄「讀南華」『焚書　續焚書』中華書局　一九七五年
王夫之『莊子解』中華書局　一九六四年
王仁俊『經籍佚文』『玉函山房輯佚書續編三種』上海古籍出版社　一九八九年
狩野直喜『舊鈔卷子本莊子殘卷校勘記』東方文化學院　一九三二年
高山寺典籍文書綜合調査團編『高山寺古訓點資料』第二「莊子」七卷　東京大學出版會　一九八四年
武內義雄「莊子攷」『武內義雄全集』第六卷「諸子篇」一　角川書店　一九七八年

武内義雄『老子と莊子』『武内義雄全集』第六卷「諸子篇」一　角川書店　一九七八年
武内義雄「讀莊私言」『武内義雄全集』第六卷「諸子篇」一　角川書店　一九七八年
唐蘭「老聃的姓名和年代考」『古史辨』第四册　上海古籍出版社影印本　一九八二年
葉國慶『莊子研究』上海商務印書館　一九三八年
王叔岷『郭象莊子注校記』臺灣中央研究院歷史語言研究所專刊之三十三　一九五〇年
金谷治「『莊子』內篇について」『日本中國學會報』第五集　一九五三年
木村英一「莊子妄言一則――莊子の書の變遷から見た內篇と外・雜篇との關係について――」『石濱先生古稀記念東洋學論叢』
一九五八年
木村英一「莊子の卮言」日本道教學會『東方宗教』第十三號・第十四號合併號　一九五八年
羅根澤『諸子考索』人民出版社　一九五八年
王叔岷『諸子斠證』世界書局　一九六四年
戶川芳郎「郭象の政治思想とその『莊子注』」『日本中國學會報』第十八集　一九六六年
王叔岷『莊子校釋』上册・下册　臺灣中央研究院歷史語言研究所專刊之二十六　臺聯國風出版社　一九七二年
李勉『莊子總論及分篇評注』臺灣商務印書館　一九七三年
楠山春樹『老子傳說の研究』東洋學叢書　創文社　一九七九年
蘇新鋈『郭象莊學平議』臺灣學生書局　一九八〇年
林聰舜『向郭玄學之研究』文史哲學集成66　文史哲出版社　一九八一年
張恆壽『莊子新探』湖北人民出版社　一九八三年
張松如・陳鼓應・趙明・張軍『老莊論集』齊魯書社　一九八七年
劉笑敢『莊子哲學及其演變』中國社會科學出版社　一九八八年
王叔岷『莊子校詮』上册・中册・下册　臺灣中央研究院歷史語言研究所專刊之八十八　一九八八年

陳鼓應『老莊新論』香港中華書局　一九九一年
黃釗主編『道家思想史綱』湖南師範大學出版社　一九九一年
王叔岷『先秦道法思想講稿』臺灣中央研究院中國文哲研究所中國文哲專刊２　一九九二年
崔大華『莊學研究』人民出版社　一九九二年

木全德雄『荀子』中國古典新書　明德出版社　一九七三年
內山俊彥『荀子――古代思想家の肖像――』東洋人の行動と思想14　評論社　一九七六年
岡田正之解題『呂氏春秋』漢文叢書　有朋堂書店　一九二〇年
藤田豐八『國譯呂氏春秋』國譯漢文大成經子史部第二十卷　國民文庫刊行會　一九二四年
許維遹『呂氏春秋集釋』新編諸子集成　中華書局
王叔岷『呂氏春秋校補』臺灣中央研究院歷史語言研究所專刊之三十三　一九五〇年
內野熊一郎・中村璋八『呂氏春秋』中國古典新書　明德出版社　一九七六年
陳奇猷『呂氏春秋校釋』一～四　學林出版社　一九八四年
町田三郎『呂氏春秋』中國の古典　講談社　一九八七年
楠山春樹『呂氏春秋』上・中・下　新編漢文選　明治書院　一九九六年・一九九七年・一九九八年
沼尻正隆『呂氏春秋の思想的研究』汲古書院　一九九七年
楠山春樹『道家思想と道教』平河出版社　一九九二年
余嘉錫『目錄學發微』中華書局　一九六三年
余嘉錫『世說新語箋疏』中華書局　一九八三年
吳承仕『經典釋文序錄疏證』『吳檢齋遺書』中華書局　一九八四年
倉石武四郎『目錄學』東京大學東洋文化研究所附屬東洋學文獻センター刊行委員會　一九七三年

清水茂『中國目錄學』　筑摩書房　一九九三年
黃華珍『莊子音義の研究』　汲古書院　一九九九年

『韓非子』　四部叢刊子部　上海涵芬樓藏景宋鈔本影印本
太田方『韓非子翼毳』　漢文大系第八巻　冨山房　一九一一年
依田利用『韓非子校注』第一册・第二册・第三册　古典研究會　汲古書院影印本　一九八〇年
王先愼『韓非子集解』　新編諸子集成　中華書局
松平康國『韓非子國字解』　漢籍國字解全書第二十四巻・第二十五巻　早稻田大學出版部　一九一一年
小柳司氣太解題『韓非子』　漢文叢書　有朋堂書店　一九二一年
宇野哲人『國譯韓非子』　國譯漢文大成經子史部第九巻　國民文庫刊行會　一九二一年
陳奇猷『韓非子集釋』上・下　中華書局　一九五八年
竹內照夫『韓非子』上・下　新釋漢文大系第十一巻・第十二巻　明治書院　一九六〇年・一九六四年
本田濟『韓非子』　筑摩叢書　筑摩書房　一九六一年
金谷治他『諸子百家　韓非子』　世界の名著10　中央公論社　一九六六年
柿村峻『韓非子』　中國古典文學大系第5巻　平凡社　一九六八年
常石茂『韓非子』上巻・下巻　角川文庫　角川書店　一九六八年
小野澤精一『韓非子』　中國古典新書　明徳出版社　一九六八年
池田知久「『韓非子』解老篇の「道理」について」『高知大學學術研究報告』第十八巻人文科學第七號　一九七〇年
內山俊彥「漢初韓非學派と道家思想――「韓非子」主道・揚権・解老・喩老四篇をめぐって――」『山口大學文學會志』第二十五巻　一九七四年
小野澤精一『韓非子』上・下　全釋漢文大系第二十巻・第二十一巻　集英社　一九七五年・一九七八年

貝塚茂樹『韓非』人類の知的遺産11　講談社　一九八二年
內山俊彥『韓非子』中國の古典9　學習研究社　一九八二年
町田三郎『韓非子』上・下　中公文庫　中央公論社　一九九二年
金谷治『韓非子』第一册～第四册　岩波文庫　岩波書店　一九九四年

高誘『淮南鴻烈解』漢文大系第二十卷　冨山房　一九一五年
菊池三九郎『淮南子國字解』上・下　漢籍國字解全書第四十三卷・第四十四卷　早稻田大學出版部　一九一七年
後藤朝太郎『國譯淮南子』國譯漢文大成經子史部第十一卷　國民文庫刊行會　一九二一年
服部宇之吉解題『淮南子』漢文叢書　有朋堂書店　一九二二年
劉文典『淮南鴻烈集解』新編諸子集成　中華書局　一九八九年
倉石武四郎「淮南子の歷史」（上）（下）『支那學』第三卷第五號・第六號　一九二三年
吳承仕『淮南舊注校理』中文出版社影印本　一九七五年
本田濟「『淮南子』の一面」『東洋思想研究』東洋學叢書　創文社　一九八七年
金谷治『老莊的世界―淮南子の思想―』平樂寺書店　一九五九年
赤塚忠「劉安」東京大學中國哲學研究室編『中國の思想家』上卷　勁草書房　一九六三年
楠山春樹『淮南子』中國古典新書　明德出版社　一九七一年
戶川芳郎・木山英雄・澤谷昭次『淮南子』中國古典文學大系第6卷　平凡社　一九七四年
楠山春樹『淮南子』上・中・下　新釋漢文大系第五十四卷・第五十五卷・第六十二卷　明治書院　一九七九年・一九八二年・一九八八年
池田知久「淮南子の成立――史記と漢書の檢討――」『東方學』第五十九輯　一九八〇年
池田知久「從《史記》、《漢書》看《淮南子》的成書年代」（中國文）劉興邦譯・林樹校　湘潭大學學報編輯委員會『湘潭大學

學報』社會科學版一九八八年第二期　一九八八年
池田知久「淮南子要略篇について」　井上順理他編『池田末利博士古稀記念東洋學論集』　池田末利博士古稀記念事業會　一九八〇年
池田知久『淮南子——知の百科』　中國の古典　講談社　一九八九年
Evan Morgan, "*Tao, The Great Luminant*", Kelly & Walsh Limited, Shanghai, 1933.
Benjamin E. Wallacker (University of Kansas), "*The Huai-nan-tzu, Book Eleven*", American Oriental Society, New Haven, Connecticut, 1962.
Charles Le Blanc, "*Huai-nan Tzu, Philosophical Synthesis in Early Han Thought*", Hong Kong University Press, 1985.
Harold D. Roth, "*The Textual History of the Huai-nan tzu*", AAS, 1992.

黃暉『論衡校釋』（上）（下）　長沙商務印書館　一九三八年
　黃暉『論衡校釋』一～四　新編諸子集成　中華書局　一九九〇年
劉盼遂『論衡集解』　古籍出版社　一九五七年
大瀧一雄『論衡　漢代の異端的思想』　東洋文庫　平凡社　一九六五年
蔣祖怡『論衡選』　香港中華書局　一九七四年
山田勝美『論衡』上・中・下　新釋漢文大系第六十八卷・第六十九卷・第九十四卷　明治書院　一九七六年・一九七九年・一九八四年
重澤俊郎『漢代における批判哲學の成立』　東洋學術論叢1　大東文化研究所　一九五七年
木村英一「論衡」　東京大學中國文學研究室編『中國の名著』　勁草書房　一九六一年
小野澤精一「王充」　東京大學中國哲學研究室編『中國の思想家』上卷　勁草書房　一九六三年
佐藤匡玄『論衡の研究』　東洋學叢書　創文社　一九八一年

鍾肇鵬『王充年譜』齊魯書社　一九八三年
吳承仕『論衡校釋』『吳檢齋遺書』北京師範大學出版社　一九八六年
高亨・池曦朝「試談馬王堆漢墓中的帛書《老子》」『文物』一九七四年第十一期　一九七四年
中國科學院考古研究所・湖南省博物館寫作小組「馬王堆二・三號漢墓發掘的主要收穫」『考古』一九七五年第一期　一九七五年
金谷治「帛書『老子』について――その資料性の初歩的吟味――」木村英一博士頌壽記念事業會『中國哲學史の展開と模索』創文社　一九七六年
今枝二郎「馬王堆漢墓『老子』乙本卷前古佚書について」『大正大學研究紀要』第六十三輯　一九七七年
周采泉「馬王堆漢墓帛書《老子甲本》爲秦楚閒寫本說」『社會科學戰綫』一九七八年第二期　一九七八年
國家文物局古文獻研究室編『馬王堆漢墓帛書〔壹〕』文物出版社　一九八〇年
湖南省博物館『馬王堆漢墓研究』湖南人民出版社　一九八一年
李裕民「馬王堆漢墓帛書抄寫年代考」『考古與文物』一九八一年第四期　一九八一年
何介鈞・張維明編寫『馬王堆漢墓』文物出版社　一九八二年
鄭良樹『竹簡帛書論文集』中華書局　一九八二年
澤田多喜男「『帛書老子』考」東大中國學會『中國―社會と文化』第四號　一九八九年
澤田多喜男「『馬王堆漢墓帛書』德篇・道篇考――原初的『老子』試探――」千葉大學『人文研究』第二十號　一九九一年
黃釗『帛書老子校注析』臺灣學生書局　一九九一年
澤田多喜男「『帛書老子』續考――乙本の文脈において見た――」大阪大學中國哲學研究室編輯『中國研究集刊』盈號　一九九二年
池田知久「中國思想史中之「自然」概念――作爲批判既存的人倫價值的「自然」」（中國文）中華民國漢學研究中心編『中國人的價值觀國際研討會論文集』一九九二年

池田知久「中國思想史中之「自然」概念——作爲批判既存人倫價值之「自然」」（中國文） 沈清松編『中國人的價值觀——人文學觀點』『中國人叢書』15　桂冠圖書股份有限公司　一九九三年
池田知久「中國思想史における「自然」の誕生」　東大中國學會『中國—社會と文化』第八號　一九九三年
池田知久『馬王堆漢墓帛書五行篇研究』　汲古書院　一九九三年
澤田多喜男「『莊子』所見老聃考」『汲古』第27號　汲古書院　一九九五年
高明『帛書老子校注』　新編諸子集成　中華書局　一九九六年
荊門市博物館『郭店楚墓竹簡』　文物出版社　一九九八年
池田知久『郭店楚簡老子研究』（第一刷）　東京大學文學部中國思想文化學研究室　一九九九年
池田知久「尙處形成階段的《老子》最古文本——郭店楚簡《老子》」（中國文）　曹峰譯『道家文化研究』　第十七輯「郭店楚簡專號」　三聯書店　一九九九年
池田知久「郭店楚簡『窮達以時』の研究」　池田知久監修『郭店楚簡の思想史的研究』第三卷　東京大學文學部中國思想文化學研究室　二〇〇〇年
池田知久「郭店楚簡『老子』諸章の上段・中段・下段——『老子』のテキスト形成史の中で——」　東京大學中國哲學研究會『中國哲學研究』第十八號　二〇〇三年
池田知久「原本『老子』の形成と郭店楚簡『老子』」　論集『原典』「古典學の再構築」　研究成果報告集Ⅱ　文部科學省科學研究費補助金特定領域研究「古典學の再構築」A01「原典」調整班　二〇〇三年
池田知久『老子』　馬王堆出土文獻譯注叢書　東方書店　二〇〇六年
Robert G. Henricks, “*LAO-TZU TE-TAO CHING*”, Ballantine Books, New York, 1989.
Hans-Georg Möller, “*Tao Te King*”, Fischer Taschenbuch Verlag, 1995.
Sarah Allan, “*The Way of Water and Sprouts of Virtue*”, The State University of New York Press, Albany 1997.
Robert G. Henricks, “*Lao Tzu's Tao Te Ching*”, Columbia University Press, New York, 2000.

Sarah Allan and Crisoin Williams (edited), "*The Guodian Laozi*", The Society for the Study of Early China and the Institute of East Asian Studies, University of California, Berkeley, 2000.
武內義雄『老子の研究』『武內義雄全集』第五巻「老子篇」　角川書店　一九七八年
木村英一『老子の新研究』　創文社　一九五九年
島邦男『老子校正』　汲古書院　一九七三年
波多野太郎『老子道德經研究』　國書刊行會　一九七九年
徐復觀『增訂兩漢思想史』卷一・卷二・卷三　臺灣學生書局　一九七九年
金谷治『秦漢思想史研究』（加訂增補版）　平樂寺書店　一九八一年
詹劍峰『老子其人其書及其道論』　湖北人民出版社　一九八二年
町田三郎『秦漢思想史の研究』　東洋學叢書　創文社　一九八五年
日原利國『漢代思想の研究』　研文出版　一九八六年
譚宇權『老子哲學評論』　文史哲大系51　文津出版社　一九九二年
王卡點校『老子河上公章句』　道敎典籍選刋　中華書局　一九九三年
熊鐵基・馬良懷・劉韶軍『中國老學史』　福建人民出版社　一九九五年
福井重雅『漢代儒敎の史的研究—儒敎の官學化をめぐる定說の再檢討—』　汲古書院　二〇〇五年

第3章　「黄老」から「老荘」を經て「道家」へ

筆者は本書の第1章において、大略、次のようなことを述べておいた。――『史記』に依據して道家の諸思想の歴史的な展開を、老子↓莊子などと考える近年までの通說は根本的に疑わしい。これは、歴史的事實でないのは言うに及ばず、戰國中期～前漢初期の相當長い間、道家系の思想家たちが思いつきさえしなかった全く新しいアイディアである。また、このアイディアは、「老子を開祖とし彼から源を發した道家という思想上の一學派」という概念や、老子を出發點とする道家系の思想家たちや彼らの書物の繼起的な出現や著作という構想など、を構成する重要な要素の一つである、と。

それ故、このアイディアがいつごろ、どういう人々によって、いかなる事情の下に初めて唱え出されたかという問題は、右の概念や構想などの成立といった、より大きな問題の究明の中で、始めて十全に解明されるにちがいない。後者については、筆者はすでに何度か大體の結論を述べてきたが、ここでは詳しく檢討してそれを確認する。(1)

第1節　戰國末期に始まる「黄老」

「黄老」とは、黄帝と老子を指し、太古の黄帝に起源を持ち老子によって集大成された思想、具體的には『黄帝書』（例えば、『漢書』藝文志に言う『黄帝四經』など）や『老子』などの書物に表されている思想という意味である。そして、この言葉は、「老莊」や「道家」という言葉が生まれる前に、道家系の諸思想のほぼ全體を表す言葉として廣く用いられていた。

「黄老」は、『史記』や『漢書』におけるこの言葉の出現・分布状況から推測するならば、右のような「老莊」「道家」に先だつ道家系諸思想の總稱として、まちがいなく前漢初期にはすでに使用されていた。しかし、「黄老」には狹義と廣義の二つの意味があり、狹義の「黄老」はさらにさかのぼって戰國末期には成立していたのではなかろうか。

A　「黄老」思想の系譜

その「黄老」思想の系譜が『史記』樂毅列傳の論贊に描かれている。その系譜は以下のとおり。

樂臣〈巨〉公學黄帝老子。其本師號曰河上丈人、不知其所出。河上丈人敎安期生、安期生敎毛翕公、毛翕公敎樂瑕公、樂瑕公敎樂臣〈巨〉公、樂臣〈巨〉公敎蓋公。蓋公敎於齊高密膠西、爲曹相國師。

これは膠西の蓋公に至る系譜であるから、「黄老」全般に關する全面的な系譜とは言いかねるが、それでも貴重な資料であることに變わりはない。この系譜の內、蓋公という人物は、『史記』曹相國世家に、

孝惠帝元年、除諸侯相國法、更以參爲齊丞相。參之相齊、齊七十城。天下初定、悼惠王富於春秋。參盡召長老諸生、問所以安集百姓、如齊故諸儒以百數、言人人殊、參未知所定。聞膠西有蓋公、善治黄老言、使人厚幣請之。既見蓋公。蓋公爲言治道貴淸靜、而民自定、推此類具言之。參於是避正堂、舍蓋公焉。其治要用黄老術。故相齊九年、齊國安集、大稱賢相。

とあり、また同じく太史公自序に、

自曹參薦蓋公言黄老、而賈生晁錯明申商、公孫弘以儒顯、百年之間、天下遺文古事、靡不畢集太史公。

とあるとおり、惠帝元年（紀元前一九四年）に齊の丞相として在任していた曹參（前二〇一年～前一九三年在職）に「黄老術」を教えた者である。(2)

またこの系譜の、河上丈人は實在性の極めて疑わしい、後世の假託にかかる人物であろうけれども、安期生は『史記』孝武本紀・封禪書・田儋列傳などにその名が見えており、『史記』孝武本紀・封禪書には、

（李）少君言上曰、「祠竈則致物、致物而丹沙可化爲黄金、黄金成以爲飲食器則益壽、益壽而海中蓬萊僊者乃可見。見之以封禪則不死、黄帝是也。臣嘗游海上、見安期生。安期生食巨棗、大如瓜。安期生僊者、通蓬萊中、合則見人、不合則隱。」

於是天子始親祠竈、遣方士入海求蓬萊安期生之屬、而事化丹沙諸藥齊黄金矣。

とあり（引用は封禪書による。以下同じ）、また、

欒大、膠東宮人、故嘗與文成將軍同師、已而爲膠東王尙方。……天子既誅文成、後悔其蚤死、惜其方不盡。及見欒大、大說。大爲人長美、言多方略、而敢爲大言、處之不疑。大言曰、「臣常往來海中、見安期羨門之屬。顧以臣爲賤、不信臣。又以爲康王諸侯耳、不足與方。臣數言康王、康王又不用臣。臣之師曰、『黄金可成、而河決可塞、不死之藥可得、僊人可致也。』然臣恐效文成、則方士皆奄口、惡敢言方哉。」

上曰、「文成食馬肝死耳。子誠能脩其方、我何愛乎。」

とあり、また、

（公孫）卿因嬖人奏之。上大說、乃召問卿。對曰、「受此書申公、申公已死。」

上曰、「申公何人也。」卿曰、「申公、齊人。與安期生通、受黄帝言、無書、獨有此鼎書。曰、『漢興復當黄帝之時。』
……」

とある。また、同じく田儋列傳の論贊には、

蒯通者、善爲長短說、論戰國之權變、爲八十一首。通善齊人安期生、安期生嘗干項羽、項羽不能用其筴。已而項羽欲封此兩人、兩人終不肯受、亡去。

とある。[3]

假りにこの安期生の實在性を疑ったとしても、少なくとも樂巨公と蓋公の二人は、實在性の十分に確かめられる人物で、「黄老」思想家としての活動ぶりが『史記』などに書き殘されている。

蓋公のことは上述したので除外して、樂巨公について分かることを記しておこう。――彼は戰國中期の樂毅の子孫であって、『史記』樂毅列傳によれば、

其後二十餘年、高帝過趙問、「樂毅有後世乎。」對曰、「有樂叔。」高帝封之樂卿、號曰華成君。華成君、樂毅之孫也。而樂氏之族有樂瑕公樂臣〈巨〉公。趙且爲秦所滅、亡之齊高密。樂臣〈巨〉公善修黄帝老子之言、顯聞於齊、稱賢師。

ということである。また彼は、『史記』田叔列傳にも、

田叔者、趙陘城人也。其先、齊田氏苗裔也。叔喜劍、學黄老術於樂巨公所。叔爲人刻廉自喜、喜游諸公。趙人擧之趙相趙午、午言之趙王張敖所、趙王以爲郎中。數歲、切直廉平、趙王賢之、未及遷。

のように登場するが、彼が田叔に教えた時期は、張敖が趙王の位にあった紀元前二〇二年~前一九九年以前のことであるらしい。

こうしてみると、先の曹參に至る「黄老」の系譜の中の確かな部分は、前漢初期も非常に早い時期より以前に存在していたと言ってよいし、とりわけ樂巨公は、師でもある同族の樂瑕公とともに、戰國最末期の秦によって滅ぼされようとしていた趙（滅亡は前二二八年）から齊（滅亡は前二二一年）に移り住み、兩國において「黄老」の思想活動を展開した者と考えられる。そして、彼の「黄帝老子之言」が齊において歡迎されたわけであるから、「黄老」は趙において初めて成立したとまでは決められないにせよ、戰國末期の各國の國家滅亡の危機の中で形成され、かつ受容されたとは言いうるであろう。この點から推すならば、「黄老」にはそのような危機を現實に乘り越えるための政治的な諸方策が含まれていたことになる。

B　狹義の「黄老」から廣義の「黄老」へ

以上の「黄老」は狹義の「黄老」であり、申不害・韓非・愼到・田駢・接子・環淵などが、『史記』のそれぞれの列傳の中で「本於黄老」とか「學黄老」とか評されている際の、廣義の「黄老」とは異なることに注意しなければならない。(4) 中不害・韓非の「黄老」が前漢、武帝期の司馬遷が諸思想を整理するために使用した、後の時代の緩やかで大きな「黄老」であるのに對して、樂巨公・蓋公の「黄老」はリアル・タイムに存在して現實にそう呼ばれた「黄老」であり、實際に黄帝と老子を尊んでいた小さな「黄老」なのである。そして、前漢における「黄老」概念は、時の經過とともに小から大へ、狹義から廣義へと擴大していったように思われる。

第2節　「黄帝」と「老子」の結合

そもそも道家系の諸思想が黄帝や老子を、自らの開祖または先驅者として假託するのは、それほど古くからのことではなく、せいぜい戰國末期に始まることである。「黄老」とは、言うまでもなく黄帝と老子の結合であるから、ここではまず黄帝について見てみよう。

A　道家的な黄帝イメージの存在

黄帝という帝王がこの時までいかなる存在として眺められていたかについては、金谷治『秦漢思想史研究』（加訂增補版）・內山俊彥「漢初黄老思想の考察」・陳麗桂『戰國時期的黄老思想』に優れた追究がある。それらの追究の成果によれば、戰國末期までの黄帝のイメージはすでにかなり多面的かつ複雜になっていた。したがって、道家系の黄帝イメージが主流であるとは言えず、まして唯一のものと言えないことは明らかである。けれども、やはりまた道家系の黄帝イメージも確かに存在していた。そのような黄帝イメージを比較的多く載せている文獻は、戰國末期、紀元前二三九年以後間もなく成書された『呂氏春秋』である。例えば、貴公篇に、

管仲有病。桓公往問之曰、「仲父之病矣漬甚、國人弗諱。寡人將誰屬國。」……公曰、「鮑叔牙可乎。」管仲對曰、「不可。夷吾善鮑叔牙、鮑叔牙之爲人也、淸廉潔直、視不己若者、不比於人。一聞人之過、終身不忘。勿已、則隰朋其可乎。隰朋之爲人也、上志而下求、醜不若黄帝、而哀不己若者。其於國也、

有不聞也。其於物也、有不知也。其於人也、有不見也。勿已乎、則隰朋可也。」

とある黄帝は、道家的に描かれた隰朋の理想とする人物であるが、この黄帝を含む管仲・桓公問答は、『莊子』徐无鬼篇の管仲・桓公問答とほぼ同じであり、そこには、

管仲有病。桓公問之曰、「仲父之病病矣。可不謂云。至於大病、則寡人惡乎屬國而可。」……公曰、「鮑叔牙。」曰、「不可。其爲人、絜廉善士也。其於不己若者、不比之。又一聞人之過、終身不忘。使之治國、上且鉤乎君、下且逆乎民。其得罪於君也、將弗久矣。」公曰、「然則孰可。」對曰、「勿已、則隰朋可。其爲人也、上忘而下畔、愧不若黄帝、而哀不己若者。以德分人、謂之聖。以財分人、謂之賢。以賢臨人、未有得人者也。以賢下人、未有不得人者也。其於國、有不聞也。其於家、有不見也。勿已、則隰朋可。」

とある。(5) また、『管子』戒篇にも、

管仲寢疾。桓公往問之曰、「仲父之疾甚矣。若不可諱也、不幸而不起此疾。彼政、我將安移之。」……桓公曰、「鮑叔之爲人何如。」管仲對曰、「鮑叔、君子也。千乘之國、不以其道予之、不受也。雖然不可以爲政。其爲人也、好善而惡惡已甚。見一惡、終身不忘。」桓公曰、「然則孰可。」管仲對曰、「隰朋可。朋之爲人、好上識而下問。臣聽之、以德予人者、謂之仁。以財予人者、謂之良。以善勝人者、未有能服人者也。以善養人者、未有不服人者也。於國、有所不知政。於家、有所不知事。必隰朋乎。」

のように類似の文章があるが、そこには黄帝の名は出ていない。『呂氏春秋』では、他にも、本書第２章の第１節で引用した必己篇の文章に、

莊子笑曰、「……若夫道德、則不然。無訝無訾、一龍一蛇、與時倶化、而無肯專爲。一上一下、以禾爲量、而浮游乎萬物之祖、物物而不物於物、則胡可得而累。此神農黄帝之所法。若夫萬物之情、人倫之傳、則不然。成則毀、大則衰、廉則剉、尊則虧、直則骫、合則離、愛則隳、多智則謀、不肖則欺。胡可得而必。」

とある(6)。これはほぼ同じ文章が『莊子』山木篇の莊子・弟子問答に、

莊子笑曰、「……若夫乘道德而浮遊、則不然。无譽无訾、一龍一蛇、與時倶化、而无肯專爲。一上一下、以和爲量、浮遊乎萬物之祖、物物而不物於物、則胡可得而累邪。此神農黄帝之法則也。若夫萬物之情、人倫之傳、則不然。合則離、成則毀、廉則挫、尊則議、有爲則虧、賢則謀、不肖則欺。胡可得而必乎哉。悲夫。」

と見えており(7)、極めて道家的な思想の表現である。後二者の例では、黄帝とともに神農も擧げられているから、「道德」(モラルの意ではなく、「道」とその働きの意)を初めて把えたのが、他ならぬ黄帝であるとまではまだ絞りこんではいないけれども、少なくとも黄帝がそれを行った一人であるという認識はあったのである。

『呂氏春秋』には他にも道家的な黄帝は存在しているが、それらは必ずしもはっきりと道家系諸思想の開祖・先驅者であるとは謳われていない。しかし、そもそも黄帝は、戰國後期以後、古帝王の一人または人類最初の帝王と考えられていたので、道家系の思想家たちが黄帝の言葉や行動に肯定的に言及する時、彼らは黄帝を自らの開祖・先驅者として擔ぎ出すつもりであったにちがいない。

B　『呂氏春秋』に現れる黄帝

『呂氏春秋』の黄帝については、注目すべきことが二つある。

第一は、上述の道家的な黄帝イメージを描く文章の中に、君主が民衆をいかに支配すべきかといった政治思想を述べている場合があることである。その場合、その政治思想は中身が法家のそれに近く、だから道家と法家が合體したかのような印象を與えるものとなっている。上引の貴公篇がその例であるが、さらに例を追加すれば、圜道篇の、

天道圜、地道方。聖王法之、所以立上下。何以說天道之圜也。精氣一上一下、圜周復雜、無所稽留、故曰天道圜。何以說地道之方也。萬物殊類殊形、皆有分職、不能相爲、故曰地道方。主執圜、臣處方、方圜不易、其國乃昌。……黄帝曰、「帝無常處也。有處者乃無處也。」以言不刑蹇、圜道也。

や、序意篇の、

維秦八年、歲在涒灘、秋甲子朔、朔之日、良人請問十二紀。文信侯曰、「嘗得學黄帝之所以誨顓頊矣。爰有大圜在上、大矩在下。汝能法之、爲民父母。」蓋聞古之淸世、是法天地。凡十二紀者、所以紀治亂存亡也、所以知壽夭吉凶也。上揆之天、下驗之地、中審之人、若此則是非可不可無所遁矣。天曰順、順維生。地曰固、固維寧。人曰信、信維聽。三者咸當、無爲而行。行也者、行其理〈數〉也。行數、循其理、平其私。夫私視使目盲、私聽使耳聾、私慮使心狂。三者皆私設精、則智無由公。智不公、則福日衰、災日隆、以日倪而西望知之。

などが擧げられよう。このような道家系の政治思想、もしくは道家と法家の合體こそが「黄老」思想に他ならない。したがって、『呂氏春秋』は、その中に「黄老」という言葉こそ現れていないものの、「黄老」概念の誕生の一歩手前まで近づいていたと考えて差し支えない。

第二は、「黄帝曰」「黄帝言曰」として文章を引く表現がいくつかあることであって、例えば、應同篇に、

凡帝王之將興也、天必先見祥乎下民。黄帝之時、天先見大螾大螻。

黄帝曰、「土氣勝。」土氣勝、故其色尙黄、其事則土。……夫覆巣毀卵、則鳳凰不至。刳獸食胎、則麒麟不來。乾澤涸漁、則龜龍不往。物之從同、不可爲記。子不遮乎親、臣不遮乎君。君同則來、異則去。故君雖尊、以白爲黑、臣不能聽。父雖親、以黑爲白、子不能從。黄帝曰、「芒芒昧昧、因天之威、與元同氣。」故曰、「同氣賢於同義、同義賢於同力、同力賢於同居、同居賢於同名。」帝者同氣、王者同義、覇者同力、勤者同居則薄矣、亡者同名則觕矣。

とあり、遇合篇に、

故曰、「遇合也無常。說、適然也。」若人之於色也、無不知說美者、而美者未必遇也。故嫫母執乎黄帝、黄帝曰、「厲女德而弗忘、與女正而弗衰、雖惡奚傷。」

とある。『呂氏春秋』の時代までに黄帝の名を冠した書物が多少は作られていたことが分かる。[8]「黄老」概念の成立のためには、上述の如くこの時代までの黄帝イメージがかなり多面的かつ複雜であったから、それを「黄老」的な方向に限定する役割りを果たす書物が必要であろう。そして、現にそのような書物があったことは、一九七三年に出土した馬王堆漢墓帛書のいわゆる『黄帝四經』によって實證された。――『黄帝四經』中の『十六經』では、黄帝、臣下の力黑（牧）や孫の高陽などがしばしば登場して道家系の政治思想を語っている。[9]これらの書物は戰國末期～前漢初期の成書である。

『呂氏春秋』にはまだそれほど性格のはっきりした書物の存在は確認できず、むしろ色々な思想的立場からの「黄帝曰」「黄帝言曰」が作られているらしいが、「黄老」的な書物がともかくもすでにできており、それは權威ある經典として大事に取り扱われていたようである。そうであるとすれば、この時代に、黄帝サイドから「黄老」を形成していくための基礎は、やはりほぼ固まっていたと考えてよい。

C　道家的な老子から「黄老」的な老子へ

次に、黄帝の片割れである老子であるが、これについては本書の第1章・第2章ですでに述べた。兩章で述べたところによれば、道家系の思想家たちが老子の人物や思想に言及することは戰國後期からぼつぼつ始まっており、戰國末期までには老子の人物や彼の語った言葉の存在が廣く知られていた。ところで、以上のような老子イメージや老子に關係づけられた文章は、黄帝の場合、他學派もそれを作り、そのためにかなり多面的かつ複雑であったのとは決定的に異なっていた。――老子の場合は、始めから道家的であって、その意味では單純で純粹であった。それ故、老子は、黄帝に比べて早くから道家系の聖人として尊崇され、その言葉も比較的權威あるものとして取り扱われていたようである。

ここから『老子』の成書或いは編纂に至る道のりはさして遠くなく、一方で、右に見てきた「黄老」概念の狹義から廣義への擴大による、道家系諸思想の統合と他學派（特に儒家と墨家）に對する對抗の氣運が高まり、他方で、そのような自學派を代表できる權威ある、聖人の存在や經典の編纂が求められるようになって、この兩者の合流する地點で始めて『老子』は成書・編纂されたのである。その際、より古い老子物語や老子に假託されて蓄積されていた文章が、そのまま利用されたであろうことは想像にかたくない。通行本『老子』に直接連なる最古の寫本である馬王堆帛書『老子』によっても、その中に戰國時代の古い道家思想が殘されていることが確認できる。しかし、また『老子』の相當多くの部分は、戰國末期～前漢初期の「黄老」思想の表現であって、そうであればこそ『老子』の編纂は戰國末期～前漢初期と考えなければならないのである。『老子』の中に殘されている戰國時代の古い思想の重要な一例を擧げれば、例えば「道」の形而上學（metaphysics）・存在論（ontology）がそれである。また反對に、戰國末期以後の新しい思想の一例は、例えば「萬物」「百姓」の「自然」の思想がそれである。[10]

そして、戰國時代の老子の人物や思想を注意して見ると、大方は道家の哲學を述べており、政治思想を述べることは少なく、したがってまだ法家と合體できるような老子になっていない、すなわち「黄老」的な老子になっていないことに氣づく。『老子』の最初の注釋書である『韓非子』解老篇・喩老篇に、『老子』を政治思想としてではなくむしろ養生説として解釋する色彩が強いのも、以上の事實と照應することではなかろうか。さらにまた、馬王堆帛書『老子』の二本の內、抄寫年代の早い甲本が儒家の倫理思想を説く『五行』『德聖』と一緒に置かれており[11]、抄寫年代のおそい乙本がいわゆる『黄帝四經』と一緒に竝べられているように、この閒に取り扱い上の變化が發生しているのも、以上の事實と照應することかもしれない。

したがって、老子は黄帝と結びつくことを通じて政治思想としての性格を濃厚にし、法家と合體できるもの、「黄老」的なものに變身して、通行本『老子』に近づいていったと言うことができるが、この合體を促した原因は結局のところ、戰國末期の各國の國家滅亡の危機、言い換えれば秦漢統一帝國の形成過程の進行であったと考えられる。

第３節 淮南國における「老莊」

「老莊」という言葉が道家系諸思想の全體を表すものとして市民權を得て、廣範に用いられるようになるのは魏晉南北朝時代以後のことであるが、もっと早くすでに前漢初期から用いられていた。しかも、この言葉の中には、この學派の把え方についてのある一つの姿勢が宿されていた。また、司馬遷が『史記』において數名の思想家たちを同じ列傳の中に一括した「老莊申韓」という考え方も、この「老莊」と深い關係があると思われる。そこで以下、「老莊」と「老莊申韓」の二概念を取り上げてみたい。

A　淮南國に始まる「老莊」概念

さて、「老莊」という言葉の初出は、すでに本書第2章の第7節で述べたとおり『淮南子』要略篇にある。また、『淮南子』の中には「莊子曰」と冠した『莊子』の引用があり、道應篇の、

盧敖游乎北海、經乎太陰、入乎玄闕、至於蒙穀之上、見一士焉。深目而玄鬢、淚〈渠〉注〈頸〉而鳶肩、豐上而殺下、軒軒然方迎風而舞。顧見盧敖、慢然下其臂、遯逃乎碑〔下〕。盧敖就而視之、方倦龜殼、而食蛤梨。

盧敖與之語曰、「唯敖爲背群離黨、窮觀於六合之外者、非敖而已乎。敖幼而好遊、至長不渝〔解〕、周行四極、唯北陰之未闚。今卒睹夫子於是。子殆可與敖爲友乎。」

若士者齤然而笑曰、「嘻、子中州之民、寧肯而遠至此。此猶光乎日月、而載列星、陰陽之所行、四時之所生。其比夫不名之地、猶突〈窔〉奧也。若我南游乎岡〈罔〉㝗之野、北息乎沈墨之鄉、西窮冥冥之黨、東開〈關〉鴻濛之光。此其下無地、而上無天、聽焉無聞、視焉無〈則〉眴。此其外猶有汰沃之汜、其餘一舉而千萬里。吾猶夫〈未〉能之在。今子游始〔至〕於此、乃語窮觀。豈不亦遠哉。然子處矣。吾與汗漫期于九垓之外〈上〉、吾不可以久。」

若士舉臂而竦身、遂入雲中、盧敖仰而視之弗見。乃止駕、止〈心〉柸治、悖若有喪也。曰、「吾比夫子、猶黃鵠與壤蟲也。終日行不離咫尺、而自以爲遠。豈不悲哉。」

> 故莊子曰、「小人不及大人、小知不及大知。朝菌〈秀〉不知晦朔、蟪蛄不知春秋。」此言明之有所不見也。

がそれである。[12] これは、『莊子』逍遙遊篇の北冥有魚章に、

> 小知不及大知、小年不及大年。奚以知其然也。朝菌不知晦朔、蟪蛄不知春秋。此小年也。楚之南有冥靈者。以五百歲爲春、五百歲爲秋。上古有大椿者。以八千歲爲春、八千歲爲秋。而彭祖乃今以久特聞、衆人匹之。不亦悲乎。

とある、その原形を引用したものではなかろうか。『淮南子』の中には「莊子曰」と冠した引用はわずかにこの一例しか見出すことができない[13]けれども、しかし、實際にはその他の形式による『莊子』からの引用が非常に多く、この點から推して、淮南國で『莊子』が重視され研究されていたというのは、確實度の極めて高い事實であろう。

思うに、道家系諸思想の全體を老子と莊子を中心にして把えようという姿勢を示す、この「老莊」という言葉は、當時の思想界の風潮に對する一つの重要な異議申し立てでもあった。と言うのは、上述のように、この時、全天下に盛行していた道家系諸思想は、「黃老」と呼ばれる政治思想であって、後に「法家」という言葉でまとめられる申不害や韓非などをも含むものであったのに對して、「老莊」は、黃帝系列と「法家」を含まず、政治思想の要素もないではないが、むしろ哲學・形而上學（metaphysics）や倫理思想に特徵を有するものだったからである。『淮南子』の中に「黃老」という言葉が全く使われていないのも無論偶然ではないし、またその覽冥篇には、

> 今若夫申韓商鞅之爲治也、挬拔其根、蕪棄其本、而不窮究其所由生。何以至此也。鑿五刑、爲刻削、乃背道德之本、而爭於錐刀之末。

という文章も見える。その「申韓商鞅」とは申不害・韓非・商鞅の法家の思想を指し、[14]「道德」とは道家の「道」とその働きを指している。以上から了解されるように、『淮南子』の作者たちは「黃老」概念に對して不滿や批判を抱いていたのだ。

以上の事情をも考慮に入れるならば、「老莊」とは恐らく、老子を開祖とし莊子をその重要な後繼者とする思想上の一學派という意味である。とは言え、この「老莊」も、淮南國において早くから成立していた概念ではなかった。「老莊」は、『淮南子』二十一篇の中でも最後になって（建元二年、紀元前一三九年）書き下ろされた要略篇の中に、しかもただ一例だけ見出されるものだからである。もっと早い時期、例えば文帝期（前一七九年～前一五七年）やそれ以前に、この概念の成立を求めることはできないであろう。

そして、『史記』を通じて近年までの通說であった老子↓莊子などと考えるアイディアの成立が、最も古く取ってもせいぜい前漢、景帝期（前一五六年～前一四一年）ぐらいまでしかさかのぼりえないという事實は、十分に注意されなければならない。これによって老子↓莊子などが、老子や莊子の生きていたとされる春秋・戰國時代から傳えられた歴史的事實ではなくて、どんなに少なく計算しても彼らより百數十年は後の、淮南國という一つのローカルな國の王、劉安たちの、時代の風潮に逆らった異議申し立てに由來するものと知りうるからである。

B　『淮南子』の「老莊」と『史記』の「老莊申韓」

淮南王の「老莊」の比較的はっきりした影響は、『淮南子』の編纂後約四十年經って現れた。『史記』老子韓非列傳における「老莊申韓」という概念の出現である。それまでさほど重視されていなかったと思われる莊子という思想家を、他の三家と同じ老子韓非列傳の中で取り上げるほどに重視し、しかも老子を祖述したと言って明確に老子↓莊子を系譜づけたのには、何か先例やヒントがなくてはならないであろうが、『淮南子』の莊子尊崇こそがまさにそれであったと筆者は推測する。また、司馬遷が莊子の本に老子を置いて、申・韓の本に黄老をすえるのと區別したり、さらに、結局は三家を老子の「道德」から出たとして「黄老」中の黄帝系列に懷疑的批判的であるらしい（後述）のも、『淮南子』の「老莊」の精神を襲うものであろうと思われる。

ただ、「老莊申韓」が「老莊」と全く同じであるかと言うと、無論そうではない。兩者の間にはやはりちがった面もある。それは老子や「其要本歸於老子之言」とする莊子を、「本於黄老」とする申不害・韓非と同一グループと見なして同傳したことの中にあって、このことは司馬遷とても當時の黄老思想盛行の状況から自由になることができなかったということを示している。(15)

その同傳のし方を、もう少し丁寧に見てみよう。司馬遷は上述の如く、老子を祖述したとする莊子（すなわち「老莊」概念の繼承）と、黄老に淵源したとする申不害・韓非（すなわち「黄老」概念の溫存）を區別しながらも、しかし、和やかに同居させている。このような處置が可能になった原因・理由は何であろうか。——多分それは兩者に共通して存在している「老」の概念にあり、その根底に設定された「道德」の概念にあるであろう。老子韓非列傳の論贊が、

（老子・莊子・申子・韓子）皆原於道德之意、而老子深遠矣。

という文で締め括られているのは、まさにこのことを司馬遷自身が證言したものである。したがって、司馬遷は申不害・韓非の淵源として確かに「黄老」に言及してはいるけれども、實際には老子→黄帝と考えており、「黄老」的な申不害・韓非も實は老子の「道德」から發源したと把えているにちがいない。

以上の考察から、「老莊」と「老莊申韓」は兩者ともに、發生的な見方という性格をも具えたグルーピングの概念であり、どちらも「黄老」の黄帝系列を懷疑または批判しながら、老子を開祖と考えていると見ることができるように思われる。

第4節　「黄帝」を批判する「道家」

春秋・戰國時代の諸子百家の、ある傾向を持つ思想家やその書物を指して呼ぶ「道家」という概念が、學問的に言って意味のあるものとして定着するのは、『漢書』藝文志「諸子略」の「道家」からである。『漢書』藝文志のこの「道家」は、申不害・韓非を除いて法家に屬せしめたという點で司馬談の「道家」を承け繼いでおり（後述）、また莊子を老子系列に收めたという點で『淮南子』の「老莊」と司馬遷の「老莊申韓」の一部分をも承け繼いでおり（既述）、さらに道家の凡そ三十七家を老子系列と黄帝系列に分けて配置したという點で戰國末期以來の「黄老」をも承け繼いでおり[16]、以上の三つの概念の總合・統一と評價することのできるものであった。

A　「黄帝」への懷疑と批判

ところで、この『漢書』藝文志の中には一つの重要な事實が含まれている。それは老子系列が前に置かれ、黄帝系列が後に置かれていることであって、これは著者の班固が老子系列を黄帝系列よりも古くかつ重要と見なしたことを示していると思われる。（後漢時代以後の「老黄」の起こりであろうか。）　班固は、黄帝系列の『黄帝君臣』十篇の下に、

起六國時、與老子相似也。

と注し、『雜黄帝』五十八篇の下に、

六國時賢者所作。

と注しているが、これも右の事實と照應している。『黄帝四經』四篇と『黄帝銘』六篇には、班固はそのような注を施していないけれども、恐らく彼は後世の假託と考えていたであろう。なぜなら、『力牧』二十二篇の下にも、

六國時所作、託之力牧。力牧、黄帝相。

と注し、道家以外では陰陽家の『黄帝泰素』二十篇にも、

六國時韓諸公子所作。

と注し、小說家の『黄帝說』四十篇にも、

迂誕依託。

と注しているからだ(17)。したがって、班固の「道家」は「黄老」に對する懷疑または批判をも含んでいるのであって、この考えによれば、道家の開祖は黄帝ではなく老子であり、伊尹から筦子に至る五家は、老子に始まる道家の先驅者であるということになる(18)。

B　「黄帝」批判は司馬遷に始まる

『漢書』藝文志は既述のとおり、前漢末期の劉向『別錄』に由來し、その子、劉歆の『七略』に基づいたものであるから、以上の班固の考えも劉向・劉歆の父子に發したものである。そして、老子を開祖とすることの正否は別にして、右の劉向→劉歆→班固の、「黄老」中の黄帝系列に對しては警戒して安易に信じないという態度は、さらにさかのぼるならば、老子・莊子・申子・韓子を、

皆原於道德之意、而老子深遠矣。

として一括した司馬遷に由來するであろう（『史記』老子韓非列傳の論贊）。司馬遷は『史記』の主に五帝本紀と封禪書においても黄帝のことを述べているが、前者の論贊では、

學者多稱五帝、尙矣。然『尙書』獨載堯以來。而百家言黄帝、其文不雅馴、薦紳先生難言之。孔子所傳宰予問五帝德及帝繫姓、儒者或不傳。

と言い、後者でも、封禪に關する黄帝傳說を客觀的に記述するばかりで、自己の見解を表明することは極力抑えている。

今日の我々の眼から見れば、「黄老」には、道家系が當時最もポピュラーであった儒家・墨家の勢力に對抗する必要上、それらの開祖である孔子・墨子を越える老子をより古い人物として假託し、またそれらの淵源とされていた堯・舜・禹よりもさらに古い黄帝の權威を利用したいというねらいが含まれていることは自明であるが、司馬遷もこのような架上說のからくりを知った上で、黄帝に對しては警戒して安易に信じなかったわけである。老子に對しては警戒せず信じてしまったけれども。こうしてついに、老子の先驅者として老子に引き繼がれる黄帝の姿は、『史記』の中にはどこにも發見することができないのである。

第5節　司馬談に始まる「道家」

A　司馬談における「道家」概念の出現

「道家」という言葉の使用は、より一層年代の古いものを捜すならば、紀元前一四〇年~前一一〇年に太史令の地位にあった司馬談にまでさかのぼることができる。『史記』太史公自序の「六家之要指」で使用された例が恐らくこの言葉の初出であって、そこでは「黄老」や「老莊申韓」中の申不害・韓非的なものを、別に法家としてまとめて「道家」から除外している。

とは言うものの、司馬談・司馬遷の父子における「道家」の右の特徴を強調しすぎるのは適當でない。なぜなら、司馬談は「六家之要指」において、

道家無爲、又曰無不爲。其實易行、其辭難知、其術以虚無爲本、以因循爲用。無成埶、無常形、故能究萬物之情。不爲物先、不爲物後、故能爲萬物主。有法無法、因時爲業、有度無度、因物與合。故曰、「聖人不朽（巧）、時變是守。虚者、道之常也、因者、君之綱也。」羣臣竝至、使各自明也。其實中其聲者、謂之端、實不中其聲者、謂之窾。窾言不聽、姦乃不生。賢不肖自分、白黑乃形。在所用耳、何事不成。乃合大道、混混冥冥。光耀天下、復反無名。

の如く述べて、[19]「道家」を「形名參同」を含む政治思想として把えており、これも當時盛行した「黄老」の政術の影響

を強く受けた規定であるので、この「道家」が荘子などを內包しているとは必ずしも斷定できないからである。[20] ちなみに、『史記』陳丞相世家で陳平の語った言葉の中に、

始陳平曰、「我多陰謀、是道家之所禁。吾世卽廢、亦已矣。終不能復起、以吾多陰禍也。」

の如く「道家」とあるのが、その論贊では、

陳丞相平少時、本好黃帝老子之術。方其割肉俎上之時、其意固已遠矣。

の如く「黃帝老子之術」と言い換えられている。したがって、この「道家」は、下文に引用する『史記』禮書の例とともに、文帝期の當時は「黃老」と言っていたのを司馬遷の段階で「道家」に改めたのではなかろうか。

「道家」は、『史記』では他に禮書に、

孝文卽位、有司議欲定儀禮。孝文好道家之學、以爲繁禮飾貌、無益於治、躬化謂何耳。故罷去之。

とある。假りにこの資料が信用できるものであるとすれば、「道家」は早くも文帝期に使われていたことになるかもしれない。[21] けれども、この資料はあまり信用できるものではない。少なくとも學問的な態度で注意深く取り扱ったものではない。そのような資料としては、やはり司馬談の「道家」が最も早いと認めるべきである。

B　「道家」概念の由來と役割

この司馬談の「道家」は、一體どこから來たのであろうか。正確なところは不明としか言いようがないが、『史記』太史公自序に彼の若いころの教育カリキュラムが、

太史公學天官於唐都、受易楊何、習道論於黃子。

と描かれている。黄子から習ったこの「道論」は、彼の思想的な立場を決定づけたであろう「道家」の理論の核心と考えられるが、この言葉、「道論」がまた『淮南子』要略篇だけにただ一例出ている[22]のを見ると、司馬談における「道家」概念の成立にインパクトを與えたのは淮南國の「老莊」だったのではないかと思えてくる。なお、『淮南子』には「道德之論」という言葉が齊俗篇と要略篇に各一例見えるが、これらは「道論」と同義でありながら「道論」ほどに熟していない言葉のようである。以下の拙論を參照。

　拙論「淮南子要略篇について」

　拙著『淮南子――知の百科』の巻第二十一要略

その『淮南子』要略篇には、

　夫道論至深、故多爲之辭、以抒其情。萬物至衆、故博爲之説、以通其意。

という文章がある。この「道論」は、要略篇の下文に、

　若劉氏之書、觀天地之象、通古今之論、權事而立制、度形而施宜、原道（德）之心、合三王之風、以儲與扈冶玄眇（妙）之中。

とある、「道（德）之心」とほぼ同じ内容を持っている。[23] ちなみに、『淮南子』の思想體系全體の中における「道論」「道（德）之心」の位置づけは、「玄眇（妙）之中」（道家思想の核心）へと止揚されていくべき一つの契機（moment）であり、それとペアーを組む「三王之風」（儒家・墨家の思想）と竝んで「玄眇（妙）之中」の下位に置かれている。

そもそも司馬談という人は、武帝の卽位とともに太史令の職を得た人物であり（紀元前一四〇年）、間もなく始まる武帝期初年の黄老と儒家との國教の地位をめぐる激しい對立（前一三六年以後）や、淮南王、劉安の政治的思想的な挫折の悲劇（前一二二年）を太史令として武帝サイドからつぶさに目觀してきた人物である。[24] その司馬談が『史記』太史公

自序の「六家之要指」において、

儒者博而寡要、勞而少功、是以其事難盡從。然其序君臣父子之禮、列夫婦長幼之別、不可易也。……道家使人精神專一、動合無形、贍足萬物。其爲術也、因陰陽之大順、采儒墨之善、撮名法之要、與時遷移、應物變化、立俗施事、無所不宜。指約而易操、事少而功多。儒者則不然。以爲人主天下之儀表也、主倡而臣和、主先而臣隨。如此則主勞而臣逸。至於大道之要、去健羨、絀聰明、釋此而任術。夫神大用則竭、形大勞則敝。形神騷動、欲與天地長久、非所聞也。

のように、儒家一尊を退けつつ、陰陽家・儒家・墨家・名家・法家の長所を總合・統一した思想として「道家」を高く掲げたのは[25]、決してあだやおろそかな氣持ちから出たものではなかったはずだ。しかも、この考えは、道家思想やそれを體得した帝王を中心にすえて諸思想・諸勢力を大きく調和・統一しようという、『淮南子』全體の構想[26]とはなはだよく似ているのである。だとすれば、「六家之要指」に『淮南子』からのインパクトがあったことを認めてよいのではなかろうか。筆者としては、淮南王の「老莊」がそのまま司馬談の「道家」とイコールではないにしても、「道家」が「老莊」のインパクトの下に成立したと考えてみたいのである。

ところで、司馬談の「道家」は、本來だれを開祖としてそれがどのように展開したかという發生的な見方ではない。それ故、「道家」という言葉の始まりとしてはもとより意味のあるものであるが、この學派の開祖が老子と考えられているか否か、莊子がその重要な後繼者と見なされているか否かなどは、ここからは直接出てこないと言わなければならない。「老子を開祖とし彼から源を發した道家という思想上の一學派」という概念や、「老子を出發點とする道家系の思想家たちや彼らの書物の、繼起的な出現や著作」という構想などが成立するためには、したがって、先行する「黃老」「老莊」「老莊申韓」といった發生的な見方の存在が前提になるはずである。そのような發生的な見方に一面では助けられつつ、右の概念や構想などは司馬談において兆し始め、司馬遷を經て、劉向・劉歆に至る間に徐々に確立していったのであろうと筆者は推測する。

そして、この「道家」は、『史記』の成立をさかのぼる數十年前、すなわち前漢、文帝期～武帝期初年に「黄老」を懐疑または批判するものとして生まれて以來、「黄老」中の黄帝の要素の意義を低める役割りを果たし續けたのであった。

注釋

（1）本章全體の構想については、木村英一『老子の新研究』の附錄「黄老から老莊及び道敎へ——兩漢時代に於ける老子の學——」から多くを學んだ。

（2）蓋公という人物については、金谷治『秦漢思想史研究』（加訂增補版）の第二章、第三節、（一）を參照。

（3）安期生が實在性に乏しい人物であることについては、金谷治『秦漢思想史研究』（加訂增補版）の第二章、第三節、（二）を參照。

（4）本書第1章の第1節を參照。

（5）なお、『列子』力命篇には、

及管夷吾有病、小白問之曰、「仲父之病病矣。可不諱云。至於大病、則寡人惡乎屬國而可。」……

小白曰、「鮑叔牙可。」曰、「不可。其爲人也、廉潔善士也。其於不己若者、不比之人。一聞人之過、終身不忘。使之理國、上且鉤乎君、下且逆乎民。其得罪於君也、將弗久矣。」

小白曰、「然則孰可。」對曰、「勿已、則隰朋可。其爲人也、上忘而下不叛、愧其不若黄帝、而哀不己若者。以德分人、謂之聖人。以財分人、謂之賢人。以賢臨人、未有得人者也。以賢下人者、未有不得人者也。其於國、有不聞也。其於家、有不見也。勿已、則隰朋可。」

とある。

（6）本書第2章の第1節、及び第6章の第2節を參照。

（7）本書第2章の第1節、第6章の第2節、その注釋（15）、第10章の第4節、及びその注釋（38）を參照。「若夫乘道德而浮遊」は、下文の「浮遊乎萬物之祖」に同じ。『莊子』逍遙遊篇の北冥有魚章に、

若夫乘天地之正、而御六氣之辯（變）、以遊無窮者、彼且惡乎待哉。

とある（本書第10章の注釋（39）を參照）のとほぼ同じ意味である。その「道德」は、下文の「物物而不物於物」という形而上學（metaphysics）における窮極的根源的な實在を指している。

「浮遊」という言葉は、同じく在宥篇の雲將・鴻蒙問答に、

鴻蒙曰、「浮遊不知所求、猖狂不知所往。遊者鞅掌、以觀无妄。」

とある（本書第8章の注釋（28）を參照）。

「无譽无訾、一龍一蛇、與時俱化、而无肯專爲。」は、同じく天運篇の北門成・黃帝問答に、

帝曰、「……吾奏之以人、徵〈徽〉之以天、行之以禮義、建之以太淸。四時迭起、萬物循生。……一死一生、一僨一起、所常无窮、而一不可待。」

とあり、同じく秋水篇の河伯・北海若問答に、

北海若曰、「……道无終始、物有死生、不恃其成。一虛一滿、不位乎其形。年不可擧、時不可止、消息盈虛、終則有始。是所以語大義之方、論萬物之理也。物之生也、若驟若馳、无動而不變、无時而不移。何爲乎、何不爲乎。夫固將自化。」

とあるのを參照。

「一上一下、以和爲量。」は、『莊子』在宥篇の黃帝・廣成子問答に、

廣成子……曰、「……我爲女遂於大明之上矣、至彼至陽之原也。爲女入於窈冥之門矣、至彼至陰之原也。……我守其一、以處其和。」

とあり（本書第7章の第6節、その注釋（47）（48）、及び第8章の注釋（7）を參照）、同じく刻意篇に、

精神四達竝流、无所不極。上際於天、下蟠於地、化育萬物、不可爲象。其名爲同帝。

とあり（本書第10章の第3節を參照）、同じく天運篇の北門成・黄帝問答に、

帝曰、「……吾奏之以人、徵〈徽〉之以天、行之以禮義、建之以太淸。四時迭起、萬物循生。……一淸一濁、陰陽調和。……吾又奏之以陰陽之和、燭之以日月之明。其聲能短能長、能柔能剛、變化齊一、不主故常。在谷滿谷、在阬滿阬、塗郤守神、以物爲量。」

とある。

「浮遊乎萬物之祖」は、『莊子』達生篇の子列子・關尹問答に、

關尹曰、「……則物之造乎不形、而止乎无所化。夫得是而窮之者、物焉得而止焉。彼將處乎不淫之度、而藏乎无端之紀、遊乎萬物之所終始。壹其性、養其氣、合其德、以通乎物之所造。」

とあり（本書第7章の注釋（17）を參照）、『列子』黄帝篇に、後者を取って、

關尹曰、「……則物之造乎不形、而止乎無所化。夫得是而窮之者、焉得而正焉。彼將處乎不深之度、而藏乎無端之紀、游乎萬物之所終始。壹其性、養其氣、含其德、以通乎物之所造。」

とある（本書第7章の注釋（17）を參照）。

「則胡可得而累邪」は、『莊子』天道篇の老〈夫〉子曰章に、

老〈夫〉子曰、「夫道、於大不終、於小不遺。故萬物備。……夫至人有世、不亦大乎。而不足以爲之累。」

とあるのを參照。

（8）「黄帝曰」は、上引文以外に、審時篇に、

是故得時之稼、其臭香、其味甘、其氣章。百日食之、耳目聰明、心意叡智、四衛變彊、殉氣不入、身無苛殃。黄帝曰、「四時之不正也、正五穀而已矣。」

とある。また、「黄帝言曰」は、去私篇に、

天無私覆也、地無私載也、日月無私燭也、四時無私行也。行其德、而萬物得遂長焉。黄帝言曰、「聲禁重、色禁重、衣禁重、

香禁重、味禁重、室禁重。」

とある。

（9）本書第10章の注釋（37）を參照。

（10）詳しくは本書の第12章を參照。

（11）馬王堆『老子』甲本の後に置かれた古佚書は、『五行』『九主』『明君』『德聖』の四篇である。『九主』『明君』は法家系と言うことができるが、『五行』『德聖』は儒家の倫理思想を述べたものであって、相當に非政治的である。

（12）本書第2章の第7節、その注釋（53）、及び第10章の注釋（47）を參照。

（13）本書第2章の第7節を參照。

（14）本書第1章の第1節で指摘したように、『史記』老子韓非列傳は、申不害と韓非を老子・莊子と同傳した上で、申不害・韓非ともに「本於黃老」と評していた。

（15）ちなみに、申不害や韓非などの法家の思想は、元來、道家と鋭く對立するものであった（戰國末期まで）。それが戰國末期～前漢初期、法家は自らの政治思想の基礎づけのために道家の哲學・形而上學（metaphysics）を借用することに腐心する。このような道家哲學の攝取の後、法家は黃老に本づくとする理解が擴がり定着していったのである。我々は法家の思想をめぐる、以上の思想史的なコンテクストとともに、『史記』の描く申不害・韓非の傳記が、そのような狀況下の道家化した法家である點にも、よくよく注意を拂わなければならない。

（16）本書第1章の第6節を參照。

（17）その他、兵家の『封胡』五篇に、

黃帝臣、依託也。

と注し、『風后』十三篇に、

圖二卷。黃帝臣、依託也。

と注し、『力牧』十五篇に、

　黄帝臣、依託也。

と注し、『鬼容區』三篇に、

　圖一卷。黄帝臣、依託。

と注している。

(18) 本書第1章の第6節を參照。

(19) 本書第7章の注釋(41)、及び第14章の第4節を參照。

(20) 「形名參同」の政術については、本書第9章の注釋(49)、第11章の第4節、及びその注釋(30)を參照。

(21) 陳平は文帝二年(紀元前一七八年)に卒しているので、本章の上文で指摘した陳丞相世家の「道家」はこれよりもさらに早いかもしれない。しかし、これらの「道家」があまり信用できないことについては、本章の本節の下文を參照。

(22) 本書第14章の第4節を參照。

(23) 本書第8章の注釋(19)、第14章の第4節、及びその注釋(42)を參照。また、張舜徽『周秦道論發微』の「敍錄」を參照。

(24) 本書第2章の第7節を參照。また、鄭鶴聲『司馬遷年譜』を參照。

(25) 本書第14章の第4節を參照。

(26) 本書第2章の第7節、及び第14章の第4節を參照。

參考文獻

兒島獻吉郎『支那諸子百家考』目黑書店　一九三一年
鄭鶴聲『司馬遷年譜』商務印書館　一九三三年
武內義雄『諸子概說』『武內義雄全集』第七卷「諸子篇」二　角川書店　一九七九年
容肇祖『韓非子考證』中央研究院歷史語言研究所單刊乙種之三　商務印書館　一九三六年
木村英一『法家思想の研究』弘文堂書房　一九四四年

郭沫若『十批判書』『郭沫若全集』歴史編第二巻　人民出版社　一九八二年
重澤俊郎『中國四大思想』日本科學社　一九四八年
栗田直躬『中國上代思想の研究』岩波書店　一九四九年
木村英一『老子の新研究』創文社　一九五九年
增淵龍夫『中國古代の社會と國家』弘文堂　一九六〇年
內山俊彥「漢初黄老思想の考察」（一）（二）『山口大學文學會志』第十三巻第一號・第十四巻第一號　一九六二年・一九六三年
宇野精一・中村元・玉城康四郎責任編集『講座　東洋思想』第三巻・第四巻　東京大學出版會　一九六七年
小島祐馬『古代中國研究』筑摩書房　一九六八年
竹內照夫『明解諸子』明治書院　一九六九年
小倉芳彥「諸子百家論」『岩波講座　世界歴史』4　岩波書店　一九七〇年
赤塚忠「中國古代の思想家たちの「一」の探求」『赤塚忠著作集』第二巻　研文社　一九八七年
向井哲夫「『淮南子』と墨家思想」『日本中國學會報』第三十一集　一九七九年
金谷治『秦漢思想史研究』（加訂增補版）平樂寺書店　一九八一年
池田知久「墨家」　漢文研究シリーズ13『諸子百家』尚學圖書　一九八三年
池田知久「『墨子』の經・經說と十論」　東大中哲文學會『中哲文學會報』第十號　一九八五年

蒙文通「略論黄老學」『蒙文通文集』第一巻「古學甄微」　巴蜀書社　一九八七年
楊寬「中國上古史導論」『古史辨』第七冊上　上海古籍出版社影印本　一九八二年
郭沫若「秦楚之際的儒者」『青銅時代』科學出版社　一九五七年
大淵忍爾「初期の遷說について」　日本道教學會『東方宗教』第二號　一九五二年
今井宇三郎「黄帝について」　東京文理科大學漢文學會『漢文學會會報』第十四號　一九五三年

安居香山「史記に見る黄帝の問題」 東京文理科大學漢文學會『漢文學會會報』第十四號 一九五三年
中村璋八「緯書における黄帝について」 東京文理科大學漢文學會『漢文學會會報』第十四號 一九五三年
秋月觀暎「黄老觀念の系譜——その宗教的展開を中心として——」『東方學』第十輯 一九五五年
袁珂『中國古代神話』(上)(下) 伊藤敬一・高畠穰・松井博光譯 みすず書房 一九六〇年
任繼愈主編『中國哲學史』第二册附錄「漢初流行的黄老哲學」 人民出版社 一九六三年
森安太郎「黄帝傳說」『黄帝傳說』 京都女子大學人文學會・朋友書店 一九七〇年
白川靜『中國の神話』 中公文庫 中央公論社 一九八〇年
御手洗勝「黄帝の傳說」『古代中國の神々』 東洋學叢書 創文社 一九八四年
加賀榮治「黄老の黄の行方をめぐって」 日本道教學會『東方宗教』第七十號 一九八七年
羅福頤「座談長沙馬王堆漢墓帛書」『文物』一九七四年第九期 一九七四年
唐蘭「《黄帝四經》初探」『文物』一九七四年第十期 一九七四年
高亨・董治安「《十大經》初論」『歷史研究』一九七五年第一期 一九七五年
唐蘭「馬王堆出土《老子》乙本巻前古佚書的研究——兼論其與漢初儒法鬭爭的關係」『考古學報』一九七五年第一期 一九七五年
龍晦「馬王堆出土《老子》乙本巻前古佚書探原」『考古學報』一九七五年第二期 一九七五年
田昌五「再談黄老思想和法家路綫」『文物』一九七六年第四期 一九七六年
鍾肇鵬「黄老帛書的哲學思想」『文物』一九七八年第二期 一九七八年
裘錫圭「馬王堆《老子》甲本巻後佚書與“道法家”」『中國哲學』第二輯 三聯書店 一九八〇年
金谷治「古佚書『經法』等四篇について」『加賀榮治博士退官記念中國文史哲學論集』 講談社 一九八〇年
魏啓鵬「《黄帝四經》思想探源」『中國哲學』第四輯 三聯書店 一九八〇年

島森哲男「黄老思想の構造と位置――『經法』等四篇を讀んで考える」『集刊東洋學』第四十五號　一九八一年

張舜徽『周秦道論發微』　中華書局　一九八二年

姜廣輝「試論漢初黄老思想」『中國哲學史研究集刊』第二輯　上海人民出版社　一九八二年

齋木哲郎「黄老思想の再檢討――漢の高祖集團と老子の關係を中心として――」日本道教學會『東方宗教』第六十二號　一九八三年

熊鐵基『秦漢新道家略論稿』　上海人民出版社　一九八四年

齋木哲郎「馬王堆帛書より見た道家思想の一側面――經法等四篇の古佚書を中心として――」『東方學』第六十九輯　一九八五年

余明光『黄帝四經與黄老思想』　黑龍江人民出版社　一九八九年

陳麗桂『戰國時期的黄老思想』　聯經出版事業公司　一九九一年

司修武『黄老學說與漢初政治平議』　臺灣學生書局　一九九二年

淺野裕一『黄老道の成立と展開』　東洋學叢書　創文社　一九九二年

余明光他『中英對照　黄帝四經今注今譯』　岳麓書社　一九九三年

陳鼓應『黄帝四經今註今譯――馬王堆漢墓出土帛書』　臺灣商務印書館　一九九五年

池田知久「淮南子要略篇について」　井上順理他編『池田末利博士古稀記念東洋學論集』　池田末利博士古稀記念事業會　一九八〇年

池田知久『淮南子――知の百科』　中國の古典　講談社　一九八九年

Edmund Ryden, "*The Yellow Emperor's Four Canons, A Literary Study and Edition of the Text from Mawangdui*", 光啓出版社利氏學社聯合、臺北　一九九七年

Robin D. S. Yates, "*FIVE LOST CLASSICS: TAO, HUANGLAO, AND YIN-YANG IN HAN CHINA*", Ballantine Books, New York, 1997.

第4章　道家の先駆者たち

道家系の諸思想がその歴史上初めて「黄老」という總稱を持つに至ったのは、本書の第3章で述べたように戰國末期以前のことである。それでは、さらにその前、最も早い時期のこの學派の狀態は、どうなっていたのであろうか。それを想像してみると、いくつかの道家的な傾向のある小グループが全天下のあちらこちらに散在して思想活動を展開してはいたものの、しっかりした「學派」と言えるようなまとまりなどは、まだなかったであろう。

こういう狀態が彼らの實際の姿だったのであろうが、そうであるからと言って、彼らに何の傾向もなかったわけではない。先行する學派、儒家や墨家とは異なった道家的な諸特徵を具えつつあって、その意味で道家という學派は存在し始めていたと想像される。このような道家的な傾向の直接の出發點、すなわち道家思想の誕生を求めるためには、歴史をさらにさかのぼり、黄帝や老子を通り過ごして、彼らの最も早い時期の狀態を探究しなければならない。

第１節　道家の誕生とその背景

A　道家の誕生

その道家的な傾向の出發點と呼ぶにふさわしいのは、思想家たちが窮極的根源的な實在としての「道」の觀念に初めて到達した時こそが、それであろう。多くの道家の諸思想に共通して存在している最大公約數的な觀念で、しかも彼らが根本にすえて様々の思索を展開しているものは、何と言っても「道」だからである。したがって、道家思想の誕生とは右の如き「道」の觀念の最初の成立、という意味に他ならない。

春秋・戰國時代以後のあらゆる文獻を見わたして、道家思想が誕生したと言えるのは『莊子』齊物論篇の南郭子綦・顏成子游問答においてであり、やや緩やかに取れば、同じ『莊子』齊物論篇の齧缺・王倪問答、瞿鵲子・長梧子問答、罔兩・景問答などもそういった文獻の中に入る、と筆者は考える。紀元前三〇〇年を中心とする戰國時代中期のことであり、これらは言うまでもなく、『莊子』全體の中の最古の部分である。その「道」とは、世界の眞實の姿それ自體のこと、またそれを可能にしている窮極的な根源者のことであって、思想家たちはそれを「一」であり「無」であり、また人間の知によっては決して把えられない何ものかであると言う。

『莊子』齊物論篇の南郭子綦・顏成子游問答、齧缺・王倪問答、瞿鵲子・長梧子問答、罔兩・景問答などにおいて道家思想が誕生したと、筆者が言う理由は、「道」の觀念の成立を中心とする道家思想史の展開に關する構想にある。(1)

B　道家誕生の社會的基盤

道家思想の誕生の社會的基盤は、マクロに見れば春秋・戰國時代という激動の社會それ自體にあった。――すなわち、西周時代（紀元前一一〇〇年ごろ～前七七一年）の周王朝の支配體制はいわゆる宗法制に基づく封建制であって、周王が血族・擬制血族や同盟氏族の有力者を天下の各地に派遣して侯・公・伯などの稱號を許し、土地と人民を與えてその支配をゆだね、見返りに經濟的軍事的な奉仕を受け取って王室の存立を圖るとともに、非同盟の周邊氏族を制壓しようとするものであった。ところが、春秋時代（前七七〇年～前四〇四年）になると、世代の交替によって周王と各國諸侯との紐帶が弛緩し、それに依存していた王室の經濟的軍事的な力が低下し、王朝の存立の基礎が搖らぎ始めた。そのために、周邊地域の開拓により領土を擴大し力をつけて城邑國家の聯合から領域國家へと脱皮しつつあった各國は、次第に王室の統制を離れて自立する方向に進み、ここに周王朝の支配に代わる新たな體制を模索する長い動亂の時代が始まった。各國の諸侯は經濟的軍事的な力を背景にして抗爭と會盟を繰り返したが、この時、周王に代わって諸侯に號令し會盟を主導するなど各國閒の政治秩序を取りしきったのが、齊の桓公（前六八五年～前六四三年在位）や晉の文公（前六三六年～前六二八年在位）を始めとするいわゆる霸者である。

春秋時代も末期まで押しつまると、各國の抗爭と會盟はますます激しさを增し、その上、從來は未開として輕視されてきた吳・越などの新興國が中原の抗爭に介入して主導權を奪うことさえ生じたので、動亂はいよいよ深化し擴大して、時代は戰國と呼ぶにふさわしい樣相を呈するに至った。

戰國時代とは、中原の最強國、晉をその三豪族が分割して韓・魏・趙として獨立し（前四五三年）、それを周王が公認した紀元前四〇三年以後、秦の始皇帝による紀元前二二一年の天下統一までを言うが、この開幕が端的に示しているとおり、戰國時代は、一方で國家の内部においては、血縁關係に背を向けた實力主義による下剋上の横行、舊い世襲貴族制の崩壞に續く新しい官僚制の構築、信賞必罰の法治主義を採用しての富國強兵の劃策、他方で各國間の國際關係においては、領域國家の領土擴大をめざす周邊の弱小國に對する侵略や併合、戰爭による大量殺戮の日常化とサバイバルのための合縱連横、などをもって特徴づけられる。このような状況の中で紀元前三八六年、東の大國、齊では新興貴族の田氏が姜氏の齊を滅ぼして新しい齊を作り、以上の韓・魏・趙・齊はかねて富強を誇ってきた秦・燕・楚と合わせて戰國の七雄と稱せられるに至った。以後、七雄は周邊の弱小國をかたっぱしから侵略・併合しつつ死力を盡くして爭いあい、混沌たる狀況の中を天下統一に向かって疾走また疾走し續けたのであった。

以上のような激動の社會は、西周時代に存在していた多數の中小國家を滅亡させ、傳統的ないわゆる宗法制に基づく封建制を崩壞に導き、その過程でどこにも行く先や働く場を持たない大量の不如意な自由人を生み出した。彼らが激動の社會から受け取ったものは、

第一に、以上の、行く先や働く場を持たないという意味での自由であり、また生きることに關する不安と苦しみである。

第二に、西周時代の舊社會を支えていた秩序・綱紀・モラル、總じて古き善き價値觀の喪失であり、また新しく形成されつつある價値觀への不滿と不信である。

第三に、舊來の物の見方・考え方——人間觀・社會觀・自然觀などから成る世界觀の根底からの崩壞であり、また凡そ人間の知的文化的な營みというもの全般に對する懷疑と批判であった。——筆者は、以上のような内容において、マクロに見れば春秋・戰國時代という激動の社會それ自體に道家誕生の基盤がある、と言うのである。

ただし、以上のようなマクロな見方では、道家誕生の基盤を指摘することに不可はないにしても、その直接の誕生を論ずることはできないであろう。したがって、例えば、『詩經』變風・變雅の諸篇を歌った詩人たちや、『論語』微子篇・堯曰篇に出る「逸民」などからしてすでに道家的であったとする見解を前にしては、その直接の誕生を論じない以上のマクロな見方はこれらを排除できないのだ。

しかしながら、道家思想は以上の不安と苦しみ、不滿と不信、懷疑と批判の諸問題を理論的に解決することを通じて、疎外から解放された人間としての意味のある生き方、狀況の變化につれて動搖することのない眞の價値觀、相對的な世間知を乘り越えた絕對的な知とそれに基づく世界觀など、を定立しようとした思想であるから、よりミクロに見てその直接の誕生を論じなければならない。

第２節　學派としての道家

よりミクロに見て道家の直接の誕生を論ずるということは、筆者は、窮極的根源的な實在としての「道」の最初の成立をもって道家の誕生のメルクマールとすることだ、と考えるが、これについてはその一部分を上に述べた。

さて、本書で取り扱う道家思想は、主に紀元前三〇〇年ごろの戰國中期におけるその誕生から、前漢時代、武帝期における儒教の重視に至るまでの、古代の道家の諸思想である。筆者は便宜上、これを初期・中期・後期の三つに分けて考える。初期は戰國中期～末期、中期は戰國末期～前漢初期、後期は前漢初期～武帝期である。(2) さらに、前漢、武帝期～魏晉南北朝時代の道家思想にも言及することがあるが、その場合は、朝代の名や西曆紀元をもって示すことにしたい。

A　道家思想の擔い手たち

この「道」やそれを根本にすえた初期道家の諸思想の特徴の一つは、それらが、世間知や先行する諸思想における「是」（正しい）と「非」（正しくない）、「可」（よい）と「不可」（よくない）などを對立的に把えた上で、「是」「可」を求め「非」「不可」を退けようとする既成の價値觀に對する批判から出發して、そのような「是」と「非」、「可」と「不可」などをすべて撥無し去ることである。(3)この點から逆に推測するならば、初期道家の擔い手たちは、社會的な存在としては「是」「可」の肯定的な價値から見放された人々であったと思われる。すなわち、上述のような激動の社會を上手に乘りきり富と權力を手中にして得意の絶頂に立つ人々ではありえず、まさに正反對に、どこにも行く先や働く場を持たない自由な士大夫であったであろう。

例えば、最初期の道家の一人として莊子を取り上げ、その職業を『莊子』中の莊子物語に卽して見てみると、『史記』莊子列傳は、すでに見たとおり、

周嘗爲蒙漆園吏。

と言っているが、この記述は『史記』以前には見えていないようであって、何に基づくか不明である。(4)實際には前漢初期までの莊子物語の中から、莊子が漆園の吏と爲ったとするのはおろか、何らかの官途に就いたとする記述すら見出すことができない。のみならず、官途に就くことを原理的に否定する思想の持ち主として莊子を描いたものさえあり（秋水篇の莊子・楚二大夫問答、秋水篇の惠子・莊子問答、列御寇篇の或人・莊子問答）、中でも王侯の政治權力に寄食した

り尊位顯官を得たり、などといった人間の生き方を唾棄すべきこととして輕蔑している莊子が多い（秋水篇の莊子・楚二大夫問答、說劍篇、列御寇篇の曹商・莊子問答、列御寇篇の見宋王人・莊子問答、列御寇篇の或人・莊子問答）。

　これらのことと關聯して、莊子は極度の貧乏に苦しんでおり（山木篇の莊子・魏王問答、外物篇の莊周・監河侯問答、列御寇篇の曹商・莊子問答、列御寇篇の見宋王人・莊子問答）、また、弟子をつき從えて登場してもいる（山木篇の莊子・弟子問答、山木篇の莊周・藺且問答、徐无鬼篇の莊子・從者問答、說劍篇、列御寇篇の莊子・弟子問答）ので、莊子物語の作者たちの多くは、莊子を官途に就かない自由人で、弟子たちの持參する束脩によって生計を立てていたとイメージしていたようである。現代中國を代表する研究者である侯外廬などが、彼らの階級的な出自を、

　他似乎是一個感受亡國命運的沒落小貴族。(5)

とするのは、莊子物語に拘泥しすぎている點を除けば、ほぼ穩當なところではなかろうか。(6)

B　被疎外者の社會的基盤から主體性論へ

　政治的地位からも、(7)經濟的利益からも疎外され、(8)果ては己れの生死すらままならぬと感じた彼らの自畫像は、例えば、『莊子』齊物論篇の南郭子綦・顏成子游問答に、

　子綦曰、「……一受其成形、不亡以待盡。與物相刃相靡、其行盡如馳、而莫之能止。不亦悲乎。終身役役、而不見其成功。苶然疲役、而不知其所歸。可不哀邪。人謂之不死、奚益。其形化、其心與之然。可不謂大哀乎。人之生也、固若是芒乎。其我獨芒、而人亦有不芒者乎。」

などと描かれており、また、これをふまえて書かれた『莊子』田子方篇の顏淵・仲尼問答にも、

仲尼曰、「悪、可不察與。夫哀莫大於心死、而人死亦次之。日出東方、而入於西極、萬物莫不比方。有目有趾者、待是而後成功。是出則存、是入則亡。萬物亦然。有待也而死、有待也而生。吾一受其成形、而不化以待盡。效物而動、日夜无隙、而不知其所終。薫然其成形、知命不能規乎其前。丘以是日徂、吾終身與汝交一臂而失之。可不哀與。」

と描かれている(9)。

彼らは、そのような己れの、生きることに關する不安と苦しみを解消させたいという願いから、己れの「非」であり「不可」であることを知らしめる我が內なる世間知や、或いは「知」というもの一般に對して批判の眼を向ける。そして、この批判を繰り返す徹底的な作業の最終段階で、彼らは「一」の「無」つまり齊同なる非存在に到達し、「無」である我が「無」である世界に直接、融卽するという內容において、ついに「道」を定立したのである。この時、世界それ自體と化した我（すなわち「道」を把えた我）は、「是非」「可不可」の價値の對立に引き裂かれたり左右されたりすることのない、人間としての主體性を手に入れたのであった。以上のような主體性を論じた文章は、『莊子』のあちらこちらに、例えば、齊物論篇の罔兩・景問答の、

罔兩問景曰、「曩子行、今子止。曩子坐、今子起。何其無特操與。」

景曰、「吾有待而然者邪。吾所待又有待而然者邪。吾待蛇蚹蜩翼邪。惡識所以然、惡識所以不然。」

の如く、收められている(10)。『莊子』齊物論篇の中に罔兩・景問答を收めたこの處置は、前漢末期の整理者、劉向の仕業ではあろうけれども、確かに、當初から彼らは世間知や「知」一般の行う價値判斷などを否定的に乘り越えることの上に、人間としての主體性を確立しようと模索していたのであった。

C　道家の學派的アイデンティティーの確立

このようなオリジナルな内容を持った「道」の觀念の成立は、先に指摘したのとは別の、もっと具體的な意味で、同時にまた道家的な傾向の直接の出發點、道家思想の誕生でもあった。『莊子』齊物論篇の南郭子綦・顏成子游問答における「儒墨之是非」や惠子の「堅白之昧」に向けた批判、すなわち、

子綦曰、「……道惡乎隱而有眞僞、言惡乎隱而有是非。道惡乎往而不存、言惡乎存而不可。道隱於小成、言隱於榮華。故有儒墨之是非。以是其所非、而非其所是。欲是其所非、而非其所是、則莫若以明。(11)

……

果且有成與虧乎哉、果且無成與虧乎哉。有成與虧、故昭氏之鼓琴也。無成與虧、故昭氏之不鼓琴也。昭文之鼓琴也、師曠之枝策也、惠子之據梧也、三子之知幾乎。皆其盛者也。故載之末年。唯其好之也、以異於彼。其好之也、欲以明之。彼非所明而明之。故以堅白之昧終、而其子又以文之綸（倫）終、終身無成。若是而可謂成乎、雖我亦成也。若是而不可謂成乎、物與我無成也。是故滑疑之耀、聖人之所圖也。爲是不用、而寓諸庸。此之謂以明。(12)」

また、齊物論篇の齧缺・王倪問答における「仁義之端、是非之塗」に對する懷疑、すなわち、

（王倪）曰、「吾惡乎知之。雖然、嘗試言之。……自我觀之、仁義之端、是非之塗、樊然殽亂。吾惡能知其辯。(13)」

そして、齊物論篇の瞿鵲子・長梧子問答における「孔丘」を「愚者」と嗤うさげすみ、すなわち、

瞿鵲子問乎長梧子曰、「吾聞諸夫子。『聖人不從事於務。不就利、不違害。不喜求、不緣道。无謂有謂、有謂无謂。而遊乎塵垢之外。』夫子以爲孟浪之言、而我以爲妙道之行也。吾子以爲奚若。」

長梧子曰、「是黃帝之所聽熒也。而丘也何足以知之。……夢飲酒者、旦而哭泣、夢哭泣者、旦而田獵。方其夢也、不知其夢也。夢之中又占其夢焉、覺而後知其夢也。且有大覺、而後知此其大夢也。而愚者自以爲覺、竊竊然知之。君乎牧乎、固哉。丘也與女、皆夢也。予謂女夢、亦夢也。是其言也、其名爲弔詭。萬世之後、而一遇大聖知其解者、是旦暮遇之也。(14)」

さらに、齊物論篇の瞿鵲子・長梧子問答における墨家の論理思想に向けた皮肉、すなわち、

長梧子曰、「……既使我與若辯矣、若勝我、我不若勝、若果是也、我果非也邪。我勝若、若不吾勝、我果是也、而果非也邪。其或是也、其或非也邪。其俱是也、其俱非也邪。我與若不能相知也、則人固受其黮闇。吾誰使正之。使同乎若者正之、既與若同矣、惡能正之。使同乎我者正之、既同乎我矣、惡能正之。使異乎我與若者正之、既異乎我與若矣、惡能正之。使同乎我與若者正之、既同乎我與若矣、惡能正之。然則我與若與人、俱不能相知也。而待彼也邪。(15)」

などを讀んでみると、初期の道家が先行する諸學派（特に儒家と墨家）に激しく對抗しつつ、それらから一線を劃して自らの學派的なアイデンティティーを確立しようと努めていた樣子がうかがわれる。

また、初期の道家はすでに師と弟子から構成されており、そのことは『莊子』齊物論篇の諸文章が師弟の問答體で書かれている事實の中に反映している。齊物論篇の諸文章に登場する老師で注目すべき人物は、南郭子綦と王倪の二人である。(16)齊物論篇の「南郭子綦」を模倣した人物としては、

人閒世篇の南伯子綦遊乎商之丘章の「南伯子綦」
徐无鬼篇の南伯子綦・顏成子問答の「南伯子綦」
大宗師篇の南伯子葵・女偊問答の「南伯子葵」

田子方篇の田子方・魏文侯問答の「東郭順子」

寓言篇の顔成子・東郭子綦問答の「東郭子綦」

『列子』仲尼篇の「南郭子」

などがある。また、齊物論篇の「王倪」は、

應帝王篇の齧缺・王倪問答

天地篇の堯之師曰許由章

などにも出てくる。いずれも實在しない架空の登場人物であろうと考えられる。彼らはこれ以後作られる問答にもしばしば登場する常連であって、恐らくこの種の少なからず作られた架空の登場人物たちの中から、最も有力な老聃が道家の開祖として浮上していったのであろうから、彼らこそは開祖になりそこなった人物と評さなければなるまい。

さらに、この時期の道家の學派形成への志向性を量る上で重要なものは、齊物論篇の瞿鵲子・長梧子問答に見える經言の存在である。

瞿鵲子問乎長梧子曰、「吾聞諸夫子。『聖人不從事於務。不就利、不違害。不喜求、不緣道。无謂有謂、有謂无謂。而遊乎塵垢之外。』子以爲孟浪之言、而我以爲妙道之行也。吾子以爲奚若。」

長梧子曰、「是黃帝之所聽熒也。而丘也何足以知之。且女亦大早計。見卵而求時夜、見彈而求鴞炙。予嘗爲女妄言之、女以妄聽之。奚。……」

及び、

（長梧子）「化聲之相待、若其不相待。和之以天倪、因之以曼衍、所以窮年也。」

（瞿鵲子）「何謂『和之以天倪。』」

（長梧子）曰、「是不是、然不然。是若果是也、則是之異乎不是也、亦無辯。然若果然也、則然之異乎不然也、亦無辯。忘年忘義、振於無竟（境）。故寓諸無竟（境）。」

などがそれである。これらは、まだ十分に權威のある聖人の口から語られる大事な言葉にはなっていないものの、その文體がすでに『老子』風のアフォリズムである上に、複雜で難解な彼らの思索の結果を、コンパクトにまとめて敎條化しようとする姿勢を感じ取ることができる。出發點に立ったばかりのこのグループの內部で、早くも敎條化された經言を弟子が質問し老師が解說する、という形で思想の敎育や研鑽が行われ、學派的アイデンティティーの形成が圖られつつあったことを知りうるわけである。(17)

第3節　道家の先驅者たち

旣述のとおり、マクロに見れば春秋・戰國時代という激動の社會それ自體に道家思想誕生の基盤があるのであるが、しかし、右のような基盤があればいつでもどこでも道家が誕生するというわけではない。道家の誕生に先だって多くの直接の先驅者たちがおり、先の不安と苦しみ、不滿と不信、懷疑と批判などを理論的に解決する樣々の試みを行っていた。そのような樣々の試みの蓄積があって、始めて道家は「道」に到達することができたのである。

そして、この事實は、『莊子』齊物論篇の南郭子綦・顏成子游問答がその最終目標である「道」の定立を行うに當たって、旣成の價値觀などに對する批判を繰り返す作業を意識的に方法として採用した、そのやり方の中にも明らかに反映している。勿論、ほとんど最初に批判の對象となった儒家・墨家までも道家の先驅者に數える必要はないけれども、彼らに儒墨批判の武器を提供した惠子や田騈の理論などは、道家の先驅者として正當に位置づけ評價しなければならない。このような先驅者があったからこそ、道家は道家として誕生することができたのだ。

A　生命・身體を重視する思想

以上の觀點から、やや廣く先驅者となったであろう思想・思想家を捜してみると、その主なものとしては次のいくつかが念頭に思い浮かぶ。

第一に、戰國中期から後期にかけて、個人の生命・身體の充實を重んじた思想家たちが存在していた。楊朱・子華子・詹何などである。

彼らの諸思想は、道家の生命・身體の重視や主體性論の成立に、何らかの影響を與えたのではなかろうか。これらの思想家たちの生涯や思想の詳細について確實に言えることは少ししかないけれども、大體の状況から判斷して兩者の間に繫がりがあったように感じられる。

a　楊朱の身體重視

孟子（紀元前三九〇年ごろ～前三〇五年ごろ）の同時代人で、やや年長であるらしい楊朱は、『孟子』滕文公下篇に、

孟子曰、「……聖王不作、諸侯放恣、處士橫議、楊朱墨翟之言、盈天下。天下之言、不歸揚則歸墨。揚氏爲我、是無君也。墨氏兼愛、是無父也。無父無君、是禽獸也。公明儀曰、『庖有肥肉、廄有肥馬、民有飢色、野有餓莩、此率禽獸而食人也。』揚墨之道不息、孔子之道不著、是邪說誣民、充塞仁義也。仁義充塞、則率獸食人、人將相食。

吾爲此懼、閑先聖之道、距揚墨、放淫辭、邪説者不得作。」

のように現れ[18]、また『孟子』盡心上篇に、

孟子曰、「楊子取爲我、拔一毛而利天下、不爲也。墨子兼愛、摩頂放踵利天下、爲之。子莫執中、執中爲近之。執中無權、猶執一也。所惡執一者、爲其賊道也、擧一而廢百也。」

のように現れるのが最も早い。その楊朱は、『呂氏春秋』不二篇で、

聽群衆人議以治國、國危無日矣。何以知其然也。老耽貴柔、孔子貴仁、墨翟貴廉（兼）、關尹貴淸、子列子貴虚、陳駢貴齊、陽生貴己、孫臏貴勢、王廖貴先、兒良貴後。

と論評され、『淮南子』氾論篇で、

兼愛上賢、右鬼非命、墨子之所立也、而楊子非之。全性保眞、不以物累形、楊子之所立也、而孟子非之。

と描寫されて、時の經過とともに次第に道家に吸引されてしまった思想家である。これらの資料の中で最も信用できる『孟子』によれば、楊朱の思想は、「君」や「天下」に代表される政治的な秩序や價値の反對の極に「我」を置いて、その「我」を何にもまして重要と考えるものであった。

b　子華子と詹何の身體重視

これと似たところのある思想家が、『呂氏春秋』審爲篇に二人登場している。その一人は、韓の昭釐侯（昭侯に同じ。前三六二年ごろ～前三三三年在位）に向かって、

韓魏相與爭侵地。子華子見昭釐侯、昭釐侯有憂色。子華子曰、「今使天下書銘於君之前。書之曰、『左手攫之則右手廢、右手攫之則左手廢、然而攫之必有天下。』君將攫之乎、亡其不與。」昭釐侯曰、「寡人不攫也。」

子華子曰、「甚善。自是觀之、兩臂重於天下也、身又重於兩臂。韓之輕於天下遠、今之所爭者、其輕於韓又遠。君固愁身傷生、以憂之臧不得也。」昭釐侯曰、「善。教寡人者衆矣、未嘗得聞此言也。」子華子可謂知輕重矣。知輕重、故論不過。

の如く、自己の生命・身體の方が「天下」や韓國の支配權を握ることよりも重要であることを諭した子華子である。審爲篇のこの文章は、『莊子』讓王篇の韓魏相與爭侵地章にも取られている。そのために、子華子のことを完全な道家の思想家と見なす研究者もいるが、しかしそれは誤りで、正しくはあくまで道家の先驅者でしかないと考えるべきだ。なぜなら、自己の生命・身體の方が「天下」の支配權を握ることよりも重要だ、というような思想は、『呂氏春秋』審爲篇とほぼ同じ時代に、他に儒家・墨家の思想家たちも述べていたからである。例えば、前漢初期の儒家の作である馬王堆漢墓帛書『五行』第十四章說に、

「慼（戚）而信之、親也。」言信亓（其）〔慼〕也。捣（剮）而四膿（體）、予女（汝）天下、弗爲也。捣（剮）如（汝）兄弟、予女（汝）天下、弗悉（迷）也。是信之巳。信亓（其）〔慼〕、而笱（後）能相親也。
「親而築（篤）之、愛也。」築（篤）之者、厚。厚親、而笱（後）能相愛也。
「愛父、亓（其）殺（繼）愛人、仁也。」言愛父、而笱（後）及人也。愛父而殺亓（其）鄰〔之〕子、未可胃（謂）仁也。

とあり、[19] 戰國末期の墨家の作である『墨子』貴義篇に、

子墨子曰、「萬事莫貴於義。今謂人曰、『予子冠履、而斷子之手足、子爲之乎。』必不爲。何故、則冠履不若手足之貴也。又曰、『予子天下、而殺子之身、子爲之乎。』必不爲。何故、則天下不若身之貴也。爭一言以相殺、是貴義於其身也。故曰、『萬事莫貴於義也。』」

とあるのを見られたい。これらは、『呂氏春秋』審爲篇と同じような、「天下」の支配權よりも個人の「養生」を重視する思想を熟知した上で、それよりも一層價値の高い「仁」や「義」の實踐を主張している文章であるが、これらの例のように道家以外の思想家たちにも、自己の生命・身體の方が「天下」の支配權を握ることよりも重要だ、というような思想は、ある程度まで共通・一致して述べられていたのである。

その二人は、中山の公子牟（魏牟に同じ。前二六六年乃至前二五五年〜前二五一年以後）に對して、

中山公子牟謂詹子曰、「身在江海之上、心居乎魏闕之下、奈何。」詹子曰、「重生。重生則輕利。」

中山公子牟曰、「雖知之、猶不能自勝也。」詹子曰、「不能自勝、則縱之。」

「神無惡乎。」「不能自勝而強不縱者、此之謂重傷。重傷之人、無壽類矣。」

と教えた詹何である。[20]

B　主體性を追求する思想

第二に、戰國中期から後期にかけての思想家、宋鈃と尹文が擧げられる。

彼らの主張は『莊子』天下篇にまとめられており、それはそれで一應の參考にはなるが、しかし、前漢初期というかなり後の時代のまとめであるから、彼らの思想を再構成するにはもっと古い戰國時代の資料によるのが適當である。

宋鈃（宋牼とも宋榮とも書く）は、『孟子』告子下篇に、

宋牼將之楚、孟子遇於石丘。

曰、「先生將何之。」曰、「吾聞秦楚構兵。我將見楚王、說而罷之。楚王不悅、我將見秦王、說而罷之。二王我將有

所遇焉。」

曰、「軻也請無問其詳、願聞其指。說之將何如。」曰、「我將言其不利也。」

曰、「先生之志則大矣、先生之號則不可。先生以利說秦楚之王、秦楚之王悅於利、以罷三軍之師、是三軍之士、樂罷而悅於利也。爲人臣者、懷利以事其君、爲人子者、懷利以事其父、爲人弟者、懷利以事其兄、是君臣父子兄弟終去仁義、懷利以相接。然而不亡者、未之有也。先生以仁義說秦楚之王、秦楚之王悅於仁義、而罷三軍之師、是三軍之士、樂罷而悅於仁義也。爲人臣者、懷仁義以事其君、爲人子者、懷仁義以事其父、爲人弟者、懷仁義以事其兄、是君臣父子兄弟去利、懷仁義以相接也。然而不王者、未之有也。何必曰利。」


の如く初出する孟子の同時代人である。そこでは反戰平和を唱える者として登場し、以後の諸文獻でもこの點はほぼ變わりがない。ところが、『荀子』正論篇には、

子宋子曰、「明見侮之不辱、使人不鬭。人皆以見侮爲辱、故鬭也。知見侮之爲不辱、則不鬭矣。」應之曰、「然則亦以人之情爲不惡侮乎。」

曰、「惡而不辱也。」曰、「若是、則必不得所求焉。凡人之鬭也、必以其惡之爲說、非以其辱之爲故也。今俳優侏儒狎徒詈侮而不鬭者、是豈鉅知見侮之爲不辱哉。然而不鬭者、不惡故也。今人或入其央瀆、竊其豬彘、則援劍戟而逐之、不避死傷。是豈以喪豬爲辱也哉。然而不憚鬭者、惡之故也。雖以見侮爲辱也、不惡則不鬭。雖知見侮爲不辱、惡之則必鬭。然則鬭與不鬭邪、亡於辱之與不辱也、乃在於惡之與不惡也。夫今子宋子不能解人之惡侮、而務說人以勿辱也。豈不過甚矣哉。金舌弊口、猶將無益也。不知其無益、則不知。知其無益也、直以欺人、則不仁。不仁不知、辱莫大焉。將以爲有益於人、則與無益於人也、則得大辱而退耳。說莫病是矣。」

とあり、また、

子宋子曰、「見侮不辱。」應之曰、「凡議、必將立隆正、然後可也。無隆正、則是非不分、而辨訟不決。故所聞曰、『天下之大隆、是非之封界、分職名象之所起、王制是也。』故凡言議期命、莫非以聖王爲師、而聖王之分、榮辱是也。是有兩端矣。有義榮者、有埶榮者、有義辱者、有埶辱者。志意脩、德行厚、知慮明、是榮之由中出者也。夫是之謂義榮。爵列尊、貢祿厚、形埶勝、上爲天子諸侯、下爲卿相士大夫、是榮之從外至者也。夫是之謂埶榮。流淫汚僈、犯分亂理、驕暴貪利、是辱之由中出者也。夫是之謂義辱。詈侮捽搏、捶笞臏腳、斬斷枯磔、藉靡舌縪、是辱之由外至者也。夫是之謂埶辱。是榮辱之兩端也。故君子可以有埶辱、而不可以有義辱。小人可以有埶榮、而不可以有義榮。有埶辱無害爲堯、有埶榮無害爲桀。義榮埶榮、唯君子、然後兼有之。義辱埶辱、唯小人、然後兼有之。是榮辱之分也。聖王以爲法、士大夫以爲道、官人以爲守、百姓以成俗、萬世不能易也。今子宋子案（焉）不然。獨詘容爲己、慮一朝而改之。說必不行矣。譬之是猶以塼涂塞江海也、以焦僥而戴太山也。蹎跌碎折、不待頃矣。二三子之善於子宋子者、殆不若止之。將恐得傷其體也。」

とあり、さらに、『韓非子』顯學篇には、

漆雕之議、不色撓、不目逃、行曲則違於臧獲、行直則怒於諸侯、世主以爲廉而禮之。宋榮子之議、設不鬪爭、取不隨仇、不羞囹圄、見侮不辱、世主以爲寬而禮之。夫是漆雕之廉、將非宋榮子之恕也。是宋榮之寬、將非漆雕之暴也。今寬廉恕暴、俱在二子、人主兼而禮之。自愚誣之學、雜反之辭爭、而人主俱聽之、故海內之士、言無定術、行無常議。夫冰炭不同器而久、寒暑不兼時而至、雜反之學、不兩立而治。今兼聽雜學繆行同異之辭、安得無亂乎。聽行如此、其於治人、又必然矣。

とある。(21)

これらの文章が、人々に「鬪爭」をやめるように訴えた者として彼を描くのは、孟子の眼には見えなかった思想を荀子や韓非が目ざとく見つけたか、それとも宋鈃の後繼者たちが師の思想を發展させたか、のどちらかであろうが、右の「鬪爭」の否定に根據を提供する命題がもし孟子の當時、宋鈃のグループの中にすでにあったとすれば、それはきっと初期道家の形成に刺激を與えないではおかなかったであろう。

その「鬪爭」の否定に根據を提供する命題とは、『荀子』正論篇が引く「見侮不辱」と「人之情欲寡」の二つであって、宋鈃はこの二つを根據にして鬪爭の否定や反戰平和を唱えたわけである。後者に言及している『荀子』の文章を引用すれば、正論篇に、

子宋子曰、「人之情欲寡、而皆以己之情爲欲多、是過也。故率其羣徒、辨其談說、明其譬稱、將使人知情之欲寡也。」應之曰、「然則、亦以人之情爲目不欲綦色、耳不欲綦聲、口不欲綦味、鼻不欲綦臭、形不欲綦佚。此五綦者、亦以人之情爲不欲乎。」曰、「人之情欲是已。」曰、「若是、則說必不行矣。以人之情爲欲此五綦者而不欲多、譬之是猶以人之情爲欲富貴而不欲貨也、好美而惡西施也。古之人爲之不然。以人之情爲欲多而不欲寡、故賞以富厚、而罰以殺損也。是百王之所同也。故上賢祿天下、次賢祿一國、下賢祿田邑、愿愨之民完衣食。今子宋子以是之情爲欲寡而欲寡而不欲多也。然則、先王以人之所不欲者賞、而以人之所欲者罰邪。亂莫大焉。今子宋子嚴然而好說、聚人徒、立師學、成文典。然而說不免於以至治爲至亂也。豈不過甚矣哉。」

とある。(22)

a　宋子の「見侮不辱」

これらの内、前者の「見侮不辱」は、『莊子』逍遙遊篇の北冥有魚章に、

故夫知效一官、行比一鄉、德合一君、而徵一國者、其自視也、亦若此矣。而宋榮子猶然笑之。且擧世而譽之、而不加勸。擧世而非之、而不加沮。定乎內外之分、辯乎榮辱之竟（境）斯已矣。彼其於世、未數數然也。雖然、猶有未樹也。夫列子御風而行、泠然善也。旬有五日而後反。彼於致福者、未數數然也。此雖免乎行、猶有所待者也。若夫乘天地之正、而御六氣之辯（變）、以遊無窮者、彼且惡乎待哉。故曰、「至人無己、神人無功、聖人無名。」

として見えている。[23] この箇所では、最後には「雖然、猶有未樹也。」と斷案を下されて止揚されてしまう理論であるにしても、世間の毀譽褒貶に左右されない主體性の確立を可能にした理論として、ある程度高い評價を受けている。道家がこれにかなりのシンパシーを感じたことは疑いない。

以上に引用した『荀子』正論篇における、宋鈃の「見侮不辱」に對する批判の中に、荀子獨特の榮辱論の立場からする批判があったが、『莊子』逍遙遊篇の北冥有魚章のこの箇所も、

而宋榮子猶然笑之。且擧世而譽之、而不加勸。擧世而非之、而不加沮。定乎內外之分、辯乎榮辱之竟（境）斯已矣。

のように、榮辱論の問題に言及しつつ、この點では『荀子』と正反對に、宋鈃を高く評價していることに注目すべきである。また、『淮南子』俶眞篇に、

是故與其有天下也、不若有說也。與其有說也、不若尙羊物之終也〈始〉始〈也〉、而條達有無之際。是故擧世而譽

之不加勸、擧世而非之不加沮、定于死生之境、而通于榮辱之理。

とあり、(24)『文子』上禮篇に、

老子曰、「……若夫至人、定乎生死之意〈境〉、通乎榮辱之理、擧世譽之而不益勸、擧世非之而不加沮。得至道之要也。」

とある。(25)本來、初期道家の理想的な人間像は宋榮子のレベルを越えて、そのはるかに上に出ようとするものであったはずであるが、ここに引用した後二者に至って、その理想的な人間像が宋榮子程度にレベル・ダウンしてしまったことに注意されたい。(26)

b　宋子の寡欲說

後者の「人之情欲寡」は、いわゆる寡欲說である。

この理論が、荀子の欲望論（人間の多欲を肯定する）に基づく、新しい社會秩序「禮」を建設しようという構想と鋭く對立して、その社會秩序を建設するための最も基礎的なエネルギーである、萬人の萬人に對する闘爭を鈍化させる方向に機能したり、或いはその構想の網の目に絡め取られることを拒否する、人々の主體性を作り出したりするのは、當然のことながら戰國末期以後のことである。

しかし、この寡欲說は、同じような意味を背負わされた道家の「無欲」の思想との間に、それよりもいくらか前から密接な關係があったものと思われる。なお、『漢書』藝文志「諸子略」の小說家に『宋子』十八篇が著錄されていて（今は散佚した）、班固が「孫卿道宋子。其言黃老意。」と注しているのも參照される。

C　尹文の「見侮而不鬪」

尹文は、『呂氏春秋』正名篇に、

齊湣王是以知說士、而不知所謂士也。故尹文問其故、而王無以應。……

尹文見齊王。齊王謂尹文曰、「寡人甚好士。」尹文曰、「願聞何謂士。」王未有以應。

尹文曰、「今有人於此。事親則孝、事君則忠、交友則信、居鄉則悌。有此四者、可謂士乎。」齊王曰、「此眞所謂士已。」

尹文曰、「王得若人、肯以爲臣乎。」王曰、「所願而不能得也。」

尹文曰、「使若人於廟朝中、深見侮而不鬪、王將以爲臣乎。」王曰、「否。大夫見侮而不鬪、則是辱也。辱則寡人弗以爲臣矣。」

尹文曰、「雖見侮而不鬪、未失其四行也。未失其四行者、是未失其所以爲士一矣。未失其所以爲士一、而王不以爲臣、則鄉之所謂士者乃非士乎。」王無以應。

尹文曰、「今有人於此、將治其國。民有非則非之、民無非則非之、民有罪則罰之、民無罪則罰之、而惡民之難治可乎。」王曰、「不可。」

尹文曰、「竊觀下吏之治齊也、方若此也。」王曰、「使寡人治信若是、則民雖不治、寡人弗怨也。意者未至然乎。」

尹文曰、「言之不敢無說。請言其說。王之令曰、「殺人者死、傷人者刑。」民有畏王之令、深見侮而不敢鬪者、是全王之令也。而王曰、「見侮而不敢鬪、是辱也。」夫謂之辱者、非此之謂也。不以爲臣者、罪之也。此無罪而王罰之也。」齊王無以應。論皆若此、故國殘身危、走而之穀如衞。

の如く登場し、齊の湣王（前三〇〇年～前二八四年在位）に向かって宋鈃と類似する「見侮而不鬪」を說いている。しかし、尹文に關しては、先秦の諸文獻で信用できるものが他にないので、これ以上のことはよく分からない。『漢書』藝文志「諸子略」の名家に『尹文子』一篇が著錄されており（今は散佚）、班固は「說齊宣王。先公孫龍。」と注している。

c　既成の價値觀からの脫却を圖る思想

第三に、既成の價値觀、倫理的な先入觀から脫却すべきことを說いた田駢と愼到も、初期道家の思想形成に大きな影響を及ぼしている。

この二人の思想家のことは、田駢の師である彭蒙とともに『莊子』天下篇に詳しく紹介されている。天下篇の紹介は前漢初期という、後の時代のもので、そのせいもあってか全體として三人を道家的に描きすぎている嫌いがないではない。であるから、この場合も、より古い先秦時代の記述と突き合わせながら、田駢と愼到を見ておくことにする。

a　田駢の貴齊說

田駢（陳駢とも書く）は、『史記』田敬仲完世家に、

宣王喜文學游說之士、自如騶衍淳于髡田駢接予愼到環淵之徒七十六人、皆賜列第、爲上大夫、不治而議論。是以齊稷下學士復盛、且數百千人。

とあるように、齊の宣王（前三一九年～前三〇一年在位）のころ、稷下で活動しており、また、『史記』孟子荀卿列傳に、

自騶衍與齊之稷下先生、如淳于髡愼到環淵接子田駢騶奭之徒、各著書言治亂之事、以干世主、豈可勝道哉。……

愼到、趙人。田駢接子、齊人。環淵、楚人。皆學黄老道德之術、因發明序其指意。故愼到著十二論、環淵著上下篇、而田駢接子皆有所論焉。……於是齊王嘉之、自如淳于髡以下、皆命曰列大夫、爲開第康莊之衢、高門大屋、尊寵之。覽天下諸侯賓客、言齊能致天下賢士也。

荀卿、趙人。年五十始來游學於齊。騶衍之術迂大而閎辯、時有得善言。故齊人頌曰、「談天衍、雕龍奭、炙轂過髡。」田駢之屬皆已死齊襄王時、而荀卿最爲老師。

とあるように、襄王（前二八三年〜前二六五年在位）の時にはすでに卒していた思想家である。

筆者が、この田駢を道家の先驅者として擧げる最大の理由は、『呂氏春秋』不二篇に、

陳駢貴齊。

と證言されているその貴齊說が、『莊子』齊物論篇の南郭子綦・顏成子游問答の思索に巨大な影響を及ぼしたからである。『莊子』天下篇の彭蒙・田駢・愼到論に、

公而不黨、易而无私、決然无主、趣物而不兩。不顧於慮、不謀於知、於物无擇、與之倶往。古之道術、有在於是者。彭蒙田駢愼到聞其風而悅之。齊萬物以爲首。曰、「天能覆之、而不能載之。地能載之、而不能覆之。大道能包之、而不能辯之。」知萬物皆有所可、有所不可。故曰、「選則不徧、敎則不至。道則无遺者矣。」……田駢亦然。學於彭蒙、得不敎焉。彭蒙之師曰、「古之道人、至於莫之是、莫之非而已矣。其風窢然、惡可而言。」

とあるのは、田駢の思想を大體のところ、忠實に傳える文章と考えてよいと思われる。なぜなら、『呂氏春秋』用衆篇の冒頭に、

物固莫不有長、莫不有短。人亦然。故善學者、假人之長以補其短。故假人者遂有天下。……

と述べた後、その下文に田駢が、

田駢謂齊王曰、「孟賁庶乎患術、而邊境弗患。楚魏之王、辭言不說、而境內已修備矣、兵士已修用矣。得之衆也。」

の如く登場している事實があるからである。そして、これが齊物論篇の南郭子綦・顏成子游問答に、

道行之而成、物謂之而然。惡乎然、然於然。惡乎不然、不然於不然。惡乎可、可乎可。惡乎不可、不可乎不可。物固有所然、物固有所可。無物不然、無物不可。

のように採用されていて、「道」の定立のための不可缺の過程となっているのだ[27]。南郭子綦・顏成子游問答はこの境地を越えてさらに前進していくのであるけれども。なお、田駢には『田子』二十五篇の著書があり、『漢書』藝文志はそれを道家に著錄している（今は散佚）[28]。

b　愼到の「棄知」

愼到もまた齊の宣王の治世に稷下で活動していた思想家であり（『史記』田敬仲完世家の上引文）、『戰國策』楚策二に、

楚襄王爲太子之時、質於齊。懷王薨、太子辭於齊王而歸。齊王隘之、「予我東地五百里、乃歸子。子不予我、不得歸。」太子曰、「臣有傅、請追而問傅。」傅愼子曰、「獻之地、所以爲身也。愛地不送死父、不義。臣故曰、獻之便。」太子入、致命齊王曰、「敬獻地五百里。」齊王歸楚太子。

太子歸、卽位爲王。齊使車五十乘、來取東地於楚。楚王告愼子曰、「齊使來求東地、爲之奈何。」愼子曰、「王明日朝羣臣、皆令獻其計。」上柱國子良入見。……子良出、昭常入見。……昭常出、景鯉入見。……景鯉出、愼子入。王以三大夫計告愼子曰、「子良見寡人曰、『不可不與也、與而復攻之。』常見寡人曰、『不可與也、常請守之。』鯉見寡人曰、『不可與也、雖然楚不能獨守也。臣請索救於秦。』寡人誰用於三子之計。」愼子對曰、「王皆用之。」

とあるように、楚の襄王（前二九八年～前二六三年在位）が太子であった時からその傅を勤めていたという。彼の思想は

道家と法家が學派を形成する以前にあって、その兩者にまたがる內容・性格を具えていたらしい。初期道家との結びつきは全く不明である。しかし、『莊子』天下篇が愼到を田駢と併稱するのは、少し前の『荀子』非十二子篇にも、

尙法而無法、下脩而好作、上則取聽於上、下則取從於俗、終日言成文典、反紃察之、則倜然無所歸宿、不可以經國定分。然而其持之有故、其言之成理、足以欺惑愚衆。是愼到田駢也。

の如く見えていることなので、この點を根據にして天下篇の記述を眞實であると信用するならば、彼の、

是故愼到棄知去己、而緣不得已、泠汰於物、以爲道理。曰、「知不知。」將薄知而後鄰傷之者也。謑髁无任、而笑天下之尙賢也。縱脫无行、而非天下之大聖。椎拍輐斷、與物宛轉。舍是與非、苟可以免、不師知慮、不知前後、魏然而已矣。推而後行、曳而後往。若飄風之還、若羽之旋、若磨石之隧。全而无非、動靜无過、未嘗有罪。是何故。夫无知之物、无建己之患、无用知之累、動靜不離於理、是以終身无譽。故曰、「至於若无知之物而已。无用賢聖。夫塊不失道。」豪桀相與笑之曰、「愼到之道、非生人之行、而至死人之理。適得怪焉。」

といった主張は、初期道家の思想形成に何らかのヒントを與えた可能性がある。

また、『荀子』非十二子篇（上引）や解蔽篇の、

愼子蔽於法、而不知賢。……由法謂之、道盡數矣。(29)

や、『韓非子』難勢篇の、

愼子曰、「飛龍乘雲、騰蛇遊霧。雲罷霧霽、而龍蛇與螾螘同矣。則失其所乘也。故賢人而詘於不肖者、則權輕位卑也。不肖而能服於賢者、則權重位尊也。堯爲匹夫、不能治三人、而桀爲天子、能亂天下。吾以此知勢位之足恃、而賢智之不足慕也。夫弩弱而矢高者、激於風也。身不肖而令行者、得助於衆也。堯敎於隸屬、而民不聽。至於南面而王天下、令則行、禁則止。由此觀之、賢智未足以服衆、而勢位足以詘賢者也。」

などに見える彼の政治思想は、支配の方法として君主の倫理的主觀的な能力「賢」や修養「脩」よりも、もっと政治的客觀的な法律「法」や權勢「勢」を重視せよというものであるが、これも先の旣成の「知」を棄てよという哲學的な主張と整合的であるように感じられる。なお、愼到には『愼子』四十二篇の著書があり、『漢書』藝文志はそれを法家に著錄している（今は散佚）。

D　新たな知を探求する思想

第四に、名家の知識論と論理思想を擧げなければならない。

『莊子』齊物論篇の南郭子綦・顏成子游問答が初めて「道」の定立に向かって思索の步みを進めた時、思想家たちは先行する諸思想、殊に儒家や墨家の、素樸實在論的でありかつ形式論理學的でもある、知識と論理の內に、時代の世間的な悟性の限界を見出して、それらに對する徹底的な批判を方法としながら、自らの知識—存在論を導き出したのであった。

そして、この作業は、ほぼ同時代の名家の知識論と論理思想から強い直接の影響を被り、それらを自らの思索に積極的に取り入れることを通じて行われた。もっとも「名家」と言っても、この紀元前四世紀後半からそのような名稱が存在していたのではないし、學派としてのまとまりもあったわけではない(30)。ここでは、ただ『漢書』藝文志などの後世の整理によって名家に分類された惠子と公孫龍の、初期道家の思想形成に及ぼした影響を指摘しようというのである。

a　惠子の價値判斷の撥無

紀元前四世紀の半ばからたびたび諸文獻の上に登場し、紀元前三一〇年代の後半に卒したと思われる惠子（惠施）[31]は、『莊子』の作者とされた莊子と何度か問答を交わしている。これらの問答で莊子はほとんど例外なく惠子をやりこめており、そのことは初期道家が惠子の思想を踏み臺にして、自らの思想を形成していった歷史的事實の反映であると考えられる。

このような一般的な先後・影響關係だけではない。『莊子』齊物論篇の南郭子綦・顏成子游問答は、「是非」「可不可」という世間知乃至儒家・墨家の價値觀を撥無した後の「知」の境地を、

子綦曰、「……物無非彼、物無非是。自彼則不見、自知則知之。故曰、『彼出於是、是亦因彼。』彼是方生之說也。」

の如く、「彼是方生之說」と言い表しているが、それが『莊子』天下篇にある惠施の唱えた命題、

日方中方睨、物方生方死。

を利用して書かれていることは明白であり[32]、南郭子綦・顏成子游問答の上に引用した文章のすぐ後に、

雖然、方生方死、方死方生、方可方不可、方不可方可、因是因非、因非因是。是以聖人不由、而照之于天。亦因是也。

とあるのは、惠施の「彼是方生之說」を結局は批判して、それを止揚しそれより先に進んでいく思索を示すものである。

また、南郭子綦・顏成子游問答が世界の齊同性を言う、

天地一指也、萬物一馬也。

も、天下篇の惠施の命題、

大同而與小同異、此之謂小同異。萬物畢同畢異、此之謂大同異。……汜愛萬物。天地一體也。

などをふまえている可能性がある。なお、『漢書』藝文志「諸子略」の名家に『惠子』一篇が著錄されており（今は散佚）、班固は「名施、與莊子竝時。」と注している。

b　公孫龍の先驅者たちの哲學

公孫龍は紀元前二八四年ごろ初めて文獻の上に登場し、紀元前二五七年すぎまで活動していたことが確認できる思想家である。初期道家の誕生よりも少し後れて世に現れているので、公孫龍自身がその誕生に影響を與えたと言うことはできない。筆者はここに公孫龍の名を擧げるけれども、指しているのは正しくは公孫龍哲學の先驅者たちである。現存する『公孫龍子』がもし本當に公孫龍の筆に成るものであるとすれば、それは短時にでき上がったと考えるにはあまりにも高度かつ難解であり、公孫龍の前に何人かの同類だがもっと素樸な哲學を語る先驅者たちがいて、彼らの手を經て少しずつ『公孫龍子』にたどり着いたと考えるのが自然であろうが、そのような先驅者たちが初期道家の誕生に手を貸したのではないかと推測するわけである。

例えば、堅白論は現存の『公孫龍子』に含まれている思想であり、これに基づいて普通は公孫龍のものということにしている。だが、齊物論篇の南郭子綦・顏成子游問答では、

子綦曰、「……昭文之鼓琴也、師曠之枝策也、惠子之據梧也、三子之知幾乎。皆其盛者也。故載之末年。唯其好之也、以異於彼。其好之也、欲以明之。彼非所明而明之。故以堅白之昧終。而其子又以文之綸（倫）終、終身無成。」

の如く（以上の本文に既引）惠子が唱えたと明言しているし、『墨子』經篇・經說篇の中にも墨家の命題として何條かの

堅白論が見えている。[33] これらによって推測するならば、公孫龍が現存『公孫龍子』の堅白論篇を書くより前に、その先驅者たちがもっと素樸な堅白論を唱えていたにちがいない。

さて、齊物論篇の南郭子綦・顏成子游問答の「眞宰」の議論の中に、

子綦曰、「……『非彼無我、非我無所取。』是亦近矣。而不知其所爲使。若有眞宰、而特不得其眹。可行已信、而不見其形。有情而無形。」

という文がある。これは『公孫龍子』堅白論篇の、

曰、「循石。非彼無石、非石無所取乎。白石不相離者、固乎然、其無已。」……曰、「……石其無有、悪取堅白石乎。故離也。離也者、因是。力與知果不若因是。」

と明らかに關係がある。ただし、堅白論篇の「非彼無石、非石無所取乎。」は、形式について見れば、問者の言葉であって、答者つまり公孫龍の言葉ではないし、內容について見れば、「彼」つまり世界や「石」が實在することを基礎に置いて、「堅さ」「白さ」という屬性が「石」から「離」れず、「石」の中に內在することを認めようとする哲學であるから、南郭子綦・顏成子游問答の引用文の思想——世界と「我」とが同時に存在していることを根據にして、世界の主宰者（主體）が「我」であることを假說する思想——との閒に若干の距離がある。それであるから、これはあくまで參考資料にしかならないとは思うけれども、公孫龍學派の中に南郭子綦・顏成子游問答の引用文の、原形になる哲學や表現が存在していたことは確かである。[34]

また、南郭子綦・顏成子游問答は、

故有儒墨之是非。以是其所非、而非其所是。欲是其所非、而非其所是、則莫若以明。

と言って「儒墨之是非」を撥無した後に、

物無非彼、物無非是。

という命題を提唱する。この「彼」と「是」は、直接「物」を意味するのではなく、「彼」という「名」、「是」という「名」の意味であるから、『公孫龍子』指物論篇の「指」に當たる概念であろう。そうだとすれば、南郭子綦・顔成子游問答の右の命題の源は、『公孫龍子』指物論篇の、

物莫非指、而指非指。

であるか、もしくはその原形ではなかったろうか。

さらに、南郭子綦・顔成子游問答には「因是」というテクニカル・タームが合計六例用いられているが、この言葉も『公孫龍子』堅白論篇に二例見えており（上引）、南郭子綦・顔成子游問答とほぼ同じ意味で用いられているようである。[35]なお、『漢書』藝文志「諸子略」の名家に『公孫龍子』十四篇が著録されているが、今は六篇が残って他は散佚した。

初期道家は、以上の如き何人かの先驅者たちの諸思想から直接、哲學的な榮養をふんだんに攝取しながら、紀元前三〇〇年ごろついにあの窮極的根源的な「道」にたどり着いたのであった。

注　釋

（1）筆者がそれをどのように構想しているかについては、本書第1章の第4節を參照。

（2）本書の序文を參照。

（3）本書第5章の第2節を參照。

（4）本書第1章の第3節を參照。

（5）『中國思想通史』第一卷「古代思想」の下篇、第九章、第一節「莊子言行裏的身世消息」を參照。

（6）莊子などの思想がいかなる階級の立場を代表するかという問題に關する、現代中國の研究者たちの諸見解については、拙論「莊子研究の動向（中國）」を參照。

（7）『莊子』齊物論篇の瞿鵲子・長梧子問答には、

長梧子曰、「……君乎牧乎、固哉。」

という、作者の爲政者に對する惡罵がある。

（8）『莊子』齊物論篇の齧缺・王倪問答では、齧缺の、

齧缺曰、「子不知利害、則至人固不知利害乎。」

という問いに對して、王倪は、

王倪曰、「至人神矣。大澤焚而不能熱、河漢沍而不能寒、疾雷破山風振海而不能驚。若然者、乘雲氣、騎日月、而遊乎四海之外。死生无變於己。而況利害之端乎。」

と答えている（本書第8章の注釋（25）、第11章の第1節、及びその注釋（3）を參照）。これをふまえて書かれた『莊子』田子方篇の肩吾・孫叔敖問答には、

仲尼聞之曰、「古之眞人、……死生亦大矣、而无變乎己。況爵祿乎。若然者、其神經乎大山而无介、入乎淵泉而不濡、處卑細而不憊、充滿天地、既以與人、己愈有。」

とあり（本書第9章の注釋（11）を參照）、『淮南子』精神篇には、

是故聖人……魂魄處其宅、而精神守其根、死生無變於己、故曰至神。所謂眞人者、性合于道也。……是故死生亦大矣、而不爲變。……大澤焚而不能熱、河漢涸而不能寒也、大雷毀山而不能驚也、大風晦日而不能傷也。是故視珍寶珠玉猶石礫也、視至尊窮寵猶行客也、視毛牆西施猶頬醜也。

とある（本書第9章の注釋（11）、及び第11章の注釋（2）を參照）。

（9）本書第5章の第1節、及びその注釋（7）を參照。

(10) なお、本書第5章の第2節・第4節を參照。

(11) 本章の第3節、第5章の第1節・第2節、その注釋（9）、第9章の第3節、及び第14章の第2節を參照。ちなみに、『呂氏春秋』安死篇に、

故反以相非、反以相是。其所非方其所是也、其所是方其所非也。是非未定、而喜怒鬬爭、反爲用矣。吾不非鬬、不非爭、而非所以鬬、非所以爭。故凡鬬爭者、是非已定之用也。今多不先定是非、而先疾鬬爭、此惑之大者也。

とあるのは、齊物論篇の南郭子綦・顏成子游問答のこの箇所をふまえて書かれた、墨家サイドからの反應である。また、『荀子』榮辱篇に、

凡鬬者、必自以爲是而以人爲非也。己誠是也、人誠非也、則是己君子而人小人也、以君子與小人相賊害也。憂以忘其身、內以忘其親、上以忘其君、豈不過甚矣哉。是人也、所謂以狐父之戈钃牛矢也。

とあるのは、齊物論篇の南郭子綦・顏成子游問答のこの箇所や、瞿鵲子・長梧子問答の「旣使我與若辯矣」以下の一節（後述）に對して行った、儒家サイドからの反批判である。

なお、この箇所の「道」と「言」との關係は、後の『老子』第一章においても、

●道可道也、非恆道也。名可名也、非恆名也。（馬王堆漢墓帛書甲本）

の如く、「道」と「名」との關係として議論されている。兩者の內容には相當の相異があるけれども。

(12) 本書第1章の第4節、本章の第3節、その注釋（33）、第9章の注釋（14）、及び第14章の第2節を參照。惠子の「據梧」や「堅白」を批判した『莊子』の文章としては、他に、德充符篇の惠子・莊子問答に、

惠子曰、「不益生、何以有其身。」莊子曰、「道與之貌、天與之形、无以好惡內傷其身。今子外乎子之神、勞乎子之精、倚樹而吟、據槁梧而瞑。天選子之形、子以堅白鳴。」

とある。また、天運篇の北門成・黃帝問答に、

（黃）帝曰、「……吾又奏之以陰陽之和、燭之以日月之明。其聲能短能長、能柔能剛、變化齊一、不主故常。……子欲慮之而不能知也、望之而不能見也、逐之而不能及也。儻然立於四虛之道、倚於槁梧而吟。目知窮乎所欲見、力屈乎所欲逐。」

という文章があるが、その「倚於槁梧而吟」に對する作者の低い評價も參照に價いする。

(13) 本書第11章の第1節を參照。また、『淮南子』泰族篇に、

當今之世、醜必託善以自爲解、邪必蒙正以自爲辟〈辭〉。游不論國、仕不擇官、行不辟汚、曰「伊尹之道也。」分別爭財、親戚兄弟搆怨、骨肉相賊、曰「周公之義也。」行无廉恥、辱而不死、曰「管子之趨也。」行貨賂、趣勢門、立私廢公、比周而取容、曰「孔子之術也。」此使君子小人紛然殽亂、莫知其是非者也。

とあるのは、しばらく後になって、齊物論篇の齧缺・王倪問答のこの箇所に對して行った、儒家サイドからの反批判である。

(14) 本書第11章の第1節、及び第13章の第3節を參照。「夫子」は、言うまでもなく下文の「丘」、すなわち孔子を指す。

「无謂有謂、有謂无謂。」の趣旨は、『莊子』寓言篇の寓言十九章に、

卮言日出、和以天倪、因以曼衍、所以窮年。不言則齊、齊與言不齊、言與齊不齊也。故曰「无言。」言无言、終身言、未嘗言。終身不言、未嘗不言。

とある（本書第1章の第3節、及びその注釋（18）を參照）のとよく合致する。その「无謂有謂」は、いわゆる「不言之言」に當たる。

「而遊乎塵垢之外」は、『莊子』大宗師篇の三人相與友章に、

孔子曰、「……彼方且與造物者爲人、而遊乎天地之一氣。……夫若然者、又惡知死生先後之所在。假於異物、託於同體、忘其肝膽、遺其耳目、反覆終始、不知端倪。芒然彷徨乎塵垢之外、逍遙乎无爲之業。」

とあり、同じく達生篇の孫休・子扁慶子問答に、

扁子曰、「子獨不聞夫至人之自行邪。忘其肝膽、遺其耳目、茫然彷徨乎塵垢之外、逍遙乎无事之業。」

とあり、『淮南子』俶眞篇に、

閉九竅、藏心志、棄聰明、反無識、芒然仿佯于塵埃之外、而消搖于無事之業、含陰吐陽、而萬物和同者、德也。

とあり、同じく精神篇に、

所謂眞人者、性合于道也。故有而若無、實而若虛、處其一不知其二、治其內不識其外、明白太素、無爲復樸、體本抱神、

以游于天地之樊、芒然彷徉于塵垢之外、而消搖于無事之業。

とあり、『文子』九守篇に、

老子曰、「所謂眞人者、性合乎道也。故有而若無、實而若虛、治其內、不治其外。明白太素、無爲而復樸、體本抱神、以游天地之根、芒然彷徉塵垢之外、逍遙乎無事之業。」

とあるのを參照。

「夫子以爲孟浪之言、而我以爲妙道之行也。」は、これをふまえた表現が『文選』の左思「吳都賦」に、

若吾子之所傳、孟浪之遺言、略擧其梗槪、而未得其要妙也。

とあるが、「孟浪之言」と「妙道之行」を正反對に對立させてしまっている。なお、「妙道」という言葉は、『莊子』漁父篇にも、

客曰、「吾聞之、『可與往者、與之至於妙道。不可與往者、不知其道。愼勿與之、身乃無咎。』」

とある。

「是黃帝之所聽熒也。而丘也何足以知之。」は、大分後になって、齊物論篇の瞿鵲子・長梧子問答のこの箇所からヒントを得た、『列子』周穆王篇の一節には、

國相曰、「夢與不夢、臣所不能辨也。欲辨覺夢、唯黃帝孔丘。今亡黃帝孔丘、孰辨之哉。恂士師之言可也。」

とある。これは黃帝と孔丘とをともに皮肉った文章である。

「且有大覺、而後知此其大夢也。」は、本書第7章の（8）（11）を參照。

「是其言也、其名爲弔詭。」は、『莊子』齊物論篇の南郭子綦・顏成子游問答に、

故爲是擧莛與楹、厲與西施、恢恑憰怪、道通爲一。

とあり、同じく德充符篇の叔山无趾・仲尼問答に、

无趾語老聃曰、「孔丘之於至人、其未邪。彼何賓賓以學子爲。彼且蘄以諔詭幻怪之名聞。不知至人之以是爲己桎梏邪。」

とあり、同じく天下篇の莊周論に、

其書雖瓌瑋、而連犿无傷也。其辭雖參差、而諔詭可觀。

とあり（本書第13章の第３節を參照）、『呂氏春秋』侈樂篇に、

夏桀殷紂作爲侈樂、大鼓鐘磬管簫之音。以鉅爲美、以衆爲觀、俶詭殊瑰、耳所未嘗聞、目所未嘗見、務以相過、不用度量。

とあるのを參照。『莊子』寓言篇の寓言十九章に、

巵言日出、和以天倪、因以曼衍、所以窮年。

とある（本書第１章の第３節、その注釋（23）、及び第13章の第３節を參照）「巵言」の先驅ではなかろうか。

（15）『墨子』經上篇・經説上篇74に、

彼、不可兩也。

彼。兕、牛、樞、非牛、兩也。無以非也。

とあり、また經上篇・經説上篇75に、

辯、爭彼也。辯勝、當也。

辯。或謂之牛、或謂之非牛、是爭彼也。是不倶當。不倶當、必或不當。不當若犬。

とあり、また經下篇・經説下篇135に、

謂辯無勝、必不當。説在辯。

謂。所謂非同也、則異也。同則或謂之狗、其或謂之犬也。異則或謂之牛、其或謂之馬也。倶無勝、是不辯也。辯也者、或謂之是、或謂之非。當者勝也。

とある。以上の三條については、それらの全部或いは一部分が『莊子』齊物論篇の瞿鵲子・長梧子問答の「既使我與若辯矣」以下の一節と、正反對の内容を持っていることが、梁啓超『墨子學案』の第七章、(三)「論理學的界説及其用語」、あたりから始まって、多くの學者たちによって指摘されている。これら三條全部を『莊子』齊物論篇に對する批判と見るのは、

杜國庠「關於《墨辯》的若干考察」（『杜國庠文集』第一部分）

沈有鼎『墨經的邏輯學』の二「〝辯〟的目標和功用」

沈有鼎「《墨經》關於〝辯〟的思想」（『中國邏輯思想論文選（一九四九―一九七九）』）

李世繁「談談《墨辯》關於〝辯〟的理論」（『中國邏輯思想論文選（一九四九―一九七九）』）
溫公頤『先秦邏輯史』の第一編、第五章、第七節「推理論」
馮友蘭『中國哲學史新編』第二冊の第十九章、第五節「後期墨家的邏輯思想」

であり、75・135の二條だけを『莊子』齊物論篇に對する批判と見るのは、

郭沫若『十批判書』の「名辯思潮的批判」、七「墨家辯者」
侯外廬・趙紀彬・杜國庠『中國思想通史』第一卷「古代思想」の第十四章、第一節「墨家學派的分裂和墨經的成書年代」
羅根澤『諸子考索』の「〝墨子〟探源」、五「論〝經說〟〝大小取〟六篇爲戰國談辯墨家所作」
楊芾蓀「墨家論辯――讀墨札記」（『中國邏輯思想論文選（一九四九―一九七九）』）

である。しかし、『墨子』經上篇・經說上篇の74と75は相互に獨立して取り扱われたのでは意味が完結しないと思われ、その證據に、隣接して經上篇に置かれてもいるので、74と75を分離してしまう後者の考えは恐らく正しくはあるまい。なお、135は經下篇・經說下篇にあり、74・75との間に形式的にも內容的にも距離がある。

一方、齊物論篇の瞿鵲子・長梧子問答の「旣使我與若辯矣」以下の一節は、この問題の上下の文章と必ずしも偕和せず、「辯」に關するまとまった議論が別に存在していたのを利用しながら、それを皮肉って書かれたように感じられる。そして、そのまとまった議論とは、74・75そのものであるか、或いはそれらを詳しくしたものであろう。（瞿鵲子・長梧子問答に少しく先だつ南郭子綦・顏成子游問答が、74・75と同類の、判斷における矛盾律を正確に知っていて、それを「喩指之非指」「喩馬之非馬」の如く否定しているという事實もある。本書第5章の第3節、その注釋（29）（31）、及び第13章の第4節を參照。）したがって、『墨子』經篇・經說篇の中で『莊子』齊物論篇に對する批判を行っているのは、135だけではなかろうか。以下の諸論著を參照されたい。

張純一『墨子集解』卷十の經下・經說下
譚戒甫『墨辯發微』の第二編、下經（經下・經說下）校釋第四
高亨『墨經校詮』卷三の經下上欄經說下前半篇

詹劍峰『墨家的形式邏輯』の第一章、5「辯學怎樣產生和建立」

李匡武「墨家的辯學」（『中國邏輯思想論文選（一九四九―一九七九）』）

馮契『中國古代哲學的邏輯發展』上册の第一編、第三章、第五節、三「科學的形式邏輯學說」

陳孟麟『墨辯邏輯學』（修訂本）の第六章、三「不兩可兩不可律」及び附Ⅰ、「六書今譯」、《經》《經說》

したがって、『墨子』と『莊子』の間には、

74と75→齊物論篇の南郭子綦・顏成子游問答と瞿鵲子・長梧子問答→135

のように、批判と反批判の交渉があったものと考えられる。拙論「『墨子』の經・經說と十論」を參照。なお、梁啓超『墨子學案』の第七章、㈢「論理學的界說及其用語」は、齊物論篇の瞿鵲子・長梧子問答を、『墨子』經篇・經說篇の74・75・135の三條すべての後に成るものと見ている。

(16) 本書第5章の注釋(27)、及び第13章の第1節を參照。

(17) このように、對應する經的な文章と說（或いは解）的な文章との組み合わせを用いて、思想家が自分の思想を述べるというやり方は、この時代の思想界に廣く見られる一つの基本的な敍述スタイルになっている。本書第14章の注釋(45)を參照。また、拙著『馬王堆漢墓帛書五行篇研究』の第一部、第二章、第二節「『馬王堆漢墓帛書五行篇』における經文と說文との關係」をも參照。

(18) 本書第14章の第1節を參照。

(19) 拙著『馬王堆漢墓帛書五行篇研究』の第二部、第十四章說を參照。

なお、子華子の言葉は『呂氏春秋』の中にかなり見えている。審爲篇を除いて他に、貴生・先己・誣徒・明理・知度などの諸篇にもある。

(20) 審爲篇のこの文章も、『莊子』讓王篇の中山公子牟・詹子問答に取られている。また、『淮南子』道應篇にも取られている。なお、詹何のこれ以外の言動は、『呂氏春秋』では執一篇・重言篇にも見える。

(21) 本書第14章の第1節を參照。

(22)『荀子』天論篇が、

萬物爲道一偏、一物爲萬物一偏、愚者爲一物一偏、而自以爲知道、無知也。……宋子有見於少、無見於多。……有少而無多、則羣衆不化。『書』曰、「無有作好、遵王之道。無有作惡、遵王之路。」此之謂也。

と言い（本書第2章の第4節、及び第14章の第1節を參照）、同じく解蔽篇が、

昔賓孟（萌）之蔽者、亂家是也。……宋子蔽於欲、而不知得。故……由俗（欲）謂之、道盡嗛矣。……此數具者、皆道之一隅也。夫道者、體常而盡變、一隅不足以擧之。曲知之人、觀於道之一隅、而未之能識也。故以爲足而飾之、內以自亂、外以惑人、上以蔽下、下以蔽上。此蔽塞之禍也。

と言う（本書第2章の第1節、第9章の第2節、及び第14章の第1節を參照）のは、宋鈃に關してはその「人之情欲寡」を批判したものである。また、同じく非十二子篇が、

假今之世、飾邪說、文姦言、以梟亂天下、矞宇嵬瑣、使天下混然不知是非治亂之所存者、有人矣。……不知壹天下、建國家之權稱、上功用、大儉約而僈差等、曾不足以容辨異、縣君臣。然而其持之有故、其言之成理、足以欺惑愚衆。是墨翟宋鈃也。

と言う（本書第14章の第1節を參照）のは、宋鈃への批判よりも墨翟の批判にウェートをかけているのは確かであるが、宋鈃に卽して見れば、その「見侮不辱」と「人之情欲寡」との兩者を批判したものである。

(23) 本書第8章の注釋（36）、第10章の第4節、その注釋（39）、及び第15章の第4節を參照。

(24) 本書第10章の注釋（47）を參照。

(25) 本書第10章の注釋（47）を參照。

(26) 本書第8章の注釋（36）を參照。

(27) 本書第5章の第2節・第4節、その注釋（24）、第8章の第4節、及び第14章の第2節を參照。この箇所と類似する表現と思想が、やや後に書かれた『莊子』寓言篇の寓言十九章に、

有自也而可、有自也而不可。有自也而然、有自也而不然。惡乎然、然於然。惡乎不然、不然於不然。惡乎可、可於可。惡

　乎不可、不可於不可。物固有所然、物固有所可。无物不然、无物不可。

とある。

(28) 本書第1章の第6節を參照。

(29) 『荀子』天論篇に、

　愼子有見於後、無見於先。……有後而無先、則羣衆無門。

と見える愼到は、道家的な思想の持ち主として描かれたものである。

(30) 本書第1章の第6節を參照。

(31) 惠子の事跡については、本書第1章の第5節を參照。

(32) 本書第5章の第2節、その注釋(18)、第9章の第2節、及び第14章の第2節を參照。

(33) 本書第1章の第4節、本章の第2節、その注釋(12)、第9章の注釋(14)、及び第14章の第2節を參照。『墨子』經篇・經説篇の中に堅白論が含まれていることについては、久保田知敏「堅白探源」が優れている。

(34) 一方、堅白論篇の「石其無有、惡取堅白石乎。」は、答者、公孫龍の言葉であり、もし世界及び「石」が實在することを前提としなければ、「堅さ」「白さ」は「石」から「離」れ、抽象的な観念として實在する、と言っているようである。これもやはり、南郭子綦・顔成子游問答の引用文の思想との間に若干の距離がある。

(35) 本書第5章の第2節、その注釋(19)、第13章の第3節、及び第14章の第2節を參照。

參考文獻

胡適『中國哲學史大綱』上卷　上海商務印書館　一九一九年
馮友蘭『中國哲學史』　上海商務印書館　一九三四年
武內義雄『中國思想史』『武內義雄全集』第八卷「思想史篇」一　角川書店　一九七八年
侯外廬・趙紀彬・杜國庠『中國思想通史』第一卷「古代思想」　人民出版社　一九五七年

關鋒『莊子內篇譯解和批判』　中華書局　一九六一年
重澤俊郎『中國哲學史研究――唯心主義と唯物主義の抗爭史――』　學術選書　法律文化社　一九六四年
渡邊卓「眞實の探求――道家――」　赤塚忠・金谷治・福永光司・山井湧編集『思想史』　中國文化叢書3　大修館書店　一九六七年
池田知久「『莊子』齊物論篇の知識論――齧缺・王倪問答と瞿鵲子・長梧子問答――」『日本中國學會報』第二十七集　一九七五年
池田知久「『莊子』齊物論篇の知識論――南郭子綦・顏成子游問答――」『岐阜大學教育學部研究報告』人文科學第二十五卷　一九七七年
池田知久「『莊子』是不是考」　日本道教學會『東方宗教』第四十九號　一九七七年
關口順「道家・陰陽家」　漢文研究シリーズ13『諸子百家』　尙學圖書　一九八三年
李澤厚・劉綱紀主編『中國美學史』第一卷　中國社會科學出版社　一九八四年
李澤厚「莊玄禪宗漫述」『中國古代思想史論』　人民出版社　一九八六年
池田知久「莊子研究の動向（中國）」『東方學』第七十四輯　一九八七年
梁啓超『墨子學案』　商務印書館　共學社哲人傳記叢書　一九二二年
張純一『墨子集解』　上海醫學書局　一九三一年
譚戒甫『墨辯發微』　科學出版社　一九五八年
羅根澤『諸子考索』　人民出版社　一九五八年
高亨『墨經校詮』　科學出版社　一九五八年
杜國庠『杜國庠文集』　人民出版社　一九六二年
詹劍峰『墨家的形式邏輯』　湖北人民出版社　一九七九年

沈有鼎『墨經的邏輯學』　中國社會科學出版社　一九八〇年

『中國邏輯思想論文選（一九四九―一九七九）』　生活・讀書・新知三聯書店　一九八一年

郭沫若『十批判書』『郭沫若全集』歷史編第二巻　人民出版社　一九八二年

溫公頤『先秦邏輯史』　上海人民出版社　一九八三年

馮契『中國古代哲學的邏輯發展』上冊　上海人民出版社　一九八三年

陳孟麟『墨辯邏輯學』（修訂本）　齊魯書社　一九八三年

馮友蘭『中國哲學史新編』第二冊（一九八三年修訂本）　人民出版社　一九八四年

池田知久「『墨子』の經・經說と十論」　東大中哲文學會『中哲文學會報』第十號　一九八五年

Yi-pao Mei, "*Motse, the neglected rival of Confucius*", Hyperion Press Inc., Connecticut, 1973.

A.C.Graham, "*Later Mohist Logic, Ethics and Science*", CUP, The Chinese University of Hong Kong, SOAS, University of London, 1978.

武內義雄『論語の研究』『武內義雄全集』第一巻「論語篇」　角川書店　一九七八年

津田左右吉『論語と孔子の思想』『津田左右吉全集』第十四巻　岩波書店　一九六四年

和辻哲郎『孔子』　角川文庫　角川書店　一九五五年

吉川幸次郎『中國の知恵――孔子について』　新潮文庫　新潮社　一九五八年

H・G・クリール『孔子――その人とその傳說』　田島道治譯　岩波書店　一九六一年

竹內照夫『仁の古義の研究』　明治書院　一九六四年

木村英一『孔子と論語』　東洋學叢書　創文社　一九七一年

白川靜『孔子傳』　中公叢書　中央公論社　一九七二年

渡邊卓『古代中國思想の研究――〈孔子傳の形成〉と儒墨集團の思想と行動――』　東洋學叢書　創文社　一九七三年

宮崎市定『論語の新研究』岩波書店　一九七四年
吉川幸次郎『論語について』講談社學術文庫　講談社　一九七六年
狩野直喜『論語孟子研究』みすず書房　一九七七年
趙紀彬『論語新探――論語とその時代』高橋均譯　大修館書店　一九八一年
小野澤精一『中國古代説話の思想史的考察』汲古書院　一九八二年

高瀨武次郎『楊墨哲學』金港堂書籍　一九〇二年
『古史辨』第四冊～第六冊　上海古籍出版社影印本　一九八二年
豐島睦「楊朱思想の一考察」廣島哲學會『哲學』第十二集　一九五〇年
工藤豐彦「楊朱の研究――その貴生思想について――」『大分大學學藝學部研究紀要』第九號（人文・社會科學）A集　一九六〇年
大谷邦彥「楊朱に關する一考察」早稻田大學漢文學研究會『漢文學研究』第八號　一九六一年
小林勝人「楊朱學派の人々」『集刊東洋學』第五號　一九六一年
遠藤哲夫「楊朱」　宇野精一・中村元・玉城康四郎責任編集『講座　東洋思想』第三卷　東京大學出版會　一九六七年
大濱晧「他愛と自愛――墨翟と楊朱の場合――」『中國古代思想史論』勁草書房　一九七七年
劉節「管子中所見之宋鈃一派學說」『古史考存』香港太平書局影印本　一九六三年
郭沫若「宋鈃尹文遺著考」『靑銅時代』科學出版社　一九五七年
馮友蘭「先秦道家所謂道底物質性」『中國哲學史論文集』上海人民出版社　一九五八年
山田統「宋鈃という人間とその思想」『國學院雜誌』第六十三卷第十二號　一九六二年
金谷治「愼到の思想について」『集刊東洋學』第七號　一九六二年
金谷治「宋鈃の思想について」早稻田大學中國古典研究會『中國古典研究』第十四號　一九六六年

池田知久「『荀子』の性悪説――その本質と機能――」(上)(下)　高知大學國語國文學會『高知大國文』第二號・第三號　一九七二年・一九七三年
町田三郎「管子四篇について」『秦漢思想史の研究』　東洋學叢書　創文社　一九八五年
王琯『公孫龍子懸解』　新編諸子集成　中華書局　一九九二年
譚戒甫『公孫龍子形名發微』　中華書局　一九六三年
馬國翰『惠子』『玉函山房輯佚書』子編
小柳司氣太『國譯公孫龍子』　國譯漢文大成經子史部第十八卷　國民文庫刊行會　一九二四年
天野鎭雄『公孫龍子』　明德出版社　一九六七年
末木剛博『東洋の合理思想』　講談社現代新書　講談社　一九七〇年
加地伸行『中國論理學史研究――經學の基礎的探究』　研文出版　一九八三年
久保田知敏「堅白探源」　東大中國學會『中國―社會と文化』第三號　一九八八年
楊俊光『惠施公孫龍評傳』　南京大學出版社　一九九二年

第5章　「萬物齊同」の哲學

初期道家の思想家たちにとって解決しなければならない中心の諸問題は、人間として生きていくことに關する不安と苦しみ、舊社會の價値觀やまた新しく形成されつつある價値觀への不滿と不信、舊來の世界觀に對する懷疑と批判や、また凡そ人間の知的文化的な營みというもの全般に對する懷疑と批判などであった。

思想家たちは、これらを實踐的にではなく、理論的に解決することを通じて、人間としての眞實の生を定立することを窮極的な目標としていた。そこで彼らは、上述の不安と苦しみ、不滿と不信などを知らしめる、我が內なる世間知の正しさや、或いは凡そ「知」（感覺や知識など）というもの一般の正しさに懷疑の眼を向けて、それらを何度も繰り返し徹底的に批判しながら、眞實の生を可能にする眞實の「知」を求めていく。

第1節　疎外された人間の姿

A　「地籟」「人籟」「天籟」

『莊子』齊物論篇の南郭子綦・顏成子游問答の序論の部分は、あらゆる存在者の中で最も主體的であるはずの人間が實はそうでなく、反對にひどく沒主體的であり、疎外された存在者であることを抉剔するのに當てられている。その抉剔は鋭くかつ深く、いい加減な妥協や曖昧なごまかしによる救いは一切存在しない。例えば、「人籟・地籟・天籟」の箇所では、南郭子綦の口を借りて、「地籟」を人間の主體的なあり方の比喩として簡潔な筆致で、

子綦曰、「夫大塊噫氣、其名爲風。是唯无作、作則萬竅怒呺。而獨不聞之翏翏乎。山林之畏佳、大木百圍之竅穴、似鼻、似口、似耳。似枅、似圈、似臼。似洼者、似汚者。激者、謞者、叱者、吸者、叫者、譹者、宎者、咬者。前者唱于、而隨者唱喁。泠風則小和、飄風則大和。厲風濟、則衆竅爲虛。而獨不見之調調、之刁刁乎。」

のように描寫した後、顏成子游の、

子游曰、「地籟則衆竅是已。人籟則比竹是已。敢問天籟。」

という問いに答えて、

子綦曰、「夫吹萬不同、而使其自己也、咸其自取。怒者其誰邪。」(1)

のように、「地籟」「人籟」の「自己」「自取」という主體性が眞の主體性ではありえず、その背後の「怒者」つまり「天籟」（下文の「眞宰」「眞君」「道」に同じ）によって作り出されたものであることを示唆する。

ちなみに、「夫吹萬不同」は、これをふまえた『莊子』天地篇の夫子曰章（一）に、

夫子曰、「夫道、覆載萬物者也。洋洋乎大哉。君子不可以不刳心焉。……之謂天。……之謂德。……之謂仁。……之謂大。……之謂寬。有萬物不同、之謂富。……之謂紀。……之謂立。……之謂備。……之謂完。君子明於此十者、則韜乎其事心之大也、沛乎其爲萬物逝也。」

とあり、『呂氏春秋』不二篇に、

有金鼓、所以一耳也。同法令、所以一心也。智者不得巧、愚者不得拙、所以一衆也。勇者不得先、懼者不得後、

所以一力也。故一則治、異則亂。一則安、異則危。夫能齊萬不同、愚智工拙、皆盡力竭能、如出乎一穴者、其唯聖人矣乎。無術之智、不教之能、而恃彊（彊）速貫（慣）習、不足以成也。

とあり、[2]『淮南子』原道篇に、

泰古二皇、得道之柄、立於中央、神與化游、以撫四方。……無爲爲之而合于道、無爲言之而通乎德、恬愉無矜而得于和、有萬不同而便于性。神託于秋毫之末、而大與（於）宇宙之總。

とあり、『文子』道原篇に、

老子曰、「……古者三皇、得道之統、立於中央、神與化游、以撫四方。……無爲爲之而合乎生死、無爲言之而通乎道德、恬愉無矜而得乎和、有萬不同而便乎性。」

とあり、郭璞『山海經圖讚』款冬に、

吹萬不同、陽煦陰蒸。款冬之生、擢頴堅氷。物休所安、焉知渙凝。

とあり、同じく焦僥國に、

羣籟舛吹、氣有萬殊。大人三丈、焦僥尺餘。混之一歸、此亦僑如。

とあり、『文選』謝靈運の「九日従宋公戲馬臺集送孔令詩」に、

在宥天下理、吹萬羣方悅。

とあって、參照することができる。これらに基づいて推測すれば、「夫吹萬不同」の「吹」は、上文の「地籟」と「人籟」の兩者を承けており、「地籟」よりもむしろ「人籟」を指している。

B　人間の身體の實相

作者の見るところによれば、

第一に、人間が主體的であるかのように見える原因・理由は、彼らが「知」と「言」を持つことにあるが、それらを用いて人間が歸着する地點はただ恐怖でしかない。

大知閑閑、小知閒閒。大言炎炎、小言詹詹。其寐也魂交、其覺也形開、與接爲構、日以心鬭。縵者、窖者、密者。小恐惴惴、大恐縵縵[3]。

とあるように。

また、第二に、人間の一生というものを觀察してみると、

其發若機栝、其司是非之謂也。其留如詛盟、其守勝之謂也。其殺如秋冬、以言其日消也。其溺之所爲之、不可使復之也。其厭也如緘、以言其老洫也。近死之心、莫使復陽也[4]。

のように、青年時代には世間の是非を決めてやろうと機栝（弩弓のバネじかけ）のように活發であったものが、晩年には死に近づいた心としてもはや復元不可能となってしまうと言う。この文章の「其發若機栝、其司是非之謂也。」は、『莊子』天道篇の士成綺・老子問答に、

老子曰、「而容崖然、而目衝然、而顙頯然、而口闞然、而狀義然、似繫馬而止也。動而持、發也機、察而審、知巧而覩於泰、凡以爲不信。邊竟有人焉、其名爲竊。」

とあって、齊物論篇の南郭子綦・顏成子游問答のニュアンスをまだ保存している。

この箇所は、その精神（心）のあり方に着目しながら人間の一生を六つに分期して、その始めの狀態から終わりの狀態へと、衰微・後退を餘儀なくされていることを述べたものである。恐らく『論語』爲政篇の、

子曰、「吾十有五而志于學。三十而立。四十而不惑。五十而知天命。六十而耳順。七十而從心所欲、不踰矩。」

に對するアンチテーゼであろう。儒家の開祖である孔子は、同じように人間の一生を六つに分期して、その始めの狀態から終わりの狀態へと、「吾」の意志や意欲によって發展・前進を續けたと說いていたのであった。

また、第三に、人間の感情や態度というものを檢討してみると、

喜怒哀樂、慮嘆變慹、姚佚啓態。樂出虛、蒸成菌、日夜相代乎前、而莫知其所萌。已乎已乎。旦暮得此其所由以生乎。(5)

のように、不條理にも、日夜目まぐるしく前の狀態と交代しあっているけれども、「此其所由以生」、つまりこれを引き起こしている主宰者（主體）は簡單には把えられないのだとする。その「旦暮得此其所由以生乎」は、朝夕という短い時間の中で簡單には、これを引き起こしている主宰者（主體）を把えることはできない、という意味であるが、『莊子』齊物論篇の瞿鵲子・長梧子問答に、

長梧子曰、「……丘也與女、皆夢也。予謂女夢、亦夢也。是其言也、其名爲弔詭。萬世之後、而一遇大聖知其解者、是旦暮遇之也。」

とあるのと類似する趣向である。

さらに、それぞれの人間の「我」が世界の主宰者（主體）であるかもしれない、とする假說を立てて論じている箇所では、(6)

一受其成形、不亡以待盡。與物相刃相靡、其行盡如馳、而莫之能止。不亦悲乎。終身役役、而不見其成功。苶然

疲役、而不知其所歸。可不哀邪。人謂之不死、奚益。其形化、其心與之然。可不謂大哀乎。人之生也、固若是芒乎。其我獨芒、而人亦有不芒者乎。(7)

のように、人間の「我」の身體の實相はまことに悲しく哀れなものでしかなく、これが世界の主宰者（主體）であることなどは期待すべくもない、と詠嘆している。ちなみに、人間の「我」の精神の實相も、同じように、世界の主宰者（主體）であると見なせないことは、すぐ下文で論じられる。

夫隨其成心而師之、誰獨且無師乎。奚必知代而心自取者有之。愚者與有焉。未成乎心而有是非、是「今日適越而昔至」也。是以無有爲有。無有爲有、雖有神禹、且不能知。吾獨且奈何哉。

とあるように。この文章中の「成心」（人間の心として形づくられた個別的な精神）は、一方で、上文の「成形」（人間として形づくられた個別的な身體）に對し、他方で、下文の「未成乎心」（人間の心にまだ形づくられていない普遍的な精神）に對している。(8)

以上の序論の後、作者は探求の方向を轉換し、世界の主宰者（主體）をいわゆる「道」の中に求めて、以下に述べる種々の思索を展開していくわけであるが、その窮極的な目標が人間として眞實の生を定立すること、すなわち人間が自己疎外を克服して世界の主宰者となることに置かれていることは、現代の『莊子』讀者が正確に理解してやらなければならない點である。

第２節　感情判斷・價値判斷・事實判斷の撥無

作者が世界の主宰者をいわゆる「道」の中に探求しようとした時、その「道」はすでに先行する思想家たちによって、様々に「言」を用いて表現されていた。しかし、それらはほとんどすべてが眞實の「道」を内容とする「言」つまり眞實の「知」ではなく、反對に眞實の「道」とその言語表現を隱蔽するものでしかない、と作者には感じられた。

　夫言非吹也、言者有言。其所言者、特未定也、果有言邪、其未嘗有言邪。其以爲異於鷇音、亦有辯乎、其無辯乎。道惡乎隱而有眞僞、言惡乎隱而有是非。道惡乎往而不存、言惡乎存而不可。道隱於小成、言隱於榮華。[9]

そこで作者は、思想家たちによって様々に言語表現された「道」、すなわち「道」に關する様々の「言」に對して、批判を繰り返す徹底的な作業を目的意識的に行おうとする。なぜなら、この方法を採用することを通じて始めて、「小成」「榮華」の下に隱蔽されてしまった眞實の「道」とその「言」、すなわち探求しようとしている眞實の生を可能にする眞實の「知」が、發掘されると期待されたからだ。

その批判の作業の手順は、下文で作者自身が行った中間考察に、

　古之人、其知有所至矣。惡乎至。有以爲未始有物者。至矣盡矣。不可以加矣。
　其次以爲有物矣、而未始有封也。
　其次以爲有封焉、而未始有是非也。
　是非之彰也、道之所以虧也。
　道之所以虧、愛之所以成。

のように要領よくまとめられている。[10] これを逆にたどって後から前へと向かい、最初の「愛」などに對する批判から始めて、批判を繰り返しながら一歩また一歩と前進し、最後に「古之人」の「至矣盡矣。不可以加矣。」の「知」に到達しようというのが作者の構想である。

ここで、讀者が『莊子』齊物論篇の哲學の內容を理解するのを容易にするために、南郭子綦・顏成子游問答の構成と展開過程についてあらかじめ若干の說明をつけ加えておきたい。——以上の序論の後、「夫言非吹也、言者有言。」より「無適焉。因是已。」に至るまでの文章において、南郭子綦・顏成子游問答の作者が行っているのは、いずれもみな眞實の「道」を探し求める思索である。その展開過程の實際は、本章第2節と第4節に詳述するとおりであって、これらの思索全體を通じて作者が採用している方法は一種の批判主義である。すなわち、作者が第一に批判した對象は、「小成」「榮華」に伴う「愛」などの感情判斷であり、これは作者によれば最下等の判斷である。これを否定・排除した後、第二に批判した對象は、儒家と墨家の「是非」をめぐる價値判斷であり、これは下から二番目に劣った判斷である。これを否定・排除した後、第三に批判した對象は、主に名家の「彼是」をめぐる事實判斷であり、これは下から三番目に劣った判斷である。そして、第三批判の後に出現した「知」及びそれが描く世界が、作者自身の「一の有」つまり「萬物齊同」に他ならない。しかし、作者は、第四に自分自身の「萬物齊同」をも不十分であると言って否定・排除する。「今且有言於此。」より「無適焉。因是已。」に至るまでの一段落がその第四批判であって、これによって作者は最終的に「一の無」に到達し、ここにおいてついに「道」を定立したのであった。

なお、第三批判と第四批判の中間にある、「古之人、其知有所至矣。」より「道之所以虧、愛之所以成。」に至る短い一段落（上述）は、一まず「萬物齊同」に到達した作者が、ここに至るまでの思索の內容・意味と位置づけを中間的に考察した文章であって、筆者はこれを「中間考察」と呼ぶことにする。この中間考察によれば、ここに至るまでの思索は、「一の無」に到達するための段階的前進と意味づけられるものであった。(11)

A　感情判斷の撥無

作者が、論理の上で最も下等な判斷として第一に批判した、と言うよりも、上述の中間考察において「道之所以虧、愛之所以成。」であるが故に、論外であるとした「知」は、「愛」「喜怒」「好」などの感情判斷である。下文に、

故昭氏之不鼓琴也。昭文之鼓琴也、師曠之枝策也、惠子之據梧也、三子之知幾乎。皆其盛者也。故載之末年。唯其好之也、以異於彼。其好之也、欲以明之。彼非所明而明之。故以堅白之昧終。而其子又以文之綸（倫）終、終身無成。[12]

とあるように、「彼」つまり「道」を「明らかに」把えるどころか、反對にそれに背を向ける「昧さ」しかもたらさないので、作者は、

若是而可謂成乎、雖我亦成也。若是而不可謂成乎、物與我無成也。是故滑疑之耀、聖人之所圖也。爲是不用、而寓諸庸。此之謂以明。[13]

とあるように、それらを否定・排除しなければならないと主張する。本文章中の「爲是不用、而寓諸庸。」は、南郭子綦・顏成子游問答の上文に、

是以聖人不由、而照之于天。

唯達者知通爲一、爲是不用、而寓諸庸。

是以聖人和之以是非、而休乎天鈞。

の如く、三度出現していた文とほぼ同じ意味である。これらにおいて「用いない」ものは、それぞれの文のすぐ上に

描かれている理論を指す。「庸」は、「天」とほぼ同じ意味であって、事物のあるがままの姿。「以明」は、南郭子綦・顏成子游問答の上文に、

> 故有儒墨之是非。以是其所非、而非其所是。欲是其所非、而非其所是、則莫若以明。

> 彼是莫得其偶、謂之道樞。樞始得其環中、以應無窮。是亦一無窮、非亦一無窮也。故曰、「莫若以明。」

の如く、二度出現している。これもやはり、それぞれの文章のすぐ上に描かれている理論を、否定・排除するために役立つ知識（の方法）である。ただし、故福永光司教授の言うような「絶對的眞理」などという安易かつ大げさなものではなく、明晰な認識、確實な知識といったほどの意味である。

また、上述の中間考察の直前にある、

> 勞神明爲一、而不知其同也、謂之朝三。何謂朝三。曰、「狙公賦芧曰、『朝三而莫（暮）四。』衆狙皆怒。曰、『然則朝四而莫（暮）三。』衆狙皆悅。」名實未虧、而喜怒爲用。亦因是也。是以聖人和之以是非、而休乎天鈞。是之謂兩行(14)。

という文章の中の、「名實未虧、而喜怒爲用。亦因是也(15)。」も、（「萬物齊同」の哲學にも含まれる可能性のある）自分の思想を「是」（正しい）と考えることに原因して下される、「喜怒」などの感情判斷を最も下等なものとして否定・排除しようと訴えた文である(16)。

B　價値判斷の撥無

「愛」「喜怒」「好」などの感情判斷の撥無の後、第二に、作者は、中間考察の最下等のすぐ上にある「是非之彰也、

道之所以虧也。」を否定・排除しようとする、すなわち「是非」を撥無しようとする。なぜなら、「彼」（あれ）と「是」（これ）の「物」の間に「是」（正しい）と「非」（正しくない）、「可」（よい）と「不可」（よくない）などの區別を認めるこの價値判斷は、無意味な論争に陥りやすい誤った「知」である、と考えるからだ。その代表例は、

故有儒墨之是非。以是其所非、而非其所是。

のように、自學派の「是非」で他學派の「是非」を互いに非難しあっている儒家と墨家の「知」であるが、この事實を確認した上で、作者は、

欲是其所非、而非其所是、則莫若以明。

のように、彼らの「是非」を明晰な認識を用いるという最上の方法でトータルに否定・排除せよと主張する。(17)

こうして、「道」にやや近づいた世界の眞實の姿は、その中に「是」と「非」の價値的な區別を含まないものとされた。以上の本文において惠子の命題を利用して書かれていると指摘した「彼是方生之説」(18)、すなわち、

物無非彼、物無非是。自彼則不見、自知則知之。故曰、「彼出於是、是亦因彼。」彼是方生之説也。

も、「是」と「非」という價値判斷に代えて「彼」（あれ）と「是」（これ）という事實判斷だけを言う、この段階のドライな「知」である。

C　事實判斷の撥無と「萬物齊同」

以上の價値判斷の撥無の上に、第三に、作者は、中間考察のその上にある「其次以爲有封焉、而未始有是非也。」を否定・排除しようとする、すなわち「封」を撥無しようとする。なぜなら、「彼」（あれ）と「是」（これ）の「物」が異

なると認めるこの事實判斷は、先に撥無した價値判斷と本質的に同じ「知」になってしまう、と作者は考えるからだ。

雖然、方生方死、方死方生、方可方不可、方不可方可、因是因非、因非因是。是以聖人不由、而照之于天。亦因是也。[19]

是亦彼也、彼亦是也。彼亦一是非、此亦一是非。果且有彼是乎哉、果且無彼是乎哉。彼是莫得其偶、謂之道樞。樞始得其環中、以應無窮。是亦一無窮、非亦一無窮也。故曰、「莫若以明。[20]」

とあるように。本文章中の「雖然、方生方死、方死方生、方可方不可、方不可方可、因是因非、因非因是。」は、上文の「彼是方生之說」（世界の中から「彼」と「是」とを取り出すことを通じて、「彼」と「是」とが相互に規定しあって生ずると見なす理論）の陷らざるをえない缺陷を、おもしろおかしく描いてみせた文である。その缺陷とは、「彼是方生之說」が先に撥無したはずの「可不可」「是非」の價値判斷と本質的に同じ「知」になってしまう、という缺陷である。なお、『老子』第二章に、

天下皆知美爲美、惡已。皆知善、訾（斯）不善矣。有无之相生也、難易之相成也、長短之相刑（形）也、高下相盈也、意〈音〉聲之相和也、先後之相隋（隨）也、恆也。是以聲（聖）人居无爲之事、行〔不言之教〕。（馬王堆帛書甲本・乙本）

とあるのも、[21] 古い『莊子』齊物論篇の南郭子綦・顏成子游問答における諸判斷の撥無という問題意識を、比較的よく保存している文章である。これを郭店楚簡『老子』甲本は、

天下皆智（知）敚（美）之爲敚（美）也、亞（惡）已。皆智（知）善、此丌（其）不善已。又（有）亡（無）之相生也、戁（難）惖（易）之相成也、長耑（短）之相型（形）也、高下之相浧（盈）也、音聖（聲）之相和也、先後之相墮（隨）也。是以聖人居亡（無）爲之事、行不言之孝（教）。

に作って、「恆也」の二字がない。

南郭子綦・顏成子游問答の作者がここで提唱しているのは、「物」は存在するけれども、その間に事實的な「彼」と「是」の區別、「封」は存在しないと考える「知」である。そして、この「知」をもって描くならば、「道」に一歩近づいた世界の眞實の姿は、「彼」が端的に「是」とイコールであるという原理によって構成されており、その全體が「一」または「同」という形態を取って存在している「萬物」、すなわち「一の有」である。(22)

この世界は、また、

以指喩指之非指、不若以非指喩指之非指也。以馬喩馬之非馬、不若以非馬喩馬之非馬也。天地一指也、萬物一馬也。(23)

道行之而成、物謂之而然。惡乎然、然於然。惡乎不然、不然於不然。惡乎可、可乎可。惡乎不可、不可乎不可。物固有所然、物固有所可。無物不然、無物不可。(24)

故爲是擧莛與楹、厲與西施、恢恑憰怪、道通爲一。其分也成也、其成也毀也。凡物無成與毀、復通爲一。(25)

などとも說明されているが、この、「指」とも呼ぶことができれば「馬」とも呼ぶことができる、「一つ」の何ものかであるという「天地」「萬物」の全體、また、あらゆる「物」が「然」の事實であり、あらゆる「物」が「可」の價値である世界の全體、これこそが「萬物齊同」に他ならない。ちなみに、本文章中の「指之非指」「馬之非馬」（二例ずつ）は、矛盾律の侵犯を提唱した句である。「以指」「以馬」と「以非指」「以非馬」とは、そのような矛盾律の侵犯を行うについての二種類の方法であって、作者は前者を劣った方法、後者を優れた方法としている。(26)

ところで、以上のような內容の「萬物齊同」は、時にはまた「混沌」「渾沌」とも呼ばれることがある。『莊子』應帝王篇の南海之帝爲儵章の、

南海之帝爲儵、北海之帝爲忽、中央之帝爲渾沌。儵與忽時相與遇於渾沌之地、渾沌待之甚善。儵與忽謀報渾沌之徳曰、「人皆有七竅、以視聽食息、此獨无有。嘗試鑿之。」日鑿一竅、七日而渾沌死。

という文章には、「視聽食息」する「七竅」を持たない「渾沌」が登場するが(27)、このように「七竅」の感覺器官が全く作用しない主觀にとって、世界という客觀は、その中に「彼」(あれ)と「是」(これ)との區別が存在しない、

天地一指也、萬物一馬也。

のように映るのも當然ではなかろうか(28)。事實、これより少し後に書かれた『淮南子』要略篇になると、

原道者、盧牟六合、混沌萬物、象太一之容、測窈冥之深、以翔虛无之軫。

などとあるように、「混沌」は、「萬物齊同」の哲學の、世界における價値や事實の撥無といった、客觀のあるべき姿、として語られるようになるのである。

第3節 古代ギリシア哲學の「すべては一つ」

ところで、以上に解明してきた初期道家の思想家たちの哲學的な思索は、實は中國古代だけに見られる特殊なものではなくて、ほぼ同時代の古代ギリシアの哲學者たちの中にも同じタイプの思索を見出すことができる。この事實を、アリストテレス(紀元前三八四年~前三二二年)の文章によって確認しておきたい。

その『形而上學』第四巻第四章には、

もしも相互に否定的な述語が全て同じ一つの基體について同時に眞であるならば、明らかに全ては一つであると

いうことになろう。なぜなら、もし全てについて、何を肯定することも否定することも可能であるとすれば、同じ一つのものが、船でもあり壁でもあり人間でもありうることになるからである。……また實にここから、アナクサゴラスのように「全てのものは一緒であった」ということにもなり、こうして何ものも眞實には存在していないことになる。

とあり、『自然學』第一巻第二章にも、

だが、もし全てのあるものが、あたかも「着物」と「衣」とがそうであるように、その説明方式において一つであると言うのなら、そのように言う人々は、結局、ヘラクレイトスの言うのと同じことを言っていることになろう。すなわち、もしそうであるなら、善であることと悪であることとが同じことであり、善であることと善でないこととが同じことである、というようなことになろう。……したがって、同じものが善なるものでもあり善でないものでもあり、人でもあり馬（すなわち人でないもの）でもあるというようなことになろう。こうして實のところ、彼らの言っているところは「全ては一つである」ということについてではなくて、「全ては一つでも何でもない」ということを言っているのである。……さらに、これこれの性質であるということも、これこれの量であるということも、全く同じことだと言っていることになろう。

とある。これらの文章で、アリストテレスがアナクサゴラス（紀元前五〇〇年ごろ～前四二八年ごろ）やヘラクレイトス（紀元前五三五年ごろ～前四七五年ごろ）に對して批判しようとしたターゲットは、ギリシア版の「萬物齊同」の哲學とでも言うべきものであった。そして、この種の批判の基礎には思考の原理としての形式論理學の矛盾律が横たわっており、アリストテレスは、矛盾律を守らなければ一切の合理的思考は不可能になる、ということを繰り返し強調し、その例證としてアナクサゴラスやヘラクレイトスの「萬物齊同」を擧げたのである。

中國古代にあっても初期道家に先行する思想家たち、例えば、紀元前四〇〇年ごろの墨家などが、思考の原理としての形式論理學の矛盾律を正確に把えていた。[29] 中國における形式論理學の矛盾律と言えば、『韓非子』難一篇・難勢篇に「矛楯之說」として見えることがよく知られている。しかし、『韓非子』よりも早く『墨子』の經篇・經說篇に、もっと正確に、それは排中律を伴って存在していたのである。例えば、『墨子』經上篇74に、

彼、不可兩也。

とあり、その經說上篇74に、

彼。兇、牛、樞、非牛、兩也。無以非也。

とある。また、『墨子』經上篇75に、

辯、爭彼也。辯勝、當也。

とあり、その經說上篇75に、

辯。或謂之牛、或謂之非牛、是爭彼也。是不俱當。不俱當、必或不當。不當若犬。

とある。さらに、『墨子』經下篇135に、

謂辯無勝、必不當。說在辯。

とあり、その經說下篇135に、

謂。所謂非同也、則異也。同則或謂之狗、其或謂之犬也。異則或謂之牛、其或謂之馬也。俱無勝、是不辯也。辯也者、或謂之是、或謂之非。當者勝也。

とあるように。[30]

これに對して、齊物論篇の南郭子綦・顏成子游問答は、

子綦曰、「……以指喩指之非指、不若以非指喩指之非指也。以馬喩馬之非馬、不若以非馬喩馬之非馬也。天地一指也、萬物一馬也。」

のように矛盾律の侵犯を提唱する。(31) 本章の第2節で見た、「彼」と「是」の區別が存在しないと考える「知」とは、それを論理學的に一層嚴密に表現すれば、この「指は非指とイコールであり、馬は非馬とイコールである」という命題になるのであるが、實は思考の原理としての形式論理學の矛盾律の侵犯を提唱したものであった。

こうして、ほぼ同じ内容の、矛盾律の侵犯とそれに基礎を置く「すべては一つ」の哲學をめぐって、アリストテレス的な西歐と莊子的なアジアは相互に反對の方向に向かって歩み出すことになったのである。

第4節　存在判斷の撥無

A　存在判斷の撥無

議論を中國古代にもどそう。

本章の第2節の終わりで到達した「萬物齊同」の世界は、以上の本文においてすでに指摘したとおり、(32) 南郭子綦・顏成子游問答においては、また田駢の貴齊説を利用してアプローチされてもいた。南郭子綦・顏成子游問答の、

子綦曰、「……道行之而成、物謂之而然。惡乎然、然於然。惡乎不然、不然於不然。惡乎可、可乎可。惡乎不可、

不可乎不可。物固有所然、物固有所可。」

という文章の論旨は、かつて主に價値の問題について論じた田駢が、あらゆる個「物」にはそれぞれに長所と短所が具わっているので、「物」の世界から價値の優劣を追放せよと主張したあの貴齊説と、大體のところ重なっている。それを想起しながら、南郭子綦・顏成子游問答の作者はこの地點に止まらずそれを超えて前進して、

無物不然、無物不可。

と主張する。あらゆる「物」が「可」の價値であるのみならず、「然」の事實でもあるとするこの主張は、やはり「萬物齊同」の世界を描くものであった。(33)

けれども、南郭子綦・顏成子游問答の作者にとって、この境地はまだ最終段階ではない。世界が齊同であるためには、それが「有」であることは許されず「無」でなければならないとして、作者は第四に、自らのロジックの命ずるところ、以上の「萬物齊同」の「有」性をも否定・排除して、ついに世界の眞實の姿を「一の無」つまり「齊同である非存在」と把えるに至る。そして、まさしくこれが最終段階に他ならない。先に見た作者自身の中間考察に、

古之人、其知有所至矣。惡乎至。有以爲未始有物者。至矣盡矣。不可以加矣。

とあったが、「古之人」の「至矣盡矣。不可以加矣。」の「知」が、根源において「物」が存在しないと考える内容を持っていることを、我々は見落としてはなるまい。

世界が「一」であるためには、それが「有」であることは許されず「無」でなければならないというのは、

天下莫大於秋豪之末、而大山爲小。莫壽乎殤子、而彭祖爲夭。天地與我竝生、而萬物與我爲一。(34)

既已爲一矣、且得有言乎。既已謂之一矣、且得無言乎。一與言爲二、二與一爲三。自此以往、巧歷不能得。而況其凡乎。(35)

とあるように、「一」の世界をそうであると判斷（「謂」）し表現（「言」）することが、「爲一」つまり世界が「一」であること、を妨げてしまうからだと説明されている。だが、問題の焦點は、判斷し（「謂」）表現する（「言」）ことにあるのではない。事柄の本質上、判斷し表現する「我」の存在にある。それ故、この段階においては客觀である「萬物」と主觀である「我」とが、一緒に撥無の對象となっているのだ。

B　絶對的「無」の定立

この「萬物」と「我」との「無」の性格は、

子綦曰、「……有始也者。有未始有始也者。有未始有夫未始有始也者。有有也者。有無也者。有未始有無也者。有未始有夫未始有無也者。俄而有無矣。而未知有無之果孰有孰無也。」

とある如く、[36]「有」の否定的な根源として「無」に遡及し、その「無」の否定的な根源として「無の無」に遡及し、またその「無の無」の否定的な根源として「無の無の無」に遡及し、さらに……のように、否定的な根源遡及によって「有」性を徹底的に撥無して到達した「俄而有無矣」、すなわち絶對の「無」である。[37]この前後の文章は『淮南子』俶眞篇に取られている。

有始者、有未始有有始者、有未始有夫未始有有始者。有有者、有无者、有未始有有無者、〔有未始有夫未始有有无者。〕

所謂有始者、繁憤未發、萌兆牙蘖、未有形呼〈埒〉垠堮、无无蝡蝡、將欲生興、而未成物類。有未始有有始者、天氣始下、地氣始上、陰陽錯合、相與優游競暢于宇宙之閒、被德含和、繽紛蘢蓯、欲與物接、而未成兆朕。有未

始有夫未始有有始者、天含和而未降、地懷氣而未揚、虛无寂寞、蕭條霄雿、无有仿佛、氣遂而大通宜〈冥〉宜〈冥〉者也。

有有者、言萬物摻落、根莖枝葉、青葱苓蘢、萑〈雈〉蔰〈扈〉炫煌、蠉飛蝡動、蚑行噲息、可切循把握、而有數量。有无者、視之不見其形、聽之不聞其聲、捫之不可得也、望之不可極也。儲與扈冶、浩浩瀚瀚、不可隱儀揆度、而通光燿者。有未始有有无者、包裹天地、陶冶萬物、大通混冥、深閎廣大、不可爲外、析毫剖芒、不可爲內、无環堵之宇、而生有无之根。有未始有夫未始有有无者、天地未剖、陰陽未判、四時未分、萬物未生、汪然平靜、寂然淸澄、莫見其形。若光燿之閒〈問〉於无有、退而自失也。曰、「予能有無、而未能无无也。及其爲无无、至妙何從及此哉。」

が、それである。[38] 南郭子綦・顏成子游問答の文章は、『莊子』では既述のとおり、眞實の「知」に把えられた世界の眞實の姿がどういうものであるか、を問う知識―存在論を哲學的に述べていたのに對して、『淮南子』では時間性を導入して、太初の絕對的に何もなかった狀態（「無の無の無」）からいかにして今日の萬物（「有」）が生まれてきたか、という宇宙生成論を述べる文章に變化させられている。道家思想の歷史的な展開の中で、彫りの深い哲學的な思索が、平板な歷史的な知見に取って代わられるプロセスがうかがい知られる、典型的代表的な例の一つと言えよう。

このようにして、作者は、以上の如く批判を繰り返す徹底的な作業の最終段階で、「一の無」つまり「齊同である非存在」に到達し、「無」である我が「無」である世界に直接、合體・融卽するという內容において、ついに窮極的根源的な實在「道」を定立したのであった。[39] これが可能になるのは、「我」の完全な「無謂」「無言」によってであり、この時その「我」はいささかのギャップもなく「天地」「萬物」に合體・融卽している。

天地與我竝生、而萬物與我爲一。

とあるように。

　こうして定立された「一の無」、窮極的根源的な實在としての「道」、すなわち世界それ自體と化した「我」のありようは、南郭子綦・顏成子游問答の作者にとって、本章の冒頭に掲げた、解決しなければならない中心の諸問題への解答であり、不安と苦しみ、不滿と不信、懷疑と批判から完全に解放された人間の最も主體的な生き方であったにちがいない。この地點から振り返ってみると、南郭子綦・顏成子游問答の劈頭で、弟子の顏成子游が南郭子綦の様子を外から眺めて、

　南郭子綦隱几而坐、仰天而噓。嗒焉似喪其耦。顏成子游立侍乎前、曰、「何居乎。形固可使如槁木、而心固可使如死灰乎。今之隱几者、非昔之隱几者也。」

と問い[40]、それに對して師の南郭子綦が、

　子綦曰、「偃、不亦善乎、而問之也。今者吾喪我。汝知之乎。」

と答えていたのは、以上の長い思索の、最終結論の先取りであったと理解することができよう。

　この哲學は、道家思想の歴史的な開幕を告げる巨大なモニュメントである。「道」が「一」であり「無」であり、また人間の知によっては決して把えられない何ものかであるという、道家にとっての根本命題は、ここにおいて始めて定立された。この哲學は、これを繼承した諸他の文章とは決定的に異なって、道家思想に關する既成の手練れた知識の堆積を前提としておらず、ほとんどすべてが作者のオリジナルな思索であると言ってよい。本書第4章の第3節で指摘した先驅者たちの理論的な試みを利用したのを除いて。

　これを直接の出發點として、道家思想はこれ以後、多方面に展開していく。——例えば、窮極的根源的な實在「道」を中心にすえた哲學的な形而上學（metaphysics）・存在論（ontology）、「物化」・轉生・輪廻の思想や、「萬物」を調和あ

る一體と見る「萬物一體」の思想、宇宙の太初の「混沌」から現存の「萬物」に至る生成を説く宇宙生成論、「萬物」の、構成元素「陰陽」の氣や運動法則を「道」として論ずる自然學、人類は悟性の作用によって太古の「純樸」から墮落したと説く退歩史觀、現代の文明を捨ててアナーキーな「至德の世」にもどろうと訴えるユートピア思想、君主が民衆を中央集權的に支配すべきことを主張する政治思想、等々。これらの内のいくつかは、本書の以下の諸章で解明する豫定である。

第５節 「萬物齊同」の哲學に對する非難

「萬物齊同」の哲學は、初期道家の諸文獻の中では、その人間疎外の克服や主體性の確立といった問題意識を論じた文章が、『莊子』齊物論篇の罔兩・景問答に收められており、その「我」における「知」の撥無といった主觀のあるべき姿を論じた文章が、齊物論篇の齧缺・王倪問答に收められており、その「萬物」における價値や事實の撥無といった客觀のあるべき姿を論じた文章が、齊物論篇の瞿鵲子・長梧子問答に收められている。

A もう一つの「萬物齊同」

ここでは、最後者の瞿鵲子・長梧子問答を檢討してみよう。(41) この問答では、師の長梧子が眞實の「知」の方法を、

和之以天倪、因之以曼衍、所以窮年也。

と言って提唱する。その「和之以天倪」の直接の意味は、對立する「是」と「非」の價値判斷を天のすりつぶし（「萬物」の區別をすりつぶす自然の齊同化作用）によって調和することであるが、[42]弟子の瞿鵲子の、

何謂「和之以天倪。」

という問いに答えて、長梧子は次のように說明する。

曰、「是不是、然不然。是若果是也、則是之異乎不是也、亦無辯。然若果然也、則然之異乎不然也、亦無辯。忘年忘義、振於無竟（境）。故寓諸無竟（境）。」

この「不是」は、以上の本文の「是非」の「非」と同じであって非價値の意味であり、[43]「不然」は、以上の本文の「非指」「非馬」と同じであって、ある非事實の意味である。したがって、この文章の主に提唱しているのは、從來「正しくない」また「それでない」とされてきた否定的な價値判斷と事實判斷を、すべて一樣に「正しい」また「それである」とする肯定的な判斷に置き換えるという方法によって、「無竟（境）」つまり價値と事實において區別の一切存在しない世界を作り出そうということに他ならない。そして、このような世界が以上に解明してきた、あの「萬物齊同」の哲學の描く世界の眞實の姿と同じであることは、詳論するまでもなく自明であろう。

B　荀子學派の「萬物齊同」非難とその影響

ところで、この「萬物齊同」の哲學をはっきりとターゲットに定めて、これに手嚴しい非難を浴びせかけた文章がある。『呂氏春秋』正名篇がそれであって、

名正則治、名喪則亂。使名喪者、淫說也。說淫、則可不可而然不然、是不是而非不非。故君子之說也、足以言賢

者之實、不肖者之充而已矣。足以喩治之所悖、亂之所由起而已矣。足以知物之情、人之所獲以生而已矣。

と主張している。この中の「可不可而然不然、是不是而非不非。」は、先に見た瞿鵲子・長梧子問答の「是不是、然不然。」と、表現も思想も酷似しているから、それ故、國家・社會の政治を混亂に陥れる「淫說」としてその打倒をめざしているのは、他ならぬこの「萬物齊同」の哲學であったことになる。そして、『呂氏春秋』正名篇は、戰國末期の思想界の主流派、すなわち儒家の荀子學派の手に成るものと考えられる。

荀子學派は、間近に迫りつつある戰國時代の終焉と秦の始皇帝による天下統一を視野に入れながら、統一された天下において實現されるべき新しい理想的な社會秩序「禮」の理論化に腐心していた。その社會秩序の內容の核心は、すべての人間を「よい」「よくない」などの能力によって「分」け、それに應じて「よい」「よくない」などの職業に「分」けて就かせ、そこでの働きに應じて欲望の充足を「多い」「少ない」などに「分」けて充足させる、という「分」であった。例えば、『荀子』榮辱篇に、

夫貴爲天子、富有天下、是人情之所同欲也。然則從人之欲、則埶（勢）不能容、物不能贍也。故先王案（焉）爲之制禮義以分之、使有貴賤之等、長幼之差、知愚能不能之分、皆使人載其事、而各得其宜、然後使愨祿多少厚薄之稱。是夫羣居和一之道也。

故仁人在上、則農以力盡田、賈以察盡財、百工以巧盡械器、士大夫以上至於公侯、莫不以仁厚知能盡官職。夫是之謂至平。故或祿天下、而不自以爲多。或監門御旅抱關擊柝、而不自以爲寡。故曰、「斬而齊、枉而順、不同而一。」夫是之謂人倫。」『詩』曰、「受小共大共、爲下國駿蒙。」此之謂也。

とあるのを見よ。(44)――「萬物齊同」の哲學の對極に立つ思想に他ならない。

「萬物齊同」の哲學は、思想界の主流派、荀子學派から受けたこのような壓力の下、「我」が「萬物」に直接的に合

體・融卽する「一の無」や、「彼」と「是」との事實的なレベルにおける齊同などを、ほとんど主張しなくなってしまう。例えば、『莊子』天地篇の夫子・老聃問答では、夫子が老聃に向かって、

夫子問于老聃曰、「有人、治道若相放、可不可、然不然。辯者有言曰、『離堅白若縣寓。』若是則可謂聖人乎。」

と問うているが、老聃の答えによれば、

老聃曰、「是胥易技係、勞形怵心者也。執留之狗成思、猨狙之便自山林來。……」

とあるとおり、このような「人」に對する評價は極めて低いのだ。(45) また、『莊子』秋水篇の公孫龍・魏牟問答では、公孫龍が魏牟に向かって、

公孫龍問於魏牟曰、「龍少學先王之道、長而明仁義之行、合同異、離堅白、然不然、可不可、困百家之知、窮衆口之辯。吾自以爲至達已。今吾聞莊子之言、汒焉異之。不知論之不及與、知之弗若與。今吾无所開吾喙。敢問其方。」公子牟隱机大息、仰天而笑曰、「……且夫知不知是非之竟（境）、而猶欲觀於莊子之言、是猶使蚉負山、商蚷馳河也。必不勝任矣。且夫知不知論極妙之言、而自適一時之利者、是非埳井之鼃與。」

と述べているが、これらの中の「可不可、然不然。」はすでに何度か見たとおり、初期道家が「萬物齊同」に到達するために不可缺として唱えていた命題である。それをあたかも「辯者」や名家の公孫龍などが言い出した詭辯であるかのように見なして、正反對の批判・非難する側にまわってしまった(46)以上の兩問答は、したがって、初期道家の「萬物齊同」の哲學から大きく方向轉換した、いやむしろ、あり體に言うならば、「萬物齊同」の哲學を自らの手で葬り去ったものである。(47)

ただ、「是」と「非」、「可」と「不可」の價値的なレベルにおける「萬物齊同」及び「萬物一體」は、以後しばらくは命脈を保ったようであるし、價値的な「萬物齊同」や「萬物一體」の中でも、特に人間の生死を等しく見る死生觀

は、道家思想を特徴づける思想としてその後も一貫して存續していった。もっともこの分野でも、初期の知識―存在論的な「齊同」は早々に消えて、戰國末期以後は「萬物」の「物化」・轉生・輪廻を根據にした、存在論的な「一體」が主流を占めるようになるのではあるけれども。(48)

注釋

（１）「咸其自取」は、南郭子綦・顏成子游問答の下文において、この箇所をふまえて、

「非彼無我、非我無所取。」是亦近矣。而不知其所爲使。若有眞宰、而特不得其眹。可行已信、而不見其形。有情而無形。

及び、

夫隨其成心而師之、誰獨且無師乎。奚必知代而心自取者有之。愚者與有焉。

の如く論じられることになる（本章の注釋（５）（６）（７）を參照）。

（２）本書第14章の第４節、及びその注釋（33）を參照。

（３）後にこれをふまえて成った『列子』周穆王篇に、

覺有八徵、夢有六候。奚謂八徵。一曰故、二曰爲、三曰得、四曰喪、五曰哀、六曰樂、七曰生、八曰死。此者八徵、形所接也。奚謂六候。一曰正夢、二曰蘁夢、三曰思夢、四曰寤夢、五曰喜夢、六曰懼夢。此六者、神所交也。不識感變之所起者、事至則惑其所由然。識感變之所起者、事至則知其所由然。知其所由然、則無所怛。一體之盈虛消息、皆通於天地、應於物類。……子列子曰、「神遇爲夢、形接爲事。故晝想夜夢、神形所遇。故神凝者、想夢自消。信覺不語、信夢不達、物化之往來者也。古之眞人、其覺自忘、其寢不夢、幾（豈）虛語哉。」

とあるのを參照。ただし、『列子』周穆王篇はかつて存在していた道家特有の「物化」の思想を、すでに正確には理解することができなくなっているようである（本書第７章の第２節を參照）。

（４）「其發若機栝、其司是非之謂也。」については、通行本『周易』繋辭上傳に、

「鳴鶴在陰、其子和之。我有好爵、吾與爾靡之。」子曰、「君子居其室、出其言善、則千里之外應之。況其邇者乎。居其室、出其言不善、則千里之外違之。況其邇者乎。言出乎身、加乎民。行發乎邇、見乎遠。言行、君子之樞機。樞機之發、榮辱之主也。言行、君子之所以動天地也。可不愼乎。」

とあり、『淮南子』原道篇に、

是故聖人將養其神、和弱其氣、平夷其形、而與道沈浮俛仰、恬然則縱之、迫則用之。其縱之也若委衣、其用之也若發機。如是則萬物之化無不遇、而百事之變無不應。

とあるが、これらはすでに、齊物論篇の南郭子綦・顏成子游問答のニュアンスを忘却してしまっている。また、『說苑』談叢篇に、

口者關也、舌者機也、出言不當、四馬不能追也。口者關也、舌者兵也、出言不當、反自傷也。言出於己、不可止於人。行發於邇、不可止於遠。夫言行者、君子之樞機、樞機之發、榮恥之本也。可不愼乎。故蒯子羽曰、「言猶射也。括既離弦、雖有所悔焉、不可從而退已。」『詩』曰、「白珪之玷、尙可磨也。斯言之玷、不可爲也。」

とあり、『文子』微明篇に、

老子曰、「……附耳之語、流聞千里、言之禍也。舌者機也、出言不當、駟馬不追。」

とあり、『劉子』愼言篇に、

言出患入、語失身亡。身亡不可復存、言非不可復追。其猶射也、懸機未發、則猶可止。矢一離絃、雖欲返之、弗可得也。『易』誡樞機、『詩』刺言玷、斯言一玷、非礛礒所磨。樞機既發、豈駭電所追。皆前聖之至愼、後人之埏鎔。

とあるのを參照。

「近死之心、莫使復陽也。」は、『莊子』寓言篇の顏成子游・東郭子綦問答に、

顏成子游謂東郭子綦曰、「……生有爲死也。勸公以其死也有自也、而生陽也无自也。而果然乎。惡乎其所適、惡乎其所不適。天有歷數、地有人據。吾惡乎求之。」

の如く、これをふまえた文章が書かれているのを參照。

（5）本書第11章の注釋（9）を參照。「日夜相代乎前」は、南郭子綦・顏成子游問答の下文において、

夫隨其成心而師之、誰獨且無師乎。奚必知代而心自取者有之。愚者與有焉。

の如く承けられている（本章の以下の本文、及び注釋（6）を參照）。また、『莊子』德充符篇の魯哀公・仲尼問答に、

仲尼曰、「死生存亡、窮達貧富、賢與不肖毀譽、飢渴寒暑、是事之變、命之行也。日夜相代乎前、而知不能規乎其始者也。」

とある（本書第8章の注釋（24）を參照）。

「而莫知其所萌」は、すぐ下文の「旦暮得此其所由以生乎」とほぼ同じ內容であり、上引の德充符篇の魯哀公・仲尼問答の「而知不能規乎其始者也」が參照されるが、『淮南子』俶眞篇にも、

二者代謝舛馳、各樂其成形。狡猾鈍惛、是非无端、孰知其所萌。

とあり、同じく精神篇にも、

自無蹠有、自有蹠無、終始無端、莫知其所萌。

とある。

（6）本書第4章の第3節を參照。「『非彼無我、非我無所取。』是亦近矣。」以下の箇所である。

（7）本書第4章の注釋（9）、及び本章の注釋（8）を參照。また、『莊子』田子方篇の顏淵・仲尼問答に、この箇所をふまえて、

仲尼曰、「惡、可不察與。夫哀莫大於心死、而人死亦次之。日出東方、而入於西極、萬物莫不比方。有目有趾者、待是而後成功。是出則存、是入則亡。萬物亦然。有待也而死、有待也而生。吾一受其成形、而不化以待盡。效物而動、日夜无隙、而不知其所終。薰然其成形、知命不能規乎其前。丘以是日徂、吾終身與汝交一臂而失之。可不哀與。……吾服女也甚忘、女服吾也亦甚忘。雖然、女奚患焉。雖忘乎故吾、吾有不忘者存。」

とある（本書第4章の第2節を參照）。

（8）本書第10章の第3節、及びその注釋（29）を參照。

（9）本書第4章の第2節、その注釋（11）、及び第14章の第2節を參照。「其所言者、特未定也。」は、これをふまえて書かれた文章が、『莊子』大宗師篇の知天之所爲章に、

夫知有所待而後當。其所待者、特未定也。

とあり、同じく至樂篇の天下有至樂章に、

天下是非、果未可定也。雖然、无爲可以定是非。

とあり、『呂氏春秋』安死篇に、

故反以相非、反以相是。其所非方其所是也、其所是方其所非也。是非未定、而喜怒鬪爭、反爲用矣。

とある。

「其以爲異於𪃈音、亦有辯乎、其無辯乎。」は、これをふまえて書かれた文章が、『呂氏春秋』聽言篇に、

不知事、惡能聽言。不知情、惡能當言。其與人〈夫〉穀（𪃈）言〈音〉也、其有辯乎、其無辯乎。

とある。

「道隱於小成、言隱於榮華。」は、これをふまえて書かれた文章が、『莊子』繕性篇に、

古之存身者、不以辯飾知、不以知窮天下、不以知窮德。危然處其所、而反其性已。又何爲哉。道固不小行、德固不小識。小識傷德、小行傷道。

とあり、『老子』第三十八章に、

〔前識者〕、道之華也、而愚之首也。是以大丈夫居亓（其）厚、〔而〕不居亓（其）泊（薄）。居亓（其）實、而不居亓（其）華。故去皮（彼）而取此。（馬王堆帛書甲本・乙本）

とあるのを參照。

(10)　本章の第4節、第6章の第1節、及び第8章の第5節を參照。『莊子』庚桑楚篇の古之人章に、

古之人、其知有所至矣。惡乎至。有以爲未始有物者。至矣盡矣。弗可以加矣。其次以爲有物矣。將以生爲喪也、以死爲反也。是以分已。其次曰、「始无有、既而有生、生俄而死。以无有爲首、以生爲體、以死爲尻。孰知有无死生之一守者。吾與之爲友。」是三者、雖異、公族也。昭景也、著戴也。甲氏也、著封也。非一也。

の如く、類似の文章がある（本書第7章の注釋（12）、及び第8章の注釋（26）を參照）。しかし、これは齊物論篇の文章をふまえて成った後の文章であり、兩者の間には內容にすでに若干の相異が發生している。

（11）拙論「『莊子』齊物論篇の知識論――南郭子綦・顏成子游問答――」及び拙論「『莊子』是不是考」を參照。

（12）本書第9章の注釋（14）、及び第14章の第2節を參照。「師曠之枝策也、惠子之據梧也。」は、ずっと後にこれをふまえて書かれた文章が、『世說新語』排調篇に、

　范榮期見郗超俗情不淡、戲之曰、「夷齊巢許、一詣垂名。何必勞神苦形、支策據梧邪。」郗未答。韓康伯曰、「何不使遊刃皆虛。」

とあるのを參照。

「唯其好之也、以異於彼。其好之也、欲以明之。彼非所明而明之。」は、前漢時代、文帝期乃至景帝期の後期道家の手に成る、『莊子』天下篇の思想史序論の中で、

　天下大亂、賢聖不明、道德不一。天下多得一察、焉以自好。譬如耳目鼻口、皆有所明、不能相通。猶百家衆技也、皆有所長、時有所用。雖然不該不徧、一曲之士也。判天地之美、析萬物之理、察古人之全、寡能備於天地之美、稱神明之容。

とあって、「一察」を「自好」することが批判されている（本書第14章の第4節を參照）。

（13）「滑疑之耀」は、『莊子』徐无鬼篇の有暖姝者章に、

　則其解之也、似不解之者。其知之也、似不知之也。不知而後知之。其問之也、不可以有崖、而不可以无崖。頡滑有實。古今不代、而不可虧、則可不謂有大揚搉乎。

とある、「頡滑有實」と表現も內容もほぼ同じであって、參照することができる。また、表現は異なるけれども、『莊子』天地篇の夫子曰章（二）に、

　夫子曰、「……視乎冥冥、聽乎无聲。冥冥之中、獨見曉焉、无聲之中、獨聞和焉。故深之又深、而能物焉。神之又神、而能精焉。故其與萬物接也、至无而供其求、時騁而要其宿。大小長短脩遠。」

とあり（本書第6章の第2節、その注釋（8）、及び第8章の注釋（42）を參照）、『老子』第一章に、

〔故〕恆无欲也、以觀其眇（妙）。恆有欲也、以觀其所噭（曒）。兩者同出、異名同胃（謂）。玄之有（又）玄、衆眇（妙）之〔門〕。（馬王堆漢墓帛書甲本・乙本）

とある（本書第6章の注釋（9）、第10章の注釋（16）、及び第14章の第4節を參照）。

（14）本書第4章の第3節、第13章の第1節・第3節、及び第14章の第2節を參照。『呂氏春秋』審應篇に、

衞嗣君欲重稅以聚粟、民弗安。以告薄疑曰、「民甚愚矣。夫聚粟也、將以爲民也。其自藏之與在於上、奚擇。」薄疑曰、「不然。其在於民而君弗知、其不如在上也。其在於上而民弗知、其不如在民也。」凡聽必反諸己、審則令無不聽矣。國久則固、固則難亡。今虞夏殷周無存者、皆不知反諸己也。

とあるのは、南郭子綦・顏成子游問答のこの箇所を批判した文章のようである。また、後にこれをふまえて『列子』黄帝篇に、

宋有狙公者、愛狙。養之成羣、能解狙之意。狙亦得公之心。損其家口、充狙之欲。俄而匱焉、將限其食。恐狙之不馴於己也、先誑之曰、「與若芧、朝三而暮四、足乎。」衆狙皆起而怒。俄而曰、「與若芧、朝四而暮三、足乎。」衆狙皆伏而喜。物之以能鄙相籠、皆猶此也。聖人以智籠羣愚、亦猶狙公之以智籠衆狙也。名實不虧、使其喜怒哉。

とあるのは、南郭子綦・顏成子游問答とは異なった方向に、道家思想を展開させたものである。

（15）本書第4章の注釋（11）、及び本章の注釋（9）で引用した、『呂氏春秋』安死篇の文章がこれを承けていることは、言うまでもない。

（16）本書第14章の第2節を參照。

（17）本書第4章の第2節・第3節、その注釋（11）、第9章の第3節、及び第14章の第2節を參照。

（18）本書第4章の第3節、その注釋（32）、第9章の第2節、及び第14章の第2節を參照。

（19）「因是因非、因非因是。」は、上文の流儀で行けば、ただ「非出於是、是亦因非。是出於非、非亦因是。」といったほどの意味であろうが、同時に、自分の考える「是」と「非」に目的意識的に因るという意味をも含んでいる。そして、後の『莊子』秋水篇の河伯・北海若問答に、

北海若曰、「以道觀之、物无貴賤。以物觀之、自貴而相賤。以俗觀之、貴賤不在己。以差觀之、因其所大而大之、則萬物莫

不大。因其所小而小之、則萬物莫不小。知天地之爲稊米也、知豪末之爲丘山也、則差數覩矣。以功觀之、因其所有而有之、則萬物莫不有。因其所无而无之、則萬物莫不无。知東西之相反、而不可以相无、則功分定矣。以趣觀之、因其所然而然之、則萬物莫不然。因其所非而非之、則萬物莫不非。知堯桀之自然而相非、則趣操覩矣。」

とあり（本書第8章の第4節、及びその注釋（37）を參照）、『呂氏春秋』離謂篇に、

子產治鄭。鄧析務難之、與民之有獄者約、大獄一衣、小獄襦袴。民之獻衣襦袴而學訟者、不可勝數。以非爲是、以是爲非、是非無度、而可與不可日變。所欲勝因勝、所欲罪因罪。鄭國大亂、民口讙譁。子產患之、於是殺鄧析而戮之、民心乃服、是非乃定、法律乃行。今世之人、多欲治其國、而莫之誅鄧析之類、此所以欲治而愈亂也。

とあるのは、後者の意味を承け繼いだものである。

「亦因是也」の「因是」は、南郭子綦・顏成子游問答の上文に二例、下文に三例、合計六例出現するが、みな同じ意味である。――自分の胸中に「是」の價値とその反措定として予想される「非」の反價値を持ち、その「是」に目的意識的に因って打ち出したものにすぎない、という意味である（本書第4章の第3節、第13章の第3節、及び第14章の第2節を參照）。故福永光司教授の言うような「絕對の是」などといった、安易かつ大げさな概念ではないことに注意していただきたい。

(20)「彼亦一是非、此亦一是非。」は、「彼」の「儒墨之是非」も、「此」の「彼是方生之說」も、ともに一つの「是非」にすぎない、という意味。

「果且有彼是乎哉、果且無彼是乎哉。」は、すぐ下の「彼是莫得其偶」にほぼ同じであって、「彼是方生之說」が成立しないことを言う。

「謂之道樞」は、『淮南子』原道篇に、

是故大丈夫、恬然無思、澹然無慮。以天爲蓋、以地爲輿、四時爲馬、陰陽爲御。乘雲陵霄、與造化者俱、縱志舒節、以馳大區。……劉覽偏（徧）照、復守以全、經營四隅、還反於樞。

とあって參照されるが、これをふまえて新たな思想を展開させた文章である。

「樞始得其環中、以應無窮。」は、無限の「彼」と「是」に對應しなければならない煩わしさを言う。後に成った類似の表現

が、『莊子』則陽篇の聖人達綢繆章に、

冉相氏得其環中、以隨成。與物无終无始、无幾无時。日與物化者、一不化者也。闔嘗舍之。夫師天而不得師天、與物皆殉。其以爲事也、若之何。

とあり、『淮南子』原道篇に、

泰古二皇、得道之柄、立於中央、神與化游、以撫四方。是故能天運地滯、輪轉而無廢、水流而不止、與萬物終始。風興雲蒸、事無不應、雷聲雨降、竝應無窮。……是故疾而不搖、遠而不勞。四支不動〈勤〉、聰明不損、而知八紘九野之形埒者、何也。執道要之柄、而游於無窮之地。

とあるけれども、これらはこの箇所をふまえて新たな思想を展開させた文章である。

(21)　本書第8章の第4節、及びその注釋（32）を參照。

(22)　「一」も「同」も全く同じ意味であり、このことは上引の、

勞神明爲一、而不知其同也、謂之朝三。何謂朝三。曰、「狙公賦芧曰、『朝三而莫（暮）四。』衆狙皆怒。曰、『然則朝四而莫（暮）三。』衆狙皆悅。」名實未虧、而喜怒爲用。亦因是也。是以聖人和之以是非、而休乎天鈞。是之謂兩行。

によっても明らかである。これはまた齊物論篇の「齊」の「ひとしい」の意味でもあり、「萬物」の中に「彼」と「是」の事實的な區別がないことである。ちなみに、『莊子』秋水篇の河伯・北海若問答に、

萬物一齊、孰短孰長。

という文がある。

(23)　「天地一指也、萬物一馬也。」は、しばらく後にこれを半ば肯定し半ば否定した文章が、『呂氏春秋』有始篇に、

天地萬物、一人之身也。此之謂大同。衆耳目鼻口也、衆五穀寒暑也。此之謂衆異。則萬物備也。

とあり（本書第8章の第2節を參照）、また、これを非難した文章が、『呂氏春秋』審分篇に、

今有人於此、求牛則名馬、求馬則名牛、所求必不得矣。而因用威怒、有司必誹怨矣、牛馬必擾亂矣。百官衆有司也、萬物羣牛馬也。不正其名、不分其職、而數用刑罰、亂莫大焉。

とある（本章の注釋（44）を參照）。なお、この「萬物齊同」が以後の道家の文獻に、様々に變形されながらも承け繼がれていることは、改めて言うまでもない。詳細は本書第8章の第1節・第2節・第4節に讓るが、ここに一つだけ例を擧げれば、『莊子』德充符篇の常季・仲尼問答に、

仲尼曰、「自其異者視之、肝膽楚越也。自其同者視之、萬物皆一也。夫若然者、且不知耳目之所宜、而遊心乎德之和。物視其所一、而不見其所喪。視喪其足、猶遺土也。」

とある（本書第8章の第1節、及びその注釋（8）（25）を參照）。ただし、この文も『淮南子』俶眞篇では、

夫目視鴻鵠之飛、耳聽琴瑟之聲、而心在鴈門之間。一身之中、神之分別剖判、六合之內、一擧而千萬里。是故自其異者視之、肝膽胡越。自其同者視之、萬物一圈也。百家異說、各有所出。若夫墨揚申商之於治道、猶蓋之一橑、而輪之一輻。有之可以備數、無之未有害於用也。己自以爲獨擅之、不通于天地之情也。

のように改められて、「萬物齊同」よりも「萬物一體」に變化している。

（24）この箇所は、田駢の貴齊説を利用しつつ、田駢のように價値判斷を撥無するに止まらず、さらに進んで事實判斷をも撥無すべきこと、を述べたものである。本書第4章の第3節、その注釋（27）、本章の第4節、第8章の第4節、及び第14章の第2節を參照。

「物固有所可」は、明らかに『莊子』天下篇の彭蒙・田駢・愼到論の、

彭蒙田駢愼到……齊萬物以爲首。曰、「天能覆之、而不能載之。地能載之、而不能覆之。大道能包之、而不能辯之。」知萬物皆有所可、有所不可。

是故愼到棄知去己、而緣不得已。……謑髁无任、而笑天下之尙賢也。縱脫无行、而非天下之大聖。……舍是與非、苟可以免、不師知慮、不知前後、魏然而已矣。田駢亦然。學於彭蒙、得不敎焉。彭蒙之師曰、「古之道人、至於莫之是、莫之非而已矣。其風窢然、惡可而言。」

と同種の思想をふまえている。彼らの主張は、他に『呂氏春秋』用衆篇に、

物固莫不有長、莫不有短。人亦然。故善學者、假人之長以補其短。故假人者遂有天下。

とあり、同じく不二篇に、

陳駢貴齊。

とあり（本書第4章の第3節を參照）、同じく擧難篇に、

物固不可全也。以全擧人固難、物之情也。人傷堯以不慈之名、舜以卑父之號、禹以貪位之意、湯武以放弑之謀、五伯以侵奪之事。由此觀之、物豈可全哉。

とある。また、『淮南子』泰族篇に、

王喬赤松……可謂養性矣、而未可謂孝子也。周公……可謂忠臣也、而未可謂〔悌〕弟也。湯……武王……可謂惠君、而未可謂忠臣矣。樂羊……可謂良將、而未可謂慈父也。故可乎可、而不可乎不可。不可乎不可、而可乎可。

とある（本書第10章の第1節を參照）のは、表現も思想もこの箇所と似ている。そして、特に「無物不可」については、後の『文子』自然篇に、

老子曰、「……故至寒傷物、無寒不可。至暑傷物、無暑不可。故可與不可皆可。是以大道無所不可、可在其理。見可不趨、見不可不去、可與不可、相爲左右、相爲表裏。」

とあるのが參照される。

ところが、「物固有所然、……無物不然。」は、田駢の貴齊說がまだ主張しなかった、その進んだ先にある、「然」と「不然」の事實判斷の撥無を唱えた文であり、「天地一指也、萬物一馬也。」とほぼ同じ內容を持った、南郭子綦・顏成子游問答のオリジナルな思索の結果である。なお、本章の第4節、及びその注釋（33）を參照。

（25）　この箇所に、「道通爲一」「復通爲一」「唯達者知通爲一」の如く三見する類似表現は、世界を齊同ならしめているものが「萬物齊同」の哲學ではなくて、眞宰としての「道」に他ならないことの強調のためである。その意味で、これらは、下文の、

勞神明爲一、而不知其同也、謂之朝三。

と鋭く對立している。

「其分也成也、其成也毀也。」は、『莊子』庚桑楚篇の道通其分也章に、

道通其分也。其成也毀也。所惡乎分者、其分也以備。所以惡乎備者、其有以備。

とあるのを參照。

（26）後述。この問題については、本書第4章の注釋（15）、本章の第3節、第13章の第4節、及び第14章の第2節を參照。

（27）本書第10章の注釋（43）を參照。この箇所とほぼ同じく、「萬物齊同」の哲學の、「我」における「知」の撥無といった、主觀のあるべき姿を論じた文章が、『莊子』齊物論篇の齧缺・王倪問答に收められている。それは、

齧缺問乎王倪曰、「子知物之所同是乎。」曰、「吾惡乎知之。」「子知子之所不知邪。」曰、「吾惡乎知之。」「然則物無知邪。」曰、「吾惡乎知之。雖然、嘗試言之。……自我觀之、仁義之端、是非之塗、樊然殽亂。吾惡能知其辯。」齧缺曰、「子不知利害、則至人固不知利害乎。」王倪曰、「至人神矣。大澤焚而不能熱、河漢沍而不能寒、疾雷破山風振海而不能驚。若然者、乘雲氣、騎日月、而遊乎四海之外。死生无變於己。而況利害之端乎。」

である（本書第6章の注釋（7）、第10章の注釋（39）、及び第13章の第1節を參照）。また、同じく應帝王篇の齧缺・王倪問答の、

齧缺問於王倪。四問而四不知。齧缺因躍而大喜、行以告蒲衣子。蒲衣子曰、「……泰氏其臥徐徐、其覺于于。一以己爲馬、一以己爲牛。其知情信、其德甚眞。而未始入於非人。」

という文章（本書第4章の注釋（16）、本章の注釋（33）、及び第13章の第1節を參照）も、ほぼ同じテーマを取り扱っている。

（28）「渾沌」に賦與されている積極的な意味、すなわちそれが實在の根源的な眞相であるとされていることについては、

井筒俊彦『東洋哲學』のⅠ、四「渾沌——無と有のあいだ——」、Ⅱ、七「コスモスとアンチコスモス——東洋哲學の立場から——」

拙論「中國思想における混沌」

を參照。

（29）本書第4章の注釋（15）、及び第13章の第4節を參照。この問題については、

汪奠基『中國邏輯思想史』の第一編、第一章、二「《墨經》邏輯的基本內容」及び第五章、四「韓非形名法術的邏輯思想」

劉培育「論韓非的〝矛盾之説〟」（『中國邏輯思想論文選（一九四九―一九七九）』）
溫公頤『先秦邏輯史』の第一編、第五章、第七節「推理論」及び第二編、第五章、第五節「社會歴史的矛盾在推理論證中的反映」
李匡武主編『中國邏輯史』（先秦卷）の第四章、第三節「關於〝辯〟的一般理論」及び第六章、第二節「論〝矛盾之説〟」
などを參照。

(30) 本書第4章の注釋（15）を參照。

(31) 本書第4章の注釋（15）、本章の第2節、その注釋（23）、第13章の第4節、及び第14章の第2節を參照。

(32) 本書第4章の第3節、本章の第2節、及びその注釋（24）を參照。

(33) 「無物不然」の意味するところは、例えば、『莊子』應帝王篇の齧缺・王倪問答の、

齧缺問於王倪。四問而四不知。齧缺因躍而大喜、行以告蒲衣子。蒲衣子曰、「而乃今知之乎。有虞氏不及泰氏。有虞氏其猶藏仁以要人、亦得人矣。而未始出於非人。泰氏其臥徐徐、其覺于于。一以己爲馬、一以己爲牛。其知情信、其德甚眞。而未始入於非人。」（本章の注釋（27）、及び第9章の注釋（13）を參照）

や、『莊子』天道篇の士成綺・老子問答の、

老子曰、「夫巧知神聖之人、吾自以爲脱焉。昔者子呼我牛也、而謂之牛。呼我馬也、而謂之馬。苟有其實、人與之名而弗受、再受其殃。吾服也恆服、吾非以服有服。」

などの內容に相當する。

(34) 「天下莫大於秋豪之末、而大山爲小。莫壽乎殤子、而彭祖爲夭。」とは、この「無」の世界が「萬物齊同」に保たれており、この中に「大小」「壽夭」が含まれていないことを言う。『莊子』秋水篇の河伯・北海若問答の、

北海若曰、「……以差觀之、因其所大而大之、則萬物莫不大。因其所小而小之、則萬物莫不小。知天地之爲稊米也、知豪末之爲丘山也、則差數覩矣。」

は、南郭子綦・顏成子游問答のこの思想をふまえながらも、これを修正したものである。また、『呂氏春秋』爲欲篇の、

使民無欲、上雖賢猶不能用。夫無欲者、其視爲天子也、與爲輿隸同。其視有天下也、與無立錐之地同。其視爲彭祖也、與爲殤子同。天子至貴也、天下至富也、彭祖至壽也。誠無欲、則是三者不足以勸。輿隸至賤也、無立錐之地至貧也、殤子至夭也。誠無欲、則是三者不足以禁。……故人之欲多者、其可得用亦多。人之欲少者、其得用亦少。無欲者、不可得用也。

は、儒家の荀子學派の欲望肯定論の立場から、これを批判したものである。

「天地與我竝生、而萬物與我爲一。」は、この「無」の世界の中で「我」が「天地」「萬物」に直接的に、合體・融卽しており、この世界において、眞の意味での「萬物齊同」が實現していることを言う。したがって、上文の「天地一指也、萬物一馬也。」とは異なっており、それよりも一層進んだ境地である（本書第8章の注釋（7）、及び第9章の注釋（34）を參照）。『莊子』在宥篇の大人之教章に、

大人之教、若形之於影、聲之於響。有問而應之、盡其所懷、爲天下配。處乎无響、行乎无方、挈汝適復之撓撓、以遊无端。出入无旁、與日无始、頌論形軀、合乎大同。大同而无己。无己、惡乎得有有。覩有者昔之君子、覩无者天地之友。

とあるのがこれに近い（本書第8章の第1節、その注釋（7）、及び第10章の注釋（48）を參照）。

（35）「既已爲一矣、且得有言乎。」は、世界が「一」であることを「我」が表現することは許されない、という意味。これをふまえた寓言篇の寓言十九章に、

不言則齊、齊與言不齊、言與齊不齊也。故曰无言。

とあるが、その「不言則齊」に相當する。

「既已謂之一矣、且得無言乎。」は、世界を「一」であると判斷している以上、それは「一」であると表現したも同然である、という意味。本書第13章の第1節・第2節を參照。また、『呂氏春秋』精諭篇に、

知謂則不以言矣。言者、謂之屬也。求魚者濡、爭獸者趨、非樂之也。故至言去言、至爲無爲。淺智者之所爭、則末矣。

とあり、『淮南子』道應篇・『列子』說符篇に、

孔子曰、「……夫知言之謂者、不以言言也。爭魚者濡、逐獸者趨、非樂之也。故至言去言、至爲無爲。夫淺知之所爭者、末矣。」

とあり、『文子』微明篇に、

老子曰、「……夫知言之謂者、不以言言也。爭魚者濡、逐獸者趨、非樂之也。故至言去言、至爲去爲。淺知之人、所爭者末矣。」

とあるのを參照。

「一與言爲二」は、「一」の世界とそれを「一」であると「言」う表現とで、合わせて「二」となってしまい、「一」の世界を定立することができない、という意味。上引の寓言篇の寓言十九章の「齊與言不齊」に相當する。「二與一爲三」は、以上の表現された「二」と「一」の世界とで、合わせて「三」となってしまう、という意味。寓言篇の寓言十九章の「言與齊不齊也」に相當する。ちなみに、『老子』第四十二章の、

〈道生一、一生二、二生三、三生萬物〉。（馬王堆帛書甲本・乙本）

などの宇宙生成論は、この箇所を平板化客觀化して生まれたものである（本書第2章の第7節、その注釋（52）、第7章の注釋（2）（48）、第8章の第5節、及びその注釋（44）を參照）。

「自此以往、巧歷不能得。而況其凡乎。」は、「我」が表現や判斷を行う限り、「一」の定立に失敗する、という意味（本書第13章の第1節・第3節、及び第14章の第2節を參照）。「巧歷」という中國古代の計算の名人は、『淮南子』覽冥篇にも現れる。

（36）本書第9章の注釋（21）、及び第13章の第4節を參照。

（37）同じタイプの否定的な根源遡及は、『莊子』知北遊篇の光曜・无有問答に、

光曜問乎无有曰、「夫子有乎、其无有乎。」光曜不得問。而孰視其狀貌、窅然空然。終日視之而不見、聽之而不聞、搏之而不得也。光曜曰、「至矣。其孰能至此乎。予能有无矣、而未能无无也。及爲无有矣、何從至此哉。」

とあり、『淮南子』道應篇に、

光曜問於無有曰、「子果有乎、其果無有子〈乎〉。」無有弗應也。光曜不得問、而就〈孰〉視其狀貌、冥然忽然。視之不見其形、聽之不聞其聲、搏之不可得、望之不可極也。光曜曰、「貴矣哉。孰能至于此乎。予能有無矣、未能無無也。及其爲無無、又何從至於此哉。」故老子曰、「無有入于無閒、吾是以知無爲之有益也。」

とあるのを參照。

(38) 本書第8章の第5節、その注釋(19)、及び第11章の注釋(25)を參照。

(39) 以上のように、經驗的な所與を一つ一つ撥無する否定―超出の論理過程をたどって最終的に「道」を把え、そのことを通じて人間としての最も主體的な生を確立するというタイプの思索は、單に『莊子』齊物論篇に限らず、以後の道家思想にも承け繼がれて、やがて前近代中國の傳統的な思想の一つとなっていくものであるが、そのことを確認するために、同じタイプの思索を記している文章を二例補足しておく。第一の例は、『莊子』大宗師篇の顏回・仲尼問答(二)の、

顏回曰、「回益矣。」仲尼曰、「何謂也。」曰、「回忘仁義矣。」曰、「可矣。猶未也。」它日復見曰、「回益矣。」曰、「何謂也。」曰、「回忘禮樂矣。」曰、「可矣。猶未也。」它日復見曰、「回益矣。」曰、「何謂也。」曰、「回坐忘矣。」仲尼蹵然曰、「何謂坐忘。」顏回曰、「墮枝體、黜聰明、離形去知、同於大通。此謂坐忘。」仲尼曰、「同則无好也。化則无常也。而果其賢乎。丘也請從而後也。」

であり(本書第11章の注釋(25)、及び第13章の第2節を參照)、第二の例は、『老子』第四十八章の、

爲〔學者日益、聞道者日云(損)、云(損)之有(又)云(損)、以至於无爲。无爲而无不爲。將欲〕取天下也、恆〔无事。及亓(其)有事也、又不足以取天下〕。(馬王堆漢墓帛書甲本・乙本)

である(本書第13章の第2節を參照)。ちなみに、郭店楚簡『老子』乙本は、

學者日益、爲道者日損。損之或損、以至亡(無)爲也。亡(無)爲而亡(無)不爲。

に作っている。

なお、これらを始めとするいわゆる虛静說の實際の內容が、「無知之知」「不言之言」を含む「無爲而無不爲」であることについては、本書第13章の第2節を參照。

(40) 「耦」は、『經典釋文』が、

本又作偶。五口反。匹也、對也。司馬云、「耦、身也。身與神爲耦。」

と說くとおり、ペアーになっている身體と精神、すなわち下文の「形」と「心」から成る「我」の意。したがって、「喪其耦」

とは、下文の「喪我」に同じ。『列子』仲尼篇にも、

見南郭子、果若欺魄焉、而不可與接。顧視子列子、形神不相偶、而不可與羣。

とある。

「形固可使如槁木、心固可使如死灰乎。」は、南郭子綦の「吾喪我」を顔成子游の立場に立って描寫したもの。すなわち、「一の無」において世界に直接的に合體・融卽した「我」の、身體と精神を外部から眺めて形容した表現である。これを模倣した類似の文章が、これ以後、陸續と作られていった。ここに、その例をいくつか擧げておこう。『莊子』達生篇の仲尼・痀僂者問答に、

（痀僂者）曰、「我有道也。五六月、累丸二而不墜、則失者錙銖。累三而不墜、則失者十一。累五而不墜、猶掇之也。吾處身也、若橛株拘、吾執臂也、若槁木之枝。雖天地之大、萬物之多、而唯蜩翼之知。吾不反不側、不以萬物易蜩之翼。何爲而不得。」

とあり、『莊子』田子方篇の孔子・老耼問答に、

孔子……曰、「丘也眩與、其信然與。向者先生形體掘若槁木。似遺物離人而立於獨也。」老耼曰、「吾遊心於物之初。」

とあり、『莊子』知北遊篇の齧缺・被衣問答に、

被衣大悅、行歌而去之。曰、「形若槁骸、心若死灰。眞其實知、不以故自持。媒媒晦晦、无心而不可與謀。彼何人哉。」

とあり（本書第9章の注釋（13）を參照）、『莊子』庚桑楚篇の老耼之役章に、

（老子）曰、「……兒子動不知所爲、行不知所之。身若槁木之枝、而心若死灰。若是者、禍亦不至、福亦不來。禍福无有、惡有人災也。」

とあり、『莊子』徐无鬼篇の南伯子綦・顏成子問答に、

南伯子綦隱几而坐、仰天而噓。顏成子入見曰、「夫子物之尤也。形固可使若槁骸、而心固可使若死灰乎。」

とあり、『莊子』盜跖篇の孔子・盜跖問答に、

孔子再拜、趨走出門。上車執轡三失、目芒然无見、色若死灰、據軾低頭、不能出氣。

とあり、『淮南子』精神篇に、

若然者、正〈亡〉肝膽、遺耳目、心志專于內、通達耦于一。居不知所爲、行不知所之。渾然而往、逯然而來。形若槁木、心若死灰。忘其五藏、損〈捐〉其形骸、不學而知、不視而見、不爲而成、不治而辯。

とあり、『淮南子』道應篇に、

被衣行歌而去曰、「形若槁骸、心如死灰。直〈眞〉其實知、不以故自持。墨墨恢恢、無心可與謀。彼何人哉。」故老子曰、「明白四達、能無以知乎。」

とあり（本書第9章の注釋（13）を參照）、『文子』道原篇に、

老子曰、「……德將爲汝容、道將爲汝居。瞳兮若新生之犢、而無求其故。形若槁木、心如死灰。直〈眞〉其實知、而不以曲故自持。恢恢無心可謀。明白四達、能無知乎。」

とある（本書第9章の注釋（13）を參照）。

(41) 本書第4章の第2節でその一部分を引用した。

(42) 本書第1章の第3節、及びその注釋（24）を參照。

(43) 本書第8章の注釋（31）を參照。

(44) 本書第11章の第2節・第4節、及びその注釋（35）を參照。なお、『呂氏春秋』審分篇に、

今人有於此、求牛則名馬、求馬則名牛、所求必不得矣。而因用威怒、有司必誹怨矣、牛馬必擾亂矣。百官衆有司也、萬物羣牛馬也。不正其名、不分其職、而數用刑罰、亂莫大焉。

とある。この中の「百官衆有司也、萬物羣牛馬也。」も、「萬物齊同」の哲學の「天地一指也、萬物一馬也。」を非難しており、荀子學派の手に成るものである（本章の注釋（23）を參照）。

(45) 『莊子』應帝王篇の陽子居・老聃問答に、

陽子居見老聃曰、「有人於此。嚮疾彊梁、物徹疏明、學道不勧。如是者、可比明王乎。」

老聃曰、「是於聖人也、胥易技係、勞形怵心者也。且也虎豹之文來田、猿狙之便、執斄之狗來藉。如是者、可比明王乎。」

の如く、類似句があるのを參照。

(46)　本書第2章の注釋（1）、第13章の第1節、及び第14章の第3節を參照。『莊子』秋水篇の公孫龍・魏牟問答において、公子牟は公孫龍が「不知是非之竟（境）」であることを批判・非難しているが、これも「可不可、然不然。」の問題と全く同じ事態の現れである。

(47)　『莊子』天地篇の夫子・老耼問答は戰國最末期の作、同じく秋水篇の公孫龍・魏牟問答は前漢初期の作であろう。

(48)　本書第8章の第2節・第3節を參照。

參考文獻

大濱晧『中國古代の論理』　東京大學出版會　一九五九年

大室幹雄「齊物論における主觀と客觀」『東京支那學報』第八號　一九六二年

大濱晧「齊同の論理」『莊子の哲學』　勁草書房　一九六六年

赤塚忠「道家思想の本質」『赤塚忠著作集』第四卷　研文社　一九八七年

赤塚忠「道家思想の歷史的槪觀」『赤塚忠著作集』第四卷　研文社　一九八七年

赤塚忠「古代事實と辨證的思辨――莊子流の思辨論理成立の問題を中心として――」『赤塚忠著作集』第四卷　研文社　一九八七年

大室幹雄「莊子」　宇野精一・中村元・玉城康四郎責任編集『講座　東洋思想』第三卷　東京大學出版會　一九六七年

池田知久「『莊子』齊物論篇の知識論――齧缺・王倪問答と瞿鵲子・長梧子問答――」『日本中國學會報』第二十七集　一九七五年

池田知久「『莊子』齊物論篇の知識論――南郭子綦・顏成子游問答――」『岐阜大學敎育學部硏究報告』人文科學第二十五卷　一九七七年

池田知久「『莊子』是不是考」　日本道敎學會『東方宗敎』第四十九號　一九七七年

大濱皓『中國古代思想史論』　勁草書房　一九七七年
李澤厚・劉綱紀主編『中國美學史』第一卷　中國社會科學出版社　一九八四年
李澤厚「莊玄禪宗漫述」『中國古代思想史論』　人民出版社　一九八六年
王永祥『中國古代同一思想史』　齊魯書社　一九九一年
池田知久「中國思想における混沌」　東京大學公開講座53『混沌』　東京大學出版會　一九九一年
池田知久「中國古代的混沌哲學」（中國文）　陳鼓應主編『道家文化研究』第八輯（香港道教學院主辦）　上海古籍出版社　一九九六年
池田知久「中國思想における混沌の哲學」（韓國文）　崔在穆譯　現代宗教文化研究所（韓國大邱市）『現代の宗教』第19輯　一九九六年
井筒俊彦『東洋哲學』『井筒俊彦著作集』9　中央公論社　一九九二年
A. C. Graham, "*Chuang Tzu, The Inner Chapters*", George Allen and Unwin Lyd., London, 1981.
Victor H. Mair, "*Experimental Essays on Chuang-tzu*", University of Hawaii Press, Honolulu, 1983.
Robert E. Allinson, "*Chuang-Tzu for Spiritual Transformation*", State University of New York Press, Albany, 1989.
Livia Kohn, "*Taoist Mystical Philosophy*", State University of New York Press, Albany, 1991.

桑木嚴翼「支那古代の論理學」『哲學史劄記』　小山書店　一九四三年
アリストテレス『形而上學』上・下　出隆譯　岩波文庫　岩波書店　一九五九年
船山信一『明治論理學史研究』　哲學全書10　理想社　一九六六年
アリストテレス『自然學』『アリストテレス全集』3　出隆・岩崎允胤譯　岩波書店　一九六八年
池田知久「矛楯小論」　全釋漢文大系第二十卷『韓非子』上「月報」15　集英社　一九七五年
汪奠基『中國邏輯思想史』　上海人民出版社　一九七九年

『中國邏輯思想論文選（一九四九—一九七九）』　生活・讀書・新知三聯書店　一九八一年
溫公頤『先秦邏輯史』　上海人民出版社　一九八三年
齊藤忍隨「すべては一つ」『幾度もソクラテスの名を』Ⅱ　みすず書房　一九八六年
池田知久「莊子とヘラクレイトス」『宇野精一著作集』第二卷「月報」　明治書院　一九八六年
李匡武主編『中國邏輯史』（先秦卷）　甘肅人民出版社　一九八九年

高瀨武次郎『楊墨哲學』　金港堂書籍　一九〇二年
牧野謙次郎『墨子』上・下　漢籍國字解全書第二十卷・第二十一卷　早稻田大學出版部　一九一一年
孫詒讓『墨子閒詁』　漢文大系第十四卷　冨山房　一九一三年
小柳司氣太『國譯墨子』　國譯漢文大成經子史部第八卷　國民文庫刊行會　一九二〇年
小柳司氣太解題『墨子』　漢文叢書　有朋堂書店　一九二一年
小柳司氣太「墨子論」『東洋思想の研究』　關書院　一九三四年
內野熊一郎『墨子』　日本評論社　一九四二年
大塚伴鹿『墨子の研究』　森北書店　一九四三年
譚戒甫『墨辯發微』　科學出版社　一九五八年
高亨『墨經校詮』　科學出版社　一九五八年
森三樹三郎『諸子百家　墨子』　世界古典文學大系第19卷　筑摩書房　一九六五年
金谷治『諸子百家　墨子』　世界の名著10　中央公論社　一九六六年
高田淳『墨子』　中國古典新書　明德出版社　一九六七年
渡邊卓「墨家思想」　宇野精一・中村元・玉城康四郎責任編集『講座　東洋思想』第四卷　東京大學出版會　一九六七年
藪內清『墨子』　中國古典文學大系第5卷　平凡社　一九六八年

末木剛博『東洋の合理思想』　講談社現代新書　講談社　一九七〇年
渡邊卓『古代中國思想の研究――〈孔子傳の形成〉と儒墨集團の思想と行動――』　東洋學叢書　創文社　一九七三年
渡邊卓・新田大作『墨子』上・下　全釋漢文大系第十八卷・第十九卷　集英社　一九七四年・一九七七年
山田琢『墨子』上・下　新釋漢文大系第五十卷・第五十一卷　明治書院　一九七五年
陳癸淼『墨辯研究』　臺灣學生書局　一九七七年
本田濟『墨子』　人類の知的遺産６　講談社　一九七八年
蔡仁厚『墨家哲學』　東大圖書有限公司　一九七八年
吳毓江『墨子校注』上・下　新編諸子集成　中華書局　一九九三年
Yi-pao Mei, "*Motse, the neglected rival of Confucius*", Hyperion Press Inc., Connecticut, 1973.
A.C.Graham, "*Later Mohist Logic, Ethics and Science*", CUP, The Chinese University of Hong Kong, SOAS, University of London, 1978.

第6章　「道」の形而上學

「萬物齊同」の哲學は、本書の第5章で解明したとおり、世界の眞實態を「一の無」つまり「齊同なる非存在」と把えるのがその最終段階であった。「有無」の問題はさておいて、しかし、この段階では、世界の眞實態をそうであると判斷し（「謂」）表現する（「言」）ことが許されなかった。それ故、「萬物齊同」の哲學は、これを命題として言葉で表現して傳えることが難しく、恐らく思想家たち個人個人の神祕主義的な體驗の中で感得されたものと思われる。――道家がこの哲學を比較的早く放棄してしまう理由は、本書の第5章末に指摘した外部からの壓力もさることながら、以上の事情が最も本質的で、最も大きいであろう。

そして、これに代わって反疎外論や主體性論の基礎づけを擔ったのが、窮極的根源的な實在「道」を中心にすえた形而上學（metaphysics）或いは存在論（ontology）である。

第1節　二つの世界の理論――「道」と「萬物」

本書の第5章で解明した『莊子』齊物論篇の南郭子綦・顏成子游問答においては、何を「道」と考えているのか、やや分明でないところがあった。すなわち、我をもその內に含んだ齊同の「天地」「萬物」全體が「道」であるのか、それとも「天地」「萬物」の全體を齊同ならしめている何ものかが「道」であるのか。

南郭子綦・顏成子游問答は、一方で、

子游曰、「地籟則衆竅是已。人籟則比竹是已。敢問天籟。」子綦曰、「夫吹萬不同、而使其自己也、咸其自取。怒者其誰邪。……

喜怒哀樂、慮嘆變慹、姚佚啓態。樂出虛、蒸成菌、日夜相代乎前、而莫知其所萌。已乎已乎。旦暮得此其所由以生乎。……

『非彼無我、非我無所取。』是亦近矣。而不知其所爲使。若有眞宰、而特不得其眹。可行已信、而不見其形。有情而無形。……

百骸九竅六藏、賅而存焉。吾誰與爲親。汝皆說之乎。其有私焉。如是皆有爲臣妾乎。其臣妾不足以相治乎。其遞相爲君臣乎。其有眞君存焉。如求得其情與不得、無益損乎其眞。」

などにおいては、「天地」「萬物」全體の背後に「天籟」「怒者」「其所萌」「此其所由以生」「其所爲使」「眞宰」「眞君」などといった主宰者が存在していて、それが諸現象をしてそのように現象せしめていると考えているので、それ故、後者が「道」であることになる。

他方で、

古之人、其知有所至矣。惡乎至。有以爲未始有物者。至矣盡矣。不可以加矣。
其次以爲有物矣、而未始有封也。
其次以爲有封焉、而未始有是非也。
是非之彰也、道之所以虧也。
道之所以虧、愛之所以成。

においては、[1]少なくとも「是非」の價値が撥無された世界や、「封」の事實が撥無された世界には、「道」がいくらかは含まれており、また特に「萬物」の存在が撥無された世界は「道」そのものであると考えているから、そうだとすれば、前者が「道」であることになる。

筆者の想像するところ、以上の兩者を異なったものと見るのは現代の我々の觀點からする分析であるにすぎず、南郭子綦・顏成子游問答にとって兩者は同じものであったろう。だが、この未分化は道家思想の歴史的な展開の上で重要な意味を持つことになった。

A　二世界論の登場

さて、本書の第5章末と本章頭で述べたように、道家は「萬物齊同」の哲學を比較的早く放棄してしまうが、それは、「一の無」つまり「萬物」の存在が撥無された世界、を放棄することであるよりも、むしろ「一の有」つまり「封」の事實が撥無された世界、を放棄すること、を意味していた。それで、先に檢討した二つの「道」の內、前者の、齊同の「天地」「萬物」は、徐々に「道」であり續けることが難しくなり、反對に「道」に現象せしめられる存在者サイドに位置づけられるようになって、後者の、「天地」「萬物」を齊同ならしめている何ものかが、次第に「道」として生き殘る力をつけ、やがてあらゆる存在者の諸現象を現象せしめる主宰者に位置づけられるに至った。――これが「道」と「萬物」の二つの世界の理論である。[2]

この理論にあっては、「道」はあらゆる「萬物」を存在させ、運動・變化させる世界の主宰者であるのに對して、「萬物」はその「道」によって存在させられ、運動・變化させられる單なる被宰者である。「道」は時間・空間の存在形式を超越し、人間的な諸價値を顧みない偉大な實在であるのに對して、「萬物」は時間・空間の存在形式の下に跼蹐し、人間的な諸價値にしがみつく卑小な存在者でしかない。例えば、『莊子』大宗師篇の意而子・許由問答に、

許由曰、「……我爲汝言其大略。吾師乎、吾師乎。韲萬物而不爲義、澤及萬世而不爲仁、長於上古而不爲老、覆載天地刻彫衆形而不爲巧。此所遊已。」

とあり(3)、『莊子』大宗師篇の知天之所爲章に、

夫道、有情有信、无爲无形。可傳而不可受、可得而不可見。自本自根、未有天地、自古以(已)固存。神鬼神帝、生天生地。在太極之先而不爲高、在六極之下而不爲深。先天地生而不爲久、長於上古而不爲老。

とあるように(4)。

また、「道」は一切の姿・形を持たず、それ故、人間の感覺・知覺を通じては把握できない「一の無」であるけれども、「萬物」はそれぞれ具體的な姿・形を持ち、それ故、人間の感覺・知覺を通じて把握される「多の有」である。さらに、「道」は眞實であり、自らは全く變化しない窮極的な根源であり、世界の最も尊い價値であるけれども、「萬物」は假象であり、たえず變化させられる暫時的な表相であり、せいぜい雑多な利得や效用でしかない。例えば、『莊子』德充符篇の常季・仲尼問答に、

魯有兀者王駘。從之遊者、與仲尼相若。……仲尼曰、「夫子聖人也。……」

常季曰、「彼兀者也。而王先生、其與庸亦遠矣。若然者、其用心也、獨若之何。」

仲尼曰、「死生亦大矣、而不得與之變。雖天地覆墜、亦將不與之遺。審乎无假、而不與物遷。命物之化、而守其宗也。」……

仲尼曰、「……而況官天地、府萬物、直寓六骸、象耳目、一知之所知、而心未嘗死者乎。彼且擇日而登假。人則從

是也。彼且何肯以物爲事乎。」

とあるが[5]、この箇所における王駘は「道」を把えた人の表象であるか、或いは「道」の擬人化である。また『老子』第五十一章にも、

●道生之、而德畜之、物刑（形）之、而器成之。是以萬物尊道而貴（德。道）之尊、德之貴也、夫莫之时（爵）、而恆自然也。●道生之畜之、長之遂之、亭之（毒之、養之復（覆）之。生而）弗有也、爲而弗寺（恃）也、長而弗宰也。此之謂玄德。（馬王堆帛書甲本・乙本）

とあるとおりだ[6]。

B　二世界論の領域と目的

以上のように、世界は「道」と「萬物」の二つから構成されているが、道家思想の歴史的展開のこの段階では、概して言えば、この理論の取り扱う領域は、哲學的な形而上學や存在論の範圍に納まるものであったし、それに「道」―「萬物」の兩者の關係も、比較的單純な對立に基づく支配―被支配、優―劣などであって、まだ宇宙生成論や政治思想などにまで領域を擴げるには至っておらず、また「道」が「萬物」を超越しつつ「萬物」の中に內在するとか、「萬物」に「道」とは一應無關係な卽自的な價値があるとかの、一層複雜な關係を論ずるまでにはなっていなかった。これらはもう少し後の段階で論じられるテーマである（本書の以下の諸章を參照）。

そして、ここに注目すべきことは、作者たちのこの二世界論を論ずる目的、つまり思想家たちの解決しようとしている中心問題が、やはり依然として人間疎外の克服や主體性の確立であったことである。その意味でこの問題意識は、

初期道家の「萬物齊同」の哲學以來ずっと持續している通奏低音（basso continuo）と見なすことができよう。と言うのは、この二世界論は、單に存在・變化させられる被宰者「萬物」の一つでしかない人間が、世界の窮極的根源的な實在である「道」に到達し「道」を把握することにより、「道」が世界において持っているオールマイティーの能力、すなわち、あらゆる「萬物」を存在・變化させる主宰者性、を己れのものとして手中に收め、そのことを通じてついに人間疎外を克服し主體性を確立して、自ら時間と空間を超越した偉大な主宰者となって世界に出で立つことを、その主な目的としているからである。

なお、以上の二世界論が戰國末期以前に存在していたことは、その影響を被って書かれ、それを社會化政治化した『荀子』解蔽篇の、

農精於田而不可以爲田師、賈精於市而不可以爲市師、工精於器而不可以爲器師。有人也、不能此三技而可使治三官。曰、「精於道者也、非精於物者也。」精於物者以物物、精於道者兼物物。故君子壹於道而以贊稽物。壹於道則正、以贊稽物則察、以正志行察論、則萬物官矣。

によっても、はっきりと確認することができる。この文章における「物」は、上文の「田」「市」「器」を指しており、次の「以物物」は、「農」が「田」を「田」として成り立たせ、「賈」が「市」を「市」として成り立たせ、「工」が「器」を「器」として成り立たせる、という意味。最後の「兼物物」は、「田」「市」「器」の一つ一つではなくこれらのすべてをひっくるめて「田」「市」「器」として成り立たせる、という意味である。『荀子』解蔽篇は、『莊子』を始めとする道家の「道」―「萬物」の哲學的な形而上學・存在論を自家藥籠中のものとした上で、これに若干の修正を施して、積極的に自らの「君子」―「農・賈・工」の社會分業論に應用したのだ。

第２節　「物物者非物」というテーゼ

この「道」―「萬物」の二世界論は、戰國末期～前漢初期の思想界において次第に歡迎を受けるようになっていった。そのありさまは、この理論の核心を端的に示すテーゼ「物物者非物」が、現存する諸文獻のあちらこちらの殘っていることからも十分に推測することができる。その「物物者」とは、あらゆる存在者を存在者として存在・變化させる窮極的根源的な實在の意を表し、「非物」とは、これらのことを行いうるのは單なる存在者ではなく、それを超えた「道」である、の意を表す。

A　「物物者非物」の形而上學的な意味

このテーゼの比較的古い形而上學的な（metaphysical）意味を保存している例としては、まず『莊子』在宥篇の世俗之人章に、

夫有土者、有大物也。有大物者、不可以物。物而不物、故能物物。明乎物物者之非物也、豈獨治天下百姓而已哉。出入六合、遊乎九州、獨往獨來。是謂獨有。獨有之人、是之謂至貴。

とあるのが擧げられる(7)。もっとも、この文章は、そのすぐ上文に、

而欲爲人之國者、此攬乎三王之利、而不見其患者也。此以人之國僥倖也。幾何僥倖而不喪人之國乎。其存人之國也、无萬分之一、而喪人之國也、一不成而萬有餘喪矣。悲夫、有土者之不知也。

とあることから知られるように、すでに政治思想に傾いているのではあるけれども。

同じく天地篇の夫子曰章（二）には、

夫子曰、「夫道、淵乎其居也、漻乎其清也。金石不得、无以鳴。故金石有聲、不考不鳴。萬物孰能定之。夫王德之人、素逝而恥通於事、立之本原而知通於神。故其德廣、其心之出、有物採之。故形非道不生、生非德不明。存形窮生、立德明道、非王德者邪。蕩蕩乎。忽然出、勃然動、而萬物從之乎。此謂王德之人。視乎冥冥、聽乎无聲。冥冥之中、獨見曉焉。无聲之中、獨聞和焉。故深之又深、而能物焉。神之又神、而能精焉。故其與萬物接也、至无而供其求、時騁而要其宿。大小長短脩遠。」

とある(8)が、その「深之又深、而能物焉。神之又神、而能精焉。」は、郭象が「窮其原、而後能物物。極至順、而後能盡妙。」と注しているのに従って解釋したい(9)。この一文と密接に關連する文章としては、本章の注釋（4）に引用した『老子』第二十一章に、

道之物、唯朢（恍）唯忽。〔忽呵（乎）朢（恍）〕呵（乎）、中有象呵（乎）。朢（恍）呵（乎）忽呵（乎）、中有物呵（乎）。灣（幽）呵（乎）鳴（冥）呵（乎）、中有請（情）吔〈呵（乎）〉。其請（情）甚眞、其中〔有信〕。（馬王堆漢墓帛書甲本・乙本）

とあり(10)、『老子』第一章に、

●道可道也、非恆道也。名可名也、非恆名也。无名、萬物之始也。有名、萬物之母也。〔故〕恆无欲也、以觀其眇（妙）。恆有欲也、以觀其所噭（皦）。兩者同出、異名同胃（謂）。玄之有（又）玄、衆眇（妙）之〔門〕。（馬王堆漢墓帛書甲本・乙本）

とあり(11)、同じく第四十八章に、

爲〔學者日益、聞道者日云（損）。云（損）之有（又）云（損）、以至於无爲。无爲而无不爲。將欲〕取天下也、恆〔无事。及亓（其）有事也、不足以取天下〕。（馬王堆漢墓帛書甲本・乙本）

とある(12)のが參照される。ちなみに、郭店楚簡『老子』乙本第四十八章は、

學者日益、爲道者日損。損之或損、以至亡（無）爲也。亡（無）爲而亡（無）不爲。

に作っている。

また、『莊子』知北遊篇の東郭子・莊子問答には、

東郭子問於莊子曰、「所謂道惡乎在。」莊子曰、「无所不在。」

東郭子曰、「期而後可。」莊子曰、「在螻蟻。」

曰、「何其下邪。」曰、「在稊稗。」

曰、「何其愈下邪。」曰、「在瓦甓。」

曰、「何其愈甚邪。」曰、「在屎溺。」東郭子不應。

莊子曰、「夫子之問也、固不及質。正獲之問於監市履狶也、每下愈況。汝唯莫必、无乎逃物。至道若是、大言亦然。周徧咸三者、異名同實、其指一也。……物物者、與物无際。而物有際者、所謂物際者也。不際之際、際之不際者也。謂盈虛衰殺。彼爲盈虛、非盈虛。彼爲衰殺、非衰殺。彼爲本末、非本末。彼爲積散、非積散也。」

とある。(13)

次に、『呂氏春秋』必己篇には、本書第3章の第2節で引用した箇所に、

莊子笑曰、「……若夫道德、則不然。無訝無訾、一龍一蛇、與時俱化、而無肯專爲。一上一下、以禾爲量、而浮游乎萬物之祖、物物而不物於物、則胡可得而累。此神農黃帝之所法。若夫萬物之情、人倫之傳、則不然。成則毀、

大則衰、廉則剉、尊則虧、直則骫、合則離、愛則隳、多智則謀、不肖則欺。胡可得而必。」

とある。[14] これはほぼ同じ文章が『莊子』山木篇の莊子・弟子問答に、

莊子笑曰、「……若夫乘道德而浮遊、則不然。无譽无訾、一龍一蛇、與時俱化、而无肯專爲。一上一下、以和爲量、浮遊乎萬物之祖、物物而不物於物、則胡可得而累邪。此神農黃帝之法則也。若夫萬物之情、人倫之傳、則不然。合則離、成則毀、廉則挫、尊則議、有爲則虧、賢則謀、不肖則欺。胡可得而必乎哉。悲夫。」

と見えており、古い純粹な形而上學的意味をよく保存している例である。[15]『莊子』山木篇の莊子・弟子問答は、『呂氏春秋』必己篇に修飾を加えて成った文章である。[16]「此神農黃帝之法則也」によれば、上述の「道德」は神農・黃帝が作り出した、或いは有していた法則であることになり、したがって、神農・黃帝の役割りが重くなる。それに對して、『呂氏春秋』必己篇の「此神農黃帝之所法」によれば、神農・黃帝はただ「道德」に「法」っただけであるから、彼らの役割りは比較的輕い。歷史的事實に基づいて考えるならば、神農・黃帝の役割りは輕から重に變化したのであるから、山木篇の莊子・弟子問答が、必己篇に修飾を加えて成った文章であることは明らかである。

さらに、『淮南子』詮言篇には、

洞同天地、渾沌爲樸、未造而成物、謂之太一。同出於一、所爲各異、有鳥有魚有獸、謂之分物。方以類別、物以羣分、性命不同、皆形於有。隔而不通、分而爲萬物〈殊〉、莫能及〈反〉宗。故動而爲（謂）之生、死而爲（謂）之窮。皆爲物矣、非不物而物物者也。物物者亡乎萬物之中。

とあるが、この例も古い純粹な形而上學的意味をよく保存している。なお、『莊子』知北遊篇の泰清・无窮問答には、「物」の文字を「形」の文字に變えて、

於是泰清中〈印〉而歎曰、「弗知乃知乎、知乃不知乎。孰知不知之知。」无始曰、「道不可聞、聞而非也。道不可見、

見而非也。道不可言、言而非也。知形形之不形乎、道不當名。」

とあるが、この例も全く同じ理論の表現である。類似の例としては、『淮南子』道應篇に、

太淸仰而歎曰、「然則不知乃知邪、知乃不知邪。孰知知之爲弗知、弗知之爲知邪。」無始曰、「道不可聞、聞而非也。道不可見、見而非也。道不可言、言而非也。孰知形〔形〕之不形者乎。」

とあり、(17)『列子』天瑞篇に、

故有生者、有生生者。有形者、有形形者。有聲者、有聲聲者。有色者、有色色者。有味者、有味味者。生之所生者死矣、而生生者未嘗終。形之所形者實矣、而形形者未嘗有。聲之所聲者聞矣、而聲聲者未嘗發。色之所色者彰矣、而色色者未嘗顯。味之所味者嘗矣、而味味者未嘗呈。皆無爲之職也。

とある。

B　「物物者非物」の新しい意味

しかし、「道」―「萬物」の二世界論は、時の經過とともにその取り扱う領域が哲學的な形而上學・存在論以外にも擴がっていき、例えば、宇宙の始まりの「太一」―現存の「萬物」に至る生成を内容とする宇宙生成論、質料因または運動法則としての「道」―「萬物」の運動を内容とする自然學、君主―民衆の中央集權的な支配關係を内容とする政治思想、などにも適用されるようになる。その適用領域の擴大につれて、「物物者非物」の意味も、時の經過とともに同じような擴がりを示すようになる。

その宇宙生成論的な例は、『莊子』知北遊篇の冉求・仲尼問答に、

冉求問於仲尼曰、「未有天地、可知邪。」仲尼曰、「可。古猶今也。」冉求失問而退。明日復見曰、「昔者吾問『未有天地、可知乎。』夫子曰、『可。古猶今也。』昔日吾昭然、今日吾昧然。敢問何謂也。」仲尼曰、「昔之昭然也、神者先受之。今之昧然也、且又爲不神者求邪。无古无今、无始无終。未有子孫、而有子孫、可乎。」冉求未對。仲尼曰、「已矣、未應矣。不以生生死、不以死死生。死生有待邪。皆有所一體。有先天地生者、物邪。物物者非物。物出不得先物也、猶其有物也。猶其有物也、无已。聖人之愛人也、終无已者、亦乃取於是者也。」

とある。(18) この文章の中の「物物者非物」は、「物」を「物」として存在させる者は「物」ではなくて「道」である、とする形而上學・存在論を述べた文ではない。そうではなくて、「天地」という「物」を「物」として生み出した、「天地」以前の者が「物」であるとすれば、その「物」を「物」として生み出した、その「物」以前の者が探求されなければならない、といった宇宙生成論を取り扱った文なのだ。それに、「有先天地生者、物邪。」は、『老子』第二十五章に、

有物昆（混）成、先天地生。繡（寂）呵（乎）繆（寥）呵（乎）、獨立〔而不玹（改）〕、可以爲天地母。吾未知其名、字之曰道、吾強爲之名曰大。（馬王堆帛書甲本・乙本）

とあり、(19) またその郭店楚簡『老子』甲本第二十五章は、

又（有）牁（狀）蟲（蚰）成、先天陞（地）生。敓（寂）纏（穆）、蜀（獨）立不亥（改）、可以爲天下母。未智（知）亓（其）名、孳（字）之曰道、虐（吾）弜（強）爲之名曰大。

に作り、『莊子』大宗師篇の知天之所爲章に、

夫道、有情有信、无爲无形。可傳而不可受、可得而不可見。自本自根、未有天地、自古以（已）固存。神鬼神帝、

生天生地。在太極之先而不爲高、在六極之下而不爲深。先天地生而不爲久、長於上古而不爲老。

とあるのをふまえるが、しかし、それらの唱える形而上學・存在論・宇宙生成論に反對した、新しい思想の表現なのである。[20][21]

自然學的な例は、上に引用した『莊子』知北遊篇の東郭子・莊子問答にその傾向が感じられる。

莊子曰、「夫子之問也、固不及質。正獲之問於監市履狶也、毎下愈況。汝唯莫必、无乎逃物。至道若是、大言亦然。周徧咸三者、異名同實、其指一也。……物物者、與物无際。而物有際者、所謂物際者也。不際之際、際之不際者也。謂盈虚衰殺。彼爲盈虚、非盈虚。彼爲衰殺、非衰殺。彼爲本末、非本末。彼爲積散、非積散也。」

この「物物者、與物无際。」は、「物物者」である「道」があらゆる「物」の中に内在していることを言う文であるが、それは上文に、

東郭子問於莊子曰、「所謂道惡乎在。」莊子曰、「无所不在。」……莊子曰、「在螻蟻。」……曰、「在稊稗。」……曰、「在瓦甓。」……曰、「在屎溺。」

とあった文章の趣旨を、要約して敎條化したものであるにすぎない。

政治思想的な例は、上に引用した『莊子』在宥篇の世俗之人章、本章の第1節に引用した『荀子』解蔽篇である。後者をもう一度引用する。

農精於田而不可以爲田師、賈精於市而不可以爲市師、工精於器而不可以爲器師。有人也、不能此三技而可使治三官。曰、「精於道者也、非精於物者也。」精於物者以物物、精於道者兼物物。故君子壹於道而以贊稽物。壹於道則正、以贊稽物則察、以正志行察論、則萬物官矣。

この文章を檢討してみると、存在論の觀點から「物」――「物物」――「兼物物」という三段階を想定した上で、「物」に

は「田・市・器」を當て、「物物」には「農・賈・工」を當て、「兼物物」には「君子」を當てることによって、「君子」の意義を高らかに唱い上げているが、ここには前二者の「物」と「物物」（つまり「道」）だけですべてが完結していた、初期道家の形而上學・存在論を乘り越えようとする、儒家、荀子の強い意欲が感じられる。

また、『淮南子』兵略篇に、

凡物有朕、唯道無朕。所以無朕者、以其無常形勢也。輪轉而無窮、象日月之行、若春秋有代謝、若日月有晝夜、終而復始、明而復晦、莫能得其紀。制刑而無刑、故功可成。物物而不物、故勝而不屈。刑、兵之極也、至於無刑、可謂極之〔極〕矣。

とあるのも、政治思想的な例である。

第3節 『易傳』の道器論

この「道」―「萬物」の二世界論が、戰國末期に至って道家思想の中で哲學的な形而上學（metaphysics）として整備され、またそれ以外の諸領域にまで擴がって適用されるようになると、儒家や法家を始めとする諸子百家はこれを、學派の相異に關わりなくこぞって、當代における乘り越え不可能な思想であると認めて受け入れ、各人各樣の思想體系の中にそれを基礎づける第一哲學として取りこんでいった。(22) とりわけ注目すべきは、從來から形而上學・存在論などの方面の思索が不得手であり、そのために、その思想體系の基礎づけにいささか不安のあった儒家が、戰國末期から始まる『易』の經典化の過程でこれを己れのものとしていった事實である。

A　『荀子』における『易』

さて、『易』という文獻は、もともと占筮の書であり、戰國末期に至るまでは儒家の經典となっておらず、儒家とは何の關係もないものであった。儒家の重要な思想家たちは、開祖である春秋末期の孔子以來、戰國時代の孟子・荀子などに至るまで『易』に肯定的に言及したことがほとんどなかった。『易』の引用や『易』への言及の例としては、『荀子』の中にわずかに四條、すなわち、

凡言不合先王、不順禮義、謂之姧言。雖辯、君子不聽。法先王、順禮義、黨學者、然而不好言、不樂言、則必非誠士也。故君子之於言也、志好之、行安之、樂言之。故君子必辯。凡人莫不好言其所善、而君子爲甚。故贈人以言、重於金石珠玉。觀人以言、美於黼黻文章。聽人以言、樂於鍾鼓琴瑟。故君子之言無厭。鄙夫反是、好其實、不恤其文。是以終身不免埤汙庸俗。故『易』曰、「括囊、無咎無譽。」腐儒之謂也。（非相篇）

『易』之咸、見夫婦。夫婦之道、不可不正也、君臣父子之本也。咸、感也。以高下下、以男下女、柔上而剛下。（大略篇）

『易』曰、「復自道、何其咎。」『春秋』賢穆公、以爲能變也。（大略篇）

不足於行者說過、不足於信者誠言。故『春秋』善胥命、而『詩』非屢盟、其心一也。善爲『詩』者不說、善爲『易』者不占、善爲『禮』者不相、其心同也。（大略篇）

があるだけである。これら四條の內、三條の含まれている大略篇は、戰國最末期～前漢初期の荀子の門流の手に成る雜錄である。[23]

a　『易』咸卦についての評論

第一に、咸卦についての評論の文章は、儒家の『易』に對する研究（つまり『易傳』の著作）が道家の謙讓思想の影響を受けるようになった以後の思想であって、その成立は早くとも戰國末期以降である。[24] この文章の中には、通行本『周易』彖傳と同じ「咸、感也。」「柔上而剛下。」の兩文が含まれている。しかし彖傳に固有の最も重要な思想、すなわち二元的原理の合一による萬物生成論[25]がまだ含まれていない。これは彖傳その他に目立って多く現われる新しい思想であって、世界を構成する二元的原理として「天地」「剛柔」「男女」などを擧げて、その合一による「萬物」の生成や展開を説く生成論哲學である。例えば、泰卦の彖傳に、

泰、小往大來、……則是天地交、而萬物通也。上下交、而其志同也。內陽而外陰、內健而外順、內君子而外小人。君子道長、小人道消也。

とあり、咸卦の彖傳に、

咸、感也。柔上而剛下、二氣感應以相與。……天地感、而萬物化生。聖人感人心、而天下和平。觀其所感、而天地萬物之情可見矣。

とあり、姤卦の彖傳に、

姤、遇也。柔遇剛也。……天地相遇、品物咸章也。剛遇中正、天下大行也。

とあり（彖傳では他に否卦・恆卦・睽卦・歸妹卦などにもある）、繫辭下傳に、

天地絪緼、萬物化醇。男女構精、萬物化生。

とあり、序卦傳に、

有天地、然後萬物生焉。……有天地、然後有萬物。有萬物、然後有男女。

とある。これらと思想を同じくするけれども、より古拙でその原型となったと見なしうる文章が、馬王堆帛書『易傳』要篇に、

天地困（昆）、萬勿（物）潤。男女購（構）請（精）、而萬物成。

とある。以上の諸資料における「天地」「剛柔」「男女」は、咸卦の彖傳にも明言されているとおり陰陽の「二氣」に等しく、その『周易』的或いは文學的表現に他ならない。このような二元的原理としての陰陽「二氣」の合一による萬物生成の哲學は、戰國末期以後の『莊子』『呂氏春秋』『淮南子』などの道家や陰陽家の唱えたところであって、戰國儒家ではわずかに『荀子』禮論篇に、

性僞合、然後成聖人之名、一天下之功、於是就也。故曰、「天地合而萬物生、陰陽接而變化起、性僞合而天下治。」

とある引用に見えるのみで、それも荀子特有の思想である「性僞合而天下治」を言うための行きがけの駄賃にすぎない。一般に儒家は、前漢初期に至るまではこのような生成論哲學を論じていないのだ。したがって、この哲學は、儒家にしてみればあくまで道家・陰陽家からの借り物であるが、戰國末期～前漢初期に成書の馬王堆帛書『易傳』要篇の中で始めて思索を試み、それ以後、彖傳を著す文帝期後半～成帝期に完備するようになったものではなかろうか。それ故、『荀子』大略篇のこの文章は、彖傳がまとまった形で成書される以前の、彖傳の形成のために素材を提供したものの一つと考えられる。

b　『易』小畜卦初九の爻辭の引用

第二に、小畜卦の初九の爻辭の引用は、これを『春秋』の歴史解釋に使用しようとするのが、戰國時代までの本來の

占筮としての『易』からすでに離れてしまっている。

その上、これは、『春秋』文公十二年の「秦伯使遂來聘。」に對する、『公羊傳』の、

遂者何。秦大夫也。秦無大夫、此何以書。賢繆公也。何賢乎繆公。以爲能變也。其爲能變奈何。

と密切な關係がある。この小畜卦の引用は、『春秋』や『公羊傳』を始めとする儒教の經典を根底から支えることのできるものとして、『易』を位置づけていると把握しなければならないが、そのような『易』の位置づけは戰國末期以降になって初めて行われたことである。(26)

c　「善爲『易』者不占」など

第三に、「善爲『易』者不占」という句は、『易』を『春秋』『詩』『禮』とともに擧げているところからして、『易』が經典として取り扱われていることは明らかである。そして、この文は必ずしも單純に「占い」を否定しているのではないけれども、しかしここには道家流の逆說的論理或いは辨證法的論理を援用しつつ、實際の具體的な「占い」を價値の低いものと見なしてそれを高く超越していこうという態度が認められる。このような態度は、道家思想或いは黄老思想が盛行した時代（戰國末期～前漢初期）の產物と考えるべきである。ちなみに、『荀子』天論篇に、

雩而雨、何也。曰、無佗〈何〉也、猶不雩而雨也。日月食而救之、天旱而雩、卜筮然後決大事、非以爲得求也、以文之也。故君子以爲文、而百姓以爲神。以爲文則吉、以爲神則凶也。

とある文章も參照される。荀子にあっては、雩祭・卜筮などはそれらを「神」と意味づける呪術・宗教としては否定されているのだ。

殘る非相篇の一條も、從來から荀子その人の作ではなくその後學の作であろうと疑われている。(27)この文章は、儒家

の「君子」は「先王の禮義」を外に向かって積極的に「言う」べきだと主張したものであり、それに反して道家のように「不言」「無言」のままでいるのは「腐儒」に他ならないと批判する場面で、坤卦の六四の爻辭を引用している。「不言」「無言」の哲學は、改めて言うまでもなく、先秦以來の道家の唱えたところであり、例えば、通行本『老子』第二章・第四十三章に「不言之教」、第五十六章に「知者不言」、第七十三章に「不言而善應」などとあり、『莊子』齊物論篇に「大辯不言」「不言之辯」、德充符篇に「不言之教」、天道篇に「知者不言」、田子方篇に「不言而信」、知北遊篇に「夫知者不言」「不言之教」「天地有大美而不言」、徐无鬼篇に「不言之言」「不言之辯」、外物篇に「得意而忘言」、寓言篇に「无言」、列御寇篇に「勿言難」「知而不言」などとあるとおり、その資料は枚擧するに暇がないほどある。ところが、『老子』や『莊子』以後になると、儒教化された『易傳』も道家哲學の影響を被って「不言」「無言」を支持するように變わっていった。新出土資料の馬王堆帛書『易傳』には、坤卦の六四の爻辭を引用して注釋している箇所が三つある。一つは、二三子問篇の、

●『易』曰、「聒（括）囊、無咎無譽。」孔子曰、「此言箴（緘）小人之口也。小人多言多過、多事多患、□□□以衍矣、而不可以言箴（緘）之。亓（其）猷（猶）『聒（括）囊』也。莫出莫入、故曰、『無咎無譽。』」二品（三）子問曰、「獨無箴（緘）於聖〔人之口乎。〕」孔子曰、「聖人之言也、德之首也。聖人之有口也、猷（猶）地之有川浴（谷）也、財用所繇（由）出也。猷（猶）山林陵澤也、衣食家□〔所〕繇（由）生也。聖人壹言、萬世用之。唯恐亓（其）不言也、有（又）何箴（緘）焉。」

であり、二つは、易之義篇の、

「聒（括）囊、无咎。」語无聲也。

であり、三つは、易之義篇の、

『易』曰、「聒（括）囊、无咎。」子曰、「不言之胃（謂）也。」□□□□（何）咎（之）又（有）。墨（默）亦「毋譽」。君子美亓（其）愼而不自箸（著）也、淵深而內（納）亓（其）華。

である。三者とも坤卦の六四の爻辭を「不言」の問題として解釋している點で、『荀子』非相篇と共通するものがあることが注目される。ただし、易之義篇の二例は「不言」を高く評價しているので、むしろ道家の「不言」「無言」の哲學に近い。上に引用した『荀子』非相篇の文章は、儒家内部に現れたこのような道家の影響を被った「腐儒」に對する批判と考えれば、話ははなはだ分かり易くなる。それに引き替え、二三子問篇の例は『荀子』非相篇の「君子」は「有言」であるべきだとする趣旨とほとんど同じではあるが、「口を箴（緘）する」べき相手を「小人」の場合と「聖人」の場合とに分けて分析するなど、『荀子』非相篇のそれよりも一層詳細な議論になっている。したがって、二三子問篇の例は『荀子』非相篇をふまえてその後に書かれたのではなかろうか。大雜把に把えるならば、『荀子』非相篇のこの文章は、馬王堆帛書『易傳』二三子問篇・易之義篇と大體同じ時代の作品と言うことができる[28]。そして、二三子問篇・易之義篇を含む馬王堆帛書『易傳』六篇や後にそれを整理して成った通行本「十翼」は、基本的に荀子その人以後に世に現れた儒家の作品なのである（成書年代はその最も早い部分が戰國末期～前漢初期）。

また、『荀子』書の中では、經典を數え上げる場合、「詩書禮樂」に『春秋』を加えて「禮樂詩書春秋」或いは「詩書禮樂春秋」と連稱するケースもあるにはある（勸學篇・儒效篇）が、ただ「詩書禮樂」だけを擧げるケースもかなり多い（榮辱篇・儒效篇）。『春秋』の地位がこのように不安定であったのは、それが五經の中では最も新しく、荀子の時代に至って初めて經典となった書物であり、それ故、當時最も輕く取り扱われた經典だったからである。『春秋』の經典として地位の不安定なこのような狀態は以後もしばらく續いたものと考えられるが[29]、この種の經學史或いは經典形成史の研究は諸事實を正確に把握した上で、諸經典の歷史的な發展を冷靜に追求しなければなるまい。ところが、『易』

となると、その『荀子』もまだ全然經典と認めるには至っていない。したがって、『易』の儒敎化經典化が本格的に進行するのは、荀子以後の戰國末期～前漢初期と考えるべきであるし、また『易』を五經或いは六經の中に含める文獻が世に現れるのは、その後のことと考えるべきである。ちなみに、「詩書禮樂」という言葉は、『論語』でも『孟子』でも一度も使用されていない。それにもかかわらず、最近の研究者の中には、馬王堆帛書『易傳』要篇の「孔子」が話したとされる文章の中に「詩書禮樂」という言葉が登場していることなどを根據にして、六經を以て世に傳えたのは孔子であり、孔子のころから「詩書禮樂易春秋」または「易書詩禮樂春秋」の六經は存在していた、と推測する研究者が増加しているが、筆者はこの種の單純な研究態度に根本的な疑問を感ずる者である。[30]

d　秦代における『易』の取り扱い

最後に、荀子の直後、戰國時代が終焉した際、秦の始皇帝時代に『易』がどのように取り扱われたか、を検討しておきたい。『史記』秦始皇本紀に、

丞相李斯曰、「……臣請史官非秦記皆燒之。非博士官所職、天下敢有藏『詩』『書』百家語者、悉詣守尉雜燒之。有敢偶語『詩』『書』者弃市。以古非今者族。吏見知不擧者與同罪。令下三十日不燒、黥爲城旦。所不去者、醫藥卜筮種樹之書。若欲有學法令、以吏爲師。」制曰、「可。」

という文章がある。これは、秦代に入って、始皇帝が天下統一の後、紀元前二一三年に法家の丞相、李斯の獻策を容れて挾書律を發布した時の經緯を記したものである。これによるならば、挾書律を發布する主なねらいは、知識人たちの『詩』『書』を語りあう形による政治批判を根絶することにあり、そのために『詩』『書』や諸子百家の書を民間で所藏することをも禁止したわけであるが、假りにもしもこの時までにすでに、『易』の儒敎化經典化が進んでおり、

儒家思想を盛りこんだ『易傳』の「十翼」が作られていたとすれば、『易』は「史官」や「『詩』『書』百家の語」と竝んで所藏することが禁止されてしかるべきである。ところが、「卜筮」の書である『易』は禁止を免れたのであった。だとすれば、この時までに、『易』の經に當たる『六十四卦』は文獻として成書されていたかもしれないけれども、『易』の儒敎化經典化はまだ進んでおらず、儒家思想を盛りこんだ『易傳』の「十翼」もまだ作られていなかったと考えなければならない。なお、少し後の文ではあるが、『漢書』藝文志「六藝略」の易家の總序に、

及秦燔書、而『易』爲筮卜之事、傳者不絕。

とあるのによっても、秦代までの『易』がまだ儒敎の經典にはなっておらず、卜筮の段階に止まるものであったことが證明される。

B　孔子と『易』

さらにさかのぼって、春秋末期の孔子や『論語』が『易』をどのように取り扱ったかを、調査・檢討してみたい。

a　孔子「十翼」制作說の檢討

まず、孔子が「十翼」すなわち『易傳』の十篇（彖傳上下、象傳上下、繫辭傳上下、文言傳、說卦傳、序卦傳、雜卦傳）を作ったという話の原形は、『史記』孔子世家の、

孔子晚而喜『易』、序彖繫象說卦文言。讀『易』韋編三絕。曰、「假我數年、若是、我於『易』則彬彬矣。」

あたりであろう(31)が、この種の證言は春秋末期〜前漢初期の約三〇〇年間、諸文獻に全然現れておらず、前漢時代の武

帝期の『史記』孔子世家に至って初めて竹帛に著されたものである。さらにその藍本がどこかにあるのではないかと、あちこちを探し求めてみると、馬王堆帛書『易傳』要篇に、

●夫子老而好『易』。居則在席、行則在橐。子贛曰、「夫子它（他）日敎此弟子曰、『悳（德）行亡者、神靈之趨。知謀遠者、卜筮之蘩（繁）。』賜以此爲然矣、以此言取之。賜緍（敏）行之爲也。夫子何以老而好之乎。」夫子曰、「君子言以榘（矩）方也。前羊（祥）而至者、弗羊（祥）而巧也。察亓（其）要者、不趍（詭）亓（其）雜。『尙書』多勿（物）矣、『周易』未失也、且又（有）古之遺言焉。予非安亓（其）用也、〔而樂亓（其）辭也。〕□□□必於□□。」

という文章がある。しかし、この文章と『史記』孔子世家との間には、まだ相當の距離があると言わなければならない。馬王堆帛書要篇の成書は戰國末期～前漢初期であろうから、孔子が晩年になって『易』を好んだとか「十翼」を作ったとかいう話は、春秋末期の孔子の活動していたころから傳えられた歴史的事實に基づく傳承ではなく、前漢初期における『易』の儒教化經典化が產み出したフィクション（神話・傳說）と見なして差し支えない。[32]

b　孔子讀『易』說の檢討

その上、孔子が『易』を讀んだと傳えられていることも、歴史的事實としては極めて疑わしい。[33] これもまた『易』を儒教化經典化するための必要から作られた孔子物語の一つと考えるべきである。そもそも孔子という人は、『論語』雍也篇に、

樊遲問知。子曰、「務民之義、敬鬼神而遠之、可謂知矣。」問仁。子曰、「仁者先難而後獲、可謂仁矣。」

とあり、同じく述而篇に、

子不語怪力亂神。

と證言されているとおり、呪術・宗教に對して基本的に批判する態度を取ったが、これが以後の原始儒家の思想的傳統となっていた。このような孔子が『易』を讀んだ證據として擧げられるのは、『論語』述而篇の、

子曰、「加我數年、五十以學易、可以無大過矣。」

という文であるが、『經典釋文』はその「易」の文字を掲出して、

易。如字。魯讀易爲亦。今従古。

のように、『魯論語』が「亦」の意だとしていることを證言しており、それによるならば、

子曰、「加我數年、五十以學、亦可以無大過矣。」

と讀むことができる。さらに、漢代の「外黄令高彪碑」の中に、

恬虛守約、五十以斆(學)。

とあるのは、明らかに『論語』述而篇をふまえて書かれているから、この文は本來、

五十以學『易』、可以無大過矣。

の意味ではなく、

五十以學、亦可以無大過矣。

の意味であったはずである。舊來の解釋は、この中の「易」の字を根遽の一つとして、春秋末期の孔子が『易』を讀みかつ『易傳』を作ったと信じてきたわけである。これに對する批判的檢討と新しい讀み方の主張は、近代に入って李鏡池「易傳探源」などが始めたことであった。この主張は、單に本來「亦」の字に作るのが正しく、「易」の字に作るのは誤りもしくは假借だ、といった一字の相異をめぐる本文批判(textual criticism)の問題であるに止まらない。そ

れと同時にそれをふまえて、孔子が當時『易』を學んでいたという物語が、リアル・タイムに現出していた歴史的事實などではなく、戰國末期から開始された『易』の儒教化經典化の所產として、『易』を孔子に無理に結びつけた附會の一つであると把握することができる、といった高等批判（higher criticism）の問題でもあるのだ。そして、やがてこの主張の正しさの證明される日がやってきた。いわゆる『定州論語』の發掘と公刊である。一九七三年、河北省定縣の『定縣四十號漢墓竹簡』は、墓主人が前漢後期、宣帝の五鳳三年（紀元前五十五年）に薨じた中山懷王、劉脩であろうと推定される墳墓から出土したものであるが、この中に『論語』が含まれていた。言うまでもなく、これは現存する最古の『論語』である。その述而篇には、

〔子曰、加我數年、五十〕以學、亦可以毋大過矣。

とある。新出土資料によって李鏡池などの主張の正しさが證明されたのである。

ちなみに、『論語』の中から、「亦可以……矣」という語法を搜求してみると、以下のような用例を見出すことができる。

子曰、「君子博學於文、約之以禮、亦可以不畔矣夫。」（雍也篇）

子曰、「博學於文、約之以禮、亦可以弗畔矣夫。」（顏淵篇）

子曰、「善人爲邦百年、亦可以勝殘去殺矣。誠哉、是言也。」（子路篇）

子貢問曰、「何如斯可謂之士矣。」子曰、「行己有恥、使於四方不辱君命、可謂士矣。」曰、「敢問其次。」曰、「宗族稱孝焉、鄉黨稱弟焉。」曰、「敢問其次。」曰、「言必信、行必果、硜硜然小人哉。抑亦可以爲次矣。」曰、「今之從政者何如。」子曰、「噫、斗筲之人、何足算也。」（子路篇）

子曰、「善人敎民七年、亦可以卽戎矣。」（子路篇）

子路問成人。子曰、「若臧武仲之知、公綽之不欲、卞莊子之勇、冉求之藝、文之以禮樂、亦可以爲成人矣。」曰、「今之成人者、何必然。見利思義、見危授命、久要不忘平生之言、亦可以爲成人矣。」（憲問篇）

語法の上から考えるならば、「亦」の字を冠して「亦可以……矣」と言う言い方の方が、「亦」の字を冠しない「可以……矣」の言い方よりも、明らかに穩當であり自然である。

c 『論語』子路篇の檢討

孔子が『易』を讀んだもう一つの證據として擧げられる文章は、『論語』子路篇の、

子曰、「南人有言曰、『人而無恆、不可以作巫醫。』善矣。不恆其德、或承之羞。」子曰、「不占而已矣。」

である。この文章の「不恆其德、或承之羞。」は、恆卦の九三の爻辭であり、それを孔子の言葉の中で引用している。しかし、問題は、子路篇のこの南人有言章が本當に春秋末期の當時、孔子が語った文章であるのか否か、實際にはいつごろ書かれたものであるのか、にある。

まず、『論語』子路篇の主旨を擔う南人の言葉「人而無恆、不可以作巫醫。」が、本來どういう意味を持っていたかを究明しなければならない。これには、從來より二通りの解釋が存在してきたが、そこには國教化された儒教の正統的經典である『易經』の重みが影を落として、誤解を生ぜしめてきた經緯がある。一つは、「人にして恆無きものには、以て巫醫を作す可からず」（巫醫が治療や占筮を施すことができない）と讀む解釋であって、これは鄭玄『論語注』などに由來する通說である。しかし、この通說は、上述の『易經』の重みに誤られて中國古代社會における巫醫の地位を高いところに置きすぎている。二つは、「人にして恆無きものをば、以て巫醫と作す可からず」（巫醫の仕事に就かせることができない）と讀む解釋であって、皇侃『論語義疏』の引く一說や朱熹『論語集注』が唱えていた異說である。そして、

後者が本來の正しい意味であることは、近年出土した馬王堆帛書『易傳』要篇の檢討によって、初めて判明した。その檢討を略述すれば、以下のとおり。

周知のように、上引の『論語』子路篇と一部分重複する文章が、通行本『禮記』緇衣篇に、

子曰、「南人有言曰、『人而無恆、不可以爲卜筮。』古之遺言與。龜筮猶不能知也。而況於人乎。」『詩』云、「我龜既厭、不我告猶。」『兌命』曰、「爵無及惡德、民立而正。事純而祭祀、是爲不敬。事煩則亂、事神則難。」『易』曰、「不恆其德、或承之羞。恆其德偵、婦人吉、夫子凶。」

とある。この文章においては、「南人」の言った「人而無恆、不可以爲卜筮。」という言葉を「古之遺言」と評價しているが、その同じ「古之遺言」という句が上引の馬王堆帛書『易傳』要篇の中にも、

『尙書』多勿（物）矣、『周易』未失也、且又（有）古之遺言焉。

のように見えており、したがって、「古之遺言」の內容は、馬王堆帛書要篇でも「人而無恆、不可以爲卜筮。」と同じか、またはこれに類するもののはずである。そして、馬王堆帛書要篇の下文では、これを前提とした上で、

子曰、「『易』我後亓（其）祝人矣、我觀亓（其）德義耳也。幽贊而達乎數、明數而達乎德。又仁□□者而義行之耳。贊而不達於數、則亓（其）爲之巫。數而不達於德、則亓（其）爲之史。史巫之筮、鄉（向）之而未也、好之而非也。……吾求亓（其）德而已。吾與史巫、同涂（途）而殊歸者也。君子德行焉求福、故祭祀而寡也。仁義焉求吉、故卜筮而希也。祝巫卜筮亓（其）後乎。」

などと論じている。後者においては、「筮」を行う「史巫」に「數・德」（その「德」の一つが通行本『禮記』緇衣篇の「恆」である。）のないことがテーマとなっており、「史巫」に「筮」をもって占ってもらうことがテーマとなっているのではない。以上から判斷して、『論語』子路篇の南人の言葉「人而無恆、不可以作巫醫。」も、「人にして恆無きものをば、

以て巫醫と作す可からず。」（巫醫の仕事に就かせることはできない）という意味に讀まなければならない。(34)

次に、通行本『禮記』緇衣篇の南人有言章の原型となった資料が、今日では他に二つ出土・發見されており、『論語』子路篇とそれら三者との對照・比較を行って、子路篇の文章が實際にはいつごろ書かれたものであるか、を推測することが可能となっている。その一つは、郭店楚墓竹簡『茲（緇）衣』の、

子曰、「宋人又（有）言曰、『人而亡⿱亙貝（恆）、不可爲卜⿱竹吾（筮）。』其古之遺言⿱與土（與）。龜⿱竹吾（筮）猷（猶）弗智（知）、而皇（況）於人虖（乎）。」『寺（詩）』員（云）、「我龜既猒、不我告猷。」■

であり、二つは、上海博物館藏戰國楚竹書『紂（緇）衣』の、

子曰、「宋人又（有）言曰、『人而亡⿰歹亙（恆）、☐員（云）、「我龜既猒、不我告猷。」■

である。上海博楚簡『紂衣』には多數の缺字があるけれども、郭店楚簡『茲衣』とほとんど同じ文章と見て差し支えあるまい。そして、これらの四者の對照・比較を行った結果、以下のように推測することができる。

第一に、郭店楚簡『茲衣』と上海博楚簡『紂衣』の宋人有言章は、「子」（孔子）の言葉を掲げた後、章末に『詩』の小雅、小旻篇だけを引用しており、四者の中でその文章構成が最も單純であり古樸である。

第二に、それに對して、通行本『禮記』緇衣篇の南人有言章は、「子」の言葉を掲げた後、章末に『詩』小雅、小旻篇を引用するだけに止まらず、『書』兌命篇と『易』恆卦の九三の爻辭・六五の爻辭をも引用しており、その文章構成が複雜となり經學的に精錬されてきている。これをも含めて、通行本『禮記』緇衣篇の諸章における經典の引用を調べてみると、

I―iタイプ：『詩』だけを一條引用する章が、計十一章。郭店楚簡『茲衣』の章番號で言えば、第一章・第二章・第六章・第九章・第十四章・第十五章・第十六章・第十九章・第二十章・第二十一章・第二十二章。

Ⅰ―ⅱタイプ：『詩』を二條引用する章が、計一章。郭店楚簡『茲衣』の章番號で言えば、第四章。

Ⅰ―ⅲタイプ：『詩』『書』を一條も引用しない章が、計一章。郭店楚簡『茲衣』の章番號で言えば、第八章。ただし、郭店楚簡『茲衣』によれば、この一章はⅠ―ⅰタイプである。以上、Ⅰタイプは合計十三章。

Ⅱ―ⅰタイプ：『書』だけを一條引用する章が、計二章。郭店楚簡『茲衣』の章番號で言えば、第十一章・第十二章。ただし、郭店楚簡『茲衣』によれば、その內の第十二章はⅢ―ⅰタイプである。

Ⅱ―ⅱタイプ：『書』を二條引用する章が、計一章。郭店楚簡『茲衣』の章番號で言えば、第十三章。以上、Ⅱタイプは合計三章。

Ⅲ―ⅰタイプ：『詩』を一條引用した後に『書』を一條引用する章が、二章。郭店楚簡『茲衣』の章番號で言えば、第五章・第十章。

Ⅲ―ⅱタイプ：『詩』を二條引用した後に『書』を一條引用する章が、計一章。郭店楚簡『茲衣』の章番號で言えば、第十七章。

Ⅲ―ⅲタイプ：『詩』を一條引用した後に『書』を一條引用しその後また『詩』を一條引用する章が、計一章。郭店楚簡『茲衣』の章番號で言えば、第七章。ただし、郭店楚簡『茲衣』によれば、この一章はⅢ―ⅰタイプである。

Ⅲ―ⅳタイプ：『書』を一條引用した後に『詩』を一條引用する章が、合計二章。郭店楚簡『茲衣』の章番號で言えば、第三章・第十八章。ただし、郭店楚簡『茲衣』によれば、この二章はともにⅢ―ⅰタイプである。以上、Ⅲタイプは合計六章。

Ⅳタイプ：『詩』を一條引用した後に『書』を一條引用しその後『易』を引用する章が、計一章。郭店楚簡『茲衣』

の章番號で言えば、第二十三章。ただし、郭店楚簡『茲衣』によれば、この南人有言章はⅠ―ⅰタイプである。

以上、Ⅳタイプは合計一章。

という結果が得られる。通行本『禮記』緇衣篇の南人有言章は、『詩』と『書』と『易』を引用するものであって、上記のⅠ・Ⅱ・Ⅲのいずれのタイプにも屬さない、Ⅳタイプの特異な一章となっている。したがって、南人有言章は、通行本『禮記』緇衣篇の諸章の中でも、その文章構成が最も複雜で經學的に最も精錬されているという意味で、全二十三章の中では成書年代の最も遲い作品ではなかろうか。

第三に、郭店楚簡『茲衣』と上海博楚簡『紂衣』の諸章における經典の引用は、

Ⅰタイプ：『詩』だけを一條または二條引用する章が、合計十四章。

Ⅱタイプ：『書』だけを一條または二條引用する章が、合計三章。

Ⅲタイプ：『詩』を一條または二條引用した後に『書』を一條引用する章が、合計六章。

のように法則化規範化されており、Ⅰタイプの宋人有言章をも含めて、概して言えば單純で古樸ではあるが、各章末の引用による文章構成には破綻・混亂が見られない。それ故、郭店楚簡『茲衣』と上海博楚簡『紂衣』こそが、通行本『禮記』緇衣篇の藍本であって、後者は後代に至って前者に手を加えて、文章構成を複雜化し經學的に精錬して成書した文獻であるにちがいない。ところで、この郭店楚墓竹簡と上海博物館藏戰國楚竹書は、今日の中國の通説によれば、戰國中期の紀元前三〇〇年以前の抄寫であると見なされている。筆者はこの通説には贊成せず、紀元前二五〇年代以降の戰國末期～前漢初期の成書と考える者であるが、[35]いずれにしても當時の郭店楚簡『茲衣』と上海博楚簡『紂衣』の諸章は、『詩』『書』を頻繁に引用したけれども『易』は一條たりとも引用していない。その理由は、當時『易』がまだ儒教の經典となっておらず、儒家とは何の關係もないものであったからに他なるまい。それに對して、通行本

緇衣篇の南人有言章が、初めて一章だけ『易』を引用したのは、當時（馬王堆帛書『易傳』六篇の成書の後、すなわち文帝期後半よりも後の時代）『易』が漸く儒教の經典となり、孔子の言葉を根底から支えることのできる權威を獲得しつつあったためと考えてよかろう。

第四に、『論語』子路篇の南人有言章は、通行本緇衣篇の南人有言章、郭店楚簡『茲衣』の宋人有言章、上海博楚簡『紂衣』の宋人有言章と比較すると、『詩』『書』の引用がないので、一見最も單純・古樸に見える。しかしながら、一つには、その「南人」は通行本緇衣篇と同じであって、より古い郭店楚簡『茲衣』と上海博楚簡『紂衣』の「宋人」とは異なっている。二つには、『易』を引用するという點でも、通行本緇衣篇とほぼ同じであって、より古い郭店楚簡『茲衣』と上海博楚簡『紂衣』が引用しないのとは異なっている。三つには、『易』の恆卦九三の爻辭が「『易』曰」を冠しない形で、孔子の言葉の中に融解させられており、通行本緇衣篇の南人有言章が「『詩』云」「『兌命』曰」「『易』曰」を冠して經學的な精錬と權威を誇るかのような生硬さがあるのとは異なっている。以上の三點に基づいて、『論語』子路篇の南人有言章は、通行本緇衣篇の南人有言章にやや遅れて成書されたのではないかと推測したい。

こういうわけで、『論語』子路篇の南人有言章は、實際は春秋末期の當時、孔子が語った文章ではなく、前漢の文帝期後半よりも後の時代に書かれた文獻であり、それ故、孔子が『易』を讀んだ證據の一つとして擧げることができるものではなかったのだ(36)。

C　『易』の儒教化經典化

戰國末期までの古い『易』は、卦畫・卦名・卦辭・爻辭だけから成る簡單な『六十四卦』であったと考えられるが、それは以後の『易經』（特に『易傳』）とは異なって、高度な形而上學などの哲學、陰陽・五行の自然哲學、倫理思想、政治思想などをまだ含んではいなかった。民間の日常生活に關する占筮であった古い『易』に、高度な哲學・倫理思想・政治思想などが含まれていないのは、當然である。それらは、戰國末期以降の『易』の儒教化經典化の進行過程において、儒家の思想家たちが『易』を認知して自らの經典として取り入れ、『易』の『六十四卦』を讀んで研究し、またその注釋である『易傳』を書くことを通じて、經文である『六十四卦』それ自體の解釋や各種の『易傳』の中に、盛りこんでいったものである。

今日、通行本『易經』以外に、我々が見ることのできる新出土資料の『易』のテキストには、戰國末期～前漢初期成書の上海博楚簡『周易』、前漢高祖期～文帝期前半（前一六八年まで）成書の馬王堆帛書『周易』、高祖期～文帝期前半（前一六五年まで）成書の阜陽漢簡『周易』がある。これらは現在までのところ最古の『易』である。これらを検討することによって、『易』の經文『六十四卦』や注釋『易傳』の成立過程、『易傳』諸篇に含まれる儒家思想の内容と特徴、總じて『易』の儒教化經典化の過程がより正確に把握できるようになっている。

『易』の儒教化經典化の過程を正確に把握するという目的のために、これらの新舊資料の中で最も重要なものは、馬王堆帛書『周易』に含まれる二三子問・繫辭・易之義・要・繆和・昭力の六篇の『易傳』、及び通行本『周易』に含まれる「十翼」すなわち十篇の『易傳』である。これらは、大局的に押さえるならば、いずれも戰國末期～前漢初期、またそれ以降の儒家の思想家たちが『易』の經文『六十四卦』に對して書き續けた注釋であり、そこには民間の純然たる占筮の書から儒教經學の思想書への『易』の脱皮・發展が鮮やかに現出している。この脱皮・發展がどのような過程をたどって進行していったのかを明らかにすることが、『易』研究の最も重要な課題の一つである。

儒家の思想家たちが戰國末期以降、それまで傳統となっていた呪術・宗教に對する批判を捨てて、『易』を經典として取り入れ『六十四卦』を讀んでその注釋『易傳』を書く、というように態度を一變させた理由は、一つには、上述した秦の始皇帝時代の知識人彈壓政策のために、『詩』『書』や諸子百家の書を所藏することや『詩』『書』を語りあうことなどが許されなくなったという、政治狀況に對する對應であったにちがいない。民間で所藏することが許されたのはただ「醫藥・卜筮・種樹の書」だけであったので、彼らは卜筮の書である『易』を經典として取り入れ『六十四卦』を讀んでそれに注釋をつけることを隱れ蓑にして、自らの思想活動を續行したのである。しかし、このような政治上の理由の他に、儒教の思想內容を新しい時代狀況にふさわしいものに改めるという、思想上の理由もあったと考えられる。

當時の儒家の思想家たちは、もともと無關係であった『易』に儒教的な意味を賦與しそれを儒教化經典化するために、多方面にわたる種々樣々の努力を行った。例えば、開祖である孔子が春秋末期から『易』を讀んで好んでおり、かつ「十翼」の注釋を作ったなどといった、孔子と『易』とを結びつける物語を作ったり[37]、孔子が模範として慕うという意味で儒教のシンボルとなった、周の文王や周の文化と『易』とを結びつける物語を作ったり[38]（その名稱が『易』から『周易』に改められたのは、こうした狀況の變化を反映したものである。[39]）、『易』に注釋をつける過程で「十翼」の中に、『六十四卦』にもともと具わっていなかった儒教の高度な哲學、倫理思想・政治思想などをふんだんに盛りこんだり、等々。以上に擧げた諸事項の背後にあると考えられる、思想上の理由については、次の「D　馬王堆帛書『易傳』の道器論」で述べる。

以上のような種々樣々の努力の結果、『易』の儒教化經典化は相當程度の成功を收めた、と見なすことができる。その中に儒教の高度な哲學・倫理思想・政治思想などが盛りこまれたために、前漢初期には、『易』は孔子が讀みかつ注釋をつけた儒教の正統的なテキストであり、儒教の信奉者であれば必ず學習しなければならない經典である、と認められるに至ったからである。

D　馬王堆帛書『易傳』の道器論

a　馬王堆帛書『周易』の出土

一九七三年、湖南省長沙市の馬王堆漢墓（三號墓）から、すでに論及した『老子』甲本・乙本やいわゆる『黃帝四經』などと一緒に、全幅の帛上に書寫された『周易』七篇が出土してきた(40)。

筆者の研究によれば、その抄寫年代は、前漢、文帝期前半の紀元前一七九年～前一六八年であろうと推測され、また『易傳』の成書年代は、『荀子』の思想が廣く流布したしばらく後、『老子』が成書されてからあまり經っていない時點にあり、具體的には前漢、高祖期（紀元前二〇六年～前一九五年）から呂后期（前一八七年～前一八〇年）にかけて、すなわち紀元前二〇六年～前一八〇年であろうと推測される。

その全體の構成は、「經」に當たる『六十四卦』一篇と「傳」に當たる「二三子問・繫辭・易之義・要・繆和・昭力」六篇から成っている。これらの內、『六十四卦』の方は、通行本『周易』の六十四卦と比較してみると、卦畫・卦名・卦辭・爻辭などは大體のところ同じではあるけれども、卦辭・爻辭などの經文にまま重要な相異があり、また卦序が大幅に異なっている。したがって、少し前に成書されてここに至るまでまだあまり時間が經過せず、文獻としてまだ不安定期の中にいるように感じられる。それに對して『易傳』の方は、通行本「十翼」の彖傳上下、象傳上下、文言傳、說卦傳の大部分、序卦傳、雜卦傳の文章を含んでおらず、それ故、馬王堆帛書『易傳』が成書されたこの當時（前漢初期）、まだこれらの諸傳は成立していなかったにちがいない。もっとも、文言傳の原形と見なすべき鍵（乾）卦・川（坤）卦について解說した文章は、馬王堆帛書『易傳』易之義篇に見えているので、文言傳はこの時成立する前夜の狀態にあったと言いうるかもしれない。問題は繫辭傳上下であるが、通行本繫辭上傳の文章はそのほとんど全部が、しかも通行本の章序のとおりに馬王堆帛書『易傳』繫辭篇に含まれている。一方、繫辭下傳は馬王堆帛書『易傳』の繫辭篇・易之義篇・要篇に分散して含まれているけれども、一部分を除いてその章序は通行本と一致していない。であるから、全體として繫辭傳はその形成過程のただ中にあったと考えることができよう。[41]

やがて一九九〇年代に入ると、馬王堆帛書『周易』の研究、特にその『易傳』の研究が本格化してきたが、それにつれて先に述べた舊說の正しさが再確認されるとともに、『易』の儒教化の過程が以前にも增して一層具體的に分かるようになってきた。

b　馬王堆帛書『易傳』の道器論

近年の馬王堆帛書『周易』の研究成果を筆者の立場からまとめるならば、——戰國末期、儒家の思想家たちが馬王堆帛書『易傳』を成書した目的は、元來、占筮の書であった『易』を儒家の經典として取り入れることにあった。その際、彼らが『易』に期待したものとしては、次の三點が特に重要ではないかと思う。

第一に、從來から形而上學的な思索が不得手であった儒家が、『易』を自らの經典として採用し、その『易傳』を撰するという媒介項を設けることを通じて、自らの思想の內部に道家の「道」の形而上學を大量に導入し、道家の形而上學の力を借用して、その思想體系の基礎づけにあった不安を拂拭すること。[42]第二に、儒家の開祖、孔子の言葉やその後の思想家たちの語った言葉、引いては儒家の思想體系全體をその根底から支えることのできる經典を獲得すること、すなわち次第に整備が進みつつあった他の五經、『詩』『書』『禮』『樂』『春秋』にも優る最高の經典を獲得すること。(43) 第三に、占筮の書としての『易』にもともと具わっている呪術性宗教性を、基本的に批判する從來の傳統的な態度を改め、象數家の理法的哲學的な「數」や儒家の倫理的政治的な「德」に達するための必要な基礎段階として、自己の內に包攝して儒家の思想世界を豐かにすること。(44) もっとも、第三點は、前漢後期～後漢時代の、『易』と『春秋』に基づく儒教の災異說化讖緯說化に先鞭をつける營みでもあった。

以上の三點の內、本節の內容と最も關係が深いのは、言うまでもなく第一點であるが、馬王堆帛書『易傳』や通行本『易傳』の中の道家的な「道」の形而上學に關しては、その存在がだれの眼にも明らかで著しく目立つに至ったために、最近では少し行きすぎではないかと思われる解釋も生まれている。――元北京大學哲學系、前臺灣大學哲學系の陳鼓應教授は多くの論文を次々に精力的に發表して、繫辭篇を始めとする馬王堆帛書『易傳』を繫辭傳などの通行本の原形であると認め、それら多くは戰國中期～後期の道家が『易』を研究して書いた作品であると主張しているのである。(45) 筆者の考えを述べれば、確かに陳鼓應教授の言うとおり、繫辭篇などの馬王堆帛書『易傳』は繫辭傳などの通行本の原形であり、それらが道家の強い影響を被って成書されたことにまちがいはないが、しかし、それらはやはり依然として儒家の作品であると認めるべきだ。なぜなら、馬王堆帛書『易傳』の諸篇の中には「孔子」が頻繁に登場して大活躍し、時には「顏回」や「子贛」などの弟子たちも姿を見せているのに對して、「老子」や「莊子」「列子」などの道家系の思想家たちは全然現れていないからである。その上、馬王堆帛書『易傳』の諸篇が『周易』の卦辭・爻辭を解釋する形式で、述べているその思想の中心は、あくまで倫理思想・政治思想であって、道家の「萬物齊同」の哲學、「道」の形而上學、「自然」の思想などではなく、しかもその倫理思想・政治思想は、大雜把に言えば、儒家の思想の範圍を逸脫していないからである。道家を始めとする諸子百家の影響を被った、雜家的な傾向があることは否定できないけれども。

馬王堆帛書『易傳』や通行本『易傳』は、大略このような狀況の中で成書されたり整理を加えられたりした文獻であるから、それらの中に道家思想、殊に「道」の形而上學が含まれているのは當然と言わなければならない。ただ、『易傳』ではそれは「道」—「萬物」の關係ではなく、「道」—「器」の關係として論じられている。ここではそれを「道器論」と呼ぶことにしよう。(46) その道器論は、通行本繋辭上傳の第十章に、

是故闔戶、謂之坤。闢戶、謂之乾。一闔一闢、謂之變。往來不窮、謂之通。見、乃謂之象。形、乃謂之器。制而用之、謂之法。利用出入、民咸用之、謂之神。

とあり、(47) また通行本繋辭上傳の第十二章に、

乾坤、其易之縕邪。乾坤成列、而易立乎其中矣。乾坤毀、則无以見易。易不可見、則乾坤或幾乎息矣。故形而上者、謂之道。形而下者、謂之器。化而裁之、謂之變。推而行之、謂之通。擧而錯之天下之民、謂之事業。

とある。(48) 兩者を一つにまとめて解釋するならば、その大體の趣旨は、「乾」と「坤」を構成要素とする「形而上」の「道」の、變通の作用によって、「道」の中から「形而下」の「器」が、「形」を持って「見れ」てくるが、その「器」は人工による「變」を加えられて、「天下之民」に有用な「法」や「事業」となって展開していく、というのである。

ここで我々の注意を引くのは、從來の道家思想の「道」の形而上學が「道」—「萬物」を比較的單純に對立させながら、「萬物」を「道」によって存在・變化させられる單なる存在者であるとして低くマイナスに評價し、特にその人間的な諸價値にしがみつく卑小性や、雜多な利得や效用をもたらす點を嫌っていたのに對して、馬王堆帛書『易傳』繋辭篇（通行本繋辭上傳）が、「形而下」の「器」の有する人間的社會的な諸價値や效用を高くプラスに評價している事實である。その理由は、馬王堆帛書『易傳』繋辭篇（通行本繋辭上傳）が道家の手に成った文獻ではなく儒家の手に成っ

たものだからであり、彼らが道器論を論ずる問題意識が必ずしも道家流の反疎外論や主體性論にはなかったからであろう。(49)

第4節　『老子』の道器論

A　『老子』道器論の發見

以上に見た、通行本繫辭上傳或いは馬王堆帛書『易傳』繫辭篇の道器論が、『老子』にも含まれていることについては、從來全く氣づかれることがなかった。ところが、一九七三年に、馬王堆帛書『老子』甲本・乙本が出土するに及んで、我々は『老子』における道器論の存在、その內容や特徵、『周易』繫辭上傳との繫がり、などを解明しうる十分な資料を提供されるに至ったのである。

『老子』の道器論を解明する上で最も重要な資料は、第五十一章の、

●道生之、而德畜之、物刑（形）之、而器成之。是以萬物尊道而貴〔德。道〕之尊、德之貴也、夫莫之时（爵）、而恆自然也。●道生之畜之、長之遂之、亭之〔毒之、養之復（覆）之。生而〕弗有也、爲而弗寺（恃）也、長而弗宰也。此之謂玄德。（馬王堆帛書甲本・乙本）

である。この文章の中の「器」の文字は、通行の諸本はいずれも「勢」「埶」などに作っており、「器」に作るテキス

トは一つも存在しなかった。だから、馬王堆帛書『老子』甲本・乙本が「器」に作っているを見て、始めて我々は「器」に作る方が『老子』にふさわしいと氣づかされたのだ。[50]

この文章の主張する思想の核心は、以下のとおり。すなわち、分析的に言えば、窮極的根源的な實在「道」がものを存在させ、その働き「徳」がものを生長させるという主宰者性によって、あらゆる「物」は「刑」（形）を持って存在させられ、その働きである「器」も完成させられているが、同じことを總括的に言えば、「道」が主宰者としてあらゆる「物」（また「器」）を存在させ生長・完成させ、その結果「物」（また「器」）は存在させられ生長・完成させられている。――右の解釋に誤りがないとすれば、『老子』のこの箇所に、「形而上」の「道」が主宰して「形而下」の「器」を「形」を持って存在させることを論じている、先の馬王堆帛書『易傳』繫辭篇（通行本繫辭上傳）と同じタイプの道器論が含まれることは、疑問の餘地なく明らかではなかろうか。[51]

しかも、この種の道器論或いは「道」―「萬物」の關係は、上に詳細に解明してきたとおり、道家が初期以來、解決しなければならなかった中心的な諸問題への解答であり、かつまた思想家たちがもともと抱懷していた本來の思想の當代的な表現である。であるから、本章の第3節に見た、馬王堆帛書『易傳』繫辭篇や通行本『周易』繫辭上傳の道器論は、先秦時代から儒家がもともと抱いていたオリジナルな思想ではなく、前漢初期になって儒家が、『老子』もしくはその周邊の道家系の道器論の強いインパクトの下にそれらをふまえながら、彼らの「器」に對するマイナスの評價をプラスに轉ずるという修正を施しつつ、成立させたものと考えなければなるまい。

B 『老子』道器論の影響

『老子』第五十一章に道器論が存在することを示す馬王堆帛書の「器」の文字を、だれが、いつ、なぜ、通行本の「勢」に改めたのかは、今のところ不明。けれども、現存の諸文獻の中で道家色のある文章を讀んでいる内に、たまさか道器論の殘滓ではないかと感ずるものに出會うこともある。ここに二三の例を記して、往時の盛行を偲ぶよすがとしよう。『管子』五行篇に、

一者本也、二者器也、三者充也、治者四也、敎者五也、守者六也、立者七也、前者八也、終者九也、十者然後具。五官於六府也、五聲於六律也、六月日至。是故人有六多。六多所以街天地也。天道以九制、地理以八制、人道以六制。以天爲父、以地爲母、以開乎萬物、以總一統、通乎九制六府三充、而爲明天子。

とあり[52]、また、『尹文子』大道上篇に、

大道無形、稱器有名。名也者、正形者也。形正由名、則名不可差。故仲尼云、「必也正名乎。名不正、則言不順也。」大道不稱、衆有必名。〔道〕生於不稱、則羣形自得其方圓。名生於方員、則衆名得其所稱也。〔以〕大道治者、則名法儒墨自廢。以名法儒墨治者、則不得離道。老子曰、「道者、萬物之奧、善人之寶、不善人之所寶。」

とあり[53]、さらに、陸賈『新語』道基篇に、

夫驢騾駱駝、犀象瑇瑁、琥珀珊瑚、翠羽珠玉、山生水藏、擇地而居、潔淸明朗、潤澤而濡、磨而不磷、涅而不淄、天氣所生、神靈所治、幽閒淸淨、與神浮沈、莫不效力爲用、盡情爲器。故曰、「聖人成之、所以能統物通變、治情性、顯仁義也。」

とあり、同じく『新語』愼微篇に、

是以君子居亂世、則合道德、采微善、絕纖惡、脩父子之禮、以及君臣之序、乃天地之通道、聖人之所不失也。……論思天地、動應樞機、俯仰進退、與道爲依、藏之於身、優遊待時。故道無廢而不興、器無毀而不治。孔子曰、「有至德要道以順天下。」言德行而其下順之矣。

とある。

やがて時の經過とともに、五經の中に占める『易經』の地位が次第に高まり、前漢時代も半ばを過ぎると『易經』は五經の首座を占めるまでに伸し上がっていった。(54) そして、これより以後、近代に至るまでの間、舊中國の支配的な思想としての儒教の中で、『易經』は長くこの首座の地位を保ってきたのであるが、その原因・理由は主としてこれが第一哲學として機能しうる點にあった。――このように見てくると、道家思想の「道」の形而上學（metaphysics）の意義は極めて重大であって、以後の長い舊中國の思想史の、儒教という支配的な部分の、その基本構造の大枠を、早くも古代においてほぼ決めてしまったものと言っても差し支えないことになる。

注釋

（1）本書第5章の第2節・第4節、第8章の第5節、及び第9章の注釋（21）を參照。

（2）道家思想におけるこの二つの世界の理論は、當時、民間に存在していた宗教的なあの世（彼岸）とこの世（此岸）の二つの世界の理論を哲學化理論化したものではないかと推測されるが、この問題については別の機會に論じたいと思う。

（3）本書第8章の注釋（41）を參照。また、ほぼ同じ文章が『莊子』天道篇の夫明白於天地之德者章に、

莊子曰、「吾師乎、吾師乎。𩐋萬物而不爲戾、澤及萬世而不爲仁、長於上古而不爲壽、覆載天地刻彫衆形而不爲巧。」此之謂天樂。

の如く、見えているのを參照。なお、天道篇の夫明白於天地之德者章は、大宗師篇の意而子・許由問答などを始めとする先行の諸文章を利用して、それらの後に成ったものである。

「澤及萬世而不爲仁」は、後にこれをふまえて社會化政治化した文章が、『老子』第五章に、

天地不仁、以萬物爲芻狗。聲（聖）人不仁、以百省（姓）爲芻狗。天地〔之〕閒、其猶橐籥輿（與）。虛而不淈（竭）、蹱（動）而俞（愈）出。多聞數窮、不若守於中（盅）。（馬王堆帛書甲本・乙本）

とある。ちなみに、郭店楚簡『老子』甲本は、

天陛（地）之勿（閒）、丌（其）猷（猶）囨（橐）籊（籥）與。虛而不屈（竭）、潼（動）而愈出。■

に作っており、第五章の上段・下段がない。

「長於上古而不爲老」は、すぐ下に引用する『莊子』大宗師篇の知天之所爲章にも同じ文が見える。

（4）本章の注釋（18）、第8章の第5節、及びその注釋（26）（27）（40）を參照。「夫道、有情有信、无爲无形。」は、『莊子』齊物論篇の南郭子綦・顏成子游問答の、

若有眞宰、而特不得其眹。可行已信、而不見其形。有情而無形。

をふまえた表現であり、また『老子』第二十一章の、

孔德之容、唯道是從。道之物、唯朢（恍）唯忽。〔忽呵（乎）朢（恍）〕呵（乎）、中有象呵（乎）。朢（恍）呵（乎）忽呵（乎）、中有物呵（乎）。灣（幽）呵（乎）鳴（冥）呵（乎）、中有請（情）吔〈呵（乎）〉。其請（情）甚眞、其中〔有信〕。自今及古、其名不去、以順衆仪（父）。吾何以知衆仪（父）之然、以此。（馬王堆帛書甲本・乙本）

とも類似する思想である（本書第2章の第4節、その注釋（28）、本章の第2節、第7章の注釋（41）（47）、第8章の注釋（42）、及び第9章の注釋（13）を參照）。

「自本自根、未有天地、自古以（已）固存。」は、『莊子』知北遊篇の天地有大美而不言章に、

今彼神明至精、與彼百化。物已死生方圓、莫知其根也。扁然而萬物、自古而固存。六合爲巨、未離其內。秋豪爲小、待之成體。天下莫不沈浮、終身不故。陰陽四時、運行各得其序。惛然若亡而存、油然不形而神、萬物畜而不知、此之謂本根。

可以觀於天矣。

とあるのを參照。

（5）「審乎无假、而不與物遷。命物之化、而守其宗也。」は、類似の文章が『莊子』天道篇の老〈夫〉子曰章に、

老〈夫〉子曰、「夫道、於大不終、於小不遺。……審乎无假、而不與利遷、極物之眞、能守其本。故外天地、遺萬物、而神未嘗有所困也。」

とあり（本書第7章の注釋（33）、及び第9章の注釋（13）を參照）、『淮南子』精神篇に、

所謂眞人者、性合于道也。……是故死生亦大矣、而不爲變。雖天地覆育、亦不與之抮抱。審乎無瑕、而不與物糅。見事之亂、而能守其宗。

とあり、『文子』九守篇に、

老子曰、「所謂眞人者、性合乎道也。……審於無假、不與物遷。見事之化、而守其宗。」

とある。

「官天地、府萬物。」は、『淮南子』覽冥篇に、

又況夫宮〈官〉天墜、懷萬物、而友造化、含至和、直偶于人形、觀九鑽一、〔一〕知之所知、而心未嘗死者乎。

とあり、『文子』精誠篇に、

老子曰、「夫人道者、……又況〔夫〕官天地、府萬物、返〈友〉造化、含至和、而已未嘗死者也。」

とある（本書第7章の注釋（48）を參照）。これらは、『莊子』德充符篇の常季・仲尼問答を出發點として、ほぼこの順序に舊から新へと、前の文章をふまえながら書かれていった文章羣である。

（6）本章の第4節、その注釋（8）、第9章の注釋（41）、及び第12章の第5節を參照。本章で解明する「道」と「萬物」の二世界論は、『莊子』と『老子』の諸思想の基本的な枠組みであることは確實であるけれども、『淮南子』以後の諸思想の基本的な枠組みであるとは必ずしも言えない。なぜなら、『老子』や『淮南子』などの諸思想の中には、この枠組みの變更を迫る新しい「自然」の思想が誕生しており、その勢いは時の經過とともに次第に大きくなっていくからである。ただし、『老子』という書

においては、この新しい「自然」の思想はまだ誕生したばかりであるから、從來の二世界論もまだ決して消えてしまったわけではなく、ここに引用したように、依然として健在であり活躍しているのである。この問題については、本書の第12章に詳論した。

（7）本書第11章の第4節を參照。「出入六合、遊乎九州。」は、『莊子』逍遙遊篇の肩吾・連叔問答に、

（肩吾）曰、「『藐姑射之山、有神人居焉。……乘雲氣、御飛龍、而遊乎四海之外。』」

とあり（本書第10章の第4節、及びその注釋（39）（48）を參照）、同じく齊物論篇の齧缺・王倪問答に、

王倪曰、「至人神矣。大澤焚而不能熱、河漢沍而不能寒、疾雷破山風振海而不能驚。若然者、乘雲氣、騎日月、而遊乎四海之外。」

とある（本書第10章の注釋（39）（48）を參照）。

「獨往獨來」は、後に書かれた『莊子』天下篇の莊周論に、

莊周聞其風而悅之。……獨與天地精神往來、而不敖倪於萬物、不譴是非、以與世俗處。

とあり、道家思想の影響を受けた『荀子』不苟篇に、

夫誠者、君子之所守也、而政事之本也。唯所居以其類至、操之則得之、舍之則失之。操而得之則輕、輕則獨行。獨行而不舍、則濟矣。濟而材盡、長遷而不反其初、則化矣。

とあるのを參照。

「是謂獨有」は、『莊子』在宥篇の黃帝・廣成子問答に、

廣成子曰、「來、余語女。彼其物无窮、而人皆以爲終。彼其物无測、而人皆以爲極。得吾道者、上爲皇而下爲王。失吾道者、上見光而下爲土。今夫百昌皆生於土、而反於土。故余將去女、入无窮之門、以遊无極之野。吾與日月參光、吾與天地爲常。當我緡乎、遠我昏乎。人其盡死、而我獨存乎。」

とあるが、その「獨存」と表現も意味もほぼ同じである。

（8）「夫道、淵乎其居也。」は、『莊子』天道篇の老〈夫〉子曰章に、

老〈夫〉子曰、「夫道、……廣廣乎其无不容也、淵乎其不可測也。」

とあり、『莊子』知北遊篇の孔子・老聃問答に、

老聃曰、「……淵淵乎其若海、魏魏乎其終則復始也。運量萬物而不匱、則君子之道、彼其外與。萬物皆往資焉而不匱、此其道與。」

とあり、『老子』第四章に、

〔道沖（盅）、而用之有弗〕盈也。潚（淵）呵（乎）始（似）萬物之宗。銼（剉）其〔兌（銳）〕、解其紛。和其〔光〕、同〔其塵。湛呵（乎）始（似）〕或存。吾不知〔誰〕子也、象帝之先。（馬王堆漢墓帛書甲本・乙本）

とあるのを參照。

「金石不得、无以鳴。故金石有聲、不考不鳴。」は、『莊子』齊物論篇の南郭子綦・顏成子游問答に、

子綦曰、「夫吹萬不同、而使其自己也、咸其自取。怒者其誰邪。」

とあるのと近い發想である。『淮南子』詮言篇の、

金石有聲、弗叩弗鳴。管簫有音、弗吹無〈弗〉聲。聖人內藏、不爲物先倡、事來而制、物至而應。

や、『文子』上德篇の、

老子曰、「……金石有聲、不動不鳴。管簫有音、不吹無聲。是以聖人內藏、不爲物唱、事來而制、物至而應。」

などは、後になって新たな思想を展開させたものである。

「萬物孰能定之」は、上引の『莊子』天道篇の老〈夫〉子曰章に、

老〈夫〉子曰、「……形德仁義、神之末也。非至人、孰能定之。」

とあるのと同じ思想である。

「素逝而恥通於事」は、『莊子』天地篇の夫子曰章（一）に、

夫子曰、「夫道、覆載萬物者也。洋洋乎大哉。君子不可以不刳心焉。……君子明於此十者、則韜乎其事心之大也、沛乎其爲萬物逝也。」

とあり（本書第9章の注釋（22）を參照）、同じく山木篇の孔子・顏回問答に、

仲尼曰、「飢渇寒暑、窮桎不行、天地之行也、運物之泄也。言與之偕逝之謂也。爲人臣者、不敢去之。執臣之道猶若是。而況乎所以待天乎。」……仲尼曰、「有人、天也。有天、亦天也。人之不能有天、性也。聖人晏然體逝而終矣。」

とあり、本章の第2節に引用する『老子』第二十五章に、

有物昆（混）成、先天地生。……吾未知其名、字之曰道、吾強爲之名曰大。〔大〕曰筮（逝）、筮（逝）曰〔遠、遠曰反〕。

（馬王堆帛書甲本・乙本）

とあり（本書第8章の第5節を參照）、また郭店楚簡『老子』甲本第二十五章に、

又（有）䖤（狀）蟲（蚰）成、先天隆（地）生。……未智（知）亓（其）名、孳（字）之曰道、虐（吾）彊（強）爲之名曰大。大曰潛、潛曰遠、遠曰反。

とあり、『莊子』大宗師篇の知天之所爲章に、

故聖人之用兵也、亡國而不失人心、利澤施乎萬世不爲愛人。故樂通物、非聖人也。有親、非仁也。

とある。

「故形非道不生、生非德不明。」は、『老子』第五十一章の、

●道生之、而德畜之、物刑（形）之、而器成之。是以萬物尊道而貴〔德。道〕之尊、德之貴也、夫莫之时（爵）、而恆自然也。（馬王堆帛書甲本・乙本）

とほぼ同じ意味である（本書第9章の注釋（41）を參照）。

「視乎冥冥、聽乎无聲。冥冥之中、獨見曉焉。无聲之中、獨聞和焉。」については、本書第5章の注釋（13）、及び第8章の注釋（42）を參照。これを批判した文章が、『呂氏春秋』離謂篇に、

惑者之患、不自以爲惑。故惑惑之中有曉焉、冥冥之中有昭焉。亡國之主、不自以爲惑。故桀紂幽厲皆也。然有亡者國、無二道矣。

とあり、また、これを繼承した文章が、『淮南子』俶眞篇に、

是故聖人託其神於靈府、而歸於萬物之初、視於冥冥、聽於无聲。冥冥之中、獨見曉焉。寂漠之中、獨有昭焉。其用之也以不用、其不用也而後能用之。其知也乃不知、其不知也而後能知之也。

とあり、『文子』微明篇に、

老子曰、「……是故眞人託期於靈臺、而歸居於物之初、視於冥冥、聽於無聲。冥冥之中、獨有曉焉。寂寞之中、獨有昭焉。其用之乃不用、不用而後能用之也。其知之乃不知、不知而後能知之也。」

とある。

(9)「故深之又深、而能物焉。神之又神、而能精焉。」については、本書第10章の注釋(16)、及び第13章の第2節を參照。「至无而供其求、時騁而要其宿。大小長短脩遠。」は、これをふまえた文章が、『淮南子』原道篇に、

故達於道者、……至無而供其求、時騁而要其宿。小大脩短、各有其具。

とあるのを參照。

(10) 本書第2章の第4節、その注釋(28)、本章の注釋(4)、第7章の注釋(41)(47)、第8章の注釋(42)、及び第9章の注釋(13)を參照。

(11) 本書第5章の注釋(13)、第10章の注釋(16)、及び第14章の第4節を參照。

(12) 本書第10章の注釋(16)を參照。

(13)「東郭子問於莊子曰、『所謂道惡乎在。』莊子曰、『无所不在。』」については、本書第12章の第5節、及びその注釋(67)を參照。『莊子』天下篇の思想史序論に、これをふまえて、

古之所謂道術者、果惡乎在。曰、「无乎不在。」

とある(本書第12章の第5節、その注釋(68)、及び第14章の第4節を參照)。

「汝唯莫必、无乎逃物。」は、『莊子』大宗師篇の知天之所爲章に、

夫藏舟於壑、藏山於澤、謂之固矣。然而夜半有力者、負之而走。昧者不知也。藏小大有宜、猶有所遯。若夫藏天下於天下、而不得所遯。是恆物之大情也。……故聖人將遊於物之所不得遯而皆存。

とあるのを承けるのであろう（本書第8章の第3節を參照）。

「周徧咸三者、異名同實、其指一也。」は、馬王堆帛書甲本・乙本『老子』第一章に、

〔故〕恆无欲也、以觀其眇（妙）。恆有欲也、以觀其所噭（噭）。兩者同出、異名同胃（謂）。玄之有（又）玄、衆眇（妙）之〔門〕。

とある（本書第8章の注釋（7）を參照）のとほぼ同じ意味である。

「不際之際、際之不際者也。」は、『莊子』知北遊篇の中國有人章に、

不形之形、形之不形、是人之所同知也。非將至之所務也、此衆人之所同論也。彼至則不論、論則不至。明見无値、辯不若默。道不可聞、聞不若塞。此之謂大得。

とあるのとほぼ同じ意味である。

（14）本書第2章の第1節、及び第3章の第2節を參照。

（15）本書第2章の第1節、その注釋（4）、第3章の第2節、その注釋（7）、第10章の第4節、及びその注釋（38）を參照。「人倫之傳」は、『呂氏春秋』順民篇に、

則湯達乎鬼神之化、人事之傳也。

とあり、「傳」は「轉」の假借字である。

（16）本書第2章の注釋（4）を參照。

（17）本書第13章の注釋（6）を參照。

（18）本書第7章の注釋（12）、第8章の第3節、及びその注釋（26）（43）を參照。その「……『未有天地、可知邪。』……『可。古猶今也。』」や「无古无今、无始无終。」などは、「道」が「萬物」を存在させる、とする形而上學・存在論を否定するに止まらず、「道」が「天地」を生み出し、その「天地」がさらに「萬物」を生み出す、といった宇宙生成論をも否定するものである。しかし、取り扱っている問題領域が宇宙生成論であることは認めてよいであろう。

「未有子孫、而有子孫、可乎。」は、「子孫」を生み出した父母が、彼らの父母の「子孫」としてある、という風に考えればよ

い、という意味。「子孫」は、「天地」の比喩。「未有子孫」は、上文の「未有天地」に當たり、「天地」を生み出した根源の意。「而有子孫」は、その根源が他の物の「子孫」としてあること、つまり「天地」の根源のさらなる根源があること。「可乎」は、反語文ではなく感嘆文である。一文の趣旨は、下文の「物出不得先物也、猶其有物也。猶其有物也、无已。」とほぼ同じ。

「不以生生死、不以死死生。死生有待邪。皆有所一體。」は、「未有天地」以前の「道」が「萬物」の「死生」を惹起しているのではない、という意味。『莊子』知北遊篇の知北遊章の、

黄帝曰、「……生也死之徒、死也生之始、孰知其紀。……若死生爲徒、吾又何患。故萬物一也。是其所美者爲神奇、其所惡者爲臭腐。臭腐復化爲神奇、神奇復化爲臭腐。故曰、『通天下一氣耳。』聖人故貴一。」

とほぼ同じ表現と思想である（本書第7章の第3節、第8章の第2節、及びその注釋（18）（26）を參照）。また、『莊子』田子方篇の孔子・老聃問答に、

（老聃）曰、「……夫天下也者、萬物之所一也。得其所一而同焉、則四支百體、將爲塵垢、而死生終始、將爲晝夜、而莫之能滑。而況得喪禍福之所介乎。」

とある（本書第7章の注釋（14）（17）（30）、第8章の第3節、及びその注釋（8）（24）を參照）。

「聖人之愛人也、終无已者、亦乃取於是者也。」は、『莊子』則陽篇の聖人達綢繆章に、

聖人之愛人也、人與之名、不告、則不知其愛人也。若知之、若不知之、若聞之、若不聞之、其愛人也終无已。人之安之亦无已、性也。

とあるのを參照。

(19) 本書第8章の第5節、及びその注釋（26）（45）を參照。

(20) 本章の第1節、その注釋（4）、第8章の第5節、及びその注釋（26）（27）（42）を參照。

(21) 本書第8章の第3節、及びその注釋（26）を參照。

(22) 諸子百家が道家の「道」の哲學を吸收していった、その全般的狀況については、

赤塚忠「中國古代の思想家たちの「一」の探求」

を參照。法家における道家の「道」の吸收については、本書第11章の注釋（37）、第12章の注釋（40）、及び第14章の第3節を參照。また、

容肇祖『韓非子考證』の第八「黄老或道家言混入於韓非子書中者」

木村英一『法家思想の研究』の附錄、五「黄老思想に基づけた韓非子後學」

を參照。また、墨家におけるそれについては、

向井哲夫「『淮南子』と墨家思想」

拙論「墨家」

拙論「『墨子』の經・經說と十論」

を參照。

（23）『荀子』の大略篇から堯問篇に至る六篇が、戰國最末期～前漢初期の荀子の門流の手に成る雜錄であることについては、内山俊彦『中國古代思想史における自然認識』の第四章、附「荀子後學」を參照。李學勤「帛書《周易》與荀子一系《易》學」は、荀子が『易』を善く研究していたとするが、そういう事實はない。確かに荀子は『易』を知ってはいたけれども、まだ經典として取り扱うには至っていなかった。『荀子』における『易』の位置づけという問題については、

武内義雄『中國思想史』の上世期（上）諸子時代、第十章、二「易の儒教化」

戸田豐三郎『易經注釋史綱』の前編、一、二、二「易の儒教化」

などを參照。

（24）『易傳』の中に頻繁に現れている「謙讓之德」が、元來は道家の創始した思想であり、戰國末期になって儒家が『易』を研究する過程で道家から吸收したものであることについては、拙論「《周易》與〝謙讓之德〟」（『池田知久簡帛研究論集』所收）を參照。

（25）世界を構成する二元的原理として「天地」「剛柔」「男女」などを擧げて、その合一による「萬物」の生成や展開を說くのが、通行本『易傳』では彖傳に目立って多く現われる生成論哲學であることについては、以下の兩拙論を參照。

池田知久「『馬王堆漢墓帛書周易』要篇の研究」、二、(一)「『馬王堆漢墓帛書周易』要篇釋文」

池田知久「『馬王堆漢墓帛書周易』要篇の思想」、五、(三)「『帛書周易』要篇と通行本『易傳』との異同」

(26) 拙論「『馬王堆漢墓帛書周易』要篇の思想」、五、(四)「世界の「要」を把握する『易』――『帛書周易』要篇の中心思想 その1」を參照。

(27) 戸田豐三郎『易經注釋史綱』の前編、一、二、二「易の儒敎化」の分析を參照。

(28) 拙論「『馬王堆漢墓帛書周易』要篇の思想」、五、(五)「『易』と孔子との關係づけ――『帛書周易』要篇の中心思想 その2」を參照。

(29) 日原利國『春秋公羊傳の研究』、一、一「春秋および春秋學」を參照。

(30) 例えば、廖名春「帛書《要》簡說」である。

(31) 孔子が「十翼」を作ったという明文は、『易緯乾坤鑿度』卷下に、

五十究『易』、作十翼明也。明『易』幾敎、若曰、「終日而作、思之於古聖、頤師於姬昌、法旦。」

とある。安居香山・中村璋八『重修緯書集成』卷一上(易上)を參照。

(32) 「十翼」が孔子の作ったものではないことについては、以下の論著を參照。

內藤湖南「易疑」

錢穆「論十翼非孔子作」

李鏡池「易傳探源」の上、二「易傳非孔子作底內證」

武內義雄『中國思想史』の第十章、二「易の儒敎化」

郭沫若「周易之制作時代」の四「孔子與易竝無關係」

本田濟『易學――成立と展開――』の第一章、第一節「通說とその批判」

(33) 孔子を始めとする先秦時代の儒家の思想家たちが、早くとも戰國末期に至るまでは『易』を經典としていなかったことについては、以下の論著を參照。

津田左右吉「易の研究」の第一章「周易」
錢穆「論十翼非孔子作」
武内義雄『中國思想史』の第十章、二「易の儒敎化」
金谷治『秦漢思想史研究』(加訂增補版)の第四章、第二節「『易傳』の思想」(三)
本田濟『易學――成立と展開――』の第一章、第一節「通説とその批判」
戶田豐三郎『易經注釋史綱』の前編、一、二「易の儒敎化」

(34) 狩野直喜『支那學文藪』、第一部、「續說巫補遺」、拙論「『馬王堆漢墓帛書周易』要篇の研究」、二、(一)「『馬王堆漢墓帛書周易』要篇釋文」、及び拙論「『馬王堆漢墓帛書周易』要篇の思想」、五、(一)「『帛書周易』要篇の成書年代」を參照。ちなみに、『論語』子路篇の「不占而已矣。」は、「人にして恆無きもの」は他者を占うことができない、という意味であろう。
(35) 拙論「郭店楚簡『窮達以時』の研究」を參照。
(36) その他、『春秋左氏傳』『國語』『周禮』などにも『易』の引用や『易』に關する言及があるが、それらはいずれも前漢時代以降に成った文章中に登場するものである。
(37) その詳細については、拙論「『馬王堆漢墓帛書周易』要篇の思想」、五、(五)「『易』と孔子との關係づけ――『帛書周易』要篇の中心思想 その2」を參照。
(38) その詳細については、拙論「『馬王堆漢墓帛書周易』要篇の思想」、五、(五)「『易』と孔子との關係づけ――『帛書周易』要篇の中心思想 その2」を參照。
(39) その詳細については、拙論「『馬王堆漢墓帛書周易』要篇の研究」、二、(一)「『馬王堆漢墓帛書周易』要篇釋文」及び拙論「『馬王堆漢墓帛書周易』要篇の思想」、五、(一)「『帛書周易』要篇の成書年代」を參照。
(40) 本書第2章の第5節を參照。
(41) 拙論「『馬王堆漢墓帛書周易』要篇の研究」を參照。
(42) その詳細については、拙著『老莊思想』、7、「『易傳』の道器論――帛書『易傳』繫辭篇と通行本『周易』繫辭上傳」、及び

拙著『《莊子》――「道」的思想及其演變』、第6章、第3節「《易傳》的道器論――馬王堆漢墓帛書《易傳・繫辭篇》和通行本《周易・繫辭上傳》」を參照。

（43）その詳細については、拙論「『馬王堆漢墓帛書周易』要篇の思想」、五、（四）「世界の「要」を把握する『易』――『帛書周易』要篇の中心思想　その1」を參照。

（44）その詳細については、拙論「『馬王堆漢墓帛書周易』要篇の思想」、五、（六）「『易』を媒介とする占筮の包攝――『帛書周易』要篇の中心思想　その3」を參照。

（45）陳鼓應教授の馬王堆漢墓帛書『周易』に關する研究は、最近になって『易傳與道家思想』にまとめられた。

（46）「器」とは、後漢時代の許愼の『説文解字』に、

器、皿也。象器之口、犬所以守之。

とあるとおり、人間が日常不斷に使用する道具の一つである。しかし、『易傳』や道家が思想概念としての「器」を用いて表そうとしていたのは、存在者「物」の諸側面の中でも、人間がそれを使用して使用價値のある側面、或いは人間にとって必要な效用を有するという觀點から見た「物」のありよう、であると考えられる。なお、以下に述べる、『老子』の「道器論」の詳細な研究については、拙論「『老子』の道器論――馬王堆漢墓帛書本に基づいて」を參照。

（47）なお、馬王堆帛書『易傳』繫辭篇は、

是故閶（闔）戸、胃（謂）之川（坤）。辟（闢）門、胃（謂）之鍵（乾）。一閶（闔）一辟（闢）、胃（謂）之變。往來不窮、胃（謂）之迵（通）。見之、胃（謂）之馬〈象〉。刑（形）、胃（謂）之器。〔制〕而用之、胃（謂）之法、利用出入、民一用之、胃（謂）之神。

に作っており、馬王堆帛書と通行本の間に大きな相異はない。

（48）なお、馬王堆帛書『易傳』繫辭篇は、

鍵（乾）川（坤）、亓（其）易之経（經）與。鍵（乾）川（坤）〔成〕列、易位乎亓（其）中。鍵（乾）川（坤）毀、則无以見易矣。易不可〇見、則鍵（乾）川（坤）不可見。鍵（乾）川（坤）不可見、則鍵（乾）川（坤）或幾乎息矣。是故刑

（形）而上者、胃（謂）之道。刑（形）而下者、胃（謂）之器。爲而施之、胃（謂）之變。誰（推）而〔錯〕諸天下之民、胃（謂）之事業。

に作っており、馬王堆帛書と通行本の間に多少の相異がある。

(49) さらに通行本繫辭上傳の第十一章に、

是故法象莫大乎天地。變通莫大乎四時。縣象著明莫大乎日月。崇高莫大乎富貴。備物致用、立（位）成器以爲天下利、莫大乎聖人。探賾索隱、鉤深致遠、以定天下之吉凶、成天下之亹亹者、莫大乎蓍龜。

とあり、馬王堆漢墓帛書『易傳』繫辭篇は、

是故變迵（通）莫大乎四時。垂象著明莫大乎日月。榮莫大乎富貴。備物至（致）用、位成器以爲天下利、莫大乎耶（聖）人。深〔賾〕錯根、枸（拘）險至（致）遠、定天下吉凶、定天下之勿（亹）勿（亹）者、莫善乎蓍龜。

に作る（兩者の內容はほぼ同じ）。これも、聖人の主體性という前提條件がついてはいるものの、「物」「器」を「用」「天下之利」をもたらすものとして高くプラスに評價した例である。

(50) 『老子』第五十一章において、「器」に作る方が「勢」に作るよりも優れていると認めている論著には、

金谷治「帛書『老子』について――その資料性の初步的吟味――」

張舜徽『周秦道論發微』の「老子疏證」

許抗生『帛書老子注譯與研究』（增訂本）

張松如『老子說解』

黃釗『帛書老子校注析』

などがある。これらの內、第五十一章の文意を筆者と同じように解釋しているのは、ただ金谷治教授と許抗生教授だけであるが、そうだからと言って、後二者もこれを道器論を論じた文章と把えているわけではない。

(51) 『老子』第五十一章に道器論が存在していることを始めて指摘したのは、陳鼓應「《易傳・繫辭》所受老子思想的影響――兼論《易傳》乃道家系統之作」である。さらに、陳鼓應「《繫辭傳》的道論及太極・大恆說」をも參照。

（52）『管子』五行篇の成書年代は、羅根澤『諸子考索』の「"管子"探源」は、
四時第四十・五行第四十一、竝戰國末陰陽家作。
とし、金谷治『管子の研究』の第五章、第一節「時令思想」は、
五行篇の時令の成立は秦・漢期以後、漢初のころまでと考えて、ほぼ大過はないであろう。
としている。

（53）陳鼓應「論《繫辭傳》是稷下道家之作――五論《易傳》非儒家典籍」は、この資料を戰國時代の齊の稷下の尹文の作と認めているが、實際は多分そうではなくて、前漢以後の作である。

（54）本書第14章の第5節を參照。

参考文獻

赤塚忠「中國古代の思想家たちの「一」の探求」『赤塚忠著作集』第二巻　研文社　一九八七年

寺田透『道の思想』　叢書身體の思想　創文社　一九七八年

野崎守英『道　近世日本の思想』　東京大學出版會　一九七九年

穴澤辰雄「莊子の本體論」『中國古代思想論考』　汲古書院　一九八二年

張立文『中國哲學範疇發展史（天道篇）』　中國人民大學出版社　一九八八年

東京大學公開講座『道』　東京大學出版會　一九八八年

張立文主編『道』　中國哲學範疇精粹叢書　中國人民大學出版社　一九八九年

池田知久「莊子――「道」の哲學とその展開」　日原利國編『中國思想史』（上）　ぺりかん社　一九八七年

池田知久「《莊子》――"道"的哲學及其展開」（中國文）　向寧譯　南開大學學報編輯部『南開學報』（哲學社會科學版）一九八七年第二期　一九八七年

容肇祖『韓非子考證』　中央研究院歴史語言研究所單刋乙種之三　商務印書館　一九三六年
木村英一『法家思想の研究』　弘文堂書房　一九四四年
田中耕太郎『法家の法實證主義』　福村書店　一九四七年
羅根澤『諸子考索』　人民出版社　一九五八年
小野澤精一「法家思想」　宇野精一・中村元・玉城康四郎責任編集『講座　東洋思想』第四巻　東京大學出版會　一九六七年
向井哲夫「『淮南子』と墨家思想」『日本中國學會報』第三十一集　一九七九年
池田知久「墨家」　漢文研究シリーズ13『諸子百家』　尚學圖書　一九八三年
池田知久「『墨子』の經・經說と十論」　東大中哲文學會『中哲文學會報』第十號　一九八五年
金谷治『管子の研究』　岩波書店　一九八七年
Herrlee G. Creel, “*Shen Pu-hai*”, The State University of Chicago Press, Chicago, 1974.
內藤湖南「易疑」『內藤湖南全集』第七巻　筑摩書房　一九七〇年
狩野直喜『支那學文藪』　みすず書房　一九七三年
日原利國『春秋公羊傳の研究』　創文社　一九七六年
錢穆「論十翼非孔子作」『古史辨』第三册　上海古籍出版社影印本　一九八二年
李鏡池「易傳探源」『古史辨』第三册　上海古籍出版社影印本　一九八二年
武內義雄『論語の研究』『武內義雄全集』第一巻「論語篇」　角川書店　一九七八年
武內義雄『易と中庸の研究』『武內義雄全集』第三巻「儒教篇」二　角川書店　一九七八年
武內義雄『中國思想史』『武內義雄全集』第八巻「思想史篇」一　角川書店　一九七八年
津田左右吉「易の研究」『津田左右吉全集』第十六巻　岩波書店　一九六五年
津田左右吉『論語と孔子の思想』『津田左右吉全集』第十四巻　岩波書店　一九六四年

郭沫若「周易之制作時代」『青銅時代』科學出版社　一九五七年
本田濟『易學――成立と展開――』平樂寺書店　一九六〇年
戸田豐三郎『易經注釋史綱』風間書房　一九六八年
鈴木由次郎『漢易研究』（增補改訂版）明德出版社　一九七四年
李鏡池『周易探源』中華書局　一九七八年
安居香山・中村璋八『重修緯書集成』卷一上（易上）明德出版社　一九八一年
金谷治『秦漢思想史研究』（加訂增補版）平樂寺書店　一九八一年
內山俊彥『中國古代思想史における自然認識』東洋學叢書　創文社　一九八七年
李學勤「帛書《周易》與荀子一系《易》學」『中國文化』創刊號　香港中華書局　一九八九年
陳鼓應「《易傳・繫辭》所受老子思想的影響――兼論《易傳》乃道家系統之作」『哲學研究』一九八九年第一期　一九八九年
陳鼓應「《易傳・繫辭》所受莊子思想的影響」『哲學研究』一九九一年第四期　一九九一年
陳鼓應「《彖傳》與老莊」『老莊新論』中華書局　一九九一年
陳鼓應「《易傳》與楚學齊學」『道家文化研究』第一輯　上海古籍出版社　一九九二年
王葆玹「從馬王堆帛書本看《繫辭》與老子學派的關係」『道家文化研究』第一輯　上海古籍出版社　一九九二年
陳鼓應「論《繫辭傳》是稷下道家之作――五論《易傳》非儒家典籍」『道家文化研究』第二輯　上海古籍出版社　一九九二年
陳鼓應「馬王堆出土帛書《繫辭》爲現存最早的道家傳本」『哲學研究』一九九三年第二期　一九九三年
陳鼓應「《繫辭傳》的道論及太極・大恆說」『道家文化研究』第三輯　上海古籍出版社　一九九三年
陳鼓應「帛書《繫辭》和帛書《黃帝四經》」『道家文化研究』第三輯　上海古籍出版社　一九九三年
陳鼓應「帛書《繆和》・《昭力》中的老學與黃老思想之關係」『道家文化研究』第三輯　上海古籍出版社　一九九三年
廖名春「帛書《要》簡說」『道家文化研究』第三輯　上海古籍出版社　一九九三年
廖名春「論帛書《繫辭》的學派性質」『哲學研究』一九九三年第七期　一九九三年

陳鼓應「也談帛書《繫辭》的學派性質」『哲學研究』一九九三年第九期 一九九三年
王葆玹「《繫辭》帛書本與通行本的關係及其學派問題——兼答廖名春先生」『哲學研究』一九九四年第四期 一九九四年
陳鼓應『易傳與道家思想』臺灣商務印書館 一九九四年
池田知久「『馬王堆漢墓帛書周易』要篇の研究」東京大學東洋文化研究所『東洋文化研究所紀要』第一二三册 一九九四年
池田知久「帛書《要》釋文」（中國文）朱伯崑主編『國際易學研究』第一輯 華夏出版社 一九九五年
池田知久「馬王堆漢墓帛書《周易》之《要》篇研究」（中國文）牛建科譯 山東大學周易研究中心『周易研究』一九九五年第二期 山東大學《周易研究》編集委員會 一九九五年二月
池田知久「馬王堆漢墓帛書《周易・要篇》的成書年代」（中國文）陳建初譯 中國社會科學院簡帛研究中心編『簡帛研究譯叢』（第一輯）湖南出版社 一九九六年六月
李學勤『簡帛佚籍與學術史』文化叢書131 時報文化出版企業有限公司 一九九四年
池田知久「『馬王堆漢墓帛書周易』要篇の思想」東京大學東洋文化研究所『東洋文化研究所紀要』第一二六册 一九九五年
池田知久「馬王堆漢墓帛書《周易》之《要》篇釋文」（上）（下）（中國文）牛建科譯 山東大學周易研究中心『周易研究』一九九七年第二期・第三期 山東大學《周易研究》編集委員會 一九九七年二月・一九九七年五月
板野長八『儒教成立史の研究』岩波書店 一九九五年
池田知久『老莊思想』放送大學教育振興會 一九九六年
武田時昌「損益の道、持滿の道—前漢における易の擡頭—」京都大學中國哲學史研究會『中國思想史研究』第十九號 一九九六年
河北省文物研究所定州漢墓竹簡整理小組『定州漢墓竹簡論語』文物出版社 一九九七年
廖名春『帛書《易傳》初探』文史哲學集成 文史哲出版社 一九九八年
池田知久『《莊子》——「道」的思想及其演變』（中國文）黃華珍譯 國立編譯館 二〇〇一年
池田知久「郭店楚簡『窮達以時』の研究」池田知久編『郭店楚簡儒教研究』汲古書院 二〇〇三年

池田知久「《周易》與"謙讓之德"」（中國文） 曹峰譯『池田知久簡帛研究論集』 中華書局 二〇〇六年

Michael Loewe, "*Divination, mythology and monarchy in Han China*", Cambridge University Press, Cambridge (UK), 1994.

Dominique Hertzer, "*Das Mawangdui-Yijing*", Eugen Diederichs Verlag, München, 1996.

金谷治「帛書『老子』について――その資料性の初歩的吟味――」 木村英一博士頌壽記念事業會『中國哲學史の展開と模索』 創文社 一九七六年

張舜徽『周秦道論發微』 中華書局 一九八二年

許抗生『帛書老子注譯與研究』（增訂本） 浙江人民出版社 一九八五年

張松如『老子說解』 齊魯書社 一九八七年

黃釗『帛書老子校注析』 臺灣學生書局 一九九一年

傅舉有・陳松長『馬王堆漢墓文物』 湖南出版社 一九九二年

田村正敬・福宿孝夫共譯『馬王堆漢墓のすべて』 中國書店 一九九二年

高明『帛書老子校注』 新編諸子集成 中華書局 一九九六年

池田知久「《老子》的"道器論"――基於馬王堆漢墓帛書本」（中國文） 道家文化國際學術研討會『論文提要集』 北京大學哲學系 一九九六年

池田知久「《老子》的"道器論"――基于馬王堆漢墓帛書本」（中國文）『亞文』第一輯 中國社會科學出版社 一九九六年

池田知久「『老子』の道器論――馬王堆漢墓帛書本に基づいて」 東方學會『東方學會創立五十周年記念東方學論集』 一九九七年

池田知久『池田知久簡帛研究論集』（中國文） 曹峰譯 世界漢學論叢 中華書局 二〇〇六年

池田知久『老子』 馬王堆出土文獻譯注叢書 東方書店 二〇〇六年

第7章　「物化」・轉生・輪廻の思想

轉生・輪廻の思想は、もともと中國固有の傳統文化の中には存在していなかったもので、佛教とともにインドから傳えられた外來の思想である、というのが今日までの通說である。しかし、この通說は正しくない。それらはまちがいなく、中國固有の傳統文化の中、とりわけ道家思想の中に、佛教が傳わる以前から存在していた、ただしその內容が多少インドのものとは異なっているけれども。

確かに轉生・輪廻と言えば、我々はすぐにインド思想や佛教のそれらを思い起こすのであるが、インド思想や佛教が轉生・輪廻の專賣特許權を握っているわけではない。インド思想や佛教と全然交涉のなかった諸他の文化圏においても、轉生・輪廻は古くから固有の傳統思想として存在しているものがあったのである。

第1節　古代ギリシア哲學の轉生・輪廻

インド思想や佛教と全然沒交涉であった文化圏に轉生・輪廻が存在していた一例として、古代ギリシア哲學を取り上げてみよう(1)。歷史家ヘロドトス（紀元前四八四年ごろ～前四二五年ごろ）はその著『歷史』巻二で、

この說、すなわち人間の魂は不死であって、肉體が滅びた時には、その時々に生れてくる他の動物の內に入っていく、そして陸の動物、海の動物、空飛ぶ動物の凡てを經めぐると、再び生れてくる人間の身體のうちへ入って

いくが、この魂の循行は三千年を要するということを言った最初の人々は、エヂプト人たちである。この說をギリシア人たちのうちには、さきにも後にも、自分たちの獨創のものであるかのように、使用しているものがある。私はその人の名前を知ってはいるが、誌さない。（山本光雄譯編『初期ギリシア哲學者斷片集』の「ピュタゴラス及びピュタゴラスの徒」）

と證言している。この文章の中の、轉生・輪廻の說を唱えたギリシア人たちとは、山本光雄教授によればピュタゴラス（前五八二年ごろ〜前五〇〇年ごろ）及びピュタゴラスの徒を指す。ヘロドトスは、この說を最初に唱えたのはエジプト人たちであり、ピュタゴラスたちはそれを借用したにすぎないと主張しているが、ことの眞僞はどうであれ、古代ギリシアの哲學の中に相當早い時期から轉生・輪廻の思想が存在していたことになる。

また、哲學者エンペドクレス（前四九〇年ごろ〜前四三〇年ごろ）の「贖罪の歌」には、

ここに必然（運命）の女神の宣告がある。それは神々の決議したまいし太古の掟、
とこしえに力をもち　大いなる誓いによって封されてあるもの。
すなわちいわく、永生のいのちを分けあたえられたダイモーンたちのなかに
過ちをおかしてみずからの手を殺生の血に汚した者あれば、
さらにまた争いに從って　いつわりの誓いを誓った者があれば、
それらの者は至福の者たちのもとを追われて　一萬週期の三倍をさまよわねばならぬ、
その閒を通じ　死すべきものどものありとあらゆる姿に生まれかわり、
苦しみ多き生の道を　つぎつぎととりかえながら――。
すなわち空氣（アイテール）の力は彼らを大海へと追いやり、

大海は彼らを大地の面へと吐き出し、大地はかがやく太陽の
光の中へ　そして太陽は空氣の渦まきの中へ彼らを投げこむ。
それぞれのものが彼らを他から受けとり、しかしすべてが彼らを忌みきらう。
われもまたいまは　かかる者らのひとり、神のみもとより追われてさまよえる者、
ああ　狂わしき争いを　信じたばかりに――。（藤澤令夫譯「エンペドクレス」）

とある。ここには、轉生・輪廻は神々によって掟として定められた必然の法である、人間が轉生・輪廻するのは殺人罪・僞證罪を犯した原因による、人間にとって轉生・輪廻して世界をさまようことは苦しみである、などといったことを含む明確な轉生・輪廻の思想がある。

さらに、哲學者プラトン（前四二七年～前三四七年）の代表作『パイドン』にも、

「そう、たしかにありそうなことだ、ケベス。しかしそれは、けっしてよき者たちの魂のことではなく、なにか劣悪な者たちの魂のこととされねばならない。かれらの魂は、生涯みずからを養うことの劣悪であったその償いとして、よぎなくも、そのような場所のあたりを彷徨しなければならないのである。そしてそのさまよいの果てには、そのような魂にいつまでもつきまとう、かの肉體的なさが（肉體的なもの）のもつ欲望から、ふたたび魂はなんらかの躰のなかへとつなぎとめられるのである。――」

「ところで、それらの魂がつながれる行先といえば、とうぜん考えられるように、いったい魂がいかなることを生涯においてつねの習いとしてしまったかという、まさにそのことに相應じたそれぞれの性状（エートス）が、その行先となるのである」

「といわれますと、いったいどのようなものになのでしょうか、ソクラテス」

「たとえば、大食や、ほしいままな行いや、暴飲などをつつしまず、それらをつねの習慣いとしてしまった者たちは、驢馬とか、そういう獣の種族に入りこむのが、とうぜんとされよう。それとも、そうは思わないか」

「はい、たしかにおっしゃることは、しかるべきことです」

「ではさらに、不正とか専制とか略奪とかをなによりも好ましいとした者たちは、狼とか鷹とか鳶の種族に入りこむのがとうぜんである。それとも、このような魂たちの行先がほかにどこかあるとでもいおうか」

「いやありません。問題なくそのような種族にでしょう」とケベスはいった。

「それでは」とあの方はいわれた、「もうその他の場合だって明らかではないか。つまり、おのおのの者の行先は、その者のつねの習いとしてきたものに似かよい、それに相應じてくるのだ」

「はい、たしかに明らかです。そうでないことがありましょうか」

「では、それらの人たちのうちでは、もっとも幸福であり最上のところへ行く者といえば、それは公共の市民としての徳をおさめた者たちではないだろうか。つまりその徳というのは、ふつう世間で、節制とか正義と呼ばれているものであり、知を求めることのいとなみ(哲學)や知性そのものはこれにかかわることなしに、ただ慣習と習熟から生じた徳のことをいうのだが」

「では、いったいどうして彼らが一番幸福なのでしょうか」

「それは彼らがふたたび、みずからに似た公共の生活をいとなむ順化された種族、たとえばおそらく蜜蜂とか雀蜂とか蟻などの種族にいたることが、とうぜんのこととして考えられるからであり、さらにはまた、彼らがもう一度、まえとおなじ人間の種族にいたって、彼らがふたたび善良な人間として生まれてくることも、とうぜんありうるからである」

「それはとうぜんありうることです」（松永雄二譯『パイドン』）

とあって、轉生・輪廻とそれに伴う因果應報の思想が詳しく論じられている。

以上に見たように、インド思想や佛教以外に、古代ギリシアの哲學の中にも轉生・輪廻の思想があったのである。そうだとすれば、古代中國の道家思想の中に轉生・輪廻の思想があっても格別、不思議ではあるまい。

第2節　「物化」と夢の體驗

A　『莊子』『淮南子』中の「物化」

道家思想の特有な用語の一つに「物化」という言葉がある。この言葉は人間の死を「物」の變化と意味づけるものであるが、その最も早い時期に現れた例の一つ、『莊子』天道篇の夫明白於天地之德章には、

莊子曰、「吾師乎、吾師乎。韲萬物而不爲戾、澤及萬世而不爲仁、長於上古而不爲壽、覆載天地刻彫衆形而不爲巧。」此之謂天樂。故曰、「知天樂者、其生也天行、其死也物化。靜而與陰同德、動而與陽同波。」故知天樂者、无天怨、无人非、无物累、无鬼責。故曰、「其動也天、其靜也地、一心定而王天下。其鬼不祟、其魂不疲、一心定而萬物服。」言以虛靜推於天地、通於萬物。此之謂天樂。

とある[2]。この文章によれば、「物化」とは、道家の理想とする「知天樂者」の立場から、人間の死を客觀的に意味づけ

る言葉であって、人閒的な價値觀や感情・智慧・作爲などとは全く無關係の、「物」つまり存在者一般に發生するある種の變化、という意味であることになる。そして、「知天樂者」について述語された「靜而與陰同德、動而與陽同波。」は、以上のように意味づけられた人閒の死という現象が、「物」の構成元素である「陰陽」二氣の、一種の機械的な運動によるものであることをも示している。[3] 本文章中の「吾師乎、吾師乎。虀萬物而不爲戾、澤及萬世而不爲仁、長於上古而不爲壽、覆載天地刻彫衆形而不爲巧。」は、『莊子』大宗師篇の意而子・許由問答に、

許由曰、「……吾師乎、吾師乎。虀萬物而不爲義、澤及萬世而不爲仁、長於上古而不爲老、覆載天地刻彫衆形而不爲巧。」

とあるのをふまえている。[4] ただし、大宗師篇の意而子・許由問答には、「物化」の思想は含まれていないかもしれない。ともあれ、『莊子』において初めて現れた「物化」は、人閒の死という現象と密接に結びつけられて、それ（人閒の死）に對して、存在者一般に發生する變化という意味を與える言葉、とされたのである。[5]

また、『淮南子』繆稱篇に、

春女思、秋士悲、而知物化矣。號而哭、嘰而哀、知聲動矣。容貌顏色、詘伸倨句、知情僞矣。故聖人栗栗乎其內、而至乎至極矣。

とある「物化」も、單なる「物」の「變化」を指すのではなく、ある「物」が死を經過することにより他「物」となって再生する轉生を指すようである（後述）。と言うのは、同じように轉生・輪廻の思想を述べている『列子』天瑞篇に、

思士不妻而感、思女不夫而孕。

とあって、類似する表現と認められるからだ。

『莊子』の中には、もう一つの「物化」の例がある。それは齊物論篇の莊周夢爲胡蝶章の有名な文章であって、

昔者莊周夢爲胡蝶。栩栩然胡蝶也。自喩適志與、不知周也。俄然覺、則蘧蘧然周也。不知周之夢爲胡蝶與、胡蝶之夢爲周與。周與胡蝶、則必有分矣。此之謂物化。

というのである。この文章における「物化」も、上に見たのと同じように、莊周という人間の死を「物化」である、すなわち存在者一般に發生するある種の變化である、として意味づける言葉である。その、ある種の變化とは、行論の便宜のためにあらかじめ結論を示しておくならば、莊周という人間の死がそのまま空無に歸してしまうのではなく、死後に胡蝶という「物」となって再び生じ、また胡蝶の死がそのまま空無に歸することなく、死後に莊周となって再生する、という内容の轉生である。そして、作者がこのような轉生としての「物化」を莊周の夢とともに述べている[6]のは、我々人間が夢を見て何かになるという日常の平凡な體驗を根據にして、人間という存在者が死後に他の「物」となって轉生するという思想が、荒唐無稽な空想などではなく、眞實である可能性を主張するためであった。

B　轉生としての「物化」

『莊子』や『淮南子』などの道家の文獻には、以上のような轉生としての「物化」の思想を述べた文章を數多く見出すことができる。例えば、『莊子』大宗師篇の顏回・仲尼問答（一）には、

顏回問仲尼曰、「孟孫才、其母死、哭泣无涕、中心不慼、居喪不哀。无是三者、以善喪蓋魯國。固有无其實、而得其名者乎。回壹怪之。」

仲尼曰、「夫孟孫氏盡之矣。進於知矣。唯簡之而不得、夫已有所簡矣。孟孫氏不知所以生、不知所以死、不知就先、不知就後。若化爲物、以待其所不知之化已乎。且方將化、惡知不化哉。方將不化、惡知已化哉。吾特與汝、其夢

未始覺者邪。且彼有駭形而无損心、有旦宅而无情死。孟孫氏特覺、人哭亦哭。是自其所以乃。且也相與吾之耳矣。庸詎知吾所謂吾之乎。且汝夢爲鳥而厲乎天、夢爲魚而沒於淵。不識今之言者、其覺者乎、其夢者乎。造適不及笑、獻笑不及排。安排而去化、乃入於寥天一。」

とある。[7] この中の多くの「化」は、表現は確かに「物化」ではないけれども、しかし、內容はまさしく「物化」である。すなわち、孟孫氏の母という人間の死を存在者一般に發生するある種の變化と意味づけたものだ。

より詳しく述べよう。――ここの「先」とは人間としての生であり、「後」とは人間としての死であるが、その死はそのまま空無に歸してしまうのではなく死後に他「物」となって再生するのである。人間は「若化爲物」、すなわちある「物」の轉生により人間という「物」としてこの世に生まれて來るが、やがて自分にとって「其所不知之化」、つまり未經驗の死を經ることにより他「物」となって再生していく。したがって、「物化」とは、「物」に發生する死と轉生という變化の意味であり、人間を含むあらゆる「物」がその「物」としては死を經ることによって、やがて他の「物」となって轉生していくことに他ならない。「且方將化、惡知不化哉。方將不化、惡知已化哉。」は、以下の本文で引用する『淮南子』俶眞篇に、

　昔公牛哀轉病也、七日化爲虎。……方其爲虎也、不知其嘗爲人也。方其爲人、不知其且爲虎也。

とあるのによって、その意味が明確になる。人間にとってこの「化」の意味に目覺めることの難しさを言う文であって、その直接の內容は、今、「化」しようとしている時、將來なるであろう「不化」の狀態のことは豫知できないし、今、「不化」の狀態にいる時、過去に經驗したはずの「化」のことはすでに忘却している、ということである。しかし、あらゆる「物」がその「物」としては死ぬことで他「物」として轉生するというこの思想は、作者にとっては夢の中で鳥になったり魚になったりする日常の平凡な體驗からも推測できるように、荒唐無稽な空想などではなく眞實であ

る可能性を有するのであった。[8]

こうして、作者は、母という最も親しい人間の死に對して、孟孫氏の場合のような、

　孟孫才、其母死、哭泣无涕、中心不慼、居喪不哀。

という態度を、取るべき正しい態度として譽め稱えるのだ。

また、『莊子』大宗師篇の四人相與語章には、

　俄而子來有病。喘喘然將死。其妻子環而泣之。〔子〕犂往問之曰、「叱、避。无怛化。」倚其戶、與之語曰、「偉哉、造化。又將奚以汝爲、將奚以汝適。以汝爲鼠肝乎、以汝爲蟲臂乎。」子來曰、「父母於子、東西南北、唯命之從。陰陽於人、不翅於父母。彼近吾死、而我不聽、我則悍矣。彼何罪焉。夫大塊載我以形、勞我以生、佚我以老、息我以死。故善吾生者、乃所以善吾死也。今大冶鑄金、金踊躍曰、『我且必爲鏌鋣。』大冶必以爲不祥之金。今一犯（範）人之形、而曰『人耳人耳』、夫造化者必以爲不祥之人。今一以天地爲大鑪、以造化爲大冶、惡乎往而不可哉。成然寐、蘧然覺。」

とある。[9] ここに見える「化」の内容も、上の「物化」や「化」と同じであって、子來という人間の死を存在者一般のある種の變化として意味づけたものである。そして、ここにおいても、人間の死はそのまま空無に歸してしまうのではなく、死後に他「物」となって轉生すると考えられている。「鼠肝・蟲臂」が、人間が死後に轉生してなる他「物」の例であることは、言うまでもあるまい。ただ、ここには、上引の『莊子』や『淮南子』には明言されていなかった、新しいテーマが提起されている。それは、あらゆる「物」の死と轉生という意味の「物化」を引き起こす、世界の窮極的根源的な主宰者である「造化」「大塊」すなわち「道」の問題であるが、この問題については後に觸れる豫定。

C　「夢」の記述の役割

ところで、末尾の「成然寐、蘧然覺。」は、明らかに「寐」が人間としての死を比喩し、「覺」が他「物」となる轉生を比喩している[10]。上引の『莊子』齊物論篇の莊周夢爲胡蝶章には、

俄然覺、則蘧蘧然周也。

とあったが、兩者は表現がほぼ一致しているところから判斷して、大體同じ思想を表していると見なすことができよう。したがって、この一文は、『莊子』齊物論篇の莊周夢爲胡蝶章、大宗師篇の顏回・仲尼問答（一）の「夢」と同様に、我々が日常、體驗する眠りと目覺めを根據にして、あらゆる存在者の死と轉生という思想の、眞實である可能性を主張するために書かれたと考えられる。また、『淮南子』俶眞篇にも、

一範人之形而猶喜、若人者、千變萬化、而未始有極也。弊而復新、其爲樂也、可勝計邪。

の如く、轉生・輪廻の思想を述べた後に、

譬若寤爲鳥而飛於天、寤爲魚而沒於淵。方其寤也、不知其寤也、覺而後知其寤也。今將有大覺、然後知今此之爲大寤也。始吾未生之時、焉知生之樂也。今吾未死、又焉知死之不樂也。

と言う[11]。

第3節　「物化」・轉生と「陰陽」二氣

A　「物化」・轉生の諸相

以上に考察してきた、あらゆる存在者の死と轉生としての「物化」は、『莊子』『淮南子』の他の箇所にもまた見えている。例えば、『莊子』大宗師篇の四人相與語章には、

子祀子輿子犂子來四人相與語曰、「孰能以无爲首、以生爲脊、以死爲尻。孰知死生存亡之一體者。吾與之友矣。」四人相視而笑、莫逆於心。遂相與爲友。俄而子輿有病。子祀往問之。曰、「偉哉、夫造物者、將以予爲此拘拘也。」曲僂發背、上有五管、頤隱於齊、肩高於頂、句贅指天。陰陽之氣有沴、其心閒（閑）而无事。跰躃而鑑于井曰、「嗟乎。夫造物者、又將以予爲此拘拘也。」子祀曰、「汝惡之乎。」曰、「亡。予何惡。浸假而化予之左臂以爲雞、予因以求時夜。浸假而化予之右臂以爲彈、予因以求鴞炙。浸假而化予之尻以爲輪、以神爲馬、予因而乘之。豈更駕哉。且夫得者時也、失者順也。安時而處順、哀樂不能入也。此古之所謂縣解也。而不能自解者、物有結之。且夫物不勝天久矣、吾又何惡焉。」

とある。[12] これも、子輿という人間の死の場面を描いたもので、上に見てきた引用文と同様に、人間の死を「物」の「化」と意味づけている。子輿という人間が死後に轉生する「物」は、ここでは、まず抽象的に「此拘拘」と呼ばれているが、すぐ後に一層具體的に、

曲僂發背、上有五管、頤隱於齊、肩高於頂、句贅指天。

と描かれている。無論、これは人閒の身體などではない。この一文は、『莊子』人閒世篇の支離疏者章に、これをふまえて、

支離疏者、頤隱於齊、肩高於頂、會撮指天、五管在上、兩髀爲脅。

とあるが、人閒世篇は道家の轉生・輪廻の思想をすでに忘れてしまっている。なお、『淮南子』精神篇にも類似の文章があることについては、本章の注釋（13）を參照されたい。最後に、人閒の身體の各部位がそれぞれ他「物」に轉生する可能性も指摘されていて、子輿の「左臂→雞」「右臂→彈」「尻→輪」「神→馬」のように轉生するのだと言う。(13) これが上に引用した大宗師篇の同じ章の「子來→鼠肝・蟲臂」と、同じタイプの轉生の表現であることは、もはや十分に明らかではなかろうか。

また、『莊子』至樂篇の支離叔・滑介叔問答にも、

支離叔與滑介叔、觀於冥伯之丘、崑崙之虛、黃帝之所休。俄而柳生其左肘。其意蹷蹷然惡之。支離叔曰、「子惡之乎。」

滑介叔曰、「亡。予何惡。生者假借也、假之而生。生者塵垢也、死生爲晝夜。且吾與子觀化、而化及我。我又何惡焉。」

とある。(14) まず、「支離叔曰、『子惡之乎。』滑介叔曰、『亡。予何惡。……我又何惡焉。』」という問答のやりとりは、上引の『莊子』大宗師篇の四人相與語章の、

子祀曰、「汝惡之乎。」曰、「亡。予何惡。……吾又何惡焉。」

とほとんど同じ。本問答が大宗師篇の四人相與語章から借用したものにちがいない。次に、「冥伯之丘、崐崘之虛、黃

帝之所休」は、中國古代人にとって分かりやすい死のシンボルであるから、支離叔と滑介叔が觀《み》に行った「化」、また滑介叔の身に及んだ「化」とは、ここでもやはり死を意味しているはずである。そして、「俄而柳生其左肘」というのは、滑介叔という人間がその死後に「柳」となって轉生すること、もっと正確に言えば滑介叔の「左肘→柳」という轉生、を描いているのだ(15)。

さらに、『淮南子』俶眞篇に、

昔公牛哀轉病也、七日化爲虎。其兄掩戶而入覘之、則虎搏而殺之。是故文章成獸、爪牙移易、志與心變、神與形化。方其爲虎也、不知其嘗爲人也。方其爲人、不知其且爲虎也。二者代謝舛馳、各樂其成形。狡猾鈍惛、是非无端、孰知其所萌。夫水嚮冬、則凝而爲冰。冰迎春、則洋〈泮〉而爲水。冰故〈水〉移易于前後、若周員而趨。孰暇知其所苦樂乎。

とある(16)。これは、「物化」・轉生の思想を讀者に平易に説明した物語であるから、「轉病」にかかった公牛哀が死んだのか否かは、表現されていない。けれども、上に見てきたいくつかの例に基づくならば、ここの公牛哀の「人→虎」という轉化も、また人間としての死を經ることによる虎への轉生、と把えてよいと思われる。

この物語は、後漢時代の王充（二十七年ごろ～一〇〇年）『論衡』無形篇に、この文章をふまえて、

魯公牛哀寢疾、七日變而成虎。鯀殛羽山、化爲黃能。願身變者、冀〔若〕牛哀之爲虎、鯀之爲能乎。夫虎能之壽、不能過人。天地之性、人最爲貴。變人之形、更爲禽獸、非所冀也。凡可冀者、以老翁變爲嬰兒。其次、白髮復黑、齒落復生、身氣丁彊、超乘不衰、乃可貴也。徒變其形、壽命不延、其何益哉。

とあり、『論衡』では他に、奇怪・遭虎・論死・死僞の諸篇にも見えている。ただし、王充はどの篇においても、このような轉生はありえないとして否定している。また、本章の注釋（15）に引用した『抱朴子』論仙篇に「牛哀成虎。」

とあったのを參照されたい。

B　「物化」・轉生の根據としての「氣」

ところで、以上のような、あらゆる存在者の死と轉生としての「物化」には、それを成立させるために存在論的な根據を提供する理論が伴っている。それは一體何であろうか。――「物」の構成元素「氣」についての理論である。すなわち、道家の思想家たちによれば、「萬物」を構成している構成元素は、「陰陽」の二氣である。「物化」や轉生とは、「陰陽」二氣が集まることによってある「物」が生まれ、その「氣」が散ずることによってその「物」は死ぬが、しかし、その「物」を構成していた「氣」はそのまま消滅してしまうのではなく、再び（一つまたは二つ以上の）他の場所に集まって（一つまたは二つ以上の）他の「物」となって轉生していく、ということを意味している。『莊子』知北遊篇の知北遊章に、

黃帝曰、「……生也死之徒、死也生之始、孰知其紀。人之生、氣之聚也。聚則爲生、散則爲死。若死生爲徒、吾又何患。故萬物一也。是其所美者爲神奇、其所惡者爲臭腐。臭腐復化爲神奇、神奇復化爲臭腐。故曰、『通天下一氣耳。』聖人故貴一。」

とある[17]のは、端的に以上の理論を述べたものに他ならない。その核心をなす「人之生、氣之聚也。聚則爲生、散則爲死。」の文は、『莊子』至樂篇の莊子・惠子問答にも、

莊子曰、「不然。是其始死也、我獨何能无槩然。察其始、而本无生。非徒无生也、而本无形。非徒无形也、而本无氣。雜乎芒芴之閒、變而有氣。氣變而有形、形變而有生、今又變而之死。是相與爲春秋冬夏四時行也。人且偃然

寢於巨室、而我噭噭然隨而哭之、自以爲不通乎命。故止也。」

のように、詳しい「氣」の理論を伴って、同じ趣旨の文章が見えている。(18)

さらに、振り返って考えてみると、今まで引用してきた諸文章も、すでに「陰陽」二氣をもって「物化」や轉生を説明していた。例えば、『莊子』天道篇の夫明白於天地之德章・刻意篇の、

靜而與陰同德、動而與陽同波。

や、『淮南子』精神篇の、

靜則與陰倶閉、動則與陽倶開。

や、また『莊子』大宗師篇の四人相與語章の、

陰陽之氣有沴、其心閒（閑）而无事。跰𨇤而鑑于井曰、「嗟乎。夫造物者、又將以予爲此拘拘也。」……

子來曰、「父母於子、東西南北、唯命之從。陰陽於人、不翅於父母。彼近吾死、而我不聽、我則悍矣。彼何罪焉。」

などが、そうである。したがって、同じく大宗師篇の四人相與語章の、

子來曰、「……今大冶鑄金、金踊躍曰、『我且必爲鏌鋣。』大冶必以爲不祥之金。今一犯人之形、而曰『人耳人耳』、夫造化者必以爲不祥之人。今一以天地爲大鑪、以造化爲大冶、惡乎往而不可哉。」

も、ここには「陰陽」もしくは「氣」という言葉は出てこないけれども、「夫造化者」が同じ「陰陽」二氣という材料を用いて、ある時には「人」を造り、またある時には「鼠肝」「蟲臂」を造る、という存在論を述べたもの、と把えることができよう。

第4節 「物化」・轉生・輪廻思想に對する誤解

以上に考察してきたように、轉生・輪廻の思想は、もともと中國固有の傳統文化の中、特に道家思想の中に、佛教が傳わる以前からまちがいなく存在していた（輪廻の思想については次節に詳述）。しかし、今日、このような見解を唱えているのは、日本の學界でもただ筆者だけであり、[19]通說は依然として、轉生・輪廻の思想を佛教とともにインドから傳えられた外來の思想であると思いこんでいる。

A 王維詩の「物化」・轉生への誤解

一例を擧げてみよう。盛唐の詩人、王維（六九九年〜七六一年）の五言古詩「胡居士臥病遺米因贈」には、

了觀四大因、根性何所有。妄計苟不生、是身孰休咎。色聲何謂客、陰界復誰守。徒言蓮花目、豈惡楊枝肘。

とあり、同じく七言古詩「老將行」にも、

自從棄置便衰朽、世事蹉跎成白首。昔時飛箭無全目、今日垂楊生左肘。

とある。兩詩に含まれている「豈に楊枝の肘を惡まんや」と「今日 垂楊 左肘に生ず」は、ともに先に引用した『莊子』至樂篇の支離叔・滑介叔問答に、

支離叔與滑介叔、觀於冥伯之丘、崑崙之虛、黃帝之所休。俄而柳生其左肘。其意蹷蹷然惡之。支離叔曰、「子惡之乎。」

滑介叔曰、「亡。予何惡。生者假借也、假之而生。生者塵垢也、死生爲晝夜。且吾與子觀化、而化及我。我又何惡焉。」

とあるのをふまえた句である。したがって、前者「豈に楊枝の肘を悪まんや」は、人間としての死を經ることにより「楊」となって轉生するが、そのことを決して「悪まない」という意味であり、後者「今日垂楊左肘に生ず」は、今日ではさしもの將軍も老衰してしまい、やがて「垂楊が左肘に生ず」るような死と轉生が近づいているという意味である。兩句の內、キーワードである「楊」「垂楊」は、『莊子』至樂篇の支離叔・滑介叔問答の「柳」と確かに表現は異なるけれども、しかし內容は全く同じものであって、英語で言えば「willow」を指す。

ところが、現代日本の王維研究を代表する專門家、都留春雄教授の『王維』は、「老將行」の「今日垂楊生左肘」について、

おでき（こぶ）が左のひじにできる。出處は、「莊子」の外篇「至樂」に、「支離叔、滑介叔と、冥伯の邱《おか》、崑崙の虛、黃帝の休する所に觀《あそ》ぶ。俄かにして柳（瘤）、其の左肘に生ず。其の意《こころ》に蹷蹷然《けいけいぜん》（こころにショックを受けるさま）として之れを悪《にく》む云云」とあるのにもとづく。但し、本來は柳の字であるべき筈が、ここでは垂楊となっている。

と注釋した上で、一句を、

今ではその左肘に、できもののできる始末。

と翻譯している。[20]（なお、都留教授『王維』は「胡居士臥病遺米因贈」を收載していない。）この注釋と翻譯は二重の誤りを含んでいる。

一つは、一句の含む思想內容上の誤りである。すなわち、王維が、以上に考察してきた『莊子』の「物化」・轉生・

輪廻の思想を正確に理解しつつ、死と轉生のシンボルとして「垂楊が左肘に生じ」たと歌っているにもかかわらず、都留教授はその深刻な内容を全く理解せず、淺薄なくそリアリズムに基づいて「その左肘に、できもののできる始末。」と翻譯したことである。二つは、一句に對する學問的手續き上の誤りである。すなわち、都留教授は勝手に、王維が使用している「楊」の字を「柳」に改めてその注釋と翻譯を行ったが、この手續きはめちゃくちゃである。彼の腦裏には「瘤」の假借字としての「柳」が正しい文字だとする思いこみが最初からあって、英語の「willow」としての「楊」の字を素直に受け入れる餘地がなかったと考えざるをえない。

さらに、現代日本のもう一人の代表的な王維研究者、入谷仙介教授の『王維研究』も、また同じような誤りを犯している。すなわち、「胡居士臥病遺米因贈」の「豈惡楊枝肘」について、

滑介叔《かっかいしゅく》は左の肘に柳《こぶ》ができても惡まなかったというのが人間の正しい態度だ。（莊子至樂篇）

と解說しているが、その「柳」の字にわざわざ「こぶ」という振り假名を振っているのだ。[21]（なお、入谷教授『王維研究』は「老將行」の一部分を訓讀・解說しているけれども、しかし「今日垂楊生左肘」の句を解說していない。）

しかしながら、このような誤りは都留教授・入谷教授だけに限ったことではなく、古來、多くの王維研究・『莊子』研究が犯してきた通弊であった。王維研究について述べれば、明代の顧可久『唐王右丞詩集』が「胡居士臥病遺米因贈」の「徒言蓮花目、豈惡楊枝肘。」の句を、

佛家以蓮花爲心清淨、莊子以楊枝生肘爲病爲死。若了觀、乃是見心見性成佛。何啻清淨、識得萬法皆空。亦何惡死。

と解釋して、佛教の知識をも加味しながら王維の心に肉薄しようとしたけれども、これも原詩の内容にどこまで忠實かは不明なところがある。

B　王維詩への誤解の由來

これ以外の多くの研究は、淸代の趙殿成『王摩詰全集箋注』が、同じく「胡居士臥病遺米因贈」において「楊枝肘」を掲出して、

『莊子』、「支離叔與滑介叔、觀於冥伯之邱、崑崙之虛、黃帝之所休。俄而柳生其左肘。其意蹶蹶然惡之。」林希逸註、「柳、瘍也。今人謂生節也。」

と箋注したように、南宋の林希逸『莊子鬳齋口義』[22]などを先蹤としつつ都留教授・入谷教授の藍本となる解釋を行っていたのである。

『莊子』研究について述べれば、現存する最古の『莊子』注釋、郭象『莊子注』至樂篇にはほとんど注がないので、この箇所に關しては正確なところは未詳としか言いようがないが、しかし今までに引用・考察してきた大宗師篇・知北遊篇などの諸章の郭象注を調べてみると、彼は『莊子』の「物化」・轉生・輪廻を正確に理解していなかったようである。次に、検討すべき研究は成玄英『莊子疏』至樂篇である。その重要部分だけを引用すると、

蹷蹷、驚動貌。柳者、易生之木。木者、棺槨之象、此是將死之徵也。二叔遊於崑崙、觀於變化、俄頃之閒、左臂生柳、蹷然驚動、似欲惡之也。

とある。成玄英が、この問答を全體的に譬喩・象徵として解釋しているのはよいとしても、その「柳」の「木」を「棺槨之象」であると意味づけ、「柳」の「生」を「將死之徵」であると意味づけたところから判斷するならば、彼もやはり「物化」・轉生・輪廻を正確に理解していなかったと考えなければならない。なぜなら、前節ですでに見たように、

『莊子』大宗師篇の四人相與語章には「雞・彈・輪・馬」や「鼠肝・蟲臂」への轉生が、また『淮南子』俶眞篇には「虎」への轉生が、それぞれ語られていたが、それらは「棺槨之象」などを意味してはおらず、また直接的な「將死之徵」などでもなかった。したがって、成玄英は『莊子』大宗師篇の四人相與語章、『淮南子』俶眞篇と『莊子』至樂篇の本問答とを、共通の土俵の上で把えることができていなかったからである。

ちなみに、清末の郭慶藩『莊子集釋』至樂篇が引用する郭嵩燾の説は、

『說文』、「瘤、腫也。」『玉篇』、「瘤、瘜肉。」『廣韻』、「瘤、肉起疾。」『說文』亦以瘜爲寄肉。瘤之生於身、假借者也。人之有生、亦假借也。皆塵垢之附物者也。柳瘤字、一聲之轉。

というのであるが、「柳」の字を「瘤」の假借字と把えるこの類の解釋は、單に郭嵩燾だけでなく李慈銘・于鬯・孫詒讓・王先謙などもみな同じであり、これがほぼ通說となってきた。上に紹介した趙殿成『王摩詰全集箋注』が引用している林希逸の「柳、瘍也。」という說も、これとそれほど異ならないが、林希逸以後、朱得之・林雲銘・宣穎・陳壽昌・武延緒・張之純なども、みな同じ方向で解釋している。(23) 先に檢討した都留教授・入谷教授の王維研究は、このような『莊子』研究の通說の蓄積を基礎として生まれたものであった。

それにしても、『莊子』至樂篇の支離叔・滑介叔問答とそれをふまえた王維の詩に對する、以上のような解釋の誤りや偏向は、なぜ發生したのであろうか。――筆者は、佛敎がインドから傳わる以前の戰國・秦漢時代に、轉生・輪廻の思想は中國固有の傳統文化の中に存在していなかったとする通說が、先入觀となって人々の思考を束縛してきたのではないかと考える。

第5節　輪廻とその樂しみ

A「物化」・轉生から輪廻へ

第3節で考察したように、「物化」や轉生が、「氣」が集まることによってある「物」が生まれ、「氣」が散ずることによってその「物」は死ぬが、その「物」を構成していた「氣」は消滅してしまうのでなく、再び他の場所に集まって他の「物」となって轉生する、というのであるならば、この轉生は、ただ一度だけ起きることではなく、何度も繰り返して起きることになる。すなわち、『莊子』大宗師篇の四人相與語章の「子來→鼠肝・蟲臂」の轉生は、ある時にただ一度だけ起きて終わってしまう現象ではなく、それ以前に「……→A物→B物→C物→子來→鼠肝・蟲臂」という過去があり、またそれ以後に「子來→鼠肝・蟲臂→X物→Y物→Z物→……」という未來があって、永遠の過去から永遠の未來に向かって起きている現象のはずである。

このように、道家思想の考える「物化」や轉生は、必然的にそれを永遠に繰り返す輪廻とならざるをえなかったのであるが、この輪廻は思想家たちにとって望ましい狀態、すなわち人間たちの希求してやまない永生と同じものと見なすことができるのであろうか。

『莊子』至樂篇の列子・髑髏問答には、

列子行食於道、從見百歲髑髏。

攓蓬而指之曰、「唯予與女、知而（汝）未嘗死、未嘗生也。若（汝）果養（憂）乎、予果歡乎。種有幾（機）。得水則爲㡭、得水土之際、則爲鼃蠙之衣、生於陵屯、則爲陵舃。陵舃得鬱棲、則爲烏足、烏足之根爲蠐螬、其葉爲胡蝶。胡蝶胥也化而爲蟲、生於竈下。其狀若脫、其名爲鴝掇。鴝掇千日爲鳥、其名爲乾餘骨。乾餘骨之沫爲斯彌、斯彌爲食醯。頤輅生乎食醯、黃軦生乎九猷、瞀芮生乎腐蠸。羊奚比乎不箰久竹生青寧、青寧生程、程生馬、馬生人。人又反入於機。萬物皆出於機、皆入於機。」

という文章がある。[24] これといくらか似たところのある文章としては、同じく至樂篇の莊子・髑髏問答に、

莊子之楚。見空髑髏髐然有形。撽以馬捶、因而問之。曰、「夫子貪生失理、而爲此乎。將子有亡國之事、斧鉞之誅、而爲此乎。將子有不善之行、愧遺父母妻子之醜、而爲此乎。將子有凍餒之患、而爲此乎。將子之春秋故及此乎。」

於是語卒、援髑髏、枕而臥。

に始まる文章がある。列子・髑髏問答のテーマは、その形を遺している「百歲髑髏」がまだ人間としての死を完了してはおらず、同時にまだ他の「物」となって轉生するにも至っていないことを話の緒口にして、「萬物」が個々の「物」としては死を經ることによって次々に轉生を繰り返し、その結果、大きな輪廻の輪が形成されるありさまを具體的に描寫することであろう。[25]

B シェークスピア『ハムレット』瞥見

このような列子と髑髏との問答、莊子と髑髏との問答を讀むと、筆者はかの有名なイギリスの劇作家、シェークスピア（一五六四年～一六一六年）『ハムレット』の中の、第五幕第一場「墓場」のシーンを思い起こすことを禁じえない。[26]

ハムレット　アレキサンダー大王も土の中ではこんなふうになったと君は思うかね？
ホレーショ　そうでしょうな。
ハムレット　それからこんな臭いがしたか？　ぺっ！（髑髏を土のうえに置く）
ホレーショ　そうでしょうな。
ハムレット　人間は死後どんないやしい物の用に使われるかわからんのだな、ホレーショ！　アレキサンダー大王の尊い遺骸が酒樽の栓にされることだって想像できないことはないからな。
ホレーショ　それはちとご想像がすぎないでしょうか、そうまでお考えにならなくとも。
ハムレット　いや、けっしてそうではない。ごくおだやかに考えて、自然に起る結果を想像していっても、結局そこへいくよ。いいか――アレキサンダーが死ぬ、アレキサンダーは土に埋められる、アレキサンダーは塵にかえる、塵は土だ、土から粘土をつくる、そら、アレキサンダーが變化してできたその粘土でビール樽の栓をつくらんともかぎらないではないか？

皇帝シーザー死して土と化さば
もって孔をふさぎ、風をさえぎる。ああ、思いきや、
かつて一世を畏怖せしめたるかのつちくれの
壁をつくろい嚴冬の風を防がんとは！（三神勳譯『ハムレット』）

しかしながら、『ハムレット』において、アレキサンダー大王が死んだ後、彼の遺骸が酒樽の栓にされることがあるかもしれないと言うのは、人間の生の悲哀を文學的情緒的に描くためであって、古今・東西の相異の件は抜きにしても、やはり「物化」・轉生・輪廻の思想ではなかった。それに引き替え『莊子』は、同じ人間の生の悲哀を理論的に乗り越

えるために、「物化」・轉生・輪廻を存在論として唱えたのである。

C 「物化」・轉生の「環」としての輪廻

さて、『莊子』至樂篇の列子・髑髏問答にもどろう。本問答の「種」は、「萬物」の構成元素である「陰陽」二氣を比喩しており、「幾」は「機」と同じ字であって、「萬物」に宿る生長の働きを指している[27]。

作者の描寫によれば、「萬物」の轉生は、

幾（機）→鼃・鼃蠙之衣・陵舃→烏足→蠐螬・胡蝶→鴝掇→乾餘骨→斯彌→食醯・九猷・腐蠸→頤輅・黃軦・瞀芮→羊奚→青寧→程→馬→人→機

のように展開するようであるが、その始めの「幾」と終わりの「機」が同じ言葉、同じものであるから、このように展開する轉生自體が必然的に永遠に繰り返されることになる。すなわち、

幾（機）→鼃・鼃蠙之衣・陵舃→……人→機→鼃・鼃蠙之衣・陵舃→……人→機→鼃・鼃蠙之衣・陵舃→……人→機→……

のように。そして、最後の「萬物皆出於機、皆入於機。」は、「萬物皆出於機」が上文の「幾→鼃・鼃蠙之衣・陵舃」に當たり、「皆入於機」が上文の「人→機」に當たるので、以上の具體的な描寫を總括して、轉生の永遠の繰り返しとしての輪廻を理論化したテーゼであると考えられる。

以上のような輪廻は、道家思想にとって珍しいものではなく、その文獻の至るところに描かれている。例えば、『莊子』寓言篇の寓言十九章に、

萬物皆種也。以不同形相禪、始卒若環、莫得其倫。是謂天均。天均者、天倪也。

とあり、(28)『莊子』大宗師篇の知天之所爲章に、

夫大塊載我以形、勞我以生、佚我以老、息我以死。故善吾生者、乃所以善吾死也。夫藏舟於壑、藏山於澤、謂之固矣。然而夜半有力者、負之而走。昧者不知也。藏小大有宜、猶有所遯。若夫藏天下於天下、而不得所遯、是恆物之大情也。特犯（範）人之形、而猶喜之、若人之形者、萬化而未始有極也。其爲樂、可勝計邪。故聖人將遊於物之所不得遯而皆存。善夭善老、善始善終、人猶效之。又況萬物之所係、而一化之所待乎。

とある。後者は、少し後になって『淮南子』俶眞篇に、

夫大塊載我以形、勞我以生、逸我以老、休我以死。善我生者、乃所以善吾死也。夫藏舟於壑、藏山於澤、人謂之固矣。雖然、夜半有力者、負而趨、寐者不知、猶有所遁。若藏天下於天下、則无所遁其形矣。物豈可謂无大揚攉乎。一範人之形而猶喜、若人者、千變萬化、而未始有極也。弊而復新、其爲樂也、可勝計邪。

のように取られている。(29)この中の「弊而復新」の句は、『莊子』大宗師篇の知天之所爲章には見えない表現であるが、この文章全體が「物化」・轉生・輪廻を述べたものであることを十分に證明している。また、『莊子』田子方篇の孔子・老聃問答に、

（老聃）曰、「……夫天下也者、萬物之所一也。得其所一而同焉、則四支百體、將爲塵垢、而死生終始、將爲晝夜、而莫之能滑。而況得喪禍福之所介乎。……且萬化而未始有極也。夫孰足以患心已。爲道者解乎此。」

とあるが、(30)その中の「萬化而未始有極也」も轉生・輪廻の思想を述べたものであろう。これらの「千變萬化」は、人間の身體がその一生の間に、幼年→青年→中年→老年、のように様々に變化するといった程度のことを言うのではない。以上に見てきた、例えば、「……→A物→B物→C物→人間→鼠・蟲→X物→Y物→Z物→……」という類の、轉

生を永遠に繰り返す輪廻のことを言うのである。

D　賈誼「服鳥賦」と馬王堆『五行』に現れた「物化」

ちなみに、前漢初期の文帝期（紀元前一七九年～前一五七年）の儒家である、賈誼（紀元前二〇〇年～前一六八年）の「服鳥賦」にも、

且夫天地爲鑪兮、造化爲工。陰陽爲炭兮、萬物爲銅。合散消息兮、安有常則。千變萬化兮、未始有極。忽然爲人兮、何足控摶。化爲異物兮、又何足患。（『史記』賈生列傳）

とある。また、この賈誼は文帝が長安から長沙國に送りこんできた人物であるが、長沙王の太傅としてこの地に滞在していた文帝四年（前一七六年）～文帝八年（前一七二年）ごろ、彼がこの地で初めて讀んだと思われる書物の一つに、前漢初期の高祖期（前二〇六年～前一九五年）～惠帝期（前一九四年～前一八八年）の閒に、儒家の思想家の手によって成書された馬王堆漢墓帛書『五行』がある。(31) その馬王堆帛書『五行』の第七章經には、

●尸叴在桑、其子七氏。叔人君子、其宜一氏。能爲一、然后能爲君子。君子愼其獨〔也。嬰嬰〕于蜚、跂池其羽。之子于歸、袁送于野。瞻望弗及、汲沸如雨。能跂池其羽、然〔后能〕至哀。君子愼亓獨也。

の如く、「嬰嬰」（燕燕、つまり人の比喩）の死の場面が描かれている。第七章說には、

〔●〕尸叴在桑、直之。亓子七也、尸叴二子耳。曰七也、與〈興〉言也。〔叔人君子〕、其〔宜一氏、叔〕人者、□。〔宜〕者、義也。言亓所以行之義之一心也。

能爲一、然笱能爲君子、能爲一者、言能以多〔爲一〕。以多爲一也者、言能以夫〔五〕爲一也。君子愼亓蜀也、愼亓蜀者、言舍夫五而愼亓心。之胃□□。然笱一也。一者、夫五夫爲〔一〕心也。然笱德。之一也、乃德已。德猶天也、天乃德已。嬰嬰于罪、駐貤亓羽、嬰嬰、與〈輿〉也。言亓相送海也、方亓化、不在亓羽矣。之子于歸、袁送于野。詹忘弗及、〔汲〕涕如雨。能駐貤亓羽、然笱能至哀、言至也。駐貤者、言不在嗺經、然笱能〔至〕哀。夫喪、正経脩領而哀殺矣。言至內者之不在外也。是之胃蜀也。蜀者、舍體也。

とあって、その死を「化」と稱しているのだ。これらは道家の「物化」・轉生・輪廻の思想が他學派（儒家）にまで強いインパクトを與えていたことを示す格好の資料であるが、(32) その內容・特徵などは今まで見てきたのと大體同じであると言ってよい。

E　インドの轉生・輪廻と中國の轉生・輪廻の相異

もともと、佛敎がインドから傳えられる以前に、中國固有の傳統文化は轉生・輪廻の思想を持っていなかったと言われてきた。しかし、今まで見てきたように、實は、道家思想が早くから轉生・輪廻の思想を持っていたのである。ただし、この中國の傳統的な轉生・輪廻は、インドのそれらといくつかの大事な點で異なっている。例えば、インドの轉生・輪廻は靈魂・精神の不滅を前提としているのに對して、道家のそれらは身體・物質の永續を前提としているという相異など。(33)

ここでは、行論の必要上その相異をもう一つ指摘しておきたい。——インドの轉生・輪廻は苦しみであり、その苦しみを克服するためには轉生・輪廻から脱却すること、つまり解脱が必要であると考えられているのに對して、道家のそれらは樂しみであり、その樂しみは無論、克服する必要などはなく、ただ單純にそれを享受すればよいと考えられている、という相異である。上引の『莊子』大宗師篇の知天之所爲章に、

夫大塊載我以形、勞我以生、佚我以老、息我以死。故善吾生者、乃所以善吾死也。……特犯（範）人之形、而猶喜之、若人之形者、萬化而未始有極也。其爲樂、可勝計邪。故聖人將遊於物之所不得遯而皆存。善夭善老、善始善終、人猶效之。

とあったとおりだ。(34)

また、やはり上引の『淮南子』俶眞篇に、公牛哀の轉病の物語を語った後に、

二者代謝舛馳、各樂其成形。

とあったのも、轉生・輪廻の樂しみを述べている。そして、このようにそれらの樂しみを述べるのは、道家思想が轉生・輪廻を望ましい狀態、すなわち人間たちの希求してやまない永生と同じものと見なしたためかもしれない。とは言うものの、思想家たちがこのように轉生・輪廻の樂しみを述べるのは、實は道家思想の必ずしも本質的とは言えない一側面でしかなく、他にもっと本質的な一側面が存在していることも忘れてはならない。

第6節　轉生・輪廻する「萬物」と窮極的根源者の「道」

その、もっと本質的な一側面とは、本書の第6章に述べたことである。それをふまえて考察を進めることにしよう。

A　「萬物」を轉生・輪廻させる「道」

道家思想の二世界論によれば、人間を含む「萬物」を「物化」・轉生・輪廻させている世界の主宰者は「道」であり、ここでは「大塊」「造物者」「造化」などと呼ばれている。それに對して、「道」によって「物化」・轉生・輪廻させられている單なる被宰者は「萬物」である。例えば、『莊子』大宗師篇の知天之所爲章に、

夫大塊載我以形、勞我以生、佚我以老、息我以死。故善吾生者、乃所以善吾死也。……故聖人將遊於物之所不得遯而皆存。善夭善老、善始善終、人猶效之。又況萬物之所係、而一化之所待乎。

とあり、(35) 同じく大宗師篇の四人相與語章に、

俄而子輿有病。子祀往問之。曰、「偉哉、夫造物者、將以予爲此拘拘也。」……（子輿）跰𨇤而鑑于井曰、「嗟乎。夫造物者、又將以予爲此拘拘也。」子祀曰、「汝惡之乎。」曰、「亡。予何惡。……且夫物不勝天久矣、吾又何惡焉。」

俄而子來有病。喘喘然將死。……〔子〕犂往問之、……倚其戶、與之語曰、「偉哉、造化。又將奚以汝爲、將奚以汝適。以汝爲鼠肝乎、以汝爲蟲臂乎。」

子來曰、「父母於子、東西南北、唯命之從。陰陽於人、不翅於父母。彼近吾死、而我不聽、我則悍矣。彼何罪焉。夫大塊載我以形、勞我以生、佚我以老、息我以死。故善吾生者、乃所以善吾死也。今大冶鑄金、金踊躍曰、『我且必爲鏌鋣。』大冶必以爲不祥之金。今一犯人之形、而曰『人耳人耳』、夫造化者必以爲不祥之人。今一以天地爲大鑪、以造化爲大冶、惡乎往而不可哉。」

とあったとおりである。[36]

したがって、「萬物」の一つである人間は「道」に到達し「道」を把握することがない限り、いかに「道」によって「物化」・轉生・輪廻させられることに樂しみを見出そうとも、いつまでも主宰者でなく單なる被宰者、世界の主體でなく客體であるに止まって、思想家たちが解決しようとしている中心の問題、人間の自己疎外や沒主體性は、最後まで解決されないままに遺されるのではなかろうか。そうだとすれば、このような樂しみは眞の樂しみであるはずがない。

道家思想の二世界論は、すでに見たように、單に「物化」・轉生・輪廻させられる「萬物」の一つでしかない人間が、世界の窮極的な根源者「道」に到達し「道」を把握することにより、「道」の持っているオールマイティーの能力、すなわち「萬物」を「物化」・轉生・輪廻させる能力を自己のものとして獲得し、その結果ついに人間疎外を克服し主體性を確立して、自ら被宰者でなく主宰者となり、客體でなく主體となって世界に出で立つことを、その主な目的としていた。『莊子』徳充符篇の常季・仲尼問答に、

魯有兀者王駘。從之遊者、與仲尼相若。……

仲尼曰、「夫子聖人也。……」

常季曰、「彼兀者也。而王先生、其與庸亦遠矣。若然者、其用心也、獨若之何。」

仲尼曰、「死生亦大矣、而不得與之變。雖天地覆墜、亦將不與之遺。審乎无假、而不與物遷。命物之化、而守其宗也。」……

仲尼曰、「……而況官天地、府萬物、直寓六骸、象耳目、一知之所知、而心未嘗死者乎。彼且擇日而登假。人則從是也。彼且何肯以物爲事乎。」

とあるように。[37] 本文章中の「假」は、變化・遷移する「物」のあり方であり、「无假」は、變化・遷移しない「道」のあり方であって、『莊子』天道篇の老〈夫〉子曰章の「眞」と同じ意味である。そして、『莊子』在宥篇の雲將・鴻蒙問答に、

鴻蒙曰、「浮遊不知所求、猖狂不知所往。遊者鞅掌、以觀无妄。朕又何知。」

とある、「无妄」とも近い。[38] また、「其宗」は、勿論「道」のことであって、すぐ下に引く『莊子』天道篇の夫明白於天地之德章の「大本大宗」とほぼ同じ。

B　主宰者「道」に本具する「天樂」

それ故、道家思想にとって眞の樂しみは、疑いもなく世界の窮極的な根源者「道」の、「萬物」を「物化」・轉生・輪廻させる主宰者性の中にあるはずである。例えば、『莊子』天道篇の夫明白於天地之德章には、

夫明白於天地之德者、此之謂大本大宗。與天和者也。所以均調天下、與人和者也。與人和者、謂之人樂。與天和者、謂之天樂。莊子曰、「吾師乎、吾師乎。䪢萬物而不爲戾、澤及萬世而不爲仁、長於上古而不爲壽、覆載天地刻彫衆形而不爲巧。」此之謂天樂。故曰、「知天樂者、其生也天行、其死也物化。靜而與陰同德、動而與陽同波。」故知天樂者、无天怨、无人非、无物累、无鬼責。故曰、「其動也天、其靜也地、一心定而王天下。其鬼不祟、其魂不疲、一心定而萬物服。」言以虛靜推於天地、通於萬物。此之爲天樂。天樂者、聖人之心、以畜天下也。

とあるが、[39] その「天樂」こそはまさにそのような眞の樂しみ、すなわち「道」それ自體に本來具わっている樂しみ、或いは「道」に到達し「道」を把握した「聖人」の味わう樂しみである、と言うことができよう。

『莊子』においては、このような樂しみは、時に「至樂」と呼ばれることがある。例えば、至樂篇の天下有至樂章に、

天下有至樂、无有哉。有可以活身者、无有哉。……吾以无爲誠樂矣。又俗之所大苦也。故曰、「至樂无樂、至譽无譽。」天下是非、果未可定也。雖然无爲可以定是非。至樂活身、唯无爲幾存。請嘗試言之。天无爲、以之淸。地无爲、以之寧。故兩无爲相合、萬物皆化。芒乎芴乎、而无從出乎。芴乎芒乎、而无有象乎。萬物職職、皆從无爲殖。故曰、「天地无爲也、而无不爲也。」人也孰能得无爲哉。

とあるのがそれであって、(40)ここでは「至樂无樂」つまり普通一般の樂しみを超越した「至樂」「誠樂」を、「天地」の、「萬物」を「化」する「无爲」に見出している。この「化」の中には「物化」・轉生・輪廻も含まれているはずである。(41)本文章中の「萬物職職、皆從无爲殖。」、すなわち「无爲」が「萬物」を發生・運動させる「道」の性質の一つとされている點については、『老子』第二章に、

是以聲（聖）人居无爲之事、行〔不言之敎。萬物昔（作）而弗始（治）〕也、爲而弗志（恃）也、成功而弗居也。夫唯〔弗〕居、是以弗去。（馬王堆帛書甲本・乙本）

とあり、(42)また郭店楚簡『老子』甲本第二章に、

是以聖人居亡（無）爲之事、行不言之孝（敎）。萬勿（物）𠈌（作）而弗忌（治）也、爲而弗志（恃）也、成而弗居。天〈夫〉售（唯）弗居也、是以弗去也。■

とあり、『莊子』天地篇の天地雖大章に、

故曰、「古之畜天下者、无欲而天下足、无爲而萬物化、淵靜而百姓定。」

とあり、以下に引用する『老子』第十六章に、

至（致）虛極也、守情（靜）表（篤）也、萬物旁（竝）作、吾以觀其復也。天〈夫〉物雲（䞴）雲（䞴）、各復歸

於其〔根。曰情（靜）〕。（馬王堆帛書甲本・乙本）

とあり、また郭店楚簡『老子』甲本第十六章に、

至虛亙〈亟（極）〉也、獸（守）中（盅）管（篤）也、萬勿（物）方（旁）复（作）、居以須遉（復）也。天道員（貟）員（貟）、各遉（復）亓（其）堇（根）。■

とあり[43]、以下に引用する『莊子』在宥篇の黃帝・廣成子問答に、

廣成子……曰、「……无視无聽、抱神以靜、形將自正。必靜必淸、无勞女形、无搖女精、乃可以長生。目无所見、耳无所聞、心无所知、女神將守形、形乃長生。……愼守女身、物將自壯。」

とあり[44]、同じく在宥篇の雲將・鴻蒙問答に、

鴻蒙曰、「……汝徒處无爲、而物自化。墮爾形體、吐爾聰明、倫與物忘、大同乎涬溟。解心釋神、莫然无魂、萬物云云、各復其根。各復其根而不知。渾渾沌沌、終身不離。若彼知之、乃是離之。无問其名、无闚其情、物故自生。」

とある[45]。

また、田子方篇の孔子・老聃問答に、

孔子見老聃。老聃新沐、方將被髮而乾。慹然似非人。孔子便而待之。少焉見曰、「丘也眩與、其信然與。向者先生形體掘若槁木。似遺物離人而立於獨也。」

老聃曰、「吾遊於物之初。」

孔子曰、「何謂邪。」

曰、「心困焉而不能知、口辟焉而不能言、嘗爲汝議乎其將。至陰肅肅、至陽赫赫。肅肅出乎天、赫赫發乎地。兩者交通成和、而物生焉。或爲之紀、而莫見其形。消息滿虛、一晦一明、日改月化、日有所爲、而莫見其功。生有所

乎萌、死有所乎歸、始終相反乎无端、而莫知乎其所窮。非是也、且孰爲之宗。」

孔子曰、「請問遊是。」

老聃曰、「夫得是、至美至樂也。得至美而遊乎至樂、謂之至人。」

とある[46]が、ここでも「天地」の、「至陰」「至陽」が「交通成和」して「物」を「生」ずる、そのメカニズムに到達しそれを把握した「至人」の味わう樂しみを、「至美至樂」と稱している。

そして、『莊子』在宥篇の黃帝・廣成子問答に、

廣成子南首而臥。黃帝順下風、膝行而進、再拜稽首而問曰、「聞吾子達於至道。敢問、治身奈何而可以長久。」

廣成子蹷然而起曰、「善哉、問乎。來、吾語女至道。至道之精、窈窈冥冥。至道之極、昏昏默默。无視无聽、抱神以靜、形將自正。必靜必淸、无勞女形、无搖女精、乃可以長生。目无所見、耳无所聞、心无所知、女神將守形、形乃長生。愼女內、閉女外、多知爲敗。我爲女遂於大明之上矣、至彼至陽之原也。爲女入於窈冥之門矣、至彼至陰之原也。天地有官、陰陽有藏。愼守女身、物將自壯。我守其一、以處其和。故我脩身千二百歲矣、吾形未常（嘗）衰。」

黃帝再拜稽首曰、「廣成子之謂天矣。」

廣成子曰、「來、余語女。彼其物无窮、而人皆以爲終。彼其物无測、而人皆以爲極。得吾道者、上爲皇而下爲王。失吾道者、上見光而下爲土。今夫百昌皆生於土、而反於土。故余將去女、入无窮之門、以遊无極之野。吾與日月參光、吾與天地爲常。當我緡乎、遠我昏乎。人其盡死、而我獨存乎。」

とあり[47]、その一部分を翻案してやや後に成った『淮南子』詮言篇に、

故廣成子曰、「愼守而內、周閉而外、多知爲敗。毋視毋聽、抱神以靜、形將自正。不得之己、而能知彼者、未之有

也。」

とある。[48] この中の「故我脩身千二百歳矣、吾形未常（嘗）衰。」は、「道」という窮極的な根源者の生命力や永遠性を文學的に表現したもので、下文の「彼其物无窮」とほぼ同じ意味であろう。この文章によれば、廣成子のように「道」に到達し「道」を把握することができた人間は、「日月」「天地」とともに人々の希求する永生を樂しむことも不可能ではないのであった。[49]

注釋

（1）古代ギリシア哲學における轉生・輪廻の思想については、

井筒俊彦「神祕哲學」の第一部、第十二章「輪廻轉生から純粹持續へ」

齋藤忍隨「ギリシアの輪廻思想と神祕主義――インド思想への一つの手がかり――」

を參照。

（2）「一心定而王天下。……一心定而萬物服。」は、以下に掲げる「一」について述べている資料と、ほぼ同じ前漢初期の、ほぼ同じ内容の思想を表した文章である。すなわち、『莊子』在宥篇の黄帝・廣成子問答に、

廣成子蹷然而起曰、「……我守其一、以處其和。故我脩身千二百歳矣、吾形未常（嘗）衰。」

とあり（本章の注釋（48）を參照）、同じく天地篇の天地雖大章に、

天地雖大、其化均也。萬物雖多、其治一也。人卒雖衆、其主君也。……記曰、「通於一而萬事畢、无心得而鬼神服。」

とあり（本書第11章の第4節、及びその注釋（29）を參照）、同じく田子方篇の孔子・老聃問答に、

（老聃）曰、「……夫天下也者、萬物之所一也。得其所一而同焉、則四支百體、將爲塵垢、而死生終始、將爲晝夜、而莫之能滑。而況得喪禍福之所介乎。」

とあり（本書第6章の注釋（18）、本章の注釋（14）（30）、第8章の第3節、及びその注釋（8）（24）を參照）、同じく知北遊

篇の知北遊章に、

黄帝曰、「……人之生、氣之聚也。聚則爲生、散則爲死。若死生爲徒、吾又何患。故萬物一也。……故曰、『通天下一氣耳。』聖人故貴一。」

とあり（本書第8章の第2節・第4節、及びその注釋（26）を參照）、『老子』第三十九章に、

昔之得一者、天得一以清、地得〔一〕以寧、神得一以靁（靈）、浴（谷）得一以盈、侯〔王得一〕而以爲正。（馬王堆帛書甲本・乙本）

とあり、同じく第四十二章に、

〔道生一、一生二、二生三、三生萬物。萬物負陰而抱陽〕、中（沖）氣以爲和。（馬王堆帛書甲本・乙本）

とあり（本書第2章の第7節、その注釋（52）、本章の注釋（48）、第8章の第5節、及びその注釋（44）を參照）、同じく第十章に、

〔戴（載）營袙（魄）抱一、能毋离（離）乎。槫（專）氣至（致）柔〕、能嬰兒乎。脩除玄藍（鑒）、能毋疵乎。愛〔民栝（活）邦、能毋以爲乎。天門啓闔、能爲雌乎。明白四達、能毋以知（智）乎〕。（馬王堆帛書甲本・乙本）

とあり（本章の注釋（48）、及び第10章の注釋（36）（43）を參照）、同じく第二十二章に、

曲則金〈全〉、枉則定、洼（窪）則盈、敝則新、少則得、多則惑。是以聲（聖）人執一、以爲天下牧。不〔自〕視（示）故明、不自見故章（彰）、不自伐故有功、弗矜故能長。夫唯不爭、故莫能與之爭。古〔之所胃（謂）曲金〈全〉者、幾（豈）〕語才（哉）。誠金〈全〉歸之。（馬王堆帛書甲本・乙本）

とあり（本章の注釋（48）を參照）、『管子』心術下篇に、

慕選而不亂、極變而不煩、執一之君子。執一而不失、能君萬物。日月之與同光、天地之與同理。

とあり、同じく內業篇に、

化不易氣、變不易智、惟執一之君子能爲此乎。執一不失、能君萬物。君子使物、不爲物使。得一之理、治心在於中、治言出於口、治事加於人。然則天下治矣。一言得而天下服、一言定而天下聽、公之謂也。

とある（本書第10章の注釈（37）を參照）。これらの文章はいずれも、より古い『呂氏春秋』大樂篇の、

道也者、至精也。不可爲形、不可爲名、彊（強）爲之〔名〕、謂之太乙（一）。故一也者制令、兩也者從聽。先聖擇兩法一、是以知萬物之情。故能以一聽政者、樂君臣、和遠近、説黔首、合宗親。能以一治其身者、免於災、終其壽、全其天。能以一治其國者、姦邪去、賢者至、成大化。能以一治天下者、寒暑適、風雨時、爲聖人。故知一則明、明兩則狂。

や（本書第2章の第4節を參照）、または同じく執一篇の、

天地陰陽不革、而成萬物不同。……王者執一、而爲萬物正。軍必有將、所以一之也。國必有君、所以一之也。天下必有天子、所以一之也。天子必執一、所以摶〈摶〉之也。一則治、兩則亂。

や、または同じく有度篇の、

先王不能盡知、執一而萬物治。使人不能執一者、物感之也。

あたりに基づくものであろう。

「言以虛靜推於天地、通於萬物。」は、『莊子』天地篇の天地雖大章に、

故通於天地者、德也。行於萬物者、道也。

とあるのを參照。

（3）「故曰、『知天樂者、其生也天行、其死也物化。靜而與陰同德、動而與陽同波。』故知天樂者、无天怨、无人非、无物累、无鬼責。」については、本章の第6節、及び第9章の注釈（14）を參照。これと類似する文章が、『莊子』刻意篇に、

故曰、「聖人之生也天行、其死也物化。靜而與陰同德、動而與陽同波。」不爲福先、不爲禍始。感而後應、迫而後動、不得已而後起。去知與故、循天之理。故無天災、無物累、無人非、無鬼責。其生若浮、其死若休。不思慮、不豫謀、光矣而不耀、信矣而不期。其寢不夢、其覺無憂。其神純粹、其魂不罷。虛無恬惔、乃合天德。故曰、「悲樂者德之邪、喜怒者道之過、好惡者德之失。」故心不憂樂、德之至也。一而不變、靜之至也。无所於忤、虛之至也。不與物交、淡之至也。无所於逆、粹之至也。

とあり（本書第9章の注釈（14）、及び第10章の注釈（15）（35）を參照）、また『淮南子』精神篇に、

　夫悲樂者德之邪也、而喜怒者道之過也、好憎者心之暴也。故曰、「其生也天行、其死也物化。靜則與陰倶閉、動則與陽倶開。」精神澹然無極、不與物散、而天下自服。……感而應、迫而動、不得已而往。如光之耀、如景之放。……是故其寢不夢、其智不萌、其魄不抑、其魂不騰。

とあり、さらに『文子』九守篇に、

　老子曰、「所謂聖人者、……夫哀樂者德之衺也、好憎者心之累也、喜怒者道之過也。故其生也天行、其死也物化。靜卽與陰合德、動卽與陽同波。……不爲福始、不爲禍先。死生無變於己、故曰至神。」

とあるのを參照。

その中の「无鬼責」は、『莊子』天地篇の天地雖大章に、

　故曰、「古之畜天下者、无欲而天下足、无爲而萬物化、淵靜而百姓定。」記曰、「通於一而萬事畢、无心得而鬼神服。」

とあり、同じく庚桑楚篇の備物以將形章に、

　爲不善乎顯明之中者、人得而誅之。爲不善乎幽閒之中者、鬼得而誅之。明乎人、明乎鬼者、然後能獨行。

とあり、『老子』第六十章に、

　〔治大邦、若亨（烹）小鮮。以道立（莅）天下、亓（其）鬼不神。非亓（其）鬼不神也、亓（其）神不傷人也。非亓（其）申（神）不傷人也、聖人亦弗傷〔也。夫兩〕不相〔傷、故〕德交歸焉。（馬王堆帛書甲本・乙本）

とあるのを參照。

「其鬼不祟、其魂不疲。」は、上文の「无鬼責」とは異なり、「知天樂者」の精神について言う。上引の『莊子』刻意篇にも、

　其寢不夢、其覺無憂。其神純粹、其魂不罷。虛無恬惔、乃合天德。

とあり、同じく『淮南子』精神篇にも、

　精神澹然無極、不與物散、而天下自服。……是故其寢不夢、其智不萌、其魄不抑、其魂不騰。

とあったとおりである。

（4）本書第6章の第1節、及びその注釋（3）を參照。

（5）本章の注釋（12）を參照。

（6）「周與胡蝶、則必有分矣。」とあるとおり、作者にとって莊周と胡蝶とは同じ「物」ではなく、異なった「物」なのである。

（7）本書第9章の第3節を參照。「孟孫氏不知所以生、不知所以死、不知就先、不知就後。」は、『莊子』大宗師篇の三人相與友章に、

孔子曰、「……夫若然者、又惡知死生先後之所在。」

とあるのをやや詳しく言ったものである。

「且彼有駭形而无損心、有旦宅而无情死。」は、これをふまえた『淮南子』精神篇に、

且人有戒形而無損心、有綴（輟）宅而無耗精。夫癩者趨不變、狂者形不虧。神將有所遠徙、孰暇知其所爲。故形有摩而神未嘗化者、以不化應化、千變萬抮而未始有極。化者、復歸於無形也。不化者、與天地俱生也。夫木之死也、青青去之也。夫使木生者豈木也。猶充形者之非形也。故生生者未嘗死也、其所生則死矣。化物者未嘗化也、其所化則化矣。

とあって、道家思想も後の時代になれば後になるほど、その轉生・輪廻の思想における「心」「神」の不滅が強調されるようになっていく。

（8）この問答の中の「吾特與汝、其夢未始覺者邪。」は、同じように夢に關する記述ではあるけれども、今、人間として行っている認識の確實性と不確實性について言う。――「夢」は認識が不確實であることを、「覺」は認識が確實であることをそれぞれ比喩しているのである。この點で、下文の「且汝夢爲鳥而厲乎天、夢爲魚而沒於淵。不識今之言者、其覺者乎、其夢者乎。」とは異なっている事實に注意されたい。なお、『莊子』齊物論篇の瞿鵲子・長梧子問答の、

夢飮酒者、旦而哭泣、夢哭泣者、旦而田獵。方其夢也、不知其夢也。夢之中又占其夢焉、覺而後知其夢也。且有大覺、而後知此其大夢也。而愚者自以爲覺、竊竊然知之。君乎牧乎、固哉。丘也與女、皆夢也。予謂女夢、亦夢也。是其言也、其名爲弔詭。萬世之後、而一遇大聖知其解者、是旦暮遇之也。

という文章も（本書第13章の第3節を參照）、人間の認識の不確實性を「夢」によって比喩し、確實性を「覺」によって比喩している。

「且汝夢爲鳥而厲乎天、夢爲魚而沒於淵。不識今之言者、其覺者乎、其夢者乎。」は、これをふまえた『淮南子』俶眞篇に、

　譬若㝱爲鳥而飛於天、㝱爲魚而沒於淵。方其㝱也、不知其㝱也、覺而後知其㝱也。今將有大覺、然後知今此之爲大㝱也。

とある（本章の注釋（11）を參照）。

（9）本章の第3節・第5節、その注釋（36）、第8章の第3節、及び第9章の第3節を參照。「夫大塊載我以形、勞我以生、佚我以老、息我以死。故善吾生者、乃所以善吾死也。」は、『莊子』大宗師篇の知天之所爲章に、全く同一の文章があり、後の『淮南子』俶眞篇にも、

　夫大塊載我以形、勞我以生、逸我以老、休我以死。善我生者、乃所以善吾死也。

とある（本章の第5節、その注釋（29）、及び第8章の第4節を參照）。また、『荀子』大略篇の、

　子貢曰、「大哉死乎。君子息焉、小人休焉。」

や、『列子』天瑞篇の、

　子貢曰、「大哉死乎。君子息焉、小人伏〈休〉焉。」仲尼曰、「賜、汝知之矣。人胥知生之樂、未知生之苦。知老之憊、未知老之佚。知死之惡、未知死之息也。」

なども、これをふまえて書かれた文章である。

「今一犯（範）人之形」は、『莊子』大宗師篇の知天之所爲章に、

　特犯（範）人之形、而猶喜之、若人之形者、萬化而未始有極也。

とあり、『淮南子』俶眞篇に、

　一範人之形而猶喜、若人者、千變萬化、而未始有極也。

とあるのを參照。「犯」は、鑄器の「範」を動詞として用いたもので、鑄型に入れて作るの意。

（10）本書第9章の注釋（29）を參照。

（11）これは、本章の注釋（8）で指摘した、二種類の「夢」が混同されてしまった例である。

（12）「孰能以无爲首、以生爲脊、以死爲尻。孰知死生存亡之一體者。吾與之友矣。」は、『莊子』知北遊篇の冉求・仲尼問答に、

仲尼曰、「……不以生生死、不以死死生。死生有待邪。皆有所一體。有先天地生者、物邪。」

とあり（本書第6章の第2節、その注釋（18）、第8章の第3節、及びその注釋（26）（43）を參照）、同じく庚桑楚篇の古之人章に、

其次曰、「始无有、既而有生、生俄而死。以无有爲首、以生爲體、以死爲尻。孰知有无死生之一守者。吾與之爲友。」

とある（本書第5章の注釋（10）、及び第8章の注釋（26）を參照）。

「且夫得者時也、失者順也。安時而處順、哀樂不能入也。此古之所謂縣解也。」は、『莊子』養生主篇の秦失・弟子問答に、

秦失曰、「……向吾入而弔焉、有老者哭之如哭其子、少者哭之如哭其母。彼其所以會之、必有不蘄言而言、不蘄哭而哭者。是遁天倍情、忘其所受。古者謂之遁天之刑。適來、夫子時也。適去、夫子順也。安時而處順、哀樂不能入也。古者謂是帝之縣解。」

とあるのをふまえている（本書第8章の注釋（15）（27）、第9章の注釋（29）、及び第10章の注釋（13）（14）（19）を參照）。

そして、「此古之所謂縣解也」「古者謂是帝之縣解」とは、例えば、『孟子』公孫丑上篇の、

當今之時、萬乘之國行仁政、民之悅之、猶解倒懸也。

あたりを指すのであろうか。ちなみに、賈誼『新書』解縣篇には、

天下之勢方倒縣、竊願陛下省之也。凡天子者、天下之首也。何也、上也。蠻夷者、天下之足也。何也、下也。蠻夷徵令、是主上之操也。天子共貢、是臣下之禮也。足反居上、首顧居下、是倒縣之勢也。天下倒縣、莫之能解、猶爲國有人乎。

という文章がある。

（13）この文章をふまえて、『淮南子』精神篇に、

子求行年五十有四而病傴僂。脊管高于頂、腸下迫頤、兩髀在上、燭營指天。匍匐自闚於井曰、「偉哉、夫造化者。其以我爲此拘拘邪。」此其視變化亦同矣。

とあり、『抱朴子』（紀元三一七年ごろ成書）博喩篇に、

是以翠虯覩化益而登玄雲、靈鳳値孟戲而反丹穴、子永歎天倫之偉、漆園悲被繡之犧。

とある。蛇足を加えて言えば、後者の「子永歎天倫之偉」の「偉」は、『莊子』大宗師篇の四人相與語章の「偉哉、夫造化者。」「偉哉、夫造化。」などから取った表現であろう。

（14）「生者假借也、假之而生。生者塵垢也、死生爲晝夜。」は、『莊子』大宗師篇の知天之所爲章に、

死生、命也。其有夜旦之常、天也。

とあり（本書第８章の注釋（24）、及び第９章の注釋（29）を參照）、同じく大宗師篇の三人相與友章に、

孔子曰、「……彼方且與造物者爲人、而遊乎天地之一氣。彼以生爲附贅縣疣、以死爲決疢潰癰。夫若然者、又惡知死生先後之所在。假於異物、託於同體、忘其肝膽、遺其耳目、反覆終始、不知端倪。」

とあり（本章の注釋（17）、第８章の第２節、及びその注釋（17）を參照）、同じく田子方篇の孔子・老耼問答に、

（老耼）曰、「……夫天下也者、萬物之所一也。得其所一而同焉、則四支百體、將爲塵垢、而死生終始、將爲晝夜、而莫之能滑。而況得喪禍福之所介乎。」

とあり（本書第６章の注釋（18）、本章の注釋（２）（30）、第８章の第３節、及びその注釋（８）（24）を參照）、同じく知北遊篇の舜・丞問答に、

（丞）曰、「汝身非汝有也。……」舜曰、「吾身非吾有也、孰有之哉。」（丞）曰、「是天地之委形也。生非汝有、是天地之委和也。性命非汝有、是天地之委順也。孫子非汝有、是天地之委蛻也。」

とある（本書第８章の第３節、その注釋（27）、及び第10章の注釋（19）を參照）。

（15）この文章をふまえて、『抱朴子』論仙篇に、

若謂人稟正性、不同凡物、皇天賦命、無有彼此、則牛哀成虎、楚嫗爲黿、枝離爲柳、秦女爲石、死而更生、男女易形、老彭之壽、殤子之夭、其何故哉。苟有不同、則其異有何限乎。

とある。その「枝離」は、『莊子』至樂篇の支離叔・滑介叔問答の「支離叔」を指しているが、正しくは「滑介叔」と書くべきところである。いずれにしても、「枝離爲柳」が轉生の思想を表現したものであることには、疑問の餘地がない。

（16）本書第９章の第３節を參照。

（17）本章の注釋（2）、第8章の第2節・第4節、及びその注釋（26）を參照。「死之徒」は、『老子』の「死之徒」とは言葉は同じであるけれども、意味は相當に異なる。『老子』第五十章に、

〔出〕生、〔入死。生之徒十〕有〔三、死之〕徒十有三、而民生生、動皆之死地之十有三。夫何故也、以亓（其）生生也。（馬王堆帛書甲本・乙本）

とあり、同じく第七十六章に、

●人之生也柔弱、亓（其）死也䏰（筋）仞（肕）賢（堅）強。萬物草木之生也柔脆、亓（其）死也楎（枯）槀（槁）。故曰、「堅強者死之徒也、柔弱微細生之徒也。」兵強則不勝、木強則恒（極）。強大居下、柔弱微細居上。（馬王堆帛書甲本）

とある。

「孰知其紀」は、『莊子』達生篇の子列子・關尹問答に、

關尹曰、「……彼將處乎不淫之度、而藏乎无端之紀、遊乎萬物之所終始。」

とあり（本書第3章の注釋（7）を參照）、『列子』黃帝篇に、

關尹曰、「……彼將處乎不深之度、而藏乎無端之紀、游乎萬物之所終始。」

とあり（本書第3章の注釋（7）を參照）、『莊子』田子方篇の孔子・老聃問答に、

（老聃）曰、「……至陰肅肅、至陽赫赫。肅肅出乎天、赫赫發乎地。兩者交通成和、而物生焉。或爲之紀、而莫見其形。消息滿虛、一晦一明、日改月化、日有所爲、而莫見其功。生有所乎萌、死有所乎歸、始終相反乎无端、而莫知乎其所窮。非是也、且孰爲之宗。」

とある（本章の第6節、及びその注釋（41）（46）を參照）。

「故萬物一也」は、『莊子』逍遙遊篇の肩吾・連叔問答に、

連叔曰、「……之人也、之德也、將旁礴萬物以爲一。世蘄乎亂、孰弊弊焉以天下爲事。」

とあり（本書第8章の注釋（19）を參照）、『淮南子』俶眞篇に、

至德之世、……當此之時、莫之領理、決離隱密而自成、渾渾蒼蒼、純樸未散、旁薄爲一、而萬物大優。是故雖有羿之知、

而無所用之。

とある（本書第８章の注釋（19）、及び第10章の注釋（40）を參照）などの、「萬物一體」思想の端的な表現である（本書の第８章、中んづくその注釋（19）を參照）。

「是其所美者爲神奇、其所惡者爲臭腐。臭腐復化爲神奇、神奇復化爲臭腐。」は、人閒の主觀の相異に基づく評價の相異の問題を論じているとする誤解が多いけれども、そうではなくて、反對に客觀的な世界が「物化」・轉生・輪廻する樣子を描いている文章である。

「通天下一氣耳」は、『莊子』大宗師篇の三人相與友章に、

孔子曰、「彼遊方之外者也。……彼方且與造物者爲人、而遊乎天地之一氣。彼以生爲附贅縣疣、以死爲決疣潰癰。夫若然者、又惡知死生先後之所在。」

とある（本章の第３節、その注釋（14）、第８章の第２節、及びその注釋（17）を參照）。

(18) 本章の注釋（41）、第９章の第３節、及びその注釋（29）を參照。

(19) 二〇〇四年十二月、鹿兒島大學のT．S．という助教授が、「物化小考」という論文を著して、筆者の創始した、『莊子』『淮南子』に見える「物化」・轉生・輪廻の思想に關する以上の學說を剽竊し、あたかも自分自身の考えた說であるかのように裝った。筆者がアンフェアーであると言って直ちに抗議したところ、T．S．助教授は電子メールで筆者に謝罪し、謝罪文を公表すると約束した。にもかかわらず、今日（二〇〇八年六月）に至るまで謝罪文を公表しないので、學問における最低限の倫理が確立されることを願って、ここに敢えて事實を公表する。

(20) 都留春雄『王維』は、中國詩人選集６、岩波書店を參照。

(21) 入谷仙介『王維研究』は、東洋學叢書、創文社を參照。

(22) 林希逸『莊子鬳齋口義』については、周啓成校注『莊子鬳齋口義校注』を參照。

(23) 『莊子』至樂篇の支離叔・滑介叔問答に關する、從來の諸說の整理と筆者自身の解釋については、拙著『莊子』下を參照。

(24) また、『列子』天瑞篇に、

子列子適衞、食於道。從者見百歳髑髏。攓蓬而指、顧謂弟子百豐曰、「唯予與彼、知而（汝）未嘗生、未嘗死也。此過養乎、此過歡乎。

種有幾。若𪓰爲鶉。得水爲㡭、得水土之際、則爲𪓰蠙之衣、生於陵屯、則爲陵舃。陵舃得鬱栖、則爲烏足、烏足之根爲蠐螬、其葉爲胡蝶。胡蝶胥也化而爲蟲、生竈下。其狀若脱、其名曰鴝掇。鴝掇千日化而爲鳥、其名曰乾餘骨。乾餘骨之沫爲斯彌、斯彌爲食醯頤輅。食醯頤輅生乎食醯黄軦、食醯黄軦生乎九猷、九猷生乎瞀芮、瞀芮生乎腐蠸。羊肝化爲地皐、馬血之爲轉鄰也、人血之野火也、鷂之爲鸇、鸇之爲布穀、布穀久復爲鷂也。燕之爲蛤也、田鼠之爲鶉也、朽瓜之爲魚也、老韭之爲莧也、老羭之爲猨也、魚卵之爲蟲。亶爰之獸自孕而生曰類、河澤之鳥視而生曰鶂。純雌其名大腰、純雄其名稺蜂。思士不妻而感、思女不夫而孕。后稷生乎巨跡、伊尹生乎空桑。厥昭生乎濕、醯雞生乎酒、羊奚比乎不筍久竹生青寧、青寧生程、程生馬、馬生人。人久入於機。萬物皆出於機、皆入於機。」

とあるのは、『莊子』至樂篇の列子・髑髏問答をふまえて、それを冗長に敷衍したものである。

(25)『莊子』至樂篇の「而未嘗死、未嘗生也。」や『列子』天瑞篇の「而未嘗生、未嘗死也。」は、後の佛敎における「中有」或いは「中陰」と類似の狀態を指して言っているのかもしれない。

(26) シェークスピア『ハムレット』は、三神勳譯、河出世界文學大系6、河出書房新社を參照。

(27)「種」は、すぐ下に引用する『莊子』寓言篇の寓言十九章に、

萬物皆種也。以不同形相禪、始卒若環、莫得其倫。

とある、「種」と全く同じ（本章の第5節、その注釋（28）、第8章の注釋（17）（42）、及び第13章の第3節を參照）。

「幾」「機」は、『莊子』應帝王篇の鄭有神巫章に、

鄭有神巫、曰季咸。知人之死生存亡、禍福壽夭、期以歳月旬日若神。……壺子曰、「鄕吾示之以地文。萌乎不震不正〈止〉。是殆見吾杜德機也。」……壺子曰、「鄕吾示之以天壤。名實不入、而機發於踵。是殆見吾善者機也。」……壺子曰、「吾鄕示之以太沖莫勝。是殆見吾衡氣機也。」

とあり、『淮南子』精神篇に、

鄭之神巫相壺子林、見其徵、告列子。列子行泣報壺子。壺子持以天壤、名實不入、機發於踵。壺子之視死生亦齊。

とあり、『列子』黄帝篇に、

有神巫自齊來處於鄭、命曰季咸。知人死生存亡、禍福壽夭、期以歳月旬日如神。……壺子曰、「向吾示之以地文。罪乎不誫不止。是殆見吾杜德幾也。」……壺子曰、「向吾示之以天壤。名實不入、而機發於踵。此爲杜權。是殆見吾善者幾也。」……壺子曰、「向吾示之以太沖莫眹。是殆見吾衡氣幾也。」

とある、「機」「幾」とほぼ同じ。

「程」は、『尸子』佚文（殷敬順『列子釋文』所引）に、

程、中國謂之豹、越人謂之貘。

とあり、沈括『夢溪筆談』巻三に、

『莊子』云、「程生馬。」嘗觀『文字注』、「秦人謂豹曰程。」余至延州、人至今謂虎豹爲程、蓋言蟲也。方言如此、抑亦舊俗也。

とある。

「馬生人」は、秦孝公二十一年の時のこととして、『史記』六國年表・『漢書』五行志下之上に出る。ただし、『莊子』や『列子』のこの箇所は、劉向や京房の言うが如き災異說ではない。

(28)　本章の注釋（27）、及び第8章の注釋（17）（42）、及び第13章の第3節を參照。その一部分が、『淮南子』精神篇に、

以不同形相嬗也、終始若環、莫得其倫。

のように取られている。この箇所について、後漢時代の高誘は、

嬗、傳也。萬物之形不同、道以相傳生也。倫、理也、道也。人莫能得焉。

と注している。

「天均」と「天倪」については、本書第1章の第3節、及びその注釋（22）を參照。

(29)　本書第8章の第3節、及びその注釋（18）を參照。

（30）本書第6章の注釋（18）、本章の注釋（2）（14）、第8章の第3節、及びその注釋（8）（24）を參照。

（31）賈誼と馬王堆帛書『五行』との關係については、
龐樸「馬王堆帛書解開了思孟五行說之謎——帛書《老子》甲本卷後古佚書之一的初步研究」
拙著『馬王堆漢墓帛書五行篇研究』の第一部、第一章、第四節「前漢時代初期の長沙國と長沙國丞相」、及び第一部、第二章、第一節、四「龐樸「馬王堆帛書解開了思孟五行說之謎」の檢討」
を參照。

（32）もしも人間の死を「化」である、すなわち「物化」・轉生・輪廻であると認めるならば、「孝」を始めとする儒家の倫理はその大半が成立しがたくなるであろう。この問題については本書第9章の第2節を參照。それ故、筆者は賈誼の轉生の思想や『五行篇』の「化」の思想を、儒家が古くから持っていた本來の思想ではなく、道家からの強いインパクトに影響されて成ったものと見なすのである。

（33）ここに述べたとおり、道家の轉生・輪廻は、身體・物質の永續を前提とするのが基本ではあるけれども、しかし、古代ギリシアやインドの轉生・輪廻と同じように、靈魂・精神の不滅を前提とする例外も相當數、存在している。例えば、『淮南子』精神篇には、

故形有摩而神未嘗化者、以不化應化、千變萬抮而未始有極。化者、復歸於無形也。不化者、與天地俱生也。夫木之死也、青青去之也。夫使木生者豈木也。猶充形者之非形也。故生生者未嘗死也、其所生者則死矣。化物者未嘗化也、其所化則化矣。輕天下、則神無累矣。細萬物、則心不惑矣。齊死生、則志不懾矣。同變化、則明不眩矣。

とあり、『文子』九守篇には、

老子曰、「……故形有靡而神未嘗化、以不化應化、千變萬轉而未始有極。化者、復歸於無形也。不化者、與天地俱生也。故生生者未嘗生、其所生者卽生。化化者未嘗化、其所化者卽化。此眞人之游、純粹之道也。」

とある。これらの文章によれば、「化者」は「千變萬抮」させられる「萬物」であり、「形」（身體・物質）である。それに對して、「不化者」は「千變萬抮」させる「道」であり、「神」（靈魂・精神）である。兩者の關係は、「與天地俱生也」の eternal な

「道」が「復歸於無形也」のtemporalな「萬物」を「千變萬抮」させる、という「道」の主導性があって始めて、轉生・輪廻が成立している。

そして、このような靈魂・精神の不滅を前提とする轉生・輪廻は、もう少し早い時代の『莊子』德充符篇の常季・仲尼問答の、

仲尼曰、「死生亦大矣、而不得與之變。雖天地覆墜、亦將不與之遺。審乎无假、而不與物遷。命物之化、而守其宗也。」……

仲尼曰、「……而況官天地、府萬物、直寓六骸、象耳目、一知之所知、而心未嘗死者乎。」

や、『莊子』天道篇の老〈夫〉子曰章の、

老〈夫〉子曰、「夫道、於大不終、於小不遺。故萬物備。廣廣乎其无不容也、淵乎其不可測也。……審乎无假、而不與利遷、極物之眞、能守其本。故外天地、遺萬物、而神未嘗有所困也。」（本書第6章の注釋（5）、及び第9章の注釋（13）を參照）

や、また『淮南子』覽冥篇の、

又況夫宮〈官〉天墜、懷萬物、而友造化、含至和、直偶于人形、觀九鑽一、〔一〕知之所知、而心未嘗死者乎。

などにも認めることができる。なお、本書第6章の第1節、及びその注釋（5）を參照。

（34）本章本節の上文、及びその注釋（29）を參照。

（35）「又況萬物之所係、而一化之所待乎。」は、『莊子』人閒世篇の顏回・仲尼問答に、

夫子曰、「……夫徇耳目內通、而外於心知、鬼神將來舍。而況人乎。是萬物之化也。禹舜之所紐也、伏戲几蘧之所行終。而況散焉者乎。」

とあるのを參照。「萬物之所係」「一化之所待」とは、言うまでもなく「大塊」すなわち「道」を指す。

（36）本章の第2節・第3節、第8章の第3節、及び第9章の第3節を參照。その「夫造物者」「天」「夫造化者」「陰陽」「大塊」「大冶」は、いずれもみな、形而上學的な「道」及びそのコントロールの下にある物質的な元素「氣」を指す。これらの內、「夫造物者」や「夫造化者」は、どこかしら宗教的な主宰者の香りがするけれども、しかし、宗教的な主宰者という意味ではない。それらは下文で「陰陽」と言い換えられているところからも知られるように、「道」とそのコントロール下の「氣」の、擬人化

された文學的修辭的な表現なのである。

（37）本書第6章の第1節、その注釋（5）、本章の注釋（48）、及び第10章の注釋（40）を參照。

（38）本書第8章の注釋（28）を參照。

（39）本章の第2節、その注釋（3）、第9章の注釋（14）（17）、第10章の注釋（15）、及び第11章の注釋（4）（35）を參照。

（40）「天无爲、以之清。地无爲、以之寧。故兩无爲相合、萬物皆化。」については、本書第10章の注釋（16）を參照。「道」が「天地」を「清寧」などにさせている點については、『老子』第三十九章に、

昔之得一者、天得一以清、地得〔一〕以寧、神得一以霝（靈）、浴（谷）得一以盈、侯〔王得一〕而以爲正。亓（其）致之也、胃（謂）天毋已（以）清將恐〔蓮（裂）〕、胃（謂）地毋〔已（以）寧〕將恐〔發〕、胃（謂）神毋已（以）霝（靈）〔將〕恐歇、胃（謂）浴（谷）毋已（以）盈將恐渴、胃（謂）侯王毋已（以）貴〔以高將恐欮（蹶）〕。（馬王堆帛書甲本・乙本）

とあり、『韓非子』解老篇に、

道者、萬物之所然也、萬理之所稽也。……天得之以高、地得之以藏、維斗得之以成其威、日月得之以恆其光、五常得之以常其位、列星得之以端其行、四時得之以御其變氣、軒轅得之以擅四方、赤松得之與天地統、聖人得之以成文章。

とあり、『莊子』大宗師篇の知天之所爲章に、

夫道、有情有信、无爲无形。……狶韋氏得之以挈天地、伏戲得之以襲氣母、維斗得之終古不忒、日月得之終古不息、堪坏得之以襲崐崘、馮夷得之以遊大川、肩吾得之以處大山、黄帝得之以登雲天、顓頊得之以處玄宮、禺強得之立乎北極。西王母得之、坐乎少廣、莫知其始、莫知其終。彭祖得之、上及有虞、下及五伯。傅說得之、以相武丁、奄有天下、乘東維、騎箕尾、而比於列星。

とある（本書第10章の注釋（44）を參照）のなどを見られたい。

「天地」それ自體または「天地」に屬する何かが、合體することによって「萬物」を化生することについては、以下に引用する『莊子』田子方篇の孔子・老耼問答を除けば、『莊子』達生篇の達生之情者章に、

天地者、萬物之父母也。合則成體、散則成始。形精不虧、是謂能移。精而又精、反以相天。

とあり、『老子』第三十二章に、

道恆无名。楃（樸）唯（雖）〔小、而天下弗敢臣。侯〕王若能守之、萬物將自賓、天地相谷〈合〉、以兪（輸）甘洛（露）、民莫之〔令、而自均〕焉。（馬王堆帛書甲本・乙本）

とあり、また郭店楚簡『老子』甲本第三十二章に、

道亙（恆）亡（無）名。僕（樸）唯（雖）妻（細）、天陛（地）弗敢臣。侯王女（如）能獸（守）之、萬勿（物）酒（將）自賓（賓）。■天陛（地）相會也、以逾甘零（露）。民莫之命（令）、天〈而〉自均安（焉）。

とあり、『禮記』郊特牲篇に、

天地合、而后萬物興焉。夫昏禮、萬世之始也。

とあり、『列子』天瑞篇に、

子列子曰、「……一者、形變之始也。淸輕者上爲天、濁重者下爲地、沖和氣者爲人。故天地含精、萬物化生。」

とある（本書第8章の注釋（52）を參照）。

しかし、この種の思想が特に顯著で目立つのは、何と言っても『易傳』（特に彖傳）であって、以下のような多くの例を擧げることができる（本書第8章の注釋（42）、及び第10章の注釋（16）を參照）。

泰小往大來、吉亨、則是天地交、而萬物通也。上下交、而其志同也。（泰卦の彖傳）

否之匪人、不利君子貞、大往小來、則是天地不交、而萬物不通也。上下不交、而天下无邦也。（否卦の彖傳）

咸、感也。柔上而剛下、二氣感應以相與。……天地感、而萬物化生。聖人感人心、而天下和平。觀其所感、而天地萬物之情可見矣。（咸卦の彖傳）

恆、久也。剛上而柔下。雷風相與、巽而動、剛柔皆應、恆。……天地之道、恆久而不已也。……日月得天、而能久照。四時變化、而能久成。聖人久於其道、而天下化成。觀其所恆、而天地萬物之情可見矣。（恆卦の彖傳）

天地睽、而其事同也。男女睽、而其志通也。萬物睽、而其事類也。（睽卦の彖傳）

姤、遇也。柔遇剛也。……天地相遇、品物咸章也。剛遇中正、天下大行也。（姤卦の彖傳）

歸妹、天地之大義也。天地不交、而萬物不興。〔歸妹の彖傳〕

天地絪縕、萬物化醇。男女構精、萬物化生。〔通行本繫辭下傳〕

天地困〔昆〕、萬勿〔物〕潤。男女購〔構〕請〔精〕、而萬物成。〔馬王堆帛書要篇〕

有天地、然後萬物生焉。……有天地、然後有萬物。有萬物、然後有男女。〔序卦傳〕

（41）「芒乎芴乎」「芴乎芒乎」は、萬物の化生されるメカニズムを人間が把えることの難しさを言う。『莊子』至樂篇の莊子・惠子問答に、

莊子曰、「……察其始、而本无生。非徒无生也、而本无形。非徒无形也、而本无氣。雜乎芒芴之閒、變而有氣。氣變而有形、形變而有生、今又變而之死。」

とあり（本章の注釋（18）を參照）、同じく天下篇の莊周論に、

寂漠无形、變化无常。死與生與、天地竝與、神明往與。芒乎何之、忽乎何適。萬物畢羅、莫足以歸。古之道術、有在於是者。莊周聞其風而悅之。

とある。ただし、『老子』第十四章に、

一者、其上不攸〔悠〕、其下不忽。尋〔繩〕尋〔繩〕呵〔乎〕不可名也、復歸於无物。是胃〔謂〕无狀之狀、无物之〔象。是胃〔謂〕沕〔忽〕朢〔恍〕。隋〔隨〕而不見其後、迎〕而不見其首。〔馬王堆帛書甲本・乙本〕

とあり、同じく第二十一章の、

道之物、唯朢〔恍〕唯忽。〔忽呵〔乎〕朢〔恍〕〕呵〔乎〕、中有象呵〔乎〕。朢〔恍〕呵〔乎〕忽呵〔乎〕、中有物呵〔乎〕。濂〔幽〕呵〔乎〕鳴〔冥〕呵〔乎〕、中有請〔情〕吔〈呵〔乎〕〉。其請〔情〕甚眞、其中〔有信〕。〔馬王堆帛書甲本・乙本〕

とある（本書第2章の第4節、その注釋（28）、第6章の注釋（4）（10）、本章の注釋（47）、第8章の注釋（42）、及び第9章の注釋（13）を參照）のなどは、「道」そのものの把えがたさを言う點で少し異なる。

「而无從出乎」は、下引の『莊子』田子方篇の孔子・老聃問答の「而莫見其功」に相當し、『莊子』則陽篇の蘧伯玉行年六十章の、

萬物有乎生、而莫見其根。有乎出、而莫見其門。

とほぼ同じ意味である。

「而无有象乎」は、『莊子』田子方篇の孔子・老聃問答の「而莫見其形」に相當するが、『老子』第十四章の「无物之〔象〕」、第二十一章の「中有象呵（乎）」とは、上述のような意味において少し異なる。

「无爲也、而无不爲也。」は、通行本の『老子』では第三十七章・第三十八章・第四十八章に三見していたが、しかし馬王堆帛書の『老子』甲本・乙本では第三十七章・第三十八章にないことが明確になった。第四十八章は殘缺がはなはだしく、その有無は確認できない。『莊子』知北遊篇の知北遊章に、

黃帝曰、「……故曰、『爲道者日損。損之又損之、以至於无爲。无爲而无不爲也。』今已爲物也、欲復歸根、不亦難乎。其易也、其唯大人乎。」

とあり、同じく庚桑楚篇の徹志之勃章に、

此四六者、不盪胷中則正、正則靜、靜則明、明則虛、虛則无爲而无不爲也。

とあり、同じく則陽篇の少知・太公調問答に、

太公調曰、「……四時殊氣、天不賜、故歲成。五官殊職、君不私、故國治。文武、大人不賜、故德備。萬物殊理、道不私、故无名。无名、故无爲。无爲而无不爲。」

とあり（本書第11章の第4節、及びその注釋（6）（28）を參照）、『淮南子』原道篇に、

是故聖人內修其本、而不外飾其末、保其精神、偃其智故、漠然無爲而無不爲也。……所謂無爲者、不先物爲也。所謂〔無〕不爲者、因物之所爲〔也〕。

とあり（本書第12章の第2節を參照）、『史記』太史公自序の「六家之要指」に、

道家無爲、又曰無不爲。

とある（本書第3章の第5節、第12章の第2節、及び第14章の第4節を參照）。

（42）　本書第2章の第4節、第8章の注釋（37）、及び第12章の第4節を參照。

（43）本書第11章の注釋（6）、第12章の第2節・第4節、その注釋（16）、及び第13章の第2節を參照。

（44）本章第6節の下文、その注釋（47）、及び第12章の第4節を參照。

（45）本書第12章の第4節を參照。

（46）本章の注釋（17）、及び第8章の注釋（41）を參照。「至陰肅肅、至陽赫赫。肅肅出乎天、赫赫發乎地。兩者交通成和、而物生焉。」は、下引の『莊子』在宥篇の黃帝・廣成子問答に、

　廣成子……曰、「……我爲女遂於大明之上矣、至彼至陽之原也。爲女入於窈冥之門矣、至彼至陰之原也。天地有官、陰陽有藏。」

とある（本書第3章の注釋（7）、第6章の第2節、本章の第6節、その注釋（48）、及び第8章の注釋（7）を參照）のとほぼ同じ意味である。

（47）この文章については、本書第6章の第2節、本章の注釋（46）（48）、第8章の注釋（7）、第9章の注釋（12）、第10章の注釋（16）、第11章の注釋（13）、及び第12章の第4節を參照。「聞吾子達於至道。敢問、治身奈何而可以長久。」の趣旨は、『莊子』在宥篇の聞在宥天下章に、

　故君子不得已而臨莅天下、莫若无爲。无爲也而後安其性命之情。故貴以（爲）身於爲天下、則可以託天下。愛以（爲）身於爲天下、則可以寄天下。故君子苟能无解其五藏、无擢其聰明、尸居而龍見、淵默而雷聲、神動而天隨、從容无爲、而萬物炊累焉。吾又何暇治天下哉。

とある（本書第10章の注釋（20）（25）、第11章の注釋（22）、及び第12章の第2節を參照）のと大體同じ。『老子』第十三章にも、

　故貴爲身於爲天下、若可以迈（託）天下矣。愛以（爲）身爲天下、女（如）何（可）以寄天下矣。（馬王堆帛書甲本）

とあり（本書第10章の注釋（25）を參照）、また郭店楚簡『老子』乙本第十三章に、

　〔故貴爲身於〕爲天下、若可以厇（託）天下矣。㤅（愛）以（爲）身爲天下、若可以迲（寄）天下矣。■

とあり、『淮南子』道應篇にも、

故老子曰、「貴以（爲）身爲天下、焉可以託天下。愛以（爲）身爲天下、焉可以寄天下。」

とある（本書第10章の注釋（25）を參照）。

「至道之精、窈窈冥冥。」は、『老子』第二十一章に、

道之物、唯朢（怳）唯忽。〔忽呵（乎）朢（怳）〕呵（乎）、中有象呵（乎）。朢（怳）呵（乎）忽呵（乎）、中有物呵（乎）。灂（幽）呵（乎）鳴（冥）呵（乎）、中有請（情）吔〈呵（乎）〉。其請（情）甚眞、其中〔有信〕。自今及古、其名不去、以順衆仪（父）。吾何以知衆仪（父）之然、以此。（馬王堆漢墓帛書甲本・乙本）

とある（本書第2章の第4節、その注釋（28）、第6章の注釋（4）（10）、本章の注釋（41）、第8章の注釋（42）、及び第9章の注釋（13）を參照）。

「必靜必清、无勞女形、无搖女精、乃可以長生。」は、本書第10章の注釋（16）（35）を參照。『老子』第四十五章に、

大成若缺、亓（其）用不幣（敝）。大盈若盅（盅）、亓（其）用不郡（窘）。大直如詘（屈）、大巧如拙、大贏如炳（黜）。趮（燥）勝寒、靚（靜）勝炅（熱）。請（淸）靚（靜）、可以爲天下正。（馬王堆漢墓帛書甲本）

とあり、また郭店楚簡『老子』乙本第四十五章に、

大成（盛）若夬（缺）、丌（其）甬（用）不幣（敝）。大浧（盈）若中、丌（其）甬（用）不穷（窘）。大攷（巧）若佁（拙）、大成若詘、大植（直）若屈。■喿（燥）勅（勝）蒼（滄）、青（靜）勅（勝）然（熱）。清清（靜）、爲天下定（正）。

とある。

「多知爲敗」は、『莊子』養生主篇の吾生也有涯章に、

吾生也有涯、而知也无涯。以有涯隨无涯、殆已。已而爲知者、殆而已矣。

とあり、『莊子』在宥篇の崔瞿・老聃問答に、

老聃曰、「……吾未知聖知之不爲桁楊椄槢也、仁義之不爲桎梏鑿枘也。焉知曾史之不爲桀跖嚆矢也。故曰、『絕聖棄知、而天下大治。』」

とある（本書第2章の第4節、及び第14章の第3節を參照）。

（48）「我爲女遂於大明之上矣」は、『管子』白心篇に、

故曰、「吾語若大明之極。大明之明、非愛人不予也。同則相從、反則相距也。吾察反相距、吾以故知古從之同也。」

とある。『管子』白心篇などがこれをふまえて書かれているのは、自ずから明らかである。また、『莊子』天地篇の諄芒・苑風問答に、

「願聞神人。」曰、「上神乘光、與形滅亡。此謂照曠。致命盡情、天地樂、而萬事銷亡、萬物復情。此之謂混冥。」

とある（本書第8章の注釋（19）を參照）。

「我爲女遂於大明之上矣、至彼至陽之原也。爲女入於窈冥之門矣、至彼至陰之原也。天地有官、陰陽有藏。」は、上述した如く田子方篇の孔子・老聃問答に、

老聃曰、「吾遊心於物之初。……至陰肅肅、至陽赫赫。肅肅出乎天、赫赫發乎地。兩者交通成和、而物生焉。」

とある（本章の注釋（46）を參照）。

「天地有官、陰陽有藏。」は、『莊子』德充符篇の常季・仲尼問答に、

仲尼曰、「……而況官天地、府萬物、直寓六骸、象耳目、一知之所知、而心未嘗死者乎。彼且擇日而登假。人則從是也。彼且何肯以物爲事乎。」

とあって、ここにも「心」の不死が唱われている（本書第6章の第1節、その注釋（5）、及び本章の第6節を參照）。また、『淮南子』覽冥篇にも、

又況夫宮〈官〉天墜、懷萬物、而友造化、含至和、直偶于人形、觀九鑽一、〔一〕知之所知、而心未嘗死者乎。……故至陰飂飂、至陽赫赫、兩者交接成和、而萬物生焉。衆雄而無雌、又何化之所能造乎。所謂不言之辯、不道之道也。

とあり（本書第6章の注釋（5）、第13章の第2節、及びその注釋（16）を參照）、『文子』精誠篇にも、

老子曰、「夫人道者、……又況〔夫〕官天地、府萬物、返〈友〉造化、含至和、而已未嘗死者也。……君臣乖心、倍譎見乎天、神氣相應、徵矣。此謂不言之辯、不道之道也。」

とある（本書第6章の注釋（5）を參照）。

「我守其一、以處其和。」については、本章の注釈（2）を參照。『老子』第四十二章に、

〔道生一、一生二、二生三、三生萬物。萬物負陰而抱陽〕、中（沖）氣以爲和。（馬王堆帛書甲本・乙本）

とあり（本書第2章の第7節、その注釈（52）、第5章の注釈（35）、本章の注釈（2）、第8章の第5節、及びその注釈（27）を參照）、同じく第五十五章に、

〔含德〕之厚〔者〕、比於赤子。……終日號而不㕭（嚘）、和之至也。和曰常、知和曰明、益生曰祥（妖）、心使氣曰強。〔物壯〕卽老、胃（謂）之不道。不〔道〕蚤（早）〔已〕。（馬王堆帛書甲本・乙本）

とあり、また郭店楚簡『老子』甲本第五十五章に、

酓（含）悳（德）之厚者、比於赤子。……終日虖（呼）天〈而〉不悳（嚘）、和之至也。和曰禀（常）、智（知）和曰明、賹（益）生曰羕（妖）、心事（使）㷉（氣）曰彊（強）。勿（物）𡑀（壯）則老、是胃（謂）不道。■

とあり、『老子』第十章に、

〔戴（載）營䰟（魄）抱一、能毋离（離）乎。槫（專）氣至（致）柔〕、能嬰兒乎。（馬王堆帛書甲本・乙本）

とあり（本章の注釈（2）を參照）、同じく第二十二章に、

曲則金〈全〉、枉則定、洼（窪）則盈、敝則新、少則得、多則惑。是以聲（聖）人執一、以爲天下牧。（馬王堆帛書甲本・乙本）

とある（本章の注釈（2）を參照）。

（49）「得吾道者、上爲皇而下爲王。」の「皇・王」は、『老子』第十六章に、

至（致）虛極也、守情（靜）表（篤）也、萬物旁（竝）作、吾以觀其復也。天〈夫〉物雲（䖨）雲（䖨）、各復歸於其〔根。曰情（靜）〕。情（靜）是胃（謂）復命。復命、常也。知常、明也。不知常、㠵（妄）。㠵（妄）作兇（凶）。知常容、容乃公、公乃王、王乃天、天乃道。〔道乃久〕、沕（沒）身不怠（殆）。（馬王堆帛書甲本・乙本）

とある（本書第11章の注釈（6）（25）、及び第13章の第2節を參照）、「王」と同じであって、政治的な君主を指している。ちなみに、郭店楚簡『老子』甲本第十六章には、

至虛互〈亟（極）〉也、獸（守）中（盅）篙（篤）也、萬勿（物）方（旁）旡（作）、居以須遉（復）也。天道員（䢵）員（䢵）、各遉（復）亓（其）堇（根）。■

とあるが、その中段・下段は存在していない。

「今夫百昌皆生於土、而反於土。」は、上引の『老子』第十六章に、

萬物旁（竝）作、吾以觀其復也。天〈夫〉物雲（䢵）雲（䢵）、各復歸於其〔根。曰情（靜）〕。（馬王堆帛書甲本・乙本）

とある（本書第11章の注釋（25）を參照）ような「復歸」の思想であろう。また郭店楚簡『老子』甲本第十六章にも、

萬勿（物）方（旁）旡（作）、居以須遉（復）也。天道員（䢵）員（䢵）、各遉（復）亓（其）堇（根）。■

とある。その「昌」は上文の「物將自壯」の「壯」と同じ意味。

「當我緡乎、遠我昏乎。」は、『老子』第十四章に、

視之而弗見、名之曰聻（微）。聽之而弗聞、名之曰希。捪之而弗得、名之曰夷。三者、不可至（致）計（詰）、故園（捆）〔而爲一〕。一者、其上不攸（悠）、其下不忽。尋（繩）尋（繩）呵不可名也、復歸於无物。是胃（謂）无狀之狀、无物之〔象。是胃（謂）沕（忽）朢（恍）。隋（隨）而不見其後、迎〕而不見其首。執今之道、以御今之有、以知古始。是胃（謂）〔道紀〕。（馬王堆帛書甲本・乙本）

とある（本書第1章の第2節、その注釋（13）、及び第2章の注釋（27）を參照）、その「〔隋（隨）而不見其後、迎〕而不見其首。」と同じ趣向である。

「人其盡死、而我獨存乎。」は、『莊子』大宗師篇の南伯子葵・女偶問答に、

（女偶）曰、「吾聞道矣。……吾猶守而告之參日、而後能外天下。已外天下矣、吾又守之七日、而後能外物。已外物矣、吾又守之九日、而後能外生。已外生矣、而後能朝徹。朝徹、而後能見獨。見獨、而後能无古今。无古今、而後能入於不死不生。」

とあり、『莊子』在宥篇の世俗之人章に、

夫有土者、有大物也。有大物者、不可以物。物而不物、故能物物。明乎物物者之非物也、豈獨治天下百姓而已哉。出入六

合、遊乎九州、獨往獨來。是謂獨有。獨有之人、是之謂至貴。

とあり（本書第6章の第2節、及びその注釋（7）を參照）、上引の『莊子』田子方篇の孔子・老聃問答に、

老聃新沐、方將被髮而乾。慹然似非人。孔子……曰、「丘也眩與、其信然與。向者先生形體掘若槁木。似遺物離人而立於獨也。」老聃曰、「吾遊心於物之初。」

とあり、『老子』第二十五章に、

有物昆（混）成、先天地生。繡（寂）呵（乎）繆（寥）呵（乎）、獨立〔而不孩（改）〕、可以爲天地母。吾未知其名、字之曰道、吾強爲之名曰大。（馬王堆帛書甲本・乙本）

とあり（第8章の第5節を參照）、また郭店楚簡『老子』甲本第二十五章に、

又（有）䏍（狀）蟲（蚰）成、先天隆（地）生。敓（寂）繆（穆）、蜀（獨）立不亥（改）、可以爲天下母。未智（知）亓（其）名、孳（字）之曰道、虐（吾）弜（強）爲之名曰大。

とある。

參考文獻

井筒俊彥「神祕哲學」『井筒俊彥著作集』1　中央公論社　一九九一年

山本光雄譯編『初期ギリシア哲學者斷片集』岩波書店　一九五八年

エンペドクレス「贖罪の歌」　藤澤令夫譯　世界文學大系63『ギリシア思想家集』　筑摩書房　一九六五年

ヘロドトス『歷史』上　松平千秋譯　岩波文庫　岩波書店　一九七一年

プラトン『パイドン』　松永雄二譯　『プラトン全集』1　岩波書店　一九七五年

齋藤忍隨「ギリシアの輪廻思想と神祕主義――インド思想への一つの手がかり――」『幾度もソクラテスの名を』Ⅱ　みすず書房　一九八六年

花山勝友『輪廻と解脱―苦界からの脱出』　講談社現代新書　講談社　一九八九年

井本英一『輪廻の話〈オリエント民俗誌〉』 法政大學出版局 一九八九年

W. K. C. Guthrie, "*Orpheus and Greek Religion*", Methuen, 1935.

E. R. Dodds, "*The Greeks and Irrational*", California University Press, 1951.
岩田靖夫・水野一譯 ドッズ『ギリシァ人と非理性』 みすず書房社 一九七二年

栗田直躬「上代シナの典籍に於ける「物」の觀念」『中國上代思想の研究』 岩波書店 一九四九年

大濱晧「死の凝視」『莊子の哲學』 勁草書房 一九六六年

池田知久「『莊子』の「物化」について」 津田左右吉研究會『思想の研究』創刊號 一九六七年

龐樸「馬王堆帛書解開了思孟五行說之謎——帛書《老子》甲本卷後古佚書之一的初步研究」『文物』一九七七年第十期 一九七七年十月

曾布川寬『崑崙山への昇仙』 中公新書 中央公論社 一九八一年

蜂屋邦夫「死生觀」『中國の思惟』 法藏選書 法藏館 一九八五年

金谷治『死と運命——中國古代の思索——』 法藏選書 法藏館 一九八六年

加地伸行『儒教とは何か』 中公新書 中央公論社 一九九〇年

加地伸行『沈默の宗教——儒教』 筑摩書房 一九九四年

池田知久「道家および道教における物化・轉生・輪廻」(韓國文) 韓國道教學會『第四次道教學國際學術大會 現代文化と道教』 一九九四年

池田知久「道家的"物化"、轉生、輪廻的思想與"夢"的故事」(中國文) 中國文學多層面探討國際會議 臺灣大學中國文學系 一九九六年

池田知久「道家的"物化"、轉生、輪廻的思想與"夢"的故事」(中國文)『語文、情性、義理——中國文學的多層面探討國際學術會議論文集』 臺灣大學中國文學系 一九九六年

池田知久『馬王堆漢墓帛書五行篇研究』　汲古書院　一九九三年
　池田知久『馬王堆漢墓帛書五行研究』（中國文）　王啓發譯　中國社會科學出版社・綫裝書局　二〇〇五年
顧可久『唐王右丞詩集』　和刻本『王維詩集』の影印本　朋友書店
趙殿成『王摩詰全集箋注』　香港廣智書局
都留春雄『王維』　中國詩人選集6　岩波書店　一九五八年
小林太市郎・原田憲雄『王維』　漢詩大系10　集英社　一九六四年
小川環樹・都留春雄・入谷仙介『王維詩集』　岩波文庫　岩波書店　一九七二年
入谷仙介『王維』　中國詩文選13　筑摩書房　一九七三年
入谷仙介『王維研究』　東洋學叢書　創文社　一九七六年
曹中孚『王維全集　附孟浩然集』　上海古籍出版社　一九七七年
伊藤正文『王維』　中國の詩人5　集英社　一九八三年
原田憲雄『王維』　中國名詩鑑賞2　小澤書店　一九九六年
曹礎基・黄蘭發點校『南華眞經注疏』上册・下册　道教典籍選刊　中華書局　一九九八年
周啓成校注『莊子鬳齋口義校注』　中華書局　一九九七年
郭慶藩『莊子集釋』第一册〜第四册　中華書局　一九六一年
池田知久『莊子』上・下　中國の古典5・6　學習研究社　一九八三年・一九八六年
シェークスピア『ハムレット』　三神勳譯　河出世界文學大系6　河出書房新社　一九八〇年

第8章 「萬物一體」の思想

戰後の日本を代表する中國思想史研究者である島田虔次教授は、かつてその著書『朱子學と陽明學』の中で、北宋時代の程明道（一〇三二年～一〇八五年）の「萬物一體」の思想を「萬物一體の仁」であり、「同じ天地の生意が自己と萬物とを貫通していること」であると規定して、[1]六朝時代の僧肇（三七四年ごろ～四一四年）や戰國時代の莊子の「萬物一體」の思想とは區別した。莊子や僧肇の「萬物一體」は、「大小、壽夭（時間的大小）、有無を撥無するところにたてられた、知的な、論理的な命題であった」と言うのである。[2]そして、島田教授はまた、明代の王陽明（一四七二年～一五二八年）の「萬物一體の仁」について、それは程明道に發するものではあるけれども、程明道のとは異なって「致良知」の說と結びつけられている事實を指摘し、[3]さらに王心齋（一四八三年～一五四〇年）の「萬物一體」についても、「民胞物與之志」という使命觀・傳道意識と密接する「萬物一體」である點を強調している。[4]

以上のように、島田教授は、宋代～明代の朱子學と陽明學の中に、相當多數の異なったタイプの「萬物一體」の思想が存在することを明らかにしたのであるが、しかし、視點を『莊子』や道家に移して考えると、彼らの抱いていた「萬物一體」の思想にしても、決して島田教授の擧げたただ一つのタイプ、つまり「大小、壽夭（時間的大小）、有無を撥無するところにたてられた、知的な、論理的な命題」しか存在しないわけではない。

そもそも「萬物一體」の思想というのは、多岐にわたる複雜な思想であって、取り扱いがなかなか厄介であり、『莊子』や道家の抱いていた「萬物一體」だけに限っても、相當多數の異なったタイプの思想が存在しているのだ。筆者は、學問的な研究を前進させるためにはそれら多數のタイプを十把一絡げにして議論するのではなく、互いの相異を明確に分けて取り扱った方が意味があるのではないか、と考える。

第1節 「萬物齊同」と「萬物一體」

「萬物齊同」と「萬物一體」とはよく似ていて紛らわしい二つの言葉であるけれども、本書ではこの兩者を區別して用いることにしたい。それがほぼ通說ともなっているためである。

さて、「萬物齊同」の哲學は、その內容は本書の第5章で解明したとおりである。その思索を示す『莊子』齊物論篇の南郭子綦・顏成子游問答にもどって考えてみると、「萬物齊同」の哲學は、「萬物一體」の思想の中にその具體的な一つのタイプとして含まれる。論理の上から言えば、「萬物齊同」の哲學はよりきびしく、「萬物一體」の思想はより緩やかなので、それ故、前者は後者に包攝されるわけである。

なぜならば、「萬物齊同」は、感情判斷と價値判斷を撥無した後に、まず、「彼」（あれ）の「物」と「是」（これ）の「物」が異なるとする事實判斷を撥無して、その結果、

天地一指也、萬物一馬也。

すなわち、「天地」「萬物」という世界を「一つ」の何ものかである、と認める「一の有」の世界像である。(5) しかしながら、單にそれだけに止まらず、さらに、そのような「天地」「萬物」の世界が「一」であるとする存在判斷をも撥無して、その結果、

天地與我竝生、而萬物與我爲一。

と認める「一の無」の世界像であった[6]。

それに對して、「萬物一體」は、一般的に言うならば、「彼」の「物」と「是」の「物」が異なるとする「多の有」であっても差し支えない。まして「天地」「萬物」と「我」がともに存在しないとする「一の無」である必要はさらさらないのだ。したがって、「萬物一體」は、『莊子』齊物論篇の南郭子綦・顏成子游問答のように、事實判斷の撥無や存在判斷の撥無を不可缺としてはいない。ただ「彼」と「是」の「物」が相互に他を排除或いは拒絶せず、それらを含む「萬物」が聯續もしくは調和していることだけをその主なメルクマールとするからである。

A　『莊子』における「萬物齊同」哲學の展開

このような知識―存在論の立場からアプローチした、論理的にややきびしい「萬物一體」すなわち「萬物齊同」の代表例が、上引の二つの文であるが、その他、『莊子』在宥篇の大人之教章に、

> 大人之教、若形之於影、聲之於響。有問而應之、盡其所懷、爲天下配。處乎无響、行乎无方、挈汝適復之撓撓、以遊无端。出入无旁、與日无始。頌論形軀、合乎大同。大同而无己。无己、惡乎得有有。覩有者昔之君子、覩无者天地之友。

とあるのも、同じように「萬物齊同」的な「萬物一體」である[7]。「己」の「頌論」(心)と「形軀」(形)ともども「大同」つまり「齊同」世界に「合」一して、しかもそのことを知る「己」が「无」いという狀態になるならば、その時、一切の「有」は「无」くなってしまう、すなわち「大同」の「齊同」世界ですら存在しなくなる、と言うのだ。

また、同じく德充符篇の常季・仲尼問答に、

仲尼曰、「自其異者視之、肝膽楚越也。自其同者視之、萬物皆一也。夫若然者、且不知耳目之所宜、而遊心乎德之和。物視其所一、而不見其所喪。視喪其足、猶遺土也。」

とあるのも、同様に知識―存在論の立場からアプローチした「萬物一體」を保存しているものと見なすことができよう。(8) 「肝膽」や「萬物」といった世界の存在は、「自其異者視之」もしくは「自其同者視之」といった人間の「知」のあり方によって決まる、と考えている點において、この問答は依然として知識―存在論の立場に立っている。しかし、その「萬物皆一也」という「萬物一體」の思想は、『莊子』齊物論篇の南郭子綦・顏成子游問答を基準にして言うならば、下文の「視喪其足、猶遺土也。」から推測して、事實判斷の撥無であるよりもむしろ價値判斷の撥無である。その上、二つの「知」のあり方の内、後者の「自其同者視之」(「一の有」を認める「道」の立場)が作者の支持する「知」であることは言うまでもないが、前者の「自其異者視之」(「多の有」を認める「萬物」の立場)の成立する可能性も必ずしも否定されていない。このように、初期道家の論理的に緊張した「萬物齊同」の哲學が少しずつ弱まって、より緩やかな「萬物一體」の思想に向かっていくというのが、その後の道家思想の歴史的展開の大筋であった。

さらに、『莊子』秋水篇の河伯・北海若問答に、

北海若曰、「以道觀之、物无貴賤。以物觀之、自貴而相賤。以俗觀之、貴賤不在己。以差觀之、因其所大而大之、則萬物莫不大。因其所小而小之、則萬物莫不小。知天地之爲稊米也、知豪末之爲丘山也、則差數覩矣。以功觀之、因其所有而有之、則萬物莫不有。因其所无而无之、則萬物莫不无。知東西之相反、而不可以相无、則功分定矣。以趣觀之、因其所然而然之、則萬物莫不然。因其所非而非之、則萬物莫不非。知堯桀之自然而相非、則趣操覩矣。……以道觀之、何貴何賤。是謂反衍。无拘而(汝)志、與道大蹇。何少何多。是謂謝施。无一而(汝)行、與道參差。嚴乎若國之有君、其无私德。繇繇乎若祭之有社、其无私福。泛泛乎其若四方之无窮、其无所畛域。兼懷萬

物、其孰承翼。是謂无方。萬物一齊、孰短孰長。」

とあるのも、同様に「萬物齊同」的な「萬物一體」を保存しているものとして參照される。本問答も、世界における「貴賤」の存在は、「以道觀之」「以物觀之」「以俗觀之」といった人間の「知」のあり方によって決まる、と考えている點で、やはり知識—存在論の立場である。(9) そして、その「萬物一齊」という「萬物一體」の思想は、「以道觀之、何貴何賤。……何少何多。……萬物一齊、孰短孰長。」から推測して、「貴賤」の價値判斷の撥無と「少多」「短長」の事實判斷の撥無ではあるが、「有无」の存在判斷の撥無を含んではおらず、したがって「萬物齊同」の哲學としては不徹底であり、初期道家の論理的に緊張した哲學が弱まり緩やかになった以後の思想と考えられる。(10)

なお、『莊子』齊物論篇の南郭子綦・顏成子游問答のタイプの「萬物齊同」の哲學が比較的早く放棄されてしまった事實とその背景については、すでに本書第5章の第5節と第6章の序文に述べた。

B　『老子』に見える「萬物齊同」哲學の殘滓

『老子』には、例えば、下文で検討する第二章のように、「美惡」「善不善」などの價値、「長短」「高下」などの事實、「有无」の存在が、本來「萬物」自體にはないものであり、人間がその「知」を用いて勝手に「萬物」に貼りつけたレッテルにすぎないことを指摘している點で、初期道家の知識—存在論の立場からアプローチした「萬物齊同」の哲學をいくらか保存している表現もある。

しかしそれよりも『老子』において一層我々の注目を引くのは、「我」が何の媒介もなく直接的に「天地」「萬物」の世界に融即すること——言葉の嚴密な意味での神祕主義（mysticism）——を述べる文章があることである。例えば、

第五十六章に、

〔知者〕弗言、言者弗知。塞亓（其）悶（穴）、閉亓（其）〔門、和〕其光、同亓（其）墊（塵）、坐（剉）亓（其）閱（銳）、解亓（其）紛。是胃（謂）玄同。故不可得而親、亦不可得而疏。不可得而利、亦不可得而害。不可〔得〕而貴、亦不可得而淺（賤）。故爲天下貴。（馬王堆帛書甲本・乙本）

とあり、[11] 第五十二章にも、

●塞亓（其）悶（穴）、閉亓（其）門、終身不堇（勤）。啓亓（其）悶（穴）、濟亓（其）事、終身〔不來〕。（馬王堆帛書甲本・乙本）

とある。[12] 第五十六章の「〔知者〕弗言、言者弗知。」は、眞の「知」「言」が、從來の通說が解釋してきたような、「道」についてのみ「知らず」「言わない」ことを意味するのではなく、「道」をも含む世界のあらゆる現象について「知らず」「言わない」ことを意味している。このような嚴しい「知」「言」の否定・排除の仕組みは、第五十六章・第五十二章に共通して描かれている。それらによれば、人間が「穴」「門」という感覺器官の働きを「塞閉」させることを通じて、耳目による通常の知たる「光」や頭腦の銳敏さたる「銳」を撥無し、「知」「言」によって把握される以前の、價値や事實に分節化されない全一的な混沌たる「塵」「紛」に「同」化し（自己を）「解」體していくこと、であると言う。[13] 以上のような仕組みにより、世界が脫構築されて全一的な混沌になることが「玄同」（すなわち存在論的な「道」）であるが、しかし「玄同」の本當の內容は單にそれだけでなく、眞の「知者」がそのような世界に完全に融卽している、ということでもある。

『老子』の兩章におけるこのような嚴しい「知」「言」の撥無や、それに伴う直接無媒介の「我」の世界への融卽などは、すでに本書第5章第2節で檢討したように、道家の思想史の中で早い時期に出現していた「萬物齊同」に由來する哲學である。ただし、『老子』の兩章の「玄同」の哲學は、『莊子』齊物論篇の南郭子綦・顏成子游問答とは異なり、「有无」の存在判斷をも撥無して、「我」と「萬物」とを「一の無」として把えそれを「道」と認める地點に進んでいくことはない。なぜなら、『老子』の多くの章は齊物論篇の南郭子綦・顏成子游問答よりも遲れて現れ、「道」という概念が十分に確立した後に成った文獻であり、『老子』にとって喫緊の課題の一つは、齊物論篇の南郭子綦・顏成子游問答が撥無してしまった「萬物」の有性を回復することにあったためである。[14]

第2節　「氣」の理論に基づく「萬物一體」

次に、存在論の立場からアプローチした、論理的にやや緩やかな「萬物一體」の思想を檢討しよう。

その第一は、本書第7章の第3節で見たように、「物化」・轉生・輪廻の思想には、それらを成立させるために存在論的な根據を提供する「氣」の理論が伴っていた。それに基づくならば、「物化」・轉生・輪廻の過程に現れるこの「物」、その「物」、あの「物」……は、この「物」の「氣」をその「物」が承け繼ぎ、その「物」の「氣」をあの「物」が承け繼ぎ、……という具合に、順次、同一の「氣」を元素として承け繼いで構成されるので、それらの元素というレベルでは相互に直接、聯續している。――このような意味において「萬物一體」を言うタイプがある。時間論的な「萬物一體」の思想とでも言えようか。例えば、『莊子』德充符篇の无趾・仲尼問答には、

老聃曰、「胡不直使彼以死生爲一條、以可不可爲一貫者、解其桎梏、其可乎。」
无趾曰、「天刑之。安可解。」

とあるが[15]、その「以死生爲一條」は、上に述べたような「氣」の理論に基づく「物化」・轉生・輪廻の思想をふまえて、「死」と「生」が聯續しているという内容の「萬物一體」を唱えているのであろう。

同じく大宗師篇の四人相與語章には、

子祀子輿子犂子來四人相與語曰、「孰能以无爲首、以生爲脊、以死爲尻。孰知死生存亡之一體者。吾與之友矣。」四人相視而笑、莫逆於心。遂相與爲友。

俄而子輿有病。……曲僂發背、上有五管、頤隱於齊、肩高於頂、句贅指天。陰陽之氣有沴、其心閒（閑）而无事。

とある[16]。この文章では、四人が「无」「生」「死」を同じ有機體（例えば、人間の身體）の「首」「脊」「尻」のような各部分と見なし、また「死」と「生」、「存」と「亡」を「一體」と見なしているが、これらに存在論的な根據を提供しているのは「陰陽之氣」を元素とする「物化」・轉生・輪廻の思想である。

同じく大宗師篇の三人相與友章には、

孔子曰、「……彼方且與造物者爲人、而遊乎天地之一氣。彼以生爲附贅縣疣、以死爲決疣潰癰。夫若然者、又惡知死生先後之所在。假於異物、託於同體、忘其肝膽、遺其耳目、反覆終始、不知端倪。」

とある[17]。その「假於異物」とは「物化」・轉生・輪廻すること、「同體」とは「一體」と同じ意味で「萬物」のことであるが、この「萬物一體」の中における「物化」・轉生・輪廻に對して、「天地之一氣」が存在論的な根據を提供していることは言うまでもない。

同じく知北遊篇の知北遊章には、

黃帝曰、「……生也死之徒、死也生之始、孰知其紀。人之生、氣之聚也。聚則爲生、散則爲死。若死生爲徒、吾又何患。故萬物一也。是其所美者爲神奇、其所惡者爲臭腐。臭腐復化爲神奇、神奇復化爲臭腐。故曰、『通天下一氣耳。』聖人故貴一。」

とある。[18]その「萬物一也」は、「死生爲徒」などの「物化」・轉生・輪廻の總括的な結論であるが、ここでも、それらは「氣」の「聚散」の理論に基づいているのである。

なお、『呂氏春秋』有始篇に、

天地萬物、一人之身也。此之謂大同。衆耳目鼻口也、衆五穀寒暑也。此之謂衆異。則萬物備也。

とあるのは、道家思想の影響を被った者の筆に成る文章であって、その有機體說的な「萬物一體」の思想を半ば肯定し半ば否定しているが、『淮南子』本經篇に、

天地之合和、陰陽之陶化萬物、皆乘人氣者也。是故上下離心、氣乃上蒸（烝）、君臣不和、五穀不爲。距日冬至四十六日、天含和而未降、也（地）懷氣而未揚。陰陽儲與、呼吸浸潭、包裹風俗、斟酌萬殊、旁薄衆宜、以相嘔咐醞釀、而成育羣生。是故春肅秋榮、冬雷夏霜、皆賊氣之所生。由此觀之、天地宇宙、一人之身也。六合之內、一人之制〈刑〉也。是故明於性者、天地不能脅〈脅〉也。審於符者、怪物不能惑也。故聖人者、由近知遠、而萬殊爲〔一〕。古之人、同氣于天地、與一世而優游。當此之時、無慶賀〈賞〉之利、刑罰之威、禮義廉恥不設、誹譽仁鄙不立、而萬民莫相侵欺暴虐、猶在于混冥之中。

とあるのは[19]、再び道家思想の本來の姿にもどって、「氣」の理論に基づく「萬物一體」の思想を述べているようである。[20]

第3節　「天地」における「萬物一體」

存在論の立場からアプローチした「萬物一體」の思想の第二は、あらゆる「萬物」がそこに存在しており、かつ、いかなる一つの「物」もそこから逃れることができないような、すべてを包む大きな枠組み、例えば「天地」「天下」などの空間を措定して、「萬物」はその空間の中にあるが故に「一體」であるとするタイプの「萬物一體」がある。空間論的な「萬物一體」の思想とでも言えようか。

このタイプが「物化」・轉生・輪廻に論及する場合は、この「物」の死がその「物」の生となり、その「物」の死があの「物」の生となり、……という具合に、「萬物」が運動・變化している大きな枠組みとして右の「天地」「天下」などの空間を擧げる、という形を取ることが多いようである。また、このタイプが「氣」に論及する場合は、「萬物」を構成するあらゆる「氣」はすべて右の大枠としての「天地」「天下」などに包含されており、この「物」、その「物」、あの「物」……の存在は、その「天地」「天下」などのあらゆる「氣」の一時的なまた部分的な現れでしかない、と述べることもある。格別「物化」・轉生・輪廻や「氣」に論及しない場合も少なくないけれども。

いくつかの例を擧げてみたい。『莊子』大宗師篇の知天之所爲章に、

夫藏舟於壑、藏山於澤、謂之固矣。然而夜半有力者、負之而走。昧者不知也。藏小大有宜、猶有所遯。若夫藏天下於天下、而不得所遯、是恆物之大情也。特犯（範）人之形、而猶喜之、若人之形者、萬化而未始有極也。其爲樂、可勝計邪。故聖人將遊於物之所不得遯而皆存。善夭善老、善始善終、人猶效之。又況萬物之所係、而一化之所待乎。

とあるのは[21]、「天下」の中のあらゆる「恆物」を「天下」という空間に「藏」するという「萬物一體」であり、しかもその「天下」を大枠として「恆物」は「物化」・轉生・輪廻することになっている。これとほぼ同じ文章が『淮南子』俶眞篇に、

　夫藏舟於壑、藏山於澤、人謂之固矣。雖然、夜半有力者、負而趨、寐者不知、猶有所遁。若藏天下於天下、則无所遁其形矣。物豈可謂无大揚攉乎。一範人之形而猶喜、若人者、千變萬化、而未始有極也。弊而復新、其爲樂也、可勝計邪。

とあるが、その「大揚攉」は『莊子』大宗師篇の知天之所爲章に見えなかった言葉である。勿論、「萬物」が「一體」である大枠としての「天下」を言う。

本章の第2節に引用した『莊子』大宗師篇の四人相與語章の後半部分に、

　俄而子來有病、喘喘然將死。其妻子環而泣之。〔子〕犂往問之曰、「叱、避。无怛化。」倚其戶、與之語曰、「偉哉、造化。又將奚以汝爲、將奚以汝適。以汝爲鼠肝乎、以汝爲蟲臂乎。」子來曰、「父母於子、東西南北、唯命之從。陰陽於人、不翅於父母。彼近吾死、而我不聽、我則悍矣。彼何罪焉。……今大冶鑄金、金踊躍曰、『我且必爲鏌鋣。』大冶必以爲不祥之金。今一犯（範）人之形、而曰『人耳人耳』、夫造化者必以爲不祥之人。今一以天地爲大鑪、以造化爲大冶、惡乎往而不可哉。成然寐、蘧然覺。」

とあるのは[22]、比喩であるから論理的な正確さは期待しがたいけれども、「天地」という空間における「萬物一體」であり、また「物化」・轉生・輪廻を伴っていると理解してまちがいはない。

同じく天地篇の夫子曰章（一）に、

　夫子曰、「夫道、覆載萬物者也。洋洋乎大哉。君子不可以不刳心焉。……若然者、藏金於山、藏珠於淵、不利貨財、

不近貴富。不樂壽、不哀夭。不榮通、不醜窮。不拘一世之利、以爲己私分、不以王天下、爲己處顯。萬物一府、死生同狀。」

とあるのは、「府」という空間における「萬物一體」であり、また恐らく「物化」・轉生・輪廻を伴っている。この箇所は、少し後になって『淮南子』原道篇に、(23)

若然者、藏金於山、藏珠於淵、不利貨財、不貪勢名。是故不以康爲樂、不以慊爲悲、不以貴爲安、不以賤爲危。形神氣志、各居其宜、以隨天地之所爲。

の如く取られている。兩者の「藏金於山、藏珠於淵。」は、郭象『莊子注』によって「不貴難得之物。」の意とするのが通說であるが、しかし、この解釋は恐らく正しくない。上文で見た『莊子』大宗師篇の知天之所爲章の、

夫藏舟於壑、藏山於澤、謂之固矣。然而夜半有力者、負之而走。昧者不知也。藏小大有宜、猶有所遯。若夫藏天下於天下、而不得所遯、是恆物之大情也。

の意であり、特に「藏天下於天下」の意であるにちがいない。

同じく田子方篇の孔子・老聃問答に、

(老聃)曰、「……夫天下也者、萬物之所一也。得其所一而同焉、則四支百體、將爲塵垢、而死生終始、將爲晝夜、而莫之能滑。而況得喪禍福之所介乎。棄隸者、若棄泥塗。知身貴於隸也。貴在於我、而不失於變。且萬化而未始有極也。夫孰足以患心已。爲道者解乎此。」

とあるのは、「天下」における「萬物一體」であり、明確に「物化」・轉生・輪廻を伴っている。(24)(25)

同じく知北遊篇の冉求・仲尼問答に、

仲尼曰、「……不以生生死、不以死死生。死生有待邪。皆有所一體。有先天地生者、物邪。」

とあるのは、「天地」における「萬物一體」であり、推測するに「物化」・轉生・輪廻を伴っているらしい。(26)

ところで、『莊子』知北遊篇の舜・丞問答には、

舜問乎丞曰、「道可得而有乎。」曰、「汝身非汝有也。汝何得有夫道。」舜曰、「吾身非吾有也、孰有之哉。」曰、「是天地之委形也。生非汝有、是天地之委和也。性命非汝有、是天地之委順也。孫子非汝有、是天地之委蛻也。故行不知所往、處不知所持、食不知所味、天地之彊陽之氣也。又胡可得而有邪。」

という文章がある。(27)これも以上のと同樣に「天地」における「萬物一體」であり、「氣」がそれに根據を提供している例なのではあるが、しかし、これは、諸他の「萬物一體」の思想に比較して、最も徹底して「氣」の理論に基づいているという點で注目される。と言うのは、大枠としての空間「天地」にはあらゆる「彊陽之氣」（盛んに活動する氣）がすべて包含されており、「吾身」「生」「性命」「孫子」などの一切の「物」は、その「氣」が一時的また部分的に顏をのぞかせる現象でしかないので、眞に實在しているのは「一體」の「萬物」、と言うよりもむしろ「一體」の「氣」である、と考えているからである。(28)ちなみに、この文章は、後の『列子』天瑞篇にも、

舜問乎烝曰、「道可得而有乎。」曰、「汝身非汝有也。汝何得有夫道。」舜曰、「吾身非吾有、孰有之哉。」曰、「是天地之委形也。生非汝有、是天地之委和也。性命非汝有、是天地之委順也。孫子非汝有、是天地之委蛻也。故行不知所往、處不知所持、食不知所以、天地強陽氣也。又胡可得而有邪。」

のように取られている。

第４節 價値の優劣を否認する「萬物一體」

次に、以上のいくつかのタイプの「萬物一體」に附隨してしばしば登場する思想で、この「物」、その「物」、あの「物」……の間に價値の優劣を認めないとするものがある。これは特に項目を立てて「萬物一體」の一タイプと見なさなければならない思想ではないが、從來の研究には主としてこのメルクマールをもって「萬物一體」と考えているものが多いので、本書もここでそれを簡單に見ておきたいと思う。

A 價値的なレベルの「萬物齊同」

道家思想における價値の優劣を否認する諸思想の中で論理的に最もきびしいのは、何と言っても「萬物齊同」の哲學を定立する過程で一つの作業假說として取り上げられた、知識—存在論的な「價値判斷の撥無」であろう。(29) それは「彼」の「物」と「是」の「物」との間に世間知が設けている、「是」と「非」、「可」と「不可」などの區別を認める價値判斷をすべて原理的に否定・排除し、擧げ句の果てに、「彼」の「物」と「是」の「物」の事實までも否定・排除するものだからだ。——これが價値的なレベルにおける「萬物齊同」の哲學であり、『莊子』齊物論篇の南郭子綦・顏成子游問答の、

子綦曰、「……道行之而成、物謂之而然。惡乎然、然於然。惡乎不然、不然於不然。惡乎可、可乎可。惡乎不可、不可乎不可。物固有所然、物固有所可。無物不然、無物不可。(30)」

や、

其次以爲有封焉、而未始有是非也。(31)

などがその代表的な表現である。

また、『老子』第二章の、

天下皆知美爲美、惡已。皆知善、訾〈斯〉不善矣。有无之相生也、難易之相成也、長短之相刑〈形〉也、高下之相盈也、意〈音〉聲之相和也、先後之相隋〈隨〉也、恆也。是以聲〈聖〉人居无爲之事、行〔不言之敎。萬物昔〈作〉而弗始〈治〉〕也、爲而弗志〈恃〉也、成功而弗居也。夫唯〔弗〕居、是以弗去。（馬王堆帛書甲本・乙本）

も、「美惡」「善不善」「有无」「難易」「長短」「高下」「意〈音〉聲」「先後」などの價値・事實・存在が本來「萬物」自體にはないものであり、人間がその「知」を使って勝手に「萬物」に貼りつけたレッテルにすぎないことを指摘している點で、初期道家の「萬物齊同」の哲學をいくらか保存している表現である。(32) さらに、同じく第二十章に、

〔絕學无憂〕。唯與訶、其相去幾何。美與惡、其相去何若。（馬王堆帛書甲本・乙本）

とあるのも參照されよう。(33)

B　價値的なレベルの「萬物一體」

それに對して、價値的なレベルにおける「萬物一體」の思想というものもある。存在論の立場からアプローチした、論理の上ではやや緩やかな價値的な「萬物一體」である。これは上述の「萬物齊同」の哲學が價値判斷をすべて原理的に撥無したのとは異なって、この「物」、その「物」、あの「物」……が存在することを疑う必要のない前提としな

がら、それらの間に價値の優劣を認めない、或いは價値の同等を認めるものである。また、これは既成の價値について、「萬物」の「是」と「非」、「可」と「不可」などは本來聯續もしくは調和しているはずだから、その觀點から見て「萬物一體」としなければならないとも主張する。

この思想を表現した文章は非常に多く、枚擧するにいとまがないほどであるが、ここではその中から二三の例を擧げておく。『莊子』大宗師篇の知天之所爲章に、

夫大塊載我以形、勞我以生、佚我以老、息我以死。故善吾生者、乃所以善吾死也。……故聖人將遊於物之所不得遯而皆存。善夭善老、善始善終、人猶效之。又況萬物之所係、而一化之所待乎。

とあるのは(34)、今まで繰り返し述べてきたような「氣」の理論に基づく「物化」・轉生・輪廻の思想に附隨してではあるが、「吾生」と「吾死」、「夭」と「老」、「始」と「終」のすべてを一樣に「善」と言って肯定する「萬物一體」が提唱されている。

同じく德充符篇の无趾・仲尼問答に、

老耼曰、「胡不直使彼以死生爲一條、以可不可爲一貫者、解其桎梏、其可乎。」

无趾曰、「天刑之。安可解。」

とあるが(35)、その「以可不可爲一貫」は、「可」と「不可」が聯續しているという「萬物一體」である。

同じく秋水篇の河伯・北海若問答に、

北海若曰、「……是故大人之行、……世之爵祿不足以爲勸、戮恥不足以爲辱。知是非之不可爲分、細大之不可爲倪。聞曰、『道人不聞、至德不得(德)、大人无己。』約分之至也。」

河伯曰、「若物之外、若物之內、惡至而倪貴賤、惡至而倪小大。」

北海若曰、「以道觀之、物无貴賤。以物觀之、自貴而相賤。以俗觀之、貴賤不在己。……以趣觀之、因其所然而然之、則萬物莫不然。因其所非而非之、則萬物莫不非。知堯桀之自然而相非、則趣操覩矣。昔者堯舜讓而帝、之噲讓而絕。湯武爭而王、白公爭而滅。由此觀之、爭讓之禮、堯桀之行、貴賤有時、未可以爲常也。……故曰、『蓋師是而无非、師治而无亂乎、是未明天地之理、萬物之情者也。』是猶師天而无地、師陰而无陽。其不可行明矣。然且語而不舍、非愚則誣也。帝王殊禪、三代殊繼。差其時逆其俗者、謂之簒夫。當其時順其俗者、謂之義之徒。默默乎、河伯。女惡知貴賤之門、小大之家。」

とあるのは、[36]「貴」と「賤」、「小」と「大」は分けることができないとする「萬物一體」であり、かつその根底にある「是」と「非」、「治」と「亂」、「天」と「地」、「陰」と「陽」を分けることができず、「是・治・天・陰」だけでなく「非・亂・地・陽」も必要であるとする「萬物一體」である。[37]

同じく知北遊篇の知北遊章に、

黄帝曰、「……故萬物一也。是其所美者爲神奇、其所惡者爲臭腐、臭腐復化爲神奇、神奇復化爲臭腐。故曰、『通天下一氣耳。』聖人故貴一。」

とあるのは、[38]「美」と「惡」とされる對象の「神奇」と「臭腐」が、「氣」に基づく「物化」・轉生・輪廻に附隨して、相互に轉換するという「萬物一體」である。

ちなみに、以上に檢討してきた色々な立場からアプローチした各種の「萬物一體」の思想は、それ自體で道家らしい特徵を持ったその思想の重要な一分野であるが、それと同時に、本章のすぐ後で解明する宇宙生成論や、また災異說・祥瑞說を伴った天人相關說、人間のあれこれの生き方を說く倫理思想、天下の大統一・大調和を主張する政治思想などに、ある種の基礎を提供する理論となっていることも、見逃してはならないことである。

第5節　宇宙生成論――もう一つの「道」と「萬物」

A　聖人たちの「萬物一體」

以上に検討してきた「萬物齊同」をも含む「萬物一體」は、實は道家思想にとって、現にそのようにあり、そうなっている世界の現實的な形態ではなかった。逆に、まさにそのようにあるべき、そうなるはずの世界の理念的な形態であった。それ故、「萬物一體」は、彼らの理想とする特別な人たちだけに開かれており、普通の凡庸な人間たちには閉ざされていたのである。例えば、本章の第1節で述べた「萬物齊同」の哲學は、『莊子』齊物論篇の南郭子綦・顏成子游問答に、

子綦曰、「……古之人、其知有所至矣。惡乎至。有以爲未始有物者。至矣盡矣。不可以加矣。其次以爲有物矣、而未始有封也。其次以爲有封焉、而未始有是非也。」

とあるとおり、「古之人」やその周圍の人たちのものである。

本章の第2節で述べた「氣」の理論に基づく「萬物一體」の思想は、同じく知北遊篇の知北遊章に、

故萬物一也。……故曰、「通天下一氣耳。」聖人故貴一。

とあるとおり、「聖人」のものである。

また、本章の第3節で述べた「天地」における「萬物一體」の思想は、同じく大宗師篇の知天之所爲章に、

故聖人將遊於物之所不得遯而皆存。

とあるとおり、「聖人」のものである。

そして、本章の第4節で述べた價値の優劣を否認する「萬物一體」の思想は、『老子』第二章に、

是以聲（聖）人居无爲之事、行（不言之敎）。（馬王堆帛書甲本・乙本）

とあるとおり、「聲（聖）人」のものであり、[39]また、『莊子』秋水篇の河伯・北海若問答に、

北海若曰、「……是故大人之行、……知是非之不可爲分、細大之不可爲倪。聞曰、『道人不聞、至德不得（德）、大人无己。』約分之至也。」

とあるとおり、「大人」「道人」「至德」のものである。

これはどうしてであろうか。――「萬物齊同」の哲學や「萬物一體」の思想の描く世界は、大雜把に把えるならば、大體のところ「一の無」かもしくは「一の有」であり、すなわち窮極的根源的な實在「道」かそれとも「道」に近い何ものかであるので、そのために世界の理念態として理想的な人たちだけに開かれていたという事情によるものと考えられる。しかしながら、同時にそれらの哲學や思想の描かない世界が現にあって、それは「多の有」、すなわち具體的な姿・形を持って存在し運動・變化している「萬物」であるが、世界の現實態として普通の人間たちにも開かれていた。

B　宇宙生成論の形而上學からの分岐と形成

道家の思想家たちにとって、この兩者、すなわち「一の無」「一の有」と「多の有」がどのような關係にあるのか、

それらの間にあるギャップはどうすれば埋められるのか、が問題になったのは當然である。なぜなら、思想家たち自身が「多の有」である「萬物」の中に含まれる存在者の一つなのだから。今日の立場に立って形式の上から考えてみると、この問題に對する解答には二つの方向があるのではないかと思う。

第一は、兩者の關係を論理の上から哲學的に思索して、形而上學・存在論を構築する方向であり、第二は、兩者の關係に時間性を持ちこんで歴史的に考察し、宇宙生成論を構築する方向である。そして、前者の方向で「一の無」―「多の有」の關係を「道」―「萬物」の二世界論として解いたのが、本書の第６章で解明した「「道」の形而上學」である。後者の方向で「一の無」「一の有」―「多の有」の關係を「道」→「萬物」の宇宙生成論として解いたのが、ここで檢討しようとしている內容に他ならない。

以上は今日の立場からする形式上の考察であるが、道家思想の實際は、後者の宇宙生成論はかなり晩出の、戰國時代最末期以後の思想であって、戰國時代中期～後期の比較的早い時期にはほとんど現れないようである。恐らく前者の形而上學が時の經過の中でその取り扱う領域を擴げるとともに、その形而上學としての性質が衰微した後それを補強するために登場したのではなかろうか。したがって、理念的な世界「一の無」もしくは「一の有」から現實的な世界「多の有」が、時間軸の上で歴史的にどのようにして出てくるかという問題を解こうとするこの宇宙生成論には、觀察・記錄・計算などを不可缺とする、宇宙の成り立ちに關する客觀的科學的な知識や理論を構築していこうという關心は、最初からはなはだ希薄であったと言わなければならない。――この點は十分に注意しておくべきことである。

例えば、『莊子』を調べてみても、そこには本格的な宇宙生成論は存在していない。確かに大宗師篇の知天之所爲章には、

夫道、……自本自根、未有天地、自古以（已）固存。神鬼神帝、生天生地。在太極之先而不爲高、在六極之下而

不爲深。先天地生而不爲久、長於上古而不爲老。

とあって、[40]「道」が「天地」を生じたとする宇宙の生成が論じられているけれども、これはまだ素樸な段階でしかなく、本格的なものと見なすわけにはいかない。

また、知北遊篇の孔子・老耼問答には、

孔子問於老耼曰、「今日晏閒。敢問至道。」

老耼曰、「……夫道窅然難言哉。將爲汝言其崖略。夫昭昭生於冥冥、有倫生於无形。精神生於道、形本生於精、而萬物以形相生。故九竅者胎生、八竅者卵生。」

とあって、[41]「道」から「萬物」が生じていく過程を「冥冥・无形・道」→「昭昭・有倫・精神」→「形本」→「萬物」のように描いてはいる。[42]しかし、これは、宇宙の生成論或いは自然の生成論とするよりも、むしろ形而上學・存在論とすべきではなかろうか。少なくとも兩者が未分化であり、混在していると言うことはできよう。ちなみに、『莊子』中の、同じように宇宙生成論と形而上學・存在論の未分化の例が、本章の注釋（42）に引用した天地篇の泰初有无章である。また、知北遊篇の冉求・仲尼問答のように、

冉求問於仲尼曰、「未有天地、可知邪。」

仲尼曰、「可。古猶今也。……无古无今、无始无終。未有子孫、而有子孫、可乎。」

の如く、宇宙生成論を十分に知悉した上で否定している例もある。[43]

C 本格的な宇宙生成論の登場――『老子』

『老子』になると、本格的な宇宙生成論を見出すことができる。例えば、第四十章・第四十二章には、

天〔下之物生於有、有生於无。道生一、一生二、二生三、三生萬物。萬物負陰而抱陽〕、中（沖）氣以爲和。（馬王堆帛書甲本・乙本）

とあり[44]、また、第二十五章には、

有物昆（混）成、先天地生。繡（寂）呵（乎）繆（寥）呵（乎）、獨立〔而不玹（改）〕、可以爲天地母。吾未知其名、字之曰道、吾強爲之名曰大。〔大〕曰筮（逝）、筮（逝）曰〔遠、遠曰反〕。（馬王堆帛書甲本・乙本）

とある[45]。前者は「无・道」→「有・一」→「二・陰と陽」→「三・陰と陽と中氣」→「天下之物・萬物」、後者は「有物昆（混）成・天地母・道」→「天地」→「萬物の筮（逝）・遠・反」、のように整理することができるであろう[46]。ちなみに、『老子』第一章は、從來、通行本に、

道可道、非常道。名可名、非常名。無名、天地之始。有名、萬物之母。

とあるのによって、「道・無名・天地之始」→「天地・有名・萬物之母」→「萬物」のように展開する宇宙生成を論じた文章と考えられてきたが、馬王堆漢墓帛書は甲本・乙本ともに、

道可道也、非恆道也。名可名也、非恆名也。无名、萬物之始也。有名、萬物之母也。

の如く、「天地之始」を「萬物之始」に作っているので、右の展開が成立しないことが判明した。宇宙生成を論じた文章ではなく、形而上學・存在論を論じた文章にちがいない[47]。

また、道家思想の影響を受けた『呂氏春秋』大樂篇の、

太一出兩儀、兩儀出陰陽。陰陽變化、一上一下、合而成章。渾渾沌沌、離則復合、合則復離、是謂天常。天地車輪、終則復始、極則復反、莫不咸當。日月星辰、或疾或徐、日月不同、以盡其行。四時代興、或暑或寒、或短或長、或柔或剛。萬物所出、造於太一、化於陰陽。

は、「太一」→「兩儀」→「陰陽」→「萬物」のように展開する宇宙生成論であって、その「兩儀」は「天地」を指している(48)。

なお、通行本『周易』繫辭上傳の、

是故易有太極、是生兩儀。兩儀生四象、四象生八卦。八卦定吉凶、吉凶生大業(49)。

や、『禮記』禮運篇の、

是故夫禮、必本於大一、分而爲天地、轉而爲陰陽、變而爲四時、列而爲鬼神。其降曰命、其官於天地。

などは、前漢時代初期の儒家が道家系の宇宙生成論、中んづく『呂氏春秋』大樂篇のそれを借用して、獨自の諸思想を發展させた例である。

さらに降って『淮南子』に至れば、宇宙生成論はかつてなかったほどの隆盛の觀を呈する。それは原道・俶眞・天文・精神・本經・詮言等々の諸篇に詳しく論じられているが(50)、ここでは天文篇の文章を一つだけ引用しておきたい。

天墜〈墬〉（地）未形、馮馮翼翼、洞洞灟灟、故曰「大（太）昭〈始〉」。道始于〈生〉虚霩、虚霩生宇宙、宇宙生〔元〕氣、〔元〕氣有漢〈涯〉垠。清陽者、薄靡而爲天、重濁者、滯凝而爲地。清妙之合專易、重濁之凝竭難。故天先成而地後定。

天地之襲精爲陰陽、陰陽之專精爲四時、四時之散精爲萬物。積陽之熱氣生火、火氣之精者爲日、積陰之寒氣者爲

水、水氣之精者爲月、日月之淫爲〈氣〉、精者爲星辰。天受日月星辰、地受水潦塵埃。

これは形而上學・存在論的な要素をほとんど含まないほぼ純然たる宇宙生成論であって、[51]「道」→「虚霏」→「宇宙」→「元氣」→「天地」→「陰陽」→「四時」→「萬物」のように展開するとされている。[52]

D　道家の宇宙生成論の特徴

以上が戰國時代～前漢初期の主に道家思想の宇宙生成論であるが、これらにはいくつかの重要な特徴がある。

第一に、「道」はこの理論においてもやはり宇宙の主宰者であって、自らの能力で主體的に宇宙を作った窮極的根源的な實在である。上に引用した例で見ても、「道」は宇宙の最初の諸形態を自ら「生」じ、「出」だし、そして「始」めている。『莊子』大宗師篇の知天之所爲章に、

夫道、……自本自根……。神鬼神帝、生天生地。

とあり、『老子』第四十二章に、

〔道生一、一生二、二生三、三生萬物〕。（馬王堆帛書甲本・乙本）

とあり、『呂氏春秋』大樂篇に、

太一出兩儀、兩儀出陰陽。……萬物所出、造於太一、化於陰陽。

とあり、通行本『周易』繫辭上傳に、

易有太極、是生兩儀。兩儀生四象、四象生八卦。八卦定吉凶、吉凶生大業。

とあり、『淮南子』天文篇に、

道始于〈生〉虚霩、虚霩生宇宙、宇宙生〔元〕氣、〔元〕氣有漢〈涯〉垠。

とあったように。そして、この點は後に現れる「自然」の思想の異議を申し立てるところとなった(53)。

第二に、道家の思想家たちを始めとする人間は、太初の「道」を去ること最も遠い「萬物」に位置づけられており、宇宙の時間軸の上では最も新しく生まれた、價値の上では最も僅かしか「道」を含有していない存在者の一つである。それ故、「萬物」は世界の現實態であると同時に、「道」の疎外態であると把えられている。ここに初期道家以來の問題意識、すなわち反疎外論や主體性論が生き續けていることは容易に見て取れよう(54)。

そうではあるけれども、この理論の中には道家思想の新たな展開の可能性もまた胚胎している。——たとえ「萬物」が「道」を僅かしか含有していない、その疎外態であるにしても、その中に「道」が內在していることを認める方向に傾くこの理論においては、「萬物」は「道」から生み出され「道」を分有しているが故に、從來のように否定的に評價されなくてもよいことになるのではなかろうか。すなわち、「萬物」を「道」との對比で低く評價する、道家獨特の否定の哲學が乘り越えられる可能性がここに胚胎しているのである。

注　釋

（1）島田虔次『朱子學と陽明學』の第一章、三、「萬物一體の仁　その一」を參照。
（2）島田虔次『朱子學と陽明學』の第一章、三、「もう一つの萬物一體」を參照。
（3）島田虔次『朱子學と陽明學』の第三章、一、「ふたたび萬物一體」及び「良知と萬物一體の結合」を參照。
（4）島田虔次『朱子學と陽明學』の第三章、二、「三たび萬物一體」を參照。
（5）本書第5章の第2節を參照。
（6）本書第5章の第4節を參照。

（7）　本書第５章の第４節、及びその注釋（34）を參照。「處乎无嚮、行乎无方、挈汝適復之撓撓、以遊无端。出入无旁、與日无始。」は、『莊子』在宥篇の黃帝・廣成子問答の、

廣成子……曰、「……我爲女遂於大明之上矣、至彼至陽之原也。爲女入於窈冥之門矣、至彼至陰之原也。……故余將去女、入无窮之門、以遊无極之野。吾與日月參光、吾與天地爲常。」

とある文章に、表現も趣向もかなり近い（本書第６章の第２節、第７章の第６節、及びその注釋（46）（47）（48）を參照）。

「以遊无端。出入无旁、」は、『莊子』在宥篇の世俗之人章に、

夫有土者、有大物也。有大物者、不可以物。物而不物、故能物物。明乎物物者之非物也、豈獨治天下百姓而已哉。出入六合、遊乎九州、獨往獨來。是謂獨有。獨有之人、是之謂至貴。

とある文章と密接に關係する（本書第６章の第２節、及びその注釋（7）を參照）。

「頌論形軀」は、人間の「心」の作用である「頌論」と身體である「形軀」とをペアーで言ったもの。『莊子』齊物論篇の南郭子綦・顏成子游問答に、

南郭子綦隱几而坐、仰天而噓。嗒焉似喪其耦。顏成子游立侍乎前、曰、「何居乎。形固可使如槁木、而心固可使如死灰乎。今之隱几者、非昔之隱几者也。」子綦曰、「偃、不亦善乎、而問之也。今者吾喪我。汝知之乎。」

とある文章における、「心」と「形」の併稱のヴァリエーションである（本書第５章の第４節、及びその注釋（40）を參照）。

「合乎大同。大同而无己。」については、本書第５章の注釋（34）、及び第10章の注釋（48）を參照。『莊子』齊物論篇の南郭子綦・顏成子游問答の、

天下莫大於秋豪之末、而大山爲小。莫壽乎殤子、而彭祖爲夭。天地與我竝生、而萬物與我爲一。

とほとんど同じ思想である（本書第５章の第４節、その注釋（34）、及び第９章の注釋（34）を參照）。

「覩有者昔之君子、覩无者天地之友。」は、「覩有者」と「覩无者」の兩者に對してともに肯定的に評價していると考えられるが、これと同じように「无」と「有」の兩者をともに肯定している例としては、『老子』第一章の、

●道可道也、非恆道也。名可名也、非恆名也。无名、萬物之始也。有名、萬物之母也。〔故〕恆无欲也、以觀其眇（妙）。

恆有欲也、以觀其所噭（噭）。兩者同出、異名同胃（謂）。玄之有（又）玄、衆眇（妙）之〔門〕。（馬王堆帛書甲本・乙本）

における、「无名」と「有名」の兩者の肯定、「恆无欲也」と「恆有欲也」の兩者の肯定が擧げられる（本書第6章の注釋（13）、本章の第5節、及び第11章の注釋（6）を參照）。『莊子』在宥篇の大人之教章と『老子』第一章は、ほぼ同じ時代に書かれた文獻なのである。

（8）　本書第5章の注釋（23）、及び第9章の注釋（36）を參照。「自其異者視之、肝膽楚越也。自其同者視之、萬物皆一也。」は、これをふまえた『淮南子』俶眞篇に、

　是故自其異者視之、肝膽胡越。自其同者視之、萬物一圈也。

とある（本書第5章の注釋（23）を參照）。表面的には『莊子』天下篇の惠施論に、

　惠施多方、其書五車、其道舛駁、其言也不中。歷物之意曰、……大同而與小同異、此之謂小同異。萬物畢同畢異、此之謂大同異。……氾愛萬物、天地一體也。惠施以此爲大、觀於天下而曉辯者。天下之辯者、相與樂之。

とある、「萬物畢同畢異、此之謂大同異。」などと同じ思想であるが、『莊子』と『淮南子』のどちらも前半部分に力點がなく後半部分に力點がある。

「自其同者視之、萬物皆一也。夫若然者、……物視其所一、而不見其所喪。視喪其足、猶遺土也。」は、『莊子』田子方篇の孔子・老聃問答に、

　（老聃）曰、「……夫天下也者、萬物之所一也。得其所一而同焉、則四支百體、將爲塵垢、而死生終始、將爲晝夜、而莫之能滑。而況得喪禍福之所介乎。棄隷者、若棄泥塗。知身貴於隷也。貴在於我、而不失於變。且萬化而未始有極也。夫孰足以患心。」

とあるのと密接に關係する（本書第6章の注釋（18）、第7章の注釋（2）（14）（30）、本章の第3節、及びその注釋（24）（25）を參照）。

「且不知耳目之所宜、而遊心乎德之和。」の「和」は、『莊子』齊物論篇の南郭子綦・顏成子游問答に、

　是以聖人和之以是非、而休乎天鈞。是之謂兩行。

とあり（本書第1章の注釋（24）を參照）、『莊子』在宥篇の黄帝・廣成子問答に、

廣成子……曰、「……无視无聽、抱神以靜、形將自正。必靜必淸、无勞女形、无搖女精、乃可以長生。目无所見、耳无所聞、心无所知、女神將守形、形乃長生。愼女內、閉女外、多知爲敗。……愼守女身、物將自壯。我守其一、以處其和。」

とある（本書第7章の第6節を參照）「和」と同じく、「耳目之所宜」を撥無する「道」の作用を指す。

（9）「物」の「貴賤」（一般化すれば價値）に關する作者の見方は、言うまでもなく「以道觀之」という「道」の立場であり、客觀世界に「貴賤」は存在しないと考える。それに對して、「以物觀之」という「物」の立場と「以俗觀之」という「俗」の立場は「貴賤」は存在すると認める。「貴賤」の基準を主體的に自己に置くのが「物」の立場、沒主體的に世俗に置くのが「俗」の立場である。「道」と「物」以外に「俗」の立場を擧げたのは、これが一見「道」の立場と混同されやすく、また實際に混同して「俗」を「道」と見なした一派が先行道家の中にいたからだと考えられる。

「以差觀之」「以功觀之」「以趣觀之」は、上述の「物」の立場の具體的な現れであって、本問答では「物」の「大小」（一般化すれば事實）を「差」と言い、「物」の「有无」（一般化すれば存在）を「功」と言い、「物」の「然非」（一般化すれば價値）を「趣」と言っている。そして、「因其所大而大之、則萬物莫不大。因其所小而小之、則萬物莫不小。」、「因其所有而有之、則萬物莫不有。因其所无而无之、則萬物莫不无。」、「因其所然而然之、則萬物莫不然。因其所非而非之、則萬物莫不非。」の三文は、「物」の「大小」「有无」「然非」が客觀世界には存在しておらず、逆に人間の「知」の主觀性に依存していることを指摘したものである。また、「知天地之爲稊米也、知豪末之爲丘山也、則差數覩矣。」、「知東西之相反、而不可以相无、則功分定矣。」、「知堯桀之自然而相非、則趣操覩矣。」の三文は、「以差觀之」「以功觀之」「以趣觀之」の三つの見方が、現實の「大小」「有无」「然非」の判斷のアナーキーをもたらしているように、必然的に陷らざるをえない誤りを描いて、それを克服すべきことを訴えたものである。

（10）本書第5章の第2節、その注釋（22）、及び本章の第4節を參照。「以道觀之、物无貴賤。」は、『莊子』天地篇の天地雖大章に、

以道觀言、而天下之君正。以道觀分、而君臣之義明。以道觀能、而天下之官治。以道汎觀、而萬物之應備。

とあり、同じく知北遊篇の中國有人焉章に、

　自本觀之、生者喑醷物也。雖有壽夭、相去幾何。須臾之説也。奚足以爲堯桀之是非。

とあるのを參照。

「嚴乎若國之有君、其无私德。」は、『墨子』兼愛下篇に、

　『泰誓』曰、「文王若日若月、乍照光于四方于西土。」卽此言文王之兼愛天下之博大也、譬之日月兼照天下之無有私也。

とあるのを參照。

「泛泛乎其若四方之无窮、其无所畛域。兼懷萬物、其孰承翼。」は、『莊子』齊物論篇の瞿鵲子・長梧子問答に、

　長梧子曰、「……予嘗爲女妄言之、女以妄聽之。奚。旁日月、挾宇宙、爲其脗合、置其滑涽、以隷相尊。衆人役役、聖人愚芚。參萬歲而一成純、萬物盡然、而以是相蘊。」

とあり、同じく天道篇の老〈夫〉子曰章に、

　老〈夫〉子曰、「夫道、於大不終、於小不遺。故萬物備。廣廣乎其无不容也、淵乎其不可測也。」

とあるのを參照。

(11)　ちなみに、郭店楚簡『老子』甲本第五十六章には、

　智（知）之者弗言、言之者弗智（知）。閟（閟）亓（其）逸（穴）、賽（塞）亓（其）門、和亓（其）光、迵（通）亓（其）新（塵）、劗亓（其）頷（銳）、解亓（其）紛。是胃（謂）玄同。古（故）不可㝵（得）天〈而〉新（親）、亦不可㝵（得）天〈而〉疋（疏）。不㝵（得）天〈而〉利、亦不可㝵（得）天〈而〉害。不可㝵（得）天〈而〉貴、亦可不可㝵（得）天〈而〉戔（賤）。古（故）爲天下貴。■

とある。

(12)　ちなみに、郭店楚簡『老子』乙本第五十二章には、その中段だけが、

　閟亓（其）門、賽（塞）亓（其）逸（穴）、終身不否（敄）。啓亓（其）逸（穴）、賽（濟）亓（其）事、終身不來。■

と見えている。『老子』第五十二章の本來の姿は、上段と下段を含まない中段だけの單獨の存在であった。この問題について

は、本書の附録1、及び以下の二つの拙論を參照。

池田知久「郭店楚簡『老子』諸章の上段・中段・下段——『老子』のテキスト形成史の中で——」『中國哲學研究』第18號　東京大學中國哲學研究會　二〇〇三年

池田知久「郭店楚簡《老子》各章的上中下段——從《老子》文本形成史的角度出發」（中國文）『池田知久簡帛研究論集』曹峰譯　中華書局　二〇〇六年

（13）ちなみに、「塞亓（其）悶（穴）、閉亓（其）〔門、和〕其光、同亓（其）墼（塵）、坐（剉）亓（其）閱（銳）、解亓（其）紛。」は、類似する文章が『老子』第四章に、

銼（剉）其〔兌（銳）〕、解其紛、和其〔光〕、同〔其塵〕。（馬王堆帛書甲本・乙本）

とあって、參照される。

（14）『老子』第五十二章・第五十六章・第四章のより詳細な解釋については、以下の二つの拙著を參照。

池田知久『老子』　馬王堆出土文獻譯注叢書　東方書店　二〇〇六年

池田知久『郭店楚簡老子研究』（第一刷）　東京大學文學部中國思想文化學研究室　一九九九年

（15）本章の第4節を參照。「解其桎梏、其可乎。……天刑之。安可解。」は、『莊子』養生主篇の秦失・弟子問答に、

（秦失）曰、「……向吾入而弔焉、有老者哭之如哭其子、少者哭之如哭其母。彼其所以會之、必有不蘄言而言、不蘄哭而哭者。是遁天倍情、忘其所受。古者謂之遁天之刑。適來、夫子時也。適去、夫子順也。安時而處順、哀樂不能入也。古者謂是帝之縣解。」

とあるのと密接に關聯する（本書第7章の注釋（12）を參照）。

（16）本書第7章の第3節、及びその注釋（12）を參照。

（17）本書第7章の注釋（14）（17）を參照。「夫若然者、又惡知死生先後之所在。」は、『莊子』大宗師篇の顏回・仲尼問答（一）に、

仲尼曰、「……孟孫氏不知所以生、不知所以死、不知就先、不知就後。若化爲物、以待其所不知之化已乎。且方將化、惡知

不化哉。方將不化、惡知已化哉。」

とあるのと極めて近い（本書第7章の第2節を參照）。

「託於同體」は、『莊子』大宗師篇の知天之所爲章に、

特犯（範）人之形、而猶喜之、若人之形者、萬化而未始有極也。其爲樂、可勝計邪。故聖人將遊於物之所不得遯而皆存。善夭善老、善始善終、人猶效之。又況萬物之所係、而一化之所待乎。

とあるのとほぼ同じ思想である（本書第6章の注釋（13）、第7章の第5節・第6節、及びその注釋（29）を參照）。

「忘其肝膽、遺其耳目。」は、これをふまえた『淮南子』俶眞篇に、

何況懷瓌瑋之道、忘肝膽、遺耳目、獨浮游无方之外、不與物相弊摋、中徙倚无形之域、而和以天地者乎。

とあり、同じく精神篇に、

若然者、正〈亡〉肝膽、遺耳目、心志專于內、通達耦于一。

とあるのを參照。

「反覆終始、不知端倪。」は、『莊子』寓言篇の寓言十九章に、

萬物皆種也、以不同形相禪、始卒若環、莫得其倫。

とあるのとほぼ同じ思想である（本書第7章の第5節、その注釋（27）（28）、本章の注釋（42）、及び第13章の第3節を參照）。

(18)　本書第7章の第3節、本章の第4節、及びその注釋（26）を參照。

(19)　この箇所は、『文子』下德篇に、

老子曰、「陰陽陶冶萬物、皆乘一氣而生。上下離心、氣乃上蒸（烝）、君臣不和、五穀不登。春肅秋榮、冬雷夏霜、皆賊氣之所生也。天地之閒、一人之身也。六合之內、一人之形也。故明於性者、天地不能脅也。審於符者、怪物不能惑也。聖人由近知遠、以萬異爲一同。氣蒸（烝）乎天地、禮義廉恥不設、萬民不相侵暴虐、由在乎混冥之中也。」

のように取られている（本書第9章の第3節、及びその注釋（39）を參照）。

「天含和而未降、也（地）懷氣而未揚。」は、『淮南子』俶眞篇に、

有未始有夫未始有有始者、天含和而未降、地懷氣而未揚、虛无寂寞、蕭條霄霓、无有仿佛、氣遂而大通宜〈冥〉宜〈冥〉者也。

とある（本書第5章の第4節、その注釋（38）、及び本章の第5節を參照）。

「陰陽儲與」は、『淮南子』俶眞篇に、

有无者、視之不見其形、聽之不聞其聲、捫之不可得也、望之不可極也。儲與扈冶、浩浩瀚瀚、不可隱儀揆度、而通光燿者。

とあり（本書第5章の第4節、その注釋（38）、及び本章の第5節を參照）、同じく要略篇に、

若劉氏之書、觀天地之象、通古今之論、權事而立制、度形而施宜、原道〔德〕之心、合三王之風、以儲與扈冶玄眇（妙）之中。

とある（本書第3章の注釋（23）、第14章の第4節、及びその注釋（42）を參照）。馬宗霍『淮南舊注參正』によって、

儲與、疊韵連緜字、猶言積聚之貌。

という意味である。

「旁薄衆宜」は、『莊子』逍遙遊篇の肩吾・連叔問答に、

連叔曰、「……之人也、之德也、將旁礴萬物以爲一。世蘄乎亂、孰弊弊焉以天下爲事。之人也、物莫之傷。大浸稽天而不溺、大旱金石流土山焦而不熱。是其塵垢粃糠、將猶陶鑄堯舜者也。孰肯以物爲事。」

とあり（本書第7章の注釋（17）を參照）、『淮南子』俶眞篇に、

至德之世、……當此之時、莫之領理、決離隱密而自成、渾渾蒼蒼、純樸未散、旁薄爲一、而萬物大優。是故雖有羿之知、而無所用之。

とある（本書第7章の注釋（17）、及び第10章の注釋（40）を參照）。

「優游」は、『淮南子』俶眞篇に、

夫魚相忘於江湖、人相忘於道術。古之眞人、立於天地之本、中至優游、抱德煬和、而萬物雜累焉、孰肯解構人間之事、以物煩其性命乎。

とあり、同じく泰族篇に、

河以逶蛇、故能遠。山以陵遲、故能高。陰陽无爲、故能和。道以優游、故能化。夫徹於一事、察於一辭、審於一投〈技〉、可以曲說、而未可廣應也。

とあるのを參照。

「混冥」は、『莊子』天地篇の諄芒・苑風問答に、

（諄芒）曰、「上神乘光、與形滅亡。此謂照曠。致命盡情、天地樂、而萬事銷亡、萬物復情。此之謂混冥。」

とあり（本書第7章の注釋（48）を參照）、同じく繕性篇に、

古之人、在混芒之中、與一世而得澹漠焉。當是時也、陰陽和靜、鬼神不擾、四時得節、萬物不傷、羣生不夭。人雖有知、无所用之。此之謂至一。當是時也、莫之爲而常自然。

とあり、『淮南子』俶眞篇に、

古之人、有處混冥之中、神氣不蕩于外、萬物恬漠以愉靜、攙搶衡〈衝〉杓之氣莫不彌靡、而不能爲害。當此之時、萬民倡狂、不知東西、含哺而游、鼓腹而熙。交被天和、食于地德、不以曲故是非相尤、茫茫沈〈沆〉沈〈沆〉、是謂大治。

とある（本章の注釋（28）、及び上引の『文子』下德篇を參照）。

（20）ここに引用した『呂氏春秋』有始篇と『淮南子』本經篇に、道家の「物化」・轉生・輪廻の思想が伴っているか否かは不明である。

（21）本書第6章の注釋（13）、第7章の第5節・第6節、及びその注釋（9）を參照。

（22）本書第7章の第2節・第3節・第6節、その注釋（9）（10）（36）、本章の第2節・第3節、その注釋（26）、及び第9章の第3節を參照。

（23）本書第7章の第5節を參照。また、上文に引用した『淮南子』俶眞篇をも參照。

「不樂壽、不哀夭。」は、以上の本文で見た『莊子』大宗師篇の知天之所爲章の、

善夭善老、善始善終。

の意であろう（本書第7章の第5節・第6節、本章の注釈（17）を參照）。

（24）本書第6章の注釈（18）、第7章の注釈（2）（14）（30）、及び本章の注釈（8）を參照。「死生終始、將爲晝夜、而莫之能滑。」は、『莊子』大宗師篇の知天之所爲章に、

死生、命也。其有夜旦之常、天也。

とある（第7章の注釈（14）、及び第9章の注釈（29）を參照）以外に、同じく德充符篇の魯哀公・仲尼問答に、

仲尼曰、「死生存亡、窮達貧富、賢與不肖毀譽、飢渴寒暑、是事之變、命之行也。日夜相代乎前、而知不能規乎其始者也。故不足以滑和、不可入於靈府。」

とあり（本書第5章の注釈（5）、及び第11章の注釈（31）を參照）、同じく庚桑楚篇の備物以將形章に、

備物以將形、藏不虞以生心、敬中以達彼。若是而萬惡至者、皆天也、而非人也。不足以滑成、不可內於靈臺。

とあり、また『淮南子』原道篇に、

循天者、與道游者也。隨人者、與俗交者也。……故聖人不以人滑天、不以欲亂情。……精通于靈府、與造化者爲人。……

聖人不以身役物、不以欲滑和。是故其爲曜不忻忻、其爲悲不惙惙、萬方百變、消搖而無所定、吾獨忼慨、遺物而與道同出。

とあり（本書第9章の注釈（12）を參照）、同じく俶眞篇に、

若然者、偃其聰明而抱其太素、以利害爲塵垢、以死生爲盡〈晝〉夜。……登千仞之谿、臨蝯眩之岸、不足以滑其和。……

夫以末求返于本、許由不能行也。又況齊民乎。誠達于性命之情、而仁義固附矣。趨捨何足以滑心。

とあり、同じく精神篇に、

禹南省方、濟于江。黃龍負舟、舟中之人、五色無主。禹乃熙笑而稱曰、「我受命於天、竭力而勞萬民。生寄也、死歸也。何足以滑和。」……達至道者、……無益〔於〕情者不以累德、而〈不〉便於性者不以滑〔和〕。故縱體肆意而度制、可以爲天下儀。

とあり、同じく齊俗篇に、

許由善卷非不能撫天下、寧海內以德民也、然而羞以物滑和、故弗受也。

とあり、同じく詮言篇に、

故通性之情者、不務性之所無以爲。通命之情者、不憂命之所無奈何。通於道者、物莫足〔以〕滑其調〈和〉。

とあり（本書第10章の注釋（14）を參照）、また『文子』道原篇に、

老子曰、「……眞人者、大己而小天下、貴治身而賤治人、不以物滑和、不以欲亂情。……循天者、與道游也。隨人者、與俗交也。故聖人不以事滑天、不以欲亂情。……是故聖人不以智役物、不以欲滑和。其於樂不忻忻、其於憂不惋惋。」

とあり、同じく九守篇に、

老子曰、「古之爲道者、……無益於性者不以累德、不便於生者不以滑和。不縱身肆意而度制、可以爲天下儀。」

とある。

(25)「而況得喪禍福之所介乎」は、『莊子』齊物論篇の齧缺・王倪問答に、

王倪曰、「至人神矣。……死生无變於己。而況利害之端乎。」

とある（本書第4章の注釋（8）、第11章の第1節、及びその注釋（3）を參照）。

「棄隸者、若棄泥塗。」は、『莊子』德充符篇の常季・仲尼問答に、

仲尼曰、「……物視其所一、而不見其所喪。視喪其足、猶遺土也。」

とあるのをふまえている（本書第5章の注釋（23）、本章の第1節、及びその注釋（8）を參照）。

「且萬化而未始有極也。夫孰足以患心。」は、『莊子』大宗師篇の知天之所爲章に、

特犯（範）人之形、而猶喜之、若人之形者、萬化而未始有極也。其爲樂、可勝計邪。

とあり（本書第7章の第5節、及びその注釋（9）（29）を參照）、賈誼（紀元前二〇〇年～前一六八年）の「服鳥賦」に、

千變萬化兮、未始有極。忽然爲人兮、何足控摶。化爲異物兮、又何足患。（『史記』賈生列傳）

とあり（本書第7章の第5節を參照）、『淮南子』俶眞篇に、

一範人之形而猶喜、若人者、千變萬化、而未始有極也。弊而復新、其爲樂也、可勝計邪。

とある（本書第7章の注釋（9）（29）を參照）。

「爲道者解乎此」は、『莊子』齊物論篇の瞿鵲子・長梧子問答に、

長梧子曰、「……是其言也、其名爲弔詭。萬世之後、而一遇大聖知其解者、是旦暮遇之也。」

とあり（本書第4章の第1節、第5章の第1節、及び第7章の注釋（8）を參照）、同じく徐无鬼篇の有暖姝者章に、

盡有天、循有照、冥有樞、始有彼。則其解之也、似不解之者。其知之也、似不知之也。

とある。

(26) 本書第6章の第2節、その注釋（18）、第7章の注釋（12）、及び本章の注釋（43）を參照。「死生有待」は、『莊子』田子方篇の顏淵・仲尼問答に、

仲尼曰、「惡、可不察與。夫哀莫大於心死、而人死亦次之。日出東方、而入於西極、萬物莫不比方。有目有趾者、待是而後成功。是出則存、是入則亡。萬物亦然。有待也而死、有待也而生。」

とある（本書第4章の第2節、その注釋（9）、及び第5章の注釋（7）を參照）ように、「萬物」の「死生」が「道」に依存していること。したがって、その反語である「死生有待邪」は、「未有天地」以前の「道」が「萬物」の「死生」を惹起しているのではないと言って、從來の形而上學・存在論を否定することを新たに宣言した命題である（本書第6章の第2節、及びその注釋（18）を參照）。

「皆有所一體」は、『莊子』大宗師篇の四人相與語章に、

子祀子輿子犂子來四人相與語曰、「孰能以无爲首、以生爲脊、以死爲尻。孰知死生存亡之一體者。」

とあり（本書第7章の第3節、その注釋（12）、及び本章の第2節を參照）、同じく庚桑楚篇の古之人章に、

其次曰、「始无有、既而有生、生俄而死。以无有爲首、以生爲體、以死爲尻。孰知有无死生之一守者。」

とある（本書第5章の注釋（10）、及び第7章の注釋（12）を參照）。また、同じく知北遊篇の知北遊章に、

黃帝曰、「……生也死之徒、死也生之始、孰知其紀。人之生、氣之聚也。聚則爲生、散則爲死。若死生爲徒、吾又何患。故萬物一也。……故曰、『通天下一氣耳。』聖人故貴一。」

とあるのともほぼ同じ思想である（本書第7章の第3節、その注釋（2）、及び本章の第2節・第4節を參照）。

「有先天地生者、物邪。」は、『老子』第二十五章に、

有物昆（混）成、先天地生。繡（寂）呵（乎）繆（寥）呵（乎）、獨立〔而不玹（改）〕、可以爲天地母。吾未知其名、字之曰道、吾強爲之名曰大。（馬王堆帛書甲本・乙本）

とあり（本書第6章の第2節、その注釋（8）（19）、及び本章の第5節を參照）、また郭店楚簡『老子』甲本第二十五章に、

又（有）牀（狀）蟲（蚰）成、先天陸（地）生。敓（寂）纆（穆）、蜀（獨）立不亥（改）、可以爲天下母。未智（知）亓（其）名、孥（字）之曰道、虛（吾）弜（強）爲之名曰大。

とあり、『莊子』大宗師篇の知天之所爲章に、

夫道、有情有信、无爲无形。可傳而不可受、可得而不可見。自本自根、未有天地、自古以固存。神鬼神帝、生天生地。在太極之先而不爲高、在六極之下而不爲深。先天地生而不爲久、長於上古而不爲老。

とある（本書第6章の第1節・第2節、その注釋（4）（20）、本章の第5節、及びその注釋（27）（40）を參照）のをふまえるが、しかし、それらの唱える形而上學・存在論・宇宙生成論に反對した、新しい思想の表現である（本書第6章の第2節、及びその注釋（18）を參照）。

（27）本書第7章の注釋（14）、本章の第3節、その注釋（28）、及び第10章の注釋（19）を參照。「道可得而有乎」は、『莊子』大宗師篇の知天之所爲章に、

夫道、有情有信、无爲无形。可傳而不可受、可得而不可見。自本自根、未有天地、自古以固存。神鬼神帝、生天生地。

とあり（本書第6章の第1節、その注釋（4）（18）、本章の第5節、及びその注釋（25）を參照）、これをふまえたらしい『楚辭』遠遊篇に、

曰、道可受兮、而不可傳。其小無內兮、其大無垠。無滑而（汝）蒐（魂）兮、彼將自然。

とあり、『莊子』天道篇の世之所貴道者章に、

世之所貴道者、書也。書不過語、語有貴也。語之所貴者、意也。意有所隨、意之所隨者、不可以言傳也。而世因貴言傳書。世雖貴之哉、猶不足貴也。爲其貴非其貴也。

とあり、同じく天運篇の孔子・老聃問答（一）に、

老子曰、「然。使道而可獻、則人莫不獻之於其君。使道而可進、則人莫不進之於其親。使道而可以告人、則人莫不告其兄弟。使道而可以與人、則人莫不與其子孫。」

とある。

「汝身非汝有也」は、『莊子』至樂篇の支離叔・滑介叔問答に、

滑介叔曰、「……生者假借也、假之而生。生者塵垢也、死生爲晝夜。」

とある（本書第7章の第3節、及びその注釋（14）を參照）。

「生非汝有、是天地之委和也。」は、『老子』第四十二章に、

〔道生一、一生二、二生三、三生萬物。萬物負陰而抱陽〕、中（沖）氣以爲和。（馬王堆帛書甲本・乙本）

とあり（本書第7章の注釋（48）、及び本章の第5節を參照）、『管子』內業篇に、

凡人之生也、天出其精、地出其形、合此以爲人。和乃生、不和不生。

とある（本書第10章の注釋（16）を參照）。

「性命非汝有、是天地之委順也。」は、『莊子』養生主篇の秦失・弟子問答に、

（秦失）曰、「……適來、夫子時也。適去、夫子順也。安時而處順、哀樂不能入也。」

とあり（本書第7章の注釋（12）、第9章の注釋（29）、及び第10章の注釋（14）（19）を參照）、同じく大宗師篇の四人相與語章に、

（子輿）曰、「……且夫得者時也、失者順也。安時而處順、哀樂不能入也。」

とある（本書第7章の第3節、及びその注釋（12）を參照）。

「孫子非汝有、是天地之委蛻也。」は、『莊子』寓言篇の衆罔兩・影問答に、

影曰、「……予有而不知其所以。予蜩甲也、蛇蛻也。似之而非也。火與日、吾屯也。陰與夜、吾代也。彼吾所以有待邪。而況乎以有待者乎。彼來則我與之來、彼往則我與之往。彼強陽則我與之強陽。強陽者、又何以有問乎。」

とある。

(28)「故行不知所往、處不知所持、食不知所味。」は、上引の『莊子』寓言篇の衆罔兩・影問答の、

影曰、「……予有而不知其所以。」

に相當する。また、同じく馬蹄篇に、

夫赫胥氏之時、民居不知所爲、行不知所之、含哺而熙、鼓腹而遊。民能以（已）此矣。

とあり（本書第10章の注釋（22）を參照）、同じく在宥篇の雲將・鴻蒙問答に、

雲將大喜、行趨而進曰、「天忘朕邪、天忘朕邪。」再拜稽首、願聞於鴻蒙。鴻蒙曰、「浮遊不知所求、猖狂不知所往。遊者鞅掌、以觀无妄。朕又何知。」

とあり（本書第7章の第6節、及び第11章の注釋（14）を參照）、『淮南子』俶眞篇に、

當此之時、萬民倡狂、不知東西、含哺而游、鼓腹而熙。交被天和、食于地德、不以曲故是非相尤、茫茫沈〈沆〉沈〈沆〉、是謂大治。

とあり（本章の注釋（19）を參照）、『文子』精誠篇に、

老子曰、「昔黄帝之治天下、……。其民童蒙、不知西東、視瞑瞑、行蹎蹎。梱然自得、莫知其所由、浮游汎然、不知所本、自養不知所如往。」

とある。

「天地之彊陽之氣也」は、上引の『莊子』寓言篇の衆罔兩・影問答に、

影曰、「……火與日、吾屯也。陰與夜、吾代也。彼吾所以有待邪。而況乎以有待者乎。彼來則我與之來、彼往則我與之往。彼強陽則我與之強陽。強陽者、又何以有問乎。」

とあったとおりである。

(29) 本書第5章の第2節を參照。

(30) 本書第4章の第3節、その注釋（27）、第5章の第2節・第4節、その注釋（24）、及び第14章の第2節を參照。

（31）本書第５章の第２節、及び第６章の第１節を參照。他に、『莊子』齊物論篇の瞿鵲子・長梧子問答に、
（瞿鵲子）「何謂『和之以天倪。』」（長梧子）曰、「是不是、然不然。是若果是也、則是之異乎不是也、亦無辯。然若果然也、則然之異乎不然也、亦無辯。忘年忘義、振於無竟（境）。故寓諸無竟（境）。」

とあるのも、またその代表的な表現の一つである（本書第５章の第５節を參照）。
（32）本書第５章の注釋（21）、及び本章の注釋（37）を參照。ちなみに、郭店楚簡『老子』甲本第二章は、
天下皆智（知）敚（美）之爲敚（美）也、亞（惡）已。皆智（知）善、此丌（其）不善已。又（有）亡（無）之相生也、難（難）惖（易）之相成也、長耑（短）之相型（形）也、高下之相浧（盈）也、音聖（聲）之相和也、先後之相墮（隨）也。是以聖人居亡（無）爲之事、行不言之季（教）。萬勿（物）复（作）而弗忍（治）也、爲而弗志（恃）也、成而弗居。天〈夫〉售（唯）弗居也、是以弗去也。■
に作っている。
（33）ちなみに、郭店楚簡『老子』乙本第二十章は、
㡭（絕）學亡（無）憂（憂）。售（唯）與可（訶）、相去幾可（何）。㒪（美）與亞（惡）、相去可（何）若。人之所㬝（畏）、亦不可以不㬝（畏）。■
に作っている。
（34）本書第７章の第５節、及びその注釋（９）（29）を參照。
（35）本章の第２節を參照。
（36）「世之爵祿不足以爲勸、戮恥不足以爲辱。」は、『莊子』逍遙遊篇の北冥有魚章に、
而宋榮子猶然笑之。且擧世而譽之、而不加勸。擧世而非之、而不加沮。定乎內外之分、辯乎榮辱之竟（境）斯已矣。

とある（本書第４章の第３節を參照）。

「聞曰、『道人不聞、至德不得（德）、大人无己。』」については、本書第10章の注釋（48）を參照。上引の『莊子』逍遙遊篇の北冥有魚章の下文に、

若夫乘天地之正、而御六氣之辯（變）、以遊無窮者、彼且惡乎待哉。故曰、「至人無己、神人無功、聖人無名。」

とあり（本書第4章の第3節、第10章の第4節、その注釋（48）、及び第11章の注釋（6）を參照）、同じく山木篇の孔子・太公任問答に、

任曰、「……昔吾聞之大成之人曰、『自伐者无功、功成者墮、名成者虧。』孰能去功與名、而還與衆人。道流而不明居、得（德）行而不名處。純純常常、乃比於狂。削迹捐勢、不爲功名。是故无責於人、人亦无責焉。至人不聞。」

とあり、『老子』第三十八章に、

〔●上德不德、是以有德。下德不失德、是以无〕德。上德无〔爲而〕无以爲也、上仁爲之〔而无〕以爲也、上義爲之而有以爲也、上禮〔爲之而莫之𪫧（應）也、則〕攘臂而乃（扔）之。故失道矣。失道而后（後）德、失德而后（後）仁、失仁而后（後）義、〔失義而后（後）禮〕。（馬王堆帛書甲本・乙本）

とある。

「若物之外、若物之內、惡至而倪貴賤、惡至而倪小大。」は、貴賤と小大を區別する觀點または基準を問う文である。これをふまえて書かれた『莊子』則陽篇の少知・太公調問答に、

少知曰、「四方之內、六合之裏、萬物之所生、惡起。」

太公調曰、「……隨序之相理、橋運之相使、窮則反、終則始。此物之所有。言之所盡、知之所至、極物而已。覩道之人、不隨其所廢、不原其所起。此議之所止。」

とあるのによれば、「物之外」とは「萬物」の外にある觀念の世界を指すのであろう。同じく齊物論篇の夫道未始有封章に、

六合之外、聖人存而不論。六合之內、聖人論而不議。『春秋』經世、先王之志、聖人議而不辯。

とあり、同じく大宗師篇の三人相與友章に、

孔子曰、「彼遊方之外者也。而丘遊方之內者也。外內不相及、而丘使女往弔之、丘則陋矣。彼方且與造物者爲人、而遊乎天地之一氣。……丘天之戮民也。雖然吾與汝共之。」

とあり、同じく徐无鬼篇の黃帝・牧馬童子問答に、

小童曰、「……予少而自遊於六合之內、予適有瞀病。有長者敎予曰、『若乘日之車、而遊於襄城之野。』今予病少痊。予又且復遊於六合之外。」

とある。

(37) 「以道觀之、物无貴賤。」については、本章の第1節、及びその注釋(9)を參照。「以趣觀之」は、「以物觀之」の一つの具體的な現れであり、「趣」とは「物」の然非の意である。

「以趣觀之、因其所然而然之、則萬物莫不然。因其所非而非之、則萬物莫不非。知堯桀之自然而相非、則趣操覩矣。」については、本書第5章の注釋(19)を參照。

「昔者堯舜讓而帝、之噲讓而絕。湯武爭而王、白公爭而滅。由此觀之、爭讓之禮、堯桀之行、貴賤有時、未可以爲常也。……帝王殊禪、三代殊繼。差其時逆其俗者、謂之簒夫。當其時順其俗者、謂之義之徒。」は、歴史的な事實を反顧しながら、「物」の立場からする「貴賤」などの判斷が時代の制約を免れることができず、恆常不變性を具えていない無意味なレッテルでしかないことを述べた文章である。

「故曰、『蓋師是而无非、師治而无亂乎、是未明天地之理、萬物之情者也。』是猶師天而无地、師陰而无陽。」は、『莊子』齊物論篇の南郭子綦・顏成子游問答に、

夫隨其成心而師之、誰獨且無師乎。奚必知代而心自取者有之。愚者與有焉。

とあり、同じく人間世篇の顏回・仲尼問答に、

仲尼曰、「惡、惡可。……夫胡可以及化。猶師心者也。」

とある(本書第11章の注釋(31)を參照)のをふまえる。「天地」「萬物」から成る世界の客觀的な全一性に對して、人間が外から主觀的に對立關係的なあれかこれかの價値と事實を持ちこむのは誤りであり、まして一方の「是・治・天・陰」だけを肯定し他方の「非・亂・地・陽」を否定するのは論外の誤りであることを言う。

「默默乎、河伯。」は、世間知の河伯に沈默せよと求めた言葉。『老子』第二章に、

天下皆知美爲美、惡已。皆知善、訾(斯)不善矣。有无之相生也、難易之相成也、長短之相刑(形)也、高下之相盈也、

意〈音〉聲之相和也、先後之相隋（隨）也、恆也。是以聲（聖）人居无爲之事、行〔不言之教〕。（馬王堆帛書甲本・乙本）

とある文章（本書第7章の第6節、その注釋（42）、第12章の第4節、及び第13章の第2節を參照）における、「不言」の位置と意味とほぼ同じ。ちなみに、郭店楚簡『老子』甲本第二章は、

天下皆智（知）戠（美）之爲戠（美）也、亞（惡）已。皆智（知）善、此丌（其）不善已。又（有）亡（無）之相生也、戁（難）惖（易）之相成也、長耑（短）之相型（形）也、高下之相浧（盈）也、音聖（聲）之相和也、先後之相墮（隨）也。是以聖人居亡（無）爲之事、行不言之𡥈（教）。

に作っている。

「女惡知貴賤之門、小大之家。」は、「貴」と「賤」、「小」と「大」を區別して把えるのは世間知であるが、しかし、それが世界の眞實態（「天地之理、萬物之情」）を何も把えていないことを言う。

(38) 本書第7章の第3節、本章の第2節、及びその注釋（18）を參照。

(39) ちなみに、郭店楚簡『老子』甲本第二章は、

是以聖人居亡（無）爲之事、行不言之𡥈（教）。

に作っている。

(40) 本書第6章の第1節、その注釋（4）、及び本章の注釋（26）（27）を參照。「神鬼神帝」は、『老子』第三十九章に、

昔之得一者、天得一以淸、地得〔一〕以寧、神得一以霝（靈）、浴（谷）得一以盈、侯〔王得一〕而以爲正。（馬王堆漢墓帛書甲本・乙本）

とあり、『老子』第四章に、

〔道沖（盅）、而用之有弗〕盈也。潚（淵）呵（乎）始（似）萬物之宗。銼（剉）其〔兌（銳）〕、解其紛、和其〔光〕、同〔其塵。湛呵（乎）始（似）〕或存。吾不知〔誰〕子也、象帝之先。（馬王堆漢墓帛書甲本・乙本）

とあるのを參照。

「生天生地」は、今引用した『老子』第三十九章に、

天得一以淸、地得〔一〕以寧。（馬王堆帛書甲本・乙本）

とあり、『老子』第二十五章に、

有物昆（混）成、先天地生。繡（寂）呵（乎）繆（寥）呵（乎）、獨立〔而不玹（改）〕、可以爲天地母。吾未知其名、字之曰道、吾強爲之名曰大。（馬王堆帛書甲本・乙本）

とある（本書第6章の第2節、その注釋（19）、本章の第5節、及びその注釋（26）を參照）。

「先天地生而不爲久」は、今引用した『老子』第二十五章に、

有物昆（混）成、先天地生。（馬王堆帛書甲本・乙本）

とあり（本書第6章の第2節、その注釋（19）、本章の第5節、及びその注釋（44）（45）を參照）、郭店楚簡『老子』甲本第二十五章は、

又（有）脜（狀）蟲（蚰）成、先天隆（地）生。

に作っている。

（41）「敢問至道」は、『莊子』在宥篇の黄帝・廣成子問答に、

黄帝立爲天子十九年、令行天下。聞廣成子在於空同之上。故往見之曰、「我聞吾子達於至道。敢問至道之精。」

とある。

「夫道窅然難言哉。將爲汝言其崖略。」は、『莊子』大宗師篇の意而子・許由問答に、

許由曰、「噫、未可知也。我爲汝言其大略。」

とあり（本書第6章の第1節を參照）、同じく田子方篇の孔子・老耼問答に、

（老耼）曰、「心困焉而不能知、口辟焉而不能言、嘗爲汝議乎其將。」

とある（本書第7章の第6節を參照）。

（42）「夫昭昭生於冥冥」は、『莊子』在宥篇の黄帝・廣成子問答に、

廣成子蹷然而起曰、「……吾語女至道。至道之精、窈窈冥冥。至道之極、昏昏默默。」

とあり（本書第7章の第6節、及びその注釋（47）を參照）、同じく天地篇の夫子曰章（二）に、

夫子曰、「夫道、……故形非道不生、生非德不明。存形窮生、立德明道、非王德者邪。……視乎冥冥、聽乎无聲。冥冥之中、獨見曉焉、无聲之中、獨聞和焉。故深之又深、而能物焉。神之又神、而能精焉。」

とある（本書第5章の注釋（13）、第6章の第2節、及びその注釋（8）を參照）。なお、「昭昭」と「冥冥」の對比は、『荀子』勸學篇に、

是故無冥冥之志者、無昭昭之明、無惛惛之事者、無赫赫之功。

とあるのを參照。

「有倫」の「倫」は、成玄英『南華眞經疏』によって「理」の意。「有倫生於无形」は、『莊子』天地篇の泰初有无章に、

泰初有无、无有无名、一之所起。有一而未形、物得以生、謂之德。未形者有分、且然无閒、謂之命。留動而生物、物成生理、謂之形。形體保神、各有儀則、謂之性。

とあり（本書第9章の第4節、及びその注釋（46）を參照）、同じく大宗師篇の知天之所爲章に、

夫道、有情有信、无爲无形。可傳而不可受、可得而不可見。自本自根、未有天地、自古以固存。神鬼神帝、生天生地。

とある（本書第6章の第1節、その注釋（4）、本章の第5節、及びその注釋（25）（26）を參照）。

「精神」は、すぐ下文の「精」に同じ。赤塚忠『莊子』下によって「精氣」の意。「精神生於道」は、『老子』第二十一章に、

道之物、唯朢（怳）唯忽。〔忽呵（乎）朢（怳）〕呵（乎）、中有象呵（乎）。朢（怳）呵（乎）忽呵（乎）、中有物呵（乎）。濘（幽）呵（乎）鳴（冥）呵（乎）、中有請（情）吔〈呵（乎）〉。其請（情）甚眞、其中〔有信〕。自今及古、其名不去、以順衆仪（父）。吾何以知衆仪（父）之然、以此。（馬王堆帛書甲本・乙本）

とあり（本書第2章の第4節、その注釋（28）、第6章の注釋（4）（10）、第7章の注釋（41）（47）、及び第9章の注釋（13）を參照）、『管子』內業篇に、

是故聖人與時變而不化、從物而不移、能正能静、然後能定。定心在中、耳目聰明、四枝堅固、可以爲精舍。精也者、氣之精者也。氣道乃生、生乃思、思乃知、知乃止矣。

とあるのを參照。

「形本生於精」は、これをふまえて後に書かれた通行本『周易』繫辭上傳に、

易與天地準、故能彌綸天地之道。仰以觀於天文、俯以察於地理、是故知幽明之故。原始反終、故知死生之說。精氣爲物、遊魂爲變、是故知鬼神之情狀。

とあり、馬王堆帛書『周易』繫辭篇に、

易與天地順、故能彌論天下之道。印以觀於天文、□以觀於地理、是故知幽明之故。□始反冬、故知死生之說。精氣爲物、斿魂爲變、故知鬼神之精狀。

とあり、通行本『周易』繫辭下傳に、

天地絪縕、萬物化醇。男女構精、萬物化生。『易』曰、「三人行、則損一人。一人行、則得其友。」言致一也。

とあり（本書第10章の注釋（16）を參照）、馬王堆帛書『周易』要篇に、

天地困、萬勿潤。男女購請、而萬物成。『易』〔曰〕、「三人行、則損一人。一人行、則〔得〕亓友。」言至一也。

とある（本書第10章の注釋（16）を參照）。

「而萬物以形相生」は、『莊子』寓言篇の寓言十九章に、

萬物皆種也。以不同形相禪、始卒若環、莫得其倫。

とある（本書第7章の第5節、その注釋（27）（28）、本章の注釋（17）、及び第13章の第3節を參照）のと類似する。

「故九竅者胎生、八竅者卵生。」は、『莊子』天運篇の孔子・老聃問答（三）に、

孔子不出三月、復見曰、「丘得之矣。烏鵲孺、魚傅沫、細要者化、有弟而兄啼。久矣夫、丘不與化爲人。」

とあるのを參照。

(43) 本書第6章の第2節、その注釋（18）、第7章の注釋（12）、本章の第3節、及びその注釋（26）を參照。

(44) 馬王堆漢墓帛書『老子』は、甲本・乙本ともに章序が第四十一章→第四十章→第四十二章である。それ故、引用した箇所の第四十章後半部分と第四十二章前半部分がぴったりと結びあう（本書第2章の注釋（39）を參照）。ちなみに、郭店楚簡『老

子』は、第四十章は甲本に、

天下之勿（物）、生於又（有）、〔又（有）〕生於亡（無）。■

とあるが、第四十二章は甲本・乙本・丙本のどこにも存在していない。

（45）ちなみに、郭店楚簡『老子』甲本第二十五章は、

又（有）牂（狀）蟲（蚀）成、先天陊（地）生。敓（寂）繆（穆）、蜀（獨）立不亥（改）、可以爲天下母。未智（知）亓（其）名、孶（字）之曰道、虐（吾）弜（強）爲之名曰大。大曰潛、潛曰遠、遠曰反。

に作っている。

（46）本書第2章の第4節、その注釋（29）、第6章の注釋（8）（19）、第7章の注釋（49）、及び本章の注釋（26）を參照。

（47）本章の注釋（7）、及び第11章の注釋（6）を參照。

（48）本書第2章の第7節を參照。

（49）馬王堆帛書『周易』繫辭篇は、

是故易有大亟、是生兩檥。兩檥生四馬〈象〉、四馬〈象〉生八卦。八卦生吉凶、吉凶生大業。

に作っている。

（50）本書第5章の第4節、その注釋（38）、及び本章の注釋（19）を參照。

（51）「天墜〈隆〉（地）未形」は、『淮南子』精神篇に、

古未有天地之時、惟像無形、窈窈冥冥、芒芠漠閔、澒濛鴻洞、莫知其門。有二神混生、經天營地、孔乎莫知其所終極、滔乎莫知其所止息。於是乃別爲陰陽、離爲八極、剛柔相成、萬物乃形。煩氣爲蟲、精氣爲人。是故精神天之有也、而骨骸者地之有也。精神入其門、而骨骸反其根、我尚何存。

とあり、『文子』九守篇に、

老子曰、「天地未形、窈窈冥冥、混而爲一、寂然清澄。重濁爲地、精微爲天、離而爲四時、分而爲陰陽。精氣爲人、粗氣爲蟲、剛柔相成、萬物乃生。精神本乎天、骨骸根於地。精神入其門、骨骸反其根、我尚何存。」

とあるのを參照。

「馮馮翼翼」は、『毛詩』大雅、巻阿篇に、

　有馮有翼、有孝有德、以引以翼。豈弟君子、四方爲則。

とあり、『韓詩外傳』巻第五に、

　孔子曰、「……關雎之事大矣乎。馮馮翊翊、自東自西、自南自北、無思不服。子其勉強之、思服之。天地之間、生民之屬、王道之原、不外此矣。」

とある（金谷治『老莊的世界』の第二部、第二章、三「神話傳説」、㈡を參照）が、それらよりもここに近いのは『楚辭』天問篇の、

　曰遂古之初、誰傳道之。上下未形、何由考之。冥昭瞢闇、誰能極之。馮翼惟像、何以識之。明明闇闇、惟時何爲。陰陽三合、何本何化。圜則九重、孰營度之。惟茲何功、孰初作之。

という用例である（錢塘『淮南天文訓補注』を參照）。その意味は、朱子『楚辭集註』によって、

　馮翼、氤氳浮動之貌。

と解する。

「洞洞灟灟」は、『淮南子』氾論篇に、

　周公事文王也、行无專制、事无由己、身若不勝衣、言若不出口。有奉持於文王、洞洞屬屬、如將不能、恐失之。可謂能子矣。

として見え（吳承仕『經籍舊音辨證』巻六の「淮南子許愼、高誘注」を參照）、その高誘注によって、

　洞洞屬屬、婉順貌也。

と解する。『禮記』禮器篇に、

　太廟之內敬矣。……卿大夫從君、命婦從夫人。洞洞乎其敬也、屬屬乎其忠也、勿勿乎其欲其饗之也。

とあり、同じく祭義篇に、

孝子將祭、……宮室既脩、牆屋既設、夫婦齊戒沐浴。盛服奉承而進之、洞洞乎、屬屬乎、如弗勝、如將失之。其孝敬之心至也與。……孝子如執玉、如奉盈、洞洞屬屬然、如弗勝、如將失之。嚴威儼恪、非所以事親也、成人之道也。

とあり、『韓詩外傳』巻第七は、

孔子曰、「昔者周公事文王、行無專制、事無由己、身若不勝衣、言若不出口。有奉持於前、洞洞焉、若將失之。可謂〔能〕子矣。

に作っている。

（52）「大（太）昭〈始〉」は、底本は「大昭」に作るが、王念孫『讀書雜志』所引の王引之が、『易緯乾鑿度』に、

太始者、形之始也。

とあり、『太平御覽』巻第一天部一所引の張衡『玄圖』に、

玄者、無形之類、自然之根。作於太始、莫之與先。

とあるのに基づいて、「太始」の誤りとするのによる。

「道始于虛霩」は、王引之がこれをも「太始生虛霩」に改めるが、しかし、この箇所をふまえた『楚辭』天問篇の王逸注に、

言往古太始之元、虛廓無形。神物未生、誰傳道此事也。

とあって、これによれば「太始」＝「虛廓」であり、その上、『太平御覽』巻第一の上文に、『淮南子』天文篇のこの箇所を引用して、

道始生虛霩、虛霩生宇宙、宇宙生元氣、有涯垠。清陽者、薄劘而爲天。

に作っているなど、類書の引用を見れば「道」の字が存在することは否定できないので、王引之のように改めるのは適當でない。ちなみに、「于」の字は、王引之や王叔岷『諸子斠證』の「淮南子斠證」によって、「生」の字に作るべきである（本章の以下の本文を參照）。

「清陽者、薄靡而爲天、重濁者、滯凝而爲地。」は、『列子』天瑞篇に、

子列子曰、「……一者、形變之始也。清輕者上爲天、濁重者下爲地、沖和氣者爲人。故天地含精、萬物化生。」

とある（本書第7章の注釋（40）を參照）。

（53） 本書第12章の第6節を參照。

（54） 本書第6章の第1節を參照。

參考文獻

栗田直躬「上代シナの典籍に見えたる「氣」の觀念」『中國上代思想の研究』 岩波書店 一九四九年

小林信明『中國上代陰陽五行思想の研究』 講談社 一九五一年

大濱晧『老子の哲學』 勁草書房 一九六二年

島田虔次『朱子學と陽明學』 岩波新書 岩波書店 一九六七年

平岡禎吉『淮南子に現われた氣の研究』（改訂版） 理想社 一九六八年

西順藏「孟子と荀子の天下說」『西順藏著作集』第二卷 內山書店 一九九五年

西順藏「荀子の天下における物とその否定について」『西順藏著作集』第二卷 內山書店 一九九五年

島邦男『五行思想と禮記月令の研究』 汲古書院 一九七一年

中村璋八『五行大義』 中國古典新書 明德出版社 一九七三年

大室幹雄『圍碁の民話學』 せりか書房 一九七七年

黑田源次『氣の研究』 東京美術 一九七七年

小野澤精一・福永光司・山井湧編『氣の思想 中國における自然觀と人間觀の展開』 東京大學出版會 一九七八年

川原秀城・橋本敬造・藪內清『中國天文學・數學集』 科學の名著2 朝日出版社 一九八〇年

穴澤辰雄「老子の本體論」『中國古代思想論考』 汲古書院 一九八二年

中村璋八『五行大義校註』 汲古書院 一九八四年

三浦國雄『中國人のトポス』 平凡社選書 平凡社 一九八八年

東京大學公開講座『氣の世界』　東京大學出版會　一九九〇年
張立文主編『氣』　中國哲學範疇精粹叢書　中國人民大學出版社　一九九〇年
池田知久『郭店楚簡老子研究』（第一刷）　東京大學文學部中國思想文化學研究室　一九九九年
池田知久「郭店楚簡『老子』諸章の上段・中段・下段——『老子』のテキスト形成史の中で——」『中國哲學研究』第18號　東京大學中國哲學研究會　二〇〇三年
池田知久「郭店楚簡《老子》各章的上中下段——從《老子》文本形成史的角度出發」（中國文）『池田知久簡帛研究論集』曹峰譯　中華書局　二〇〇六年
池田知久『老子』　馬王堆出土文獻譯注叢書　東方書店　二〇〇六年

金谷治『老莊的世界—淮南子の思想—』　平樂寺書店　一九五九年
王叔岷『諸子斠證』　世界書局　一九六四年
劉文英『中國古代時空觀念的產生和發展』　上海人民出版社　一九八〇年
堀池信夫・菅本大二・井川義次譯『中國の時空論　甲骨文字から相對性理論まで』　東方書店　一九九二年
山田慶兒『混沌の海へ　中國的思考の構造』　朝日選書　朝日新聞社　一九八二年
馬宗霍『淮南舊注參正』　齊魯書社　一九八四年
吳承仕『經籍舊音序錄　經籍舊音辨證』『吳檢齋遺書』　中華書局　一九八六年
錢塘『淮南天文訓補注』　劉文典『淮南鴻烈集解』下　新編諸子集成　中華書局　一九八九年
齋木哲郎「先秦・秦漢期の陰陽五行思想と自然認識」上・下『鳴門教育大學研究紀要』（人文・社會科學編）第5卷・第6卷　一九九〇年・一九九一年
王永祥『中國古代同一思想史』　齊魯書社　一九九一年
池田知久「道家および道教における物化・轉生・輪廻」（韓國文）　韓國道教學會『第四次道教學國際學術大會　現代文化と道教』

一九九四年
池田知久「道家的〝物化〟、轉生、輪廻的思想與〝夢〟的故事」（中國文）　中國文學多層面探討國際會議　臺灣大學中國文學系　一九九六年
池田知久「道家的〝物化〟、轉生、輪廻的思想與〝夢〟的故事」（中國文）『語文、情性、義理——中國文學的多層面探討國際學術會議論文集』　臺灣大學中國文學系　一九九六年
池田知久「中國思想における混沌」　東京大學公開講座53『混沌』　東京大學出版會　一九九一年
池田知久「中國古代的混沌哲學」（中國文）　陳鼓應主編『道家文化研究』第八輯（香港道教學院主辦）　上海古籍出版社　一九九六年
池田知久「中國思想における混沌の哲學」（韓國文）　崔在穆譯　現代宗教文化研究所（韓國大邱市）『現代の宗教』第19輯　一九九六年
栗田直躬『中國思想における自然と人間』　岩波書店　一九九六年
John B. Henderson, "*The Development and Decline of Chinese Cosmology*", Columbia University Press, New York, 1984.

第9章　天人關係論——「天」の立場と「仁孝」の否定

道家思想が「天」を重んずる立場に立っていたことは、だれでもよく知っていることである。しかしながら、中國の諸思想は、古代の西周時代の金文から現代の新儒家の思想家たちに至るまで、ほとんど例外なく「天」を重んじているので（例外は戰國時代末期の儒家の荀子と、その弟子の法家の韓非ぐらいなものであろうか）、道家の重んじた「天」とはどういう內容を持っているか、その重んじ方にどのような特徵があるかを論じなければならない。

かつて現代中國の中國思想史研究者、馮友蘭教授は、中國の古典に現れる「天」のタイプを「物質之天」「主宰之天」「運命之天」「自然之天」「義理之天」の五つに分類したことがある。(1) 一方、現代日本の重澤俊郎教授は、「宗教的立場」「哲學的立場」「科學的立場」の三つに分類しているが、(2) 筆者はこれらを參考にして、

第一に、呪術的宗教的な主宰者もしくは神格としての「天」。

第二に、哲學的倫理的な規範もしくは理法としての「天」。

第三に、科學的物理的な天空もしくは法則としての「天」。

の三つに分類してみたい。そして、道家思想の言う「天」が以上のどのタイプに當たるかを考えてみるに、第二の哲學的倫理的な「天」に當たることは詳しく檢討するまでもなくほとんど自明である。(3)

第1節　殷周より戰國道家までの「天」の思想史

「天」はもともと西周時代の主宰神であり、その先驅は殷代の「帝」または「上帝」と呼ばれる最高神である。これらは自然界と人間界のあらゆる事象を越えた力を持つ神として信じられ、その後の中國の様々な「天」の思想の源となった。「天」に關する思想は、春秋時代末期に誕生した儒家によって深められたが、その後は、戰國時代後期から六朝時代にかけて、「天人」相關説と「自然」思想との對立を中心軸として展開していった。ここでは、殷代・周代より戰國時代後期の道家に至る「天」の思想史を素描しておく。

A　殷代の「上帝」から周代の「天命」へ

殷代の「上帝」「帝」と周代の「天」は、中國の主宰神の出發點であり、その後の多種多樣な「天」の思想のはるかに遠い源と言うことができる。

a　殷代の「上帝」祭祀

甲骨卜辭・金文によれば、殷代には最高神として「上帝」が信じられていたが、それは呪術的な（magical）「鬼神」信仰の要素を多分に殘した神であった。しかし、殷人は「上帝」を唯一神（the monotheistic God）とはせず先王・先妣などの祖先神や、日・月・星・雲・虹などの自然神といった他の「鬼神」をもすべて認めた上で、年中行事化させた祭祀體系の中でそれらを秩序づけていた。一種の多神教である。「上帝」の最大の能力は降雨・旱魃・洪水を命ずることであり、天候の支配を通じて穀物の稔りを左右すると考えられた。そのためシャーマンの一種である殷王は、日常的に甲骨卜辭を用いて「上帝」の意志を問い、降雨の有無などを占った。このような信仰は國家宗教であって、「上帝」は個人の精神のよりどころとなる救濟の神ではなかったし、また殷一族の集團的な安寧・存續を祈るだけで、世界の人々との共同の繁榮などという理想を掲げてはいなかった。

b　周代の「天命」思想

周代に「天」の觀念が發生する。周の「天」は殷の「上帝」を繼承した。それ故、「天」は呪術的な「鬼神」信仰の要素を殘すが、同時に宗教的な（religious）主宰神としての性格を具えた神であった。『毛詩』『尙書』などからうかがうことができる周の「天」は、殷の「上帝」よりも人類から一層高く超越する人格神であり、有德の爲政者には「天命」を與えるなどの吉福をもたらし、不德の爲政者からは「天命」を奪うなどの凶害をもたらす。だから「天命」は殷代のように占いを用いなくても知ることができた。殷王は不德の故にかつての「天命」を失って天下を統治する王位を追われた者であり、周の文王は有德の故に新たに「天命」を受けて王位に卽いた天子であるが、しかし周王朝にとっても「天命」は容易に保持しがたく、不安定なものと見なされた。

「天命」を確保することを通じて王朝を維持し國家を安定させるには、「天」に認められる方法が必要となる。「天」や「鬼神」に對する信仰と祭祀もその一つであるが、より重要な方法は人間・社會の中に求められた。具體的な方法としては、(1)文王が周王朝を建設した創業を贊美しそれを人々の模範とすること。周王朝の建設は文王一人の英雄的な行動であったのみならず、文王が周一族を糾合し同盟諸族の協力を取りつけるなどして、人間の力を結集することを通じて始めて成功した事業と見なされた。それ故、文王の贊美は、「天」「鬼神」の信仰だけによるのではない人間の力の普遍的な意義を顯彰することであり、「天」「鬼神」の信仰を次第に背後に押しやることに繫がっていった。（２）文王の受命は同時に周一族の受命でもあったが、これを傳統として守り繼承すること。文王が建立したとされる宗法制という血族制度と、封建制という統治體制によれば、周王室が同姓諸國に對しては宗家であり、諸國・諸族もまたその內部に本支の關係を以って相互に結びついていた。周の同姓諸族にとっては、文王・武王などの先王の傳統に繫がることは名譽であり、周王國の協同經營に參加する連帶の喜びがあった。異姓諸國・諸族にとっても、周の建國や經營に參加した祖先を持つことに、やはり同樣の名譽と喜びがあり、彼らはそれを自らの支族にも波及させた。こうして、周一族の傳統には、その代表者たる王が人々と協力・協同して王朝を經營するという社會性があった。この傳統が、次第に呪術・宗敎よりも人間の營み、社會の歷史への關心を增大させていった。（３）以上の根底にあると考えられた、文王の具えていた偉大な「德」を尊重しこれを身につけること。「德」の原字は「悳」で、原義は眞っ直ぐな心であり、これによって「天」「鬼神」の加護を受けることができるとされた。また「德」には國家を統治する能力も含まれている。『毛詩』『尙書』などにしばしば現れる「明德」とは、王室にあっては、「天」や文王に對する祭祀を勵行してその「德」を感得し、また王國の經營の任を全うすることであり、諸國・諸族にあっては、文王や王室の傳統や秩序を守って諸國・諸族が協和するように努め、またそれぞれの持ち場で統治に精勵することであった。これによって國家を統治することも可能とされたのである。

Ｂ　先秦儒家による「天」の理法化

春秋時代末期は、以上の宗法制と封建制が崩壊し始め、新たに生まれた領域國家が秦漢帝國の形成に向かって歩み始めた時期である。その過程で、舊統治體制の末端に位置していた孔子のような士の身分の者が最初に體制からはじき出されて、自立した自由な思想活動を開始するようになる。舊體制を呪術（magic）・宗教（religion）の面から支えていた「天」の思想も大きく動搖しており、そのため孔子の「天」の思想も周代の「天命」思想を大きく革新することとなった。

a　孔子に始まる「天」の理法化

孔子は人々の知るべき對象として「天命」を重視した。『論語』爲政篇に「五十而知天命」と言う。「天命」の原義は、主宰神としての「天」の、世界を自らの欲する方向へと動かそうとする意志である。しかし、孔子の「天命」はそれとは異なる。『論語』公冶長篇における子貢の「夫子之言性與天道、不可得而聞也。」という證言と、子罕篇の「子罕言利與命與仁。」と述而篇の「子不語怪力亂神。」という記錄によれば、孔子は「天命」「鬼神」を語らなかった。それらを舊來のままに信じていなかったからである。當時の「天」は、八佾篇に、

王孫賈問曰、「與其媚於奧、寧媚於竈、何謂也。」子曰、「不然。獲罪於天、無所禱也。」

とあるような呪術的宗教的な「天」であり、これを孔子學團を含む知識人も信じていたが、彼は奧・竈と竝んで置かれるこうした舊來の「天」を信じてはいなかった。それだけでなく彼はこうした古い信仰を乘り越えることを自らの課題とした。だから、彼の呪術・宗教に對する態度は極めて目的意識的となる。『論語』雍也篇の、

樊遲問知。子曰、「務民之義、敬鬼神而遠之、可謂知矣。」

と先進篇の、

季路問事鬼神。子曰、「未能事人、焉能事鬼。」「敢問死。」曰、「未知生、焉知死。」

の問答によれば、彼は「鬼神を敬う」と言い、また「人に事え」「生を知っ」た上ならば「鬼に事え」「死を知る」ことも善いという趣旨を言外に臭わせる。このやり方で表面は周圍の舊習に譲歩しながら、實際は「之を遠ざけ」、季路の「鬼神に事えんことを問う」「敢えて死を問う」に對して何も解説しないという目的を遂げている。呪術・宗教が當時の知識人に廣く信じられているという思想的現實の上に立って、それを乘り越えるために現實と折り合いをつけるという方法を目的意識的に採用したのだ。爲政篇の「溫故而知新、可以爲師矣。」とは、このような方法意識の表明であった。

「天命」に對する態度はやや複雜である。彼は同じ方法により「天命」の存在を認めこの言葉を使用しながら、そこに含まれる舊い內容を革新したのである。例えば、先進篇の「顏淵死。子曰、『噫、天喪予、天喪予。』」における孔子は、愛弟子の顏淵の死に主宰神たる「天」の命を讀み取ってそれに從おうとする者ではなく、「道」の實現にとって絕望的とも言える彼の死を抗しがたい「天命」、すなわち人閒の力の彼方にあって作用する人閒・社會の理法であるとして、客觀的に意義づけ評價しようとする者である。ここの「天喪予」という表現には、何か人格神的な臭いが漂っているが、それは舊い傳統的な言い回しを利用したために生じたことにすぎない。さらに、子罕篇の「子畏於匡」に始まる章を見ると、彼の「天命」への對應が一層明瞭になる。ここには自分が殺されるかそれとも生き延びるかという事實の中から、「天之將喪斯文也」かそれとも「天之未喪斯文也」かという「天命」を讀み取ろうという考えはない。逆に先ず彼の心に「後死者得與於斯文也」のはずだという、人閒・社會の未來についての預見があり、それに基づいて論理的に「天之未喪斯文也」という「天命」を導きだし、故に文王の文を受け繼ぐ自分がここで殺されないのが「天命」だと、客觀的に意義づけ評價している。

そうだとすれば、孔子にとって「天命」とは人間の力の彼方にあって、そこで作用している人間・社會の理法であろう。彼が先進篇で「顏淵死。子曰、『噫、天喪予、天喪予。』」という天命を口にしたのは、顏淵が、先進篇に「德行顏淵・閔子騫・冉伯牛・仲弓」とあるように、「德行」の人であることと密接な關係がある。つまりこの「天」は「德行」に關して言ったものである。述而篇の「天生德於予」の天も「德」に關して言ったものである。（その他、子罕篇の「天」は「文」に關するもの、憲問篇の「命」は「道」に關するものである。）以上から、孔子の「天命」は「德行」「文」「道」などが展開する背後にある原理を指すと考えられる。爲政篇の「五十而知天命」では、この段階を「七十而從心所欲、不踰矩。」という、自分を完全に抑制して「矩」（つまり「禮」）に一致しきった境地に至る一過程と位置づける。これは、「天命」の內容が「從心所欲、不踰矩。」といった實踐の基礎となるもの、すなわち人間・社會の根底に作用している理法だからである。しかしこの理法は、日常の人間・社會の中には現れない。顏淵を死なせ（先進篇）、匡人に圍まれた孔子を生かす（子罕篇）「天命」とは、顏淵篇に、

子夏曰、「商聞之矣、死生有命、富貴在天。」

とあるように、人間の能力の限界外にあって作用している運命的なものであった。結局のところ、孔子の世界は、倫理と政治を中心とする明瞭に把握できる人間・社會と、同樣に人間・社會のではあるが、人間の力の向こう側にある明瞭に把握できない理法、の二つから成っていた。そして、「天命」はこのように人間の外にあるものだったので、「畏れ」つつ「知」なければならない對象であった。季氏篇の、

君子有三畏。畏天命、畏大人、畏聖人之言。小人不知天命而不畏也、狎大人、侮聖人之言。

は、このことを物語っている。

b　孔子を繼承した孟子

孔子の歩み始めた呪術・宗教の乘り越えは、以後、戰國時代の諸子百家に受け繼がれ、より徹底した形で浸透していった。孔子ではまだ問題になっていた呪術的な「鬼神」信仰は、戰國時代にはもはや解決ずみとして知識人の關心を引くことがなくなる。こうした宗教批判の傳統の上に立って、戰國末期最大の儒家、荀子は、「天人之分」という一種の「天人」分離論、すなわち「天」と「人」の因果關係の否定を主張した。當代の儒家のこのような宗教批判は、競合する他學派も注目しており、例えば、『墨子』公孟篇には、

儒之道足以喪天下者、四政焉。儒以天爲不明、以鬼爲不神、天鬼不說。

とある。

『孟子』に現れる「天」「命」も、孔子と同樣、人間・社會の背後にあって働く倫理と政治に關する理法を意味する。孟子は、「天」が人間の心身を形作ったという思想を表明する場合がある。例えば、告子上篇の、

耳目之官、不思而蔽於物。物交物則引之而已矣。心之官則思。思則得之、不思則不得也。比天之所與我者、先立乎其大者、則其小者不能奪也。此爲大人而已矣。

によれば、「天」は「耳目之官」と「心之官」の兩者を人間に生まれながらに賦與したのである。しかし結局、盡心下篇で、

口之於味也、目之於色也、耳之於聲也、鼻之於臭也、四肢之於安佚也、性也。有命焉、君子不謂性也。仁之於父子也、義之於君臣也、禮之於賓主也、智之於賢者也、聖人之於天道也、命也。有性焉、君子不謂命也。

と言うように、彼は「天命」が持つ可能性のあった「耳目之官」という肉體的な側面は切り捨てて、專ら倫理・政治

と關係のある「心之官」だけを取り上げる。盡心上篇に、

盡其心者、知其性也。知其性、則知天矣。存其心、養其性、所以事天也。

とある、「心→性→天」という遡及の圖式は、このような實踐的な視角から、「天」を專ら倫理・政治に關する理法として言及したものである。

孟子は萬章上篇で、萬章の「堯以天下與舜、有諸。」という質問に答えてこれを否定し、舜に天下を與えたのは「天」だと述べ、それを解說して、

使之主祭而百神享之、是天受之。使之主事而事治、百姓安之、是民受之也。天與之、人與之。……舜相堯二十有八載、非人之所能爲也、天也。堯崩、三年之喪畢、舜避堯之子於南河之南。天子諸侯朝覲者、不之堯之子而之舜。訟獄者、不之堯之子而之舜。謳歌者、不謳歌堯之子而謳歌舜。故曰、天也。夫然後之中國、踐天子位焉。而居堯之宮、逼堯之子、是簒也、非天與也。『泰誓』曰、「天視自我民視、天聽自我民聽。」此之謂也。

と述べる。ここに現れる「天」は、周代の主宰神としての「天」そのままではない。「天」が周王に命を降すという舊い思想は、ここでは理法としての「天」の働きに置き換えられており、彼は、堯舜の禪讓の問答では祭祀と政治がスムーズに行われる事實の中に「天」の理法を讀み取ろうとし、禹の世襲の問答では王位の禪讓と世襲を分ける「其子之賢不肖」という事實の中に「天」の理法を讀み取ろうとする。人間・社會の諸現象の根底で働く理法は百姓・民を媒介として作用を示し、その歸趨によって賢者は天子の位を踐むことができる。――「天」が天下を賢者に與えるとは、このような意味であった。

c　戰國儒家による「禮」の世俗化

戰國時代の知識人が呪術・宗教を批判する傳統を築き上げ、儒家がその中で重要な役割を演じてきたのは、上述のとおりである。同時に儒家は、呪術的宗教的な「禮」については、彼らの關心事が倫理と政治にあったことから、新たに倫理的政治的な意味を賦與してこれを肯定的に評價した。この「禮」の世俗化を始めたのも孔子である。元來、「禮」は、呪術的宗教的な儀禮であったが、後に世間的な儀禮をも含むようになり、やがて一般的な社會生活上の規範をも意味するようになった。孔子學團は、『論語』爲政篇の「孟懿子問孝」の章において、「死葬之以禮、祭之以禮。」を「孝」の現れだと評價したように、宗教的な儀禮から本來の意義を失わせ、「禮」に對して世間的な儀禮、一般的な社會規範として意義を賦與する作業——呪術・宗教の世俗化——を進めていった。

戰國時代の儒家もそのような儀禮を、（1）家族間の團結を強化し、親疎尊卑を差等づける家族倫理の構築と、（2）國家・社會における人々の貴賤上下の位階を區別する政治秩序の確立のために、古來の內容を改めながら再構築した。（1）では、喪禮が重要であり、孟子は「三年之喪」などの厚葬久喪を「孝」の現れと評價して、その後の儒教の厚葬久喪の傳統を作った。墨家は儒家のこの態度を「後世之君子、或以厚葬久喪以爲仁也義也、孝子之事也。」と言って批判している。また、孟子が善なる性に固有なものとして仁・義・智と竝んで「禮」を數え入れた（告子上篇など）のも、宗教儀禮の世俗化の進展を示す例である。（2）も孔子・孟子から始まったが、特にこれを推進したのは荀子である。例えば、富國篇に、

禮者、貴賤有等、長幼有差、貧富輕重、皆有稱者也。

とある。このように、彼はしばしば、階級の上下に應じて差等があるのが「禮」だと言うが、これは呪術・宗教に由

來する「禮」を政治的制度と見なして生かそうとしたためである。荀子はまた、民衆の間に信仰されていた呪術的祭祀をも、同じく政治的な意味を賦與して利用しようとした。天論篇に、

雩而雨、何也。曰、無何也、猶不雩而雨也。日月食而救之、天旱而雩、卜筮然後決大事、非以爲得求也、以文之也。故君子以爲文、而百姓以爲神。以爲文則吉、以爲神則凶也。

とある。こうして、戰國後期の儒家は無神論でありながら同時に呪術・宗教をも肯定するという矛盾する態度を取った。『墨子』公孟篇が、

公孟子曰、「無鬼神。」又曰、「君子必學祭祀。」子墨子曰、「執無鬼而學祭禮、是猶無客而學客禮也、是猶無魚而爲魚罟也。」

と批判したのは、儒家の「祭禮を學ぶ」が本來の呪術・宗教からはずれた作爲であることを鋭く抉ったものである。

C　墨家による呪術・宗教の復權

儒家などが呪術・宗教を批判したのは、民衆の間にそれが根強く信仰され、絶えず再生產されていたためである。しかし知識人がいかに批判しようとも、その基盤たる民衆には「鬼神」信仰が脈々と生きていた。そこで、天下統一による戰國時代の收束を主な思想課題とした諸子百家は、民衆の持つこの宗教的エネルギーを計算に入れないわけにはいかなかった。こうした問題關心から呪術・宗教の復權に先鞭をつけたのは、構成メンバーに下層の民衆を多數抱える墨家であった。前五・四世紀の誕生してまだ間もない初期墨家は、その唱える諸思想（兼愛論・非攻論など）に根據を提供する理論として論理思想や自然學を持つ無神論者の集團であったけれども、前三世紀の戰國競爭の激化の時代

に入ると、彼らは明鬼論と天志論を著して諸思想の根據づけに「鬼神」「天」を置くに至る。上引の『墨子』公孟篇の文章はこの段階の產物である。こうして、墨家が思想界の一隅で起こした呪術・宗教のUターンの波は、やがて他學派にも及んでいった。儒家では荀子が墨家と對抗しながら、呪術・宗教の政治的利用の主張を明確に打ち出したのは、以上のような情況の下においてであった。

a　墨家の明鬼論

明鬼論とは、「鬼神」はこの世に實在し、人々の行う善惡を知る能力を有して、行った善惡に應じて人々に賞罰を下す能力を持つ。また善とは主に兼愛論の實行のことで、だから人々は兼愛論を行って「鬼神」の與える賞を受け罰を避けるべきだ、と訴える理論である。その目的は、兼愛論を統治階級を通じて民衆に實行させることであり、そのために民間信仰を利用して「鬼神」の存在とその賞罰能力を動員したわけである。この段階に至り、墨家は舊くからの「鬼神」信仰を復權させて當初の無神論から轉向することになった。この轉向の裏には、上述のように戰國後期の天下統一の氣運があるが、また集團メンバーが「鬼神」「天」の信仰になずみやすい工人・農民だったという階級出自も關係している。こうして、墨家は戰國後期に至り兼愛論を實現する方法として、民間の「鬼神」信仰を復權させたが、その行き着く先は「鬼神」よりも一層超越的で一層宗教的な人格的主宰神、「天」の復權であった。そのために書かれたのが天志論（天志上・中・下篇と法儀篇）である。『墨子』耕柱篇や公孟篇には明鬼論に對する疑問や批判が記されているが、それらは「天」が「鬼神」に取って代わるプロセスを示している。

b　墨家の天志論

墨家はまた、現實の社會狀況に適應するために、諸思想の主柱とも言える兼愛論の當初の性格を變質させた。すなわち、兼愛上篇から明鬼下篇に至る兼愛思想の展開の過程で、その實現が次第に上位者の責務とされるようになり、そのため上位者に萬民に對して賞罰を活用せよと要求するまでに變わった。そして、天志上篇などの四篇は、ただ天子だけを說得の相手とし天子に「天」の賞罰をちらつかせつつ、兼愛論の實行を迫るに至っている。後者は、兼愛三篇が踏み出したこの思想の變化の當然の途上にあると言えなくもない。なぜなら、兼愛論の內容がどうであれ、賞罰の強制力は上位者が萬民に向かって行使すべく求められる限り、特に君主權の強化されつつある戰國後期の社會的現實の中では、その實現にとって無意味なのであって、もともと誰よりも上位者に向けられるべきものだからである。しかしそうなると、賞罰を行う主體が上位者より他になくてはなるまい。こうして、上位者に兼愛論をその賞罰で實行させる一層の上位者、「天」を設定することが必要となった。上位者がなかなか兼愛論を實行しないので、彼に對して「天」による強制的手段を考えようということになったのだ。こうして天志論は、ただ天子だけを說得の相手として、「天意」が兼愛論の實現にあることを知り、「天」の賞を得、「天」の罰（實際は災異）を避けるように勉めなければならない、と主張する。ここに、天子にその賞罰で兼愛論を實行させる主宰神の「天」が、新たな思想課題として登場したのである。

D　道家の「天人」分離論の出現

「天」「鬼神」をめぐる以上のような複雜な思想狀況の中で、戰國中期の思想界に初めて道家が登場する。彼らは、孔子の始めた呪術・宗教的な神としての「天」の理法化をさらに推し進めて、「天」を人爲・作爲の正反對の非人爲・

無作爲という哲學的な意味に改めた。その結果、「天」に呪術的宗敎的な神としての意味は完全になくなり、「天命」は世界において「萬物」が存在・變化する必然性、「天道」はその法則を意味するまでになった。『老子』(通行本)には、第五章の「天地不仁、以萬物爲芻狗。」、第五十九章の「治人事天、莫若嗇。」、第七十三章の「此兩者、或利或害、天之所惡、孰知其故。」、第七十九章の「天道無親、常與善人。」など、表面的には有人格の主宰神であるかのように見える「天」がやはりいくつか含まれている。しかし、これらは古くからの表現方法が化石的に殘っただけのことで、莊子や老子が孔子・孟子などの「天」を一層理法化世俗化していることは、だれの目にも明らかであろう。

それどころか、道家の思想家たちは、孔子・孟子以來の儒家の「天」に附着していた倫理的政治的な意味、すなわち「善」の根源としての意味をも捨て去ってしまった。これを行ったのが道家の「天人」分離論(「天」と「人」の區別、及び「天」の肯定と「人」の否定)である。この理論の中の「天」とは、「人」の正反對の言葉であり、感覺・學問・倫理・政治等々の諸領域において、人間の行う作爲性を徹底的に撥無した彼岸に姿を現す眞實の世界、という意味である。だから、それは道家の說く「道」の性質の一つであり、また多くの場合、「道」と同じ意味で用いられた。そして、この理論は荀子の「天人之分」に先だつ思想であった。荀子の「天人」分離論は、先行する道家、特に莊子の「天人」分離論を直接ふまえて、その「天」の肯定と「人」の否定の評價に重大な修正を施したものと見ることができる。

これ以後の道家における兩者への評價の推移をあらかじめ述べておくならば、戰國末期まで「人」として拒否されていたものが、それ以降は「天」として許容されるようになるというのが、大體の方向であった。

第2節　「莊子蔽於天、而不知人。」

莊子に關して最も早く言及している『荀子』解蔽篇に、

昔賓孟之蔽者、亂家是也。墨子……。宋子……。愼子……。申子……。惠子……。莊子蔽於天、而不知人。故……由天謂之、道盡因矣。此數具者、皆道之一隅也。

とある。(4) これは、莊子は全體の一部分である「天」のことはよく理解しているが、「天」にとらわれるあまりに、他の一部分である「人」のことは理解していない、という意味であろう。これを書いている荀子という人は、「天」と「人」を分離して對立的に把えた上で、「天」を低く評價し「人」を高く評價したことで有名な思想家であって、荀子の思想體系全體の中に占める「天人」關係論の位置は決して小さくないから、莊子に關するこの言及は部外者の筆に成るいい加減な揶揄などではなく、莊子思想の、引いては道家思想の核心を突く、その意味では十分に信用できる重要な證言であるにちがいない。そして、これによれば、荀子の目覩していた莊子は、「天」と「人」を分離して對立的に把えた上で、「天」を重視して「人」を輕視したのである。(5)

A　道家における「天」と「人」の基本的な意味

問題はその「天」とは具體的に何を指し、「人」とは具體的に何を指すかであろう。なぜかと言えば、「天」と「人」がそれぞれ何を指すかの定義のいかん、或いは「天」と「人」を二分する線引きのいかんによっては、全く同じ現象が正反對に評價される場合もあるからである。例えば、子が父母に「孝」を行うことは、人爲である「人」として否定されるのであろうか、それとも非人爲である「天」として肯定されるのであろうか。その答えは、戰國中期の初期道家の思想では「人」として否定されたけれども、戰國末期の中期道家以後では「天」として肯定されるようになっていった、である。――これは一まず定義、線引きの問題なのである。

上に見たように、初期道家の「天」の指している內容は比較的單純であって、ただ直接、「人」と異なり「人」と對立しているだけである。だから、その「人」の指している內容を檢討すれば、彼らの考えている「天」がどういうものであるかが判明するわけだ。抽象的に表面を言えば、「人」とは、人間の行う樣々の作爲、つまり人爲・人工の意である。それ故、「天」とは、その對立概念で、人間の樣々の作爲がないこと、つまり人爲・人工がないの意ということになる。例えば、『莊子』在宥篇の賤而不可不任者章に、

何謂道。有天道、有人道。无爲而尊者、天道也。有爲而累者、人道也。主者、天道也。臣者、人道也。天道之與人道也、相去遠矣、不可不察也。

とある。(6)これは前漢初期に成った文章であるが、このように道家は後代に至るまでほぼ一貫して「天」を重視・肯定して「人」を輕視・否定した。ところで、このような意味の「天」を從來の研究は無爲・自然と呼んできたけれども、道家思想には獨特の內容を持った「無爲」「自然」というテクニカル・タームがあって、それらはこのような單純な意味ではないから、(7)本書においてはそれらとの混同を避けるために、鉤括弧のつかない無爲、自然と鉤括弧のついた「無爲」「自然」を使い分けすることにしたいと思う。

一層具體的に內實を考える必要がある。人間はだれしも衣・食・住などの欲望充足という作爲を樣々に行っており、もしこれらの作爲がなければ生きていけないのであるが、それらの作爲を道家思想はどう考えているのであろう

か。——筆者の理解によれば、普通の水準かそれ以下の欲望充足であれば「天」として肯定するが、それを超える贅澤・豪奢な衣・食・住であれば「人」として否定するようである。

例えば、『莊子』天地篇の百年之木章には、

> 百年之木、破爲犧樽、青黄而文之。其斷在溝中。比犧樽於溝中之斷、則美惡有閒矣、其於失性一也。跖與曾史、行義有閒矣、然其失性均也。

> 且夫失性有五。一曰、五色亂目、使目不明。二曰、五聲亂耳、使耳不聰。三曰、五臭薫鼻、困惾中顙。四曰、五味濁口、使口厲爽。五曰、趣舍滑心、使性飛揚。此五者、皆生之害也。

とある。(8) これは、「目」「耳」「鼻」「口」「心」の感覺・知覺器官における欲望の過度の追求が、人間の「性を失わ」せることを警告した文章である。(9) ここには確かに「天」という言葉は出てこないけれども、それに代わって「性」という言葉が見えている。この「性」は人間の內なる「天」という意味であろうから、「性」を「天」に置き換えてこの文章を解釋することはあながち無理ではあるまい。その解釋によれば、——「五色」「五聲」「五臭」「五味」「趣舍」を追求する過度の欲望充足は、人間の內なる「天」としての「性を失わ」せる「人」なのである。

以上は、人間の行っている樣々の作爲の一例として欲望充足の領域を取り上げて、道家がその中の何を「天」とし何を「人」としたか、すなわち「天」と「人」の定義のいかん、線引きのいかんを簡略に檢討してみたのであるが、人間の行っている作爲の領域は、感覺・知識・學問・倫理・技術・生産・政治・戰爭等々、勿論數限りなくある。道家は、そのような無數の領域にそれぞれ「天」と「人」を想定し、あらゆる事象を「天」と「人」に二分したが、その中でも彼らが「天」を重視・肯定する立場に立って「人」を輕視・否定する營爲に最も重點的に取り組んだのは、人間・社會に關わる倫理・政治の領域であった。例えば、『莊子』養生主篇の公文軒・右師問答に、

公文軒見右師而驚曰、「是何人也。悪乎介也。天與、其人與。」曰、「天也、非人也。天之生是、使獨也。」

とある。この文章では、右師という宋國のある高官が政治的世界における確執のために足切りの刑に處されたことを、「人」ではなく「天」であると意味づけている。

B　「天」と「人」に對する評價の歷史的推移

以上のように、無數の領域に「天」と「人」が想定されており、諸事象が「天」と「人」に二分されていることを念頭に置きながら、道家思想の歷史的な展開における「天」と「人」に對する全般的な評價の推移を、極めて大雜把に押さえるならば、初期の「人」の概念は範圍が廣くその否定はきついが、中期以後（戰國末期以後）は「人」の範圍が次第に狹くなり、その否定も徐々に緩やかになっていく、とまとめることができよう。

例えば、『莊子』齊物論篇の南郭子綦・顏成子游問答に、

子綦曰、「……物無非彼、物無非是。自彼則不見、自知則知之。故曰、『彼出於是、是亦因彼。』彼是方生之說也。雖然、方生方死、方死方生、方可方不可、方不可方可、因是因非、因非因是。是以聖人不由、而照之于天。」

とあるのは、惠子の「彼是方生之說」という「知」を、「人」である故にこの知識論には「聖人不由」と言って否定し、それを撥無した「天地一指也、萬物一馬也。」という卽自的な齊同の世界を「天」と認めているものである。(10) 惠子のこの知識論は感情判斷・價值判斷の撥無の上に立つ事實判斷であるから、それをも「人」であると見なして否定する作者は、凡そ考えられる一切の「知」（感覺や知識など）を「人」として否定しているはずである。そのような作者にとって、唯一殘された肯定することのできる「天」が、最終的に「無」なる我が「無」なる世界に直接、融卽するという

内容の「一の無」すなわち「道」であることに、何の不思議もない。ここでは人間の「知」に基礎を置くあらゆる作爲（倫理、技術、生産、政治等々）が、「人」であるとしてトータルに否定されているわけである。

同じく秋水篇の河伯・北海若問答は戰國末期の道家の代表的な作品であるが、「天」と「人」をどう見ているのであろうか。

北海若曰、「知道者、必達於理。達於理者、必明於權。明於權者、不以物害己。至德者、火弗能熱、水弗能溺、寒署弗能害、禽獸弗能賊。非謂其薄之也。言察乎安危、寧於禍福、謹於去就、莫之能害也。故曰、『天在內、人在外、德在乎天。』知天人之行、本乎天、位乎得（德）、蹢躅而屈伸、反要而語極。」

（河伯）曰、「何謂天、何謂人。」

北海若曰、「牛馬四足、是謂天。落（絡）馬首、穿牛鼻、是謂人。故曰、『无以人滅天、无以故滅命、无以得（德）殉名。』謹守而勿失、是謂反其眞。[11]」

作者の唱える「人」は、「落（絡）馬首、穿牛鼻、是謂人。」と説明され、「人在外」と評價されている。しかし、「人」は完全に否定されているわけではなく、ただ「以人滅天」だけが否定されている。言い換えれば、「无滅天」の範圍内において「人」は許容されているのだ。反對に「天」は、「牛馬四足、是謂天。」と説明され、「天在內」と評價されているが[12]、實際には、「知道者、必達於理。達於理者、必明於權。」また「察乎安危、寧於禍福、謹於去就。」などの、主に「知」や養生を内容とする作爲は、むしろ「天」のサイドにあるものとして積極的に肯定されているのである[13]。「人」は範圍が狹くなり、その否定も緩やかになったのに反比例して、「天」の範圍が廣くなり、その肯定も多くなったことが分かる。

前漢初期になると、「人」の範圍はさらに狹くなり、その否定も一層緩やかになる。『莊子』大宗師篇の知天之所爲章には、

知天之所爲、知人之所爲者、至矣。知天之所爲者、天而生也。知人之所爲者、以其知之所知、以養其知之所不知。終其天年、而不中道夭者、是知之盛也。

とあり、[14] これをふまえた『淮南子』人閒篇には、

知天之所爲、知人之所行、則有以任〈徑〉於世矣。知天而不知人、則无以與俗交。知人而不知天、則无以與道遊。

とあって、[15]「天」を「知」ることと「人」を「知」ることがほとんど同等の資格で肯定されている。

また、さらに降って後漢時代の道家である王充（二十七年ごろ～一〇〇年ごろ）は、『論衡』自然篇において、

然雖自然、亦須有爲輔助。耒耜耕耘、因春播種者、人爲之也。及穀入地、日夜長夫〈大〉、人不能爲也。或爲之者、敗之道也。宋人有閔其苗之不長者、就而揠之、明日枯死。夫欲爲自然者、宋人之徒也。

のように、[16] 農業における「人」の必要性とその限界について述べているが、この考えは上に見た『莊子』秋水篇の河伯・北海若問答に近いと言えようか。このように、從來「人」であるとして否定されていた人閒の樣々の作爲が、時の經過の中で「天」であるとして許容されるようになるというのが、道家思想の動いていった方向であったのだ。

C　「天人」關係の複雜化

以上は、「天」と「人」が比較的單純に對立している例を資料に用いて、道家思想史における兩者への全般的な評價の推移を大雜把に押さえたのであるが、「天」と「人」の關係は、右のように比較的單純に對立しているものばかりで

はない。戰國末期以後になると、「天」の中に「人」があり、また「人」の中に「天」があるなどの如く、相互に浸透しあう入り組んだ複雜な關係も現れるようになる。

例えば、『莊子』達生篇の子列子・關尹問答に、

關尹曰、「……聖人藏於天、故莫之能傷也。復讎者、不折鏌干。雖有忮心者、不怨飄瓦。是以天下平均。故无攻戰之亂、无殺戮之刑者、由此道也。不開人之天、而開天之天。開天者德生、開人者賊生。不厭其天、不忽於人、民幾乎以其眞。」(17)

とあるのによれば、「天」には「人之天」と「天之天」の二種類があって、「人之天」は人爲的に求めた「天」、「天之天」は非人爲的に得られた「天」であるが、肯定されるべきは後者の「天之天」であると主張している。(18)

同じく庚桑楚篇の羿工乎中微章の、

羿工乎中微、而拙乎使人无己譽。聖人工乎天、而拙乎人。夫工乎天而俍乎人者、唯全人能之。唯蟲能蟲、唯蟲能天。全人惡天、惡人之天。而況吾天乎人乎。(19)

や、同じく徐无鬼篇の有暖姝者章の、

古之眞人、以天待之、不以人入天。古之眞人、得之也生、失之也死、得之也死、失之也生。(20)

や、同じく則陽篇の聖人達綢繆章の、

夫師天而不得師天、與物皆殉。其以爲事也、若之何。夫聖人未始有天、未始有人。未始有始、未始有物。(21)

などは、いずれもほぼ同じ趣旨であって、「天」は人爲的に求めるのでなく、非人爲的に得られるのでなければならないと主張している。これらは「天」が「天之天」に向かって純化する方向であるが、それと同時に、『莊子』達生篇の子列子・關尹問答の、

不厭其天、不忽於人、民幾乎以其眞。

や、同じく庚桑楚篇の羿工乎中微章の、

夫工乎天而佷乎人者、唯全人能之。

のように、「人」も徐々にその肯定が増大する方向に向かっていった。

「天」の純化と「人」の肯定がこのように一見逆方向に向かうのは、道家思想の內部にある理論的な理由として、『莊子』則陽篇の聖人達綢繆章に、

夫聖人未始有天、未始有人。未始有始、未始有物。

とあり、同じく山木篇の仲尼・顏回問答に、

（顏回曰）、「何謂人與天一邪。」

仲尼曰、「有人、天也。有天、亦天也。人之不能有天、性也。聖人晏然體逝而終矣。」

とあるように[22]、從來の低次の「天」と「人」を超越してその上に立つ高次の立場から、「天」にはそれと同じ「天之天」であることを求め、「人」にはそれなりの相對的な意義を認めたためであろう。しかし、それだけでなく、道家思想の外部から加えられた壓力として、當時の思想界の主流派、儒家の荀子學派のあの批判、

莊子蔽於天、而不知人。

が、やはり相當に重くのしかかったためではなかろうか[23]。

第3節「仁孝」の否定

人間の行っている様々の作爲の領域の中で、道家思想が「天」の立場に立って「人」を否定する營爲に最も重點的に取り組んだのは、再度の繰り返しになるが、倫理・政治の領域である。ここでは、主に儒家の「仁義」や「忠孝」などの倫理を「人」であると言って否定している諸相を分析する。

A「萬物齊同」哲學における「天」と「人」

第一に、「萬物齊同」の哲學を定立する過程で、價値判斷の撥無という目的のために行った「儒墨之是非」への否定がある。[24] これは、『莊子』齊物論篇の南郭子綦・顏成子游問答が、「彼」と「是」の「物」の間に「是」と「非」などの區別を認める價値判斷を、無意味な論爭に陥りやすい誤った「知」として否定・排除する際に、「儒墨之是非」をその代表例として取り上げたものである。

故有儒墨之是非。以是其所非、而非其所是。

のように、自らの「是非」で相手の「是非」を非難しあうのが儒墨の「知」であるが、これに對して、作者は、

欲是其所非、而非其所是、則莫若以明。

のように、彼らの「是非」を「以明」という最上の方法で否定・排除せよと主張していた。[25]「儒墨之是非」は、彼らの主張する「仁義」や「忠孝」などを中心とする倫理的政治的な價値を內容としているが、それを撥無する方法「以明」

の「明」は、「天」の立場に立つ「明」、つまり「天の明」と解して誤りはないであろう。なぜかと言えば、南郭子綦・顏成子游問答は、「萬物齊同」を定立する過程で感情判斷・價値判斷・事實判斷の諸タイプを次々に否定・排除していくけれども、その際、それらを撥無する根據として擧げられているポジティブなものは、

欲是其所非、而非其所是、則莫若以明。
是以聖人不由、而照之于天。亦因是也。
是亦一無窮、非亦一無窮也。故曰、「莫若以明。」
是以聖人和之以是非、而休乎天鈞。是之謂兩行。
是故滑疑之耀、聖人之所圖也。爲是不用、而寓諸庸。此之謂以明。

などである。これらはみな互いに同じ意味か近い意味のはずであって、それ故、「以明」は「照之于天」「休乎天鈞」とほぼ同義と考えられるからである。そして、この意味の「天」については、本章の第2節にすでに述べた。

B　「物化」・轉生・輪廻思想における「天」と「人」

第二に、「物化」・轉生・輪廻の思想(26)に附隨してそれらから出てくる副產物の一つに、子の父母に對する「孝」を始めとして家族倫理の多くをほとんど無意味であるとする否定がある。思うに、「物化」・轉生・輪廻の思想が眞實であるとすれば、子はその父母から生まれるように見えたとしても、正しくは「鼠肝・蟲臂」などが「物化」・轉生して子になったのだから、子の父母に對する「孝」は成立することが難しくなる。また、父母は卒した後「雞・彈・輪・馬」

などに轉生するのだから、子が父母の喪禮を行う必要もなくなるはずである。

そして、實際、「物化」・轉生・輪廻が描かれている『莊子』大宗師篇の四人相與語章には、

子來曰、「父母於子、東西南北、唯命之從。陰陽於人、不翅於父母。彼近吾死、而我不聽、我則悍矣。彼何罪焉。」

とあって[27]、「父母」の下す命と「陰陽」の下す命を比較して、「父母」の命つまり「孝」を相對的に輕視している。

同じく大宗師篇の三人相與友章には、

子桑戸孟子反子琴張……三人相視而笑、莫逆於心。遂相與友。

莫然有閒、而子桑戸死。未葬。孔子聞之、使子貢往待事焉。或編曲、或鼓琴、相和而歌曰、「嗟來、桑戸乎。嗟來、桑戸乎。而（汝）已反其眞、而我猶爲人猗。」

子貢趨而進曰、「敢問臨尸而歌、禮乎。」二人相視而笑曰、「是惡知禮意。」……

子貢曰、「敢問畸人。」

（孔子）曰、「畸人者、畸於人而侔於天。故曰、『天之小人、人之君子。人之君子、天之小人也。』」

とある。これは「孝」の問題についてではないが、「物化」・轉生・輪廻の思想に基づいて儒家の「禮」、中んづくその喪禮を否定した例として注目される。

同じく大宗師篇の顏回・仲尼問答（一）には、

顏回問仲尼曰、「孟孫才、其母死、哭泣无涕、中心不慼、居喪不哀。无是三者、以善喪蓋魯國。固有无其實、而得其名者乎。回壹怪之。」

仲尼曰、「夫孟孫氏盡之矣。進於知矣。唯簡之而不得、夫已有所簡矣。……造適不及笑、獻笑不及排。安排而去化、乃入於寥天一。」

とあって、[28]喪禮に現れる「孝」が否定されている。

また、同じく至樂篇の莊子・惠子問答には、

莊子妻死。惠子弔之。莊子則方箕踞、鼓盆而歌。惠子曰、「與人居、長子老身。死不哭、亦足矣。又鼓盆而歌、不亦甚乎。」莊子曰、「不然。是其始死也、我獨何能無槩然。察其始、而本无生。非徒无生也、而本无形。非徒无形也、而本无氣。雜乎芒芴之閒、變而有氣。氣變而有形、形變而有生、今又變而之死。是相與爲春秋冬夏四時行也。人且偃然寢於巨室、而我噭噭然隨而哭之、自以爲不通乎命。故止也。」

とある。[29]これもやはり「孝」の問題ではないけれども、「物化」・轉生・輪廻の思想に基づいて「夫婦之和」（『禮記』禮運篇）や「哭泣」などの喪禮を否定した例として參照される。

さらに、『淮南子』俶眞篇には、

昔公牛哀轉病也、七日化爲虎。其兄掩戸而入覘之、則虎搏而殺之。是故文章成獸、爪牙移易、志與心變、神與形化。方其爲虎也、不知其嘗爲人也。方其爲人、不知其且爲虎也。

とある。[30]これは「物化」・轉生・輪廻の思想が、「弟」が「兄」に仕える「恭」（『春秋左氏傳』文公十八年）などの家族倫理と鋭く衝突する場合もあることを、示唆している例であるかもしれない。以上のいくつかの文章は、道家思想が「天」の立場に立って「人」である「孝」を始めとする家族倫理の多くを否定している例である。

ところで、儒家の思想は、古くから父母の死に對して喪禮を行うことを「孝」の現れとして重視してきた。『論語』爲政篇に、

孟懿子問孝。……子曰、「生事之以禮、死葬之以禮、祭之以禮。」

とあり、また『荀子』禮論篇に、

事生、飾始也。送死、飾終也。終始具而孝子之事畢、聖人之道備矣。刻死而附生謂之墨、刻生而附死謂之惑、殺生而送死謂之賊。大象其生以送其死、使死生終始莫不稱宜而好善、是禮義之法式也、儒者是矣。

とあるとおりである。

しかも、儒家の思想は、この「孝」をすべての倫理の基礎であり中心である、と唱える場合が少なくなかった。『孟子』離婁上篇には、

孟子曰、「仁之實、事親是也。義之實、從兄是也。智之實、知斯二者弗去是也。禮之實、節文斯二者是也。樂之實、樂斯二者。樂則生矣、生則惡可已也。惡可已、則不知足之蹈之、手之舞之。」

とあるが、その「事親」はすなわち「孝」を指しており、その「孝」は「智・禮・樂」の基礎に位置づけられている。さらに『孝經』には、

子曰、「夫孝、德之本也、敎之所由生也。」

という文さえある。

そうであるとすれば、「物化」・轉生・輪廻に基づく、道家思想の「孝」を始めとする家族倫理の否定は、實は儒家にとって、その思想體系を基礎もしくは中心から動搖させかねない、はなはだ衝擊的な破壞力を有していたのではないかと推測される。

降って後漢の道家、王充は『論衡』物勢篇で、

儒者論曰、「天地故生人。」此言妄也。夫天地合氣、人偶自生也。猶夫婦合氣、子則自生也。夫婦合氣、非當時欲得生子。情欲動而合、合而生子矣。且夫婦不故生子、以知天地不故生人也。然則人生於天地也、猶魚之於淵、蟣

　蝨之於人也。因氣而生、種類相產。萬物生天地之間、皆一實也。

と述べている。ここには、表面上は「物化」・轉生・輪廻の思想は含まれないようであるが、[31]代わりにその親戚筋に當たる「氣」の理論が明確な形で登場しており、それを根據として、人間の「夫婦」のありようも「天地」における一切の「萬物」の場合と同じだとするアンソロポモーフィズム（擬人化 anthropomorphism）が成り立っている。そして、「夫婦」と「子」の關係については、

　夫婦合氣、非當時欲得生子。情欲動而合、合而生子矣。

と喝破しているが、「子」が生まれるのは「夫婦」の「情欲」の所産であると見なすわけで、こうなっては「孝」は成立することが極めて難しい。現に、王充のこの思想を知っていたらしい後漢末期の孔融（一五三年～二〇八年、孔子二十世の子孫）は、

　父之於子、當有何親。論其本意、實爲情欲發耳。子之於母、亦復奚爲。譬如物寄缻中、出則離矣。（『後漢書』孔融列傳）

と放言したために、「大逆不道」の罪で處刑されているのである。

C　「性」說における「天」と「人」

　第三に、人間の內なる「天」としての「性」を重んずる立場に立って、「仁義」「禮樂」などの儒家の倫理・政治を、その「性」をスポイルする「人」でしかないと把える否定がある。すでに述べたように、「天」と「人」の關係は、初期道家の「天」の內容は比較的單純であって、ただ直接、「人」と對立しているだけであった。しかし、戰國末期以後

に至ると、入り組んだ複雜な關係も現れるようになるが、このように「人」の中に「天」があると認める「性」というテーマが、道家思想の解決しなければならない問題として登場したことは、まさしくその現れの一つであると言ってよい。それと同時に、これはまた、形而上學・存在論という領域において「道」が「萬物」の中に內在していることを認める新しい傾向の、「天人」關係という他の領域における、或いはより小さな規模における試みの一つであると言ってもよかろう。[32]

まず、「人」の中の「天」が「性」であるという位置づけについては、『呂氏春秋』蕩兵篇に、

性者、所受於天也、非人之所能爲也。

とあり、同じく誠廉篇に、

性也者、所受於天也、非擇取而爲之也。

とある。これらの內、前者は儒家系の文章、後者は道家系の文章であるから、戰國末期を迎えるより以前の思想界に學派の相異を超えて、この種の共通認識ができ上がっていたらしい。また、『禮記』中庸篇の有名な、

天命之謂性、率性之謂道、脩道之謂敎。

は、舊來の說では、孔子の孫である子思（紀元前四八三年ごろ～前四〇二年ごろ）の手に成ると信じられてきたが、正しくは前漢初期の儒家の作と考えるべきである。[33]

次に、その「性」が儒家の「仁義」「禮樂」などによってスポイルされていることについては、例えば、『莊子』馬蹄篇に、

夫至德之世、同與禽獸居、族與萬物竝。惡乎知君子小人哉。同乎无知、其德不離。同乎无欲、是謂素樸。素樸而民性得矣。

及至聖人、蹩躠爲仁、踶跂爲義、而天下始疑矣。澶漫爲樂、摘僻爲禮、而天下始分矣。故純樸不殘、孰爲犧樽。白玉不毀、孰爲珪璋。道德不廢、安取仁義。性情不離、安用禮樂。五色不亂、孰爲文采。五聲不亂、孰應六律。夫殘樸以爲器、工匠之罪也。毀道德以爲仁義、聖人之過也。

という文章がある(34)。これは荀子の思想をふまえ、それを主な批判のターゲットに定めて書かれた文章であるが、「聖人」の爲った「仁・義・禮・樂」が、窮極的根源的な實在「道」とその働きである「德」や、「道德」が人間の中に宿ったものである「性情」（人間の本性や眞情）をスポイルしたと激しく非難している(35)。

同じく繕性篇に、

夫德、和也。道、理也。德无不容、仁也。道无不理、義也。義明而物親、忠也。中（忠）純實而反乎情、樂也。信行容體而順乎文、禮也。禮樂徧〈偏〉行、則天下亂矣。彼正而蒙己德。德則不冒、冒則物必失其性也。

とある(36)。これは前漢時代に入って書かれた文章であって、儒家の「仁・義・忠」などに對する態度は、從來に比べて格段と宥和的肯定的に轉じているが、それでもやはり、「禮樂」だけを偏重するならば、爲政者自身の「德」や民衆の「性」をスポイルすると警告している(37)。

『淮南子』においても事態は大略同じであって、俶眞篇に、

夫世之所以喪性命、有衰漸以然、所由來者久矣。是故聖人之學也、欲以反性於初、而游心於虛也。達人之學也、欲以通性於遼廓、而覺於寂漠也。若夫俗世之學也、則不然。擢德攓性、內愁五藏、外勞耳目。乃始招蟯振繾物之豪芒、搖消掉捎仁義禮樂、暴行越智於天下、以招號名聲於世。此我所羞而不爲也。

とあるとおりである(38)。ただし、上に指摘した、儒家の「仁義禮樂」などへの宥和的肯定的な態度はますます顯著になっている。本經篇に、

古之人、同氣于天地、與一世而優游。當此之時、無慶賀〈賞〉之利、刑罰之威、禮義廉恥不設、誹譽仁鄙不立、而萬民莫相侵欺暴虐、猶在于混冥之中。逮至衰世、人衆而財寡、事力勞而養不足。於是忿爭生。是以貴仁。仁鄙不齊、比周朋黨、設詐諝、懷機械巧故之心、而性失矣。是以貴義。陰陽之情、莫不有血氣之感、男女羣居雜處而無別。是以貴禮。性命之情、淫而相脅、以不得已、則不和。是以貴樂。是故仁義禮樂者、可以救敗、而非通治之至也。夫仁者所以救爭也、義者所以救失也、禮者所以救淫也、樂者所以救憂也。神明定於天下、而心反其初。心反其初、而民性善。

とあって、[39]「仁義禮樂」は必ずしも「民性」をスポイルする元凶とは言われず、むしろ腐敗を救済する上での意義が認められるようになっているのを見られたい。

右に引用した文章の中では、人間の內なる「天」としての「性」と竝んで、「性」の同義語または類義語として、「德」或いは「道德」という言葉がしばしば用いられていた。その例をもう一つ追加してみよう。『莊子』天運篇の大宰蕩・莊子問答に、

莊子曰、「……夫孝悌仁義、忠信貞廉、此皆自勉以役其德者也。不足多也。」

とあるが、[40]この「德」は人間の外にあるのではなく內にあるとされているから、「德」の文字は「性」に置き換えても一向に差し支えないはずである。

一般的に言って、道家思想の用いる「德」という言葉は儒家がその倫理思想の中で用いてきた「德」という言葉と同じではなく、まして今日我々が普通に言う道德（モラル、morals）とは全然異なっている。大雜把に押さえれば、道家の「德」とは、客觀的には窮極的根源的な實在である「道」の働き・作用・機能を指し、[41]主觀的には「物」が自己の內に「得」（德）ているもの、「道」によって與えられている何かを指す。一方、「天」は「道」と結びつくものであっ

て、兩者が結びつく仕組みについては、例えば、本章の第2節などにおいてすでに述べた。こういう次第であるから、「天」の人間內在としての「性」と、「道」の「物」內在としての「德」が、パラレルに竝ぶことができるのである。そして、今ここに述べた、「自己の內に『得』ているもの、『道』によって與えられている何か」が、人間の場合には、身體と精神から成る「性」なのであるが、やや武斷的に單純化するならば、道家は精神よりも身體にウェートをかけることが多いので、主に身體としての「生」を意味することが少なくない(42)。

第4節　「仁孝」の復權

さらに、道家思想が、儒家の「仁義」「禮樂」などに對して次第に宥和的肯定的になっていき、結局のところそれらを復權させるに至ったことについては、ある文章群が關係している。その文章群とは、「天」や「道」を重んずる立場から「仁義」「禮樂」などを否定してはいるけれども、同時に逆に「仁義」「禮樂」などの肯定に轉ずることを可能にするロジックをも胚胎している、といった趣きの文章群である。——『老子』第三十八章がその代表に他ならない(43)。

〔●上德不德、是以有德。下德不失德、是以无〕德。上德无〔爲而〕无以爲也、上仁爲之〔而无〕以爲也、上義爲之而有以爲也、上禮〔爲之而莫之應（應）也、則〕攘臂而乃（扔）之。故失道矣。失道而后（後）德、失德而后（後）仁、失仁而后（後）義、〔失義而后（後）〕禮。夫禮者、忠信之泊（薄）也〕、而亂之首也。〔前識者〕、道之華也、而愚之首也。是以大丈夫居亓（其）厚、而不居亓（其）泊（薄）。居亓（其）實、〔而〕不居亓（其）華。故去皮（彼）取此。（馬王堆帛書甲本・乙本）

これは荀子の「禮」の思想を主なターゲットに定めて書かれた文章であって[44]、それが窮極的根源的な「道」から出て、

道↓德↓仁↓義↓禮

のように展開した系列の末に位置する、「道」を去ること最も遠い下等な倫理でしかないと言って否定している。

ところで、この文章の中の、「道」が疎外されて「德」が生じたという「道↓德」は、單なる修辭であって實際には上述のように一體と考えているにちがいないが、しかし、「仁↓義↓禮」は、「仁」を「道德」の疎外の程度の小さいもの、「義」を疎外の程度の大きくないもの、と見なしているのであるから、作者は「仁義」を「禮」よりも「道德」に近いとして相對的に高く評價していることになる。「仁義」だけでない。作者が頭から否定した「道」の鬼子「禮」にしても、それが「道」から生まれたものであり、多少なりとも「道」を含有しているのだとすれば、從來の否定的な評價から肯定的な評價に轉ずることも、『老子』第三十八章に含まれているロジックの上では可能ではなかろうか[45]。

そして、道家思想の歷史的な展開は、まさにそのようになっていったのである。例えば、本章の第3節に引用した『莊子』繕性篇は、『老子』第三十八章をふまえながら、「道德」からの疎外として諸概念を把握しようとした文章であるが、

德・道↓仁・義↓忠↓樂↓信↓禮

の展開の系列を構想しつつ、「仁・義・忠」などを肯定的に評價している。同じく天地篇の泰初有无章には、

泰初有无、无有无名、一之所起。有一而未形、物得以生、謂之德。未形者有分、且然无閒、謂之命。留動而生物、物成生理、謂之形。形體保神、各有儀則、謂之性。性脩反德、德至同於初。同乃虛、虛乃大、合喙鳴。喙鳴合、與天地爲合。其合緡緡、若愚若昏。是謂玄德、同乎大順。

とある[46]。この中の「儀則」は「仁義」「禮樂」などとほぼ同じ内容を持っているが、その「儀則」は「性」の下位に包

攝された上で、窮極的根源的な「无」から出て、

无↓一↓德↓命↓形↓性

のように展開した系列の末に位置づけられている。しかしながら、末に位置づけられているにもかかわらず、「性」は、「无」から最もはなはだしく疎外された下等な存在として否定されているわけではない。むしろ反對に「德」を經て「初」の「无」に復歸する可能性が認められているのである。したがって、ここには『老子』第三十八章のような否定の契機（moment）は全くないと言ってよい。

同じく天道篇の本在於上章には、

語道而非其序者、非其道也。語道而非其道者、安取道。是故古之明大道者、先明天而道德次之。道德已明而仁義次之。仁義已明而分守次之。分守已明而形名次之。形名已明而因任次之。因任已明而原省次之。原省已明而是非次之。是非已明而賞罰次之。賞罰已明而愚知處宜、貴賤履位、仁賢不肖襲情、必分其能、必由其名。……此之謂太平。治之至也。……古之語大道者、五變而形名可擧、九變而賞罰可言也。驟而語形名、不知其本也。驟而語賞罰、不知其始也。

とある(47)。これは荀子の「禮」の思想や法家の「法」の思想をふまえ、それらの強い影響を被って書かれた文章であって、(48)『老子』第三十八章のような倫理や政治についての形而上學・存在論・退歩史觀ではなく、倫理や政治を現實社會において推進する上での優先順位を論じた文章であるが(49)、それでも『老子』第三十八章から出た文章として參考にすることができる。その優先順位とは、

天↓道德↓仁義↓分守↓形名↓因任↓原省↓是非↓賞罰

である。何とまあ、作者が關心を寄せるのはせいぜい優先順位の先後だけであって、初期道家以來あれほど情熱をこ

めて否定してきた「人」の一切合切が、「古之明大道者」のことと稱して肯定されているのだ。『淮南子』でも事態はほぼ同じである。その例を一つだけ擧げておく。齊俗篇に、

率性而行、謂之道、得其天性、謂之德。性失然後貴仁、道失然後貴義。是故仁義立而道德遷矣、禮樂飾則純樸散矣、是非形則百姓眩矣、珠玉尊則天下爭矣。凡此四者、衰世之造也、末世之用也。夫禮者、所以別尊卑異貴賤、義者、所以合君臣父子兄弟夫妻友朋之際也。今世之爲禮者、恭敬而忮、爲義者、布施而德。君臣以相非、骨肉以生怨、則失禮義之本也。

とある。(50)『老子』第三十八章をふまえて書かれていることは無論で、故に「仁義」「禮樂」「是非」「珠玉」を型どおりに否定するが、しかし、その「禮」「義」については、「別尊卑異貴賤」「合君臣父子兄弟夫妻友朋之際」という機能を果たしうるものならば、肯定しようという姿勢があからさまである。

そして、『淮南子』と相い前後する前漢初期の黄老思想の諸文獻に至ると、もともと『老子』第三十八章に含まれていた否定の契機（moment）は全くなくなってしまう。例えば、『管子』心術上篇の經の部分に、

虛無無形、謂之道。化育萬物、謂之德。君臣父子人閒之事、謂之義。登降揖讓、貴賤有等、親疏有體、謂之禮。簡物小未一道、殺僇禁誅、謂之法。

とあるのを見てみよう。(51)ここでは、

道→德→義→禮→法

のような展開の系列を構想しつつ、「禮」は言うまでもなく「法」までも、「道」から生まれた嫡男として認知するのだ。(52)

また、馬王堆帛書『經法』道法篇に、

道生法。法者、引得失以繩、而明曲直者殹（也）。

とあるの[53]を見てみよう。ここでは、もはや一切の中間的な媒介物なしに、黄老的な「道」から直接に「法」が生まれたと把えている。正々堂々と大手を振った「法」の是認と言わなければならない。

注　釋

（1）　馮友蘭『中國哲學史』の第一編、第三章、（三）「天」。同じように、中國思想史に現れる「天」をいくつかのタイプに分類した中國人の著書としては、他に、
　張岱年『張岱年文集』第二卷
　河北省社會科學院・河北省哲學社會科學聯合會『董仲舒哲學思想研究』
　向世陵・馮禹『儒家的天論』
　黃樸民『董仲舒與新儒學』
などがある。

（2）　重澤俊郎『周漢思想研究』、「荀況研究」。他に、重澤俊郎『中國哲學史研究――唯心主義と唯物主義の抗爭史――』の第二部、「東周時代の唯物主義世界觀」、「荀子」をも參照。

（3）　「天」に關する問題に限らないが、今日、少數ながら道家思想を一種の宗教であると見なす見解がある。それらは大部分が、西歐に由來する「宗敎」という言葉を使用し、今日的な觀點（特に近代西歐の觀點）に立って道家思想を宗敎と見なすものである。しかし、筆者の考えによれば、このような觀點によって中國古代を見るという研究方法があまりに外在的にすぎて誤っている。今日の我々にとってまず何よりも必要な觀點は、中國古代の諸思想や諸宗敎の内部に入りこんで、それらを思索していた思想家たちが、同時代に存在するあれこれの個別具體的な宗敎現象をどう考えているかを論ずることであろう。
　道家思想について述べれば、思想家たちは頻繁にあれこれの個別具體的な宗敎現象について言及しており、それらの中で、

自らの思索する思想が諸宗教とは異なるばかりか、それらよりも優れた文化であることを強調している。例えば、『莊子』應帝王篇の列子・壺子問答、同じく外物篇の宋元君章などがその代表的な文章である。以上のような文化内在的な觀點を持たずに、道家思想を宗教と見なすことは、學問的にひどく安易かつ亂暴である、と筆者には思われる。

（4）本書第2章の第1節、第4章の注釋（22）、及び第14章の第1節を參照。

（5）荀子の「天人之分」は、先行する莊子の「天人」分離論を直接ふまえて、その「天」の肯定と「人」の否定に重大な修正を加えたものと見ることができる。

（6）本章の注釋（12）を參照。

（7）本書の第12章を參照。

（8）本章の注釋（35）、及び第10章の第1節を參照。「百年之木、破爲犧樽。」は、これをふまえた『淮南子』俶眞篇に、

百圍之木、斬而爲犧尊、鏤之以剞劂、雜之以青黃、華藻鏄解〈鮮〉、龍蛇虎豹、曲成文章。然其斷在溝中、一比犧尊溝中之斷、則醜美有間矣、然而失木性、鈞也。

とあり（本章の注釋（35）を參照）、また『莊子』馬蹄篇に、

及至聖人、蹩躠爲仁、踶跂爲義、而天下始疑矣。澶漫爲樂、摘僻爲禮、而天下始分矣。故純樸不殘、孰爲犧樽。白玉不毁、孰爲珪璋。道德不廢、安取仁義。性情不離、安用禮樂。五色不亂、孰爲文采。五聲不亂、孰應六律。夫殘樸以爲器、工匠之罪也。毁道德以爲仁義、聖人之過也。

とある（本章の第3節、及びその注釋（34）（35）を參照）。

「跖與曾史、行義有間矣、然其失性均也。」は、『莊子』在宥篇の聞在宥天下章に、

使人喜怒失位、居處无常、思慮不自得、中道不成章。於是乎天下始喬詰卓鷙、而後有盜跖曾史之行。故擧天下以賞其善者不足、擧天下以罰其惡者不給。故天下之大、不足以賞罰。自三代以下者、匈匈焉終以賞罰爲事。彼何暇安其性命之情哉。

とあり（本書第10章の注釋（18）、及び第14章の第3節を參照）、同じく在宥篇の崔瞿・老聃問答に、

夫施及三王、而天下大駭矣。下有桀跖、上有曾史、而儒墨畢起。於是乎喜怒相疑、愚知相欺、善否相非、誕信相譏、而天

下衰矣。大德不同、而性命爛漫矣。天下好知、而百姓求竭矣。……吾未知聖知之不爲桁楊椄槢也、仁義之不爲桎梏鑿枘也。焉知曾史之不爲桀跖嚆矢也。

とあり（本書第10章の注釋（18）、第11章の第3節、及びその注釋（22）を參照）、同じく駢拇篇に、

伯夷死名於首陽之下、盜跖死利於東陵之上。二人者、所死不同、其於殘生傷性、均也。奚必伯夷之是、而盜跖之非乎。……若其殘生損性、則盜跖亦伯夷已。又惡取君子小人於其閒哉。

とある。

（9）「一曰、五色亂目、使目不明。二曰、五聲亂耳、使耳不聽。三曰、五臭薫鼻、困慘中顙。四曰、五味濁口、使口厲爽。五曰、趣舍滑心、使性飛揚。此五者、皆生之害也。」は、これとほぼ同じ年代に成書されたと考えられる『老子』第十二章に、

五色使人目明（盲）、馳騁田臘（獵）使人〔心發狂〕、難得之價（貨）使人之行方（妨）、五味使人之口𠲿（爽）、五音使人之耳聾。是以聲（聖）人之治也、爲腹不〔爲目〕。故去罷（彼）耳（取）此。（馬王堆帛書甲本・乙本）

の如く類似の文章があり、少し後の『淮南子』精神篇に、

是故五色亂目、使目不明。五聲譁耳、使耳不聰。五味亂口、使口爽〈厲〉傷〈爽〉。趣舍滑心、使行飛揚。此四者、天下之所養性也、然皆人累也。

とあり、さらに後の『文子』九守篇に、

老子曰、「……故五色亂目、使目不明。五音入耳、使耳不聽。五味亂口、使口生創。趨舍滑心、使行飛揚。」

とあるのを參照。また、『莊子』駢拇篇に、

是故駢於明者、亂五色、淫文章。青黃黼黻之煌煌、非乎。而離朱是已。多於聰者、亂五聲、淫六律。金石絲竹黃鍾大呂之聲、非乎。而師曠是已。枝於仁者、擢德塞〈搴〉性、以收名聲。使天下簧鼓、以奉不及之法、非乎。而曾史是已。駢於辯者、纍瓦結繩竄句。遊心於堅白同異之閒、而敝跬譽无用之言、非乎。而楊墨是已。……且夫屬其性乎仁義者、雖通如曾史、非吾所謂臧也。屬其性於五味、雖通如俞兒、非吾所謂臧也。屬其性乎五聲、雖通如師曠、非吾所謂聰也。屬其性乎五色、雖通如離朱、非吾所謂明也。吾所謂臧者、非仁義之謂也、臧於其德而已矣。吾所謂臧者、非所謂仁義之謂也。任其性命之

情而已矣。吾所謂聰者、非謂其聞彼也、自聞而已矣。吾所謂明者、非謂其見彼也、自見而已矣。

とある（本章の注釋（38）（39）を參照）。

そして、『老子』第十二章の「爲腹」「此」は、「天」の範圍内の普通の水準かそれ以下の欲望充足に相當し、「（爲目）」「罷（彼）」は、「天」の範圍を超えた過度の欲望充足である「人」に相當するのであろう。

（10）本書第4章の第3節、第5章の第2節、その注釋（22）、及び第14章の第2節を參照。

（11）「理」は、河伯・北海若問答の上文にある「天地之理」「萬物之理」である。「萬物之理」の總和が「道」であるという、「道」と「理」の兩者の關係づけは、『韓非子』解老篇・喩老篇の「道理」概念に近い（本章の注釋（36）、及び第12章の第5節を參照）。

「明於權」は、事物に對する現實的な處置を可能にする知識であり、その具體的な内容は下文の「察乎安危、寧於禍福、謹於去就。」であろう。『孟子』梁惠王上篇に、

（孟子）曰、「……權然後知輕重、度然後知長短。物皆然、心爲甚。王請度之。」

とあり、同じく離婁上篇に、

淳于髡曰、「男女授受不親、禮與。」孟子曰、「禮也。」曰、「嫂溺、則援之以手乎。」曰、「嫂溺不援、是豺狼也。男女授受不親、禮也。嫂溺援之以手者、權也。」

とあるのなどをふまえる。

「不以物害己」については、本書第10章の注釋（40）、及び第12章の第5節を參照。『莊子』逍遙遊篇の肩吾・連叔問答に、

連叔曰、「……之人也、物莫之傷。大浸稽天而不溺、大旱金石流土山焦而不熱。」

とあり、同じく逍遙遊篇の惠子・莊子問答（二）に、

莊子曰、「……今子有大樹、患其無用。何不樹之於無何有之鄉、廣莫之野、彷徨乎無爲其側、逍遙乎寢臥其下。不夭斤斧、物無害者、無所可用、安所困苦哉。」

とあり、同じく達生篇の子列子・關尹問答に、

關尹曰、「……夫若是者、其天守全、其神无郤。物奚自入焉。……聖人藏於天、故莫之能傷也。……不開人之天、而開天之天。開天者德生、開人者賊生。不厭其天、不忽於人、民幾乎以其眞。」

とあり（本章本節の以下の本文、その注釋（17）、及び第10章の注釋（40）を參照）、『列子』黄帝篇にも達生篇の子列子・關尹問答を借用して、

關尹曰、「……夫若是者、其天守全、其神無郤。物奚自入焉。……聖人藏於天、故物莫之能傷也。」

とあり、『莊子』知北遊篇の顏淵・仲尼問答に、

仲尼曰、「……聖人處物、不傷物。不傷物者、物亦不能傷也。唯无所傷者、爲能與人相將迎。」

とある。

「至德者」は、上文の「知道者」にほぼ同じ意味。「火弗能熱、水弗能溺、寒署弗能害、禽獸弗能賊。」については、本書第10章の注釋（40）を參照。上引の『莊子』逍遙遊篇の肩吾・連叔問答に、

連叔曰、「……之人也、物莫之傷。大浸稽天而不溺、大旱金石流土山焦而不熱。」

とあったが、他に、同じく齊物論篇の齧缺・王倪問答に、

王倪曰、「至人神矣。大澤焚而不能熱、河漢冱而不能寒、疾雷破山風振海而不能驚。」

とあり（本書第10章の注釋（40）を參照）、それをふまえた『淮南子』精神篇にも、

所謂眞人者、性合于道也。……是故死生亦大矣、而不爲變。雖天地覆育、亦不與之掺抱矣。審乎無瑕、而不與物糅。見事之亂、而能守其宗。若然者、……大澤焚而不能熱、河漢涸而不能寒也、大雷毀山而不能驚也、大風晦日而不能傷也。

とあり（本書第4章の注釋（8）、及び第11章の注釋（2）を參照）、また『莊子』大宗師篇の知天之所爲章に、

古之眞人、……。若然者、登高不慄、入水不濡、入火不熱。是知之能登假於道也、若此。

とあり、同じく馬蹄篇に、

故至德之世、……萬物羣生、連屬其鄉。禽獸成羣、草木遂長。故其禽獸可係羈而遊、鳥〈烏〉鵲之巢可攀援而闚。夫至德之世、同與禽獸居、族與萬物竝。

とあり（本書第11章の第2節、及びその注釋（11）を參照）、同じく達生篇の子列子・關尹問答に、

子列子問關尹曰、「『至人潛行不窒、蹈火不熱、行乎萬物之上而不慄。』請問何以至於此。」關尹曰、「是純氣之守也、非知巧果敢之列。」

とあり、『列子』黄帝篇にも達生篇の子列子・關尹問答を借用して、

列子問關尹曰、「『至人潛行不空〈窒〉、蹈火不熱、行乎萬物之上而不慄。』請問何以至於此。」關尹曰、「是純氣之守也、非智巧果敢之列。」

とあり、『莊子』田子方篇の肩吾・孫叔敖問答に、

仲尼聞之曰、「古之眞人、知者不得說、美人不得濫、盜人不得刦、伏戲黄帝不得友。死生亦大矣、而无變乎己。況爵祿乎。若然者、其神經乎大山而无介、入乎淵泉而不濡、處卑細而不憊。」

とあり（本書第4章の注釋（8）を參照）、『老子』第五十章に、

蓋〔聞、善〕執生者、陵行不〔辟（避）〕矢（兕）虎、入軍不被甲兵。矢（兕）无所椯（揣）亓（其）角、虎无所昔（措）亓（其）蚤（爪）、兵无所容〔亓（其）刃。夫〕何故也、以亓（其）无死地焉。（馬王堆帛書甲本・乙本）

とあり、それをふまえた『淮南子』詮言篇にも、

事所與衆同也、功所與時成也、聖人無焉。故老子曰、「虎無所措其爪、兕無所措其角。」蓋謂此也。

とある。

（12）「天在內、人在外。」は、少し後に成った『莊子』人閒世篇の顏回・仲尼問答に、

〔顏回曰〕、「然則我內直而外曲、成而上比。內直者、與天爲徒。……外曲者、與人之爲徒也。」……仲尼曰、「惡、惡可。太多政法而不諜。……夫胡可以及化。猶師心者也。」

とあり、同じく大宗師篇の知天之所爲章に、

故其好之也一也、其弗好之也一也。其一也一、其不一也一。其一與天爲徒、其不一與人爲徒。天與人不相勝也、是之謂眞人。

とある（本章の注釋（14）、及び第11章の注釋（４）を參照）。

「知天人之行」は、『荀子』天論篇の、

天行有常、不爲堯存、不爲桀亡。應之以治則吉、應之以亂則凶。彊本而節用、則天不能貧。養備而動時、則天不能病。循道而不貳、則天不能禍。故水旱不能使之飢渴、寒暑不能使之疾、祆怪不能使之凶。……故明於天人之分、則可謂至人矣。

に對抗して言った言葉である。また、『莊子』在宥篇の賤而不可不任者章に、

何謂道。有天道、有人道。无爲而尊者、天道也。有爲而累者、人道也。主者、天道也。臣者、人道也。天道之與人道也、相去遠矣、不可不察也。

とあるのは、前漢初期の黄老思想の立場からする「天人之分」の表明である（本章の注釋（６）を參照）。

「反要而語極」は、河伯・北海若問答の上文に、

北海若曰、「……道无終始、物有死生、不恃其成。一虛一滿、不位乎其形。年不可擧、時不可止、消息盈虛、終則有始。是所以語大義之方、論萬物之理也。」

とあるのと大體同じ。『莊子』在宥篇の黄帝・廣成子問答に、

廣成子蹷然而起曰、「善哉、問乎。來、吾語女至道。至道之精、窈窈冥冥。至道之極、昏昏默默。」

とあり（本書第７章の第６節を參照）、同じく繕性篇に、

古之所謂隱士者、……當時命而大行乎天下、則反一無迹。不當時命而大窮乎天下、則深根寧極而待。此存身之道也。

とあるのを參照。

「北海若曰、『牛馬四足、是謂天。落（絡）馬首、穿牛鼻、是謂人。故曰、『无以人滅天。』』」は、これをふまえた『淮南子』原道篇に、

所謂天者、純粹樸素、質直皓白、未始有與雜糅者也。所謂人者、偶𪾢智故、曲巧僞詐、所以俛仰於世人而與俗交者。故牛歧蹏而戴角、馬被髦而全足者、天也。絡馬之口、穿牛之鼻者、人也。循天者、與道游者也。隨人者、與俗交者也。……故聖人不以人滑天、不以欲亂情。

とある（本書第8章の注釋（24）を參照）。

「无以人滅天」については、本章の注釋（18）を參照。また、『莊子』大宗師篇の知天之所爲章に、

知天之所爲、知人之所爲者、至矣。知天之所爲者、天而生也。知人之所爲者、以其知之所知、以養其知之所不知。終其天年、而不中道夭者、是知之盛也。……不忘其所始、不求其所終。受而喜之、忘而復之。是之謂不以心捐道、不以人助天。是之謂眞人。……其一與天爲徒、其不一與人爲徒。天與人不相勝也、是之謂眞人。

とあり（本章の第2節、その注釋（14）、及び第11章の注釋（4）を參照）、同じく徐无鬼篇の有暖姝者章に

古之眞人、以天待之、不以人入天。古之眞人、得之也生、失之也死、得之也死、失之也生。

とあるのに似ている。また、『淮南子』原道篇に、

故達於道者、不以人易天、外與物化、而内不失其情。……故聖人不以人滑天、不以欲亂情。

とあるのは、明らかにこれをふまえている。

（13）「无以故滅命」は、『莊子』刻意篇に、

不爲福先、不爲禍始。感而後應、迫而後動、不得已而後起。去知與故、循天之理。

とあり（本章の注釋（14）、及び第10章の注釋（37）を參照）、同じく知北遊篇の齧缺・被衣問答に、

被衣曰、「若正汝形、一汝視、天和將至。……汝瞳焉如新生之犢、而无求其故。……形若槁骸、心若死灰。眞其實知、不以故自持。」

とあり（本書第5章の注釋（40）を參照）、『淮南子』道應篇にも、

被衣曰、「正女形、壹女視、天和將至。……惷〈惷〉乎若新生之犢、而無求其故。……形若槁骸、心如死灰。直〈眞〉其實知、不以故自持。」

とあり（本書第5章の注釋（40）を參照）、『文子』道原篇にも、

孔子問道。老子曰、「正汝形、一汝視、天和將至。……瞳兮若新生之犢、而無求其故。形若枯木、心若死灰。直〈眞〉其實知、而不以曲故自持。」

とあり（本書第5章の注釋（40）を參照）、賈誼の「服鳥賦」に、

澹乎若深淵之靜、氾乎若不繫之舟。不以生故自寶兮、養空而浮。德人無累兮、知命不憂。細故蔕薊兮、何足以疑。（『史記』賈生列傳）

とあるのを參照。

「无以得（德）殉名」は、『莊子』駢拇篇に、

自三代以下者、天下莫不以物易其性矣。小人則以身殉利、士則以身殉名、大夫則以身殉家、聖人則以身殉天下。故此數子者、事業不同、名聲異號、其於傷性、以身爲殉、一也。

とあり（本書第10章の第2節、及びその注釋（18）を參照）、同じく盜跖篇の子張・滿苟得問答に、

滿苟得曰、「……吾日與子訟於无約。曰、『小人殉財、君子殉名。其所以變其情、易其性、則異矣。乃至於棄其所爲、而殉其所不爲、則一也。故曰、『无爲小人、反殉而天。无爲君子、從天之理。……无赴而富、无殉而成、將棄而天。』』」

とある。

「謹守而勿失、是謂反其眞。」については、本章の注釋（18）を參照。『莊子』大宗師篇の三人相與友章に、

莫然有閒、而子桑戶死。未葬。……或編曲、或鼓琴、相和而歌曰、「嗟來、桑戶乎。嗟來、桑戶乎。而（汝）已反其眞、而我猶爲人猗。」

という用例がある。また、同じく應帝王篇の齧缺・王倪問答に、

蒲衣子曰、「……泰氏其臥徐徐、其覺于于。一以己爲馬、一以己爲牛。其知情信、其德甚眞。而未始入於非人。」

とあり（本書第5章の注釋（27）（33）を參照）、同じく天道篇の老〈夫〉子曰章に、

老〈夫〉子曰、「……夫至人有世、不亦大乎。而不足以爲之累。……審乎无假、而不與利遷、極物之眞、能守其本。……通乎道、合乎德、退仁義、賓禮樂。至人之心、有所定矣。」

とあり（本書第6章の注釋（5）、及び第7章の注釋（33）を參照）、同じく漁父篇に、

客悽然變容曰、「……謹脩而身、愼守其眞、還以物與人、則无所累矣。今不脩之身、而求之人。不亦外乎。」孔子愀然曰、

「請問何謂眞。」客曰、「眞者、精誠之至也。不精不誠、不能動人。……眞在內者、神動於外。是所以貴眞也。……禮者、世俗之所爲也。眞者、所以受於天也。自然不可易也。故聖人法天貴眞、不拘於俗。愚者反此、不能法天、而恤於人、不知貴眞、祿祿而受變於俗。故不足。」

とあり、『老子』第二十一章に、

孔德之容、唯道是從。道之物、唯朢（恍）唯忽。〔忽呵（乎）朢（恍）〕呵（乎）、中有象呵（乎）。朢（恍）呵（乎）忽呵（乎）、中有物呵（乎）。滲（幽）呵（乎）鳴（冥）呵（乎）、中有請（情）吔〈呵（乎）〉。其請（情）甚眞、其中〔有信〕。

（馬王堆帛書甲本・乙本）

とある（本書第2章の第4節、その注釋（28）、第6章の注釋（4）（10）、第7章の注釋（41）（47）、及び第8章の注釋（42）を參照）。

（14）本章の注釋（12）を參照。「知天之所爲」は、大宗師篇の知天之所爲章の下文の、

死生、命也。其有夜旦之常、天也。人之有所不得與、皆物之情也。

などを指す（本書第11章の注釋（4）（31）を參照）。

「知人之所爲者」は、同じく知天之所爲章の下文の、

以刑爲體、以禮爲翼、以知爲時、以德爲循。以刑爲體者、綽乎其殺也。以禮爲翼者、所以行於世也。以知爲時者、不得已於事也。以德爲循者、言其與有足者至於丘也。

などを指している（本書第11章の第4節、その注釋（26）、及び第14章の第3節を參照）。

「知天之所爲、知人之所爲者、至矣。」は、同じく知天之所爲章の下文の、

受而喜之、忘而復之。是之謂不以心捐道、不以人助天。是之謂眞人。

や、

其一與天爲徒、其不一與人爲徒。天與人不相勝也、是之謂眞人。

などに相當する（本章の注釋（12）を參照）。

「天而生也」は、『莊子』天地篇の天地雖大章に、

天地雖大、其化均也。萬物雖多、其治一也。人卒雖衆、其主君也。君原於德、而成於天。故曰、「玄古之君天下、无爲也。」天德而已矣。

とあり（本書第11章の第4節、及びその注釋（29）を參照）、同じく天地篇の夫子曰章（一）に、

夫子曰、「夫道、覆載萬物者也。洋洋乎大哉。君子不可以不刳心焉。无爲爲之、之謂天。无爲言之、之謂德。」

とあり（本書第5章の第1節、及び第6章の注釋（8）を參照）、同じく天道篇の夫明白於天地之德者章に、

夫明白於天地之德者、此之謂大本大宗。與天和者也。所以均調天下、與人和者也。與人和者、謂之人樂。與天和者、謂之天樂。……故曰、「知天樂者、其生也天行、其死也物化。」……故曰、「其動也天、其靜也地。一心定而王天下。其鬼不崇、其魂不疲、一心定而萬物服。」言以虛靜推於天地、通於萬物。此之爲天樂。

とあり（本書第7章の第2節・第5節、その注釋（3）、第10章の注釋（15）、及び第11章の注釋（4）を參照）、同じく刻意篇に、

故曰、「聖人之生也天行、其死也物化。」……去知與故、循天之理。……虛無恬惔、乃合天德。

とあり（本章の注釋（13）、及び第10章の注釋（37）を參照）、同じく達生篇の達生之情者章に、

事奚足棄、而生奚足遺。棄事則形不勞、遺生則精不虧。夫形全精復、與天爲一。

とある（本書第10章の第1節、及びその注釋（13）（37）を參照）。

「是知之盛也」は、『莊子』齊物論篇の南郭子綦・顏成子游問答に、

子綦曰、「……果且有成與虧乎哉、果且無成與虧乎哉。有成與虧、故昭氏之鼓琴也。無成與虧、故昭氏之不鼓琴也。昭文之鼓琴也、師曠之枝策也、惠子之據梧也、三子之知幾乎。皆其盛者也。故載之末年。」

とある（本書第1章の第4節、第4章の第2節・第3節、その注釋（12）（33）、及び第14章の第2節を參照）のをふまえているらしい。

（15）『淮南子』人閒篇から借用した『文子』微明篇にも、

老子曰、「……知天之所爲、知人之所行、卽有以經於世矣。知天而不知人、卽無以與俗交。知人而不知天、卽無以與道游。」

とある。

(16)　本書第12章の第6節を參照。

(17)　本章の注釋(11)(19)、及び第10章の注釋(40)を參照。「聖人藏於天」は、『莊子』庚桑楚篇の道通其分也章に、
有乎生有乎死、有乎出有乎入。入出而无見其形、是謂天門。天門者、无有也。萬物出乎无有、有不能以有爲有、必出乎无有。而无有一无有、聖人藏乎是。
とあるのを參照。
「故莫之能傷也。復讎者、不折鏌干。雖有忮心者、不怨飄瓦。」は、『莊子』山木篇の市南宜僚・魯侯問答に、
市南子曰、「……方舟而濟於河、有虛船來觸舟、雖有惼心之人不怒。有一人在其上、則呼張歙之。一呼而不聞、再呼而不聞、於是三呼邪、則必以惡聲隨之。向也不怒而今也怒、向也虛而今也實。人能虛己以遊世、其孰能害之。」
とあり(本書第10章の注釋(44)を參照)、『淮南子』詮言篇に、
方船濟乎江、有虛船從一方來、觸而覆之、雖有忮心、必無怨色。有一人在其中、一謂張之、一謂歙之、再三呼而不應、必以醜聲隨其後。嚮不怒而今怒、嚮虛而今實也。人能虛己以遊於世、孰能訾之。
とある(本書第10章の注釋(44)を參照)のと同じ趣向である。
「是以天下平均」は、『莊子』天道篇の夫明白於天地之德者章に、
夫明白於天地之德者、此之謂大本大宗。與天和者也。所以均調天下、與人和者也。與人和者、謂之人樂。與天和者、謂之天樂。
とある(本書第7章の第6節を參照)。

(18)　「不開人之天、而開天之天。」は、以下の本文に引用する『莊子』庚桑楚篇の羿工乎中微章に、
全人惡天、惡人之天。而況吾天乎人乎。
とある(本章の第2節、及びその注釋(19)を參照)。

「開天者德生、開人者賊生。」は、『老子』第六十五章に、

民之難〔治〕也、以亓（其）知（智）也。故以知（智）知（治）邦、邦之賊也。以不知（智）知（治）邦、〔邦之〕德也。恆知此兩者、亦稽式也。恆知稽式、此胃（謂）玄德。玄德深矣遠矣、與物〔反〕矣。乃〔至大順〕。（馬王堆帛書甲本・乙本）

とある（本書第2章の第4節、及びその注釋（32）を參照）。

「不厭其天」は、上文の『莊子』秋水篇の河伯・北海若問答に、

北海若曰、「……故曰、『无以人滅天、无以故滅命、无以得（德）殉名。』」

とあったのとほぼ同じ意味（本章の第2節、及びその注釋（12）を參照）。

「不忽於人」は、以下の本文に引用する『莊子』庚桑楚篇の羿工乎中微章に、

夫工乎天而俍乎人者、唯全人能之。

とある（本章の第2節、及びその注釋（19）を參照）、その「俍乎人」に相當しており、ここでは作者が「人」をある程度肯定していることが分かる。

「民幾乎以其眞」は、以上の本文の『莊子』秋水篇の河伯・北海若問答に、

北海若曰、「……故曰、『无以人滅天、无以故滅命、无以得（德）殉名。』謹守而勿失、是謂反其眞。」

とあった（本章の第2節、及びその注釋（12）（13）を參照）のとほぼ同じ意味。

(19)　本章の注釋（18）を參照。「羿工乎中微、而拙乎使人无己譽。」は、すぐ下文の「聖人工乎天、而拙乎人。」の反對である。『莊子』養生主篇の秦失・弟子問答に、

（秦失）曰、「……向吾入而弔焉、有老者哭之如哭其子、少者哭之如哭其母。彼其所以會之、必有不蘄言而言、不蘄哭而哭者。」

とあり（本書第1章の第4節、第7章の注釋（12）、及び第8章の注釋（15）を參照）、同じく天運篇の商大宰蕩・莊子問答に、

莊子曰、「……故曰、『以敬孝易、以愛孝難。以愛孝易、而忘親難。忘親易、使親忘我難。使親忘我易、兼忘天下難。兼忘

天下易、使天下兼忘我難。』」

とあり、同じく列御寇篇の列御寇・伯昏瞀人問答に、

（伯昏瞀人）曰、「已矣。吾固告汝曰、『人將保汝。』果保汝矣。非汝能使人保汝、而汝不能使人无保汝也。」

とあるのを參照。

「聖人工乎天、而拙乎人。」は、『莊子』德充符篇の闉跂支離无脤說衛靈公章に、

故聖人有所遊。……既受食於天、又惡用人。有人之形、无人之情。有人之形、故羣於人。无人之情、故是非不得於身。眇乎小哉、所以屬於人也。謷乎大哉、獨成其天。

とあり、『文中子中說』天地篇に、

收曰、「何謂天人。」子曰、「眇然小乎、所以屬於人也。曠哉大乎、獨能成其天。」

とあり、『莊子』大宗師篇の三人相與友章に、

子貢曰、「敢問畸人。」（孔子）曰、「畸人者、畸於人、而侔於天。故曰、『天之小人、人之君子。人之君子、天之小人也。』」

とあるのと大體同じ意味である。

「夫工乎天而俍乎人者、唯全人能之。」は、『莊子』達生篇の子列子・關尹問答に、

關尹曰、「……不開人之天、而開天之天。開天者德生、開人者賊生。不厭其天、不忽於人、民幾乎以其眞。」

とある（本章の第2節、及びその注釋（17）（18）を參照）。

「唯蟲能蟲、唯蟲能天。」は、「全人惡天、惡人之天。」の具體的な一例であり、人間に對して一匹の蟲に成りきることを要求するニヒリズムである。『莊子』天下篇の彭蒙・田駢・愼到論に、

推而後行、曳而後往。若飄風之還、若羽之旋、若磨石之隧。全而无非、動靜无過、未嘗有罪。是何故。夫无知之物、无建己之患、无用知之累、動靜不離於理、是以終身无譽。故曰、「至於若无知之物而已。无用賢聖。夫塊不失道。」

とあるのとほぼ同じ內容。なお、『莊子』天下篇の作者は、このようなニヒリズムを批判する當時の知識人（荀子學派）の、

豪桀相與笑之曰、「愼到之道、非生人之行、而至死人之理。適得怪焉。」

という言葉を載せている。

「全人惡天、惡人之天。」は、『莊子』達生篇の子列子・關尹問答に、

關尹曰、「……聖人藏於天、故莫之能傷也。……不開人之天、而開天之天。開天者德生、開人者賊生。」

とある（本章の第2節、及びその注釋（17）（18）を參照）のとほぼ同じ意味。

（20）本章の注釋（12）を參照。

（21）「夫師天而不得師天」は、則陽篇の聖人達綢繆章の上文に、

聖人達綢繆、周盡一體矣。而不知其然、性也。復命搖作、而以天爲師。

とあるのを參照。

「其以爲事也、若之何。」は、『莊子』漁父篇に、

孔子伏軾而歎曰、「……且道者、萬物之所由也。庶物失之者死、得之者生。爲事逆之則敗、順之則成。」

とあるのを參照。

「夫聖人未始有天、未始有人。」は、上文の「夫師天而不得師天」を承けて、低次の「天」と「人」を忘れるの意。

「未始有始、未始有物。」は、『莊子』齊物論篇の南郭子綦・顏成子游問答に、

古之人、其知有所至矣。惡乎至。有以爲未始有物者。至矣盡矣。不可以加矣。

とあり（本書第5章の第2節・第4節、及び第8章の第5節を參照）、或いは、

子綦曰、「……有始也者。有未始有始也者。有未始有夫未始有始也者。有有也者。有無也者。有未始有無也者。有未始有夫未始有無也者。俄而有無矣。而未知有無之果孰有孰無也。」

とある（本書第5章の第4節、その注釋（36）（37）、及び第13章の第4節を參照）のをふまえる。その「始」は「道」と同じ意味で「天」の方向、「物」は「人」の方向である。

（22）「有人、天也。」は、『莊子』德充符篇の惠子・莊子問答に、

惠子曰、「人而无情、何以謂之人。」莊子曰、「道與之貌、天與之形。惡得不謂之人。」

とあるのを參照。

「人之不能有天、性也。」は、『莊子』大宗師篇の四人相與語章に、

（子輿）曰、「……且夫得者時也、失者順也。安時而處順、哀樂不能入也。此古之所謂縣解也。而不能自解者、物有結之。

且夫物不勝天久矣。」

とある（本書第7章の第6節、及びその注釋（36）を參照）。

「聖人晏然體逝而終矣」は、『莊子』天地篇の夫子曰章（一）に、

夫子曰、「……君子明於此十者、則韜乎其事心之大也、沛乎其爲萬物逝也。」

とあり（本書第6章の注釋（8）を參照）、同じく應帝王篇の列子・壺子問答に、

然後、列子自以爲未始學而歸。三年不出、……彫琢復朴、塊然獨以其形立、紛而封哉〈戎〉、一以是終。

とあるのを參照。

(23) 本書第2章の第1節、その注釋（1）、及び本章本節の上文を參照。

(24) 本書第4章の第2節・第3節、第5章の第2節、及びその注釋（13）を參照。

(25) 紀元前五世紀の末に起こった墨家は、當初から「孝慈」や「仁義」などの儒家と共通する倫理思想上の用語を常用していた。このことについては、渡邊卓『古代中國思想の研究――〈孔子傳の形成〉と儒墨集團の思想と行動――』、第三部「墨家の集團とその思想」を參照。

(26) 本書の第7章、及び第8章の第2節・第3節を參照。

(27) 本書第7章の第2節・第3節・第6節、その注釋（36）、及び第8章の第3節を參照。

(28) 本書第7章の第2節、及びその注釋（7）（8）を參照。

(29) 本書第7章の注釋（18）を參照。「莊子妻死。惠子弔之。莊子則方箕踞、鼓盆而歌。」は、『莊子』大宗師篇の三人相與友章に、

莫然有閒、而子桑戶死。未葬。孔子聞之、使子貢往待事焉。或編曲、或鼓琴、相和而歌曰、「嗟來、桑戶乎。嗟來、桑戶乎。而（汝）已反其眞、而我猶爲人猗。」

とある態度とよく似ている。

「與人居、長子老身。」は、『荀子』解蔽篇に、

學、老身長子而與愚者若一、猶不知錯。夫是之謂妄人。

とある、荀子の批判と關係があるらしい。

「是相與爲春秋冬夏四時行也」は、『莊子』大宗師篇の知天之所爲章に、

死生、命也。其有夜旦之常、天也。人之有所不得與、皆物之情也。

とあり（本書第7章の注釋（14）、及び第8章の注釋（24）を參照）、同じく養生主篇の秦失・弟子問答に、

（秦失）曰、「……適來、夫子時也。適去、夫子順也。安時而處順、哀樂不能入也。」

とある（本書第7章の注釋（12）、第8章の注釋（27）、及び第10章の注釋（14）（19）を參照）。

「人且偃然寢於巨室」は、『莊子』大宗師篇の四人相與語章に、

子來曰、「……今一以天地爲大鑪、以造化爲大冶、惡乎往而不可哉。成然寐、蘧然覺。」

とある（本書第7章の第2節、及びその注釋（9）（10）を參照）。

（30）本書第7章の第3節、及びその注釋（16）を參照。

（31）『論衡』物勢篇は下文において、

傳曰、「天地不故生人、人偶自生。」若此、論事者何故云、「天地爲鑪、萬物爲銅、陰陽爲火、造化爲工」乎。案陶冶者之用火爍銅燔器、故爲之也。而云、「天地不故生人、人偶自生耳。」可謂陶冶者不故爲器、而器偶自成乎。夫比不應事、未可謂喩。文不稱實、未可謂是也。

という、論敵の批判の言葉を記しているので、王充はまちがいなく道家の「物化」・轉生・輪廻の思想を知っていたと推測される。本書第7章の第2節・第3節・第6節、及び第8章の第3節などに引用した『莊子』大宗師篇の四人相與語章に、

子來曰、「……今一以天地爲大鑪、以造化爲大冶、惡乎往而不可哉。成然寐、蘧然覺。」

とあり、第7章の第5節に引用した賈誼の「服鳥賦」に、

且夫天地爲鑪兮、造化爲工。陰陽爲炭兮、萬物爲銅。合散消息兮、安有常則。千變萬化兮、未始有極。忽然爲人兮、何足控摶。化爲異物兮、又何足患。（『史記』賈生列傳）

とあったのを思い出されたい。

（32）本章の第4節、及び第10章の第1節を參照。

（33）本章の注釋（50）、第10章の第1節、及びその注釋（7）を參照。『荀子』性悪篇に、

凡性者、天之就也。不可學、不可事。禮義者、聖人之所生也、人之所學而能、所事而成者也。不可學、不可事而在人者、謂之性。可學而能、可事而成之在人者、謂之僞。是性僞之分也。

とあるのは、『呂氏春秋』蕩兵篇・誠廉篇よりも成立が少し早いようである。そして、『淮南子』精神篇にも、人間を「精神」と「形體」の二つに分けて、

夫精神者、所受於天也、而形體者、所稟於地也。

とあるが、その趣旨は上引の諸篇とほとんど變わりがない。

（34）本章の注釋（8）（35）、及び第10章の注釋（43）を參照。「同與禽獸居、族與萬物竝。」は、『莊子』齊物論篇の南郭子綦・顏成子游問答に、

子綦曰、「……天下莫大於秋豪之末、而大山爲小。莫壽乎殤子、而彭祖爲夭。天地與我竝生、而萬物與我爲一。」

とあるのをふまえて、その「萬物齊同」の哲學を社會化政治化したもの（本書第5章の第4節、その注釋（34）、及び第8章の注釋（7）を參照）。

「惡乎知君子小人哉」は、下文の「澶漫爲樂、摘僻爲禮、而天下始分矣。」に承けられている。「禮樂」を爲って「君子・小人」の「分」を主張したのは、當時の思想界の主流派、儒家の荀子學派に他ならない。

「同乎无知、其德不離。同乎无欲、是謂素樸。素樸而民性得矣。」は、『老子』第三章に、

是以聲（聖）人之〔治也、虛亓（其）心、實亓（其）腹、弱亓（其）志〕、強亓（其）骨。恆使民无知（智）无欲也、使〔夫知（智）不敢。弗爲而已、則无不治矣〕。（馬王堆帛書甲本・乙本）

とあり、同じく第十九章に、

絕聲（聖）棄知（智）、民利百負（倍）。絕仁棄義、民復畜（孝）茲（慈）。絕巧棄利、盜賊无有。此三言也、以爲文未足、故令之有所屬。見素抱〔樸、少私而寡欲〕。（馬王堆帛書甲本・乙本）

とあり（本書第10章の注釋（43）、第11章の第2節、及びその注釋（15）を參照）、郭店楚簡『老子』甲本第十九章に、

㡭（絕）𣉻（智）弃（棄）叏（辯）、民利百伓（倍）。㡭（絕）攷（巧）弃（棄）利、覜（盜）惻（賊）亡（無）又（有）。㡭（絕）𢡺（僞）弃（棄）慮、民复（復）季〈孝〉子（慈）。三言以爲叓（事）不足、或命之或虖（乎）豆（續）。視（示）索（素）保芺（樸）、少厶（私）須〈寡〉欲。

とあり、同じく第二十八章に、

知其雄、守其雌、爲天下溪。爲天下溪、恆德不雞〈離〉。恆〔德〕不雞〈離〉、復歸〔於〕嬰兒。知其白、守其辱、爲天下浴（谷）。爲天下〔浴（谷）〕、恆德乃〔足〕。〔恆〕德乃〔足、復歸於楃（樸）〕。（馬王堆帛書甲本・乙本）

とある（本書第10章の注釋（43）を參照）。

（35）「故純樸不殘、孰爲犧樽。」は、『莊子』天地篇の百年之木章に、

百年之木、破爲犧樽、青黃而文之。其斷在溝中。比犧樽於溝中之斷、則美惡有閒矣、其於失性一也。跖與曾史、行義有閒矣、然其失性均也。

とあり（本章の第2節、その注釋（8）、及び第10章の第1節を參照）、『淮南子』俶眞篇に、

百圍之木、斬而爲犧尊、鏤之以剞劂、雜之以青黃、華藻鎛解〈鮮〉、龍蛇虎豹、曲成文章。然其斷在溝中、一比犧尊溝中之斷、則醜美有閒矣、然而失木性鈞也。

とある（本章の注釋（8）を參照）。

「道德不廢、安取仁義。」は、『老子』第十八章に、

故大道廢、案（焉）有仁義。知（智）快（慧）出、案（焉）有大僞（爲）。六親不和、案（焉）〔有〕畜（孝）茲（慈）。邦家閲（昏）亂、案（焉）有貞臣。（馬王堆帛書甲本・乙本）

とあり、郭店楚簡『老子』丙本第十八章に、

古（故）大道發（廢）、安（焉）又（有）㤅（仁）義。六新（親）不和、安（焉）又（有）孝孶（慈）。邦豪（家）緍（昏）〔亂〕、安（焉）又（有）正臣。■

とある（本書第11章の第3節、及びその注釋（23）を參照）。

「性情不離、安用禮樂。五色不亂、孰爲文采。五聲不亂、孰應六律。」については、本章の注釋（9）を參照。

「夫殘樸以爲器、工匠之罪也。毀道德以爲仁義、聖人之過也。」は、『老子』第二十八章に、

知其白、守其辱、爲天下浴（谷）。爲天下〔浴（谷）〕、恆德乃〔足〕。〔恆〕德乃〔足、復歸於楃（樸）〕。……楃（樸）散〔則爲器、耶（聖）〕人用則爲官長。夫大制无割。（馬王堆帛書甲本・乙本）

とあるのを參照。

（36）本書第14章の第3節を參照。「夫德、和也。」は、『莊子』德充符篇の常季・仲尼問答に、

仲尼曰、「……夫若然者、且不知耳目之所宜、而遊心乎德之和。」

とあり（本書第8章の第1節、及びその注釋（8）を參照）、同じく德充符篇の魯哀公・仲尼問答に、

（仲尼）曰、「……德者、成和之脩也。德不形者、物不能離也。」

とある。

「道、理也。」は、『莊子』天地篇の泰初有无章に、

泰初有无、无有无名、一之所起。有一而未形、物得以生、謂之德。未形者有分、且然无閒、謂之命。留動而生物、物成生理、謂之形。

とあり（本書第8章の注釋（42）、及び本章の第4節を參照）、『韓非子』揚権篇に、

夫道者、弘大而無形。德者、覈理而普至。

とあり、同じく解老篇に、

道者、萬物之所然也、萬理之所稽也。理者、成物之文也。道者、萬物之所以成也。故曰、「道、理之者也。」物有理、不可

以相薄。物有理、不可以相薄、故理之爲物之制、萬物各異理。萬物各異理、而道盡稽萬物之理。

とあり（本章の注釋（11）、及び第12章の第5節を參照）、『管子』君臣上篇に、

是故別交正分、之謂理。順理而不失、之謂道。

とあり、同じく心術上篇に、

理也者、明分以諭義之意也。……道也者、動不見其形、施不見其德、萬物皆以得然、莫知其極。

とあるのを參照。

「中（忠）純實而反乎情、樂也。」は、『禮記』樂記篇に、

是故君子反情以和其志、比類以成其行。

とあるのを參照。

「禮樂徧〈偏〉行、則天下亂矣。」は、『莊子』天道篇の本在於上章に、

古之語大道者、五變而形名可擧、九變而賞罰可言也。驟而語形名、不知其本也。驟而語賞罰、不知其始也。

とある（本章の第4節、その注釋（47）（49）、第11章の第4節、その注釋（34）（35）、及び第14章の第3節を參照）のとほぼ同じ趣向である。

（37）「夫德、和也。」より以下は、本章の第4節において述べるとおり、

德・道→仁・義→忠→樂→信→禮

のように、道家の「德・道」を本とし、儒家の「禮・樂」を末として、諸概念を系列づけた文章である。

ここでは、本章の第4節で取り上げない資料を二つ紹介しておく。第一は、『呂氏春秋』先己篇の、

五帝先道而後德、故德莫盛焉。三王先敎而後殺、故事莫功焉。五伯先事而後兵、故兵莫彊焉。當今之世、巧謀竝行、詐術遞用、攻戰不休、亡國辱主愈衆、所事者末也。

である。これは諸概念を系列づけた文章としては、恐らく最も早く世に現れたものであって、それ故、同類の思想の表現の中では最も稚拙・未熟であると言わざるをえないが、これによれば、作者は、

道→德・敎→殺・事→兵

のような系列づけを構想しており、かつ、「末」に位置する「兵」への批判に力をこめている。第二は、『莊子』天地篇の天地雖大章の、

故通於天地者、德也。行於萬物者、道也。上治人者、事也。能有所藝者、技也。技兼於事、事兼於義、義兼於德、德兼於道、道兼於天。

である（本章の注釋（49）を參照）。これは『老子』第三十八章よりも少し後れて書かれた、前漢初期の作ではないかと思われるが、

天→道→德→義→事→技

のような系列づけを構想しており、また、「末」の「技」への批判はそれほど強くない。

（38）この箇所は、『文子』上禮篇に、

老子曰、「……故世有喪性命、衰漸所由來久矣。是故至人之學也、欲以反性於無、游心於虛。世俗之學、擢德攓性、內愁五藏、暴行越知、以譊名聲於世、此至人所不爲也。」

の如く取られている。

「擢德攓性」は、『莊子』駢拇篇に、

枝於仁者、擢德塞〈搴〉性、以收名聲。使天下簧鼓、以奉不及之法、非乎。而曾史是已。……故此皆多駢旁枝之道、非天下之至正也。

のように類似句がある（本章の注釋（9）を參照）。

（39）本書第14章の第3節を參照。また、『文子』下德篇に、

老子曰、「……氣蒸（烝）乎天地、禮義廉恥不設、萬民不相侵暴虐、由在乎混冥之中也。廉恥陵遲、及至世之衰、用多而財寡、事力勞而養不足、民貧苦而忿爭生。是以貴仁。人（仁）鄙不齊、比周朋黨、各推其與、懷機械巧詐之心。是以貴義。男女羣居、雜而無別。是以貴禮。性命之情、淫而相迫於不得已、卽不和。是以貴樂。故仁義禮樂者、所以救敗也、非通治

之道也。誠能使神明定於天下、而心反其初、即民性善。」

の如く取られている（本書第8章の注釋（19）、及び第10章の注釋（42）を參照）。

「古之人」以下は、『老子』第三十八章などによる退步史觀に基づいて、

神明→道德→仁→義→禮→樂

のような系列づけを構想しながら、前漢の現代に行われている儒家的「禮樂」制度の意義を相對化しようとした文章である。道家にとっては從來至高であった「道德」を「神明」の下に置いた點が目新しく、古い道家の思想をも相對化しようという姿勢を示している。

「優游」「混冥」については、本書第8章の第2節、及びその注釋（19）を參照。

「機械巧故之心」は、『莊子』天地篇の子貢・爲圃者問答に、

爲圃者、忿然作色、而笑曰、「吾聞之吾師。『有機械者、必有機事。有機事者、必有機心。機心存於胷中、則純白不備。純白不備、則神生不定。神生不定者、道之所不載也。』吾非不知、羞而不爲也。」

とある（本書第10章の第4節、及びその注釋（42）を參照）のに基づく。人間の「心」について「機械」を言う表現は『淮南子』や『文子』に多く見られる。例えば、『淮南子』原道篇に、

故機械之心、藏於胷中、則純白不粹、神德不全。在身者不知、何遠之所能懷。

とあるなど（本書第10章の注釋（42）を參照）。

「性命之情」は、『呂氏春秋』有度篇や『莊子』駢拇篇・在宥篇に初出する言葉（本書第7章の注釋（47）、本章の注釋（9）、第10章の第2節、及びその注釋（7）を參照）。

「神明」は、この箇所における意味と類似して、「道德」とほぼ同じ意味で用いられているのは『莊子』天下篇である。

（40）「孝悌仁義、忠信貞廉」については、「孝弟忠信」という言葉が『孟子』盡心上篇に、「仁義忠信」という言葉が同じく告子上篇に、「貞廉忠信」という言葉が『墨子』號令篇に、それぞれ見えている。

（41）『老子』第五十一章に、

●道生之、而德畜之、物刑（形）之、而器成之。（馬王堆帛書甲本・乙本）

とある（本書第6章の注釋（8）を參照）。「道」と「德」を分けて言った場合には、「道」が「物」の存在に關係するのに對して、「德」が「物」の生成に關係するのは偶然のことではない。なお、本書第6章の第4節を參照。

（42）本書第10章の第1節・第2節・第3節を參照。

（43）『莊子』知北遊篇の知北遊章にも、

黃帝曰、「……道不可致、德不可至。仁可爲也、義可虧也、禮相僞也。故曰、『失道而後德、失德而後仁、失仁而後義、失義而後禮。禮者、道之華、而亂之首也。』」

とあって（本書第13章の第1節、及びその注釋（8）を參照）、ほぼ同じ文章が含まれている。これは、『老子』の原形つまり原本『老子』が成書された後に書かれた文章であろうと考えられるけれども、『老子』第三十八章、第四十八章、及び第五十六章が「黃帝」の話した言葉の中に引用されているので、原本『老子』の作者が「老子」であるとする觀念が、まだ固定する以前のものではなかろうか。

（44）『老子』第三十八章の主な批判のターゲットが荀子の「禮」であることは、この箇所に、「禮」が內面的な「忠信」に乏しい外面的なものであるとする把握や、それが「治」をもたらすという案に相違して「亂」を招くものでしかないとする批判、があることなどによって、自ずから明らかである。ちなみに、本章の注釋（43）に引用した『莊子』知北遊篇の知北遊章でも、「禮相僞也」と述べており、「禮」を『荀子』に特有の「僞」つまり「人爲」によって說明している。拙論「中國思想史における「自然」の誕生」を參照。

（45）本書第8章の第5節を參照。

（46）本書第8章の注釋（42）、本章の注釋（36）、及び第11章の注釋（6）を參照。

（47）「語道而非其序者、非其道也。」以下については、本章の注釋（36）、第11章の第4節、その注釋（34）（35）、及び第14章の第3節を參照。「語道」は、『莊子』在宥篇の黃帝・廣成子問答に、

廣成子……曰、「善哉、問乎。來、吾語女至道。至道之精、窈窈冥冥。至道之極、昏昏默默。」

とあり（本章第7章の第6節、及び本章の注釋（12）を參照）、同じく秋水篇の河伯・北海若問答に、
　北海若曰、「井鼃不可以語於海者、拘於虛也。夏蟲不可以語於冰者、篤於時也。曲士不可以語於道者、束於敎也。」
とあるのを參照。その趣旨は、『禮記』大學篇に、
　物有本末、事有終始、知所先後、則近道矣。
とあるのとほぼ同じ。

(48)「愚知處宜、貴賤履位、仁賢不肖襲情、必分其能、必由其名。」以下については、本書第11章の第4節、及びその注釋（35）（36）を參照。

(49)「是故古之明大道者、先明天而道德次之。」以下は、『莊子』天地篇の天地雖大章に、
　故通於天地者、德也。行於萬物者、道也。上治人者、事也。能有所藝者、技也。技兼於事、事兼於義、義兼於德、德兼於道、道兼於天。
とある（本章の注釋（37）を參照）。
「道德已明而仁義次之」は、『老子』第三十八章に、
　失道而后（後）德、失德而后（後）仁、失仁而后（後）義、〔失義而后（後）禮〕。（馬王堆帛書甲本・乙本）
とあるが、それよりも『管子』心術上篇に、
　虛無無形、謂之道。化育萬物、謂之德。君臣父子人閒之事、謂之義。登降揖讓、貴賤有等、親疏有體、謂之禮。簡物小未一道、殺僇禁誅、謂之法。
とある（本章の第4節の下文、及び第11章の第5節を參照）のが、思想の上で近い。
「因任」は、『莊子』在宥篇の賤而不可不任者章に、
　賤而不可不任者、物也。卑而不可不因者、民也。
とある（本書第14章の第3節を參照）のはやや抽象的であるが、それよりも『韓非子』主道篇に、
　是故去智而有明、去賢而有功、去勇而有強。羣臣守職、百官有常、因能而使之、是謂習常。……明君之道、使智者盡其慮、

而君因以斷事、故君不窮於智。賢者敕其材、君因而任之、故君不窮於能。

とあり、同じく揚権篇に、

用一之道、以名爲首。名正物定、名倚物徙。故聖人執一以靜、使名自命、令事自定。不見其采、下故素正。因而任之、使自事之、因而予之、彼將自擧之。正與處之、使皆自定之。上以名擧之、不知其名、復脩其形。形名參同、用其所生。

とあり、『管子』心術上篇に、

無爲之道因也。因也者、無益無損也。以其形、因爲之名、此因之術也。……其應非所設也、其動非所取也、此言因也。因也者、舍己而以物爲法者也。……故道貴因。因者、因其能者、言所用也。

とあり、同じく心術下篇に、

凡物載名而來、聖人因而財之、而天下治、實不傷。不亂於天下、而天下治。

とあり、『淮南子』主術篇に、

人主之術、處无爲之事、而行不言之敎、淸靜而不動、一度而不搖、因循而任下、責成而不勞。

とあり（本書第12章の第3節、及び第13章の第2節を參照）、『文子』自然篇に、

老子曰、「……王道者、處無爲之事、行不言之敎、淸靜而不動、一定而不搖、因循任下、責成而不勞。」

の如く取られているのを參照。また、『淮南子』要略篇では主術篇の內容を解說して、

主術者、君人之事也。所以因任督責、使羣臣各盡其能也。明攝權操柄、以制羣下、提名責實、考之參伍、所以使人主秉數持要、不妄喜怒也。其數直施而正邪、外私而立公、使百官條通而輻湊、名〈各〉務其業、人致其功、此主術之明也。

と言っている（本書第11章の注釋（36）を參照）。要するに、「因任」とは、法家に由來する「刑（形）名參同」の政術の一つを指している（本書第3章の第5節、及び第11章の第4節を參照）。

（50）　本書第10章の第1節、第11章の第3節、その注釋（24）、及び第14章の第3節を參照。「率性而行、謂之道。得其天性、謂之德。」は、『禮記』中庸篇に、

天命之謂性、率性之謂道、脩道之謂敎。

の如く類似句があり（本章の注釋（33）、及び第10章の注釋（7）を參照）、それをふまえて書かれているらしい。また、以下の文章は、『文子』上禮篇に、

老子曰、「循性而行、謂之道、得其天性、謂之德。性失然後貴仁、道失然後貴義。仁義立而道德廢、純樸散而禮樂飾、是非形而百姓眩、珠玉貴而天下爭。夫禮者、所以別尊卑貴賤、義者、所以和君臣父子兄弟夫婦人道之際也。末世之禮、恭敬而交、爲義者、布施而得。尹〈君〉臣以相非、骨肉以生怨也。」

の如く取られている。これらにおける諸概念の展開の系列は、

性・道・德→仁→義→禮樂

である。

（51）本章の注釋（49）、第10章の注釋（36）、及び第11章の第5節を參照。

（52）『管子』心術上篇の解の部分には、經の部分を解說して、

法者、所以同出不得不然者也。故殺戮禁誅、以一之也。故事督乎法、法出乎權、權出乎道。

と述べている（本書第11章の第5節を參照）。

（53）本書第11章の第5節、及び第13章の第1節を參照。

參考文獻

馮友蘭『中國哲學史』　上海商務印書館　一九三四年
重澤俊郎『周漢思想研究』　弘文堂書房　一九四三年
中江丑吉『中國古代政治思想』　岩波書店　一九五〇年
郭沫若「先秦天道觀之進展」『靑銅時代』　科學出版社　一九五七年
重澤俊郎『中國哲學史研究——唯心主義と唯物主義の抗爭史——』　學術選書　法律文化社　一九六四年
本田濟「世界觀」　赤塚忠・金谷治・福永光司・山井湧編集『思想概論』　中國文化叢書2　大修館書店　一九六八年

森三樹三郎『上古より漢代に至る性命観の展開――人性論と運命観の歴史――』東洋學叢書　創文社　一九七一年
內山俊彥『荀子――古代思想家の肖像――』東洋人の行動と思想14　評論社　一九七六年
日原利國『春秋公羊傳の研究』東洋學叢書　創文社　一九七六年
徐復觀『增訂兩漢思想史』巻一・巻二・巻三　臺灣學生書局　一九七九年
日原利國『漢代思想の研究』研文出版　一九八六年
田中麻紗巳『兩漢思想の研究』研文出版　一九八六年
池田知久「莊子――「道」の哲學とその展開」日原利國編『中國思想史』(上)　ぺりかん社　一九八七年
池田知久「《莊子》――"道"的哲學及其展開」(中國文)　向寧譯　南開大學學報編輯部『南開學報』(哲學社會科學版)一九八七年第二期　一九八七年
內山俊彥『中國古代思想史における自然認識』東洋學叢書　創文社　一九八七年
金春峰『漢代思想史』中國社會科學出版社　一九八七年
張立文『中國哲學範疇發展史(天道篇)』中國人民大學出版社　一九八八年
于首奎『兩漢哲學新探』四川人民出版社　一九八八年
祝瑞開『兩漢思想史』上海古籍出版社　一九八九年
張岱年『張岱年文集』第二巻　清華大學出版社　一九九〇年
向世陵・馮禹『儒家的天論』齊魯書社　一九九一年
Herrlee G. Creel, "*Chinese Thought*", University of Chicago Press, Chicago and London, 1953.
Cho-yun Hsu, "*Ancient China in Transition*", Stanford University Press, Stanford, California, 1965.
Sarah Allan, "*The Heir and the Sage*", Chinese Materials Center, San Francisco, 1981.
Robert Eno, "*The Confucian Creation of Heaven*", State University of New York Press, Albany, 1990.
Sarah Allan, "*The Shape of the Turtle : Myth, Art, and Cosmos in Early China*", State University of New York Press, Albany, 1991.

平井正士「董仲舒の賢良對策の年次に就いて」大塚史學會『史潮』第十一年第二號　一九四一年
平井正士「漢の武帝時代に於ける儒家任用――儒學國教化の前階として――」『東洋史學論集』第三　一九五四年
慶松光雄「春秋繁露五行諸篇僞作考――董仲舒の陰陽・五行説との關連に於て――」『金澤大學法文學部論集』哲學史學篇6　一九五九年
周輔成『論董仲舒思想』上海人民出版社　一九六一年
久保田剛「漢書五行志に見られる董仲舒の説と春秋繁露の災異説」廣島哲學會『哲學』第十七集　一九六五年
福井重雅「儒教成立史上の二三の問題――五經博士の設置と董仲舒の事蹟に關する疑義――」『史學雜誌』第七十六編第一號　一九六七年
佐川修「武帝の五經博士と董仲舒の天人三策について――福井重雅氏「儒教成立史上の二三の問題」に對する疑義――」『集刊東洋學』第十七號　一九六七年
伊藤計「董仲舒の災異説――高廟園災對という上奏文を中心として――」『集刊東洋學』第四十一號　一九七九年
河北省社會科學院・河北省哲學社會科學聯合會『董仲舒哲學思想研究』河北人民出版社　一九八七年
影山輝國「漢代における災異と政治――宰相の災異責任を中心に――」『史學雜誌』第九十編第八號　一九八一年
影山輝國「董仲舒に至る災異思想の系譜」『實踐國文學』第三十四號　一九八八年
黄樸民『董仲舒與新儒學』文津出版社　一九九二年
末永高康「董仲舒陰陽刑德説について」京都大學中國哲學史研究會『中國思想史研究』第十五號　一九九二年
池田知久「中國古代の天人相關論――董仲舒の場合」シリーズ『アジアから考える』7　東京大學出版會　一九九四年
鄧紅『董仲舒思想の研究』人と文化社　一九九五年
渡邉義浩『後漢國家の支配と儒教』雄山閣　一九九五年
福井重雅『漢代儒教の史的研究―儒教の官學化をめぐる定説の再検討―』汲古書院　二〇〇五年

溝口雄三・池田知久・小島毅共著『中國思想史』東京大學出版會　二〇〇七年
H. P. Wilkinson, "*The Family in Classical China*", Kelly and Walsh Limited., Shanghai, 1926.
Hsieh Yu-wei, "*Filial Piety and Chinese Society*", edited by Charles A. Moore, "The Chinese Mind", University of Hawaii Press, Honolulu, 1967.
John Knoblock, "*Xunzi : A Translation and Study of the Complete Works*", Volume Ⅱ, Book 1-6, Stanford University Press, Stanford, California, 1990.
Alan K. L. Chan and Sor-hoon Tan（edit.）, "*Filial Piety in Chinese Thought and History*", Routledge Curzon, London and New York, 2004.

池田知久「道家および道教における物化・轉生・輪廻」（韓國文）　韓國道教學會『第四次道教學國際學術大會　現代文化と道教』一九九四年
池田知久「道家的"物化"、轉生、輪迴的思想與"夢"的故事」（中國文）　中國文學多層面探討國際會議　臺灣大學中國文學系　一九九六年
池田知久「道家的"物化"、轉生、輪迴的思想與"夢"的故事」（中國文）『語文、情性、義理——中國文學的多層面探討國際學術會議論文集』　臺灣大學中國文學系　一九九六年

第10章　「養生」の説と「遊」の思想

「養生」すなわち「生命を長らえさせる」とは、個人が病氣にかかったり不慮の事故にあって横死したりせず、「天」から與えられた生命を本來のままに生きつくすことを意味する。

「養生」という言葉が中國思想史の上で初めて現れるのは、『孟子』梁惠王上篇に、

(孟子) 曰、「王如知此、則無望民之多於隣國也。不違農時、穀不可勝食也。數罟不入洿池、魚鼈不可勝食也。斧斤以時入山林、材木不可勝用也。穀與魚鼈、不可勝食、材木不可勝用。是使民養生喪死無憾也。養生喪死無憾、王道之始也。」

とあるのがそれであろうが[1]、この「養生」は、「民」の生活を維持するというほどの單純な內容のもので、後に道家思想などが言う、哲學的な意味を賦與された複雜な「養生」にはまだなっていない。しかも、孟子は儒家的な倫理思想の立場から、この「養生」を格別高くは評價しなかった。同じく離婁下篇に、

孟子曰、「養生者、不足以當大事。惟送死可以當大事。」

とあるのを見られたい。これらの點は、戰國末期の儒家、荀子も同樣であって、『荀子』儒效篇に、

以從俗爲善、以貨財爲寶、以養生爲己至道、是民德也。……如是則可謂勁士矣。……如是則可謂篤厚君子矣。……如是則可謂聖人矣。

とあり、同じく榮辱篇に、

夫天生蒸民、有所以取之。……是天子之所以取天下也。……是諸侯之所以取國家也。……是士大夫之所以取田邑

也。……是官人百吏之所以取祿秩也。孝悌原愨、軥錄疾力、以敦比其事業、而不敢怠傲、是庶人之所以取煖衣飽食、長生久視、以免於刑戮也。……是姦人之所以取危辱死刑也。……是其所以危也。

とある、などの文章が見えている。以上に簡單に檢討した孟子と荀子の二人の文章から、一般に、戰國時代の儒家の思想家たちが「養生」に對して、基本的に冷淡な態度を取ったことを知ることができると思う。

やがて戰國時代も後期以後になると、「養生」の説や術は、學派の相異を超えて廣く唱えられ實踐されるようになっていったが、道家思想もまた戰國末期からこれを本格的に取り入れており、その説が『莊子』養生主篇を始めとして道家系の諸文獻の至るところに顔を見せている。

第1節　「養生」と「養性」

「養生」の説は、道家思想が中國思想史上初めて提唱したものではない。逆に、初期道家の誕生に先だつかまたは竝ぶ戰國中期から後期にかけて、楊朱・子華子・詹何などといった、個人の生命・身體の充實を重んじた思想家たちが活動しており、彼らの諸思想が、道家の思想形成に何らかの影響を與えたのではないかと思われる。――以上の事情についてはすでに述べた[2]。このような意味において、「養生」の説は、道家にとって先行する外來の思想であったが、彼らも戰國末期からこれを本格的に取り入れるようになる。

本書の上文ですでに解明したように[3]、初期道家の「萬物齊同」の哲學は、世界の眞實態を「一の無」と把えるのがその最終段階であったが、このような哲學がそのままで個人の生命・身體を重視することは、到底ありえない話ではなかろうか。それ故、彼らが「養生」の說を取り入れるようになるのは、古い「萬物齊同」の哲學を放棄して、一方で「一の無」を「道」の屬性に限定しつつ保持しながら、他方で「萬物」の「多の有」性を回復していった戰國末期以後のことであろうと推測される。道家による「養生」說の取り入れは、このような形而上學・存在論上の方向轉換と相互に因果關係があったのである。

それでは、道家はなぜ「養生」の說を取り入れたのであろうか。——その理由は、彼らが「天」を重んずる立場に立っていたからだと一まず考えられるが、(4)その「天」の重視は、初期道家の「萬物齊同」の哲學の定立過程にたえず見え隱れしていたものであった。(5)したがって、この立場が諸思想の表面に躍り出る可能性は早くから存在していたのだ。より具體的には、道家は人間の內なる「天」としての「性」を重んじたが、彼らの言う「性」は、やや武斷的に單純化して押さえるならば、多くの場合、人間の身體的な生命にウェートがかかっており、それ故、「生」にかなり近い意味であるか、または「生」と全く同じ意味である。(6)ちょうど反對に「性」「生」という言葉を用いて、主に人間の精神的な本性を意味する場合も少なくないのではあるけれども。

このことに關して、簡略ながら歷史的見通しを述べておきたい。——本書第9章の第3節・第4節で指摘したように、道家思想は戰國末期以後、儒家の「仁義」「禮樂」などに對して次第に宥和的肯定的になっていった。そのために、かつては「人」であるとして否定していた儒家の倫理やそれに基づく政治を、新たに「天」であるとして肯定することが多くなっていくのであるが、後者は、人間の內なる「天」であるとして「仁義」「禮樂」などを是認すること、すなわち、人間に非人爲的生得的に賦與されている「性」の內容に「仁義」「禮樂」などが含まれると認めることに他ならない。儒家の思想、中んづく孟子學派のいわゆる性善說に近いこの考えは、前漢初期以後の道家思想の地下に繼續してずっと伏流していたものである。例えば、本書第9章の第4節に引用した『淮南子』齊俗篇の、

率性而行、謂之道、得其天性、謂之德。性失然後貴仁、道失然後貴義。是故仁義立而道德遷矣、禮樂飾則純樸散矣、是非形則百姓眩矣、珠玉尊則天下爭矣。凡此四者、衰世之造也、末世之用也。

の冒頭部分にそれが感じられるし、また同じく俶眞篇の(7)、

孔墨之弟子、皆以仁義之術、教導於世。然而不免於偏(累)、身猶不能行也、又況所教乎。是何、則其道外也。夫以末求返于本、許由不能行也、又況齊民乎。誠達于性命之情、而仁義固附矣。趨捨何足以滑心。

は、「性命之情」の中に「仁義」が非人爲的生得的に含まれると認めるのに傾いている。後者は、類似の文章が『呂氏春秋』有度篇に、

孔墨之弟子徒屬充滿天下、皆以仁義之術、教導於天下。然而無所行、教者術猶不能行、又況乎所教。是何也、仁義之術外也。夫以外勝內、匹夫徒步不能行、又況乎人主。唯通乎性命之情、而仁義之術自行矣。

とあるのが藍本である。そして、この伏流は大分後の魏晉南北朝時代に至って地上に現れ、道家・儒教・佛教が融合した玄學の唱えた、いわゆる名教自然論において集中的に議論された。——名教つまり儒教の「仁義」「禮樂」などは自然(非人爲)の「天」であって人爲の「人」ではないという議論である。例えば、郭象『莊子注』駢拇篇に、

夫仁義自是人之情性、但當任之耳。恐仁義非人情而憂之者、眞可謂多憂也。

とあり、同じく郭象『莊子注』天運篇の孔子・老聃問答(一)に、

夫仁義者、人之性也。人性有變、古今不同也。故遊寄而過去則冥若无滯、而係於一方則見、見則僞生、僞生而責多矣。

とあるのなどを參照。

A　身體的な「養生」「養性」

道家の諸文献の中から身體的な生命「生」にウェートをかけて、人間の内なる「天」としての「性」を重んじた例を擧げてみると、例えば、本書第９章の第２節ですでに引用した『莊子』天地篇の百年之木章に、

且夫失性有五。一曰、五色亂目、使目不明。二曰、五聲亂耳、使耳不聰。三曰、五臭薫鼻、困惾中顙。四曰、五味濁口、使口厲爽。五曰、趣舍滑心、使性飛揚。此五者、皆生之害也。

とあった。[8] この箇所の「性」には廣義と狹義があって、廣義の「性」は「生」と全く同じ意味で、「目」「耳」「鼻」「口」「心」の健全な働きを指している。一方、狹義の「性」は「生」に包攝されるその下位概念で、「心」とほぼ同じ意味である。

また、道家系の作品と覺しい『呂氏春秋』本生篇に、

是故聖人之於聲色滋味也、利於性則取之、害於性則舍之。此全性之道也。世之貴富者、其於聲色滋味也多惑者、日夜求、幸而得之、則遁焉。遁焉、性惡得不傷。……故聖人之制萬物也、以全其天也。天全、則神和矣、目明矣、耳聰矣、鼻臭矣、口敏矣、三百六十節皆通利矣。……

貴富而不知道、適足以爲患、不如貧賤。貧賤之致物也難、雖欲過之、奚由。出則以車、入則以輦、務以自佚、命之曰招〈佁〉蹷之機。肥肉厚酒、務以相〈自〉彊、命之曰爛腸之食。靡曼皓齒、鄭衛之音、務以自樂、命之曰伐性之斧。三患者、貴富之所致也。故古之人、有不肯貴富者矣、由重生故也。非夸以名也、爲其實也。則此論之不可不察也。

とある。この「性」は「生」と同じ意味の身體的な生命であって、非人爲的生得的に賦與された「神」（つまり心）「目」「耳」「鼻」「口」「三百六十節」の健全な働きを指している。そして、そのような生命を全うするために、作者は過度な欲望の追求をやめるようにと訴えている。

さらに、『淮南子』俶眞篇に、

靜漠恬澹、所以養性也。和愉虛無、所以養德也。外不滑內、則性得其宜。性不動和、則德安其位。養生以經世、抱德以終年、可謂能體道矣。若然者、血脈無鬱滯、五藏（臟）無蔚氣、禍福弗能撓滑、非譽弗能塵垢。故能致其極。非有其世、孰能濟焉。有其人、不遇其時、身猶不能脫、又況無道乎。

とある。ここでは、窮極的根源的な「道」の人間の中に宿ったものが「性」や「德」であるが、その「性」も「德」も意味は身體的な生命としての「生」にほとんど同じである。そして、作者は「靜莫恬澹」「和愉虛無」という心境を方法として「性」「德」を養うことを通じて、窮極的根源的な「道」に復歸していこうと構想している。

B　『老子』における「養生」

さかのぼって考えてみるに、「性」という言葉は見えないが、『老子』にも「養生」の説は存在しており、それらのいくつかは「天地」や「天」のあり方と關係づけられている。例えば、第五十九章に、

〔治人事天、莫若嗇。夫唯嗇、是以蚤（早）服（葡）。蚤（早）服（葡）、是胃（謂）重積德。重積德、則无不克。无不克、則莫知亓（其）極。莫知亓（其）極〕、可以有國。有國之母、可以長久。是胃（謂）深槿（根）固氏（柢）、長〔生久視之〕道也。（馬王堆帛書甲本・乙本）

とあり、その郭店楚簡『老子』乙本第五十九章は、

紿（治）人事天、莫若嗇。夫售（唯）嗇、是以杲（早）〔備（𤰈）〕。是以杲（早）備（𤰈）、是胃（謂）〔重積德。重積德、則亡（無）〕不克。■〔亡（無）〕不〔克〕則、莫暂（知）亓（其）亙〈亟（極）〉。莫暂（知）亓（其）亙〈亟（極）〉、可以又（有）䧙（國）。又（有）䧙（國）之母、可以長〔舊（久）〕。長舊（久）、是胃（謂）深根固氐（柢）〕。長生售（久）視之道也。■

に作っている。これらは、爲政者の行う政治的な支配「治人」「有國」が、「長生久視」の「養生」と矛盾せず一致することを説いた文章である。その政治的な支配と「養生」の複合（complex）をここでは「治人事天」と規定しているけれども、「治人」が主に政治的な支配を指し、「事天」が主に「養生」を指しているらしいので、「重積德」の「德」とは、「天」「道」の人間内在としての「性」のことを言っているのではなかろうか。(9) また、第七章に、

天長地久。天地之所以能〔長〕且久者、以其不自生也、故能長生。是以聲（聖）人芮（退）其身而身先、外其身而身存。不以其无〔私〕輿（與）、故能成其私。（馬王堆帛書甲本・乙本）

とあるのは、「天地」の「能長且久」「長生」をモデルとして、「聲（聖）人」の「身先」「身存」「能成其私」を導き出しているが、そもそも「天地」に對する見方がはなはだ「養生」說的であり、また「聲（聖）人」の「身存」も端的に「養生」說の表現である。(10)

C　人爲的な「養生」の否定

こういうわけであるから、同じように「生」を重んずる「養生」「養性」であるにしても、もしそれが以上の例とは

逆の人爲的、「人」の立場による重んじ方、つまり非人爲的「天」の立場と背反するものであるならば、道家思想は當然のことながらそれを否定する。例えば、『莊子』刻意篇に、

吹呴呼吸、吐故納新、熊經鳥申、爲壽而已矣。此道（導）引之士、養形之人、彭祖壽考者之所好也。若夫不刻意而高、無仁義而脩、無功名而治、無江海而閒、不道（導）引而壽、無不忘也、無不有也。澹然無極而衆美從之。此天地之道、聖人之德也。故曰、「夫恬惔寂漠、虛無無爲、此天地之平、而道德之質也。」故曰、「聖人休焉。」休則平易矣。平易則恬惔矣。平易恬惔、則憂患不能入、邪氣不能襲。故其德全而神不虧。

とあるの[11]は、「吹呴呼吸、吐故納新、熊經鳥申、爲壽而已矣。」という內容の「道（導）引」による「養形」を、「天地之道」「天地之平」から逸脫していると考えて低く評價している[12]。この「天地之道」「天地之平」は、無論、「天」の立場のヴァリアントである[13]。この文章の中の「吹呴呼吸、吐故納新、熊經鳥申」という術に注目してみると、しばらく後にこれをふまえて成った『淮南子』精神篇に、

若吹呴呼吸、吐故內新、熊經鳥伸、鳧浴蝯躩、鴟視虎顧、是養形之人也、不〔足〕以滑心。

とあり、また、同じく齊俗篇に、

今夫王喬赤誦子、吹嘔呼吸、吐故納新、遺形去智、抱素反眞、以遊玄眇（妙）、上通雲天。今欲學其道、不得其養氣處神、而放其一吐一吸、時詘（屈）時伸、其不能乘雲升假、亦明矣。

とあり、また、同じく泰族篇に、

王喬赤松去塵埃之閒、離群慝之紛、及（吸）陰陽之和、食天地之精、呼而出故、吸而入新、喋（蹀）虛輕舉、乘雲遊霧、可謂養性矣、而未可謂孝子也。

とある。

『莊子』達生篇の達生之情者章に、また、

達生之情者、不務生之所无以爲。達命之情者、不務知之所无奈何。養形必先之物。物有餘而形不養者有之矣。有生必先无離形。形不離而生亡者有之矣。生之來不能却、其去不能止。悲夫、世之人以爲養形足以存生。而養形果不足以存生、則世奚足爲哉。雖不足爲、而不可不爲者、其爲不免矣。

夫欲免爲形者、莫如棄世。棄世則无累、无累則正平、正平則與彼更生、更生則幾矣。事奚足棄、而生奚足遺。棄事則形不勞、遺生則精不虧。夫形全精復、與天爲一。天地者、萬物之父母也。合則成體、散則成始。形精不虧、是謂能移。精而又精、反以相天。

とあるのは(14)、「養形」「有生」という内容の人爲的な「養生」を必ずしも効果がないと言って退け、それらに代わって「棄事」「遺生」という内容の自然的な「養生」を提唱している(15)。そして、作者によれば、後者は身體も疲れず精氣も損われない眞の「養生」であるが、それは「與天爲一」「反以相天」、すなわち天地の萬物を化育する働きに參加する「養生」なのであった(16)。ちなみに、その「反以相天」は、『禮記』中庸篇に、

唯天下至誠、爲能盡其性。能盡其性、則能盡人之性。能盡人之性、則能盡物之性。能盡物之性、則可以贊天地之化育。可以贊天地之化育、則可以與天地參矣。其次致曲。曲能有誠、誠則形、形則著、著則明、明則動、動則變、變則化。唯天下至誠、爲能化。

とあるの(17)と、相い似た思想である。

第2節 「不失性命之情」という理想

A 「性命之情」という言葉

道家思想が「養生」の説を述べている箇所には、しばしば「性命」「性命之情」というテクニカル・タームが登場する。本書の本文では、第6章の第2節に引用した『淮南子』詮言篇、第8章の第3節に引用した『莊子』知北遊篇の舜・丞問答、第9章の第3節に引用した『淮南子』俶眞篇・本經篇などに見えていた。これらはどういう意味であろうか。――これもやや武斷的に單純化して把えるならば、「性命」とは人閒の身體的な生命を意味し、「情」とはその實情・事實を意味する場合が多い。

本章の第1節に引用した『莊子』達生篇の達生之情者章の「生之情」と「命之情」は、兩者合わせて「生命之情」になるが、「性命」「性命之情」は大體のところ「生命」「生命之情」に等しいのである。

例えば、『莊子』駢拇篇には、

彼正〈至〉正者、不失其性命之情。……今世之仁人、蒿目而憂世之患、不仁之人、決性命之情、而饕貴富。故意仁義其非人情乎。自三代以下者、天下何其囂囂也。且夫待鉤繩規矩而正者、是削其性也。待繩約膠漆而固者、是侵其德也。屈折禮樂、呴兪仁義、以慰天下之心者、此失其常然也。……

夫小惑易方、大惑易性。何以知其然邪。自虞氏招仁義以撓天下也、天下莫不奔命於仁義。是非以仁義易其性與。

故嘗試論之。自三代以下者、天下莫不以物易其性矣。小人則以身殉利、士則以身殉名、大夫則以身殉家、聖人則以身殉天下。故此數子者、事業不同、名聲異號、其於傷性、以身爲殉、一也。……天下盡殉也。彼其所殉仁義也、則俗謂之君子。其所殉貨財也、則俗謂之小人。其殉一也、則有君子焉、有小人焉。若其殘生損性、則盜跖亦伯夷已。又惡取君子小人於其閒哉。且夫屬其性乎仁義者、雖通如曾史、非吾所謂臧也。……吾所謂臧者、非仁義之謂也、臧於其德而已矣。吾所謂臧者、非所謂仁義之謂也、任其性命之情而已矣。

とある。(18)この文章の中の「性命之情」「性」「德」「身」「生」は、いずれもみなほぼ同じ意味で、人間の身體的な生命を指している。そして、それをスポイルしているのが、「鉤繩規矩」「繩約膠漆」に比喩される「禮樂」「仁義」や、「利」「名」「家」「天下」などの「物」であるというわけである。

同じく繕性篇には、

古之所謂得志者、非軒冕之謂也。謂其无以益其樂而已矣。今之所謂得志者、軒冕之謂也。軒冕在身、非性命也。物之儻來寄也。寄之其來不可圉、其去不可止。故不爲軒冕肆志、不爲窮約趨俗、其樂彼與此同。故无憂而已矣。今寄去則不樂。由是觀之、雖樂未嘗不荒也。故曰、「喪己於物、失性於俗者、謂之倒置之民。」

とある。(19)この文章にあっても、「性命」「己」「性」はほぼ同じ意味で、人間の身體的な生命を指しており、それをスポイルしている原因を、「軒冕」「窮約」を代表とする「物」や、それらの善し惡しを評價する「俗」であるとしている。

また、『呂氏春秋』重己篇には、

倕、至巧也。人不愛倕之指、而愛己之指、有之利故也。人不愛崑山之玉江漢之珠、而愛己一蒼璧小璣、有之利故也。今吾生之爲我有、而利我亦大矣。論其貴賤、爵爲天子、不足以比焉。論其輕重、富有天下、不可以易之。論其安危、一曙失之、終身不復得。此三者、有道者之所愼也。

有愼之而反害之者、不達乎性命之情也。不達乎性命之情、愼之何益。是師者之愛子也、不免乎枕之以糠。是聾者之養嬰兒也、方雷而窺之于堂。有殊弗知愼者。夫弗知愼者、是死生存亡可不可、未始有別也。

とあり、『淮南子』俶眞篇には、

於是在上位者、左右而使之、毋淫其性。鎭撫而有之、毋遷其德。是故仁義不布、而萬物蕃殖。賞罰不施、而天下賓服。其道可以大美興、而難以筭計擧也。是故日計之不足、而歲計之有餘。夫魚相忘於江湖、人相忘於道術。古之眞人、立於天地之本、中至〈正〉優游、抱德煬和、而萬物雜累焉。孰肯解構人間之事、以物煩其性命乎。

とある。(20)

B 道家が「養生」說を取り入れた理由

ところで、以上に引用した文章からは、道家が「養生」說を取り入れたもう一つの理由、或いは「天」の立場の背景にある眞の理由を讀み取ることができるように思われる。――それは、「己」の內なる「性命」「性命之情」を外なる「禮樂」「仁義」「物」「俗」にスポイルされずに維持していたいとする、一種の人間疎外の克服や主體性の確立への願望に他ならない。これは初期道家の問題意識が「萬物齊同」の哲學以來ここに至るまで、ずっと通奏低音（basso continuo）として持續しているものと見なしてよいであろう。(21) 本書第4章の第3節ですでに指摘したように、初期道家は楊朱・子華子・詹何など先驅者たちの、個人の生命・身體の充實を重んじる思想から影響を被ったようであるが、その時、初期道家はまた、先驅者たちの「我」を何にもまして重要と考える主體性論の影響をも被ったと考えられるのだ。

「性命」「性命之情」というテクニカル・タームを離れ、もっと視野を擴げて、反疎外論や主體性論の問題意識からする、道家及びその周邊の思想家たちの「養生」説を眺めてみると、筆者には次の三點が興味深くかつ注目すべき事實であると思われる。

第一は、個人の「養生」を政治的な權力、特に天下の支配權の獲得と鋭く對立するものとして描く文章が多いことである。『莊子』讓王篇にそのような文章が集めてあって、例えば、その舜・善卷問答には、

　舜以天下讓善卷。善卷曰、「余立於宇宙之中、冬日衣皮毛、夏日衣葛絺。春耕種、形足以勞動、秋收斂、身足以休食。日出而作、日入而息、逍遙於天地之閒、而心意自得。吾何以天下爲哉。悲夫、子之不知余也。」遂不受。於是去而入深山、莫知其處。

とある(22)。また、『淮南子』精神篇には、

　夫〔無〕以天下爲者、學之建鼓矣。尊勢厚利、人之所貪也。使之左〔手〕據天下圖、而右手刎其喉、愚夫不爲。由此觀之、生尊〈貴〉于天下也。聖人食足以接氣、衣足以蓋形、適情不求餘、無天下不虧其性、有天下不羨其和。有天下、無天下、一實也。

とある(23)、等々。これらは道家思想が比較的古くから有していた典型的な「養生」説である。

第二は、第一の、「養生」と政治的權力の獲得の單純な對立をふまえた上で、新しい「養生」説が提唱されていることである。――まず、ある人物を登場させ、彼に個人の「養生」と天下の政治を對立させて「養生」を選び取らせた後、次に、そのように個人の「養生」を重視する人物こそかえって天下の政治を行うに適しいと提唱するものであって、これによれば、天下や國家を支配する政治の課題は萬民の「養生」に他ならず、それを行うに最も適しい爲政者は自

ら「養生」している者である、ということになる。戰國末期における道家の「養生」說が切り開いたデモクラティックな政治思想と評價することができるであろう。

例えば、『呂氏春秋』貴生篇に、

堯以天下讓於子州支父。子州支父對曰、「以我爲天子猶可也。雖然、我適有幽憂之病、方將治之、未暇在天下也。」天下、重物也。而不以害其生、又況於它物乎。惟不以天下害其生者也、可以託天下。

とあり、[24] 同じく貴生篇に、

越人三世殺其君。王子搜患之、逃乎丹穴。越國无君、求王子搜而不得、從之丹穴。王子搜不肯出、越人薰之以艾、乘之以王輿。王子搜援綏登車、仰天而呼曰、「君乎、獨不可以舍我乎。」王子搜非惡爲君也、惡爲君之患也。若王子搜者、可謂不以國傷其生矣。此固越人之所欲得而爲君也。

とある、[25] 等々。

第三は、第一の、「養生」と政治的權力の獲得の單純な對立をふまえた上で、新しい倫理思想・政治思想が主張されていることである。――まず、ある人物を登場させ、彼に個人の「養生」と天下の政治を對立させて「養生」を選び取らせた後、次に、そのように重視されるべき個人の「養生」よりも一層價値の高いものが存在しており、それは儒家や墨家の倫理・政治に他ならないと主張している。これは「養生」說が廣範に世の中に浸透した戰國末期或いは前漢初期以後において、「養生」の重要性を十分に認めながらも、やはり自らの倫理・政治の方が一層重要であるとして、儒家や墨家が巻き返しを圖ったものと考えることができるのではなかろうか。

例えば、前漢初期の儒家の作である馬王堆帛書『五行』の第十四章說に、

「慼（戚）而信之、親也。」言信亓（其）〔慼〕也。撝（剬）而四軆（體）、予女（汝）天下、弗爲也。撝（剬）如（汝）兄弟、予女（汝）天下、弗悉（迷）也。是信之已。信亓（其）〔慼〕、而笱（後）能相親也。

「親而築（篤）之、愛也。」築（篤）之者、厚。厚親、而笱（後）能相愛也。

「愛父、亓（其）殺（繼）愛人、仁也。」言愛父、而笱（後）及人也。愛父而殺亓（其）鄰〔之〕子、未可胃（謂）仁也。

とあり(26)、戰國末期の墨家の作である『墨子』貴義篇に、

子墨子曰、「萬事莫貴於義。今謂人曰、『予子冠履、而斷子之手足、子爲之乎。』必不爲。何故、則冠履不若手足之貴也。又曰、『予子天下、而殺子之身、子爲之乎。』必不爲。何故、則天下不若身之貴也。爭一言以相殺、是貴義於其身也。故曰、『萬事莫貴於義也。』」

とあり(27)、『淮南子』泰族篇に、

夫知者不妄〔爲、勇者不妄〕發。擇善而爲之、計義而行之。故事成而功足賴也、身死而名足稱也。雖有知能、必以仁義爲之本、然后可立也。知能蹐馳、百事竝行、聖人一以仁義爲之準繩、中之者謂之君子、弗中者謂之小人。君子雖死亡、其名不滅。小人雖得勢、其罪不除。使人左〔手〕據天下之圖、而右〔手〕刎〔其〕喉、愚者不爲也、身貴於天下也。死君親之難、視死若歸、義重於身也。天下、大利也、比之身則小。身、所重也、比之義則輕。義、所全也。『詩』曰、「愷悌君子、求福不回。」言以信〈仁〉義爲準繩也。

とあり、これを模倣した『文子』上義篇に、

老子曰、「……故智者不妄爲、勇者不妄殺。擇是而爲之、計禮而行之。故事成而功足恃也、身死而名足稱也。雖有智能、必以仁義爲本而後立。智能竝行、聖人一以仁義爲準繩、中繩者謂之君子、不中繩者謂之小人。君子雖死亡、

其名不滅。小人雖得勢、其罪不除。左手據天下之圖、而右手刎其喉、雖愚者不爲、身貴於天下也。死君親之難者、視死若歸、義重於身也。故天下、大利也、比之身卽小。身、所重也、比之仁義卽輕。此以仁義爲準繩者也。」

とある、等々。これらは、第一の、政治的權力の獲得よりも個人の「養生」を重視する思想を熟知した上で、それよりも一層價値の高い「仁」や「義」の實踐を改めて主張している文章なのである。

第3節　身體と精神の二元論より「氣」の一元論へ

A　「形」「心」の二元論と「養生」說

道家思想が誕生したのは紀元前三〇〇年を中心とする戰國中期のことであるが[28]、この時すでに、人間という存在者が原理的に身體と精神から成るとする二元論が成立していた。『莊子』齊物論篇の南郭子綦・顏成子游問答の劈頭で、顏成子游が南郭子綦の様子を外から眺めて、

顏成子游……曰、「何居乎。形固可使如槁木、而心固可使如死灰乎。」

と問い、それに對して南郭子綦が、

子綦曰、「偃、不亦善乎、而問之也。今者吾喪我。」

と答えていたのによれば、「我」は「形」という身體と「心」という精神から成っている。南郭子綦・顏成子游問答の

下文の、それぞれの人間の「我」が世界の主宰者であるかもしれないとする假説を立てて論ずる箇所では、その「我」が原理的に身體「形」と精神「心」から成るとする二元論に立って、

一受其成形、不亡以待盡。與物相刃相靡、其行盡如馳、而莫之能止。不亦悲乎。終身役役、而不見其成功。苶然疲役、而不知其所歸。可不哀邪。人謂之不死、奚益。其形化、其心與之然。可不謂大哀乎。人之生也、固若是芒乎。其我獨芒、而人亦有不芒者乎。

夫隨其成心而師之、誰獨且無師乎。奚必知代而心自取者有之。愚者與有焉。未成乎心而有是非、是今日適越而昔至也。是以無有爲有。無有爲有、雖有神禹、且不能知。吾獨且奈何哉。

のように、「我」の二つの側面から世界の主宰者を探求している。(29) なお、この探求において、「心」よりも先にまず「形」が問われているのは、初期から道家思想が「形」を重視する方向に傾いていたことを示している。

また、同じく大宗師篇の顏回・仲尼問答（二）で、顏回が仲尼に向かって「道」を把えた最終段階の「坐忘」を、

顏回曰、「墮枝體、黜聰明、離形去知、同於大通。此謂坐忘。」

と説明しているが、(30) これによっても人間という存在者は「枝體」「形」の身體と「聰明」「知」の精神から成っている。

先にその概略を見たように、道家思想の「養生」説は個人の生命・身體の充實を重んずるものであった。それでは、以上の二元論の内、個人の心・精神はどこへ行ったのであろうか。彼らが「養生」説を取り入れた理由を考えてみると、「天」を重んずる立場に立って人間の内なる「天」としての「性」を重んじたからであり、また、その背景に「我」を何にもまして重要と考える反疎外論や主體性論があったからである。だとすれば、「我」の「性」を構成する個人の生命・身體を重んずるだけでなく、個人の心・精神を重んずる「養性」説があってもおかしくはない。しかし、道家思想の歴史的な展開の、特に初期における實際は、「天」としての「性」をスポイルする「人」は主に心・精神の所產

とされていたから、心・精神を重んずる「養性」説はなかなか生まれにくかったのだ。ところが、「天」と「人」の關係が入り組んだ複雜なものになってから後は、心・精神の所產としての「人」に對する道家思想の態度が次第に宥和的肯定的になっていったが、ことについてはすでに述べた。(31)

B 「氣」の一元論と「養生」「養心」

そして、道家が「物化」・轉生・輪廻の思想や「萬物一體」の思想を唱え、その存在論的な根據として「陰陽二氣」の理論を持つようになると、彼らの人間理解はさらに「萬物」と共通する生命・身體にウェートをかけていったようである。(32)もっともこの「氣」の理論と「養生」說との關係には、以下に述べるような他の要素もあるのではあるが。

それに加えて、道家思想の「性」が多くの場合人間の生命・身體にウェートをかけており、それ故「生」に近いかまたは同じ意味であるようになっているのには、戰國末期の當時對立していた儒家の最大の思想家で、かつ思想界の主流派に屬していた荀子の、「性惡」說から被った影響もあるのではないかと思われる。なぜかと言えば、荀子は人間の「性」を生命・身體としての「生」と考えていて、「性」の中から心・精神に關わる「仁義」などを完全に追放していたからである。(33)

しかしながら、荀子の「性惡」說の影響を受けた儒家でも前漢、武帝期の董仲舒にまで降ると、荀子風の「生」を內容とする「性」に大幅に加味して、心・精神に關わる「善」に向かう可能性を認めている。例えば、『漢書』董仲舒傳の第三次「對策」に、

人受命於天、固超然異於羣生。入有父子兄弟之親、出有君臣上下之誼、會聚相遇、則有耆老長幼之施、粲然有文

以相接、驩然有恩以相愛、此人之所以貴也。生五穀以食之、桑麻以衣之、六畜以養之、服牛乘馬、圈豹檻虎、是其得天之靈、貴於物也。故孔子曰、「天地之性人爲貴。」明於天性、知自貴於物。知自貴於物、然後知仁誼。知仁誼、然後重禮節。重禮節、然後安處善。安處善、然後樂循理。樂循理、然後謂之君子。故孔子曰、「不知命、亡以爲君子。」此之謂也。

とあり、『春秋繁露』深察名號篇に、

今世闇於性、言之者不同、胡不試反性之名。性之名、非生與。如其生之自然之資、謂之性。性者、質也。……故性比於禾、善比於米。米出禾中、而禾未可全爲米也。善出性中、而性未可全爲善也。善與米、人之所繼天而成於外、非在天所爲之內也。天之所爲、有所至而止。止之內、謂之天性。止之外、謂之人事。事在性外、而性不得不成德。……

名性不以上、不以下、以其中名之。性如繭如卵。卵待覆而成雛、繭待繅而爲絲、性待敎而爲善。此之言眞天。天生民、性有善質而未能善。於是爲之立王以善之、此天意也。民受未能善之性於天、而退受成性之敎於王。王承天意、以成民之性爲任者也。

とあり、同じく人副天數篇に、

天德施、地德化、人德義。天氣上、地氣下、人氣在其閒。……天地之精、所以生物者、莫貴於人。人受命乎天也、故超然有以倚。物疢疾莫能爲仁義、唯人獨能爲仁義。物疢疾莫能偶天地、唯人獨能偶天地。……觀人之體一、何高物之甚、而類於天也。物旁折取天之陰陽、以生活耳、而人乃爤然有其文理。是故凡物之形、莫不伏從旁折天地而行、人獨題直立端尙、正正當之。是故所取天地少者、旁折之。所取天地多者、正當之。此見人之絶於物、而參天地。

とあるのを見られたい。(34) このような儒家サイドの「性」説の展開も當然、道家思想の「養生」説の「生」の内容に跳ね返ってきたにちがいない。

道家の「養生」説の中に「養神」や「養心」が登場するのは、以上に略述した諸事情の絡みあった結果であろうと思われるが、それらの內容は心・精神を養うことである。「養生」が生命・身體を養うことであるのとは對照的に。そして、この「養神」「養心」も廣義の「養性」の中に包攝されるものである。例えば、『莊子』刻意篇には、上に引用したように低く評價した「養形」とともに、

故曰、「形勞而不休則弊、精用而不已則勞。勞則竭。」水之性、不雜則淸、莫動則平、鬱閉而不流、亦不能淸、天德之象也。故曰、「純粹而不雜、靜一而不變、淡而无爲、動而以天行。」此養神之道也。

のように「養神」が描かれており、(35) 作者は後者の方を高く評價している。

同じく刻意篇に、

夫有干越之劍者、柙而藏之、不敢用也。寶之至也。精神四達竝流、无所不極。上際於天、下蟠於地、化育萬物、不可爲象。其名爲同帝。純素之道、唯神是守。守而勿失、與神爲一。一之精通、合于天倫。野語有之曰、「衆人重利、廉士重名、賢士尙志、聖人貴精。」故素也者、謂其無所與雜也。純也者、謂其不虧其神也。能體純素、謂之眞人。

とあるのは、(36) 人間の心・精神とその構成元素としての「氣」をともに「精」「精神」「神」という言葉で表現しているので、全體の脈絡を明瞭に把握することはかなり難しいけれども、人間の身體である「形」と心である「精神」の共通の構成元素として「氣」を設定した上で、人間が自己の內なる心と「氣」を養うことを通じて、「天地」の間に存在

する萬物をそれらの構成元素の根底から支配しようと構想しているようである。[37]――こうして、道家の「養生」説はついに「氣」一元論にたどりつき、「我」の生命・身體と心・精神をともに重んずるに至ったのであった。

第4節　世界の上に飛翔する「遊」

「遊」という言葉は、戰國時代以來、道家の諸文獻の中にしばしば現れる重要な概念であり、この言葉を含む「遊」の思想は、道家思想の最も中心的な思想の一つであると言ってよい。

A　「遊」と「養生」の閒

この「遊」の思想は、以上に述べてきた「養生」説との閒に、必ずしも深い必然的な關係を持っているわけではない。しかし、『莊子』などでは以下のように、「遊」の目的が「養生」であるとされて、兩者が結合されている場合も散見するので、本書では便宜的に本章においてその概略を述べることにする。

それは、本書第2章の第1節、第6章の第2節などで引用した『莊子』山木篇の莊子・弟子問答（『呂氏春秋』必己篇に基づく）に、

莊子行於山中、見大木枝葉盛茂。伐木者、止其旁而不取也。問其故。曰、「无所可用。」莊子曰、「此木以不材得終其天年。」

夫子出於山、舍於故人之家。故人喜、命豎子殺鴈而烹之。豎子請曰、「其一能鳴、其一不能鳴。請奚殺。」主人曰、「殺不能鳴者。」

明日、弟子問於莊子曰、「昨日山中之木、以不材得終其天年、今主人之鴈、以不材死。先生將何處。」莊子笑曰、「周將處夫材與不材之閒。材與不材之閒、似之而非也。故未免乎累。若夫乘道德而浮遊、則不然。无譽无訾、一龍一蛇、與時倶化、而无肯專爲。一上一下、以和爲量、浮遊乎萬物之祖、物物而不物於物。則胡可得而累邪。此神農黃帝之法則也。」

とあったように、[38]「道德」「萬物之祖」つまり「道」の世界にあって「浮遊」するならば、それは世閒的な「材」と「不材」の窮極的な根源に在ることに等しいので、「萬物」に「累」わされることもなく「終其天年」を行うことができる、という關係である。ここでは、「遊」という行爲の目的もしくは結果が「養生」とされているのだ。

また、「遊」の思想を盛りこんだ代表的な文獻である『莊子』逍遙遊篇には、肩吾・連叔問答があって、

(肩吾)曰、「『藐姑射之山、有神人居焉。肌膚若冰雪、淖約若處子。不食五穀、吸風飲露、乘雲氣、御飛龍、而遊乎四海之外。其神凝、使物不疵癘、而年穀熟。』吾以是狂而不信也。」

連叔曰、「然。……之人也、之德也、將旁礴萬物以爲一。世蘄乎亂、孰弊弊焉以天下爲事。之人也、物莫之傷。大浸稽天而不溺、大旱金石流土山焦而不熱。是其塵垢粃穅、將猶陶鑄堯舜者也。孰肯以物爲事。」

と言う。[39]この「藐姑射之山」の「神人」の描寫を、『山海經』海內北經に、

姑射國在海中、屬列姑射、西南、山環之。

とあるのと合わせて、『列子』黃帝篇は、次のような一つの文章にまとめている。

列姑射山在海河洲中、山上有神人焉、吸風飲露、不食五穀。心如淵泉、形如處女。不偎不愛、仙聖爲之臣。不畏

不怒、愿愨爲之使。不施不惠、而物自足。不聚不斂、而已無愆。陰陽常調、日月常明、四時常若、風雨常均、字育常時、年穀常豐。而土無札傷、人無夭惡、物無疵厲、鬼無靈響焉。

しかし、『列子』黄帝篇は後代に成った僞書であるので、藍本たる『莊子』逍遙遊篇の「遊」の思想をすっかり忘れてしまっている。『莊子』の「藐姑射之山」の「神人」が「遊」ぶ「四海之外」とは、「物」「天下」を超えたその對極に在る「道」の世界であるが、「道」の世界に「遊」んだ結果、彼の「神」つまり「氣」は凝集して、「使物不疵癘、而年穀熟。」のように世界の諸現象を作り出すだけでなく、「肌膚若冰雪、淖約若處子。」「物莫之傷。大浸稽天而不溺、大旱金石流土山焦而不熱。」のように、彼個人の「養生」も實現されるとされている。(40)

もっとも「遊」の思想の目的が、多くの文獻において必ず「養生」とされているというわけではなく、「養生」とは全く無關係の「遊」の思想もまた少なからず存在している。ここでは、ただ行論の便宜上、「養生」説と密接な關係を持っている「遊」をまず取り上げたまでのことである。

B　世間内における「遊」

以上の検討から、「遊」の基本的な意味は、假象である「萬物」の世界から出ていく飛翔であり、同時にまた實在である「道」の世界に入っていく沈潛である、と定めることができよう。したがって、この思想は、道家が「萬物齊同」の哲學を放棄して「道」――「萬物」の二つの世界を論ずるように變化した段階で生じたものであるが、とは言うものの、時代が進んで漢代になると、現實社會の中に身を置いていても「遊」を行うことができるとする主張が現れるに至っている。

例えば、『莊子』天地篇の子貢・爲圃者問答には、

子貢曰、「有械於此、一日浸百畦。用力甚寡、而見功多。夫子不欲乎。……鑿木爲機、後重前輕。挈水若抽、數如泆湯。其名爲槹。」

の如く[41]、農業の灌漑に「機械」を用いるべきことを教える子貢と、それを、

爲圃者、忿然作色、而笑曰、「吾聞之吾師。『有機械者、必有機事。有機事者、必有機心。機心存於胷中、則純白不備。純白不備、則神生不定。神生不定者、道之所不載也。』吾非不知、羞而不爲也。」

などと非難する爲圃者と[42]、の兩者の上に立って、爲圃者を論評する孔子が描かれている。その孔子の論評は、

孔子曰、「彼假脩渾沌氏之術者也。識其一、不知其二。治其內、而不治其外。夫明白入素、无爲復朴、體性抱神、以遊世俗之閒者、汝將固驚邪。」

などと言うのであるが[43]、このように「世俗之閒」に止まって「遊」を行うべきだとするのが作者の主張である。

同じく外物篇の莊子曰章に、

莊子曰、「人有能遊、且得不遊乎。人而不能遊、且得遊乎。」

夫流遁之志、決絕之行、噫、其非至知厚德之任與。覆墜而不反、火馳而不顧。雖相與爲君臣、時也。易世而无以相賤。故曰、「至人不留行焉。」夫尊古而卑今、學者之流也。且以狶韋氏之流、觀今之世、夫孰能不波。唯至人乃能遊於世而不僻、順人而不失己。彼教不學、承意不彼。

とあるのを見られたい[44]。冒頭の「人有能遊、且得不遊乎。人而不能遊、且得遊乎。」の趣旨は、下文の解説によって理解するならば、「遊」の能力を身につけていさえすれば、世間の內外に關わりなく「遊」を行うことができる、ということである。そこで、作者は、「流遁之志、決絕之行」を「至知厚德之任」でないと言って否定し、「尊古而卑今」と

いう「學者」の態度を捨て臣下となって君主に仕え、この「世」つまり現實社會の中に身を置いて「遊」を行うべきであると、莊子の口を借りて、道家思想の信奉者たちに訴えている。これは、前漢時代の文帝期以降、博士制度・博士弟子制度や官僚登用制度が徐々に整えられていく中で、戰國の諸子百家とは様變わりして、知識人たちの多くが臣下（官僚）となって漢王朝に仕え、特に武帝期には道家の信奉者たちも統治體制に協力していた、その狀況を反映した文章であろう。[45]さらに後、西晉の郭象（二五二年ごろ～三一二年）が、『莊子注』逍遙遊篇の堯・許由問答において、

若謂拱默乎山林之中、而後得稱无爲者、此莊老之談所以見棄於當塗。當塗者、自必於有爲之域而不反者、斯之由也。……夫聖人雖在廟堂之上、然其心无異於山林之中。世豈識之哉。

と注釋したのは、確かに逍遙遊篇の堯・許由問答の眞の內容からは相當に逸脱しているけれども、しかし、新たな西晉時代を迎えたという狀況の變化の中で、かつて前漢の道家が唱えていたこの主張を一層明確にして再現したものと把えることができる。

C　『莊子』逍遙遊篇北冥有魚章の「遊」

この節の終わりに、「遊」の思想を描いた文章として最も有名な『莊子』逍遙遊篇の北冥有魚章を検討したい。

北冥有魚、其名爲鯤。鯤之大、不知其幾千里也。化而爲鳥、其名爲鵬。鵬之背、不知其幾千里也。怒而飛、其翼若垂天之雲。是鳥也、海運、則將徙於南冥。南冥者、天池也。……

風之積也不厚、則其負大翼也無力。故九萬里、則風斯在下矣。而後乃今培風背負青天、而莫之夭閼者。而後乃今將圖南。……[46]

斥鴳笑之曰、「彼且奚適也。我騰躍而上、不過數仞而下、翱翔蓬蒿之閒。此亦飛之至也。而彼且奚適也。」此小大之辯也。

故夫知效一官、行比一鄉、德合一君、而徵一國者、其自視也、亦若此矣。

而宋榮子猶然笑之。且擧世而譽之、而不加勸、擧世而非之、而不加沮。定乎內外之分、辯乎榮辱之竟（境）斯已矣。彼其於世、未數數然也。雖然、猶有未樹也。

夫列子御風而行、泠然善也。旬有五日而後反。彼於致福者、未數數然也。此雖免乎行、猶有所待者也。[47]

若夫乘天地之正、而御六氣之辯（變）、以遊無窮者、彼且惡乎待哉。故曰、「至人無己、神人無功、聖人無名。[48]」

これは戰國後期の「遊」の思想を盛りこんだ文章であるが、まず、ここに「鯤……化而爲鳥」という「物化」・轉生・輪廻の思想が含まれていること、そしてまた、「御六氣之辯（變）」という「氣」の理論が含まれていることに注意しなければならない。「鵬」は「化」せられる「萬物」であって「化」する「道」でないことが、あらかじめ示唆されているからである。

次に、この途方もなく巨大な「鵬」の「遊」は、作者が理想として求めている眞の「大」なのであろうか。――そうではない。なぜなら、この文章の後半部分には、「小大」という基準から見た四つの人間類型が描かれている。

一、「夫知效一官、行比一鄉、德合一君、而徵一國者」という官僚。

二、超俗の思想家としての宋榮子。

三、風に乘って行く神仙としての列子。

四、「夫乘天地之正、而御六氣之辯（變）、以遊無窮者」という「至人・神人・聖人」。

以上の四つの人間類型は、

一、小→二、やや小→三、やや大→四、大のように序列づけられており、あの「鵬」は三に相當していて、四に相當してはいないからだ。鵬が風に乘って飛ぶのと列子が風に乘って行くのとが、決して偶然の一致でないことに我々は氣づかなければならない。

作者が鵬つまり列子をなぜ眞の「大」と認めないのかと言えば、作者の求めている眞の「大」が、一方で、空間「九萬里・數仞」と時間「小年・大年」に束縛されている「萬物」の相對的な「大」を越えた、宇宙の根源的な主宰者である「道」の絶對的な「大」だからである。また他方で、作者の理想として求めている眞の「大」が、鵬・列子の場合にはまだ缺けている、いかなる他者にも依存しない主體性の確立（「樹」「無所待者」）であり、具體的には「夫乘天地之正、而御六氣之辯（變）、以遊無窮者」のように、無窮の「道」の世界において「遊」ぶことを通じて、「道」の萬物を「物化」・轉生・輪廻させるなどの能力を獲得し、その結果ついに宇宙の主體となることだからである。[49]

こういうわけで、初期道家の「遊」の思想の中にも、我々がすでに聽き慣れたあの反疎外論や主體性論という通奏低音（basso continuo）が鳴り響いていたのであった。

注釋

（1）本書第11章の注釋（14）を參照。
（2）本書第4章の第3節を參照。
（3）本書第5章の第4節を參照。
（4）本書第9章の第3節を參照。
（5）本書第5章の第2節、及び第9章の第2節・第3節を參照。
（6）本書第9章の第3節を參照。

(7) 本書第9章の注釋(50)、第11章の第3節、及び第14章の第3節を參照。
(8) 本書第9章の第2節、及びその注釋(8)(35)を參照。
(9) 蛇足ではあるが、一言附言する。この「德」は、儒家の唱える「德」や今日の道德(モラル、morals)という意味ではない。これらを混同するような初步的な誤解は、極力犯さないようにしたいものである(本書第9章の第3節を參照)。
(10) 『老子』の現存する注釋書として最も古いもの――『韓非子』解老篇・喩老篇などのように一書の形態を取っていないものを除いて――の中で、魏の王弼(二二六年〜二四九年)の『老子注』は、はなはだ哲學的な注釋であるけれども、他方、後漢末期の作と思われる河上公の『老子章句』は、主に「養生」說によって注釋を加えており、後者は少し後の五斗米道のテキストとされる『老子想爾注』の類似の傾向とともに、『老子』に「養生」說を附會することが社會思想や民間信仰の歷史上の顯著な現象となっていった事實として注目される。
(11) 本書第5章の注釋(24)を參照。以下に引用する諸資料に基づいて考えるならば、道家が「導引」の術を取り入れたのは前漢初期に入ってからのことであり、かつ、當初はこれを人爲的作爲的な術と見なすなど、必ずしも手放しで贊同していたわけではなかったのである。その後、『漢書』王吉傳には、儒者である王吉の書いた上疏文の中に、

休則俛仰詘信以利形、進退步趨以實下、吸新吐故以練臧、專意積精以適神、於以養生、豈不長哉。

とあり、「導引」の術は、時代が降るに伴って次第に、學派のいかんを問わずに支持されるようになっていった。
(12) 「道引」は、『史記』留侯世家によれば、前漢初期の功臣、張良も、

留侯性多病、卽道引不食穀、杜門不出歲餘。……留侯乃稱曰、「……願棄人閒事、欲從赤松子游耳。」乃學辟穀、道引輕身。

とある(本章の注釋(39)を參照)ように、これを行っている。以後、神仙・道教が流行するにつれて、ますます盛んになっていったことについては、『後漢書』方術列傳や『三國志』の『魏書』方技傳などを參照。
「養形」は、『莊子』刻意篇の下文に、

水之性、不雜則清、莫動則平、鬱閉而不流、亦不能清、天德之象也。故曰、「純粹而不雜、靜一而不變、淡而无爲、動而以天行。」此養神之道也。

とある（本章の第3節、及びその注釋（35）を參照）、「養神」に對する言葉である。

（13）「夫恬惔寂漠、虚無無爲、此天地之平、而道德之質也。」以下は、ほぼ同じ文章が『莊子』天道篇の夫虛靜恬淡章に、

夫虛靜恬淡、寂漠无爲者、天地之平、而道德之至。故帝王聖人休焉。休則虛、虛則實、實者倫矣。虛則靜、靜則動、動則得矣。靜則无爲、无爲也則任事者責矣。无爲則兪兪。兪兪者憂患不能處、年壽長矣。

とある（本章の注釋（15）、及び第12章の注釋（50）を參照）。刻意篇の文章は、これを下敷きにして模倣したものであろう。

「憂患不能入」は、上引の『莊子』天道篇の夫虛靜恬淡章に、

兪兪者憂患不能處、年壽長矣。

とあるのを除いて、同じく養生主篇の秦失・弟子問答に、

（秦失）曰、「……適來、夫子時也。適去、夫子順也。安時而處順、哀樂不能入也。」

とあり（本書第7章の注釋（12）を參照）、同じく大宗師篇の四人相與語章に、

（子輿）曰、「……且夫得者時也、失者順也。安時而處順、哀樂不能入也。」

とあり（本書第7章の第3節、及びその注釋（12）を參照）、同じく天地篇の堯・華封人問答に、

封人曰、「……天生萬民、必授之職。多男子而授之職、則何懼之有。富而使人分之、則何事之有。夫聖人、鶉居而鷇食、鳥行而无彰。天下有道、則與物皆昌、天下无道、則脩德就閒。千歲厭世、去而上僊、乘彼白雲、至于帝鄉。三患莫至、身常无殃、則何辱之有。」

とあるのなどを參照。

「故其德全而神不虧」については、本章の注釋（15）（16）を參照。『莊子』天地篇の子貢・爲圃者問答に、

（子貢）曰、「……執道者德全、德全者形全、形全者神全。神全者、聖人之道也。……是謂全德之人哉、我之謂風波之民。」

とあり、同じく達生篇の達生之情者章に、

事奚足棄、而生奚足遺。棄事則形不勞、遺生則精不虧。夫形全精復、與天爲一。……形精不虧、是謂能移。

とあり（本書第9章の注釋（14）、本章第1節の下文、及びその注釋（14）（37）を參照）、同じく達生篇の紀渻子爲王養鬬雞章

に、

十日又問。〔紀渻子〕曰、「幾矣。雞雖有鳴者、已无變矣。望之似木雞矣。其德全矣。異雞无敢應者、反走矣。」

とあるのを參照。

(14)「達生之情者、不務生之所无以爲。達命之情者、不務知之所无奈何。」については、本書第11章の注釋(9)を參照。これをふまえた類似の文章が『淮南子』詮言篇に、

自信者不可以誹譽遷也、知足者不可以勢利誘也。故通性之情者、不務性之所無以爲。通命之情者、不憂命之所無奈何。通於道者、物莫足〔以〕滑其調〈和〉。詹何曰、「未嘗聞身治而國亂者也、未嘗聞身亂而國治者也。」矩不正、不可以爲方。規不正、不可以爲員。身者、事之規矩也。未聞枉己而能正人者也。

とあり(本書第8章の注釋(24)を參照)、同じく泰族篇に、

故知性之情者、不務性之所无以爲。知命之情者、不憂命之所无奈何。故不高宮室者、非愛木也。不大鍾鼎者、非愛金也。直行性命之情、而制度可以爲萬民儀。令〈今〉自〈目〉悅五色、口嚼滋味、耳淫五聲、七竅交爭、以害其性、日引邪欲而澆其夫〈天〉調〈和〉。身弗能治、奈天下何。故自養得其節、則養民得其心矣。

とある。また、『莊子』人閒世篇の葉公子高・仲尼問答に、

仲尼曰、「……自事其心者、哀樂不易施乎前、知其不可奈何、而安之若命、德之至也。」

とある(本書第11章の第1節、及びその注釋(9)を參照)。

「生之來不能卻、其去不能止。」については、本章の注釋(19)を參照。また、『莊子』養生主篇の秦失・弟子問答に、

〔秦失〕曰、「……適來、夫子時也。適去、夫子順也。安時而處順、哀樂不能入也。」

とある(本書第7章の注釋(12)、第8章の注釋(27)、第9章の注釋(29)、及び本章の注釋(19)を參照)のが、「生」についての文である。その他、類似の表現としては、同じく繕性篇に、

軒冕在身、非性命也。物之儻來寄也。寄之其來不可圉、其去不可止。故不爲軒冕肆志、不爲窮約趨俗、其樂彼與此同。故无憂而已矣。今寄去則不樂。由是觀之、雖樂未嘗不荒也。故曰、「喪己於物、失性於俗者、謂之倒置之民。」

とあり（本章の第2節、及びその注釋（19）を參照）、同じく田子方篇の肩吾・孫叔敖問答に、

孫叔敖曰、「吾何以過人哉。吾以其來不可却也、其去不可止也。吾以爲得失之非我也、而无憂色而已矣。我何以過人哉。」

とあり（本章の注釋（19）を參照）、同じく知北遊篇の顏淵・仲尼問答に、

仲尼曰、「……山林與、皐壤與、使我欣欣然而樂與。樂未畢也、哀又繼之。哀樂之來、吾不能禦。其去、弗能止。悲夫、世人直爲物逆旅耳。」

とある（本章の注釋（19）を參照）。

「悲夫、世之人以爲養形足以存生。」は、今引用した『莊子』知北遊篇の顏淵・仲尼問答に、

仲尼曰、「……哀樂之來、吾不能禦。其去、弗能止。悲夫、世人直爲物逆旅耳。」

とあるが、ただし後者は「養生」の問題とは無關係である。

「雖不足爲、而不可不爲者、其爲不免矣。」は、『莊子』在宥篇の賤而不可不任者章に、

賤而不可不任者、物也。……故聖人……因於物而不去。物者、莫足爲也、而不可不爲。

とあるのを參照。

（15）「棄世則无累」は、『莊子』天道篇の夫明白於天地之德者章に、

故曰、「知天樂者、其生也天行、其死也物化。靜而與陰同德、動而與陽同波。」故知天樂者、无天怨、无人非、无物累、无鬼責。

とあり（本書第7章の第2節・第6節、その注釋（3）、及び第9章の注釋（14）を參照）、同じく刻意篇に、

故曰、「聖人之生也天行、其死也物化。靜而與陰同德、動而與陽同波。」不爲福先、不爲禍始。感而後應、迫而後動、不得已而後起。去知與故、循天之理。故無天災、無物累、無人非、無鬼責。

とある（本書第7章の注釋（3）を參照）。

「无累則正平」は、『莊子』天道篇の夫虛靜恬淡章に、

夫虛靜恬淡、寂漠无爲者、天地之平、而道德之至。故帝王聖人休焉。

とあり（本章の注釋（13）を參照）、同じく刻意篇に、

若夫不刻意而高、無仁義而脩、無功名而治、無江海而閒、不道引而壽、無不忘也、無不有也。澹然無極而衆美從之。此天地之道、聖人之德也。故曰、「夫恬惔寂漠、虛無無爲、此天地之平、而道德之質也。」故曰、「聖人休焉。」休則平易矣。平易則恬淡矣。平易恬淡、則憂患不能入、邪氣不能襲。故其德全而神不虧。

とあり（本章の第1節を參照）、また『管子』心術下篇に、

凡民之生也、必以正平。所以失之者、必以喜樂哀怒。節怒莫若樂、節樂莫若禮、守禮莫若敬。外敬而內靜者、必反其性。

とあり、同じく內業篇に、

凡人之生也、天出其精、地出其形、合此以爲人。和乃生、不和不生。察和之道、其精不見、其徵不醜、平正擅匈、論治在心、此以長壽。……凡人之生也、必以平正。所以失之、必以喜怒憂患。是故止怒莫若詩、去憂莫若樂、節樂莫若禮、守禮莫若敬、守敬莫若靜。內靜外敬、能反其性、性將大定。

とあるのを參照。

「與彼更生」は、「彼」は、「形」を指す。「更生」は、『史記』平津侯主父列傳に、

徐樂曰、「……及至秦王、蠶食天下、幷呑戰國、稱號曰皇帝、主海內之政、壞諸侯之城、銷其兵、鑄以爲鍾虡、示不復用。元元黎民得免於戰國、逢明天子、人人自以爲更生。嚮使秦緩其刑罰、薄賦斂、省繇役、貴仁義、賤權利、上篤厚、下智巧、變風易俗、化於海內、則世世必安矣。」

とあり、また、本書第7章の注釋（15）に引用した『抱朴子』論仙篇に、

牛哀成虎、楚嫗爲黿、枝離爲柳、秦女爲石、死而更生、男女易形、老彭之壽、殤子之夭、其何故哉。

とあったのを參照。郭象は『莊子』達生篇のこの箇所に、

更生者、日新之謂也。付之日新、則性命盡矣。

と注している。この注は多分く正しいと思われるが、『管子』心術下篇に、

人能正靜者、筋肕而骨強。能戴大圓者、體乎大方。鏡大淸者、視乎大明。正靜不失、日新其德、昭知天下、通於四極。

とあり、同じく內業篇に、

人能正靜、皮膚裕寬、耳目聰明、筋信而骨強。乃能戴大圜、而履大方、鑒於大清、視於大明。敬愼無忒、日新其德、徧知天下、窮於四極、敬發其充、是謂內得。

とあり、『史記』匈奴列傳に、

孝文帝後二年、使使遺匈奴書曰、「……書曰、『二國已和親、兩主驩說、寢兵休卒養馬、世世昌樂、闟然更始。』朕甚嘉之。聖人者日新、改作更始、使老者得息、幼者得長、各保其首領、而終其天年。」

とあるのを參照。

(16)「棄事則形不勞、遺生則精不虧。」については、本章の注釋(13)を參照。『莊子』刻意篇に、

平易恬淡、則憂患不能入、邪氣不能襲。故其德全而神不虧。

とある(本章の第1節、及びその注釋(13)を參照)のと類似するけれども、この「精」は「精氣」の意であるから、同じく在宥篇の黃帝・廣成子問答に、

廣成子……曰、「……必靜必淸、无勞女形、无搖女精、乃可以長生。目无所見、耳无所聞、心无所知、女神將守形、形乃長生。……我爲女遂於大明之上矣、至彼至陽之原也。爲女入於窈冥之門矣、至彼至陰之原也。天地有官、陰陽有藏。愼守女身、物將自壯。我守其一、以處其和。故我脩身千二百歲矣、吾形未常(嘗)衰。」

とある(本書第7章の第6節、及び本章の注釋(47)を參照)のに、比較的近い。

「夫形全精復、與天爲一。」については、本書第9章の注釋(14)、及び本章の注釋(13)(37)を參照。

「天地者、萬物之父母也。」は、『莊子』至樂篇の天下有至樂章に、

天无爲、以之淸。地无爲、以之寧。故兩无爲相合、萬物皆化。

とあり(本書第7章の第6節、及びその注釋(40)を參照)、『荀子』禮論篇に、

禮有三本。天地者、生之本也。……無天地、惡生。

とあり、上引の『管子』內業篇に、

凡人之生也、天出其精、地出其形、合此以爲人。和乃生、不和不生。察和之道、其精不見、其徵不醜、平正擅匈、論治在心、此以長壽。

とあり（本書第8章の注釋（27）を參照）、通行本『周易』繫辭下傳に、

天地絪縕、萬物化醇。男女構精、萬物化生。『易』曰、「三人行、則損一人。一人行、則得其友。」言致一也。

とあり（本書第7章の注釋（40）を參照）、馬王堆帛書『周易』要篇に、

天地困（昆）、萬勿（物）潤。男女購（構）請（精）、而萬物成。『易』〔曰〕、「三人行、則損一人。一人行、則〔得〕亓（其）友。」言至（致）一也。

とあり（本書第7章の注釋（40）を參照）、『尙書』泰誓上篇に、

惟十有三年春、大會于孟津。王曰、「嗟、我友邦冢君、越我御事庶士。明聽誓。惟天地、萬物父母。惟人、萬物之靈。」

とあるのなどを參照。

「合則成體、散則成始。」は、『莊子』天運篇の孔子・老聃問答（二）に、

孔子曰、「吾乃今於是乎見龍。龍合而成體、散而成章、乘乎雲氣、而養乎陰陽。予口張而不能噌。……」子貢曰、「然則人固有尸居而龍見、電聲而淵默、發動如天地者乎。」

とある（本書第1章の第1節を參照）。

「形精不虧、是謂能移。」は、『管子』心術下篇に、

故曰、思之。思之不得、鬼神敎之。非鬼神之力也、其精氣之極也。一氣能變曰精、一事能變曰智。慕選者、所以等事也。極變者、所以應物也。慕選而不亂、極變而不煩、執一之君子。執一而不失、能君萬物、日月之與同光、天地之與同理。

とあり、同じく內業篇に、

精也者、氣之精者也。……凡心之形、過知先生。一物能化、謂之神。一事能變、謂之智。化不易氣、變不易智、惟執一之君子、能爲此乎。執一不失、能君萬物。……思之思之、又重思之。思之而不通、鬼神將通之。非鬼神之力也、精氣之極也。

とあるのを參照。

「精而又精」は、『莊子』天地篇の夫子曰章（二）に、

夫子曰、「夫道、……。故深之又深、而能物焉。神之又神、而能精焉。故其與萬物接也、至无而供其求、時騁而要其宿。大小長短脩遠。」

とあり（本書第6章の第2節、その注釋（9）、及び第13章の第2節を參照）、『管子』心術下篇に、

故曰、思之。思之不得、鬼神敎之。非鬼神之力也、其精氣之極也。……執一而不失、能君萬物、日月之與同光、天地之與同理。

とあり、同じく內業篇に、

執一不失、能君萬物。……思之思之、又重思之。思之而不通、鬼神將通之。非鬼神之力也、精氣之極也。

とあるのと、大體同じ意味である。一方、『老子』第四十八章に、

爲〔學者日益、聞道者日云（損）。云（損）之有（又）云（損）、以至於无爲。无爲而无不爲。將欲〕取天下也、恆〔无事。及亓（其）有事也、不足以取天下〕。（馬王堆帛書甲本・乙本）

とあり（本書第5章の注釋（39）、及び第6章の注釋（9）を參照）、郭店楚簡『老子』乙本第四十八章は、

學者日益、爲道者日損。損之或損、以至亡（無）爲也。亡（無）爲而亡（無）不爲。

に作っている。『老子』第一章に、

〔故〕恆无欲也、以觀其眇（妙）。恆有欲也、以觀其所噭（曒）。兩者同出、異名同胃（謂）。玄之有（又）玄、衆眇（妙）之〔門〕。（馬王堆帛書甲本・乙本）

とある（本書第5章の注釋（13）、第6章の注釋（9）、及び第14章の第4節を參照）。以上の『老子』の二例の句は、否定の契機（moment）が『莊子』達生篇の達生之情者章、天地篇の夫子曰章（二）、『管子』心術下篇・內業篇よりも強く、したがって、より古い道家思想を殘していると考えられる。

（17）本章の注釋（36）を參照。

（18）「性命之情」は、『莊子』駢拇篇の上文の「五藏之情」や同じく下文の「人情」とほぼ同じ意味である。「自三代以下者」とい

う言葉とそれに對する非難は、『莊子』駢拇篇の下文に、

　自三代以下者、天下莫不以物易其性矣。

とあり（本書第9章の注釋（13）を參照）、同じく胠篋篇に、

　自三代以下者、是已。舍夫種種之民、而悅夫役役之佞、釋夫恬淡无爲、而悅夫啍啍之意。啍啍已亂天下矣。

とあり、同じく在宥篇の聞在宥天下章に、

　自三代以下者、匈匈焉終以賞罰爲事。彼何暇安其性命之情哉。

とあり（本書第9章の注釋（8）、及び第14章の第3節を參照）、『淮南子』覽冥篇に、

　故自三代以後者、天下未嘗得安其情性、而樂其習俗、保其脩命、而不夭於人虐也。所以然者何也。諸侯力征、天下〔不〕合而爲一家。

とある。また、「自三代以下者」とはやや異なるが、『莊子』在宥篇の崔瞿・老耼問答に、

　老耼曰、「……夫施及三王、而天下大駭矣。下有桀跖、上有曾史、而儒墨畢起。」

とある（本書第9章の注釋（8）、第11章の第3節、及びその注釋（22）を參照）。

「自虞氏招仁義以撓天下也」は、『淮南子』兵略篇に、

　故得道之兵、車不發軔、騎不被鞍、鼓不振塵、旗不解卷、甲不離矢、刃不嘗血、朝不易位、賈不去肆、農不離野。招義而責之、大國必朝、小城必下。因民之欲、乘民之力而爲之、去殘除賊也。

とあるのを參照。

（19）本章の注釋（14）を參照。「軒冕在身、非性命也。物之儻來寄也。」は、『莊子』養生主篇の秦失・弟子問答に、

　（秦失）曰、「……適來、夫子時也。適去、夫子順也。」

とあり（本書第7章の注釋（11）、第8章の注釋（27）、第9章の注釋（29）、及び本章の注釋（14）を參照）、同じく人閒世篇の匠石・弟子問答に、

　弟子曰、「趣取无用、則爲社何邪。」曰、「密。若无言。彼亦直寄焉。」

とあり、同じく知北遊篇の舜・丞問答に、

（丞）曰、「汝身非汝有也。……是天地之委形也。生非汝有、是天地之委和也。性命非汝有、是天地之委順也。孫子非汝有、是天地之委蛻也。」

とある（本書第7章の注釋（14）、第8章の第3節、及びその注釋（27）（28）を參照）。

「寄之其來不可圉、其去不可止。」は、『莊子』達生篇の達生之情者章に、

生之來不能却、其去不能止。悲夫、世之人以爲養形足以存生。

とあり（本章の第1節、及びその注釋（14）を參照）、同じく田子方篇の肩吾・孫叔敖問答に、

孫叔敖曰、「吾何以過人哉。吾以其來不可却也、其去不可止也。吾以爲得失之非我也、而无憂色而已矣。我何以過人哉。」

とあり（本章の注釋（14）を參照）、同じく知北遊篇の顏淵・仲尼問答に、

仲尼曰、「……山林與、皐壤與、使我欣欣然而樂與。樂未畢也、哀又繼之。哀樂之來、吾不能禦。其去、弗能止。悲夫、世人直爲物逆旅耳。」

とある（本章の注釋（14）を參照）。

「不爲軒冕肆志、不爲窮約趨俗、其樂彼與此同。故无憂而已矣。」は、『史記』魯仲連列傳に、

魯連逃隱於海上曰、「吾與富貴而詘於人、寧貧賤而輕世肆志焉。」

とあるのを參照。

「故曰、『喪己於物、失性於俗者、謂之倒置之民。』」は、『莊子』繕性篇の上文に、

繕性於俗、俗〈學〉以求復其初、滑欲於俗、思以求致其明。謂之蔽蒙之民。

とあるのを承けている。

（20）『淮南子』俶眞篇の文章は、『莊子』在宥篇の聞在宥天下章に、

故君子苟能无解其五藏、无擢其聰明、尸居而龍見、淵默而雷聲、神動而天隨、從容无爲、而萬物炊累焉。吾又何暇治天下哉。

とある（本書第7章の注釋（47）、及び第11章の注釋（22）を參照）のをふまえたもの。
「夫魚相忘於江湖、人相忘於道術。」は、『莊子』大宗師篇の知天之所爲章に、

古之眞人、……。泉涸、魚相與處於陸、相呴以濕、相濡以沫、不如相忘於江湖。與其譽堯而非桀也、不如兩忘而化其道。

とあり、同じく天運篇の孔子・老聃問答（二）に、

老聃曰、「……泉涸、魚相與處於陸、相呴以濕、相濡以沫、不若相忘於江湖。」

とあるのをふまえたもの。
「孰肯解構人間之事」は、今引用した『莊子』在宥篇の聞在宥天下章の「吾又何暇治天下哉」に相當する。また、『後漢書』隗囂列傳に、

帝報以手書曰、「……自今以後、手書相聞、勿用傍人解構之言。」

という用例があり、同じく竇融列傳に、

詔報曰、「……囂自知失河西之助、族禍將及、欲設閒離之說、亂惑眞心、轉相解搆、以成其姦。」

という用例があるのを參照。
「以物煩其性命乎」は、上引の『莊子』在宥篇の聞在宥天下章の上文に、

故君子不得已而臨莅天下、莫若无爲。无爲也而後安其性命之情。

とある（本書第7章の注釋（47）を參照）。

（21）本書第6章の第1節などを參照。

（22）「冬日衣皮毛、夏日衣葛絺。春耕種、形足以勞動、秋收斂、身足以休食。日出而作、日入而息。」は、『莊子』馬蹄篇に、人類の理想社會を描いて、

夫赫胥氏之時、民居不知所爲、行不知所之、含哺而熙、鼓腹而遊。民能以（已）此矣。

などとある（本書第8章の注釋（28）を參照）のと、類似する考えである。
「吾何以天下爲哉」は、『莊子』逍遙遊篇の堯・許由問答に、

堯讓天下於許由曰、「……夫子立而天下治、而我猶尸之、吾自視缺然。請致天下。」許由曰、「子治天下、天下既已治也。而我猶代子、吾將爲名乎、名者實之賓也。吾將爲賓〈實〉乎、鷦鷯巢於深林、不過一枝、偃鼠飮河、不過滿腹。歸休乎、君。予無所用天下爲。庖人雖不治庖、尸祝不越樽俎而代之矣。」

とあり、同じく逍遙遊篇の肩吾・連叔問答に、

連叔曰、「……之人也、之德也、將旁礴萬物以爲一。世蘄乎亂、孰弊弊焉以天下爲事。之人也、物莫之傷。大浸稽天而不溺、大旱金石流土山焦而不熱。是其塵垢粃糠、將猶陶鑄堯舜者也。孰肯以物爲事。」

とあり（本書第11章の注釋（3）を參照）、『呂氏春秋』求人篇に、

昔者堯朝許由於沛澤之中曰、「……夫子爲天子、而天下已治矣。請屬天下於夫子。」許由辭曰、「爲天下之不治與、而既已治矣。自爲與、啁噍巢於林、不過一枝、偃鼠飮於河、不過滿腹。歸已、君乎。惡用天下。」遂之箕山之下、潁水之陽、耕而食、終身無經天下之色。

とある。これらはいずれも比較的古いタイプの單純な「養生」説である（以下の本文を參照）。

(23)　この文章については、『文子』九守篇に、

老子曰、「……夫無以天下爲者、學之建鼓也。」老子曰、「尊勢厚利、人之所貪也、比之身則賤。故聖人食足以充虛接氣、衣足以蓋形禦寒、適情辭餘、不貪得、不多積。」

とあり、『後漢書』仲長統列傳に、

法誡篇曰、「……昔賈誼感絳侯之困辱、因陳大臣廉恥之分、開引自裁之端。自此以來、遂以成俗。繼世之主、生而見之、習其所常、曾莫之悟。嗚呼、可悲夫。左手據天下之圖、右手刎其喉、愚者猶知難之、況明哲君子哉。」

とあり、同じく馬融列傳に、

永初二年、……融既飢困、乃悔而歎息、謂其友人曰、「古人有言、『左手據天下之圖、右手刎其喉、愚夫不爲。』所以然者、生貴於天下也。今以曲俗咫尺之羞、滅無貲之軀、殆非老莊所謂也。」故往應隲召。

とあるのを參照。

(24)　大略同じ文章が『莊子』讓王篇の堯・許由問答に、

堯以天下讓許由。許由不受。又讓於子州支父。子州支父曰、「以我爲天子、猶之可也。雖然、我適有幽憂之病、方且治之。未暇治天下也。」夫天下、至重也。而不以害其生、又況他物乎。唯无以天下爲者、可以託天下也。舜讓天下於子州支伯。子州支伯曰、「予適有幽憂之病、方且治之。未暇治天下也。」故天下、大器也。而不以易生。此有道者之所以異乎俗者也。

の如く取られているのを參照。

(25)　『莊子』讓王篇の越人三世弑其君章に、

越人三世弑其君。王子搜患之、逃乎丹穴。而越國无君、求王子搜不得、從之丹穴。王子搜不肯出、越人薰之以艾、乘以王輿。王子搜援綏登車、仰天而呼曰、「君乎、君乎。獨不可以舍我乎。」王子搜非惡爲君也、惡爲君之患也。若王子搜者、可謂不以國傷生矣。此固越人之所欲得爲君也。

の如く取られているのを參照。

「越人三世殺其君」は、『史記』越世家と『竹書紀年』によれば、紀元前四四九年に殺された不壽、前三七六年に弑された子翳、前三六四年に弑された無餘（王之侯）のこと。王子搜は無顓を指し、この事件は前三六四年に起こったこととして設定されている。ちなみに、『淮南子』原道篇には、

越王翳逃山穴、越人熏而出之、遂不得已。

とある。

「若王子搜者、可謂不以國傷其生矣。此固越人之所欲得而爲君也。」は、趣旨は以上の本文の「惟不以天下害其生者也、可以託天下。」に同じ。『莊子』在宥篇の閒在宥天下章に、

故君子不得已而臨莅天下、莫若无爲。无爲也而後安其性命之情。故貴以（爲）身於爲天下、則可以託天下。愛以（爲）身於爲天下、則可以寄天下。

とあり（本書第7章の注釋（47）を參照）、『老子』第十三章に、

龍（寵）辱若驚、貴大梡（患）若身。苛（何）胃（謂）龍（寵）辱若驚。龍（寵）之爲下、得之若驚、失〔之〕若驚、是胃（謂）龍（寵）辱若驚。何胃（謂）貴大梡（患）若身。吾所以有大梡（患）者、爲吾有身也。及吾无身、有（又）何梡（患）。故貴爲身於爲天下、若可以迈（託）天下矣。愛以（爲）身爲天下、女（如）何（可）以寄天下矣。（馬王堆帛書甲本・乙本）

とあり（本書第7章の注釋（47）を參照）、その郭店楚簡『老子』乙本第十三章は、

人態（寵）辱若纓（攖）、貴大患若身。可（何）胃（謂）態（寵）辱。態（寵）爲下也、㝵（得）之若纓（攖）、遊（失）之若纓（攖）、是胃（謂）態（寵）辱〔若〕纓（攖）。〔可（何）胃（謂）貴大患〕若身。虗（吾）所以又（有）大患者、爲虗（吾）又（有）身。汲（及）虗（吾）亡（無）身、或可（何）〔患。故貴爲身於〕爲天下、若可以厇（託）天下矣。炁（愛）以（爲）身爲天下、若可以迲（寄）天下矣。■

に作り、『淮南子』俶眞篇に、

故古之治天下也、必達乎性命之情。其擧錯未必同也、其合於道一也。夫夏日之不被裘者、非愛之也、燠有餘於身也。冬日之不用翣者、非簡之也、凊有餘於適也。夫聖人量腹而食、度形而衣、節於己而已、貪汚之心奚由生哉。故能有天下者、必無以天下爲〔者〕也。能有名譽者、必無以趨行求者也。聖人有所于達、達則嗜慾之心外矣。

とあり、同じく道應篇に、

大王亶父居邠、翟人攻之。事之以皮帛珠玉而弗受曰、「翟人之所求者地、無以財物爲也。」大王亶父曰、「與人之兄居而殺其弟、與人之父處而殺其〔子〕、予弗爲。皆勉處矣。爲吾臣與翟人奚以異。且吾聞之也、不以其所養害其養。」杖策而去、民相連而從之、遂成國於岐（岐）山之下。大王亶父可謂能保生矣。〔能保生〕、雖富貴不以養傷身、雖貧賤不以利累形。今受其先人之爵祿、則必重失之。〔生之〕所自來者久矣、而輕失之、豈不惑哉。故老子曰、「貴以（爲）身爲天下、焉可以託天下。愛以（爲）身爲天下、焉可以寄天下矣。」

とあり（本書第7章の注釋（47）を參照）、『文子』上仁篇に、

老子曰、「能尊生者、雖富貴不以養傷身、雖貧賤不以利累形。今受先祖之遺爵、則必重〔失之〕。生之所由來久矣、而輕失

之、豈不惑哉。故貴以〔爲〕身治天下、則可以寄天下。愛以〔爲〕身爲天下、乃可以託天下。」

とあり、『淮南子』詮言篇に、

泰王亶父處邠、狄人攻之、事之以皮幣珠玉而不聽、乃謝耆老而徙〈徙〉岐周、百姓攜幼扶老而從之、遂成國焉。推此意、四世而有天下、不亦宜乎。無以天下爲者、必能治天下者。

とあり（これらの藍本となった文章が『呂氏春秋』審爲篇と『莊子』讓王篇にあるが、しかしそれらには『老子』第十三章からの引用はない）、『文子』九守篇に、

老子曰、「夫所謂聖人者、適情而已。量腹而食、度形而衣、節乎己而〔已〕、貪汚之心無由生也。故能有天下者、必無以天下爲也。能有名譽者、必不以越〈趨〉行求之、誠達性命之情、仁義乃因附也。」

とあるのを參照。

（26）本書第4章の第3節、その注釋（19）、及び拙著『馬王堆漢墓帛書五行篇研究』の第二部、第十四章説を參照。

（27）本書第4章の第3節、その注釋（19）を參照。

（28）本書第4章の第1節を參照。

（29）本書第5章の第1節、及びその注釋（8）を參照。

（30）本書第5章の注釋（39）、第11章の注釋（25）、及び第13章の第2節を參照。

（31）本書第9章の第2節・第4節を參照。

（32）本書の第7章・第8章を參照。

（33）人間の「性」の理解に關する先後・影響關係の實際は、荀子→道家ではなく、反對に、道家→荀子であった可能性もなくはないが、道家には「性」を言わなければならない內在的な必要性は、本來それほど強くないので、ここでは本文のように考えておくことにする。

（34）董仲舒の性三品説の內容の分析とその思想史的位置づけについては、拙著（共著）『中國思想史』、第一章、二「天下のなかの人間」を參照。

（35）本章の第1節、及びその注釋（11）を參照。「形勞而不休則弊、精用而不已則勞。勞則竭。」は、ほぼ同時代に成った『淮南子』精神篇に、

形勞而不休則蹶、精用而不已則竭。是故聖人貴而尊之、不敢越也。

の如く取られている。また、『莊子』在宥篇の黄帝・廣成子問答に、

廣成子……曰、「……无視无聽、抱神以靜、形將自正。必靜必清、无勞女形、无搖女精、乃可以長生。目无所見、耳无所聞、心无所知、女神將守形、形乃長生。」

とある（本書第7章の第6節、及び本章の注釋（16）を參照）。

「水之性、不雜則清、莫動則平。」は、『莊子』德充符篇の魯哀公・仲尼問答に、

（仲尼）曰、「平者、水停之盛也。其可以爲法也、内保之而外不蕩也。德者、成和之脩也。德不形者、物不能離也。」

とあり（本書第11章の注釋（32）を參照）、同じく天道篇の天道運而无所積章に、

水靜、則明燭鬚眉、平中准、大匠取法焉。水靜猶明、而況精神聖人之心靜乎。天地之鑒也、萬物之鏡也。

とあり、『呂氏春秋』本生篇に、

夫水之性清、土者抇之、故不得清。人之性壽、物者抇之、故不得壽。物也者、所以養性也、非所以性養也。今世之人、惑者多以性養物、則不知輕重也。

とあり、『淮南子』俶眞篇に、

水之性清、而土汩之。人性安靜、而嗜欲亂之。……是故神者智之淵也、淵〈神〉清則智明矣。智者心之府也、智公則心平矣。人莫鑑於流沫〈雨〉、而鑒於止水者、以其靜也。莫窺形於生鐵、而窺〈形〉於明鏡者、以其易也。夫唯易且靜、形物之性也。

とあり、『文子』道原篇に、

老子曰、「……水之性欲清、沙石穢之。人之性欲平、嗜欲害之。唯聖人能遺物反己。」

とあり、同じく九守篇に、

老子曰、「……神者智之淵也、神清卽智明。智者心之府也、智公卽心平。人莫鑑於流潦、而鑒於澄水、以其清且靜也。故神清意平、乃能形物之情。」

とある、等々を參照。

「動而以天行」は、『莊子』刻意篇の上文に、

故曰、「聖人之生也天行、其死也物化。靜而與陰同德、動而與陽同波。」

とある（本書第7章の注釋（3）、及び第9章の注釋（14）を參照）のをふまえている。

（36）「夫有干越之劍者、柙而藏之、不敢用也。寶之至也。」は、『淮南子』精神篇に、これをふまえた文章が、

夫有夏后氏之璜者、匣匱而藏之、寶之至也。夫精神之可寶也、非直夏后氏之璜也。

とある。

「精神四達竝流、无所不極。」は、『莊子』知北遊篇の孔子・老聃問答に、

老聃曰、「……其來无迹、其往无崖、无門无房、四達之皇皇也。邀於此者、四枝彊、思慮恂達、耳目聰明、其用心不勞、其應物无方。天不得不高、地不得不廣、日月不得不行、萬物不得不昌、此其道與。」

とあり、『老子』第十章に、

〔戴（載）營柏（魄）抱一、能毋离（離）乎。槫（專）氣至（致）柔〕、能嬰兒乎。脩除玄藍（鑒）、能毋疵乎。愛〔民栝（活）邦、能毋以爲乎。天門啓闔、能爲雌乎。明白四達、能毋以知（智）乎〕。生之畜之、生而弗〔有、長而弗宰也。是胃（謂）玄〕德。（馬王堆帛書甲本・乙本）

とあり（本書第7章の注釋（2）、及び本章の注釋（43）を參照）、『淮南子』道應篇に、

齧缺問道乎被衣。被衣曰、「正女形、壹女視、天和將至。攝女知（智）、正女度、神將來舍。德將爲若美、而道將爲女居。」……故老子曰、「明白四達、能無以知（智）乎。」

とあり（本書第5章の注釋（40）を參照）、『文子』道原篇に、

孔子問道。老子曰、「正汝形、一汝視、天和將至。攝汝知（智）、正汝度、神將來舍。德將爲汝容、道將爲汝居。……明白

四達、能無知（智）乎。」

とある（本書第5章の注釋（40）を參照）のを參照。

「无所不極。上際於天、下蟠於地。」は、『淮南子』道應篇に、

景曰、「……若神明、四通竝流、無所不極。上際於天、下蟠於地、化育萬物、而不可爲象、俛仰之閒、而撫四海之外。」

とあるのを參照。また、類似する思想を述べた文章としては、『孝經』感應章に、

子曰、「……孝悌之至、通於神明、光于四海、無所不通。」

とあり、『禮記』樂記篇に、

及夫禮樂之極乎天、而蟠乎地、行乎陰陽、而通乎鬼神、窮高極遠、而測深厚。

とあるのを參照。

「化育萬物」は、『管子』心術上篇に、

虛無無形、謂之道。化育萬物、謂之德。

とあり（本書第9章の第4節、その注釋（49）、及び第11章の第5節を參照）、『禮記』中庸篇に、

唯天下至誠、爲能盡其性。能盡其性、則能盡人之性。能盡人之性、則能盡物之性。能盡物之性、則可以贊天地之化育。可以贊天地之化育、則可以與天地參矣。

とある（本章の注釋（17）を參照）。

「不可爲象。其名爲同帝。」は、『老子』第十四章に、

視之而弗見、名之曰聲（微）。聽之而弗聞、名之曰希。捪之而弗得、名之曰夷。三者、不可至（致）計（詰）、故園（捆）〔而爲一〕。一者、其上不攸（悠）、其下不忽。尋（繩）尋（繩）呵（乎）不可名也、復歸於无物。是胃（謂）无狀之狀、无物之〔象。是胃（謂）沕（忽）朢（恍）。隋（隨）而不見其後、迎〕而不見其首。執今之道、以御今之有、以知古始。是胃（謂）〔道紀〕。（馬王堆帛書甲本・乙本）

とあり、その同じく第二十五章に、

有物昆（混）成、先天地生。繍（寂）呵（乎）繆（寥）呵（乎）、獨立〔而不孩（改）〕、可以爲天地母。吾未知其名、字之曰道、吾強爲之名曰大。（馬王堆帛書甲本・乙本）

とあり（本書第2章の第4節、その注釋（29）、第8章の第5節、及び第11章の注釋（28）を參照）、郭店楚簡『老子』甲本第二十五章は、

又（有）脜（狀）蟲（蚰）成、先天陸（地）生。敓（寂）纏（穆）、蜀（獨）立不亥（改）、可以爲天下母。未智（知）亓（其）名、孳（字）之曰道、虐（吾）弜（強）爲之名曰大。

に作っている。

（37）「純素之道、唯神是守。」は、『莊子』天地篇の子貢・爲圃者問答に、

孔子曰、「彼假脩渾沌氏之術者也。識其一、不知其二。治其內、而不治其外。夫明白入素、无爲復朴、體性抱神、以遊世俗之閒者、汝將固驚邪。」

とあり、同じく達生篇の子列子・關尹問答に、

子列子問關尹曰、「『至人潛行不窒、蹈火不熱、行乎萬物之上而不慄。』請問何以至於此。」關尹曰、「是純氣之守也。非知巧果敢之列。」

とあるのを參照。この「神」は、文脈上から把えるならば、『莊子』刻意篇の上文で見た「精用而不已則勞」の「精」であり、「此養神之道也」の「神」であり、また「精神四達竝流」の「精神」である。

「守而勿失、與神爲一。」は、『莊子』達生篇の達生之情者章に、

夫形全精復、與天爲一。天地者、萬物之父母也。合則成體、散則成始。形精不虧、是謂能移。精而又精、反以相天。

とある（本書第9章の注釋（14）、本章の第1節、及びその注釋（16）を參照）。この「神」は、人間の內部にあるとともに、外界にも遍在するとされているらしいが、ここでは後者を主としている。

「一之精通、合于天倫。」は、聖人の「精氣」と宇宙の「精氣」の「一」つになったものが、四海・天地の隅々にまで隈なく伸びていくという意味である。『莊子』刻意篇の上文に、

感而後應、迫而後動、不得已而後起。去知與故、循天之理。故無天災、無物累、無人非、無鬼責。……其神純粹、其魂不罷。虛無恬惔、乃合天德。

とある（本書第9章の注釋（13）（14）を參照）。また、『管子』心術下篇に、

是故內聚以爲泉原。泉之不竭、表裏遂通。泉之不涸、四支堅固。能令用之、被服四固。是故聖人一言解〈之〉之〈解〉、上察於天、下察於地。

とあり、同じく內業篇に、

道滿天下、普在民所、民不能知也。一言之解、上察於天、下極於地、蟠滿九州。……精存自生、其外安榮。內藏以爲泉原、浩然和平、以爲氣淵。淵之不涸、四體乃固。泉之不竭、九竅遂通。乃能窮天地、被四海。

とあり、『淮南子』原道篇に、

道者、一立而萬物生矣。是故一之理、施四海。一之解、際天地。其全也、純兮若樸。其散也、混兮若濁。濁而徐清、沖而徐盈、澹兮其若深淵、汎兮其若浮雲、若無而有、若亡而存。

とあり（本書第7章の注釋（2）を參照）、馬王堆漢墓帛書『十六經』成法篇に、

黃帝曰、「一者、一而已乎。其亦有長乎。」力黑曰、「一者、道其本也、胡爲而无長。□□所失、莫能守一。一之解、察於天地。一之理、施於四海。」

とあるのと、大略同じ意味である。

（38）「无所可用」は、『莊子』人閒世篇の匠石・弟子問答に、

匠石之齊。至乎曲轅、見櫟社樹。其大蔽〔數千〕牛、絜之百圍。其高臨山、十〈千〉仞而後有枝。其可以爲舟者、旁十數。觀者如市。匠伯不顧、遂行不輟。弟子厭觀之、走及匠石曰、「自吾執斧斤以隨夫子、未嘗見材如此其美也。先生不肯視、行不輟、何邪。」曰、「已矣。勿言之矣。散木也。以爲舟則沈、以爲棺槨則速腐、以爲器則速毀、以爲門戶則液樠、以爲柱則蠹。是不材之木也。无所可用。故能若是之壽。」

とあるのを參照。『莊子』人閒世篇には、「不材之木」を「養生」說のための比喩として用いた文章が集めてあり、南伯子綦遊

乎商之丘章・宋有荊氏者章・山木自寇也章がそれである。
「此木以不材得終其天年」は、類似する表現が『莊子』人閒世篇の匠石・弟子問答に、
櫟社見夢曰、「女將惡乎比予哉。若將比予於文木邪。夫柤梨橘柚、果蓏之屬、實熟則剝、〔剝〕則辱。大枝折、小枝泄。此以其能苦其生者也。故不終其天年、而中道夭。自掊擊於世俗者也。物莫不若是。」
とあり、同じく宋有荊氏者章に、
宋有荊氏者、宜楸柏桑。其拱把而上者、求狙猴之杙者斬之。三圍四圍、求高名之麗者斬之。七圍八圍、貴人富商之家求禪傍者斬之。故未終其天年、而中道之夭於斧斤。此材之患也。
とあるのを參照。
「材與不材之閒」は、『莊子』養生主篇の吾生也有涯章に、
爲善无近名、爲惡无近刑、緣督以爲經、可以保身、可以全生、可以養親、可以盡年。
とあるのと、大體同じ思想。以下の部分は、これを「物」の立場でしかないとして批判的に克服しようとしたもので、同じく達生篇の田開之・周威公問答に、
仲尼曰、「无入而藏、无出而陽、柴立其中央。」
とあるのとほぼ同じ。
「物物而不物於物」は、本書第6章の第2節に詳述した。
(39)「淖約若處子」は、『韓非子』外儲說左上篇に、
故有術而御之、身坐於廟堂之上、有處女子之色、無害於治。無術而御之、身雖瘁臞、猶未有益。

とあるのを參照。

「不食五穀、吸風飲露。」は、『淮南子』人閒篇に、
單豹倍世離俗、巖居谷飲、不衣絲麻、不食五穀、行年七十、猶有童子之色。卒而遇飢虎、殺而食之。

とあり、『史記』留侯世家に、

留侯性多病、卽道引不食穀、杜門不出歲餘。……留侯乃稱曰、「……願棄人閒事、欲從赤松子游耳。」乃學辟穀、道引輕身。

とあり（本章の注釋（12）を參照）、『論衡』道虛篇に、

世或以辟穀不食爲道術之人、謂王子喬之輩、以不食穀、與恆人殊食、故與恆人殊壽、踰百度世、遂爲仙人。此又虛也。

とあるように、後の「養生」の術や道教における「辟穀」の典據となった文である。

「乘雲氣、御飛龍、而遊乎四海之外。」は、『莊子』齊物論篇の齧缺・王倪問答に、

王倪曰、「至人神矣。……若然者、乘雲氣、騎日月、而遊乎四海之外。」

とあり（本書第6章の注釋（7）、本章の注釋（48）、及び第13章の第1節を參照）、同じく逍遙遊篇の北冥有魚章に、

若夫乘天地之正、而御六氣之辯（變）、以遊無窮者、彼且惡乎待哉。

とある（本章本節の下文、及びその注釋（48）を參照）。

「其神凝」は、これをふまえたと思われる文章が、『禮記』中庸篇に、

大哉、聖人之道。洋洋乎發育萬物、峻極于天。……故曰、「苟不至德、至道不凝焉。」

とあり、また、『管子』内業篇に、

凡物之精、此〈化〉則爲生、下生五穀、上爲列星。流於天地之閒、謂之鬼神、藏於胷中、謂之聖人。

とある「精」も、この「神」と似た考えである。

（40）「將旁礴萬物以爲一」は、『淮南子』俶眞篇に、

至德之世、……當此之時、莫之領理、決離隱密而自成、渾渾蒼蒼、純樸未散、旁薄爲一、而萬物大優。是故雖有羿之知、而無所用之。

とある（本書第7章の注釋（17）、及び第8章の注釋（19）を參照）。これに類似する「萬物齊同」の哲學と「萬物一體」の思想については、本書の第5章・第8章に詳述した。

「之人也、物莫之傷。」は、『莊子』秋水篇の河伯・北海若問答に、

北海若曰、「知道者、必達於理。達於理者、必明於權。明於權者、不以物害己。……言察乎安危、寧於禍福、謹於去就、莫

之能害也。」

とあり（本書第9章の第2節、その注釋（11）、及び第12章の第5節を參照）、同じく達生篇の子列子・關尹問答に、

關尹曰、「……夫若是者、其天守全、其神无郤。物奚自入焉。……聖人藏於天。故莫之能傷也。」

とあり（本書第9章の第2節、その注釋（11）を參照）、同じく知北遊篇の顏淵・仲尼問答に、

仲尼曰、「……聖人處物、不傷物。不傷物者、物亦不能傷也。唯无所傷者、爲能與人相將迎。」

とある。

「大浸稽天而不溺、大旱金石流土山焦而不熱。」は、『莊子』齊物論篇の齧缺・王倪問答に、

王倪曰、「至人神矣。大澤焚而不能熱、河漢沍而不能寒、疾雷破山風振海而不能驚。」

とあるのをふまえた文章であるが、しかしこれは表現が極端に大げさになり、外界の事物・現象が天變地異のように描かれていることに注意。これらの後に、多くの類似する文章が現れるに至ったことについては、本書第9章の注釋（11）を參照。

「是其塵垢粃糠、將猶陶鑄堯舜者也。」は、『莊子』讓王篇の魯君聞顏闔得道之人也章に、

故曰、「道之眞以治身、其緒餘以爲國家、其土苴以治天下。」由此觀之、帝王之功、聖人之餘事也。非所以完身養生也。

とあるのに近い思想。

「孰肯以物爲事」は、『莊子』德充符篇の常季・仲尼問答に、

仲尼曰、「……而況官天地、府萬物、直寓六骸、象耳目、一知之所知、而心未嘗死者乎。彼且擇日而登假。人則從是也。彼且何肯以物爲事乎。」

とあり（本書第6章の第1節、及び第7章の第6節を參照）、『淮南子』俶眞篇に、

是故與其有天下也、不若有說也。與其有說也、不若尙羊物之終始也、而條達有無之際〔也〕。是故擧世而譽之不加勸、擧世而非之不加沮、定于死生之境、而通于榮辱之理、雖有炎火洪水彌靡於天下、神無虧缺於胷臆之中矣。若然者、視天下之閒、猶飛羽浮芥也、熟（孰）肯分分然以物爲事也。

とある。

（41）「其名爲槹」は、これをふまえて『淮南子』氾論篇に、

古者剡耜而耕、摩蜃而耨、木鉤而樵、抱甀而汲、民勞而利薄。後世爲之耒耜耰鉏、斧柯而樵、桔皐而汲、民逸而利多焉。

とあり、『説苑』反質篇に、

衞有五丈夫、倶負缶而入井、灌韭、終日一區。鄧析過、下車爲敎之曰、「爲機、重其後、輕其前、命曰橋。終日漑韭百區、不倦。」五丈夫曰、「吾師言曰、『有機知之巧、必有機知之敗。』我非不知也、不欲爲也。子其往矣、我一心漑之、不知改已。」鄧析去、行數十里、顏色不悦懌、自病。弟子曰、「是何人也。而恨我君、請爲君殺之。」鄧析曰、「釋之。是所謂眞人者也、可令守國。」

とある。

（42）「有機事者、必有機心。機心存於胸中、則純白不備。純白不備、則神生不定。」は、これをふまえた文章が『淮南子』と『文子』に少なからず見えている。『淮南子』原道篇に、

故機械之心、藏於胸中、則純白不粹、神德不全。在身者不知、何遠之所能懷。

とあり（本書第9章の注釋（39）を參照）、『文子』道原篇に、

老子曰、「機械之心藏于中、卽純白不粹、神德不全。於身者不知、何遠之能懷。」

とあり、『淮南子』精神篇に、

所謂眞人者、性合于道也。故有而若無、實而若虛、處其一、不知其二、治其內、不識其外。明白太素、無爲復樸、體本抱神、以游于天地之樊、芒然仿佯于塵垢之外、而消搖于無事之業。浩浩蕩蕩乎、機械知巧、弗載於心。

とあり、『文子』九守篇に、

老子曰、「所謂眞人者、性合乎道也。故有而若無、實而若虛、治其內、不治其外。明白太素、無爲而復樸、體本抱神、以游天地之根、芒然仿佯塵垢之外、逍遙乎無事之業。機械智巧、不載於心。」

とあり、『淮南子』本經篇に、

太淸之治也、……當此之時、玄元至碭而運照、鳳麟至、蓍龜兆、甘露下、竹實滿〈盈〉、流黃出、而朱草生、機械詐僞、莫

藏于心。……逮至衰世、……仁鄙不齊、比周朋黨、設詐諝、懷機械巧故之心、而性失矣、是以貴義。

とあり（本書第9章の第3節、及びその注釋（39）を參照）、『文子』下德篇に、

老子曰、「……及至世之衰、……人（仁）鄙不齊、比周朋黨、各推其與、懷機械巧詐之心、是以貴義。……淸靜之治者、……與道〈造〉化者爲人、機巧詐僞、莫載乎心。」

とあり（本書第9章の注釋（39）を參照）、『淮南子』泰族篇に、

故民知書而德衰、知數而厚衰、知券契而信衰、知械機而實衰也。巧詐藏於胷中、則純白不備、而神德不全矣。

とあり、『文子』微明篇に、

老子曰、「……故民知書卽德衰、知數而仁衰、知券契而信衰、知機械而實衰。」

とあるのを參照。

「神生不定者、道之所不載也。」は、『莊子』人閒世篇の顏回・仲尼問答に、

仲尼曰、「……氣也者、虛而待物者也。唯道集虛。虛者、心齋也。……瞻彼闋者、虛室生白、吉祥止止。」

とあるのとほぼ同じ思想。

（43）「渾沌氏之術」は、『莊子』應帝王篇の南海之帝爲儵章に、

南海之帝爲儵、北海之帝爲忽、中央之帝爲渾沌。儵與忽時相與遇於渾沌之地、渾沌待之甚善。儵與忽謀報渾沌之德曰、「人皆有七竅、以視聽食息、此獨无有。嘗試鑿之。」日鑿一竅、七日而渾沌死。

とある「渾沌」を、太古の理想の帝王と見なしたものであろう（本書第5章の第2節を參照）。「假」は、「眞假」の「假」で、本物ではないの意味。

「治其內、而不治其外。」は、『莊子』達生篇の田開之・周威公問答に、

田開之曰、「魯有單豹者、巖居而水飮、不與民共利。行年七十而猶有嬰兒之色。不幸遇餓虎、餓虎殺而食之。有張毅者、高門縣薄、无不走也。行年四十而有內熱之病以死。豹養其內、而虎食其外。毅養其外、而病攻其內。」

とあるのを參照。

「夫明白入素」以下は、作者が眞の「渾沌氏之術」を示したもの。その「明白」は、『老子』第十章に、

〔戴（載）營袙（魄）抱一、能毋离（離）乎〕。……〔明白四達、能毋以知（智）乎〕。（馬王堆帛書甲本・乙本）

とあり（本書第7章の注釋（2）、及び本章の注釋（36）を參照）、その「素」は、『老子』第十九章に、

絕聲（聖）棄知（智）、民利百負（倍）。絕仁棄義、民復畜（孝）茲（慈）。絕巧棄利、盜賊无有。此三言也、以爲文未足、故令之有所屬。見素抱〔樸、少私而寡欲〕。（馬王堆帛書甲本・乙本）

とあり（本書第9章の注釋（34）を參照）、郭店楚簡『老子』甲本第十九章は、

𢇍（絕）智（智）弃（棄）攴（辯）、民利百伓（倍）。𢇍（絕）攷（巧）弃（棄）利、覜（盜）惻（賊）亡（無）又（有）。𢇍（絕）憍（僞）弃（棄）慮、民复（復）季〈孝〉子（慈）。三言以爲𠭁（事）不足、或命之或虖（乎）豆（續）。視（示）索（素）保䕼（樸）、少厶（私）須〈寡〉欲。

に作っている。

「无爲復朴」は、『莊子』馬蹄篇に、

夫至德之世、同與禽獸居、族與萬物竝。惡乎知君子小人哉。同乎无知、其德不離。同乎无欲、是謂素樸。素樸而民性得矣。

とあり（本書第9章の第3節、及びその注釋（34）を參照）、『老子』第二十八章に、

知其白、守其辱、爲天下浴（谷）。爲天下〔浴（谷）〕、恆德乃〔足〕。〔恆〕德乃〔足、復歸於楃（樸）〕。（馬王堆帛書甲本・乙本）

とある（本書第9章の注釋（34）を參照）。

（44）「人有能遊」は、下文の「至知厚德」や「至人」のこと。「且得不遊乎」は、下文の「遊於世」などがその一例である。「人而不能遊」は、下文の「流遁之志、決絕之行」の人に當たる。「且得遊乎」は、下文の「覆墜而不反、火馳而不顧。」などを指す。

「火馳而不顧」は、『莊子』天地篇の堯・許由問答に、

堯問於許由曰、「齧缺可以配天乎。吾藉王倪以要之。」許由曰、「殆哉圾乎、天下。……與之配天乎、彼且乘人而无天。方且本身而異形。方且尊知而火馳。」

とあるのを參照。

「雖相與爲君臣、時也。」は、『莊子』人閒世篇の葉公子高・仲尼問答に、

仲尼曰、「天下有大戒二。其一命也、其一義也。子之愛親、命也。不可解於心。臣之事君、義也。无適而非君也。无所逃於天地之閒。是之謂大戒。是以夫事其親者、不擇地而安之、孝之至也。夫事其君者、不擇事而安之、忠之盛也。」

とあるのを參照。

「狶韋氏」は、『莊子』大宗師篇の知天之所爲章に、

夫道、有情有信、无爲无形。……狶韋氏得之以挈天地、伏戲得之以襲氣母。

とある（本書第7章の注釋（40）を參照）ように、中國最古の神である。

「唯至人乃能遊於世而不僻、順人而不失己。」は、『莊子』山木篇の市南宜僚・魯侯問答に、

市南子曰、「……人能虛己以遊世、其孰能害之。」

とあり（本書第9章の注釋（17）を參照）、『淮南子』詮言篇に、

人能虛己以遊於世、孰能訾之。

とある（本書第9章の注釋（17）を參照）。

「彼教不學、承意不彼。」の二つの「彼」は、上文の「莊子」を指す。「彼教」は、上文の「莊子曰、『人有能遊、且得不遊乎。人而不能遊、且得遊乎。』」を指す。

（45）前漢時代、文帝期～武帝期の博士制度・博士弟子制度や官吏登用制度の整備については、拙著（共著）『中國思想史』、第一章、四「儒教國教化と道教・佛教」を參照。

（46）「北冥有魚」以下は、これをふまえて書かれた文章が、『莊子』秋水篇の虁憐蚿章に、

風曰、「然。予蓬蓬然起於北海、而入於南海也。」

とあり、同じく秋水篇の惠子・莊子問答に、

莊子……曰、「南方有鳥、其名鵷鶵。子知之乎。夫鵷鶵發於南海、而飛於北海。」

とあり（本書第14章の第3節を參照）、『文選』の宋玉の「對楚王問」に、

宋玉對曰、「……故鳥有鳳而魚有鯤。鳳皇上擊九千里、絕雲霓、負蒼天、翺翔乎杳冥之上。夫蕃籬之鴳、豈能與之料天地之高哉。」

とあり、『新序』雜事篇一に、

宋玉對曰、「……故鳥有鳳而魚有鯨。鳳鳥上擊于九千里、絕浮雲、負蒼天、翺翔乎窈冥之上。夫糞田之鴳、豈能與之斷天地之高哉。」

とあるのを參照。

「南冥者、天池也。」は、『莊子』逍遙遊篇の北冥有魚章の下文に、

窮髮之北有冥海者、天池也。

とあるように、北冥も「天池」である。

「背負青天」は、これを利用して、『淮南子』人閒篇に、

夫鴻鵠……及至其筋骨之已就、而羽翮之所〈既〉成也、則奮翼揮䎃、凌乎浮雲、背負青天、膺摩赤霄、翺翔乎忽荒之上、析惕乎虹蜺之閒。

とあり、『劉子新論』薦賢篇に、

朝之乏賢、若鳳虧六翮、欲望背磨青天、臆衝絳煙、終莫由也。

とあり、同じく均任篇に、

故鵾鵬一軒、横厲寥廓、背負蒼天、足蹠浮雲、有六翮之資也。

とあるのを參照。

「莫之夭閼者」は、これをふまえた文章が『淮南子』俶眞篇に、

若夫无秋毫之微、蘆符之厚、四達無境、通于无圻、而莫之要御夭遏者、其襲微重妙、挺挏萬物、揣丸變化、天地之閒、何足以論之。……若然者、陶冶萬物、與造化者爲人、天地之閒、宇宙之內、莫能夭遏。

とあるのを參照。

(47)「斥鴳」以下は、これをふまえた文章が、『淮南子』精神篇に、

若此人者、抱素守精、蟬蛻蛇解、游於太清、輕擧獨往、忽然入冥。鳳皇不能與之儷、而況斥鷃乎。勢位爵祿何足以槪志也。

とある。本章の注釋(46)に引用した『文選』の宋玉の「對楚王問」、及び『新序』雜事篇一をも參照。

「其自視也、亦若此矣。」は、逍遙遊篇の北冥有魚章の上文の「其視下也、亦若是則已矣。」を承けて書かれている。『淮南子』道應篇に、

盧敖仰而視之、……曰、「吾比夫子、猶黃鵠與蠰蟲也。終日行不離咫尺、而自以爲遠。豈不悲哉。」故莊子曰、「小人不及大人、小知不及大知、朝菌〈秀〉不知晦朔、蟪蛄不知春秋。」此言明之有所不見也。

とある(本書第2章の第7節、及び第3章の第3節を參照)のはこれをふまえる。

「且擧世而譽之、而不加勸、擧世而非之、而不加沮。定乎內外之分、辯乎榮辱之竟(境)斯已矣。」は、『淮南子』俶眞篇に、

是故擧世而譽之不加勸、擧世而非之不加沮、定于死生之境、而通于榮辱之理、雖有炎火洪水彌靡於天下、神無虧缺於胸臆之中矣。

とあり(本書第4章の第3節を參照)、『文子』上禮篇に、

老子曰、「……若夫至人、定乎死生之意〈境〉、通乎榮辱之理、擧世譽之而不益勸、擧世非之而不加沮。得至道之要也。」

とある(本書第4章の第3節を參照)のがこれをふまえた文章であるが、兩者においては、道家の理想とする人閒像が、宋榮子の程度にレベル・ダウンしてしまったことに注意されたい。

「定乎內外之分」は、『莊子』天下篇の宋鈃・尹文論に、

以禁攻寢兵爲外、以情欲寡淺爲內。其小大精粗、其行適至是而止。

とあるのによって、その內容を知ることができる。「辯乎榮辱之竟(境)斯已矣」については、本書第4章の第3節に詳述した。

「夫列子御風而行、泠然善也。」は、風に乘って行く神仙として列子が、『列子』黃帝篇に、

列子師老商氏、友伯高子、進二子之道、乘風而歸。……列子曰、「……心凝形釋、骨肉都融。不覺形之所倚、足之所履、隨

風東西、猶木葉幹殼、竟不知風乘我邪、我乘風乎。」

の如く描かれている。

（48）「御六氣之辯（變）」は、『管子』戒篇に、

管仲對曰、「滋味動靜、生之養也。好惡喜怒哀樂、生之變也。聰明當物、生之德也。是故聖人齊滋味而時動靜、御正六氣之變、禁止聲色之淫。」

とあり、『韓非子』解老篇に、

道者、萬物之所然也、萬理之所稽也。……四時得之以御其變氣、軒轅得之以擅四方。

とあり、『韓詩外傳』卷第五に、

聖人養一性而御六氣、持一命而節滋味、奄治天下、不遺其小、以補其中、謂之志。

とあるのを參照。「辯」は、「變」の假借字である。

「以遊無窮者」の「無窮」は、『莊子』逍遙遊篇の肩吾・連叔問答に、

（肩吾）曰、「『藐姑射之山、有神人居焉。……乘雲氣、御飛龍、而遊乎四海之外。』」

とあり（本書第6章の注釋（7）を參照）、同じく齊物論篇の齧缺・王倪問答に、

王倪曰、「至人神矣。……若然者、乘雲氣、騎日月、而遊乎四海之外。」

とある（本書第6章の注釋（7）、及び本章の注釋（39）を參照）のによれば、主に無限の空間的な擴がりを言うようである。

「故曰、『至人無己、神人無功、聖人無名。』」については、本書第8章の注釋（36）、及び第11章の注釋（6）を參照。『莊子』秋水篇の河伯・北海若問答に、

北海若曰、「……聞曰、『道人不聞、至德不得、大人无己。』約分之至也。」

とあり（本書第8章の第5節、及びその注釋（36）を參照）、同じく在宥篇の大人之敎章に、

大人之敎、……頌論形軀、合乎大同。大同而无己。无己、惡乎得有有。

とあり（本書第5章の注釋（34）、第8章の第1節、及びその注釋（7）を參照）、同じく德充符篇の魯哀公・仲尼問答に、

　　仲尼曰、「……全德之人……、未言而信、无功而親。」

とあり、同じく徐无鬼篇の仲尼之楚章に、

　　（仲尼）曰、「……聖人幷包天地、澤及天下、而不知其誰氏。是故生无爵、死无謚、實不聚、名不立。此之謂大人。」

とある。

(49)　本書第6章の第2節を參照。

参考文献

小柳司氣太『老莊の思想と道敎』　關書院　一九三五年

津田左右吉『道家の思想とその展開』『津田左右吉全集』第十三卷　岩波書店　一九六四年

錢穆『莊子纂箋』　三民書局　一九六九年

窪德忠『道敎史』　世界宗敎史叢書9　山川出版社　一九七七年

王明『道家和道敎思想研究』　中國社會科學出版社　一九八四年

戶川芳郎・蜂屋邦夫・溝口雄三『儒敎史』　世界宗敎史叢書10　山川出版社　一九八七年

加地伸行『儒敎とは何か』　中公新書　中央公論社　一九九〇年

加地伸行『沈默の宗敎――儒敎』　筑摩書房　一九九四年

栗田直躬「性說の一考察」『中國上代思想の硏究』　岩波書店　一九四九年

森三樹三郎『上古より漢代に至る性命觀の展開――人性論と運命觀の歷史――』　東洋學叢書　創文社　一九七一年

齋木哲郎「秦・前漢期における養生思想と天人相關說――人型の宇宙――」　日本道敎學會『東方宗敎』第六十八號　一九八六年

加納喜光『中國醫學の誕生』　東京大學出版會　一九八七年

池田知久「莊子――「道」の哲學とその展開」　日原利國編『中國思想史』（上）　ぺりかん社　一九八七年

池田知久「《莊子》——"道"的哲學及其展開」（中國文）向寧譯　南開大學學報編輯部『南開學報』（哲學社會科學版）一九八七年第二期　一九八七年

坂出祥伸編『中國古代養生思想の總合的研究』平河出版社　一九八八年

坂出祥伸『道教と養生思想』ぺりかん社　一九九二年

石田秀實『中國醫學思想史　もう一つの醫學』東洋選書　東京大學出版會　一九九二年

石田秀實『こころとからだ』中國書店　一九九五年

小曾戸洋『漢方の歴史——中國・日本の傳統醫學』大修館書店　一九九九年

福井重雅『漢代儒教の史的研究—儒教の官學化をめぐる定説の再検討—』汲古書院　二〇〇五年

溝口雄三・池田知久・小島毅共著『中國思想史』東京大學出版會　二〇〇七年

Donald J. Munro, "*The Concept of Man in Early China*", Stanford University Press, Stanford, California, 1969.

Donald Harper, "*Early Chinese Medical Literature*", Kegan Paul International, London and New York, 1998.

關鋒「《莊子・逍遙遊》解剖」『莊子哲學討論集』中華書局　一九六二年

西順藏「莊子（逍遙遊）」『西順藏著作集』第二卷　內山書店　一九九五年

大濱皓「遊びの世界」『莊子の哲學』勁草書房　一九六六年

蜂屋邦夫「思惟と現實の間——莊子逍遙遊篇をめぐって——」『中國の思惟』法藏選書　法藏館　一九八五年

蜂屋邦夫『老莊を讀む』講談社現代新書　講談社　一九八七年

小尾郊一『中國の隱遁思想　陶淵明の心の軌跡』中公新書　中央公論社　一九八八年

Kuang-ming Wu, "*Chuang Tzu; World Philosopher at Play*", The Crossroad Publishing Company and Scholars Press, New York and Chico, 1982.

Kuang-ming Wu, "*The Butterfly as Companion*", State University of New York Press, Albany, 1990.

第11章　三種類の政治思想

――政治の拒否、ユートピア、中央集権

道家思想に含まれている政治思想の中には、大別するならば、三つの異なったタイプの政治思想がある。——第一は政治に對する原理的な拒否であり、第二は理想主義のユートピア思想であり、第三は中央集權的な政治思想である。

これらの內、第一は、初期道家のもともと懷いていた政治思想であるが、道家思想の歴史的な展開のおもむくところ、戰國時代末期になるとこのタイプは衰弱または消滅して、それより以後は第二と第三が現れるに至る。第二と第三は、戰國末期以後の道家が同時に竝行して唱えていた政治思想であって、兩者は道家の內部の異なった諸流派の作であろうと考えられる。

そして、注意すべきことは、これら三つのタイプがいずれも道家本來の政治思想であるということである。すなわち、特に第一だけを道家本來のものとして重視したり、逆に第三だけを本來のものでないとして輕視したりすることはできない、ということである。

第1節　政治に對する原理的な拒否

第一のタイプは、思想家たちが原理的に、自らの住まう人間社會を無視したり、或いはそれに背を向けて出世間的な態度を取ったりすべきことを主張して、社會において人が人を支配する政治を一概に無視・拒否しようとする、一種の政治思想である。

このタイプの思想は必ずしも多く見出されるわけではなく、初期道家の諸思想の中で、

一、「萬物齊同」の哲學において、「是非」「可不可」などの價値判斷を無意味であるとして否定・排除する、撥無の延長線に登場する政治の無視・拒否。

二、「天」の立場に立って、儒家の「仁義」「忠孝」などの倫理やそれに基づく様々の人爲を「人」であると言って、否定する地平に現れる政治の無視・拒否。

三、「遊」の思想において、假象としての人間社會をも含む「萬物」から超出して實在である「道」に入っていく、飛翔・沈潛の過程に現れる政治の無視・拒否。

などの、比較的早い時期の文章に見出されるにすぎない。

以下に、それらの例を『莊子』の中からそれぞれ擧げてみよう。

A　「萬物齊同」の哲學における政治の拒否

上記の「一」の例は、「萬物齊同」の哲學を記した代表的な文章である、『莊子』齊物論篇の齧缺・王倪問答や瞿鵲子・長梧子問答の中に、容易に見出すことができる。齧缺・王倪問答には、

（王倪）曰、「……自我觀之、仁義之端、是非之塗、樊然殽亂。吾惡能知其辯。」

齧缺曰、「子不知利害、則至人固不知利害乎。」

王倪曰、「至人神矣。大澤焚而不能熱、河漢沍而不能寒、疾雷破山風振海而不能驚。若然者、乘雲氣、騎日月、而

遊乎四海之外。死生无變於己。而況利害之端乎。」

とある。[1]この文章の中に政治の無視・拒否が直接、具體的に表現されているわけではないが、「仁義之端、是非之塗、利害之端」を知ろうとしない「至人」の態度の中に、政治に對する拒否が含まれていると解釋してもあながち無理ではあるまい。ちなみに、『淮南子』精神篇には、この箇所を繼承して書かれた類似の文章があり、

是故聖人……魂魄處其宅、而精神守其根、死生無變於己、故曰至神。所謂眞人者、性合于道也。……是故死生亦大矣、而不爲變。雖天地覆育、亦不與之抮抱矣。審乎無瑕、而不與物糅。見事之亂、而能守其宗。若然者、……大澤焚而不能熱、河漢涸而不能寒也、大雷毀山而不能驚也、大風晦日而不能傷也。是故視珍寶珠玉猶石礫也、視至尊窮寵猶行客也、視毛嬙西施猶頬醜也。以死生爲一化、以萬物爲一方、同精於太淸之本、而游於忽區之旁。

と言っている。[2]

瞿鵲子・長梧子問答には、

瞿鵲子問乎長梧子曰、「吾聞諸夫子。『聖人不從事於務。不就利、不違害。不喜求、不緣道。无謂有謂、有謂无謂。而遊乎塵垢之外。』夫子以爲孟浪之言、而我以爲妙道之行也。吾子以爲奚若。」

長梧子曰、「是黃帝之所聽熒也。而丘也何足以知之。……且有大覺、而後知此其大夢也。而愚者自以爲覺、竊竊然知之。君乎牧乎、固哉。丘也與女、皆夢也。予謂女夢、亦夢也。」

とある。[3]文章中の「聖人不從事於務。不就利、不違害。」は、すぐ上に引用した、齧缺・王倪問答の「仁義之端、是非之塗、利害之端」を知ろうとしない「至人」の態度とほぼ同じであるが、その「聖人不從事於務」は、『墨子』魯問篇に、

子墨子游魏越曰、「既得見四方之君子、則將先語。」

子墨子曰、「凡入國、必擇務而從事焉。國家昏亂、則語之尙賢尙同。國家貧、則語之節用節葬。國家憙音湛湎、則語之非樂非命。國家淫僻無禮、則語之尊天事鬼。國家務奪侵凌、即語之兼愛非攻。故曰、『擇務而從事焉。』」

とあることなどから推測するに、恐らく儒家・墨家などの唱えている政治を一概に批判したものであろう。そして、「而愚者自以爲覺、竊竊然知之。君乎牧乎、固哉。」は、「夢」のように不確實な政治的地位に固執している「孔丘」を始めとする爲政者に對して、作者が「愚者」「固哉」とさげすんで惡罵を投げつけたものであるが、これもまた政治に對する原理的な拒否の表明であると解釋しなければならない。

　そもそも「萬物齊同」の哲學とは、本書第5章や第9章ですでに述べたように、人間の、凡そ考えられる一切の「知」（感覺や知識など）を撥無するところに成り立つものであった。したがって、その「知」に基礎を置くあらゆる人爲はトータルに否定され、中でも政治という營爲が最も唾棄すべきものとして否定されるのは、當然と言わなければならない。

B　「天」の立場に立った政治の拒否

上記の「二」の例は、『莊子』天道篇の舜・堯問答に、

昔者舜問於堯曰、「天王之用心何如。」
堯曰、「吾不敖无告、不廢窮民、苦死者、嘉孺子、而哀婦人。此吾所以用心已。」
舜曰、「美則美矣、而未大也。」
堯曰、「然則何如。」

舜曰、「天徳而出〈土〉寧、日月照而四時行。若晝夜之有經、雲行而雨施矣。」

堯曰、「膠膠擾擾乎。子天之合也、我人之合也。」

夫天地者、古之所大也、而黃帝堯舜之所共美也。故古之王天下者、奚爲哉。天地而已矣。

とある。(4) 堯の「吾不敖无告、不廢窮民、苦死者、嘉孺子、而哀婦人。」は、『孟子』梁惠王下篇に、

王曰、「王政可得聞與。」

對曰、「昔者文王之治岐也、耕者九一、仕者世祿、關市譏而不征、澤梁無禁、罪人不孥。老而無妻曰鰥、老而無夫曰寡、老而無子曰獨、幼而無父曰孤。此四者、天下之窮民、而無告者。文王發政施仁、必先斯四者。『詩』云、『哿矣富人、哀此煢獨。』」

とあり、また、『尙書』大禹謨篇に、

帝曰、「俞。允若茲、嘉言罔攸伏、野無遺賢、萬邦咸寧。稽于衆、舍己從人、不虐無告、不廢困窮、惟帝時克。」

とあり、さらに、儒家の思想をも包含する雜家の文獻、『尸子』綽子篇にも、

堯養無告、禹愛辜人。……此先王之所以安危而懷遠也。

とあるので、(5) 儒家の理想とする政治の一つと見なしてよいであろう。天道篇の舜・堯問答は、戰國末期～前漢初期のものであるから必ずしも典型的な例とは言えないかもしれないが、「天」「天地」の立場に立ってその儒家の理想的な政治を、無視・拒否はしないまでも、「人」でしかないとして、まちがいなく輕視或いは相對化しているのである。

C 「遊」の思想における政治の拒否

上記の「三」の例は、『莊子』應帝王篇の天根・无名人問答に、

天根遊於殷陽、至蓼水之上。適遭无名人、而問焉曰、「請問爲天下。」无名人曰、「去。汝鄙人也。何問之不豫也。予方將與造物者爲人、厭則又乘夫莽眇之鳥、以出六極之外、而遊无何有之鄕、以處壙埌之野。汝又何帠以治天下感予之心爲。」又復問。无名人曰、「汝遊心於淡、合氣於漠、順物自然、而无容私焉。而天下治矣。」

とある。[6] この文章も、戰國末期～前漢初期の作であろうが、その「予方將與造物者爲人」が、『莊子』大宗師篇の三人相與友章に、

孔子曰、「彼遊方之外者也。而丘遊方之內者也。……彼方且與造物者爲人、而遊乎天地之一氣。」

とあり、その「而遊无何有之鄕、以處壙埌之野。」が『莊子』逍遙遊篇の惠子・莊子問答（二）に、

莊子曰、「……今子有大樹、患其無用。何不樹之於無何有之鄕、廣莫之野、彷徨乎無爲其側、逍遙乎寢臥其下。不夭斤斧、物無害者、無所可用、安所困苦哉。」

とあることからも分かるように、[7] ここには戰國時代の比較的古い「遊」の思想がよく保存されている。そして、ここでは、基本となっている「遊」の思想と對立するものとして、「爲天下」「治天下」という政治がほとんど無視・拒否されているのだ。

しかしながら、戰國末期以後はたとえ暴君の支配する恐ろしい現實の人閒社會の政治であっても、生にとっての所

與の條件として甘受しようという姿勢が普通のこととされるようになる。『莊子』人閒世篇(8)の葉公子高・仲尼問答において、

仲尼曰、「天下有大戒二。其一命也、其一義也。子之愛親、命也。不可解於心。臣之事君、義也。无適而非君也。无所逃於天地之閒。是之謂大戒。是以夫事其親者、不擇地而安之、孝之至也。夫事其君者、不擇事而安之、忠之盛也。自事其心者、哀樂不易施乎前、知其不可奈何、而安之若命、德之至也。爲人臣子者、固有所不得已。行事之情而忘其身。何暇至於悅生而惡死。」

と述べているのが(9)、その代表例である。文章中の「臣之事君、義也。无適而非君也。无所逃於天地之閒。」が、『論語』微子篇に、

子路從而後、遇丈人以杖荷蓧。子路問曰、「子見夫子乎。」丈人曰、「四體不勤、五穀不分、孰爲夫子。」植其杖而芸。子路拱而立。止子路宿、殺雞爲黍而食之、見其二子焉。明日子路行以告。子曰、「隱者也。」使子路反見之、至則行矣。子路曰、「不仕無義。長幼之節、不可廢也。君臣之義、如之何其可廢也。欲潔其身、而亂大倫。君子之仕也、行其義也。道之不行也、已知之矣。」

とあるのと同趣旨であることから知られるように、そのことは儒家などの政治思想に近づいていくことを意味していた。また、文章中の「子之愛親、命也。不可解於心。」をふまえて、前漢初期の『淮南子』繆稱篇は、

慈父之愛子、非爲報也、不可內解於心。聖王之養民、非求用也、性不能已。若火之自熱、冰之自寒、夫有何脩焉。

と唱えている。このように、時代が降るにつれて現實の政治への肯定は次第に強まっていくが、同時にそれに抵抗するかのように、初期道家の政治の原理的な拒否の精神を承け繼ぐユートピア思想も鮮明に語られるようになっていく。

第2節　道家のユートピア思想と荀子學派の「禮」

第二のタイプは、道家特有の理想主義的なユートピア思想である。

A　道家のユートピア思想の發生と展開

初期道家の唱えたユートピアは、上に引用した『莊子』應帝王篇の天根・无名人問答に、

无名人曰、「……予方將與造物者爲人、厭則又乘夫莽眇之鳥、以出六極之外、而遊无何有之鄕、以處壙埌之野。」

とあったように、「遊」の思想と密接に關連して、「遊」を行う場所「无何有之鄕、壙埌之野」として現れる。[10]これは直接的には、その中に何物も存在しない村里という意味であり、あらゆる「物」の窮極的な根源者である絶對の「無」、すなわち「道」のメタファーなのであるが、ともかくも人がここに「處」るべき一つの場所であると考えられている。戰國時代も末期になると、このユートピア思想はもっと社會的政治的な內容を持ち、その上、批判的な性質を帶びるようになる。『莊子』馬蹄篇の「至德之世」がそれであって、

故至德之世、其行塡塡、其視顚顚。當是時也、山无蹊隧、澤无舟梁。萬物羣生、連屬其鄕。禽獸成羣、草木遂長。

是故其禽獸可係羈而遊、鳥〈烏〉鵲之巢可攀援而闚。夫至德之世、同與禽獸居、族與萬物竝。惡乎知君子小人哉。同乎无知、其德不離。同乎无欲、是謂素樸。素樸而民性得矣。及至聖人、蹩躠爲仁、踶跂爲義、而天下始疑矣。澶漫爲樂、摘僻爲禮、而天下始分矣。故純樸不殘、孰爲犧樽。白玉不毀、孰爲珪璋。道德不廢、安取仁義。性情不離、安用禮樂。五色不亂、孰爲文采。五聲不亂、孰應六律。夫殘樸以爲器、工匠之罪也。毀道德以爲仁義、聖人之過也。

とあるように(11)、人間社會の中に「君子」と「小人」の階級的な差別―被差別、支配―被支配のない平等主義を唱え、あまつさえ人間と自然がまろやかに調和するユートピアをその甘くもうるわしい理想として夢見る。これは「萬物齊同」の哲學や「萬物一體」の思想を承け繼ぐものであり、それらの社會化政治化の所産の一つであることは勿論である。この文章中の「當是時也、山无蹊隧、澤无舟梁。」は、『老子』第八十章に、

●小邦寡（寡）民、使十百人之器毋用、使民重死而遠徙。有車周（舟）、无所乘之、有甲兵、无所陳〔之。使民復結繩而〕用之、甘亓（其）食、美亓（其）服、樂亓（其）俗、安亓（其）居。⿰粦丸（鄰）邦相堅（望）、雞狗之聲相聞、民至〔老死不相往來〕。（馬王堆帛書甲本・乙本）

とあるユートピア思想の源泉となった文章である。『老子』と比べて一層非現實的であって、ユートピア性がずっと強いことに注意されたい（後述）。

B　荀子學派の「禮」を批判したユートピア思想

先の『莊子』馬蹄篇の「至德之世」は、一つのユートピアの描寫であったけれども、それと同時に、當時の思想界の主流派である儒家の荀子學派が新しい理想的な社會秩序「禮」の確立を通じて、天下統一後の未來社會の建設を展望していたことに對する、一つの明確なアンチテーゼでもあった。

筆者は、本書第5章の第5節において、道家思想の「萬物齊同」の哲學が、荀子學派から國家・社會の政治を混亂に陥れる「淫說」として非難を浴びせかけられていた樣子を解明したが、今度は攻守ところを變えて、道家が荀子學派の「分」に基づく「禮」を、「同乎」である平等な人間本性をスポイルする疎外の元凶として激しく非難したわけである。

荀子學派の理想的な社會秩序「禮」の核心は、すべての人間を「貴賤之等、長幼之差、知愚能不能之分。」などの能力によって「分」け、それに應じて「皆使人載其事、而各得其宜。」などの職業に「分」けて就かせ、そこでの働きに應じて「慤祿多少厚薄之稱」などのように欲望の充足を「分」けて行わせる、という「分」であった。『荀子』榮辱篇は次のように言っている。

夫貴爲天子、富有天下、是人情之所同欲也。然則從人之欲、則埶（勢）不能容、物不能贍也。故先王案（焉）爲之制禮義以分之、使有貴賤之等、長幼之差、知愚能不能之分、皆使人載其事、而各得其宜、然後使慤祿多少厚薄之稱。是夫羣居和一之道也。故仁人在上、則農以力盡田、賈以察盡財、百工以巧盡械器。士大夫以上至於公侯、莫不以仁厚知能盡官職。夫是之謂至平。故或祿天下、而不自以爲多、或監門御旅抱關擊柝、而不自以爲寡。故曰、「斬而齊、枉而順、不同而一、夫是之爲人倫。」『詩』曰、「受小共大共、爲下國駿蒙。」此之謂也。

荀子からしばらく後、前漢時代の文帝期から開始される儒教の重視（いわゆる儒教の國教化）を經て、ここに描かれた「分」が中國の前近代社會の全期間を通ずる基本的な秩序の理念として定着していったことは、十分に注意されるべき歷史的事實である。

人間が自然（nature）に對してどのように關わるべきかという問題も、道家のユートピア思想と荀子學派の鋭く對立するイッシュー（issue）であった。荀子學派は、人間界については「君子」と「小人」の差別的な「分」を確立することを背景として、「君子」の「小人」に對する支配を正當視する政治思想を懷いていたが、自然界についてはこれとまさに表裏一體の關係をなして、「分」に基づく「禮」の秩序によって緊密に一つに組織された人間が、自然（nature）を支配すべきことを主張する。例えば、『荀子』王制篇には、

水火有氣而無生、草木有生而無知、禽獸有知而無義。人有氣有生有知亦且有義、故最爲天下貴也。

「力不若牛、走不若馬、而牛馬爲用、何也。」曰、「人能羣、彼不能羣也。」

「人何以能羣。」曰、「分。」

「分何以能行。」曰、「義。」

故義以分則和、和則一、一則多力、多力則彊、彊則勝物。故宮室可得而居也。故序四時、裁萬物、兼利天下、無它故焉、得之分義也。故人生不能無羣、羣而無分則爭、爭則亂、亂則離、離則弱、弱則不能勝物。故宮室不可得而居也。不可少頃舍禮義之謂也。


とある。そして、この、人間が自然を支配するという思想も、やがていわゆる儒教の國教化を經て、中國思想の前近

代の歴史全體を通ずる、基本的な特徴の一つとなっていったものである。

例えば、漢代儒教を代表する思想家であり、漢代~唐代の儒教の正統派の思想を定めたとされる董仲舒も、『漢書』董仲舒傳の第三次「對策」の中で、

人受命於天、固超然異於羣生。入有父子兄弟之親、出有君臣上下之誼、會聚相遇、則有耆老長幼之施、粲然有文以相接、驩然有恩以相愛、此人之所以貴也。生五穀以食之、桑麻以衣之、六畜以養之、服牛乘馬、圈豹檻虎、是其得天之靈、貴於物也。故孔子曰、「天地之性、人爲貴。」明於天性、知自貴於物。知自貴於物、然後知仁誼。知仁誼、然後重禮節。重禮節、然後安處善。安處善、然後樂循理。樂循理、然後謂之君子。故孔子曰、「不知命、亡以爲君子。」此之謂也。

と述べ、また、『春秋繁露』人副天數篇において、

天德施、地德化、人德義。天氣上、地氣下、人氣在其間。春生夏長、百物以興。秋殺冬收、百物以藏。故莫精於氣、莫富於地、莫神於天。

天地之精、所以生物者、莫貴於人。人受命乎天也、故超然有以倚。物疢疾莫能爲仁義、唯人獨能爲仁義。物疢疾莫能偶天地、唯人獨能偶天地。人有三百六十節、偶天之數也。形體骨肉、偶地之厚也。上有耳目聰明、日月之象也。體有空竅理脈、川谷之象也。心有哀樂喜怒、神氣之類也。觀人之體一、何高物之甚、而類於天也。物旁折取天之陰陽、以生活耳、而人乃爛然有其文理。是故凡物之形、莫不伏從旁折天地而行、人獨題直立端尙、正正當之。是故所取天地少者、旁折之。所取天地多者、正當之。此見人之絕於物、而參天地。

と述べて、人間の自然（「羣生」「百物」）に對する優位性を「天命」であると認め、人間が自然を支配すべきことを主張しているが、これも『荀子』の上述の思想を繼承したものと言うことができよう。

これとはちょうど反對に、道家の「至德之世」を夢見るユートピア思想は、自然界については上述の如く親しく優しい眼差しを持っており、それに對する人間の支配、さらには凡そ人間の優位性というものを認めようとしなかった。(12)このような、人間の自然に對する關わりについての見方が、先に確認した人間界に對する眼差し——その内部に「君子」と「小人」の「分」を設けることを拒否し、「君子」の「小人」に對する支配を嫌惡するという態度——と表裏一體の關係で緊密に結びついている仕組みに、現代の我々はもっと注意を拂わなければならない。

C　ユートピア思想の主觀主義と現實主義

漢代の道家になっても、そのユートピア思想は以上をふまえつつ、やはり人が人を支配する（「有人」）こともなく、人が人に支配される（「見有於人」）こともない「无人之野」「大莫之國」を夢見ている。例えば、『莊子』山木篇の市南宜僚・魯侯問答に、

市南宜僚見魯侯。魯侯有憂色。市南子曰、「君有憂色、何也。」

魯侯曰、「吾學先王之道、脩先君之業。吾敬鬼尊賢。親而行之、无須臾離居。然不免於患。吾是以憂。」

市南子曰、「君之除患之術淺矣。……今魯國獨非君之皮邪。吾願君刳形去皮、洒心去欲、而遊於无人之野。(13)南越有邑焉、名爲建德之國。其民愚而朴、少私而寡欲、知作而不知藏、與而不求其報。不知義之所適、不知禮之所將、猖狂妄行、而蹈乎大方。其生可樂、其死可葬。吾願君去國捐俗、與道相輔而行。……

故有人者累、見有於人者憂。故堯非有人、非見有於人也。吾願去君之累、除君之憂、而獨與道遊於大莫之國。」(14)


とあるように。ここには、『老子』が常用する思想概念の濃厚な影響が見出される。例えば、「南越有邑焉、名爲建德

之國。其民愚而朴、少私而寡欲、知作而不知藏、與而不求其報。」の「建德」「愚」「朴」「少私」「寡欲」「藏」などは、いずれも『老子』をふまえた表現である。『老子』第四十一章に、

是以建言有之曰、「……上德如浴（谷）、大白如辱、廣德如不足。建德如偸、質眞如渝、大方无禺（隅）。」（馬王堆帛書甲本・乙本）

とあり、その郭店楚簡『老子』乙本第四十一章は、

是以建言又（有）之、「……上悳（德）女（如）浴（谷）、大白女（如）辱、⽣（廣）悳（德）女（如）不足。建悳（德）女（如）〔偸、質〕貞女（如）愈（渝）、大方亡（無）禺（隅）。」

に作っている。また、第六十五章に、

故曰、「爲道者、非以明民也、將以愚之也。」民之難〔治〕也、以亓（其）知（智）也。故以知（智）知（治）邦、邦之賊也。以不知（智）知（治）邦、〔邦之〕德也。（馬王堆帛書甲本・乙本）

とあり、第十九章に、

絕聲（聖）棄知（智）、民利百負（倍）。絕仁棄義、民復畜（孝）茲（慈）。絕巧棄利、盜賊无有。此三言也、以爲文未足、故令之有所屬。見素抱〔樸、少私而寡欲〕。（馬王堆帛書甲本・乙本）

とあり[15]、その郭店楚簡『老子』甲本第十九章は、

㡭（絕）智（智）弃（棄）卞（辯）、民利百伓（倍）。㡭（絕）攷（巧）弃（棄）利、覜（盜）悬（賊）亡（無）又（有）。㡭（絕）憍（僞）弃（棄）慮、民复（復）季〈孝〉子（慈）。三言以爲叓（事）不足、或命之或虐（乎）豆（續）。視（示）索（素）保芺（樸）、少厶（私）須〈寡〉欲。

に作っている。また、第五十七章に、

〔是以聲（聖）人之言曰〕、「我无爲也、而民自化。我好靜、而民自正。我无事、民〔自富。我欲不欲、而民自樸〕。」（馬王堆帛書甲本・乙本）

とあり(16)、その郭店楚簡『老子』甲本第五十七章は、

是以聖人之言曰、「我無事、天〈而〉民自福（富）。我亡（無）爲、天〈而〉民自蠡（爲）。我好青（靜）、天〈而〉民自正。我谷（欲）不谷（欲）、天〈而〉民自樸。」乚

に作っている。また、第四十四章に、

名與身孰親、身與貨孰多、得與亡孰病。甚〔愛必大費、多藏必厚〕亡。故知足不辱、知止不殆、可以長久。（馬王堆帛書甲本・乙本）

とあり(17)、その郭店楚簡『老子』甲本第四十四章は、

名與身管（孰）新（親）、身與貨管（孰）多、貣（得）與貢（亡）管（孰）疠（病）。甚忎（愛）必大寶（費）、后（厚）臧（藏）必多貢（亡）。古（故）智（知）足不辱、智（知）止不忘（殆）、可以長舊（久）。■

に作っている。

しかしながら、「无人之野」「大莫之國」というユートピアは、結局のところ、

市南子曰、「……方舟而濟於河、有虚船來觸舟、雖有惼心之人不怒。有一人在其上、則呼張歙之。一呼而不聞、再呼而不聞、於是三呼邪、則必以惡聲隨之。向也不怒而今也怒、向也虚而今也實。人能虚己以遊世、其孰能害之。」

とある如く(18)、「虚己」を行うことができる、それぞれの個人の心の中にあるとされるのである。

このようなユートピア思想の主觀主義化は、道家思想の多くが漢代に入って、新しい現實の社會秩序を是認・肯定するように變わっていったことと密接に結びついた現象にちがいない。

ところで、道家のユートピア思想と聞いて我々が直ちに思い起こすのは、やはり『老子』第八十章のそれではなかろうか。すなわち、

●小邦募（寡）民、使十百人之器毋用、使民重死而遠徙。有車周（舟）、无所乘之、有甲兵、无所陳〔之。使民復結繩而〕用之、甘亓（其）食、美亓（其）服、樂亓（其）俗、安亓（其）居。𤎩（鄰）邦相朢（望）、雞狗之聲相聞、民至〔老死不相往來〕。（馬王堆帛書甲本・乙本）

である。この文章には、『莊子』胠篋篇の中にあるユートピアの描寫、

子獨不知至德之世乎。昔者容成氏大庭氏伯皇氏中央氏栗陸氏驪畜氏軒轅氏赫胥氏尊盧氏祝融氏伏戲氏神農氏。當是時也、民結繩而用之、甘其食、美其服、樂其俗、安其居。鄰國相望、雞狗之音相聞、民至老死、而不相往來。若此之時、則至治已。(19)

と、共通・一致する多くの表現が含まれており、後者は上引の『莊子』馬蹄篇とも深い關係で結ばれているから、したがって、『老子』第八十章にユートピア性があると稱してもそれほど惡くはない。

けれども、兩者の間にある表現上思想上の相異も見逃すことができない。例えば、『老子』は、「十百人之器」「車周（舟）」「甲兵」といった文化・文明の存在を認めている（ただし、それらを使用することはないが。）のに對して、『莊子』は、それらの存在を全然認めていないこと。『老子』は、「使十百人之器毋用、使民重死而遠徙、……〔使民復結繩而〕用之。」と述べており、「小邦募（寡）民」を外からコントロールする性格が顯著であるのに對して、『莊子』は、「民結繩而用之、……民至老死、而不相往來。」と述べていて、それが全然ないか或いは弱いこと。後者の事實と關連して、『莊子』は、「君子」と「小人」の「分」を明確に否定していたのに對して、『老子』は、否定していないようであること、等々。

それ故、『老子』第八十章は、實はユートピア性は意外に豊かでなく、むしろ秦代の郡縣制の社會をリアリスティックに反映しているのではないかと思われる。

第3節　「大同」のユートピア思想と退歩史観

A　道家のユートピアと儒家の「大同」

以上のような道家のユートピア思想の平等主義が、その後の道教の宗教活動の中に傳統的に含まれ、それが近代に至るまで連綿と續いてきたとは、中國の侯外廬、イギリスのジョセフ・ニーダム、フランスのエティエンヌ・バラーシュやジャン・シェノーなどの指摘するところであるが[20]、このユートピア思想に關して、道教の成立するより以前に特に注目される一つの思想史的な事實がある。——前漢時代の儒教が道家からのインパクトの下にこれを受容し、上述の荀子~董仲舒路線のオーソドクシーの中に加えて、自らの思想に格段の廣がりと深みを増したことである。

すなわち、前漢の儒教の代表的な文獻の一つである『禮記』禮運篇は、これを儒教風にアレンジして、

孔子曰、「大道之行也、與三代之英、丘未之逮也、而有志焉。大道之行也、天下爲公。選賢與能、講信脩睦。故人不獨親其親、不獨子其子。使老有所終、壯有所用、幼有所長、矜寡孤獨廢疾者、皆有所養。男有分、女有歸。貨惡其弃於地也、不必藏於己、力惡其不出於身也、不必爲己。是故謀閉而不興、盜竊亂賊而不作、故外戶而不閉。

是謂大同。」

のように描き、道家の流儀にならって「大同」（ジョセフ・ニーダムはこれを「Great Togetherness」と英語に譯している。）と名づけて、それ以後の經學研究のために新しい一ページを書き加えた。そして、現代中國の毛澤東革命が、以上の道家及び道家に由來する儒家の理想主義的なユートピア思想に、プラスの意味でもマイナスの意味でも多くのものを負っていることは、これまた周知のことに屬する。

B　ユートピア思想と退歩史觀

ところで、だれしも容易に氣づかされることであるが、以上の道家（及び道家に由來する儒家）のユートピア思想には一つの明確な歴史觀が伴っている。――人類の歴史は善い時代から惡い時代へ、優れた古代から劣った現代へと、退歩または墮落したと把える退歩史觀である。(21) 一般的に言っても、今まで見てきたような道家の諸思想が歴史觀の分野に現れるならば、退歩史觀という形を取ることは容易に想像されるであろう。しかし、特にユートピア思想ともなると、殊の他、明瞭に描かれた退歩史觀を認めることができる。

例えば、『莊子』馬蹄篇には上引のとおり、明瞭な退歩史觀があったが、同じく在宥篇の崔瞿・老耼問答には、

老耼曰、「……昔者黄帝始以仁義攖人之心。堯舜於是乎股无胈脛无毛、以養天下之形、愁其五藏（臟）以爲仁義、矜其血氣以規法度。然猶有不勝也。堯於是放讙兜於崇山、投三苗於三峗、流共工於幽都。此不勝天下也。夫施及三王、而天下大駭矣。下有桀跖、上有曾史、而儒墨畢起。於是乎喜怒相疑、愚知相欺、善否相非、誕信相譏、而天下衰矣。大德不同、而性命爛漫矣。天下好知、而百姓求竭矣。於是乎釿鋸制焉、繩墨殺焉、椎鑿決焉、

天下脊脊大亂。罪在攖人心。故賢者伏處大山嵁巖之下、而萬乘之君憂慄乎廟堂之上。今世殊死者相枕也、桁楊者相推也、刑戮者相望也。而儒墨乃始離跂攘臂乎桎梏之閒。」

とあるが、(22) この文章中の「黄帝」は、道家の理想として掲げてきた從來の黄帝ではなくて、反對に、人間の素樸な性命を損なって歴史を退歩させた張本人として非難されている。『莊子』在宥篇の黄帝・廣成子問答、同じく天運篇の孔子・老聃問答(二)、同じく盜跖篇の孔子・盜跖問答もこれに近く、同じく繕性篇はこの考えをさらに推し進めて、その張本人を一層古い神農・伏戲・燧人にまで遡及している。また、『老子』第十八章には、

故大道廢、案（焉）有仁義。知（智）快（慧）出、案（焉）有大僞（爲）。六親不和、案（焉）〔有〕畜（孝）茲（慈）。邦家悶（昏）亂、案（焉）有貞臣。（馬王堆帛書甲本・乙本）

とあり、(23) その郭店楚簡『老子』丙本第十八章は、

古（故）大道發（廢）、安（焉）又（有）⿱身心（仁）義。六新（親）不和、安（焉）又（有）孝孳（慈）。邦豪（家）緍（昏）〔亂〕、安（焉）又（有）正臣。■

に作っている。また、『淮南子』齊俗篇には、

率性而行、謂之道、得其天性、謂之德。性失然後貴仁、道失然後貴義。是故仁義立而道德遷矣、禮樂飾則純樸散矣、是非形則百姓眩矣、珠玉尊則天下爭矣。凡此四者、衰世之造也、末世之用也。……古者民童蒙、不知東西、貌不羨乎情、而言不溢乎行。其衣煖而無文、其兵鉄而無刃、其歌樂而无轉、其哭哀而無聲。鑿井而飮、耕田而食、無所施其美、亦不求得。親戚不相毀譽、朋友不相怨德。及至禮義之生、貨財之貴、而詐僞萌興、非譽相紛、怨德竝行。於是乃有曾參孝巳〈己〉之美、而生盜跖莊蹻之邪。

とある、(24) 等々。

實は、この歴史観は一種の二重構造をなしているので、その點にしかるべく注意を拂わなければならない。どういうことかと言えば、すなわち、一方で、太古の未開・野蠻のあらゆる人々が平等である社會から、現代の文化・文明の實現された階級的な差別社會に向かう人類の歩みを、事實の認識としては進歩・發展であると認めながら、他方で、その事實を人類の古き良き本來的なもの——例えば、「道」「德」「性命」など——の喪失の過程であると把えて、價値の評價としては退歩・墮落であると見る、という二重構造である。上引の『莊子』馬蹄篇を例に取ってみよう。それによれば、人類の社會は、太古の「至德之世」には、

故至德之世、……山无蹊隧、澤无舟梁。萬物羣生、連屬其鄕。禽獸成羣、草木遂長。是故其禽獸可係羈而遊、鳥〈烏〉鵲之巢可攀援而闚。夫至德之世、同與禽獸居、族與萬物竝。

という未開・野蠻の狀態であったのが、

及至聖人、蹩躠爲仁、踶跂爲義、而天下始疑矣。澶漫爲樂、摘僻爲禮、而天下始分矣。

のように、「聖人」の出現する現代になって、「仁義」「禮樂」などを具える文化・文明の狀態に至ったと言う。——事實の認識としてはその進歩・發展を認めているのである。同時に、「至德之世」には、人々は、

夫至德之世、……惡乎知君子小人哉。同乎无知、其德不離。同乎无欲、是謂素樸。素樸而民性得矣。

のように、無差別平等の社會にあって本來的な「性」を實現しつつ暮らしていたが、「聖人」の時代には、人々は、

及至聖人、……而天下始疑矣。……而天下始分矣。

のように疑いの心を懷いて、「君子」と「小人」に分かれる階級的な差別社會の住人となり、その本來的な「道德」「性情」をスポイルされてしまったとも言う。——價値の評價としては退歩・墮落であると認めるのだ。

したがって、この歴史觀は、進歩史觀と背中合わせの退歩史觀であり、逆說的な進歩史觀であって、どこかでボタ

ンをかけ直せば、たちまちの內に進步史觀に轉じてしまう類のものと言いうる。後の道家の諸思想の中に、時々、現代を贊美するものが生まれるのは、或いはこのことと關係があるかもしれない。例えば、前漢時代の『淮南子』覽冥篇に、

故自三代以後者、天下未嘗得安其情性、而樂其習俗、保其脩命、而不夭於人虐也。所以然者何也。諸侯力征、天下〔不〕合而爲一家。

逮至當今之時、天子在上位、持以道德、輔以仁義、近者獻其智、遠者懷其德、拱揖指麾、而四海賓服、春秋冬夏、皆獻其貢職、天下混而爲一、子孫相代。此五帝之所以迎天德也。

夫聖人者、不能生時、時至而弗失也。輔佐有能、黜讒佞之端、息巧辯之說、除削刻之法、去煩苛之事、屏流言之迹、塞朋黨之門、消知能、脩太常、隳枝體、絀聰明、大通混冥、解意釋神、漠然若無魂魄、使萬物各復歸其根、則是所脩伏犧氏之迹、而反五帝之道也。

とあり[25]、また後漢時代の『論衡』宣漢篇に、

周之受命者、文武也。漢則高祖光武也。文武受命之降怪、不及高祖光武初起之祐。孝宣〔孝〕明之瑞、美於周之成康宣王。孝宣孝明符瑞、唐虞以來、可謂盛矣。今上卽命、奉成持滿、四海混一、天下定寧。物瑞已極、人應訂〈斯〉隆。……

夫實德化、則周不能過漢、論符瑞、則漢盛於周、度土境、則周狹於漢。漢何以不如周。獨謂周多聖人、治致太平。儒者稱聖泰隆、使聖卓而無跡。稱治亦泰盛、使太平絕而無續也。

とあるのは、道家思想の中に生まれた、當代に對する贊美である。

第4節　黄老の中央集權的な政治思想

A　道家における中央集權思想の由來

道家思想は、戰國末期以後、時代が降るに從って現實の政治への肯定的な傾向を次第に強めていったが、このことについては上文に述べた。そして、この傾向の延長線上に『老子』を始めとする黄老の政治思想が出現したのである。黄老思想のごく大雜把な特徴は、すでに本書第3章の第1節・第2節で觸れておいたが、ここに改めてその主な內容を述べれば、一君萬民の中央集權を強化する政治思想であると言うことができる。そして、この中央集權的な政治思想は、從來の通說が誤解してきたところであるけれども、道家思想にとって少數の例外的な或いは異端的な思想などではなく、上に解明した第二のタイプのユートピア思想と同時に竝行して唱えられていた、勢力の上ではそれと比較して優るとも劣らない、メイン・ストリームを流れる正統的な思想なのである。[26] そして、この種の黄老の中央集權的な政治思想は、『莊子』では外篇・雜篇だけにあって內篇にはないとするのも、從來の通說の誤解の最たるものである。例えば、『莊子』內篇に屬している大宗師篇の知天之所爲章に、

故聖人之用兵也、亡國而不失人心、利澤施乎萬世不爲愛人。……以刑爲體、以禮爲翼、以知爲時、以德爲循。以刑爲體者、綽乎其殺也。以禮爲翼者、所以行於世也。以知爲時者、不得已於事也。以德爲循者、言其與有足者至於丘也。而人眞以爲勤行者也。……傅說得之、以相武丁、奄有天下。

とあるのを見られたい。この文章は前漢初期の作と考えられる。ちなみに、『莊子』の內篇・外篇・雜篇の位置づけについては、本書第２章の第３節を參照されたい。

なぜ正統的な思想なのかと言えば、その理由は以下のとおり。――初期道家の「萬物齊同」の哲學の後を承け繼いでその諸思想の基礎づけを擔ったのは、本書第６章の第１節・第２節に述べたように、「道」の形而上學や「道」―「萬物」の二世界論であった。それらによれば、「道」はあらゆる「萬物」を存在させ、運動・變化させる世界の主宰者であるのに對して、「萬物」はその「道」によって存在させられ、運動・變化させられる單なる被宰者である。それ故、「道」―「萬物」の兩者の關係は、支配―被支配のそれであった。當初はあくまでも哲學的な意味においてであって、政治的な意味においてではなかったけれども。しかしながら、この關係は政治的な意味に轉じやすいものであって、その際、「道」には「道」を把えていると觀念される、もしくは「道」に比喩される帝王・天子などの君主が當てられ、「萬物」には天下・國家にあって君主の支配を受ける、もしくは「萬物」に比喩される萬民が當てられて、ここに哲學からの横滑りによって、一君萬民の中央集權的な政治思想ができ上がる。――ざっと以上のように考えられるからである。

現に、二世界論の核心を端的に示すスローガン「物物者非物」の、比較的古い形而上學的な意味を保存している例として、筆者はかつて『莊子』在宥篇の世俗之人章に、

> 夫有土者、有大物也。有大物者、不可以物。物而不物、故能物物。明乎物物者之非物也、豈獨治天下百姓而已哉。出入六合、遊乎九州、獨往獨來。是謂獨有。獨有之人、是之謂至貴。

とあるのを擧げたことがある(27)。これは、基本的には、「物物者非物」つまり存在者をして存在者たらしめているものは「物」ではなく「道」であって、この窮極的根源的な實在「道」のオールマイティーの能力を把握した「夫有土者」は、

單に「治天下百姓」を行うだけでなく「六合」「九州」の宇宙にあって「獨有之人」すなわち唯一の實在となることができる、という哲學を述べた文章である。そうは言うものの、この「夫有土者」は、もはや十分に帝王・天子の色彩を帯びており、彼が「治天下百姓」を行うというのも、すでに十分に一君萬民の政治思想に傾いていることを否定するわけにはいかない。

B　新しい時代の中央集權思想

戰國最末期～前漢初期の間に、道家の思想家たちの一部分、すなわち黄老學派に屬する人々は、このような思想的な展開を果たした上で、新しい時代の到來を積極的な姿勢で迎えようとしたのであろう。それから後は、時の推移とともにその一君萬民の傾向は強くなっていくようである。同じく則陽篇の少知・太公調問答には、

> 太公調曰、「……四時殊氣、天不賜、故歳成。五官殊職、君不私、故國治。文武、大人不賜、故德備。萬物殊理、道不私、故无名。无名、故无爲。无爲而无不爲。……今計物之數、不止於萬。而期曰萬物者、以數之多者、號而讀之也。是故天地者、形之大者也。陰陽者、氣之大者也。道者爲之公、因其大以號而讀之、則可也。」

とあるが、[28]この文章でも、「道」の「萬物」「天地」「陰陽」に對して有している大きさ「大」や、その何でも行うことができるオールマイティー性「无不爲」を描く、という哲學の基礎の上に、「君」が官僚機構「五官」を巧みに操ることを通じて、「國」を成功裏に支配することが論じられている。なお、この文章は漢代の作である。

これと大體同じ時代の作である『莊子』天地篇の天地雖大章にも、

> 天地雖大、其化均也。萬物雖多、其治一也。人卒雖衆、其主君也。君原於德、而成於天。故曰、「玄古之君天下、

无爲也。」天德而已矣。

以道觀言、而天下之君正。以道觀分、而君臣之義明。以道觀能、而天下之官治。以道汎觀、而萬物之應備。

とあり、[29] この文章中の「以道觀言、而天下之君正。以道觀分、而君臣之義明。」は、『韓非子』などの法家や黄老の文獻によく現れる政治思想であって、君主が臣下を巧みに統御する政術としての「刑名參同」或いは「刑名審合」を言う。[30] その「言」「分」は、主に臣下たちの「言」「分」を指しており、「名」「分」と言い換えても不都合はないものである。また、同じく天道篇の天道運章にも、

天道運而无所積、故萬物成。帝道運而无所積、故天下歸。聖道運而无所積、故海內服。明於天、通於聖、六通四辟於帝王之德者、其自爲也、昧然无不靜者矣。聖人之靜也、非曰靜也善、故靜也。萬物无足以鐃心者、故靜也。[31] 水靜、則明燭鬚眉、平中準、大匠取法焉。水靜猶明。而況精神聖人之心靜乎。天地之鑑也、萬物之鏡也。[32]

とある。この「天道」は、同じく在宥篇の賤而不可不任者章に、

何謂道。有天道、有人道。无爲而尊者、天道也。有爲而累者、人道也。主者、天道也。臣者、人道也。

とあるのが參照される。ただし、後者が「人道」と對立するものとしているのとは異なって、むしろ「人道」(特に「帝道」)の絶對的權威を支援するものとされている。

やがて、このような傾向の行き着くところ、今まで道家思想が否定してきた儒家の「仁義」「是非」の倫理や、法家系の「形名」(「形名參同」)「賞罰」の政術さえをも肯定して、自らの思想の内部に有意義なものとして包攝するように變わっていく。『莊子』天道篇の本在於上章に、

君先而臣從、父先而子從、兄先而弟從、長先而少從、男先而女從、夫先而婦從。夫尊卑先後、天地之行也。故聖人取象焉。天尊地卑、神明之位也。春夏先秋冬後、四時之序也。萬物化作、萌區有狀、盛衰之殺、變化之流也。

夫天地至神、而有尊卑先後之序。而況人道乎。宗廟尚親、朝廷尚尊、郷黨尚齒、行事尚賢、大道之序也。語道而非其序者、非其道也。語道而非其道者、安取道。是故古之明大道者、先明天而道德次之。道德已明而仁義次之。仁義已明而分守次之。分守已明而形名次之。形名已明而因任次之。因任已明而原省次之。原省已明而是非次之。是非已明而賞罰次之。賞罰已明而愚知處宜、貴賤履位、仁賢不肖襲情、必分其能、必由其名。以此事上、以此畜下、以此治物、以此脩身。知謀不用、必歸其天。此之謂太平。治之至也。

とある(33)のを讀まれたい。讀者はこの文章を讀んだ後、從來の道家思想とはちがうと大いに驚かれるかもしれない。けれども、上述したように、これもまた道家のメイン・ストリームを流れる正統的な思想なのである(34)。

もっとも、ここに描かれている、

賞罰已明而愚知處宜、貴賤履位、仁賢不肖襲情、必分其能、必由其名。以此事上、以此畜下、以此治物、以此脩身。知謀不用、必歸其天。此之謂太平。治之至也。

の箇所(35)は、必ずしも純粹に黄老的な一君萬民の政治思想、すなわち道家と法家の合體した中央集權の政治思想となってはおらず、むしろ『荀子』榮辱篇に、

故先王案（焉）爲之制禮義以分之、使有貴賤之等、長幼之差、知愚能不能之分、皆使人載其事、而各得其宜、然後使慤祿多少厚薄之稱。是夫羣居和一之道也。故仁人在上、則農以力盡田、賈以察盡財、百工以巧盡械器、士大夫以上至於公侯、莫不以仁厚知能盡官職。夫是之謂至平。

とあるような儒家の荀子學派の政治思想と、それに法家の政治思想をミックスして取り入れているように感じられる。しかし、一君萬民の中央集權との距離はそれほど遠くに隔たっていないと考えてよい(36)。

第5節　中央集權的な政治思想の代表例

この章の終わるに當たって、以上に擧げた『莊子』の諸例を除いて、戰國末期以後の道家の政治思想すなわち黃老思想(37)が、「道」―「萬物」の哲學的な支配―被支配關係をモデルとして提起した、一君萬民の中央集權的な政治思想の代表的な例をいくつか引用しておくことにしよう。(38)

A　『老子』と黃老帛書の中央集權思想

『老子』第三十二章には、

道恆无名。握（樸）唯（雖）〔小、而天下弗敢臣。侯〕王若能守之、萬物將自賓、天地相谷〈合〉、以俞（輸）甘洛（露）、民莫之〔令、而自均〕焉。始制有〔名。名亦既〕有、夫〔亦將知止。知止〕所以不〔殆〕。俾（譬）道之在天〔下也、猷（猶）小〕浴（谷）之與江海也。（馬王堆帛書甲本・乙本）

とあり、その郭店楚簡『老子』甲本第三十二章は、

道互（恆）亡（無）名。僕（樸）唯（雖）妻（細）、天陞（地）弗敢臣。侯王女（如）能獸（守）之、萬勿（物）酒（將）自賓（賓）。■天陞（地）相會也、以逾甘零（露）。民莫之命（令）、天〈而〉自均安（焉）。詞（始）折（制）又（有）名。名亦既又（有）、夫亦酒（將）智（知）步（止）。智（知）步（止）所以不詞（殆）。卑（譬）道之才（在）天下也、猷（猶）少（小）浴（谷）之與江海（海）。■

に作っている。これは、「道」の世界を主宰する至上の窮極的根源的な實在としての役割りを、もしも「侯王」が身につけるならば、彼は「萬物」「民」を一元的に支配することができるに止まらず、「天地」をも感動させて「甘洛（露）」という祥瑞をも招き寄せることができる、という思想を述べた文章である。

黄老帛書の一つである馬王堆漢墓帛書『經法』の道法篇には、

道生法。法者、引得失以繩、而明曲直者殹（也）。故執道者、生法而弗敢犯殹（也）、法立而弗敢廢〔殹（也）〕。……

見知之道、唯虛无有。虛无有、秋稿（毫）成之、必有刑（形）名。刑（形）名立、則黑白之分已。故執道者之觀於天下殹（也）、无執殹（也）、无處也、无爲殹（也）、无私殹（也）。是故天下有事、无不自爲刑（形）名聲號矣。刑（形）名已立、聲號已建、則无所逃迹匿正矣。……

天地有恆常、萬民有恆事、貴賤有恆立（位）、畜臣有恆道、使民有恆度。天地之恆常、四時晦明生殺輮（柔）剛。萬民之恆事、男農女工。貴賤之恆立（位）、賢不宵（肖）不相放。畜臣之恆道、任能毋過其所長。使民之恆度、去私而立公。……

故唯執〔道〕者、能上明於天之反、而中達君臣之半（分）、富密察於萬物之所終始、而弗爲主。故能至素至精、悎（浩）彌（彌）无刑（形）、然后（後）可以爲天下正。

とある。[39] これもやはり、道家思想の「道」の形而上學・存在論を下敷きにしながら、「道」から生まれたとされる「法」や法家系の「刑（形）名參同」の政術を驅使して、「天下之正」となって世界に君臨することを述べた文章である。

同じく『經法』六分篇には、

主上者、執六分以生殺、以賞〔罰〕、以必伐（罰）、天下大（太）平。正以明德、參之于天地、而兼復（覆）載而无私也、故王天下。王天〔下〕者之道、有天焉、有人焉、又（有）地焉。參者參用之、□□而有天下矣。爲人主、南面而立。臣肅敬、不敢敝（蔽）其主。下比順、不敢敝（蔽）其上。萬民和輯、而樂爲其主上用、地廣人衆兵強、天下无適（敵）。……

王天下者、有玄德、有□□獨知□□□□、王天下而天下莫知其所以。王天下者、輕縣國而重士、故國重而身安。賤財而貴有知、故功得而財生。賤身而貴有道、故身貴而令行。〔故王〕天下〔而〕天下則之。朝（霸）主積甲士而正（征）不備（服）、誅禁當罪而不私其利、故令行天下而莫敢不聽。自此以下、兵單（戰）力坳（爭）、危亡无日、而莫知其所從來。夫言朝（霸）王、其□□□。唯王者、能兼復（覆）載天下、物曲成焉。

とある。これもやはり、前漢初期の道家系の思想が當時の君主のために、「天下大（太）平」「王天下」「有天下」「天下无適（敵）」「兼復（覆）載天下」を實現する方途を、主に「六分」に基づく「生殺」「賞（罰）」「必伐（罰）」として示した文章である。この中には、

王天下者、有玄德。

などという表現が含まれていて、[40]これが道家思想の「道」の形而上學・存在論を根據にすえた、一君萬民の中央集權的な政治思想であることを明瞭に示している。

B　『管子』心術上篇の中央集權思想

振り返って考えてみれば、先秦時代の道家思想にとって、「法」などは「道」を去ることの最も遠い、最下等の規範でしかなかったはずである。それがここでは「道」から生まれた正統の嫡子であると見なされて、非常に高い評價を

與えられたわけである。「法」などに對するこのような評價が、『老子』第三十八章などのロジックに由來する、道家思想の新しい展開方向であったことについては、すでに述べたところであるが、[41] もしそうであるとするならば、古來、道家思想の起源であるなどとも見なされてきた『管子』心術上篇の經の部分にある、

虛無無形、謂之道。化育萬物、謂之德。君臣父子人閒之事、謂之義。登降揖讓、貴賤有等、親疏有體、謂之禮。簡物小未一道、殺僇禁誅、謂之法。

も、[42] その解の部分にある、

天之道、虛其無形。虛則不屈、無形則無所位趏。無所位趏、故徧流萬物而不變。德者、道之舍、物得以生。生知得以職、道之精。故德者、得也。得也者、其謂所得以然也。以無爲之謂道、舍之之謂德。……義者、謂各處其宜也。禮者、因人之情、緣義之理、而爲之節文者也。故禮者、謂有理也。理也者、明分以諭義之意也。故禮出乎義、義出乎理、理因乎宜者也。法者、所以同出、不得不然者也。故殺僇禁誅、以一之也。故事督乎法、法出乎權、權出乎道。

も、[43] どちらもそれほど古い時代に成った文章ではなくて、やはり戰國末期〜前漢初期の黃老學派の手に成ったものと考えることができよう。

ちなみに、『史記』儒林列傳には、前漢、景帝（紀元前一五六年〜前一四一年在位）の朝廷における、湯武の受命を言う儒家の轅固生とそれに反對する黃老學派の黃生との論爭が描かれている。その中で黃生が、

黃生曰、「湯武非受命、乃弑也。……冠雖敝、必加於首。履雖新、必關於足。何者、上下之分也。今桀紂雖失道、然君上也。湯武雖聖、臣下也。夫主有失行、臣下不能正言匡過以尊天子、反因過而誅之、代立踐南面、非弑而何也。」

と主張しているのは、この時期の道家思想が一君萬民の中央集權に肩入れしていることを示してあまりがある。

注釋

（1）本書第4章の第2節、その注釋（8）（13）、及び第8章の注釋（25）を參照。

（2）本書第4章の注釋（8）、及び第9章の注釋（11）を參照。

（3）本書第4章の第2節、及びその注釋（7）（14）を參照。「聖人不從事於務」は、『莊子』逍遙遊篇の肩吾・連叔問答に、

連叔曰、「……之人也、之德也、將旁礴萬物以爲一。世蘄乎亂、孰弊弊焉以天下爲事。之人也、物莫之傷。大浸稽天而不溺、大旱金石流土山焦而不熱。是其塵垢粃穅、將猶陶鑄堯舜者也。孰肯以物爲事。」

とある（本書第10章の注釋（22）を參照）のとほぼ同じ思想である。

「不就利、不違害。」は、『莊子』齊物論篇の齧缺・王倪問答に、

（王倪）曰、「……自我觀之、仁義之端、是非之塗、樊然殽亂。吾惡能知其辯。」齧缺曰、「子不知利害、則至人固不知利害乎。」王倪曰、「至人神矣。……死生无變於己。而況利害之端乎。」

とある（本書第4章の注釋（8）、及び第8章の注釋（25）を參照）のを承けて、それを教條化したもの。

（4）「美則美矣、而未大也。」は、『孟子』盡心下篇に、

浩生不害問曰、「樂正子何人也。」孟子曰、「善人也、信人也。」「何謂善、何謂信。」曰、「可欲之謂善、有諸己之謂信、充實之謂美、充實而有光輝之謂大、大而化之之謂聖、聖而不可知之之謂神。樂正子二之中、四之下也。」

とあるのと關係があると考えられる。

「若晝夜之有經」は、『莊子』大宗師篇の知天之所爲章に、

死生、命也。其有夜旦之常、天也。人之有所不得與、皆物之情也。

とある（本書第9章の注釋（14）、及び本章の注釋（31）を參照）。

「雲行而雨施矣」は、これをふまえた文章が、『周易』乾卦の彖傳に、

大哉乾元、萬物資始、乃統天。雲行雨施、品物流形。大明終始、六位時成、時乘六龍、以御天。乾道變化、各正性命、保合大和、乃利貞。首出庶物、萬國咸寧。

とあり、同じく文言傳に、

大哉乾乎、剛健中正、純粹精也。六爻發揮、旁通情也。時乘六龍、以御天也。雲行雨施、天下平也。

とあるのを參照。

「子天之合也、我人之合也。」は、『莊子』天道篇の夫明白於天地之德者章に、

夫明白於天地之德者、此之謂大本大宗。與天和者也。所以均調天下、與人和者也。

とあり（本書第7章の第6節、及び第9章の注釋（14）を參照）、同じく大宗師篇の知天之所爲章に、

故其好之也一也、其弗好之也一也。其一也一、其不一也一。其一與天爲徒、其不一與人爲徒。天與人不相勝也、是之謂眞人。

とある（本書第9章の注釋（12）を參照）のに類似する。

（5）この文は、『長短經』大私篇所引の『尸子』綽子篇佚文である。

（6）本章の第2節、その注釋（10）（13）、及び第12章の第3節・第5節を參照。「无名人」の「无名」は、『莊子』逍遙遊篇の北冥有魚章に、

若夫乘天地之正、而御六氣之辯（變）、以遊無窮者、彼且惡乎待哉。故曰、「至人無己、神人無功、聖人無名。」

とあり（本書第10章の注釋（48）を參照）、同じく天地篇の泰初有无章に、

泰初有无、无有无名、一之所起。有一而未形、物得以生、謂之德。

とあり（本書第8章の注釋（42）、第9章の第4節、及びその注釋（36）を參照）、同じく則陽篇の少知・太公調問答に、

太公調曰、「……萬物殊理、道不私、故无名。无名、故无爲。无爲而无不爲。」

とあり（本書第7章の注釋（41）、及び本章の注釋（28）を參照）、『老子』第四十一章に、

〔道褭无名。夫唯〕道、善〔始且善成〕。（馬王堆帛書甲本・乙本）

とあり、その郭店楚簡『老子』乙本第四十一章は、

道〔褒亡（無）名。夫唯道、善始且善成〕。

に作っている。また『老子』第一章に、

●道可道也、非恆道也。名可名也、非恆名也。无名、萬物之始也。有名、萬物之母也。（馬王堆帛書甲本・乙本）

とあり（本書第8章の第5節、及びその注釋（7）を參照）、同じく第三十二章に、

道恆无名。楃（樸）唯（雖）〔小、而天下弗敢臣。侯〕王若能守之、萬物將自賓、天地相谷〈合〉、以俞（輸）甘洛（露）、民莫之〔令、而自均〕焉。（馬王堆帛書甲本・乙本）

とあり、その郭店楚簡『老子』甲本第三十二章は、

道亙（恆）亡（無）名。僕（樸）唯（雖）妻（細）、天陛（地）弗敢臣。侯王女（如）能獸（守）之、萬勿（物）𤖍（將）自賓（賓）。■天陛（地）相會也、以逾甘零（露）。民莫之命（令）、天〈而〉自均安（焉）。

に作っている。また『老子』第三十七章に、

道恆无名。侯王若〔能〕守之、萬物將自𢡺（爲）。𢡺（爲）而欲〔作、吾將闐（鎭）之以〕无名之楃（樸）。〔闐（鎭）之以〕无名之楃（樸）、夫將不辱。不辱以情（靜）、天地將自正。（馬王堆帛書甲本・乙本）

とある（本書第12章の第4節を參照）。ちなみに、その郭店楚簡『老子』甲本第三十七章は、

衍（道）亙（恆）亡（無）爲也。侯王能守之、而萬勿（物）𤖍（將）自𢡺（爲）。𢡺（爲）而雒（欲）乍（作）、𤖍（將）貞（定）之以亡（無）名之蔞（樸）、夫亦𤖍（將）智（知）足。智（知）〔足〕以朿（靜）、萬勿（物）𤖍（將）自定。■

に作って、章頭の一文が異なっているが、このように、「无名」は「道」それ自體を指すか、もしくは「道」の一つの性質を指す言葉であり、そこから引伸して「道」を把握した「聖人」を指す言葉でもある。

「汝遊心於淡、合氣於漠、順物自然、而无容私焉。而天下治矣。」の趣旨は、『老子』第五十七章に、

〔是以聲（聖）人之言曰〕、「我无爲也、而民自化。我好靜、而民自正。我无事、民〔自富。我欲不欲、而民自樸〕。」（馬王堆帛書甲本・乙本）

とあり（本章の第2節、その注釋（16）、及び第12章の第4節を參照）、その郭店楚簡『老子』甲本第五十七章は、

是以聖人之言曰、「我無事、天〈而〉民自福（富）。我亡（無）爲、天〈而〉民自蟡（爲）。我好青（靜）、天〈而〉民自正。我谷（欲）不谷（欲）、天〈而〉民自樸。」

に作っている。また『老子』第十六章に、

至（致）虛極也、守情（靜）表（篤）也、萬物旁（竝）作、吾以觀其復也。天〈夫〉物雲（賱）雲（賱）、各復歸於其〈根。曰情（靜）〉。……知常容、容乃公、公乃王。（馬王堆帛書甲本・乙本）

とある（本書第7章の第6節、その注釋（43）（49）、及び第13章の第2節を參照）のに比較的近い。ただし、郭店楚簡『老子』甲本第十六章は、

至虛亙〈亟（極）〉也、獸（守）中（盅）篙（篤）也、萬勿（物）方（旁）复（作）、居以須逘（復）也。天道員（賱）員（賱）、各逘（復）亓（其）堇（根）。■

に作って、その下段部分が存在しない。

（7）「无何有之鄕」は、他に『莊子』知北遊篇の東郭子・莊子問答に、

莊子曰、「……嘗相與遊乎无何有之宮、同合而論无所終窮乎。嘗相與无爲乎、澹而靜乎、漠而淸乎、調而閒乎、寥已吾志。无往焉、而不知其所至、去而來、不知其所止。吾已往來焉、而不知其所終、彷徨乎馮閎大知入焉、而不知其所窮。」

とあり、同じく列御寇篇の莊子曰章に、

莊子曰、「……彼至人者、歸精神乎无始、而甘瞑乎无何有之鄕。水流乎无形、發泄乎太淸。悲哉乎、汝爲知在豪毛、而不知大寧。」

とあるのを參照。

（8）『莊子』人間世篇には、現實の政治の中でいかに身を處していくべきかというテーマの文章が集めてある。例えば、顏回・仲尼問答、顏闔・蘧伯玉問答などを讀まれたい。

（9）「哀樂不易施乎前」は、『莊子』齊物論篇の南郭子綦・顏成子游問答に、

子綦曰、「……喜怒哀樂、慮嘆變慹、姚佚啓態。樂出虚、蒸成菌、日夜相代乎前、而莫知其所萌。已乎已乎。旦暮得此其所由以生乎。」

とある（本書第5章の第1節、及びその注釋（5）を參照）のをふまえている。

「知其不可奈何、而安之若命、德之至也。」については、本書第10章の注釋（14）を參照。これをふまえた文章が、『莊子』德充符篇の申徒嘉・鄭子産問答に、

申徒嘉曰、「……知不可奈何、而安之若命、唯有德者能之。遊於羿之彀中、中央者中地也。然而不中者、命也。」

とある。また、同じく達生篇の達生之情者章に、

達生之情者、不務生之所无以爲。達命之情者、不務知之所无奈何。

とある（本書第10章の第1節、及びその注釋（14）を參照）。

（10）『莊子』逍遙遊篇の惠子・莊子問答（二）にも、すでに引用したとおり、

莊子曰、「……今子有大樹、患其無用。何不樹之於無何有之鄉、廣莫之野、彷徨乎無爲其側、逍遙乎寢臥其下。」

とあって（本章の注釋（13）を參照）、「無何有之鄉、廣莫之野」が「遊」を行う場所とされている。また、本章の注釋（7）に引用した諸文章を參照。

（11）本書第9章の第3節、その注釋（8）（11）（34）（35）、第10章の注釋（43）、及び本章の注釋（22）を參照。「鳥〈烏〉鵲之巢可攀援而闚」は、『荀子』哀公篇に、

孔子對曰、「古之王者、有務而拘領者矣、其政好生而惡殺焉。是以鳳在列樹、麟在郊野、烏鵲之巢可俯而窺也。」

とあり、『淮南子』氾論篇に、

古者有鍪而綣領、以王天下者矣、其德生而不辱〈殺〉、予而不奪、天下不非其服、同懷其德。當此之時、陰陽和平、風雨時節、萬物蕃息、烏鵲之巢可俯而探也、禽獸可羈而從也。豈必褒衣博帶、句襟委章甫哉。

とあるのを參照。

（12）道家のユートピア思想が、人間の自然に對する支配、さらには凡そ人間の自然に對する優位性というものを認めようとしな

いのには、種々様々の思想上の原因・理由が考えられる。本書の以上の諸章で解明してきた諸思想を擧げるならば、――第5章の「「萬物齊同」の哲學」、第7章の「「物化」・轉生・輪廻の思想」、第8章の「「萬物一體」の思想」、第9章の「天人關係論」、などがその主要な原因・理由である。

(13)「先王之道」は、儒家の政治を一般的に言う。「敬鬼尊賢」は、明鬼と尙賢に相當し、墨家が戰國末期に唱えた思想。

「刳形去皮」は、『莊子』天地篇の夫子曰章（一）に、

夫子曰、「夫道、覆載萬物者也。洋洋乎大哉。君子不可以不刳心焉。」

とあるのを參照。

「遊於无人之野」は、『莊子』逍遙遊篇の惠子・莊子問答（二）に、

莊子曰、「……今子有大樹、患其無用。何不樹之於無何有之鄉、廣莫之野、彷徨乎無爲其側、逍遙乎寢臥其下。」

とあり（本章の第1節、及びその注釋（7）（10）を參照）、同じく應帝王篇の天根・无名人問答に、

无名人曰、「……予方將與造物者爲人、厭則又乘夫莽眇之鳥、以出六極之外、而遊无何有之鄉、以處壙埌之野。」

とあり（本章の第1節・第2節、及びその注釋（6）（10）を參照）、同じく在宥篇の黄帝・廣成子問答に、

廣成子曰、「……故余將去女、入无窮之門、以遊无極之野。吾與日月參光、吾與天地爲常。」

とある（本書第7章の第6節を參照）。

(14) 本書第12章の第5節を參照。「不知義之所適」は、『莊子』至樂篇の顏淵東之齊章に、

孔子曰、「……故先聖不一其能、不同其事。名止於實、義設於適。是之謂條達而福持。」

とあるのを參照。

「猖狂妄行、而蹈乎大方。」は、『莊子』在宥篇の雲將・鴻蒙問答に、

鴻蒙曰、「浮遊不知所求、猖狂不知所往。遊者鞅掌、以觀无妄。」

とあり（本書第8章の注釋（28）を參照）、同じく庚桑楚篇の老聃之役有庚桑楚者章に、

庚桑子曰、「……吾聞、『至人尸居環堵之室、而百姓猖狂不知所如往。』今以畏壘之細民、而竊竊焉欲俎豆予于賢人之間。我

其杓之人邪。吾是以不釋於老聃之言。」

とあり、同じく秋水篇の河伯・北海若問答に、

於是焉河伯始旋其面目、望洋向若而歎曰、「野語有之曰、『聞道百、以爲莫己若。』者、我之謂也。……今我睹子之難窮也。吾非至於子之門、則殆矣。吾長見笑於大方之家。」

とあり、同じく徐无鬼篇の有暖姝者章に、

人之知也少。雖少、恃其所不知、而後知天之所謂也。知大一、知大陰、知大目、知大均、知大方、知大信、知大定、至矣。大一通之、大陰解之、大目視之、大均緣之、大方體之、大信稽之、大定持之。

とあり、同じく則陽篇の少知・太公調問答に、

太公調曰、「……道不可有、有不可无。道之爲名、所假而行。或使莫爲、在物一曲。夫胡爲於大方。」

とある。

「其生可樂、其死可葬。」は、『孟子』梁惠王上篇に、

（孟子）曰、「……穀與魚鼈、不可勝食、材木不可勝用。是使民養生喪死無憾也。養生喪死無憾、王道之始也。」

とある（本書第10章の序文を參照）のと、共通するところのある思想である。

「吾願君去國捐俗、與道相輔而行。」は、『莊子』繕性篇に、

由是觀之、世喪道矣、道喪世矣、世與道交相喪也。道之人何由興乎世、世亦何由興乎道哉。道无以興乎世、世无以興乎道。雖聖人不在山林之中、其德隱矣。隱故不自隱。

とあるのとほぼ同じ思想。

（15）本書第9章の注釋（34）を參照。

（16）本章の注釋（6）、及び第12章の第4節を參照。

（17）本書第2章の第4節を參照。

（18）この文章は、後に『淮南子』詮言篇に、

方船濟乎江、有虛船從一方來、觸而覆之、雖有忮心、必無怨色。有一人在其中、一謂張之、一謂歙之、再三呼而不應、必以醜聲隨其後。嚮不怒而今怒、嚮虛而今實也。人能虛己以遊於世、孰能害之。

のように、取られている。

「遊世」は、『莊子』天地篇の子貢・爲圃者問答に、

孔子曰、「……夫明白入素、无爲復朴、體性抱神、以遊世俗之間者、汝將固驚邪。」

とあるのを參照。

(19) 本書第14章の第3節を參照。「當是時也、民結繩而用之。」は、『周易』繫辭下傳に、

上古結繩而治。後世聖人易之以書契、百官以治、萬民以察。蓋取諸夬。

とあるのと密接に關係している。

(20) 以下の諸論著を參照されたい。

中國科學院哲學研究所中國哲學史組編『中國大同思想資料』

J. Needham, *Science and Civilisation in China*, vol.2, *History of Scientific Thought*.

吉川忠夫他譯　ジョセフ・ニーダム『中國の科學と文明』2・3

J. Needham, *The past in China's present, a cultural, social and philosophical background for modern China*.

E. Balazs, *Chinese Civilization and Bureaucracy*.

E. Balazs, *Political Theory and Administrative Reality in Traditional China*.

村松裕次譯　エチアヌ・バラーシュ『中國文明と官僚制』

J. Chesneaux, *Les traditions egalitaires et utopiques en Orient*.

西川長夫譯　ジャン・シェノー「東洋における平等主義とユートピアの傳統」

また、近年の研究には、

陳正炎・林其錟『中國古代大同思想研究』

がある。ちなみに、道教のユートピア思想の平等主義を強調する以上の見解に對する批判としては、

N・セビン『中國のコペルニクス』　中山茂・牛山輝代譯

N・セビン『中國の錬金術と醫術』　中山茂・牛山輝代譯

を參照。

(21)　道家思想の退歩史觀は、ただそのユートピア思想だけに伴うというのではなく、彼らの諸思想のあちらこちらに顔をのぞかせている。例えば、「萬物齊同」の哲學は知識―存在論を哲學的に述べた思想であるから、本來、時間性とは全然無縁であり、それには必ずしも退歩史觀が伴っていない。『莊子』齊物論篇の南郭子綦・顔成子游問答のように、

子綦曰、「……古之人、其知有所至矣。悪乎至。有以爲未始有物者。至矣盡矣。不可以加矣。

其次以爲有物矣、而未始有封也。

其次以爲有封焉、而未始有是非也。

是非之彰也、道之所以虧也。

道之所以虧、愛之所以成。」

とあっても、

古之人→其次→其次→今世

といったような歴史の退歩を描いているわけではない（本書第5章の第4節、及びその注釋（36）を參照）。

しかし、太初の「道」からその疎外態である「萬物」が生まれてくることを論ずる宇宙生成論は、退歩史觀と親和的であり、現に退歩史觀を伴っている場合が少なくない（本書第8章の第5節を參照）。また、「天」の立場に立って「人」の否定を表明する文章においても、「天」と「人」の兩者の關係に時間性を持ちこんで歴史的に考察する場合は、退歩史觀を伴うことになる（本書第9章の第3節を參照）。さらに、「養生」の思想を述べる文章においても、「性命之情」が得られている狀態から失われた狀態に至る過程を歴史的に考察するならば、やはり退歩史觀を伴うことになるのである（本書第10章の第2節を參照）。

(22)　本書第9章の注釋（8）、第10章の注釋（18）、及び第14章の第3節を參照。「愁其五藏（臟）」は、『莊子』在宥篇の聞在宥天

下章に、

> 故君子苟能无解其五藏（臟）、无擢其聰明、尸居而龍見、淵默而雷聲、神動而天隨、從容无爲、而萬物炊累焉。吾又何暇治天下哉。

とある（本書第7章の注釋（47）、及び第10章の注釋（20）を參照）。

「堯於是放讙兜於崇山、投三苗於三峗、流共工於幽都。」は、『尙書』舜典篇に、

> 流共工于幽洲、放驩兜于崇山、竄三苗于三危、殛鯀于羽山。四罪而天下咸服。

とあり、『孟子』萬章上篇に、

> 萬章曰、「舜流共工于幽州、放驩兜于崇山、殺三苗于三危、殛鯀于羽山。四罪而天下咸服。」

とあり、『史記』五帝本紀に、

> 於是舜歸而言於帝、請流共工於幽陵、以變北狄。放驩兜於崇山、以變南蠻。遷三苗於三危、以變西戎。殛鯀於羽山、以變東夷。四辠而天下咸服。

とある。ちなみに、『荀子』議兵篇には、

> 古者帝堯之治天下也、蓋殺一人、刑二人而天下治。傳曰、「威厲而不試、刑錯而不用。」此之謂也。

とあり、『戰國策』秦策一には、

> 蘇秦曰、「……昔者神農伐補遂、黃帝伐涿鹿而禽蚩尤、堯伐讙兜、舜伐三苗、禹伐共工、湯伐有夏、文王伐崇、武王伐紂、齊桓任戰而伯天下。」

とある。

「下有桀跖、上有曾史。」の曾と史の竝稱は、『莊子』では他に、駢拇篇・胠篋篇・在宥篇の聞在宥天下章・天地篇の百年之木章などにも見えるが、桀と跖の竝稱は『莊子』ではここにしか見えていない。一方、『荀子』には勸學・榮辱・王制・議兵・性惡などの諸篇に、桀と跖の竝稱が多く見えているので、この用語法は『荀子』から受けた影響ではないかと思われる。

「大德不同」の「大德」は、『莊子』人閒世篇の顏回・仲尼問答に出る言葉であるが、それよりもむしろ同じく馬蹄篇、胠篋

篇、天地篇の門无鬼・赤張滿稽問答、秋水篇の河伯・北海若問答、盗跖篇の孔子・盗跖問答などの「至德」に內容が近い。また、同じく馬蹄篇に、

彼民有常性。織而衣、耕而食。是謂同德。一而不黨、命曰天放。

とあり、同じく胠篋篇に、

削曾史之行、鉗楊墨之口、攘棄仁義、而天下之德始玄同矣。

とあるのを參照。

「離跂」は、『莊子』馬蹄篇に、

及至聖人、蹩躠爲仁、踶跂爲義、而天下始疑矣。澶漫爲樂、摘僻爲禮、而天下始分矣。

とあり（本章の第2節を參照）、同じく天地篇の百年之木章に、

此五者、皆生之害也。而楊墨乃始離跂、自以爲得、非吾所謂得也。

とあるのと同じ意味。

「攘臂」は、『莊子』人閒世篇の支離疏者章に、

支離疏者、頤隱於齊、肩高於頂、會撮指天、五管在上、兩髀爲脅。……上徵武士、則支離攘臂於其閒。

とあるのを參照。

（23）本書第9章の注釋（35）を參照。

（24）本書第9章の第4節、その注釋（50）、第10章の第1節、及びその注釋（7）を參照。「古者民童蒙、不知東西。」以下は、『文子』道原篇に、

老子曰、「……古者民童蒙、不知西東、貌不離情、言不出行、行出無容、言而不文。其衣煖而無采、其兵鈍而無刃、行蹎蹎、視瞑瞑、鑿井而飲、耕田而食、不布施、不求德。高下不相傾、長短不相形、風齊於俗可隨也、事周於能易爲也。矜僞以惑世、軻行以迷衆、聖人不以爲民俗。」

のように取られている。

（25）この箇所は、『文子』上禮篇に、

老子曰、「……自此之後、天下未嘗得安其性命、樂其習俗也。聖賢勃然而起、持以道德、輔以仁義、近者進其智、遠者懷其德、天下混而爲一、子孫相代輔佐、黜讒佞之端、息末辯之說、除刻削之法、去煩苛之事、屛流言之迹、塞朋黨之門、消智能、循太常、隳肢體、黜聰明、大通混溟、萬物各復歸其根。」

のように取られている。

「逮至當今之時、天子在上位。」について、後漢の高誘は、

天子、漢孝武皇帝。

と注している。

「隳枝體、絀聰明、大通混冥、解意釋神、漠然若無魂魄、使萬物各復歸其根。」は、『莊子』大宗師篇の顏回・仲尼問答（二）に、

顏回曰、「墮枝體、黜聰明、離形去知、同於大通。此謂坐忘。」

とあり（本書第5章の注釋（39）、及び第13章の第2節を參照）、同じく在宥篇の雲將・鴻蒙問答に、

鴻蒙曰、「……墮爾形體、吐爾聰明、倫與物忘、大同乎涬溟。解心釋神、莫然无魂、萬物云云、各復其根。」

とあるのをふまえた文章。

「大通混冥」は、『淮南子』俶眞篇にも、

有未始有有无者、包裹天地、陶冶萬物、大通混冥、深閎廣大、不可爲外、析毫剖芒、不可爲內、无環堵之宇、而生有无之根。

とある（本書第5章の第4節、及びその注釋（36）（38）を參照）。

「使萬物各復歸其根」は、『老子』第十六章に、

至（致）虛極也、守情（靜）表（篤）也、萬物旁（竝）作、吾以觀其復也。天〈夫〉物雲（䢵）雲（䢵）、各復歸於其〔根。曰情（靜）〕。（馬王堆帛書甲本・乙本）

とあり（本書第7章の注釋（49）を參照）、その郭店楚簡『老子』甲本第十六章に、

至虛亙〈亟（極）〉也、獸（守）中（盅）管（篤）也、萬勿（物）方（旁）复（作）、居以須遉（復）也。天道員（貟）員（貟）、各遉（復）亓（其）堇（根）。■

とあるのをふまえている。

（26）本書第9章の注釋（14）、及び第14章の第3節を參照。

（27）本書第6章の第2節、及びその注釋（7）を參照。

（28）本書第7章の注釋（41）、及び本章の注釋（6）を參照。「四時殊氣、天不賜、故歲成。」以下は、類似の趣向が『墨子』尚賢上篇に、

故古者聖王之爲政、列德而尙賢。雖在農與工肆之人、有能則擧之、高予之爵、重予之祿、任之以事、斷予之令。曰、「爵位不高、則民弗敬。蓄祿不厚、則民不信。政令不斷、則民不畏。」擧三者、授之賢者。非爲賢賜也、欲其事之成。故當是時、以德就列、以官服事、以勞殿賞、量功而分祿。故官無常貴、而民無終賤。有能則擧之、無能則下之。擧公義、辟私怨、此若言之謂也。

とある。後者は墨家が戰國末期に至って唱えた思想であるが、この箇所はその影響を被って成った文章であるらしい。

「五官」は、『禮記』曲禮下篇に、

天子之五官、曰司徒司馬司空司士司寇、典司五衆。

とあるのを參照。

「无名」は、「道」それ自體を指すか、もしくは「道」の一性質を指す言葉としての「无名」、そこから引伸して「道」を把握した「聖人」を指す言葉としての「无名」については、本章の注釋（6）に既述した。

「无爲而无不爲」は、本書第7章の注釋（41）を參照。

「今計物之數、不止於萬。而期曰萬物者、以數之多者、號而讀之也。」は、『莊子』秋水篇の河伯・北海若問答に、

北海若曰、「……計四海之在天地之閒也、不似礨空之在大澤乎。計中國之在海內、不似稊米之在太倉乎。號物之數謂之萬、

人處一焉。人卒九州、穀食之所生、舟車之所通、人處一焉。此其比萬物也、不似豪末之在於馬體乎。五帝之所連、三王之所爭、仁人之所憂、任士之所勞、盡此矣。伯夷辭之以爲名、仲尼語之以爲博。此其自多也、不似爾向之自多於水乎。」

とあるのに基づく。

「天地者、形之大者也。陰陽者、氣之大者也。」は、『莊子』秋水篇の河伯・北海若問答に、

北海若曰、「……而吾未嘗以此自多也、自以比形於天地、而受氣於陰陽。吾在於天地之間、猶小石小木之在大山也。方存乎見少、又奚以自多。……以其至小、求窮其至大之域。是故迷亂而不能自得也。由此觀之、又何以知豪末之足以定至細之倪、又何以知天地之足以窮至大之域。」

とあるのに基づく。

「道者爲之公、因其大以號而讀之、則可也。」は、『老子』第二十五章に、

有物昆（混）成、先天地生。……吾未知其名、字之曰道、吾強爲之名曰大。……〔道大〕、天大、地大、王亦大。國中有四大、而王居一焉。（馬王堆帛書甲本・乙本）

とあり（本書第2章の第4節、その注釋（29）、第8章の第5節、及び第10章の注釋（36）を參照）、その郭店楚簡『老子』甲本第二十五章に、

又（有）䖇（狀）蟲（蚰）成、先天陛（地）生。……未智（知）亓（其）名、孳（字）之曰道、虐（吾）弜（強）爲之名曰大。……天大、陛（地）大、道大、王亦大。國中又（有）四大安（焉）、王凥（處）一安（焉）。

とあるのと密接に關係している。

（29）　本書第7章の注釋（2）、及び第9章の注釋（14）を參照。「天德而已矣」は、ここでは上文の「君原於德、而成於天。」を縮約した表現。「天德」という言葉は、『莊子』では他に天道篇の舜・堯問答問答（本章の第1節を參照）と刻意篇（本書第7章の注釋（3）、第9章の注釋（14）、及び第10章の第3節を參照）に見える。

（30）　本書第3章の第5節、第9章の注釋（49）、及び本章の第4節の下文を參照。

（31）　その「天道運而无所積」は、具體的に指しているのは、『莊子』天道篇の舜・堯問答に、

舜曰、「天德而出〈土〉寧、日月照而四時行。若晝夜之有經、雲行而雨施矣。」

とあり（本章の第1節を參照）、同じく天道篇の孔子・老聃問答に、

老聃曰、「……夫子若欲使天下无失其牧乎、則天地固有常矣、日月固有明矣、星辰固有列矣、禽獸固有羣矣、樹木固有立矣。夫子亦放德而行、循道而趨、已至矣。」

とあるような、諸現象であると考えられる。また、同じく大宗師篇の知天之所爲章に、

死生、命也。其有夜旦之常、天也。人之有所不得與、皆物之情也。

とある（本書第9章の注釋（14）、及び本章の注釋（4）を參照）。

「帝道」「聖道」は、『莊子』天道篇の夫虛靜恬淡章に、

夫虛靜恬淡、寂漠无爲者、萬物之本也。明此以南鄕、堯之爲君也。明此以北面、舜之爲臣也。以此處上、帝王天子之德也。以此處下、玄聖素王之道也。

とある（本章の注釋（35）を參照）、「帝王天子之德」「玄聖素王之道」とほぼ一致し、また、同じく天下篇の思想史序論に、

天下大亂、賢聖不明、道德不一。……判天地之美、析萬物之理、察古人之全、寡能備於天地之美、稱神明之容。是故內聖外王之道、闇而不明、鬱而不發。

とある、「內聖外王之道」ともほぼ一致する。

「六通四辟於帝王之德者」については、「六通」は、「帝王之德」のすべての空間的側面に精通していること。「四辟」は、そのすべての時間的側面に精通していること。「通・辟」は、上文の「明・通」に同じ。『莊子』天下篇の思想史序論に、

古之人其備乎。配神明、醇天地、育萬物、和天下、澤及百姓。明於本數、係於末度、六通四闢小大精粗、其運无乎不在。

とあり、『管子』白心篇に、

天之視而精、四璧而知請（情）、壤土而與生。

とあるのを參照。

「昧然无不靜者矣」は、『莊子』田子方篇の文王觀於臧章に、

文王於是焉以爲大師、北面而問曰、「政可以及天下乎。」臧丈人昧然而不應、泛然而辭。朝令而夜遁、終身无聞。

とあるのを參照。

「聖人之靜也、非曰靜也善、故靜也。」については、虛靜說における目的意識性の排除が、『莊子』人閒世篇の顏回・仲尼問答に、

仲尼曰、「惡、惡可。……夫胡可以及化。猶師心者也。……若一志、无聽之以耳、而聽之以心。无聽之以心、而聽之以氣。聽〈耳〉止於耳〈聽〉、心止於符。氣也者、虛而待物者也。唯道集虛。虛者、心齋也。」

とあり（本書第8章の注釋（37）、及び第13章の第2節を參照）、『韓非子』解老篇に、

所以貴無爲無思爲虛者、謂其意無所制也。夫無術者、故以無爲無思爲虛也。夫故以無爲無思爲虛者、其意常不忘虛。是制於爲虛也。虛者、謂其意無所制也。今制於爲虛、是不虛也。虛者之無爲也、不以無爲爲有常。不以無爲爲有常則虛。虛則德盛。

とあるのを參照。

「萬物无足以鐃心者、故靜也。」の趣旨は、『莊子』德充符篇の魯哀公・仲尼問答に、

仲尼曰、「死生存亡、窮達貧富、賢與不肖毀譽、飢渴寒暑、是事之變、命之行也。日夜相代乎前、而知不能規乎其始者也。故不足以滑和、不可入於靈府。」

とある（本書第8章の注釋（24）を參照）のに近い。

(32)「水靜、則明燭鬚眉、平中准、大匠取法焉。」は、『莊子』德充符篇の常季・仲尼問答に、

仲尼曰、「人莫鑑於流水、而鑑於止水。唯止能止衆止。」

とあり、同じく德充符篇の魯哀公・仲尼問答に、

（仲尼）曰、「平者、水停之盛也。其可以爲法也、內保之而外不蕩也。」

とある（本書第10章の注釋（35）を參照）。

「而況精神聖人之心靜乎。天地之鑒也、萬物之鏡也。」は、『莊子』應帝王篇の无爲名尸章に、

至人之用心若鏡、不將不迎、應而不藏。故能勝物而不傷。

とあるのを參照。

(33)「夫尊卑先後、天地之行也。」は、『莊子』德充符篇の魯哀公・仲尼問答に、

仲尼曰、「死生存亡、窮達貧富、賢與不肖毀譽、飢渴寒暑、是事之變、命之行也。」

とあるのなどをふまえているらしい。

「故聖人取象焉」は、『周易』繫辭上傳に、

是故天生神物、聖人則之。天地變化、聖人效之。天垂象、見吉凶、聖人象之。河出圖、洛出書、聖人則之。

とあるのを模倣した文。『淮南子』泰族篇に、

天設日月、列星辰、調陰陽、張四時、日以暴之、夜以息之、風以乾之、雨露以濡之。其生物也、莫見其所養而物長。其殺物也、莫見其所喪而物亡、此之謂神明。聖人象之、故其起福也、不見其所由而福起。其除禍也、不見其所以而禍除。

とあるのとも密接に關係する。

「天尊地卑、神明之位也。」は、『周易』繫辭上傳に、

天尊地卑、乾坤定矣。卑高以陳、貴賤位矣。

とあり、『禮記』樂記篇に、

天尊地卑、君臣定矣。卑高已陳、貴賤位矣。

とあるのを參照。

「春夏先秋冬後、四時之序也。」は、『周易』乾卦の文言傳に、

夫大人者、與天地合其德、與日月合其明、與四時合其序、與鬼神合其吉凶。先天而天弗違、後天而奉天時。天且弗違、而況於人乎、況於鬼神乎。

とあり、『管子』版法解篇に、

版法者、法天地之位、象四時之行、以治天下。四時之行、有寒有暑、聖人法之、故有文有武。天地之位、有前有後、有左

　有右、聖人法之、以建經紀。

とあり、『淮南子』本經篇に、

　帝者體太一、王者法陰陽、霸者則四時、君者用六律。……四時者、春生夏長、秋收冬藏、取予有節、出入有時〈量〉、開闔張歛、不失其敘、喜怒剛柔、不離其理。……則四時者、柔而不脆、剛而不鞼、寬而不肆、肅而不悖、優柔委從、以養羣類、其德舍〈含〉愚而容不肖、無所私受〈愛〉。

とあり、同じく泰族篇に、

　故大人者、與天地合德、〔與〕日月合明、〔與〕鬼神合靈、與四時合信。

とあるのを參照。

(34)「萌區有狀」は、『禮記』月令篇に、

　句者畢出、萌者盡達。

とあり、同じく樂記篇に、

　草木茂、區萌達。

とあり、『管子』五行篇に、

　草木區萌。

とある、「句萌」「區萌」に同じ。

「宗廟尙親」は、『禮記』大傳篇に、

　是故人道親親也。親親故尊祖、尊祖故敬宗、敬宗故收族、收族故宗廟嚴、宗廟嚴故重社稷、重社稷故愛百姓、愛百姓故刑罰中、刑罰中故庶民安、庶民安故財用足、財用足故百志成、百志成故禮俗刑、禮俗刑然後樂。

とあり、同じく坊記篇に、

　子云、「祭祀之有尸也、宗廟之主也、示民有事也。脩宗廟、敬祀事、敎民追孝也。」以此坊民、民猶忘其親。

とあるのを參照。

「朝廷尙尊、鄕黨尙齒、行事尙賢。」は、『孟子』公孫丑下篇に、

（孟子）曰、「……天下有達尊三。爵一、齒一、德一。朝廷莫如爵、鄕黨莫如齒、輔世長民莫如德。」

とあるのなどをふまえたもの。

「語道而非其序者、非其道也。」以下については、本書第9章の第4節、その注釋（36）（47）、及び第14章の第3節を參照。

（35）「賞罰」の位置づけについては、『韓非子』主道篇に、
人主之道、靜退以爲寶。……言已應則執其契、事已會則操其符。符契之所合、賞罰之所生也。故羣臣陳其言、君以其言授其事、以其事責其功。功當其事、事當其言則賞、功不當其事、事不當其言則誅。明君之道、臣不得陳言而不當。
とあるのを參照。
「以此事上、以此畜下、以此治物、以此脩身。」は、『莊子』天道篇の夫虛靜恬淡章に、
夫虛靜恬淡、寂漠无爲者、萬物之本也。明此以南鄕、堯之爲君也。明此以北面、舜之爲臣也。以此處上、帝王天子之德也。以此處下、玄聖素王之道也。以此退居而閒游、江海山林之士服。以此進爲而撫世、則功大名顯而天下一也。
とあり（本章の注釋（31）を參照）、同じく天道篇の夫明白於天地之德者章に、
夫明白於天地之德者、此之謂大本大宗。……故曰、「其動也天、其靜也地、一心定而王天下。其鬼不祟、其魂不疲、一心定而萬物服。」言以虛靜推於天地、通於萬物。此之爲天樂。天樂者、聖人之心、以畜天下也。
とある（本書第7章の第6節を參照）。また、本文に引用した『荀子』榮辱篇に、
農以力盡田、賈以察盡財、百工以巧盡械器、士大夫以上至於公侯、莫不以仁厚知能盡官職。
とあった（本書第5章の第5節、及び本章の第2節を參照）のに相當する。
「此之謂太平。治之至也。」は、本文に引用する『荀子』榮辱篇に、
故仁人在上、則農以力盡田、賈以察盡財、百工以巧盡械器、士大夫以上至於公侯、莫不以仁厚知能盡官職。夫是之謂至平。
とある（本書第5章の第5節、及び本章の第2節を參照）のを承ける。

（36）以下に、『荀子』の「分」の思想の影響を受けた、戰國末期～前漢初期の法家系もしくは黃老系の手に成る、理想社會の描寫

のいくつかを擧げておく。『韓非子』有度篇に、

故明主使法擇人、不自擧也、使法量功、不自度也。能者不可弊、敗者不可飾、譽者不能進、非者弗能退、則君臣之間、明辯而易治。……貴賤不相踰、愚智提衡而立、治之至也。

とあり、同じく揚権篇に、

夫物者有所宜、材者有所施。各處其宜、故上乃無爲。使雞司夜、令狸執鼠、皆用其能、上乃無事。

とあり、『管子』五輔篇に、

曰、「上下有義、貴賤有分、長幼有等、貧富有度。」凡此八者、禮之經也。故上下無義則亂、貴賤無分則爭、長幼無等則倍、貧富無度則失。上下亂、貴賤爭、長幼倍、貧富失、而國不亂者、未之嘗聞也。是故聖王飭此八禮、以導其民。……夫人必知禮、然後恭敬。恭敬、然後尊讓。尊讓、然後少長貴賤不相踰越。少長貴賤不相踰越、故亂不生而患不作。故曰、「禮不可不謹也。」

とあり、『淮南子』主術篇に、

夫人主之聽治也、清明而不闇、虛心而弱志。是故羣臣輻湊竝進、無愚智賢不肖、莫不盡其能。於是乃始陳其禮、建以爲基。是乘衆勢以爲車、御衆智以爲馬、雖幽野險塗、則无由惑矣。

とあり、同じく要略篇に、

主術者、君人之事也。所以因任督責、使群臣各盡其能也。……提名責實、考之參伍。……其數直施而正邪、外私而立公、使百官條通而輻湊、名〈各〉務其業、人致其功、此主術之明也。

とある（本書第9章の注釋（49）を參照）。

（37）以上の黃老の政治思想と大體同じものが、戰國末期以後の法家系の諸文獻にも頻繁に現れることは、改めて縷說するまでもない。一例を擧げるならば、『韓非子』主道篇に、

道者、萬物之始、是非之紀也。是以明君守始、以知萬物之源、治紀以知善敗之端。故虛靜以待、令名自命也、令事自定也。虛則知實之情、靜則知動者正。有言者自爲名、有事者自爲形。形名參同、君乃無事焉、歸之其情。……是故去智而有明、

去賢而有功、去勇而有強。羣臣守職、百官有常、因能而使之、是謂習常。故曰、「寂乎其無位而處、漻乎莫得其所。」明君無爲於上、羣臣竦懼乎下。

とあるのを見られたい。この文章における「明君」は、「萬物之始」「是非之紀」という、至上の窮極的な根源者「道」を把握することを通じて、「虛靜」になり、つまり「道」の立場に身を置き、「形名參同」という政術を用いて「羣臣」を一元的に支配することができる、と描かれている。このようなことは、戰國末期以後、法家系の思想家たちが、以上に見てきた道家思想の「道」の形而上學・存在論を自らの政治思想の根據として取り入れたために起こった現象なのである。この點については、本書第6章の第3節、その注釋（22）、第12章の注釋（40）、及び第14章の第3節を參照。また、以下の兩論文を讀まれたい。

容肇祖『韓非子考證』の第八「黃老或道家言混入於韓非子書中者」

木村英一『法家思想の研究』の附錄、五「黃老思想に基づけた韓非子後學」

（38）黃老の政治思想の『呂氏春秋』の中に現れている例については、本書第3章の第2節ですでに述べた。

（39）本書第9章の第4節、及び第13章の第1節を參照。

（40）「玄德」という言葉は、『莊子』では、天地篇の泰初有无章に一例見え、『老子』では第五十一章・第六十五章・第十章に合計三例見える。なお、「玄德」という言葉が含まれていると同時に、ここには「明德」や「三才」といった、儒家の言葉や思想も含まれている。したがって、この文章を純粹の道家思想と見なすことは、勿論できない。

（41）本書第9章の第4節を參照。

（42）本書第9章の第4節、その注釋（49）（51）、及び第10章の注釋（36）を參照。

（43）本書第9章の注釋（52）を參照。

參考文獻

中國科學院哲學研究所中國哲學史組編『中國大同思想資料』　中華書局　一九五九年

N・セビン『中國のコペルニクス』　中山茂・牛山輝代譯　思索社　一九八四年

N・セビン『中國の錬金術と醫術』　中山茂・牛山輝代譯　思索社　一九八五年

陳正炎・林其錟『中國古代大同思想研究』　上海人民出版社　一九八六年

池田知久「中國思想における混沌」　東京大學公開講座53『混沌』　東京大學出版會　一九九一年

池田知久「中國古代的混沌哲學」（中國文）　陳鼓應主編『道家文化研究』第八輯（香港道教學院主辦）　上海古籍出版社　一九九六年

池田知久「中國思想における混沌の哲學」（韓國文）　崔在穆譯　現代宗教文化研究所（韓國大邱市）『現代の宗教』第19輯　一九九六年

王永祥『中國古代同一思想史』　齊魯書社　一九九一年

Francis C. M. Wei, "*The Political Principles of Mencius*", Presbyterian Mission Press, Shanghai, 1916.

J. Needham, "*History of Scientific Thought*", "*Science and Civilisation in China*", vol.2, Cambridge, 1956.

吉川忠夫他譯　ジョセフ・ニーダム『中國の科學と文明』２・３　思索社　一九七四年・一九七五年

J. Needham, "*The past in China's present, a cultural,social and philosophical background for modern China*", The Centennial Review, Chicago, 1960 Spring & Summer.

E. Balazs, "*Chinese Civilization and Bureaucracy*", New Haven and London, 1964.

E. Balazs, "*Political Theory and Administrative Reality in Traditional China*", SOAS, University of London, 1965.

村松裕次譯　エチアヌ・バラーシュ『中國文明と官僚制』　みすず書房　一九七一年

J. Chesneaux, "*Les traditions egalitaires et utopiques en Orient*", Diogene No.62, 1968.

西川長夫譯　ジャン・シェノー「東洋における平等主義とユートピアの傳統」『ディオゲネス』第５號　河出書房新社　一九七一年

Chun-chieh Huang, "*Mencian Hermeneutics*", Transaction Publishers, New Brunswick and London, 2001.

佐藤匡玄「王充の大漢思想」『日本中國學會報』第五集　一九五三年
木村郁二郎「王充における「大漢」主義の問題」『大倉山學院紀要』第2輯　大倉山文化科學研究所　一九五六年
御手洗勝「王充の王朝觀」『廣島大學文學部紀要』第17號　一九六〇年
戸川芳郎「後漢初期にあらわれた政治思想の一形態――王充歴史觀剖析――」中國古代史研究會編『中國古代史研究』第三　吉川弘文館　一九六九年
佐藤匡玄『論衡の研究』東洋學叢書　創文社　一九八一年
北村良和「後漢の頌漢思想の根源――武帝「受命」の意味――」『古史春秋』第一號　朋友書店　一九八四年
戸川芳郎「王充――孤高の實證的批判家」日原利國編『中國思想史』（上）ぺりかん社　一九八七年
大久保隆郎「王充の頌漢論（Ｉ）」『福島大學教育學部論集』（人文科學部門）第54號　一九九三年
大久保隆郎「王充の頌漢論」『栗原圭介博士頌壽記念東洋學論集』汲古書院　一九九五年
西田太一郎「公私觀念の展開と私人の意義」『支那學』第九卷第一號　弘文堂　一九三七年
加藤常賢「公私考」『歴史學研究』第六十九號　一九四二年
栗田直躬「「公」と「私」」『福井康順博士頌壽記念東洋文化論集』早稲田大學出版部　一九六九年
溝口雄三「中國における公・私概念の展開」『思想』第六六九號　岩波書店　一九八〇年三月
中嶋隆藏「嵇康における公私の問題」『文化』第三十七卷第三・四號　一九七四年
澤田多喜男「先秦における公私の觀念」『東海大學紀要　文學部』第25輯　一九七六年
尾形勇『中國古代の「家」と國家』岩波書店　一九七九年
溝口雄三「中國の「公・私」」（上）（下）『文學』第五十六卷第九號・第十號　岩波書店　一九八八年
溝口雄三『中國の公と私』研文選書　研文出版　一九九五年
溝口雄三『公私』一語の辭典　三省堂　一九九六年

Kuo-cheng Wu, "*Ancient Chinese Political Theories*", Commercial Press Limited., Shanghai, 1928.

Max Weber, "*Konfuzianismus und Taoismus*", "*Einleitung, Die Wirtschaftsethik der Weltreligionen, Gesammelte Aufsätze zur Religiossoziologie I*", J. C. B. Mohr, Tübingen, 1963.

Max Weber, "*The Religion of China, Confucianism and Taoism*", translated and edited by Hans H. Gerth, Macmillan Company, New York, Collier-Macmillan Limited, London, 1951.

Roger T. Ames, "*The Art of Rulership*", University of Hawaii Press, Honolulu, 1983.

第12章　聖人の「無爲」と萬物の「自然」

今日、我々が普通に言う自然という言葉の表わす對象、例えば自然科學・自然環境・自然淘汰・自然法などの中の自然——一言で言えば、古代ギリシア・ローマ以來、近代に至るまでの西歐文化の中で培われてきた自然觀に多くを負っている自然（nature）——と同じものを、古く中國人がどのように見てきたかという問題は、中國思想の歴史を解明するための一つの問題として立てることは全く不可能ではないかもしれないが(1)、しかし、西歐文化の中の自然（nature）という對象の設定のし方が中國思想にとってあまりに外在的であるので、眞に有意義で生産的な問題であるか否かは疑わしい(2)。

それに對して、古代漢語としての「自然」は、中國思想史の內部に、そのある段階で誕生すべき必要性必然性があって誕生した言葉であるから、それについて問うことは上記の括弧のつかない自然（nature）を中國において問うこととは異なって、概念の置き換えなどの複雜な手續きを經ることなしに(3)、直接、中國思想史に對する內在的な問いとなることができ、その限りでは一まず有意義で生産的な問題提起となることができるであろう(4)。

加うるに、「自然」という言葉及びこれを用いて營まれた思索は、それが誕生して以來相當長い期間にわたって、一貫して中國思想史の最も重要なテーマの一つであり續けた。そのことは、例えば、『莊子』『老子』における「自然」、王充『論衡』における「自然」、魏晉玄學における「自然」などを思い起こせば直ちに了解されるであろう。したがって、中國思想史にとってまず第一に問われるべきは、古代漢語の思想概念としての「自然」でなければならない。そして、中國の「自然」と西歐の nature とは、もともと由來を異にし何らの交渉も持たなかった二つの言葉でありながら、後者の nature が近代日本において自然と翻譯されたことにも現れているように、兩者の意味には共通する部分がないわけではないようである。(5) このことは、中國の「自然」や自然を解明しようとする者を混亂させる原因ともなっているけれども、また同時に、中國の「自然」を、それが首尾よく解明された後、中國思想史の內部だけに閉じこめずにもっと大きな廣がりの中で問題にすることのできる可能性をも、保證しているように感じられる。

そこで、本章では、古代漢語としての「自然」が中國思想史の內部に初めて誕生した段階における、その思想的な內容、思想上の意義或いは役割り、思想史的な背景などを中心とする諸問題について解明してみたい。

第1節　中國古代の「天」の思想史の構想

A　天人相關と「自然」の對立

筆者は、先秦時代から六朝時代にかけての「天」や「道」の思想を、天人相關說と「自然」思想の對立を中心軸にすえて展開したと見て、この觀點からその思想史を劃くことができると構想している。

さて、前漢時代の全期間を通じて儒教の國教化、すなわち國家が儒教を唯一の正統思想として認定してその他を包攝・抑制するという形の思想統一、という思想上政治上の重大事が行われた。(6) 天人相關說は、景帝期・武帝期以降の儒家、董仲舒（紀元前一七〇年ごろ〜前一二〇年ごろ）とその門下、つまり董仲舒學派によって形成された思想であり、それ以後、儒教の國教化の進展に伴って中國思想の正統となり、以來、宋學の出現に至るまでの長い期間、人々に支持されることとなった思想であった。

筆者はかつて拙論「中國古代の天人相關論――董仲舒の場合」において、董仲舒學派の天人相關說を檢討したことがある。ここでは、その結論に基づき、さらにその後の筆者の研究をも加えて述べることにしたい。――董仲舒學派の天人相關說は、直接的には、一般の人ではなく主に天子の倫理性政治性の善惡が原因となって、その結果「天」の事象（災異や祥瑞）が現れるとする思想であり、またこれを通じて、天子と彼に支配される人類全體の、世界の人格神的主宰者たる「天」にも比肩できる能動性を高唱した思想である。そしてこれは、董仲舒學派に先だつ先秦時代以來の天人關係論を吸收し、かつそれに對抗して打ち立てられた、その總決算的な新しい思想であった。彼らが思想活動を開始したのは、春秋末期～前漢初期の諸子百家のオリジナルな思想がすべて出現し終えた後の景帝期・武帝期以降であり、ようやく天子權力を強化して中央集權的な支配に轉ずるために、儒教國教化などが問題となる時代に當たっていたのである。(7)

一方、「自然」思想の直接の先驅は戰國末期の『老子』にあり、これも秦漢帝國の形成の動きに對する思想界の反應であった。「自然」という言葉はそれ以前にも存在していたが、當時の道家の主流派からその「道―萬物」の二世界論の反對を行くものとして否定的な評價を受けている（『呂氏春秋』義賞篇。後述）。(8)また、これを實際に使用する場面では、道家の二世界論に基づく「道―萬物」の存在論的な關係、「聖人―百姓」「天子―萬民」の倫理的政治的な關係において、根源者たる「道」「聖人」の「無爲」を原因として存在者たる「萬物」「百姓」の「自然」が結果するという主張である。「無爲」とは「道」「聖人」が萬物に對して何の働きかけもしないことであり、「自然」とは「萬物」「百姓」がそれ自身に內在する力によって自律的自發的に存在し變化することである（後述）。こういうわけで、「自然」の思想は誕生した當初から、「道」「聖人」の從來有していた主宰性支配性を弱める働きを具えているとともに、「萬物」「百姓」が自身の力によって存在・變化する自律性自發性を認める働きを具えていた。このような意味で、「自然」は極めて新しい思想であり、從來の道家の存在論や董仲舒學派の天人相關説とは正反對の、はなはだ衝撃的な枠組の變更であった。

B　儒教の國教化と董仲舒學派の天人相關説

儒教國教化という問題に對する日本人の見解は、從來より中國哲學の研究者と東洋史學（中國史學）の研究者で大きく異なる。(9) 前者の定説は、『漢書』董仲舒傳・武帝紀などを根據にして、武帝期の建元元年（紀元前一四〇年）、董仲舒が賢良對策を上って百家抑黜・儒家一尊による諸思想の統一を提案し、武帝がそれを嘉納したこと、また建元五年（紀元前一三六年）、武帝による五經博士の設置が行われたこと、などによって儒教國教化が實現したと唱えてきた。一方、後者の定説は、前者の根據とする『漢書』董仲舒傳に對する文獻批判と高等批判を進めた上で、この問題を儒教の思想内容の問題としてよりも、むしろ前漢・後漢の國家・社會における儒教の役割りの問題（兩漢の國家制度としての儒教一尊體制の確立、儒教の中央・地方の官僚層への浸透、思想内容における體制儒教の整備等々）として解明し、その結果、儒教國教化の實現は前漢末期以降であると唱えている。筆者は、兩者の異なった方法に十分配慮した上で、これは董仲舒と武帝が短期間の内に行ったなどということではなく、前漢全期という長期にわたる諸事實の積み重ねの結果、數段階を經て最後に到達したという過程を持つものだ、と考える。(10)

董仲舒學派の天人相關説の形成は、戰國末期の『老子』に始まる道家の「自然」思想に對抗してなされたものであり、逆にまた前漢・後漢を通じて正統となったこの天人相關說に、後漢の王充や魏晉以降の玄學家は對抗しながら、新しい「自然」思想を形成していった。戰國末期〜魏晉時代における「自然」思想と天人相關說のこうした絡みあいは、中國思想史の重要問題の一つと言うことができよう。

より具體的に述べれば、道家の「自然」思想は、「道」「聖人」については「無爲」を唱え、「萬物」「百姓」については「自然」を唱えるけれども、天人相關說にとって、「無爲」は、『漢書』董仲舒傳の第二次對策で武帝が特に制策し董仲舒が答問した重要なテーマであり、[11] 第一次對策でも「事在彊勉而已矣」と對えているように、彼らは明確にこれに反對した。[12]「自然」は、董仲舒學派の著作『春秋繁露』同類相動篇で、萬物の「自然」という理論は眞實を把えておらず、正しくは「使之然者矣」つまり「天」の主宰があると考えるべきだとする、哲學的宗教的な存在論を明確に主張した。[13] このように董仲舒學派の天人相關說は、先だつ道家の「自然」思想に對抗しながら形成されたものである。同時にまた、戰國後期の思想界に始まる宗教の復權という大きな流れの歸結でもあった。[14] そして、儒教國教化が進んだ後は、天人相關說は未來予言としての性格を強め、前漢末期〜後漢時代の讖緯說に連なっていった。

C　新しい「自然」思想の登場

「自然」の早期の唱道者である『老子』は、古い道家の二世界論と新しい「自然」思想の間に橋を架けるに止まった。それ故、『老子』の「自然」はその萌芽の段階にあったと把えなければならない。これ以後、前漢・後漢を通じて道家の内部で、「自然」は少しずつ理論的に整備されていったが、同時に「自然」と歩みを共にする新しい思想の試み（「道」の形而下化など）も次第に增加していった。

とは言うものの、「自然」思想は兩漢の思想界の正統の地位に伸し上がることはなかった。なぜなら、道家の內部では舊主流派の流れを汲む二世界論が引き續き唱えられており、新しい「自然」思想はなかなか重視されるようにはならなかった。道家以外でも戰國末期～前漢初期の多くの政治思想は、墨家や韓非後學の法家などのように、「天」「道」という世界の主宰者を立てて、それをモデルに天下・國家における君主權を強化しようとしていた。また、前漢、武帝期以降の董仲舒學派は、この「自然」思想に明確に反對しつつ自らの天人相關說を形成していったが、董仲舒學派の天人相關說を含む儒教が前漢末期には國教化によって正統となったからである。秦漢帝國の時代にふさわしい思想は天人相關說の方であり、「自然」思想はあくまで日陰の地位に甘んずるしかなかった。

ところが、前漢末期以降になると、讖緯說にはなはだしく傾斜した天人相關說に對する批判が思想界に登場し、時の經過とともにそれが強化され增加していった。この動きの中で、それまで日の目を見ることの少なかった「自然」思想が、一層理論的に整備されて明瞭な姿を表すに至る。その中では、後漢の王充と鄭玄の「自然」思想が重要であるが、特に王充の「自然」は、當時の正統であった天人相關說を眞っ向から批判しながら形成されたものである。さらにその後、王充や鄭玄を受け繼ごうとする思索の營みが現れた。郭象や張湛などの魏晉玄學の「自然」思想であり、それに含まれる反存在論である。郭象や張湛らは、「無」「道」の萬物に對する存在論的な主宰者としての役割りを否定する一方、それらとは無關係の「萬物」の「自化自生」つまり「自然」を強調し、かつそれを「道」の內容であると主張した。こうした「自然」思想は、その有する存在者觀（「道」に對峙して）、臣下・民衆觀（「帝王」に對峙して）、地方觀（中央に對峙して）をもって、後漢・三國・南北朝のそれぞれ豪族・名士・貴族の存在を特徴とする新しい時代の社會狀況にふさわしい、と言いうるかもしれない。

こうして、かつての「道―萬物」の二世界論は完全に消滅し、ここに萬物だけから成る一枚岩の世界が出現して、その仕組みの根本的な解明が次の時代に委ねられることとなった（宋學）。

第2節　「無爲而無不爲」というテーゼ

「無爲」という言葉は、道家思想の核心を表すものとして古來あまりにも有名である。この「無爲」は、もともと直接は勿論、人爲・作爲がないこと、つまり人間の行う様々の作爲性實踐性を捨て去ることであり、したがって、本書に述べたところでは、第9章の「天人關係論」と最も密接に關係しているが、しかし、單なる非作爲性非實踐性を意味するものではない。

道家の思想的なコンテクストにおける「無爲」は、何と言っても窮極的根源的な實在「道」とつながりを有するものに注目すべきであろうが、そのような「無爲」の內容としては、以下の三つのタイプが重要である。

第一に、やや消極的には、人間が、「道」の、世界においてあらゆる「萬物」を存在・變化させる主宰者としての働きを邪魔立てしないための態度である。例えば、『莊子』在宥篇の聞在宥天下章に、

> 故君子不得已而臨莅天下、莫若无爲。无爲也而後安其性命之情。……故君子苟能无解其五藏、无擢其聰明、尸居而龍見、淵默而雷聲、神動而天隨、從容无爲、而萬物炊累焉。吾又何暇治天下哉。

とあり、(15)『老子』第十六章に、

> 至（致）虛極也、守情（靜）表（篤）也、萬物旁（竝）作、吾以觀其復也。天〈夫〉物雲（貟）雲（貟）、各復歸於其〔根。曰情（靜）〕。（馬王堆帛書甲本・乙本）

とあり、(16)また郭店楚簡『老子』甲本第十六章に、

至（致）虛亙〈亟（極）〉也、獸（守）中（盅）篙（篤）也、萬勿（物）方（旁）复（作）、居以須遉（復）也。天道員（貟）員（貟）、各遉（復）亓（其）菫（根）。■

とある。『老子』第十六章には「虛情（靜）」という言葉は出るが、「無爲」という言葉は出ない。しかし、『莊子』天道篇の夫虛靜恬淡章に、

夫虛靜恬淡、寂漠无爲者、天地之平、而道德之至。

とあるように、「虛靜」は「无爲」とほぼ同じ意味である。(17)

第二に、より積極的には、人間が、以上のようなオールマイティーの能力を持っている「道」に到達し、「道」に融即するための方法である。例えば、『莊子』達生篇の達生之情者章に、

夫欲免爲形者、莫如棄世。棄世則无累、无累則正平、正平則與彼更生、更生則幾矣。事奚足棄、而生奚足遺。棄事則形不勞、遺生則精不虧。夫形全精復、與天爲一。天地者、萬物之父母也。合則成體、散則成始。形精不虧、是謂能移。精而又精、反以相天。

とあり、(18)本文章中の「棄事」「遺生」は、「無爲」とほぼ同じ意味である。また、この「天」は、「天地」に同じで、「天之道」もしくは「天地之道」を指している。それから、『淮南子』原道篇に、

泰古二皇、……無爲爲之而合于道、無爲言之而通乎德、恬愉無矜而得于和、有萬不同而便于性。神託于秋毫之末、而大與（於）宇宙之總。

とある。(19)

第三に、最も積極的には、人間が、以上のような「道」のオールマイティー性を己れのものとしつつ、かえって何

ごとをもなしうるための逆説的なもしくは辨證法的な前提である。この場合は、「無爲而無不爲」という道家に獨特のテーゼの形を取ることが多い。例えば、『莊子』知北遊篇の知北遊章に、

黄帝曰、「……故曰、『爲道者日損。損之又損之、以至於无爲。无爲而无不爲也。』今已爲物也、欲復歸根、不亦難乎。其易也、其唯大人乎。」

とあり、[20]『老子』第三章に、

不上賢、〔使民不爭。不貴難得之貨、使〕民不爲〔盜〕。不〔見可欲〕、使民不亂。是以聲（聖）人之〔治也、虛亓（其）心、實亓（其）腹、弱亓（其）志〕、強亓（其）骨。恆使民无知（智）无欲也、使〔夫知（智）不敢。弗爲而已、則无不治矣〕。（馬王堆帛書甲本・乙本）

とあり、『淮南子』原道篇に、

是故聖人內修其本、而不外飾其末、保其精神、偃其智故、漠然無爲而無不爲也、澹然無治而無不治也。所謂無爲者、不先物爲也。所謂〔無〕不爲者、因物之所爲〔也〕。所謂無治者、不易自然也。所謂無不治者、因物之相然也。

とある、[21]等々。

以上の內、特に第三のタイプの「無爲」が、人間と「道」の合作に基づく、巨大な作爲性實踐性を目的としていることは明らかであろう。その作爲性實踐性は、第二のタイプの「無爲」により、人間が「道」に到達し「道」に融卽することを原因として、「道」の、世界における「萬物」を存在・變化させるオールマイティー性「無不爲」を己れの手中にした結果、將來されたものなのである。

第3節　「自然」という言葉の出現

以上に見た「無爲而無不爲」というテーゼは、「無爲」と「無不爲」の兩者から構成されている。その「無爲」は、哲學・倫理思想・政治思想などにおいて、主體としての「聖人」などが方法的に作り出す原因であり、「無不爲」は、客體としての「萬物」などに働きかけて「道」が引き起こす結果であるが、後者は、戰國末期以後になると、「無不爲」に代わって「自然」という言葉が多用されるに至る。——この現象もまた、道家思想が「萬物」の「多の有」性を重視するようになっていくことの現れに他ならない。

A　「自然」の出現狀況と性質

a　「自然」の出現狀況

「自然」という言葉は、これを最も早い時點で使用しているのが道家思想とその影響下にあった諸思想だけであったという事實から判斷して、[22]道家が人爲・作爲を否定するために使用し始める一對の概念——主體に關する「無爲」と客體に關する「自然」——の片割れとして、戰國末期に至って始めて思想界において使用された、すなわち始めて思想概念として誕生した、と考えられる。[23]

また、古代漢語の「自然」は、それが初めて誕生したばかりの時點では、文法的には「泰然」「漠然」などと同じような副詞の一つであり、(24)「萬物」「百姓」のあり方（存在様式や運動形態）を形容する言葉であって、實在的對象的なnature を意味する名詞ではなかった。――これらのことは、今日ではほぼ研究者の閒の共通認識になっている。

b　「萬物」「百姓」の「自然」

「自然」の、今ここに述べた性質――すなわち、主體にとって客體である「萬物」「百姓」について言う言葉として、初めて誕生したという性質――は、中國思想史を論ずる上で特に重要であるので、それを示すいくつかの例を引用しておこう。

例えば、『老子』第六十四章には、

〔爲之者敗之、執之者失之。是以聲（聖）人无爲〕也、〔故〕无敗〔也〕。无執也、故无失也。民之從事也、恆於亓（幾）成事而敗之。故愼終若始、則〔无敗事矣。是以聲（聖）人〕欲不欲、而不貴難得之䐡（貨）。學不學、而復衆人之所過。能輔萬物之自〔然、而〕弗爲。（馬王堆帛書甲本・乙本）

とあり、また、郭店楚簡『老子』甲本第六十四章に、

爲之者敗之、執之者遠〈遊（失）〉之。是以聖人亡（無）爲、古（故）亡（無）敗。亡（無）執、古（故）亡（無）遊（失）。臨事之紀、新（愼）冬（終）女（如）忌（始）、此亡（無）敗事矣。聖人谷（欲）不谷（欲）、不貴難导（得）之貨。𡥈（敎）不𡥈（敎）、逡（復）衆之所𨑤（過）。是古（故）聖人能尃（輔）萬勿（物）之自肰（然）、而弗能爲。

とあり、郭店楚簡『老子』丙本第六十四章に、

爲之者敗之、執之者遊（失）之。聖人無爲、古（故）無敗也。無執、古（故）〔無遊（失）也〕。新（愼）終若詞

（始）、則無敗事喜（矣）。人之敗也、互（恆）於丌（其）戲（且）成也敗之。是以〔聖〕人欲不欲、不貴懃（難）㝵（得）之貨。學不學、復（復）衆之所𨔛（過）。是以能補（輔）𡍮（萬）勿（物）之自肰（然）、而弗敢爲。■

とあり、『韓非子』喩老篇には、

夫物有常容、因乘以導之、因隨物之容。故靜則建乎德、動則順乎道。……故冬耕之稼、后稷不能羨也。豐年大禾、臧獲不能惡也。以一人力、則后稷不足。隨自然、則臧獲有餘。故曰、「恃萬物之自然、而不敢爲也。」

とあり、『莊子』應帝王篇の天根・无名人問答には、

无名人曰、「汝遊心於淡、合氣於漠、順物自然、而无容私焉。而天下治矣。」

とあり、(25)同じく田子方篇の孔子・老聃問答には、

老聃曰、「……夫水之於汋也、无爲而才自然矣。至人之於德也、不脩而物不能離焉。若天之自高、地之自厚、日月之自明。夫何脩焉。」

とあり、(26)『淮南子』原道篇には、

是故天下之事、不可爲也、因其自然而推之。萬物之變、不可究也、秉其要歸之趣〈趣而歸之〉。……故任一人之能、不足以治三畝之宅也。脩〈循〉道理之數、因天地之自然、則六合不足均也。……各生所急以備燥溼、各因所處以御寒暑、並得其宜、物便其所。由此觀之、萬物固以自然、聖人又何事焉。

とあり、(27)同じく泰族篇には、

天致其高、地致其厚、月照其夜、日照其晝、陰陽化、列星期〈列星朗、陰陽化〉、非有〔爲焉。正其〕道、而物自然。故陰陽四時、非生萬物也。雨露時降、非養草木也。神明接、陰陽和、而萬物生矣。……天地四時、非生萬物也。神明接、陰陽和、而萬物生之。聖人之治天下、非易民性也、拊循其所有而滌蕩之。故因則大、化〈作〉則細

　矣。……夫物有以自然、而後人事有治也。

とある、[28]等々。

以上に掲げた「自然」は、みな「萬物之自然」「物自然」「才自然」「天下之自然」「天地之自然」の例であって、ここから歸納して一般的な結論を導き出すならば、「自然」とは、「聖人」という主體、「汝」という主體、「水」という主體、「天地四時」という主體など[29]にとって、客體である「萬物」「百姓」のあり方（存在様式や運動形態）に關して言う言葉である、と認めることができる。

c　その他の「自然」

したがって、「萬物之自然」「天地之自然」などのようにその上にはっきりと「萬物之」「天地之」が冠せられてはいない場合でも、「自然」は、本來、主體にとって客體である「萬物」「百姓」に關する「自然」なのである。例えば、『老子』第二十五章には、

　〔道大〕、天大、地大、王亦大。國中有四大、而王居一焉。人法地、〔地〕法天、天法〔道、道〕法〔自然〕。（馬王堆帛書甲本・乙本）

とあり、また郭店楚簡『老子』甲本第二十五章に、

　天大、陸（地）大、道大、王亦大。國中又（有）四大安（焉）、王凥（處）一安（焉）。人法陸（地）、陸（地）法天、天法道、道法自肰（然）。■

とある。この「自然」は、主體である「人」すなわち「王」にとって、客體である「萬物」「百姓」のある種のあり方を形容する「自然」であろう[30]。近年の中國の研究である盧育三『老子釋義』の「老子釋義（上）」、二十五章も、『老子』

第二十五章について、

這裏的〝自然〟不是指自然界、而是自己如此的意思。道本身無所作爲、無所造作、順應萬物之自然、萬物怎樣、道亦怎樣。正因爲如此、道才能生長發育萬物。

の如く、その「自然」を「萬物之自然」と解釋している。また、『莊子』德充符篇の惠子・莊子問答には、

惠子謂莊子曰、「人故无情乎。」莊子曰、「然。」

惠子曰、「人而无情、何以謂之人。」莊子曰、「道與之貌、天與之形。惡得不謂之人。」

惠子曰、「既謂之人、惡得无情。」莊子曰、「是非吾所謂情也。吾所謂无情者、言人之不以好惡內傷其身、常因自然、而不益生也。」

惠子曰、「不益生、何以有其身。」莊子曰、「道與之貌、天與之形、无以好惡內傷其身。今子外乎子之神、勞乎子之精、倚樹而吟、據槁梧而瞑。天選子之形、子以堅白鳴。」

とある。この「自然」は、主體である「人」の、特に「精」「神」にとって[31]、客體である「其身」のあり方としての「自然」であり、その具體的な內容は「道與之貌、天與之形。」を指していると考えられる[32]。また、『韓非子』安危篇には、

故安國之法、若饑而食、寒而衣、不令而自然也。先王寄理於竹帛、其道順、故後世服。今使人去饑寒、雖賁育不能行。廢自然、雖順道而不立。強勇之所不能行、則上不能安。

上以無厭責已盡、則下對無有。無有則輕法。法所以爲國也。而輕之則、功不立、名不成。

とある[33]。ここに見える二例の「自然」は、主體である「上」すなわち君主にとって、客體である「人」すなわち民衆の「自然」であり、具體的には「饑而食、寒而衣。」に代表される「民」のあり方を指している。さらに、『淮南子』の主術篇には、

人主之術、處无爲之事、而行不言之敎、淸靜而不動、一度而不搖、因循而任下、責成而不勞。……是故慮无失策、謀〈擧〉无過事。言爲文章、行爲儀表於天下、進退應時、動靜循理、不爲醜美好憎、不爲賞罰喜怒。名各自名、類各自類、事猶自然、莫出於己。

とあり[34]、同じく詮言篇には、

故道術不可以進而求名、而可以退而脩身。不可以得利、而可以離害。故聖人不以行求名、不以智見譽。法脩〈循〉自然、己無所與。慮不勝數、行不勝德、事不勝道。爲者有不成、求者有不得。人有窮、而道無不通、與道爭則凶。故『詩』曰、「弗識弗知、順帝之則。」

とあり、同じく脩務篇には、

夫地勢水東流、人必事焉、然後水潦得谷行。禾稼春生、人必加功焉、故五穀得遂長。聽其自流、待其自生、則鯀禹之功不立、而后稷之智不用。若吾所謂無爲者、私志不得入公道、耆〈嗜〉欲不得枉正術、循理而擧事、因資而立〔功〕、權〈推〉自然之勢、而曲故不得容者。政〈故〉事〔成〕而身弗伐、功立而名弗有。非謂其感而不應、攻〈攵〉而不動者。若夫以火熯井、以淮灌山、此用己而背自然。故謂之有爲。若夫水之用舟、沙之用肆〈䢮〉、泥之用輴、山之用蔂、夏瀆而冬陂、因高爲田、因下爲池、此非吾所謂爲之。

とある。ここに引用した『淮南子』の諸篇にあっては[35]、「己」と對立している「自然」が、主體である「人主」「聖人」「人」にとっての、客體である「事」「水潦・五穀」などの、「萬物」「百姓」のある種のあり方を形容していることは、もはや詳說するまでもなく明白であろう。

B　「自然」の古い意味

a　原義は「みずから」

「自然」という言葉の意味は、元來は「みずから」であり、やや詳しく解釋するならば、「他者の力を借りないで、それ自身に內在する働きによって、そうなること、もしくはそうであること」であって、[36]「おのずから」ではなかったと考えられる。これより後の中國思想史の展開の中で、「自然」が元來の「みずから」の意味に加えて「おのずから」の意味をも持つに至ったのは、確かに否定することのできない事實である[37]けれども、筆者は、そのように變化していった原因・理由は、主に以下の二つの點にあると推測している。

第一は、哲學においてであれ、或いは倫理思想または政治思想においてであれ、道家思想のいかなる分野の議論においても、「自然」概念が使用される場面では常に、もともと「主體↓客體、原因↓結果」という強烈な實踐的バイアスがかかっていたが、そのことのために、主體の何の働きかけもしない「無爲」によって客體の「自然」が發動するという全體の仕組みの中の客體の「みずから」は、全體の仕組みを見ようという眼を捨てて主體の視角からだけ眺めるならば、むしろ客體の「おのずから」であるかのように映るという、漢語特有のアスペクトの問題とも關連する事情である。[38]

第二は、從來の道家思想の中では、主體と客體の閒の距離は相互にはなはだ遠くに隔たっていたのであるが、「自然」概念を必要とした道家の新しい思想は次第にその距離を接近させていき、そのことを通じて、當初は客體についてだけ述語された「自然」がやがて主體についても適用されるに至り、こうして客體の「自然」の上述の二つの意味の內、當初の「みずから」よりも、主體の「無爲」に親和的な「おのずから」の方がかえって有力になっていった、という道家思想の歴史的な展開のコンテクストである。蛇足ながら附記すれば、いわゆる「無爲自然」や「自然無爲」という言葉は、この段階に至って始めて發生したものである。

「自然」が「みずから」だけでなく「おのずから」をも意味するように變化していった原因・理由として以上に述べた二點は、「自然」概念を使用する際に發生した主體と客體にまつわる語學的な事情と、「自然」概念がうながした主體と客體の關係についての思想史展開のコンテクスト、と要約することができるが、結局のところ「自然」概念それ自體に變化の原因・理由があったのである。

試みに、許愼（後漢、三十年～一二四年）『說文解字』を紐解いて、「自然」の意味を擔う「自」について調べてみると、

自、鼻也。象鼻形。凡自之屬、皆从自。𦣹、古文自。

とある。段玉裁（清代、一七三五年～一八一五年）『說文解字注』はこれを、

此以鼻訓自、而又曰、「象鼻形。」王部曰、「自讀若鼻。今俗以作始生子爲鼻子是。」然則許謂自與鼻義同音同、而用自爲鼻者絕少也。凡从自之字、如尸部「眉、臥息也。」言部「詯、膽气滿聲在人上也。」亦皆於鼻息會意。今義從也、己也、自然也、皆引伸之義。

と解說している。すなわち、「自」という言葉は、古い語源的な「鼻」の意味から後に「從」「己」「自然」の三つの意味が派生したと言うのである。

この「鼻」という意味の「自」は、今日調べることのできる最も古い資料である殷周時代の甲骨文・金文にも、その用例が少數しか現れていないようであるから、この「鼻」の意味の「自」からいかなる過程を經て後代の様々な意

味の「自」が生まれてきたかについては、筆者の推測の限りでないけれども(39)、段玉裁が『說文解字』の語源的な意味の「鼻」と「引伸之義」の「從」「己」「自然」の三つの意味と、の合計四つを擧げていることで、「自」の古い時代の意味はすべて盡くされている。そして、殷周の甲骨文・金文にも少數しか現れない「鼻」の意味と、戰國末期になって思想界の一部分（道家）において思想概念として精錬されて使用されるに至った「自然」の意味とを除外すれば、古典的諸文獻に用例が多く現れごく普通に使用されている意味は、疑いもなく「從」と「己」との二つである。ところで、「自然」という意味が思想界において思想概念として精錬されて使用されるに至るためには、「自然」を頂點にいただくその裾野に、「自」という言葉の多く現れる用例の、ごく普通に使用される意味が擴がっていなければならない。そして、それには、上述の「從」の意味と「己」の意味との兩者の中では、介詞として時間的空間的な起點を示す「從」の意味よりも、「みずから」という名詞としてごく普通に多用された「己」の意味こそがふさわしい。

こういうわけで、「自然」という言葉の元來の意味は「みずから」であり、「他者の力を借りないで、それ自身に內在する働きによって、そうなること、もしくはそうであること」であって、言い換えれば、「萬物」「百姓」が自身の內部に有している力によって自律的自發的に存在したり變化したりする、そのような「みずから」性を意味していたのである。

b　『呂氏春秋』義賞篇の「自然」

戰國末期に成書された『呂氏春秋』義賞篇の冒頭部分に、

春氣至、則草木產。秋氣至、則草木落。產與落、或使之、非自然也。故使之者至、物無不爲。使之者不至、物無可爲。古之人審其所以使、故物莫不爲用。賞罰之柄、此上之所以使也。

という文章がある。

義賞篇の中心的な思想は、「賞罰」の適切な行使を唱える法家の思想である。その「賞罰之柄」を「上之所以使」であると意味づけるに先だって、作者は、この篇の冒頭部分で、世界の一般的なありよう、中んづく「使之者」――「物」の形而上學・存在論を論じており、後者を根據にして前者を主張している。法家が自らの政治思想の根據に形而上學・存在論を求めるようになるのは、戰國末期あたりから開始されたことであるが、當時、諸思想に根據を提供することのできる形而上學・存在論を持っていたのは、ただ道家系の思想家たちだけであった。それ故、この篇の「使之者」――「物」の形而上學・存在論も、道家の理論であると言ってよいであろう。(40)

この文章中の「自然」概念それ自體は、「草木」がその外部にある何か他のもの（「春氣」「秋氣」の背後にある窮極的根源的な「道」）に支配されることなく、自身の内部に有する力で「產」したり「落」ちたりすることを意味している。他方、この概念を使用して作者が表している自らの思想は、「氣」の背後にある窮極的根源的な「使之者」という主體こそが、「草木」という客體の「產與落」、さらには一般に「物」という客體の「爲」と「不爲」を決定しているのであって、「草木」などの「物」にはそのような「みずから」としての「自然」性はない、と考えている。そうだとすれば、作者は後に述べる『老子』の「自然」と全く同じ概念を使用しておりながらも、その思想は『老子』とは百八十度反對の方向を向いており、ここに我々は『老子』以前の初期道家(41)にあって、「自然」の古い意味が「みずから」であることと、その從來の形而上學・存在論に基づいて「萬物」「百姓」の「自然」が否定されていることと、を確認することができたことになる。

また、『春秋繁露』同類相動篇に、

琴瑟報彈其宮、他宮自鳴而應之、此物之以類動者也。其動以聲而無形、人不見其動之形、則謂之自鳴也。又相動無形、則謂之自然。其實非自然也、有使之然者矣。物固有實使之、其使之無形。

という文章がある。この中に見える「自然」も、『呂氏春秋』義賞篇によく似ていて、この言葉の古い意味「みずから」を保存している用例である。そして、董仲舒學派は前漢初期の道家の「自然」の思想に、明確に反對していたのである(42)。

なお、前漢初期の道家が、從來どおりの、「道」が主宰者として「萬物」を支配すると見る形而上學・存在論と、それを否定して「萬物」「百姓」の自律性自發性を承認する、新しい「自然」の思想の間で動搖していたらしいことは、『莊子』則陽篇の少知・太公調問答に、

少知曰、「季眞之莫爲、接子之或使、二家之議、孰正於其情、孰偏〈偏〉於其理。」

太公調曰、「雞鳴狗吠、是人之所知。雖有大知、不能以言讀其所自化、又不能以意其所將爲。斯而析之、德至於无倫、大至於不可圍。或之使、莫之爲、未免於物、而終以爲過。或使則實、莫爲則虛。有名有實、是物之居。无名无實、在物之虛。可言可意、言而愈疏。未生不可忌、已死不可阻。死生非遠也、理不可覩。或之使、莫之爲、疑之所假。吾觀之本、其往无窮。吾求之末、其來无止。无窮无止、言之无也、與物同理。或使莫爲、言之本也、與物終始。道不可有、有不可无。道之爲名、所假而行。或使莫爲、在物一曲。夫胡爲於大方。言而足、則終日言而盡道、言而不足、則終日言而盡物。道物之極、言默不足以載。非言非默、議有所極。」

とあるのによっても、その一端をうかがうことができる。この文章中の「或之使」は從來の「道」の形而上學・存在論であり、「莫之爲」は新しく生まれた「自然」の思想である。

第４節　『老子』の「無爲」と「自然」

A　『老子』における主體の「無爲」と客體の「自然」

a　『老子』において

以上の如き性質と意味を有する「自然」概念を、初めて思想的な文章の中で使用したのは、すでに述べたとおり、戰國末期の道家の思想家たちであった。例えば、比較的早い時期の「自然」の用例を含む文獻である『老子』の第十七章には、

大（太）上下知有之、其次親譽之、其次畏之、其下母（侮）之。信不足、案（焉）有不信。〔猷（猶）呵（乎）〕其貴（遺）言也、成功遂事、而百省（姓）胃（謂）我自然。（馬王堆帛書甲本・乙本）

とあり、その郭店楚簡『老子』丙本第十七章は、

大（太）上下智（知）又（有）之、丌（其）即（次）新（親）譽之、丌（其）既〈即（次）〉愄（畏）之、丌（其）即（次）柔（侮）之。信不足、安（焉）又（有）不信。猷（猶）虐（乎）丌（其）貴（遺）言也、成事述（遂）𥘵（功）、而百省（姓）曰我自肰（然）也。

に作る。(43) この「自然」は、なるほど文章表現の上では「我」の「自然」ではあるが、しかし思想内容の上では、この

「我」は決して主體ではなくあくまでも客體である。思想内容上では、實は「大（太）上」こそが主體であり、「我」はその客體である「下」「百省（姓）」を承け、「下」「百省（姓）」を指している。したがって、この部分の解釋としては、許抗生『帛書老子注譯與研究』（增訂本）の第一篇、「《道篇》注譯」が、

　功成了、事就了、而老百姓却說是他們自己成就的（與君主沒有關係）。

と解釋しているのが最も正確であると思われる。(44) そして、この部分をこのように解釋して誤りでないならば、筆者が本章の第3節で述べてきた「自然」の性質と古い意味との二點の正しさが、『老子』のこの部分によっても確認されたことになるであろう。

　ところで、この『老子』第十七章の文章を注意深く讀んでみると、次に擧げるような一つの重要な思考のパターンを發見することができる。――すなわち、主體「大（太）上」が「無爲」の態度を取るという原因があれば、その結果として客體「百省（姓）」は「自然」になる、(45) と考える「主體→客體、原因→結果」のパターンである。これは、本章の第3節において、「自然」が使用される場面では常に強烈な實踐的バイアスがかかっている、と述べたことと同一の事態を指しているのであるが、圖示すれば以下のとおりとなる。

　主體・原因：大上の無爲（猷呵其貴言）――→客體・結果：百省の自然（成功遂事）

この點から推測するならば、本章の第3節に引用した第六十四章に、

　是以耶（聖）人欲不欲、而不貴難得之⿰月爲（⿰貝爲）。學不學、而復衆人之所過。能輔萬物之自然、而弗敢爲。（馬王堆帛書甲本・乙本）

とある文章は、その六句すべてが「耶（聖）人」の「無爲」に關する述語であることは否定しがたいところであるが、その「耶（聖）人……能輔萬物之自然、而弗敢爲。」は、「耶（聖）人……弗敢爲、而（則）能輔萬物之自然。」という

意味ではなかろうか。假りにこの推測が成り立つとして、「主體→客體、原因→結果」のパターンを圖示すれば以下のとおり。

主體・原因：耶人の無爲（弗敢爲）——→客體・結果：萬物の自然（萬物之自然）

また、『老子』第二十三章には、

希言、自然。飄風不多（終）朝、暴雨不多（終）日。孰爲此、天地。〔而弗能久、有（又）兄（況）〕於〔人乎〕。故從事而道者同於道、德者同於德、者〈失〉者同於失。同〔於德者〕、道亦德之。同於失者、道亦失之。（馬王堆帛書甲本・乙本）

とあって、主體「人」の「希言」という原因によってもたらされる客體「飄風・暴雨」の「自然」という結果が、簡潔な筆致で描かれている。その「飄風不多（終）朝、暴雨不多（終）日。」という現象は、第二十三章の前半部分によれば、「天地」が「爲」したわけではなく、まして「人」が「爲」しうるはずもなく、他でもない「飄風・暴雨」が「みずから」行ったことなのである。(46) だとすれば、我々はここでも同一のパターンを發見したと言って差し支えない。(47) これを圖示すれば、以下のとおり。

主體・原因：人の無爲（希言）——→客體・結果：飄風・暴雨の自然（飄風不多朝・暴雨不多日）

そして、『老子』の中には、「自然」という言葉を使用していない部分においても、多くのこれと同じ思考のパターンを見出すことができる。例えば、第三十七章には、

道恆无名。侯王若〔能〕守之、萬物將自憄（爲）。憄（爲）而欲〔作、吾將闐（鎭）之以〕无名之楃（樸）。〔闐（鎭）之以〕无名之楃（樸）、夫將不辱。不辱以情（靜）、天地將自正。（馬王堆帛書甲本・乙本）

とあり、(48) 郭店楚簡『老子』甲本第三十七章は、

術（道）亙（恆）亡（無）爲也。侯王能守之、而萬勿（物）牆（將）自𢡺（爲）。𢡺（爲）而雒（欲）复（作）、牆（將）貞（定）之以亡（無）名之蓑（樸）、夫亦牆（將）智（知）足。智（知）〔足〕以束（靜）、萬勿（物）牆（將）自定。■

に作る。また、第五十七章には、

●以正之（治）邦、以畸（奇）用兵、以无事取天下。吾何〔以知亓（其）然〕也戋（哉）。夫天下〔多忌〕諱、而民彌（彌）貧。民多利器、而邦家茲（滋）昏。人多知（智）、而何（奇）物茲（滋）〔起。法物茲（滋）章、而〕盗賊〔多有。是以聲（聖）人之言曰〕、「我无爲也、而民自化。我好靜、而民自正。我无事、民〔自富。我欲不欲、而民自樸〕。」（馬王堆帛書甲本・乙本）

とあり(49)、郭店楚簡『老子』甲本第五十七章は、

以正之（治）邦、以戠（奇）甬（用）兵、以亡（無）事取天下。虗（吾）可（何）以智（知）亓（其）肰（然）也。夫天多期（忌）韋（諱）、天〈而〉民爾（彌）畔（貧）。民多利器、天〈而〉邦慈（滋）昏。人多智（智）、天〈而〉戠（奇）勿（物）慈（滋）迟（起）。法勿（物）慈（滋）章（彰）、兆（盗）恳（賊）多又（有）。是以聖人之言曰、「我無事、天〈而〉民自禧（富）。我亡（無）爲、天〈而〉民自𤔲（爲）。我好青（靜）、天〈而〉民自正。我谷（欲）不谷（欲）、天〈而〉民自樸。」

に作る。これら二つの文章における「主體↓客體、原因↓結果」のパターンが、以上に述べてきたものと全く同じであることは明らかであろう。これらを圖示すれば、以下のとおり。

主體・原因：侯王の無爲（守无名・不辱以情）――→客體・結果：萬物・天地の自然（自𢡺・自正）

主體・原因：聲人の無爲（无爲・好靜・无事・欲不欲）――→客體・結果：民の自然（自化・自正・自富・自樸）

以上の諸事實に基づいて、筆者は以下のように結論したい。すなわち、「無爲」という言葉が、主體の原因である「貴言」「希言」「守无名」「好靜」「无事」「欲不欲」等々を總括した、それらの言葉を代表する抽象的な概念であるの(50)と同じように、「自然」という言葉も、客體の結果である「自悳」「自正」「自化」「自富」「自樸」等々を總括した、それらの言葉を代表する抽象的な概念である。(51)

b　『老子』以外の文獻において

なお、以上と同じ思考のパターンは、『老子』以外の道家系の諸文獻にも非常に多く見出される。その例は枚擧するに遑がないほどであるが、ここではごく少數の代表的な例だけを擧げておこう。『莊子』應帝王篇の陽子居・老聃問答には、

> 老聃曰、「明王之治、功蓋天下、而似不自己、化貸萬物、而民不恃。有莫擧名、使物自喜、立乎不測、而遊於无有者也。」

とあり、(52)同じく在宥篇の黃帝・廣成子問答には、

> 廣成子……曰、「……无視无聽、抱神以靜、形將自正。必靜必淸、无勞女形、无搖女精、乃可以長生。目无所見、耳无所聞、心无所知、女神將守形、形乃長生。……愼守女身、物將自壯。」

とあり、(53)同じく在宥篇の雲將・鴻蒙問答には、

> 鴻蒙曰、「……汝徒處无爲、而物自化。……解心釋神、莫然无魂、萬物云云、各復其根。……无問其名、无闚其情、物故自生。」

ともある。(54)『管子』形勢篇には、

銜命者、君之尊也。受辭者、名之運也。上無事、則民自試。抱蜀不言、而廟堂既脩。

とあり、同じく形勢解篇は、これを解釋して、

法立而民樂之、令出而民銜之。法令之合於民心、如符節之相得也、則主尊顯。故曰、「銜令者、君之尊也。」人主出言、順於理、合於民情、則民受其辭。民受其辭、則名聲章。故曰、「受辭者、名之運也。」明主之治天下也、靜其民而不擾、佚其民而不勞。不擾、則民自循。不勞、則民自試。故曰、「上無事、而民自試。」人主立其度量、陳其分職、明其法式、以莅其民、而不以言先之、則民循正。所謂抱蜀者、祠器也。故曰、「抱蜀不言、而廟堂既脩。」

と述べている。同じく內業篇には、

彼心之情、利安以寧。勿煩勿亂、和乃自成。……有神自在身、一往一來、莫之能思。失之必亂、得之必治。敬除其舍、精將自來。精想思之、寧念治之、嚴容畏敬、精將至定。

とある。『淮南子』本經篇には、

故至人之治也、……隨自然之性、而緣不得已之化。洞然無爲、而天下自和、憺然無欲、而民自樸、無禨祥而民不夭、不忿爭而養足。兼苞海內、澤及後世、不知爲之者誰何。

とあり、馬王堆漢墓帛書『十六經』順道篇には、

欲知得失請（情）、必審名察刑（形）。刑（形）恆自定、是我兪（愉）靜。事恆自包（施）、是我无爲。靜翳不動、來自至、去自往。能一乎、能止乎、能毋有己、能自擇而尊理乎。紓也、毛也、其如莫存。

とある、等々。

さらになお、「自然」という言葉や「自○」という句が使用されていない箇所においても、『老子』やそれ以外の道

家系の諸文獻では、以上に述べてきたのと同じ思考のパターン――「道」「聖人」が「無爲」であることによって、「萬物」「百姓」が「みずから」存在し運動・變化するに至る、と考える「主體→客體、原因→結果」のパターン――が存在している。この例もまた枚擧に遑がないほど夥しいが、ここでは『老子』から二つの例を引くだけに止めておく。例えば、第二章に、

天下皆知美爲美、惡已。皆知善、訾（斯）不善矣。有无之相生也、難易之相成也、長短之相刑（形）也、高下之相盈也、意〈音〉聲之相和也、先後之相隋（隨）也、恆也。是以聲（聖）人居无爲之事、行〔不言之教。萬物昔（作）而弗始（治）〕也、爲而弗志（恃）也、成功而弗居也。夫唯〔弗〕居、是以弗去。（馬王堆帛書甲本・乙本）

とあり、(55) 郭店楚簡『老子』甲本第二章は、

天下皆智（知）敚（美）之爲敚（美）也、亞（惡）已。皆智（知）善、此丌（其）不善已。又（有）亡（無）之相生也、戁（難）惖（易）之相成也、長耑（短）之相型（形）也、高下之相浧（盈）也、音聖（聲）之相和也、先後之相墮（隨）也。是以聖人居亡（無）爲之事、行不言之𡥈（教）。萬勿（物）復（作）而弗忖（治）也、爲而弗志（恃）也、成而弗居。天〈夫〉售（唯）弗居也、是以弗去也。■

に作り、第十六章に、

至（致）虛極也、守情（靜）表（篤）也、萬物旁（竝）作、吾以觀其復也。天〈夫〉物雲（貾）雲（貾）、各復歸於其〔根。曰情（靜）〕。……知常容、容乃公、公乃王。（馬王堆帛書甲本・乙本）

とあり、(56) 郭店楚簡『老子』甲本第十六章に、

至（致）虛互〈亟（極）〉也、獸（守）中（盅）管（篤）也、萬勿（物）方（旁）复（作）、居以須復（復）也。天道員（貾）員（貾）、各復（復）亓（其）堇（根）。■

とあるのを見られたい。

B 『老子』の存在論・政治思想のアンビヴァレンス

a 「自然」思想の新しさ

『老子』の中に現れている以上のような、客體である「萬物」「百姓」の「自然」の思想は、主體である「道」「聖人」の「無爲」の思想とともに、主體が客體に對して目的意識的に働きかける人爲・作爲を否定するのであるから、その點においては通常の古い道家思想、或いは從來の道家思想とあまり變わらない、と見えるかもしれない。けれども、實はそうではない。『老子』の「自然」は、從來の道家思想を大幅に變更するものであって、その點では極めて新しい思想を內包していたのである。

なぜかと言えば、從來の道家思想は、その二世界論によって、「道」―「萬物」の兩者の關係を支配―被支配と捉える「道→萬物」の形而上學・存在論を、その最も基礎的な枠組みとして持っていた。この形而上學・存在論にあっては、單なるあるがままの存在者としての「萬物」は、ただ「道」によって存在・變化させられているだけの被宰者でしかなかった(57)。したがって、「萬物」「百姓」は、それ自身に內在する働きによって自律的自發的に存在し變化する「みずから」性とは、まさに百八十度反對の性質を與えられていたからである。

先に引用した、從來の道家思想に基づく『呂氏春秋』義賞篇の冒頭部分で、窮極的根源的な「使之者」との對比において「草木」の「產與落」の「自然」性が明確に否定されているのは、このような意味で當然と言わなければなら

ない。そして、今までに引用してきた『老子』の諸章に現れている、

「聲（聖）人」→「萬物」（第六十四章）

「大（太）上」→「百省（姓）」（第十七章）

「人」→「飄風・暴雨」（第二十三章）

「侯王」→「萬物・天地」（第三十七章）

「聲（聖）人」→「民」（第五十七章）

「聲（聖）人」→「萬物」（第二章）

「吾」→「萬物・夫物」（第十六章）

などといった、存在論や倫理思想・政治思想における「主體→客體、原因→結果」のパターンも、一面で形式の上では、從來の道家思想の「道→萬物」という存在論的な支配―被支配の關係をモデルとしており、格別從來の枠組みを逸脱するものではない、と見なすことができよう。

しかしながら、『老子』諸章の主體「道」「聖人」は、いずれもその態度が何の働きかけもしない「無爲」であるから、客體「萬物」「百姓」に對する支配は、全然ないか、もしくはあったとしても非常に弱く、ほとんどないに等しいはずである。だとすれば、上述のパターンは一面で形式の上では存在しているものの、他面で內容の上では從來の「道→萬物」の關係をモデルとしてはおらず、すでにこの枠組みを逸脱してしまっている、と見なして差し支えない。それに加えて、主體の働きかけのなさ、支配の缺如があれば、客體の「自然」が發動するというこの思想は、「萬物」「百姓」がそれ自身に內在する働きによって自律的自發的に存在し變化していることを、まちがいのない確かな事實として承認しているのみならず、「道」「聖人」をその場に立ち會わせたことによって、その自律性自發性が價値・意義を

有することをも積極的に肯定しているのである。

こういうわけで、『老子』の「萬物」「百姓」の「自然」は、内容上では極めて新しい思想を內包しており、從來の道家思想の基礎にあった存在論とは正反對の關係に立つ、はなはだ衝撃的な枠組みの變更を意味していた。もし憶測をたくましくすることが許されるならば、これは恐らく、原本『老子』の成書された戰國末期～前漢初期に、未曾有の大動亂という社會狀況のかなたにほの見えている何ものかを透視しながら、當時の道家の思想家たちが輝かしい時代の到來を預祝するために、新たに提唱するに至った革新的な存在者觀、臣下・民衆觀、地方觀の一つではなかったかと思う。

b　「自然」思想のアンビヴァレンス

そうは言うものの、『老子』は「自然」概念の比較的早い時期の使用者であるから、その「道─萬物」「聖人─百姓」の關係は、決して「萬物」「百姓」の自律性自發性の承認という一色の繪具で塗りこめられていることはなくて、構造的にかなりアンビヴァレントである。すなわち、一面で形式的には、「道」「聖人」がその「無爲」という態度によって目的意識的に、「萬物」「百姓」の「自然」を作り出しているのだとする考えに傾いているが、それと同時に、他面で內容的には、「道」「聖人」が「無爲」であって何の働きかけもしないために、「萬物」「百姓」は進んで「自然」たりえているのだとする考えに傾いており、以上の矛盾しあう關係にある兩者が相互に他を排除する勢いにありながら、かろうじて折り合いをつけて同居している、という構造を持っている。兩者を何とか同居させているキー・ストーンは「無爲」にあり、「道」「聖人」の「無爲」が、「萬物」「百姓」に對して何の働きかけも行っていない（內容的）と同時に、そのことを通じてかえって巨大な働きかけを行っている（形式的）とする、いわゆる「無爲而無不爲」の逆說的な或いは辨證法的な論理にあった。

見方を換えて言えば、『老子』中の「道—萬物」「聖人—百姓」關係のアンビヴァレンスを構成する一面は、從來の道家思想の存在論を繼承する古い部分（形式的）であり、他面は、その存在論的な支配—被支配を逸脫した新しい部分（內容的）であって、『老子』思想の本當の姿は兩者がともかく同居しているところにあるが、この兩者同居のアンビヴァレンスは道家思想が舊から新へと動いていく思想史展開のコンテクストの中で發生した事情であったのである。

そして、ここに述べた構造的なアンビヴァレンスを除外しても、『老子』の「自然」には、從來の道家の存在論を繼承する古い「道—萬物」「聖人—百姓」關係が多く殘されているが、これも『老子』が「自然」の早い時期の使用者だからであるにちがいない。そのような例が決して少なくないことを、今までに引用した『老子』諸章だけに限って指摘しておきたい。例えば、第二章に、

是以聲（聖）人居无爲之事、行〔不言之敎。萬物昔（作）而弗始（治）〕也、爲而弗志（恃）也、成功而弗居也。（馬王堆帛書甲本・乙本）

とあり、郭店楚簡『老子』甲本第二章に、

是以聖人居亡（無）爲之事、行不言之𦘔（敎）。萬勿（物）伎（作）而弗忌（治）也、爲而弗志（恃）也、成而弗居。

とあったが、ここでは「聲（聖）人」は、直接、「无爲」「不言」であるのとはちがって、「居无爲之事、行不言之敎。」のように目的意識的に支配を行う者である。また、第十七章に、

大（太）上下知有之、其次親譽之、其次畏之、其下母（侮）之。信不足、案（焉）有不信。〔猷（猶）呵（乎）〕其貴（遺）言也、成功遂事、而百省（姓）胃（謂）我自然。（馬王堆帛書甲本・乙本）

とあり、郭店楚簡『老子』丙本第十七章に、

大（太）上下智（知）又（有）之、亓（其）即（次）新（親）譽之、亓（其）既〈即（次）〉𢘓（畏）之、亓（其）即（次）柔（侮）之。信不足、安（焉）又（有）不信。猷（猶）虐（乎）亓（其）貴（遺）言也、成事述（遂）祉（功）、而百省（姓）曰我自肰（然）也。

とあった「自然」は、確かに「百省（姓）」の「自然」ではあるけれども、しかし、これは「百省（姓）」の「胃（謂）」という判斷の括弧に括られた「自然」であって、「百省（姓）」の事實としての直接の「自然」ではないとされている。また、第三十七章に、

道恆无名。侯王若〔能〕守之、萬物將自憃（爲）。憃（爲）而欲〔作、吾將闐（鎭）之以〕无名之楃（樸）。〔闐（鎭）之以〕无名之楃（樸）、夫將不辱。不辱以情（靜）、天地將自正。（馬王堆帛書甲本・乙本）

とあり、郭店楚簡『老子』甲本第三十七章に、

衍（道）亙（恆）亡（無）爲也。侯王能守之、而萬勿（物）牆（將）自憃（爲）。憃（爲）而雒（欲）复（作）、牆（將）貞（定）之以亡（無）名之蔞（樸）。夫亦牆（將）智（知）足。智（知）〔足〕以朿（靜）、萬勿（物）牆（將）自定。■

とあって、「侯王」が「无名」または「亡（無）爲」を「守」れば「萬物將自憃（爲）」となるのはよいとしても、それが行き過ぎて「憃（爲）而欲作」となる場合には、「侯王」はそれを「闐（鎭）」める（鎭壓する）のだと言う。また、第五十七章に、

〔是以聲（聖）人之言曰〕、「我无爲也、而民自化。我好靜、而民自正。我无事、民〔自富。我欲不欲、而民自樸〕。」（馬王堆帛書甲本・乙本）

とあり、郭店楚簡『老子』甲本第五十七章に、

是以聖人之言曰、「我無事、天〈而〉民自福（富）。我亡（無）爲、天〈而〉民自蠱（爲）。我好青（靜）、天〈而〉民自正。我谷（欲）不谷（欲）、天〈而〉民自樸。」

とあって、これは、まちがいなく「我」が「无爲」「亡（無）爲」であれば「民」が「自然」になるとする思想ではあるけれども、しかし、このパターン全體は「聖人之言」の括弧に括られており、それ故、「聖人」の目的意識的な支配の下で起きる現象とされている。また、第六十四章に、

〔是以聲（聖）人〕欲不欲、而不貴難得之膓（貨）。學不學、而復衆人之所過。能輔萬物之自〔然、而〕弗爲。（馬王堆帛書甲本・乙本）

とあり、郭店楚簡『老子』甲本第六十四章に、

聖人谷（欲）不谷（欲）、不貴難导（得）之貨。孝（敎）不孝（敎）、復（復）衆之所化（過）。是古（故）聖人能尃（輔）萬勿（物）之自肰（然）、而弗能爲。

とあり、郭店楚簡『老子』丙本第六十四章に、

是以〔聖〕人欲不欲、不貴戁（難）导（得）之貨。學不學、復（復）衆之所𨑥（過）。是以能補（輔）薑（萬）勿（物）之自肰（然）、而弗敢爲。■

とある「萬物之自然」も、「聖人」が「輔」けると明記されているとおり、「聲（聖）人」にコントロールされた「自然」であると理解しなければならない(58)。

以上に指摘した『老子』諸章の古い「道―萬物」「聖人―百姓」關係が、その新たに提唱するに至った「萬物」「百姓」の「自然」を抑制する方向で作用していることは、改めて説明するまでもなく明らかである。

第5節　道家思想の危機と「道」の形而下化

A　道家の存在論・政治思想の危機

a　道家の存在論と政治思想の繋がり

このようにして、戰國末期に至り道家の思想家たちによって初めて提唱された「萬物」「百姓」の「自然」の思想は、「自然」概念それ自體もその內容、意義或いは役割りを少しずつ變えながら、それ以後の中國思想史の展開に對して各方面において多大な衝撃と影響を與えていく。ここでは、「萬物」「百姓」の自律性自發性の承認が、當の道家思想の基礎である存在論的な「道」の意義を根本から動搖させてしまう作用を及ぼしたという問題について、道家の存在論を主にその政治思想と關係させせながら論じてみよう。

そもそも道家の存在論は、すでに見てきたとおり、窮極的根源的な實在である「道」が、あらゆる存在者「萬物」のすべての存在や運動・變化などを、存在論的な意味において支配し決定している、と見る哲學であったから、その「道→萬物」という存在論的な支配—被支配は、容易に「帝王→民」「聖人→百姓」という政治的な支配—被支配に轉じうる性質を持っていた。とはいえ、『老子』以前の初期道家の思想家たちは、實際にはその主な關心を、この存在論を基礎にすえて反疎外論や主體性論などの倫理的な問題を解決することに集中させていたために、政治思想を肯定的な内容を持って語ることはほとんどまれであった。

ところが、原本『老子』の成書された戰國末期～前漢初期に至ると、道家の思想家たちは自らの政治思想を肯定的な内容を持って語るようになる。その内容のメイン・ストリームは、「道」に比喩される「帝王」「天子」が、「萬物」に比喩される「民」「百姓」の、一君萬民の中央集權的な支配を正當化しようというものであるが、このような政治思想が構築されるには、上述の存在論が、當時、諸思想に根據を提供することのできる理論としては他に比肩するものがないほどの確かさを具えていたという土臺があり、またそれ故に、道家だけでなく他の諸子百家（例えば、法家・儒家・墨家など）からも歡迎され、學派の相異を越えて廣範な知識人たちに受容されつつあったという背景があったのである。(59) 今まで引用してきた『老子』諸章の中に含まれている多くの政治思想が、いずれもみな從來の道家の「道→萬物」の存在論的な支配關係を根據にして、「帝王→民」「聖人→百姓」の政治的な支配關係を主張するものであることは、改めて確認する必要もあるまい。また、前漢初期に盛行した黃老思想というものも、その一半の性格はこれであって、すなわち道家の存在論を基礎とした政治思想なのである。(60)

けれども、まがりなりにも「萬物」「百姓」の自律性自發性を承認するようになった、戰國末期～前漢初期の道家の政治思想は、「帝王」「天子」が「民」「百姓」を中央集權的に支配することを、形式上ではともかくとして内容上では正當化することができない。いやそれどころか全く反對に、「帝王」「天子」の支配それ自體を根本から否定したり、またはその支配權力を弱めるべきことを主張したりする場合さえある。例えば、『莊子』山木篇の市南宜僚・魯侯問答には、

市南子曰、「……今魯國獨非君之皮邪。吾願君刳形去皮、洒心去欲、而遊於无人之野。……故有人者累、見有於人者憂。故堯非有人、非見有於人也。吾願去君之累、除君之憂、而獨與道遊於大莫之國。」

とあって、[61]理想とすべき社會は「人」が「人」を支配するのでもなければ、「人」が「人」に支配されるのでもないユートピアであり、魯侯にそのようなユートピア「无人之野」「大莫之國」に「遊」んではどうかと勸めている。また、『淮南子』主術篇には、

法者、天下之度量、而人主之準繩也。縣法〈罰〉者、法〈罰〉不法也。設賞者、賞當賞也。法定之後、中程者賞、鈌（缺）繩者誅、尊貴者不輕其罰、而卑賤者不重其刑、犯法者雖賢必誅、中度者雖不肖必無罪、是故公道通而私道塞矣。古之置有司也、所以禁民、使不得自恣也。其立君也、所以剬有司、使无專行。法籍禮義者、所以禁君、使無擅斷也。人莫得自恣、則道勝。道勝而理達矣、故反於無爲。無爲者、非謂其凝滯而不動也、以其〈言〉言〈其〉莫從己出也。

とあって、そもそも「法籍禮義」が作られた目的は「人主」の「擅斷」を禁止するためであると明言し、加うるに、その最終目標を「無爲」の政治に「反」ることであるとも述べている。その「無爲」とは、「言〈其〉莫從己出也」、すなわち「人主」自身の力で生み出されるものが何一つないという意味であるから、これは君主の一君萬民の中央集權に反對しているどころか、さらにそれを越えて君主制の否定にまで近づいている、と認めざるをえない。

b　道家思想の危機

以上の二つの文章を含む、前漢初期に盛行した道家系の政治思想であるいわゆる黄老思想は、この時代の、とりわけ文帝期（紀元前一七九年～前一五七年）あたりから景帝期（前一五六年～前一四一年）を經て武帝期（前一四〇年～八十七年）初年に向かう政治的に重要な時期において、前漢朝廷の歷代の皇帝たちの、君主權の強化を理論的に正當化せよという次第に高まる要求に對して、結局、何一つ滿足な答えを提出することができず、そのために儒家との思想的政治的

な競争に敗れて、むなしく武帝期の儒敎重視の時代を迎え、その結果、自らは他の諸子百家とともに抑黜されざるをえなかったのであった。近年の多くの研究によれば、黃老學派がこのように後れを取ってしまった主な原因・理由は、君主は「無爲」「淸靜」であるべきだとする政治思想にあったと言う。(62) 筆者は、これを必ずしも誤りであると否定はしないけれども、しかし、既述のとおり、『老子』を始めとする戰國末期〜前漢初期の道家にあっては、形式的には、「無爲」が主體である「道」「聖人」の態度について言い、客體である「萬物」「百姓」のあり方について言う「自然」と、緊密に「原因→結果」の關係で結びつけて把握されていたという事實や、また、內容的には、「道」「聖人」の態度がどうであろうと關わりなく、「萬物」「百姓」が自身の力によって自律的自發的に存在し變化しているとする、「自然」の事實と價値とが積極的に承認されていたという事實など、を無視或いは輕視することはできないのではないかと思う。

戰國末期〜前漢初期の道家の政治思想の中に發生した以上のような問題は、當然のことながら、直ちにその從來からの存在論に跳ね返ってきたことであろう。なぜなら、「帝王」「天子」が「民」「百姓」を中央集權的に支配することが理論的に正當化しがたいのであれば、その基礎に置かれている「道→萬物」の存在論的な支配關係もそれに伴って動搖するはずであるし、中でも「道」の「萬物」を存在させ變化させる窮極的根源的な實在としての意義が、失われるにちがいないからである。

こうして、戰國末期〜前漢初期の道家は、存在論という哲學の分野においても、窮極的な根源者としての意義をほとんど失いかけている「道」に對して、新たな意義づけを行わなければならなかった。例えば、『莊子』秋水篇の河伯・北海若問答(63)において、

北海若曰、「……物之生也、若驟若馳、无動而不變、无時而不移。何爲乎、何不爲乎。夫固將自化。」

のように、「物」の「自化」つまり「自然」の思想を語った北海若に向かって、河伯が、

河伯曰、「然則何貴於道邪。」

と、「自然」の思想と「道を貴ぶ」こととが兩立しえない關係にあるとする前提に立った上で、特に改めて「道」の意義を問いたずねているのは、以上に述べた思想史展開のコンテクストの中で始めて起こりえたことなのである。――このような意味で、「萬物」「百姓」の「自然」の提唱は、當の道家自身にとっても實ははなはだ危機的なことであった。

B　「道」の形而下化に向かって

以上のような哲學・政治思想の深刻な危機に直面して、當時の道家の思想家たちは、必然的にこの危機を乘り越えることを自らの問題の一つとして設定し、それに解答を與えるための思想的な營みに取り組まざるをえなかった。彼らがこの問題に對して與えた解答は、その具體的な内容は種々樣々であるけれども、政治思想の面はさておいて哲學の面だけに限って大雜把に概括するならば、「道」の形而下化と把握することができるのではないかと思う。

a　「道理」概念の形成

先に引用した『莊子』秋水篇の河伯・北海若問答は、下文にその續きが書かれている。河伯の先の問いに對して、北海若は、

北海若曰、「知道者、必達於理。達於理者、必明於權。明於權者、不以物害己。」

と答えている。[64] これによれば、作者にとっての中心問題は依然として「不以物害己」という反疎外論や主體性論にあり、「道」はその解決のために必要とされる概念であるという點では從來と變わりがないものの、しかし、それは個々の「物」の中にその本質的屬性「理」として內在していると考えられており、「萬物」のあらゆる存在・變化を支配していたかつての窮極的根源的な實在としてのオールマイティー性は、あらかた消失してしまったかのようである。この哲學的な思索は、道家思想にとってはこれまで行ったことのない新しい試みであって、先に述べたあの危機を乘り越えるという問題に對する一つの解答であろうが、つまるところ、當時における「道」の形而下化という思想的な營みの一つ代表例と評價することができる。

この新しい試みの藍本となったオリジナルは、『韓非子』解老篇に見えているものである。その『韓非子』解老篇は、「道」を個々の「物」の中に內在して、その「物」を「成」らしめている本質的屬性「理」の總和であると見なした上で、兩者を結びつける「道理」という概念を創作している。[65]

> 道者、萬物之所然也、萬理之所稽也。理者、成物之文也。道者、萬物之所以成也。故曰、「道、理之者也。」……凡理者、方圓短長麤靡堅脆之分也。故理定而後可得道也。[66]

この文章中の「稽」は、王先謙の言うとおり「合」の意味であるから、それ故、「道」とは「方圓・短長・麤靡・堅脆之分」である樣々の「理」の「稽」まったもの、ということになる。

『韓非子』解老篇は、このようにして「道」から存在論における窮極的根源的な實在としての意義を剝奪して、それを形而下的な性質のものへと變化させてしまったけれども、「道理」概念を創作して行ったこの新しい試みは、決して孤立した珍しい現象ではなく、ほぼ同時代の馬王堆漢墓帛書『經法』論篇にも、

> 明以正者、天之道也。適者、天度也。信者、天之期也。極而〔反〕者、天之生（性）也。必者、天之命也。□□

〔者〕、〔天之〕□〔也〕。□□者、天之所以爲物命也。此之胃〔謂〕七法。七法各當其名、胃〔謂〕之物。物各〔合於道者〕、胃〔謂〕之理。

とあって、「明以正」「適」「信」「極而〔反〕」「必」「□□」「□□」という七つの屬性を持った「物」が、それぞれ「道」に合致した状態を「理」と稱している。これもやはり『韓非子』解老篇の「道理」概念の一つの展開と言ってよいであろう。

既述のように、道家思想においてはもともと、「道」と「萬物」との閒の距離は、知識論の上でも存在論の上でも相互に無限の遠さをもって隔たっていた。それに對して、『韓非子』解老篇や『莊子』秋水篇の河伯・北海若問答の、「道」が「萬物」の中に「理」として內在していると見る「道理」は、その距離を著しく接近させる新しい哲學の試みであるが、この「道理」が登場するに至るには、本章の主要なテーマである「自然」と關連する問題を除いて、他にまだそれに直接つながる思想的な前提條件があった。それは、まだ「理」という概念に想到する地點にまで來てはいないけれども、「道」があらゆる「萬物」の中に內在すると見る思想である。例えば、『莊子』知北遊篇の東郭子・莊子問答に、

東郭子問於莊子曰、「所謂道惡乎在。」莊子曰、「无所不在。」東郭子曰、「期而後可。」莊子曰、「在螻蟻。」……在稊稗。……在瓦甓。……在屎溺。……物物者、與物无際。」

とあり[67]、同じく天下篇の思想史序論に、

古之所謂道術者、果惡乎在。曰、「无乎不在。」

とある[68]。天下篇は前漢の文帝期乃至景帝期の成書であって、當然「道理」概念を知っているが、ここに引用した部分

は、知北遊篇の東郭子・莊子問答とほぼ同じ時代のより古い表現をふまえている。ここで特に注意されるのは、從來の道家思想では、「道」から無限の遠さをもって離れているが故に、「萬物」は何ら語る價値のないつまらぬ被宰者であったのに對して、これらの思想では、「萬物」の中に「道」が內在しているのだから、それらは語る價値の十分にある存在者であるとする、「萬物」への新しい見方が導き出されてくることである。そして、後者の「萬物」への新しい見方が、「萬物」「百姓」の「自然」の思想の奥底にあるものと共通點を有していることは、改めて言うまでもない。[69]

そして、以上のような「道理」の概念やこれを用いて試みた新しい哲學は、すぐ後の『韓非子』の喩老・難勢の諸篇、『淮南子』の原道・主術・詮言などの諸篇にも繼承されていき、さらにずっと後の宋學の「理一分殊」説の知られざる先驅となったのであった。

b　「自然」思想に發生した變化

道家思想におけるこの「道」の形而下化、或いは「道」の形而下化をうながした新しい哲學の胎動は、やがて回り回って今度は問題の出發點である「自然」の思想に跳ね返ってこざるをえなかった。以下に、「道」の形而下化が「自然」思想に與えた重要な影響のいくつかを指摘してみたい。

第一に、「道」の形而下化というのは、從來の道家思想において相互に無限の遠さをもって隔たっていた「道」と「萬物」の間の距離を、「道」を「萬物」の方向に近づけることを通じて接近させていく試みであり、單純化して言えば、「道」の「萬物」化に他ならない。このような「道」の形而下化が進行していくと、「自然」の思想――「道」「聖人」の「無爲」→「萬物」「百姓」の「自然」――が論じられている場面に、もともとかかっていた「主體→客體、原因→結果」という強い實踐的なバイアスが弱められ、この思考のパターンの持っている形式上のめりはり、論理的な緊張が不明瞭になるであろう。そして、現にこの現象は『老子』の五例の「自然」の內、三例に早くも現われている。[70] 例えば、第六十四章には、

〔是以聲（聖）人〕……能輔萬物之自〔然、而〕弗爲。（馬王堆帛書甲本・乙本）

是古（故）聖人能尃（輔）萬勿（物）之自肰（然）、而弗能爲。（郭店楚簡甲本）

是以〔聖〕人……是以能補（輔）蔓（萬）勿（物）之自肰（然）、而弗敢爲。（郭店楚簡丙本）

とあって、この文章は「〔是以聲（聖）人〕……弗敢爲、而（則）能輔萬物之自然。」という意味ではあろうけれども、「能輔萬物之自然」と「弗敢爲」とが逆に竝べられているので、「主體→客體、原因→結果」が不明瞭になりつつあることは否めない。また、第二十五章には、

人法地、〔地〕法天、天法〔道、道〕法〔自然〕。（馬王堆帛書甲本・乙本）

人法陛（地）、陛（地）法天、天法道、道法自肰（然）。（郭店楚簡甲本）

とあって、「道」の「無爲」が「萬物」の「自然」とほとんど同一視されており、しかもあのパターンは消失してしまっている。

これは、本章の第4節においてすでに述べた、『老子』中の「道─萬物」「聖人─百姓」關係の構造的なアンビヴァレンスの內の、古い形式的な部分が消失して新しい內容的な部分が勢いを強めていく動きである。『老子』以後の戰國末期～前漢初期の道家の諸文獻の中に、次第にこの動きが增えていくのは勿論である。

第二に、「道」の形而下化或いは「道」の「萬物」化とは、「道」から存在論における窮極的な根源者としての意義を剝奪して、それを形而下的な性質の「萬物」と同じ次元に引き下げ、それらと同等の價値しか持たないものへと變えていくことである。これが進行していくと、「自然」概念が使用され始めた當初は、客體の「萬物」についてのみ述

語されていたこの言葉が、やがて主體の「道」「聖人」についても適用されるに至るであろう。この「道」「聖人」の態度を表現する「自然」も、すでに『老子』から始まっており、第二十五章の「道法自然」もその一例と見なすことができる。それよりも一層顯著な例は『老子』第五十一章の「自然」である。そこには、

●道生之、而德畜之、物刑（形）之、而器成之。是以萬物尊道而貴〔德。道〕之尊、德之貴也、夫莫之時（爵）、而恆自然也。（馬王堆帛書甲本・乙本）

とあって、(71)「道・德」の「尊・貴」である理由は、それらが他から爵位を與えられる受動的な被宰者ではなく、自律的自發的な「みずから」性の主宰者だからである、と説明されている。こうして、「自然」が「萬物」「百姓」についてだけでなく「道」「聖人」についても言われることが定着していくと、それは從來「道」「聖人」の態度を表わすのに使用されていた「無爲」と混合して、「無爲自然」や「自然無爲」という述語が主に「道」「聖人」について語られるようになるであろう。管見の及ぶ限りでは、これは後漢時代の王充『論衡』の中に散見しているのが、出現の早い例である。例えば、初稟篇に、

自然無爲、天之道也。命文以赤雀、武以白魚、是有爲也。管仲與鮑叔分財取多、鮑叔不與、管仲不求、内有以相知、視彼猶我、取之不疑。聖人起王、猶管之取財也。朋友彼我無授與之義、上天自然、有命使之驗、是則天道有爲、朋友自然也。當漢〔高〕祖斬大虵之時、誰使斬者。豈有天道先至、而乃敢斬之哉。勇氣奮發、性自然也。夫斬大虵、誅秦殺項、同一實也。周之文武受命伐殷、亦一義也。高祖不受命使之將、獨謂文武受雀魚之命、誤矣。

とあり、寒溫篇に、

夫豈謂急不寒、舒不溫哉。人君急舒而寒溫遞至、偶適自然、若故相應。猶卜之得兆。筮之得數也、人謂天地應令問、其實適然。夫寒溫之應急舒、猶兆數之應令問也、外若相應、其實偶然。何以驗之。夫天道自然、自然無爲。

二令〈合〉參偶、遭適逢會、人事始作、天氣已有、故曰道也。使應政事、是有〔爲〕、非自然也。

とあり、譴告篇に、

夫天道、自然也、無爲。如譴告人、是有爲、非自然也。黃老之家、論說天道、得其實矣。且天審能譴告人君、宜變易其氣以覺悟之。用刑非時、刑氣寒、而天宜爲溫。施賞違節、賞氣溫、而天宜爲寒。變其政而易其氣、故君得以覺悟、知是非。今乃隨寒從溫、爲寒爲溫、以〈非〉譴告之意、欲令變更之且〈宜〉。……今刑賞失法、天欲改易其政、宜爲異氣、若太王之易季名。今乃重爲同氣以譴告之、人君何時將能覺悟、以見刑賞之誤哉。

とあり、自然篇に、

天之動行也、施氣也、體動氣乃出、物乃生矣。由（猶）人動氣也、體動氣乃出、子亦生也。夫人之施氣也、非欲以生子、氣施而子自生矣。天動不欲以生物、而物自生、此則自然也。施氣不欲爲物、而物自爲、此則無爲也。謂天自然無爲者何、氣也。恬澹無欲、無爲無事者也、老耼得以壽矣。老耼稟之於天、使天無此氣、老耼安所稟受此性。師無其說而弟子獨言者、未之有也(72)。……

至德純渥之人、稟天氣多、故能則天、自然無爲。稟氣薄少、不遵道德、不似天地、故曰不肖。不肖者、不似也。不似天地、不類聖賢、故有爲也。天地爲鑪、造化爲工、稟氣不一、安能皆賢。賢之純者、黃老是也。黃者、黃帝也、老者、老子也。黃老之操、身中恬澹、其治無爲、正身共己而陰陽自和、無心於爲而物自化、無意於生而物自成。

とあり、卜筮篇に、

如蓍龜爲若版牘、兆數爲若書字、象類人君出敎令乎、則天地口耳何在而有敎令。孔子曰、「天何言哉。四時行焉、百物生焉。」天不言、則亦不聽人之言。天道稱自然無爲、今人問天地、天地報應、是自然之有爲以應人也。案『易』

之文、觀揲蓍之法、二分以象天地、四揲以象四時、歸奇於扐、以象閏月。以象類相法、以立卦數耳。豈云天地告報人哉。

とある、等々。

第三に、「道」の形而下化、「道」の「萬物」化が進行して、次第に「道」から窮極的な根源者としての意味が剥奪され、それが形而下的な「萬物」と同じ次元に引き下げられていくにつれて、『老子』中に見えていた「道—萬物」「聖人—百姓」の構造的なアンビヴァレンスは言うに及ばず、「道」「聖人」が「萬物」「百姓」の「自然」をコントロールするという、從來の道家の存在論を繼承する古い思想も次第に姿を消していく。そのことを示す代表的な例の一つが、『老子』第六十四章に、

〔是以聲（聖）人〕……能輔萬物之自〔然、而〕弗敢爲。（馬王堆帛書甲本・乙本）

とあるのを解釋した、その解釋の變化である。[73]——「聲（聖）人」が「萬物之自然」を「輔」けるという表現が、その後間もなく、これを解説した『韓非子』喩老篇に、

夫物有常容、因乘以導之。因隨物之容、故靜則建乎德、動則順乎道。……故不乘天地之資、而載一人之身、不隨道理之數、而學一人之智、此皆一葉之行也。故冬耕之稼、后稷不能羨也。豐年大禾、臧獲不能惡也。以一人力、則后稷不足。隨自然、則臧獲有餘。故曰、「恃萬物之自然、而不敢爲也。」

とあるように變化した。ここでは、「隨自然」とも、また同時に「恃萬物之自然」とも言われているので、「恃」の意味は「隨」の意味とほぼ同じである。したがって、『老子』の「聖人」は變化して、「萬物」の下風に立つという位置を與えられるに至ったのである。[74]

もっとも、『韓非子』喩老篇は、やはり『老子』を直接、忠實に解釋するという任務を帶びた篇であるから、引用し

た文章の前後には、まだ「聖人」が「萬物」の「自然」をコントロールするという古さが残っている。ところが、『老子』を直接、解釋したのではない、前漢初期に成った『莊子』の一部分や『淮南子』などには、「道」「聖人」が「萬物」「天下」「天地」の「自然」に對して、「順」「因」「隨」を行う、などといった類の表現が數多く登場するようになる。例えば、『莊子』應帝王篇の天根・无名人問答に、

无名人曰、「汝遊心於淡、合氣於漠、順物自然、而无容私焉。而天下治矣。」

とあり、(75)『淮南子』原道篇に、

是故天下之事、不可爲也、因其自然而推之。萬物之變、不可究也、秉其要歸之趣〈趣而歸之〉。……故任一人之能、不足以治三畝之宅也。脩〈循〉道理之數、因天地之自然、則六合不足均也。

とあり、(76)同じく詮言篇に、

喜得者必多怨、喜予者必善奪。唯滅迹於無爲、而隨天地〔之〕自然者、唯〔爲〕能勝理而爲〈無〉受〈愛〉名。

とある、(77)等々。このような經緯があった後、「萬物」「百姓」の「自然」はますます「道」「聖人」のコントロールから離れていったのである。

第四に、「道」の形而下化、「道」の「萬物」化が進行していくのにつれて、當初は客體の「萬物」にのみ述語されていた「自然」が、やがて主體の「道」「聖人」にも適用されるようになり、しかもそれが時の經過とともに定着していったことは、すでに上に述べたとおりである。こういう事態になると、「自然」という言葉の意味は、「萬物」「百姓」のあり方である從來の「みずから」の他に、「道」「聖人」の態度としての「無爲」によく親和する、新しい意味が追加されなければなるまい。なぜなら、もともと、何の働きかけもしない「無爲」が主體「道」「聖人」の人爲・作爲の反對概念であったのに對して、「みずから」としての「自然」は客體「萬物」「百姓」の人爲・作爲の反對概念である

とは言えず、むしろ「萬物」「百姓」の人爲・作爲を意味していたからである。

元來このような意味であった「自然」は、「道」「聖人」の「無爲」と一つ屋根の下に同居させられるに及んで、ここに追加して、「無爲」と親和する「おのずから」という新たな衣裝をも身にまとうに至った。その前提としては、「自然」概念が使用されるに際して發生した主客にまつわる、漢語特有のアスペクトの問題とも關連する事情がある。この事情についてはすでに述べた。

實際、諸文獻の中に現れる「自然」は、『老子』の五例がいずれも比較的明瞭に「みずから」の意味であるのを例外として、それ以後、前漢初期に成った『莊子』の一部分や『淮南子』などの用例は、「みずから」の意味か「おのずから」の意味か、判斷に迷う場合が少なくない。恐らく多くの「自然」は、兩者の意味をともに含んでいると考えるべきであろう。ただし、大體の傾向を言えば、時代が降れば降るほど「おのずから」が勢いを増していくのであった。

第6節　「自然」思想史の素描

A　王充の「自然」と鄭玄の「忽然自生」

a　王充の「自然」思想

後漢時代の道家である王充（二十七年ごろ～一〇〇年ごろ）は、「自然」を最も深く思索した思想家の一人であった。その著書『論衡』には「自然」という題の篇があるが、これは「自然」をテーマとする論文としては歴史上最初に出現したものである。(78) 彼の「自然」の思想は、以上に述べてきた道家の「自然」の後漢における展開と見なすことができるものであるが、ここではその主張をごく簡單に紹介するに止める。

王充は、第一に、窮極的根源的な實在としての「道」や「天」が世界を支配していると見る見方や、それを宗教化した董仲舒以來の天人相關說における上帝的な「天」の考えに眞っ向から反對して、世界のあり方を「自然」である、つまり「萬物」の「みずから」「おのずから」であると主張した。『論衡』自然篇に、

天之動行也、施氣也、體動氣乃出、物乃生矣。由（猶）人動氣也、體動氣乃出、子亦生也。夫人之施氣也、非欲以生子、氣施而子自生矣。天動不欲以生物、而物自生、此則自然也。施氣不欲爲物、而物自爲、此則無爲也。(79) ……鳥獸未能盡實。春觀萬物之生、秋觀其成、天地爲之乎、物自然也。如謂天地爲之、爲之宜用手、天地安得萬萬千千手、竝爲萬萬千千物乎。諸物在天地之閒也、猶子在母腹中也。母懷子氣、十月而生、鼻口耳目、髮膚毛理、血脉脂腴、骨節爪齒、自然成腹中乎、母爲之也。

とあるように。

第二に、その「道」や「天」の支配の下で、世界の諸現象（特に災異や祥瑞）が帝王などを始めとする爲政者の、倫理や政治の善惡を窮極的な原因として發生すると見る、當時盛行していた天人相關說に基づく災異說にも反對しながら、世界のあり方を徹底的に「自然」であると主張した。同じく初稟篇に、

文王當興、赤雀適來、魚躍烏飛、武王偶見、非天使雀至、白魚來也、吉物動飛、而聖〔人〕遇也。白魚入于王舟、王陽曰、「偶適也。」光祿大夫劉琨、前爲弘農太守、虎渡河、光武皇帝曰、「偶適自然、非或使之也。」故夫王陽之言適、光武之曰偶、可謂合於自然也。

とあるように。

第三に、人間が諸價値を實現するために對象に對して目的意識的に働きかける人爲・作爲をも大部分は「自然」であると認め、それ故に人爲・作爲はほとんど無効果であり、世界におけるその役割りは無に等しいと主張した。同じく自然篇に、

草木之生、華葉青葱、皆有曲折、象類文章、謂天爲文字、復爲華葉乎。宋人或刻木爲楮葉者、三年乃成。孔子曰、「使〔天〕地三年乃成一葉、則萬物之有葉者寡矣。」如孔子之言、萬物之葉自爲生也。自爲生也、故能並成。如天爲之、其遲當若宋人刻楮葉矣。……武帝幸王夫人、王夫人死、思見其形。道士以方術作夫人形、形成、出入宮門。武帝大驚、立而迎之、忽不復見。蓋非自然之眞、方士巧妄之僞、故一見恍忽、消散滅亡。有爲之化、其不可久行、猶王夫人形不可久見也。……

然雖自然、亦須有爲輔助。耒耜耕耘、因春播種者、人爲之也。及穀入地、日夜長夫〈大〉、人不能爲也。或爲之者、敗之道也。宋人有閔其苗之不長者、就而揠之、明日枯死。夫欲爲自然者、宋人之徒也。

とあるように[80]。

第四に、世界のあり方としての「自然」の根據を、例えば、同じく明雩篇に、

世審稱堯湯水旱、天之運氣、非政所致。夫天之運氣、時當自然、雖雩祭請求、終無補益。而世又稱湯以五過禱於桑林、時立得雨。夫言運氣、則桑林之説絀、稱桑林、則運氣之論消。世之説稱者、竟當何由。救水旱之術、審當何用。

とあり、同じく自然篇に、

謂天自然無爲者何、氣也。恬澹無欲、無爲無事者也、老耼得以壽矣。老耼稟之於天、使天無此氣、老耼安所稟受

此性。師無其說而弟子獨言者、未之有也。

とあるように(81)、その一元的な構成元素「氣」に求めたが、しかし、王充はその「氣」の性質がどういうものであるかを具體的に解明せず、ただ「命」「運」「偶適」であると言って不明のままに放置した。それ故、彼は、世界が今ここにあるように存在し變化している必然性を明確に把握したけれども、その必然性がどういうものであるかというその内容にまで立ち入ることはついになかった、と言わなければならない。

b　鄭玄の宇宙論における「忽然自生」

次に、後漢の儒教の學者、鄭玄（一二七年～二〇〇年）を取り上げたい。とは言うものの、ここでは、彼の學問體系の全體を論じようというのではなく、その宇宙生成論の中の「自然」の思想を一瞥しておこうと言うのである。

さて、前漢初期の『淮南子』から降って、後漢末期の鄭玄の時代に至るまでの間、宇宙生成論は、道家の手に成るものに限らず、種々様々に論じられており、「天」の祭祀の必要や天文學の發達もあって隆盛を極めていた。しかし、この時代までの宇宙生成論は、概して言えば、從來の道家の宇宙生成論が設けた「道」→「萬物」の枠組みを襲用していて、「道」から「萬物」が生じていく過程が詳細かつ具體的に描かれるようにはなったものの、その枠組みを大きく變更する新たな理論の提唱は見られなかった。すなわち、第一に、宇宙生成の始源、天地未分の以前に、絶對の「無」というものがあり、それは窮極的根源的な實在としての「道」に他ならない、第二に、その「無」「道」が宇宙を生成するオールマイティーの主宰者として「天地」「萬物」を生じた、という理論を依然として繰り返していたのである。

從來の理論の第一については、後漢、張衡（七十二年～一三九年）『靈憲』に、

太素之前、幽淸玄靜、寂漠冥默、不可爲象、厥中惟虛、厥外惟無。如是者永久焉、斯謂溟涬。蓋乃道之根也。

道根既建、自無生有。太素始萌、萌而未兆、幷氣同色、渾沌不分。故道志之言云、「有物渾成、先天地生。」其氣體固未可得而形、其遲速固未可得而紀也。如是者又永久焉、斯謂庬鴻、蓋乃道之幹也。道幹既育、有物成體。於是元氣剖判、剛柔始分、清濁異位。天成於外、地定於內。天體於陽、故圓以動、地體於陰、故平以靜。動以行施、靜以合化、堙鬱構精、時育庶類、斯謂太元、蓋乃道之實也。（『後漢書』天文志上の劉昭注補）

とあり、その第二については、『淮南子』精神篇に、

古未有天地之時、惟像無形、窈窈冥冥、芒芠漠閔、澒濛鴻洞、莫知其門。有二神混生、經天營地、孔乎莫知其所終極、滔乎莫知其所止息。於是乃別爲陰陽、離爲八極、剛柔相成、萬物乃形。

という文章があるが、後漢、高誘の注は、その始めの部分を、

念天地未成形之時、无有形生有形、故天地成焉。……皆未成形之氣也。……皆无形之象。故曰、「莫知其門」也。

と解説している。この「无有形」とは「無」のこと、「有形」とは「有」のことであって、高誘注の趣旨は「無」が主宰者として「有」を「生」じたというのである。

ところが、鄭玄に至ると、儒教の文獻である『易緯乾鑿度』に、

故曰、「有太易、有太初、有太始、有太素。」太易者、未見氣也。太初者、氣之始也。太始者、形之始也。太素者、質之始也。氣形質具而未離、故曰渾淪。渾淪者、言萬物相渾成、而未相離。

とある宇宙生成論の、「太易者、未見氣也。」に注をつけて、

以其寂然無物、故名之爲太易。

と解説し、「太初者、氣之始也。」に注をつけて、

元氣之所本始。太易既自寂然無物矣、焉能生此太初哉。則太初者、亦忽然自生。

と解說している。これによれば、「太易」は宇宙生成の始源の「寂然無物」つまり「無」であり、「太初」は「有」の最初の段階である「元氣之所本始」である。しかし、その「無」はもはや、かつての道家思想の「道」ではなく、ただ單に「物」が「無」い狀態にすぎないので、それ故、「太初」以下の「有」を「生」ずる主宰者としての性質などは具えていないと言う。

そして、かつての「無」「道」をオールマイティーの主宰者とする宇宙生成論に代えて、鄭玄が唱えたのは、始源の「無」から最初の「有」が「忽然」として「自生」するとする「自然」の思想であった。――こうして、「自然」の思想は、道家の範圍內に止まらずそれを超えて廣く作用を及ぼし、まず宇宙生成論の領域から儒教にも受容されたのである。(82)

B　魏晉玄學の「自化自生」を經て宋學の「天理自然」へ

魏晉南北朝時代には一般に、「道」を中心にすえる形而上學・存在論は、何晏（一九三年ごろ～二四九年）や王弼（二二六年～二四九年）などを例外とすればほぼ姿を消して、それに代わって「萬物」の「自化自生」、つまり「自然」が「道」であると唱えられるようになる。

王弼は、確かに「無」を「本」とする形而上學・存在論を堅持しつつ、これを基礎にしてすべての思索を展開させたけれども、その彼にしても『老子』第二十五章の、

故道大、天大、地大、王亦大。域中有四大、而王居其一焉。人法地、地法天、天法道、道法自然。（通行本）

に對しては、

法、謂法則也。人不違地乃得全安、法地也。地不違天乃得全載、法天也。天不違道乃得全覆、法道也。道不違自然乃得其性、法自然者。在方而法方、在圓而法圓、於自然無所違也。自然者、無稱之言、窮極之辭也。

という注を施して、「自然」を、「四大」の一つである「道」の上位に別格として位置づけている。また、第三十七章の、

道常無爲、而無不爲。侯王若能守之、萬物將自化。（通行本）

の冒頭部分に對しては、

順自然也。

という注を施している。この點から考えれば、王弼の「道」の主要な内容の一つが「自然」であることが分かる。したがって、彼がその論著の至るところで「萬物」の「自然」を強調したのは當然と言わなければならない。

郭象（二五二年ごろ～三一二年）になると、「道」の形而上學・存在論は完全に否定され姿を消してしまう。例えば、その『莊子注』序に、

然莊生雖未體之、言則至矣。……上知造物〔之〕無物、下知有物之自造也。

とあるように、彼は戰國後期以來の道家思想の「造物」つまり「道」の形而上學・存在論を完全に捨て去り、それに代わって「萬物」の「自然」の思想、すなわち「有物之自造」や「塊然而自生」を主張した。その『莊子注』齊物論篇に、

无既无矣、則不能生有。有之未生、又不能爲生。然則生生者誰哉。塊然而自生耳。自生耳、非我生也。我既不能生物、物亦不能生我、則我自然矣。自己而然、則謂之天然。天然耳、非爲也、故以天言之。以天言之、所以明其

自然也、豈蒼蒼之謂哉。而或者謂天籟役物使從己也。夫天且不能自有、況能有物哉。故天也者、萬物之揔（總）名也。莫適爲天、誰主役物乎。故物各自生、而无所出焉、此天道也。

という文章がある。これが先に一瞥した、鄭玄の宇宙生成論における、始源の「無」から最初の「有」が「忽然」として「自生」したとする、「自然」の思想を承け繼ぐものであることは明らかであろう。そこで、郭象もその『莊子注』のあらゆる箇所で、「無」「道」の「萬物」に對する主宰者としての役割りを否定する一方、「萬物」の「自成」「自得」「自生」等々、要するに「自然」を繰り返し強調したのである。

さらに後、裴頠（二六七年～三〇〇年）や張湛（東晉後期）もこの「自然」を承け繼いでいる。張湛が『列子』天瑞篇の、

子列子曰、「……夫有形者生於無形、則天地安從生。故曰、『有太易、有太初、有太始、有太素。』太易者、未見氣也。太初者、氣之始也。太始者、形之始也。太素者、質之始也。氣形質具、而未相離、故曰渾淪。渾淪者、言萬物相渾淪、而未相離也。」

という宇宙生成論に注をつけて、

謂之生者、則不無。無者、則不生。故有無之不相生、理既然矣。則有何由而生。忽爾而自生。忽爾而自生、而不知其所以生。不知〔其〕所以生、生則本同於無。本同於無、而非無也。此明有形之自形、無形以相形者也。

天地無所從生、自然而生。

此明物之自微至著、變化之相因襲也。

易者、不窮滯之稱。凝寂於太虛之域、將何所見耶。如『易』繫之太極、老氏之渾成也。陰陽未判、卽下句所謂渾淪也。

陰陽既判、則品物流形也。質、性也。既爲物矣、則方員剛柔、靜躁浮沈、各有其性。此直論氣形質、不復說太易。太易爲三者宗本、於後句別自明之也。雖渾然一氣不相離散、而三才之道實潛兆乎其中。淪、語之助也。

と解說しているのを見られたい。――以上に檢討してきた郭象・裴頠・張湛などは、王充の「自然」と鄭玄の「忽然自生」を繼承した上で、それをさらに徹底させた者と評することができよう。

しかしながら、魏晉玄學の思想家たちは、王充が「萬物」の「自然」は「命」であり「偶適」であり、人間には把握することができない何ものかであると考えて、その內容にまで立ち入らず不明のままに放置してしまう態度や、それに伴っている暗黑のペシミスティックな運命論に關しては、それほど共感を覺えず、むしろ反對であったようである。

王弼は『周易略例』明彖において、

物无妄然、必由其理。統之有宗、會之有元。故繁而不亂、衆而不惑。故六爻相錯、可擧一以明也、剛柔相乘、可立主以定也。

と述べ、『周易注』乾卦文言傳において、

夫識物之動、則其所以然之理、皆可知也。龍之爲德、不爲妄者也。潛而勿用、何也、必窮處於下也。見而在田、必以時之通舍也。以爻爲人、以位爲時、人不妄動、則時皆可知也。文王明夷、則主可知矣。仲尼旅人、則國可知矣。

と述べている。筆者の憶測を記すならば、これらは、「萬物」の「自然」を結局は「妄然」と見なした王充のことを念頭に置いて、その思想を批判しているのではなかろうか。

郭象もまた『莊子注』齊物論篇において、

物物有理、事事有宜。羣分而類別也。……夫物物自分、事事自別。而欲由己以分別之者、不見彼之自別也。……至理之來、自然无迹。

と言い、『莊子注』德充符篇において、

旣稟之自然、其理已足。則雖沈思以免難、或明戒以避禍、物无妄然、皆天地之會、至理所趣。必自思之、非我思也。必自不思、非我不思也。或思而免之、或思而不免、或不思而免之、或不思而不免。凡此皆非我也、又奚爲哉。任之而自至也。

と言っている。そして、魏晉玄學の以上の「萬物」の「自然」の中に「所以然之理」があるという思想は、やがて宋學の理氣論の繼承するところとなったのである。

注　釋

（1）近年の日本の研究の中で、西歐の自然（nature）と同じものを古代中國人がどのように見てきたかという問題を立てて研究した論著には、以下のものがある。
栗田直躬「上代シナの典籍に現はれたる自然觀の一側面」
吉田光邦「東洋の自然觀——中國人の場合——」
松本雅明『中國古代における自然思想の展開』
福永光司「中國の自然觀」
田中麻紗巳「董仲舒說を中心にした漢代の自然觀」

內山俊彦『中國古代思想史における自然認識』

（2）西歐の自然（nature）を中國思想史において研究することに伴う困難については、筆者はかつて「書評　內山俊彦著『中國古代思想史における自然認識』」で指摘したことがある。

（3）西歐の自然を中國思想史において研究しようとする場合、一つには、例えば、內山俊彦『中國古代思想史における自然認識』がその自然を中國の「天」「性」「氣」「自然」「道」などで置き換えたように、西歐の自然と同値の概念を中國思想史の中に求めて置き換えるという作業が不可缺になるが、そもそもこの作業が適切に行われて兩者が同値と言えるかどうかが、やかましい議論の對象となるはずである。二つには、西歐の自然も實は單に客觀的對象的な何かを指すのではなく、むしろ優れて文化史的精神史的な概念であるから、その一半は主觀の側に屬している歷史的地理的に特殊なものであるが、そのような自然を誤解して古今東西、時間と空間の限定を超越した普遍的な形式として措定する方向に傾くために、それを即自的には思惟されたことのない中國思想史の諸段階で問うことを通じて、中國の「自然」や思想史一般の理解は言うに及ばず、その自然（上記の置き換えの作業が適切に行われたと假定しても）の理解をも著しくゆがめてしまう恐れがある。

（4）自然と「自然」とを嚴密に區別すべきであることについては、相良亨「おのずから」を參照。近年の日本の研究の中で、古代漢語の思想概念としての「自然」を中國思想史において檢討した論著には、以下のものがある。

栗田直躬「上代シナの典籍に見えたる「自然」と天」

吉野寬治「中國古典における自然」

吉野寬治「中國古典における自然」（二）

末木文美士「『大阿彌陀經』における「自然」」

笠原仲二『中國人の自然觀と美意識』

末木文美士「漢譯般若經典における「自然」」

蜂屋邦夫「自然觀」

溝口雄三「中國の「自然」」

福永光司「自然と因果――老莊道教と中國佛教――」
鈴木喜一『東洋における自然の思想』
栗田直躬『中國思想における自然と人間』

(5) 以下の兩書を參照。
柳父章『翻譯の思想――「自然」とNATURE――』
柳父章『翻譯語成立事情』

(6) この問題に關する最近の研究には、福井重雅『漢代儒教の史的研究―儒教の官學化をめぐる定説の再檢討―』、及び拙著（共著）『中國思想史』、第一章、四「儒教國教化と道教・佛教」がある。

(7) 董仲舒學派の天人相關說の歷史的位置づけについては、拙著（共著）『中國思想史』、第一章、一「天人相關と自然」を參照。

(8) 戰國後期～前漢初期の道家の二世界論については、本書第6章を參照。

(9) 日原利國『漢代思想の研究』の第一部、二、一「漢初の動向」、渡邉義浩『後漢國家の支配と儒教』の序論、第二節「『儒教の國教化』をめぐる諸研究」、及び福井重雅の前掲書の緖言、序章、第二節「儒教の官學化とその現狀」を參照。

(10) 拙著（共著）『中國思想史』、第一章、四「儒教國教化と道教・佛教」を參照。

(11) 『漢書』董仲舒傳の第二次對策に「制曰、『蓋聞虞舜之時、游於巖郎之上、垂拱無爲、而天下太平。周文王至於日昃不暇食、而宇內亦治。夫帝王之道、豈不同條共貫與。何逸勞之殊也。』」とあるのは、虞舜の道家的な「無爲」と周の文王の儒家的な「彊勉」との、どちらが正しい「帝王之道」であるか、という下問である。

(12) 馮友蘭『中國哲學史新編』第三册の第二十七章、第一節「中國封建社會的經濟基礎和上層建築、漢武帝和董仲舒」の分析を參照。

(13) 『春秋繁露』同類相動篇に、
故琴瑟報彈其宮、他宮自鳴而應之、此物之以類動者也。其動以聲而無形、人不見其動之形、則謂之自鳴也。又相動無形、則謂之自然。其實非自然也、有使之然者矣。物固有實使之、其使之無形。

とあるのを參照。また、同じく深察名號篇で、

性之名、非生與。如其生之自然之資、謂之性。性者、質也。詰性之質於善之名、能中之與。既不能中矣、而尙謂之質善、何哉。……性如繭如卵。卵待覆而成雛、繭待繅而爲絲、性待敎而爲善。……天生民、性有善質而未能善。於是爲之立王以善之。此天意也。

と述べて、「民」の「自然之資」つまり「性」がそのままで「善」であるとする考えに反對して、それが「善」となるためには「王」の「教え」が必要不可欠であると主張している。董仲舒學派が、ここから「天」の根源性超越性に裏打ちされた「聖人」「天子」の、「民」の「自然」を教化するという倫理的政治的な役割りを導き出すことは、言うまでもない。

(14) 戰國後期の思想界に始まる宗教のUターン現象の中で、特に注目に値いするのは、墨家の明鬼論と天志論の登場である。この問題の詳細については、拙論「墨家」、および拙論「『墨子』の經・經說と十論」を參照。

(15) 本書第7章の注釋（47）を參照。

(16) 本書第7章の第6節、その注釋（43）、第11章の注釋（6）、本章の第4節、及び第13章の第2節を參照。

(17) 本章の注釋（50）を參照。

(18) 本書第10章の第1節、及びその注釋（15）（16）を參照。

(19) 『文子』道原篇に、

老子曰、「……古者三皇、……無爲爲之而合乎生死、無爲言之而通乎道德、恬愉無矜而得乎和、有萬不同而便乎性。」

とあるのは、これを模倣した文章である。

(20) 「無爲而無不爲」というテーゼについては、本書第7章の注釋（41）にすでに述べた。この箇所については、通行本『老子』第四十八章に大略同じ文章がある（本書第9章の注釋（43）を參照）。

(21) 本書第7章の注釋（41）を參照。

(22) そうは言うものの、筆者は、道家思想の中心を「無爲自然」の思想であると把えたり、『老子』を道家の原初の思想の表現と見なしたりする通說に贊成しているわけではない。それどころか、このような通說に對して批判的な態度を取って始めて、戰

國中期～前漢、武帝期の道家の思想史や、また前漢初期の黄老思想、後漢の王充などの道家思想、魏晉玄學の老莊解釋などの道家系の思想史の、展開や意義などを理解する出發點に立つことができると考えている者である。

(23)「自然」という言葉が中國思想史においてまとまった形で登場するのは、やはり『老子』の五例の「自然」が最も早い。しかし、『老子』の「自然」は、第二十五章に名詞的用法があることからも明らかなように「自然」の最も古い用例ではなく、より古い用例は先秦の道家の中でも『老子』以前の諸文獻の中に初めて出現したのではないかと思う。ただし、後に述べる『呂氏春秋』義賞篇の一例を除外すれば、紀元前三〇〇年ごろに成った『莊子』齊物論篇を始めとして初期道家の文獻に「自然」は全く登場していない。その主な理由は、「自然」は初期道家の有していた從來の思想ではなく、逆に從來の道家思想とは明確に對立するものだったからである。

ところで、現存する最古の『老子』のテキストの一つは、馬王堆帛書『老子』甲本・乙本であるが、甲本は、惠帝期（紀元前一九四年～前一八八年）乃至呂后期（前一八七年～前一八〇年）の抄寫、乙本は、文帝期（前一七九年～前一五七年）の初年で、紀元前一六八年までの抄寫、ではないかと推測される。それ故、甲本の源になる原本『老子』の成書（編纂）年代は、それにいくらか先だつ、恐らく紀元前二〇〇年前後を中心とする戰國末期～前漢初期であり、そしてこれこそが『老子』という名稱もまだつけられるに至っていない最古の『老子』の姿であったのである（本書第2章の第5節、及びその注釋（39）を參照）。そして、通行本『老子』に見える五例の「自然」は、馬王堆帛書『老子』甲本第二十五章の當該箇所が殘缺しているのを除けば、甲本の四例も乙本の五例もすべてそろって存在している。また、郭店楚簡甲本・乙本・丙本も最古の『老子』のテキストの一つであるが、これについては本書第2章の第6節などを參照。

(24)　假りに「自然」の「然」を副詞のサフィックスであるとする見解が正しくなかったとしても、「自然」の意味素の中心が「自」にあることは疑問の餘地がないと思う。

(25)　本書第11章の第1節、その注釋（6）、及び本章の第5節を參照。

(26)　本章の注釋（47）を參照。

(27)　本章の第5節を參照。

（28） 本章の注釋（47）を參照。後に成った『文子』精誠篇に、

老子曰、「天致其高、地致其厚、日月照、列星朗、陰陽和、非有爲焉。正其道、而物自然。陰陽四時、非生萬物也。雨露時降、非養草木也。神明接、陰陽和、而萬物生矣。」

の如く、同じく道原篇に、

老子曰、「……故先王之法、非所作也、所因也。其禁誅、非所爲也、所守也。故能因卽大、作卽細。能守卽固、爲卽敗。」

の如く、同じく自然篇に、

老子曰、「……故先王之法、非所作也、所因也。其禁誅、非所爲也、所守也。上德之道也。」老子曰、「以道治天下、非易人性也、因其所有、而條暢之。故因卽大、作卽小。」

の如く、取られている。

（29） 「聖人」は『老子』第六十四章・『韓非子』喩老篇・『淮南子』原道篇の場合、「汝」は『莊子』應帝王篇の場合、「水」は『莊子』田子方篇の場合、「天地四時」は『淮南子』泰族篇の場合である。

（30） 『老子』第二十五章については、まず、語學的な面から言って、その「自然」は名詞的用法の例であり、もともと副詞として始まったこの言葉の古い用例ではない（本章本節の上文、及びその注釋（23）を參照）。

次に、「道」の思想の面から言えば、道家にとって窮極的根源的なものであるはずの「道」の、さらにその上に「自然」を置こうという構成（ただし、「自然」は「國中」の「四大」に含められておらず、その意味では、まだなお窮極的根源的なものとはなりきっていない。）は、通常の古い道家思想にはありえないものである。これは、道家內部の異なった諸流派の中で「道」とは何であるかがあれこれ議論された後を承けて、『老子』の作者が自らの思索する「道」の概念を提起しているものと理解しなければならない。そして、道家內部の諸流派の「道」とは何であるかに關する議論は、例えば、『莊子』知北遊篇の泰淸・无窮問答（本書第13章の第1節を參照）や同じく則陽篇の少知・太公調問答（本章本節の下文を參照）などがその典型的な例であるが、戰國末期～前漢初期までには諸見解がほぼ出そろっていた。『老子』第二十五章はその後に位置する文章なのである。この問題については、溝口雄三「中國の「自然」」を參照。

さらに、「王」に關する政治思想の面から言えば、「人」の代表としての「王」を「天」「地」などと肩を竝べる「大」なる存在と見るのも、明らかに通常の古い道家思想とは異なっている。これは、『荀子』に始まる、人間の作爲の意義を強調するいわゆる「三才」の思想をふまえたものである。例えば、『荀子』王制篇に、

天地生君子、君子理天地。君子者、天地之參也、萬物之摠也、民之父母也。

とあり、同じく天論篇に、

天有其時、地有其財、人有其治。夫是之謂能參。

とあるのを見られたい。「天・地・人」の「三才」とはせずに「道」を含む「四大」としたり、「四大」の閒に「人↓地↓天↓道」の如く重要性の差を持ちこんだりしているのは、その道家的なヴァリエーションと言うべきであろう。ちなみに、『老子』の中に荀子の思想をふまえた部分があることについては、本書第9章の第4節、及びその注釋（44）を參照。

(31)　ここでは明らかに、客體の「貌・形・身」と主體の「神・精」とが對立的に把えられている。

(32)　羅勉道『南華眞經循本』（『正統道藏』所收）は、

道與之貌、天與之形者、自然也。

と注釋している。

(33)　本章の注釋（47）を參照。

(34)　本書第9章の注釋（49）、及び第13章の第2節を參照。

(35)　主體の「人主」は主術篇、「聖人」は詮言篇、「人」は脩務篇の場合、客體の「事」は主術篇、「水潦・五穀」は脩務篇の場合である。

(36)　森三樹三郎『「無」の思想　道家思想の系譜』の1、〈1〉、「ミズカラとオノズカラ」による。

(37)　松本雅明『中國古代における自然思想の展開』の第一章、第五節「自然」は、「おのずから」の意味の「自」の用法は、古くは存在しなかったものであって、道家が「自然」という言葉を使用して以後始めて出現するに至った、という趣旨の重要な指摘を行っている。

（38）「自然」に關してこの種のアスペクトの問題に言及している論文には、
　栗田直躬「上代シナの典籍に見えたる「自然」と天」
　蜂屋邦夫「自然觀」
がある。

（39）笠原仲二『中國人の自然觀と美意識』の第一編、第一章、第一節、一「自と鼻と始との關係」は、「自」の本義と引伸義などに關して詳細な訓詁學的な考證を行っているが、殘念ながら、筆者にはその全體の可否を判斷する能力がない。ただし、「自」の語源的な意味の「鼻」であることが甲骨文・金文によっても確かめられるという趣旨の主張は、まちがいないようである。

（40）本書第6章の第3節、その注釋（22）、第11章の注釋（37）、及び第14章の第3節を參照。

（41）紀元前二三九年に編纂された『呂氏春秋』の時代に、『老子』がまだ成書されていなかったことについては、本書第2章の第4節ですでに述べた。それ故、『呂氏春秋』中の道家的な文章は、原本『老子』や馬王堆帛書『老子』の成書以前に初期道家の思想家たちが書いたもの、と考えなければならない。

（42）このことについては、拙論「中國古代の天人相關論――董仲舒の場合」を參照。

（43）本書第13章の第2節を參照。

（44）以下の論著は、『老子』第十七章の「自然」を「自己如此」または「自如此」と解釋している。これらは宋の呂惠卿『道德眞經傳』（『正統道藏』所收）や、元の吳澄『道德眞經註』（『正統道藏』所收）の說を踏襲したものであって、許抗生の解釋の先驅と見なすことができる。
　胡適『中國哲學史大綱』上卷
　張舜徽『周秦道論發微』
　陳鼓應『老子註譯及評介』
　張松如『老子說解』
　盧育三『老子釋義』

(45)　盧育三『老子釋義』の「緒論」、「道常無爲而無不爲」は、「無爲」の概念について解說した後、「自然」の概念に關して、

老子還有一箇概念、叫做自然。它是對無爲的一種規定、也是無爲的一種結果、說明道生成萬物沒有意志、不待勉強、自然而然、對萬物的存在不加干涉。

と解說している。

(46)　『老子』第二十三章の後半部分は、「人」の「希言」が、「風・雨」などの「萬物」の「自然」をもたらす、という因果應報のメカニズムを解明している。すなわち、第一に、「從事而道者同於道」の者は別格であるから論じないこととして、第二に、「從事而……德者同於德」の者に對しては「道」が「德之」という結果で報い、第三に、反對に「從事而……失者同於失」の者に對しては「道」が「失之」という結果で應ずるという、一種の災異說・祥瑞說的なメカニズムである。そして、第一または第二の肯定的な場合が、前半部分に描かれた「希言→自然」に當たるのではないかと推測される。

(47)　『老子』と相い前後する時期に書かれた諸他の文獻の中にも、その「無爲」と「自然」との間に同樣のパターンを指摘することができる例は少なくない。以下に、若干の例を擧げておく。『莊子』繕性篇に、

古之人、在混芒之中、與一世而得澹漠焉。……人雖有知、无所用之、此之謂至一。當是時也、莫之爲而常自然。

とあり、同じく田子方篇の孔子・老聃問答に、

老聃曰、「……夫水之於汋也、无爲而才自然矣。至人之於德也、不脩而物不能離焉。」

とある（本章の第3節を參照）。また、『荀子』正名篇に、

性之和所生、精合感應、不事而自然、謂之性。

とあり、『韓非子』安危篇に、

安國之法、若饑而食、寒而衣、不令而自然也。

とあり（本章の第3節を參照）、『楚辭』遠遊篇に、

曰、道可受兮、而不可傳。其小無內兮、其大無垠。無滑而（汝）䰟（魂）兮、彼將自然。

とある。また、『淮南子』詮言篇に、

喜得者必多怨、喜予者必善奪。唯滅迹於無爲、而隨天地〔之〕自然者、唯〈爲〉能勝理而爲〈無〉受〈愛〉名。

とあり（本章の第5節を參照）、『韓詩外傳』巻第一に、

傳曰、「喜名者必多怨、好與者必多辱。唯滅跡於人、能隨天地自然、爲能勝理而無愛名。」

とあり、『文子』符言篇に、

老子曰、「……善怒者必多怨、善與者必善奪。唯隨天地之自然、而能勝理。」

とあり、『淮南子』泰族篇に、

天致其高、地致其厚、月照其夜、日照其晝、陰陽化、列星期〈列星朗、陰陽化〉、非有〔爲焉。正其〕道、而物自然。

とあり（本章の第3節を參照）、『文子』精誠篇に、

老子曰、「天致其高、地致其厚、日月照、列星朗、陰陽和、非有爲焉。正其道、而物自然。」

とある（本章の注釋（28）を參照）、等々。これらは原本『老子』の成書以前に書かれた（『荀子』正名篇）か、或いはそれ以後に書かれたにしても『老子』からさほど隔たっていない時期の、比較的古い「自然」の思想を殘している例である。

（48）本書第11章の注釋（6）を參照。

（49）本書第11章の注釋（6）（16）を參照。

（50）盧育三『老子釋義』の「緒論」、「道常無爲而無不爲」は、

《老子》書中的"無知"・"無欲"・"不言"・"無事"・"不有"・"不恃"・"不宰"・"弗居"、等等、都屬于無爲的範圍。

と主張している。『老子』だけでなく、『莊子』天道篇の夫虛靜恬淡章に、

夫虛靜恬淡、寂漠无爲者、天地之平、而道德之至。

とあるのによっても、「虛靜」「恬淡」「寂漠」「无爲」の四者がほとんど同じ意味の言葉であることが分かる（本書第10章の注釋（13）、本章の第2節、及びその注釋（17）を參照）。

（51）「自然」が「自憖」「自正」「自化」「自富」「自樸」などの「みずから」という性質を總括した概念であることは、『春秋繁露』立元神篇の次の文章によっても確認することができる。

三者皆亡、則民如麋鹿、各從其欲、家自爲俗、父不能使子、君不能使臣。雖有城郭、名曰虛邑。如此、其君枕塊而僵、莫之危而自危、莫之喪而自亡、是謂自然之罰。自然之罰至、裹襲石室、分障險阻、猶不能逃之也。明主賢君、必於其信、是故肅愼三本。……三者皆奉、則民如子弟、不敢自專、邦如父母、不待恩而愛、不須嚴而使。雖野居露宿、厚於宮室。如是者、其君安枕而臥、莫之助而自強、莫之綏而自安、是謂自然之賞。自然之賞至、雖退讓委國而去、百姓襁負其子、隨而君之、君亦不得離也。

この中の「自然之罰」「自然之賞」が、おのずからやって來た「罰・賞」の意味ではなくて、みずから招いた「罰・賞」の意味であることは、だれの目にも明らかではなかろうか。

(52) 本章の注釋（58）を參照。
(53) 本書第7章の第6節、及びその注釋（44）（47）を參照。
(54) 本書第7章の第6節、及びその注釋（45）を參照。
(55) 本書第2章の第4節、第7章の第6節、その注釋（42）、第8章の注釋（37）、及び第13章の第2節を參照。
(56) 本書第7章の第6節、その注釋（43）、第11章の注釋（6）、本章の第2節、及び第13章の第2節を參照。
(57) 本書の第6章・第10章・第11章を參照。
(58) 『老子』第六十四章の「能輔萬物之自然」の箇所は、すでに見たとおり、『韓非子』喩老篇は「恃萬物之自然」に作っている。この「輔」の文字、「恃」の文字については、どちらが正しい文字であるかをめぐって、古來議論のあったところである（朱謙之『老子校釋』を參照）。しかし、どちらが正しい文字であるかという文獻學的な議論よりも一層大切な問題は、「輔」に作れば「聲（聖）人」の支配が強調され、「恃」に作ればそれが弱められるという意味の相異の問題である。この意味の相異は、『老子』より『韓非子』喩老篇へ、『韓非子』喩老篇より『淮南子』諸篇へのように時代が降れば降るほど、「道」「聖人」の支配から離れて「萬物」「百姓」の「自然」が勢いを強めていくという思想史の展開を反映している（本章の第4節を參照）。それ故、「輔」の文字も「恃」の文字も、實はともに正しいのである。ちなみに、『韓非子』喩老篇が戰國最末期～前漢初期に成った文獻であることについては、本書第2章の第4節に既述。

また、『老子』と相い前後する時期に書かれた『老子』以外の書の中にも、ここに述べたような意味において「道」「聖人」にコントロールされた「萬物」「百姓」の「自然」が少なからず登場する。一二の例を擧げれば、『莊子』應帝王篇の陽子居・老耼問答に、

老耼曰、「明王之治、……有莫擧名、使物自喜。」

とあり（本章の第4節を參照）、『淮南子』覽冥篇に、

夫燧之取火、磁石之引鐵、解之敗漆、葵之鄉日、雖有明智、弗能然也。故耳目之察、不足以分物理。心意之論、不足以定是非。故以智爲治者、難以持國、唯通于太和而持自然之應者、爲能有之。

とあり、『文子』精誠篇に、

老子曰、「……是故以智爲治者、難以持國、唯同乎大和而持自然〔之〕應者、爲能有之。」

とあり、同じく自然篇に、

老子曰、「……故聖人立法、以導民之心、各使自然。故生者無德也、死者無怨也。」

とある、等々。

(59) ここに略述したのは、道家の政治思想の一面であるが、その全面ではない。道家にはこれとは反對の側面の、ユートピアの理想を夢見る平等主義の主張もある。この側面については、本書第11章の第2節を參照。

(60) 本書第11章の第4節・第5節を參照。

(61) 本書第11章の第2節、及びその注釋（13）（14）を參照。

(62) 皇帝の一君萬民の中央集權を理論的に正當化するという課題で、黄老が儒家に對して後れを取った主な原因・理由が、君主の「無爲」「淸靜」にあったという指摘については、以下の論著を參照。ただし、見解はどの硏究者もみな同じというわけではなく、人によって若干のニュアンスがあるのは、勿論のことである。

金谷治『秦漢思想史硏究』の第五章、第六節「政治・處世・養性」

町田三郎『秦漢思想史の硏究』の第五章、二「道家思想について」

日原利國『漢代思想の研究』の第一部、一「中世（前期）の思想」
本田濟『東洋思想研究』の第二部、三「『淮南子』の一面」
內山俊彥『中國古代思想史における自然認識』の第七章「秦～漢初の道家と法家」

(63)『莊子』秋水篇の引用箇所の解釋については、拙著『莊子』下を參照。ただし、當該の拙著では、秋水篇の河伯・北海若問答の成立を「『荀子』以後の戰國末」と推測していたが、ここでは筆者のその後の研究に基づいて「『荀子』以後の前漢初期」に訂正させていただきたい。

(64) 本書第9章の第2節、その注釋（11）、及び第10章の注釋（40）を參照。

(65)『韓非子』解老篇の思想については、

拙論「『韓非子』解老篇の「道理」について」
內山俊彥『中國古代思想史における自然認識』の第七章、三「韓非學派」

を參照。

(66) 本書第9章の注釋（11）（36）を參照。

(67) 本書第6章の第2節、及びその注釋（13）を參照。

(68) 本書第6章の注釋（13）、及び第14章の第4節を參照。

(69) なお、『淮南子』の思想における、「道」と「物」との、或いは「道」と「事」との、新たな關係づけを論じた論文には、

赤塚忠「劉安」
拙論「淮南子要略篇について」

がある。

(70) 三例とは、第五十一章・第六十四章・第二十五章である。第五十一章については、次の「第二」で述べる。

(71) 本書第6章の第1節・第4節、及びその注釋（6）を參照。

(72) 本章の第6節を參照。

(73) 本章の第4節、及びその注釋（58）を參照。
(74) 『老子』第二十五章の「道法自然」の一半の意味も、「道」が「萬物」の「自然」の下風に立つことと見なしてよいであろう。
(75) 本書第11章の第1節、その注釋（6）、及び本章の第3節を參照。
(76) 本章の第3節を參照。
(77) 本章の注釋（47）を參照。
(78) 通行本『文子』にも「自然」篇があるが、その編纂は『論衡』自然篇の成書よりもさらに後のことらしい。
(79) 本章の第5節を參照。
(80) 本書第9章の第2節を參照。
(81) 本書第9章の第2節を參照。
(82) 本書第8章の第5節を參照。

參考文獻

池田知久「墨家」　漢文研究シリーズ13『諸子百家』　尙學圖書　一九八三年
馮友蘭『中國哲學史新編』第三册　人民出版社　一九八五年
池田知久「『墨子』の經・經說と十論」『中哲文學會報』第十號　東大中哲文學會　一九八五年六月
日原利國『漢代思想の研究』　研文出版　一九八六年
池田知久「中國古代の天人相關論——董仲舒の場合」　シリーズ『アジアから考える』7　東京大學出版會　一九九四年
渡邉義浩『後漢國家の支配と儒敎』　雄山閣　一九九五年
福井重雅『漢代儒敎の史的硏究—儒敎の官學化をめぐる定說の再檢討—』　汲古書院　二〇〇五年
溝口雄三・池田知久・小島毅共著『中國思想史』　東京大學出版會　二〇〇七年

栗田直躬「上代シナの典籍に見えたる「自然」と天」早稻田大學哲學會『フィロソフィア』第二十二號　一九五二年
栗田直躬「上代シナの典籍に現はれたる自然觀の一側面」津田左右吉編輯『東洋思想研究』第五　早稻田大學東洋思想研究室
岩波書店　一九五三年
森三樹三郎『「無」の思想　老莊思想の系譜』講談社新書　講談社　一九六九年
吉田光邦「東洋の自然觀——中國人の場合——」坂田昌一・近藤洋逸編『岩波講座哲學Ⅳ　自然の哲學』岩波書店　一九七一年
田村芳朗「自然と實相」『印度學佛教學研究』第十九卷第二號　一九七一年
松本雅明『中國古代における自然思想の展開』中央公論事業出版　一九七三年
吉野寛治「中國古典における自然」『群馬大學教養部紀要』第十二卷　一九七八年
柳父章『翻譯の思想——「自然」とNATURE——』平凡社選書　平凡社　一九七九年
吉野寛治「中國古典における自然」（二）『群馬大學教養部紀要』第十三卷　一九七九年
末木文美士「『大阿彌陀經』における「自然」」『宗教研究』第二四三號　一九八〇年
笠原仲二『中國人の自然觀と美意識』東洋學叢書　創文社　一九八二年
柳父章『翻譯語成立事情』岩波新書　岩波書店　一九八二年
末木文美士「漢譯般若經典における「自然」」東京大學東洋文化研究所『東洋文化研究所紀要』第九十一號　一九八二年
相良亨・尾藤正英・秋山虔編集『講座　日本思想』第1卷「自然」東京大學出版會　一九八三年
相良亨「おのずから」『日本人の心』東京大學出版會　一九八四年
福永光司「中國の自然觀」『新・岩波講座哲學5　自然とコスモス』岩波書店　一九八五年
蜂屋邦夫「自然觀」『中國の思惟』法藏選書　法藏館　一九八五年
田中麻紗巳「董仲舒說を中心にした漢代の自然觀」『兩漢思想の研究』研文出版　一九八六年
內山俊彥『中國古代思想史における自然認識』東洋學叢書　創文社　一九八七年

溝口雄三「中國の「自然」」『文學』第五十五巻第六號　岩波書店　一九八七年
池田知久「莊子――「道」の哲學とその展開」日原利國編『中國思想史』（上）ぺりかん社　一九八七年
池田知久「《莊子》――〝道〟的哲學及其展開」（中國文）向寧譯　南開大學學報編輯部『南開學報』（哲學社會科學版）一九八七年第二期　一九八七年
福永光司「自然と因果―老莊道敎と中國佛敎―」『中國の哲學・宗敎・藝術』人文書院　一九八八年
池田知久「書評　內山俊彥著『中國古代思想史における自然認識』」『中國―社會と文化』第三號　東大中國學會　一九八八年
鈴木喜一『東洋における自然の思想』東洋學叢書　創文社　一九九二年
池田知久「中國思想史中之「自然」概念――作爲批判既存的人倫價値的「自然」」（中國文）中華民國漢學研究中心編『中國人的價値觀國際研討會論文集』一九九二年
池田知久「中國思想史中之「自然」概念――作爲批判既存人倫價値之「自然」」（中國文）沈清松編『中國人的價値觀――人文學觀點』『中國人叢書』15　桂冠圖書股份有限公司　一九九三年
池田知久「中國思想史における「自然」の誕生」『中國―社會と文化』第八號　東大中國學會　一九九三年
平石直昭『天』一語の辭典　三省堂　一九九六年
栗田直躬『中國思想における自然と人間』岩波書店　一九九六年

胡適『中國哲學史大綱』上卷　上海商務印書館　一九一九年
朱謙之『老子校釋』中華書局　一九六三年
張舜徽『周秦道論發微』中華書局　一九八二年
詹劍峰『老子其人其書及其道論』湖北人民出版社　一九八二年
陳鼓應『老子註譯及評介』中華書局　一九八四年
許抗生『帛書老子注譯與研究』（增訂本）浙江人民出版社　一九八五年

張松如『老子說解』　齊魯書社　一九八七年
盧育三『老子釋義』　天津古籍出版社　一九八七年
黃釗主編『道家思想史綱』　湖南師範大學出版社　一九九一年
熊鐵基・馬良懷・劉韶軍『中國老學史』　福建人民出版社　一九九五年
Sarah Allan, "*The Way of Water and Sprouts of Virtue*", State University of New York Press, Albany, 1997.

赤塚忠「劉安」　東京大學中國哲學研究室編『中國の思想家』上卷　勁草書房　一九六三年
池田知久「『韓非子』解老篇の「道理」について」『高知大學學術研究報告』第十八卷人文科學第七號　一九七〇年
馬王堆漢墓帛書整理小組編『馬王堆漢墓帛書經法』　文物出版社　一九七六年
國家文物局古文獻研究室編『馬王堆漢墓帛書〔壹〕』　文物出版社　一九八〇年
池田知久「淮南子要略篇について」　井上順理他編『池田末利博士古稀記念東洋學論集』　池田末利博士古稀記念事業會　一九八〇年
金谷治『秦漢思想史研究』（加訂增補版）　平樂寺書店　一九八一年
町田三郎『秦漢思想史の研究』　東洋學叢書　創文社　一九八五年
池田知久『莊子』上・下　中國の古典5・6　學習研究社　一九八三年・一九八六年
本田濟『東洋思想研究』　東洋學叢書　創文社　一九八七年
余明光『黃帝四經與黃老思想』　黑龍江人民出版社　一九八九年
余明光他『中英對照　黃帝四經今注今譯』　岳麓書社　一九九三年
Edmund Ryden, "*The Yellow Emperor's Four Canons, A Literary Study and Edition of the Text from Mawangdui*", 光啓出版社利氏學社聯合，台北　一九九七年
Robin D. S. Yates, "*FIVE LOST CLASSICS : TAO, HUANGLAO, AND YIN-YANG IN HAN CHINA*", Ballantine Books, New

York, 1997.
王叔岷『郭象莊子注校記』　臺灣中央研究院歷史語言研究所專刊之三十三　一九五〇年
戸川芳郎「帝紀と生成論」　木村英一博士頌壽記念事業會『中國哲學史の展望と模索』　創文社　一九七六年
樓宇烈『王弼集校釋』上册・下册　中華書局　一九八〇年
蘇新鋈『郭象莊學平議』　臺灣學生書局　一九八〇年
林聰舜『向郭玄學之研究』　文史哲學集成66　文史哲出版社　一九八一年
中嶋隆藏「六朝時代における儒佛道三思想の交流」『六朝思想の研究――士大夫と佛教思想』　平樂寺書店　一九八五年
方頴嫻『先秦道家與玄學佛學』　中國哲學叢刊　臺灣學生書局　一九八六年
堀池信夫「郭象思想の研究」『漢魏思想史研究』　明治書院　一九八八年
澤田多喜男・加藤究「『莊子』郭象注考」　千葉大學『人文研究』第十八號　一九八九年
戸川芳郎「「貴無」と「崇有」――漢魏期の經藝」　東京大學中國哲學研究會『中國哲學研究』第四號　一九九二年
南澤良彦「『帝王世紀』の成立とその意義」『日本中國學會報』第四十四集　一九九二年
郭梨華『王弼之自然與名教』　文史哲大系　文津出版社　一九九五年
Alan K. L. Chan, "*Two Visions of the Way*", State University of New York Press, Albany, 1991.
Rudolf G. Wagner, "*Language, Ontology, and Political Philosophy in China*", State University of New York Press, Albany, 2003.

第13章　「無知」「不言」の提唱と辨證法的な論理

道家思想は、もともと知識の分野では「知」を否定・排除し、言語の分野では「言」を否定・排除していた。このことは、周知のことに屬する。しかし、これは、消極的な意味で「知」と「言」を否定・排除したのではなくして、反對に、積極的な意味で「無知」「不知」と「無言」「不言」を提唱したのである。なぜかと言えば、道家思想は、「無知」「不知」こそが眞實の「知」であり、「無言」「不言」こそが眞實の「言」に他ならないと考えていたからである。そして、筆者はこの考えの中に、彼らの逆說的なもしくは辨證法的な論理を見出すことができると思う。

第１節　「無知之知」の提唱

Ａ　「知」の撥無と「無知之知」

ａ　「知」の撥無の目的

道家思想が初期以來、「知」を否定・排除して「無知」「不知」を提唱したのには、勿論、目的があってのことである。その目的とは、「無知」「不知」の人間が世界の眞實の姿それ自體、或いはそれを可能にしている窮極的根源的な

「道」に到達し「道」に融卽することであった。そして、それを實現するために道家思想が否定・排除した「知」は、感情判斷・價値判斷・事實判斷などを內容とする世間知或いは知一般であり、思想家たちは、それらの低次元の「知」の徹底的な撥無の上に、もはや「知」であるともないとも言うことのできない、それらを超えた眞實の絕對的な「知」が獲得される、と構想していた。(1)――これが「無知之知」「不知之知」である。

以上の「無知之知」の原形は、『莊子』齊物論篇の南郭子綦・顏成子游問答に、すでに相當明確に描かれており、その「道」を定立していく作業の最終段階には、

子綦曰、「……既已爲一矣、且得有言乎。既已謂之一矣、且得無言乎。一與言爲二、二與一爲三。自此以往、巧歷不能得。而況其凡乎。

故自無適有、以至於三。而況自有適有乎。無適焉、因是已。」

という文章がある。(2)その直接の內容は、「一」の世界をそうであると判斷（「謂」）し表現（「言」）することによって、世界が「一」である（「爲一」）ことを妨げてしまうのを避けるためには、この「無」に止まって「自無適有」をやめなければならない、ということであるが、その「無適焉」とは、世界が「一」であることを「我」が「謂」わず「言」わないこと、すなわち「我」が世界の眞實の姿について「無知」「不言」であることに他ならない。

また、同じく齊物論篇の齧缺・王倪問答には、

齧缺問乎王倪曰、「子知物之所同是乎。」曰、「吾惡乎知之。」

「子知子之所不知邪。」曰、「吾惡乎知之。」

「然則物無知邪。」曰、「吾惡乎知之。雖然、嘗試言之。庸詎知吾所謂知之非不知邪。庸詎知吾所謂不知之非知邪。

且吾嘗試問乎女。民溼寢則腰疾偏死、鰌然乎哉。木處則惴慄恂懼、猨猴然乎哉。三者孰知正處。民食芻豢、麋鹿

食薦、蝍且甘帶、鴟鴉耆鼠。四者孰知正味。猨猵狙以爲雌、麋與鹿交、鰌與魚游。毛嬙麗姬、人之所美也。魚見之深入、鳥見之高飛、麋鹿見之決驟。四者孰知天下之正色哉。」

という文章がある。(3) これは、王倪という架空の人物を登場させて、「物之所同是」つまりあらゆる「物」が共通・一致して正しいと認めるものを「知」らず、「子之所不知」つまり自分が「知」らないということをも「知」らず、「物無知」つまりあらゆる「物」が「知」を持っていないか否かをも「知」らないという、彼の徹底的な完全な「不知」こそがかえって眞實の「知」であり、反對に世間的な或いは一般の「知」はむしろ眞實の「不知」である、という「不知之知」を提唱したものである。――「不知之知」の定式化が、南郭子綦・顔成子游問答に比べて一歩前進したことを確認することができる。

b　絶對的な「無知之知」

そして、このような眞實の「知」の持ち主である「至人」について、『莊子』齊物論篇の齧缺・王倪問答は、

齧缺曰、「子不知利害、則至人固不知利害乎。」

王倪曰、「至人神矣。大澤焚而不能熱、河漢沍而不能寒、疾雷破山風振海而不能驚。若然者、乘雲氣、騎日月、而遊乎四海之外。死生无變於己。而況利害之端乎。」

と描いているが、(4) このように描かれた「至人」のあり方が、もはや眞實の「知」であるとする規定をさえ超えてしまった、窮極的根源的な「道」の境地であることは、自ずから明らかではなかろうか。同じく應帝王篇の齧缺・王倪問答に、

齧缺問於王倪。四問而四不知。齧缺因躍而大喜、行以告蒲衣子。

蒲衣子曰、「而乃今知之乎。有虞氏不及泰氏。有虞氏其猶藏仁以要人、亦得人矣。而未始出於非人。泰氏其臥徐徐、其覺于于。一以己爲馬、一以己爲牛。其知情信、其德甚眞。而未始入於非人。」

とある文章も、やはり王倪という架空の人物に假託して、道家思想の「不知之知」を述べたものである。(5)

さらに、同じく知北遊篇の知北遊章には、「知」という人物が「无爲謂」「狂屈」「黄帝」という人物の三人に向かって、

知謂……曰、「予欲有問乎若。何思何慮、則知道。何處何服、則安道。何從何道、則得道。」

と問うたところ、「无爲謂」は、

三問而无爲謂不答也。非不答、不知答也。

という態度。「狂屈」は、

狂屈曰、「唉、予知之。將語若。」中欲言、而忘其所欲言。

という態度。「黄帝」は、

黄帝曰、「无思无慮、始知道。无處无服、始安道。无從无道、始得道。」

のように、答えたという長文の問答がある。その末尾には、

黄帝曰、「彼其眞是也、以其不知也。此其似之也、以其忘之也。予與若終不近也、以其知之也。」

とあって、「道」について「不知」であった「无爲謂」を最も高く評價し、「知」っていたが「答」えを「忘」れた「狂屈」をその次とし、「知」っていてかつ「答」えた「黄帝」と「知」を最も低く評價している。これの文章もまた「不知之知」を述べたものと把えてよい。

同じく知北遊篇の泰淸・无窮問答には、「泰淸」が「无窮」と「无爲」の二人に向かって、

於是泰淸問乎无窮曰、「子知道乎。」

と問うた時、「无窮」は、

无窮曰、「吾不知。」

と答え、「无爲」は、

无爲曰、「吾知道。……吾知道之可以貴、可以賤、可以約、可以散。此吾所以知道之數也。」

と答えたが、兩者の答えにまつわって述べた「无始」と「泰淸」の言葉が載せられている。それによれば、「无始」は、

无始曰、「不知深矣、知之淺矣。弗知內矣、知之外矣。……道不可聞、聞而非也。道不可見、見而非也。道不可言、言而非也。知形形之不形乎。道不當名。」

と論評し、「泰淸」は、

於是泰淸中〈卬〉而歎曰、「弗知乃知乎、知乃不知乎。孰知不知之知。」

と慨嘆したと言う。この文章も、先の知北遊章の「不知之知」とほとんど同じ內容と言ってよいであろう(6)。

B　「萬物」に關する「知」の復權

ところで、上に引用した『莊子』齊物論篇の兩問答の「無知」「不知」が世間知或いは知一般の撥無であったのに對して、ここに引用した同じく知北遊篇の知北遊章と泰淸・无窮問答は、いずれも前漢初期の作と考えられるが、注意深く讀んでみると、「道」に關する「不知」だけを限定的に提唱していて、「道」以外の對象、例えば「萬物」に關する「知」は撥無していないらしいことに氣づかされる。

なぜ「萬物」に關する「知」を肯定するのかと言えば、――それは恐らく、筆者が以上の諸章で述べてきたように、戰國末期以後、道家思想が次第に古い「萬物齊同」の哲學を放棄して、一方で「一の無」を「道」の屬性に限定しつつ保持しながら、他方で「萬物」の「多の有」性を回復していったという、形而上學・存在論上の方向轉換と相互に因果關係があることではなかろうか。[7] それかあらぬか、知北遊章で「无爲謂」を最も高く評價した「黃帝」は、

> 黃帝曰、「……道不可致、德不可至。仁可爲也、義可虧也、禮相僞也。故曰、『失道而後德、失德而後仁、失仁而後義、失義而後禮。禮者、道之華、而亂之首也。』」

とも述べている。この文章では原本『老子』第三十八章を根據にして、少なくとも「仁」は明らかに肯定しているが、[8] その「仁」は「道」―「萬物」關係に換算して言えば、本來は「道」の疎外態である「萬物」の一つと把えられていたものである。

その他、戰國末期以後の道家思想が「萬物」に關する「知」を肯定した一二の例を擧げておく。例えば、『莊子』秋水篇の公孫龍・魏牟問答には、

> 公孫龍問於魏牟曰、「龍少學先王之道、長而明仁義之行、合同異、離堅白、然不然、可不可、困百家之知、窮衆口之辯。吾自以爲至達已。今吾聞莊子之言、汒焉異之。不知論之不及與、知之弗若與。今吾无所開吾喙。敢問其方。」公子牟隱机大息、仰天而笑曰、「……且夫知不知是非之竟(境)、而猶欲觀於莊子之言、是猶使蚉負山、商蚷馳河也。必不勝任矣。且夫知不知論極妙之言、而自適一時之利者、是非埳井之鼃與。」

という文章があり、[9] 作者は「是非之竟(境)」と「極妙之言」の兩者を、ともに「知」らなければならないと主張している。その前者は「萬物」に關する「知」、後者は「道」に關する「知」のはずであるが、しかし、作者は兩者を同じものと見なしているようである。

また、いわゆる『黄帝四經』の一つである馬王堆漢墓帛書『經法』道法篇には、

道生法。法者、引得失以繩、而明曲直者殹（也）。故執道者、生法而弗敢犯殹（也）、法立而弗敢廢〔殹（也）〕。□能自引以繩、然后（後）見知天下而不惑矣。……見知之道、唯虛无有。虛无有、秋稿（毫）成之、必有刑（形）名。刑（形）名立、則黑白之分已。故執道者之觀於天下殹（也）、无執殹（也）、无處也、无爲殹（也）、无私殹（也）。是故天下有事、无不自爲刑（形）名聲號矣。刑（形）名已立、聲號已建、則无所逃迹匿正矣。……故唯執〔道〕者、能上明於天之反、而中達君臣之半（分）、富密察於萬物之所終始、而弗爲主。故能至素至精、悎（浩）彌（爾）无刑（形）、然后（後）可以爲天下正。

とあり(10)、作者は道家思想の「道」の形而上學・存在論を下敷きにしながら、「道」から生まれた「法」や法家系の「形名參同」の政術を驅使して、「天下」における人々の「曲直」「黑白」などをことごとく「見知」しようとしている。

さらに、『淮南子』要略篇には、

夫作爲書論者、所以紀綱道德、經緯人事。上考之天、下揆之地、中通諸理、雖未能抽引玄妙之中才（哉）、繁然足以觀終始矣。摠要擧凡、而語不剖判純樸、靡散大宗、則爲人之惽惽然弗能知也。故多爲之辭、博爲之說、又恐人之離本就末也。

故言道而不言事、則無以與世浮沈、言事而不言道、則無以與化游息。故著二十篇。

とあり、作者が『淮南子』という書物の著作目的などを述べた文章である。これによれば、『淮南子』の内容は、「所以紀綱道德、經緯人事。」のもの、すなわち「道德」（「道」とほぼ同義）と「人事」（「萬物」とほぼ同義）のバランスを取ったものになっているという(11)。ところで、問題は「道德」と「人事」の兩者の關係いかんであるが、「要」「凡」「純樸」

「大宗」「本」もすべて「道德」を指しているはずであって、その「道德」について「多爲之辭、博爲之說。」を行うならば、それが「末」の「人事」に他ならないと示唆されている。――したがって、作者は「道」と「萬物」の兩者をともに「知」の對象として肯定しているが、その原因・理由は、「道」が全體・普遍であり、「萬物」が部分・個別であって、兩者の間に存在論な次元での格差がほとんどなくなっていたためと考えられる。(12)

第2節　「不言之言」の提唱

A　「無知」と「不言」の異同

道家思想が初期以來「不言」「無言」を提唱した目的は、本章の第1節で述べた「無知」「不知」の場合と基本的に同じである。と言うのは、「知」と「言」は、「道」や「萬物」といった對象を感覺・知覺を通じて「知る」ことと、その知った內容・意義などを言語・文字を用いて「言う」ことであるから、大雜把に把えれば、もともと、人間の主觀的主體的な營みに屬するという點で同じ性質のものと見なされており、或いは少なくとも親近な關係にあるものとして一緒に取り扱われたからである。例えば、上に引用した『莊子』齊物論篇の南郭子綦・顏成子游問答に、

子綦曰、「……既已爲一矣、且得有言乎。既已謂之一矣、且得無言乎。」

とあったとおり(13)、世界が「一」である（「爲一」）ことを眼前にしては、そうであると判斷する（「謂」）ことと、表現す

る（「言」）ことの間に格別の相異はないのだ。

また、世界が「一」であることを判斷し表現する「知」と「言」ではなく、凡そ人間の持っているごく普通の「知」と「言」というもの一般――それらは人間をして主體的であるかのように見せる原因・理由であるが――に關しても、同じく南郭子綦・顏成子游問答はその前半部分で、

大知閑閑、小知閒閒。大言炎炎、小言詹詹。

と述べていた。(14) すなわち、同じ性質か或いは親近なものとして一緒に取り扱うのである。

また、『老子』第五十六章には、

〔知者〕弗言、言者弗知。塞亓（其）悶（穴）、閉亓（其）〔門、和〕其光、同亓（其）墊（塵）、坐（剉）亓（其）閱（銳）、解亓（其）紛。是胃（謂）玄同。故不可得而親、亦不可得而疏。不可得而利、亦不可得而害。不可〔得〕而貴、亦不可得而淺（賤）。故爲天下貴。（馬王堆帛書甲本・乙本）

とあり、郭店楚簡『老子』甲本第五十六章には、

智（知）之者弗言、言之者弗智（知）。閔（閟）亓（其）逸（穴）、賽（塞）亓（其）門、和亓（其）光、迵（通）亓（其）訢（塵）、劏亓（其）頟（銳）、解亓（其）紛。是胃（謂）玄同。古（故）不可㝵（得）天〈而〉新（親）、亦不可㝵（得）天〈而〉疋（疏）。不㝵（得）天〈而〉利、亦不可㝵（得）天〈而〉害。不可㝵（得）天〈而〉貴、亦可不可㝵（得）天〈而〉戔（賤）。古（故）爲天下貴。■

とある。この文は、『莊子』天道篇の世之所貴道章・同じく知北遊篇の知北遊章・『淮南子』道應篇などが引用していて、それらはいずれも「道」をテーマとする文と認めている。それらに從うならば、眞に「道」を「知」っている者はそれを「言」わず、「道」を「言」う者は眞にはそれを「知」っていない、という意味であることになる。したがっ

て、『莊子』天道篇・知北遊篇・『淮南子』道應篇などが解釋しているように、どちらかと言えば、「道」を「知」ることを批判した文ではなくて、むしろそれを「言」うことを批判した文なのではあるけれども[15]、いずれにしても、「知」と「言」とは、同じ性質か或いは親近なものとして一緒に取り扱われている。——こういうわけであるから、筆者が本章の第1節で「無知之知」について述べた事柄は、大體、この節の「不言之言」にも當てはまると考えてよい。

しかしながら、兩者の閒にいくつかの相異があることもまた確かである。ここに、特に肝腎と思われる相異を一つだけ指摘すれば、——「知」というものは、人閒が自ら「道」や「萬物」などの對象を感覺・知覺を通じて「知」る感覺・知識であるのに對して、「言」というものは、人閒が他人に向かってその知った「道」や「萬物」などを言語・文字を用いて「言」う表現・傳達であることである。それ故、基本的に、前者は一人の人閒の範圍の中で完結するので、他人の存在という契機（moment）が入る餘地がないのに對して、後者は一人の人閒の範圍の中では完結せず、他人の存在という契機（moment）、つまりある種の社會性が伴っている。そして、以上に略述した相異は、當然のことながら、「無知之知」と「不言之言」の中にも反映している。すなわち、「無知之知」とは異なって「不言之言」には、一人の人閒が他の人閒に向かって「言う」という社會性が伴っているのである。

B　「不言之敎」に伴う社會性

實際、道家思想の諸文獻の中には、特に社會性の問題にならない「不言之言」や「不言之辯」の例もあるにはある。例えば、『莊子』徐无鬼篇の仲尼之楚章に、

仲尼之楚。楚王觴之。孫叔敖執爵而立、市南宜僚受酒而祭。曰、「古之人乎、於此言已。」曰、「丘也聞不言之言矣。

未之嘗言、於此乎言之。市南宜僚弄丸、而兩家之難解、孫叔敖甘寢秉羽、而郢人投兵。丘願有喙三尺。彼之謂不道之道、此之謂不言之辯。故德總乎道之所一、而言休乎知之所不知、至矣。道之所一者、德不能同也。知之所不能知者、辯不能擧也。名若儒墨而凶矣。」

とある。「不言之辯」の例としては、『莊子』齊物論篇の夫道未始有封章に、

夫大道不稱、大辯不言、大仁不仁、大廉不嗛、大勇不忮。道昭而不道、言辯而不及、仁常而不成、廉淸而不信、勇忮而不成。五者园而幾向方矣。故知止其所不知、至矣。孰知不言之辯、不道之道。若有能知、此之謂天府。注焉而不滿、酌焉而不竭、而不知其所由來。此之謂葆光。

とあり、『淮南子』覽冥篇に、

夫物類之相應、玄妙深微、知不能論、辯不能解。……故至陰飂飂、至陽赫赫、兩者交接成和、而萬物生焉。衆雄而無雌、又何化之所能造乎。所謂不言之辯、不道之道也。故召遠者使无爲焉、親近者使〈言〉无事焉、惟夜行者爲能有之。故卻走馬以糞、而車軌不接於遠方之外、是謂坐馳陸沈、晝冥宵明、以冬鑠膠、以夏造冰。

とあり(16)、同じく本經篇に、

故至人之治也、心與神處、形與性調、靜而體德、動而理通。隨自然之性、而緣不得已之化、洞然無爲、而天下自和、憺然無欲、而民自樸、無禨祥而民不夭、不忿爭而養足。兼苞海內、澤及後世、不知爲之者誰何。是故生無號、死無謚、實不聚、而名不立、施者不德、受者不讓、德交歸焉、而莫之充忍也。故德之所總〈總〉、道弗能害也。智之所不知、辯弗能解也。不言之辯、不道之道、若或通焉、謂之天府。取焉而不損、酌焉而不竭、莫知其所由出、是謂瑤光。瑤光者、資糧萬物者也。

とある、等々。(17)

しかしながら、數量の多さの上で顯著に目立つ「不言之言」の例は、人間が他人に向かって敎化を行うことを明示する「不言之敎」である。例えば、『老子』第二章に、

天下皆知美爲美、惡已。皆知善、訾（斯）不善矣。有无之相生也、難易之相成也、長短之相刑（形）也、高下之相盈也、意〈音〉聲之相和也、先後之相隋（隨）也、恆也。是以聲（聖）人居无爲之事、行〔不言之敎〕。萬物昔（作）而弗始（治）〕也、爲而弗志（恃）也、成功而弗居也。夫唯〔弗〕居、是以弗去。（馬王堆帛書甲本・乙本）

とあり、(18) また郭店楚簡『老子』甲本第二章に、

天下皆智（知）敳（美）之爲敳（美）也、亞（惡）已。皆智（知）善、此丌（其）不善已。又（有）亡（無）之相生也、戁（難）惖（易）之相成也、長耑（短）之相型（形）也、高下之相浧（盈）也、音聖（聲）之相和也、先後之相墮（隨）也。是以聖人居亡（無）爲之事、行不言之孝（敎）。萬勿（物）復（作）而弗忌（治）也、爲而弗志（恃）也、成而弗居。天〈夫〉售（唯）弗居也、是以弗去也。■

とあり、『老子』第四十三章に、

天下之至柔、〔馳〕騁於天下之致（至）堅、无有入於无閒。五（吾）是以知无爲〔之有〕益也。不〔言之〕敎、无爲之益、〔天〕下希能及之矣。（馬王堆帛書甲本・乙本）

とあり、『莊子』德充符篇の常季・仲尼問答に、

魯有兀者王駘。從之遊者、與仲尼相若。

常季問於仲尼曰、「王駘兀者也。從之遊者、與夫子中分魯。立不敎、坐不議、虛而往、實而歸。固有不言之敎、无形而心成者邪。是何人也。」

仲尼曰、「夫子聖人也。丘也直後而未往耳。丘將以爲師、而況不若丘者乎。奚假魯國、丘將引天下而與從之。」

とあり、同じく知北遊篇の知北遊章に、

知問黄帝曰、「我與若知之、彼與彼不知也。其孰是邪。」黄帝曰、「彼无爲謂眞是也、狂屈似之、我與汝終不近也。夫知者不言、言者不知。故聖人行不言之教。道不可致、德不可至。仁可爲也、義可虧也、禮相僞也。」

とあり、『淮南子』主術篇に、

人主之術、處无爲之事、而行不言之教、淸靜而不動、一度而不搖、因循而任下、責成而不勞。是故心知規而師傅諭導（道）、口能言而行人稱辭、足能行而相者先導、耳能聽而執正進諫。……名各自名、類各自類、事猶自然、莫出於己。

とある、[19]等々。また、同じく主術篇には、

蘧伯玉爲相、子貢往觀之曰、「何以治國。」曰、「以弗治治之。」簡子欲伐衞、使史黯往觀〈覘〉焉。還反報曰、「蘧伯玉爲相、未可以加兵。」固塞險阻、何足以致之。故皋陶瘖而爲大理、天下無虐刑、有貴于言者也。師曠瞽而爲大（太）宰、晉无亂政、有貴于見者〔也〕。故不言之令、不視之見、此伏犧神農之所以爲師也。故民之化〔上〕也、不從其所言、而從其所行。

という例もある。

これらの「不言之敎」「不言之令」が、すでに一人の人間の範圍の中で完結する感覺・知識レベルの眞實の「道」でないことは、十分に明らかである。これらは、そのような眞實の「道」に到達した人間が、他の人々に向かって「道」を傳達し「道」を實踐するという社會關係の中での人爲・作爲であり、だからこそ、上に引用した『老子』第二章・

『莊子』知北遊篇の知北遊章・『淮南子』主術篇などの「不言之敎」の上に、多くの場合「行」という動詞が冠されているのである。そして、その社會關係における人爲・作爲とは、より具體的に述べれば、「聖人」や「人主」が倫理的な場において人々を教育する教化であるか、さもなければ政治的な場において臣下や民衆を統治する支配である。[20]

もっとも、本書の第12章で解明したように、道家は戰國末期以後になって、「萬物」「百姓」の「自然」という新しい思想を提唱するに至ったので、上述の「不言之敎」「不言之令」の「……之敎」「……之令」という倫理的な教化や政治的な支配も、形式上はともかくとして、内容上は「道」に到達した「聖人」「人主」のオールマイティー性と考えられているわけでない、ことには注意を拂わなければならない。先に引用した『老子』第十七章に、

> 大(太)上下知有之、其次親譽之、其次畏之、其下母(侮)之。信不足、案(焉)有不信。〔猷(猶)呵(乎)〕其貴(遺)言也、成功遂事、而百省(姓)胃(謂)我自然。(馬王堆帛書甲本・乙本)

とあり、郭店楚簡『老子』丙本第十七章に、

> 大(太)上下智(知)又(有)之、丌(其)卽(次)新(親)譽之、丌(其)既〈卽(次)〉悬(畏)之、丌(其)卽(次)柔(侮)之。信不足、安(焉)又(有)不信。猷(猶)虐(乎)丌(其)貴(遺)言也、成事述(遂)𥘵(功)、而百省(姓)曰我自肰(然)也。

とあって、[21]「大(太)上」の「貴(遺)言」という「不言」と、「百省(姓)」の「自然」という政治的な支配の兩者が、あの「主體→客體、原因→結果」のパターンで結びつけられていたことを思い起こされたい。

C 「無爲而無不爲」の一つとしての「不言之言」

「不言」―「自然」が「主體→客體、原因→結果」のパターンで結びつけられている例をもう一つ追加しよう。『老子』第二十三章には、

希言、自然。飄風不冬（終）朝、暴雨不冬（終）日。孰爲此、天地。〔而弗能久、有（又）兄（況）〕於〔人乎〕。故從事而道者同於道、德者同於德、者〈失〉者同於失。同〔於德者〕、道亦德之。同於失者、道亦失之。（馬王堆帛書甲本・乙本）

とあって、「人」の「希言」という原因によってもたらされる「飄風・暴雨」の「自然」という結果が、簡潔に描かれている。その「希言」は言うまでもなく「不言」のヴァリアントであるから、ここにおいても「不言」―「自然」のパターンが成立していることはまちがいない。その「飄風不冬（終）朝、暴雨不冬（終）日。」は、第二十三章の前半部分によれば、「天地」が「爲」したわけではなく、まして「人」が「爲」しうるはずもなく、他ならぬ「風・雨」が「みずから」行ったことなのだと言う。

その後半部分は、「人」の「希言」が「風・雨」などの「萬物」の「自然」をもたらす、という因果應報のメカニズムを解明した部分である。――第一に、「從事而道者同於道」の者は別格だから論じないこととして、第二に、「從事而……德者同於德」の者には「道」が「德之」という結果で報い、第三に、逆に「從事而……失者同於失」の者には「道」が「失之」という結果で應ずる、というメカニズムである。第一・第二の肯定的な場合が、前半部分に描かれた「希言→自然」に當たるのではないかと推測される。そして、

故從事而道者同於道、德者同於德、者〈失〉者同於失。

という文は、「人」の倫理的なもしくは政治的なあり方を論じたものであるから、結局のところ、『老子』第二十三章の「希言なれば、自然なり。」も、倫理的な教化または政治的な支配としての「不言之教」「不言之令」の一種である

と見なして差し支えあるまい[22]。

このように見てくると、本章で檢討してきた「無知之知」「不言之言」は、本書の第12章で解明した「無爲而無不爲」というテーゼの、具體的な「知」「言」という領域における一つの現れと考えるべきことが知られる、新たに加わった「自然」の思想は別にして。逆に言うならば、「無知之知」「不言之言」等々を總括した、それらを代表する抽象的なテーゼが「無爲而無不爲」なのである。本章の本節で引用した『老子』第二章・第四十三章・『淮南子』主術篇などの文章に、「不言之教」と竝んでしばしば「无爲之事」「无爲之益」が登場しているのも、決して偶然のことではなかろう。

その上なお、有名な「心齋」や「坐忘」を始めとするいわゆる虛靜說も、實際の內容は、「無知之知」「不言之言」を含む「無爲而無不爲」である。例えば、『莊子』の場合は、人閒世篇の顏回・仲尼問答に、

回曰、「敢問心齋。」仲尼曰、「若一志。无聽之以耳、而聽之以心。无聽之以心、而聽之以氣。聽〈耳〉止於耳〈聽〉、心止於符。氣也者、虛而待物者也。唯道集虛。虛者、心齋也。」

顏回曰、「回之未始得使、實自回也。得使之也、未始有回也。可謂虛乎。」夫子曰、「盡矣。吾語若。若能入遊其樊、而无感其名。入則鳴、不入則止。无門无毒、一宅而寓於不得已、則幾矣。絕迹易、无行地難。爲人使易以僞、爲天使難以僞。聞以有翼飛者矣、未聞以无翼飛者也。聞以有知知者矣、未聞以无知知者也。瞻彼闋者、虛室生白、吉祥止止。夫且不止、是之謂坐馳。夫徇耳目內通、而外於心知、鬼神將來舍。而況人乎。是萬物之化也。禹舜之所紐也、伏戲几蘧之所行終。而況散焉者乎。」

とあり[23]、大宗師篇の顏回・仲尼問答（二）に、

顏回曰、「回益矣。」仲尼曰、「何謂也。」曰、「回忘仁義矣。」曰、「可矣。猶未也。」

它日復見曰、「回益矣。」曰、「何謂也。」曰、「回忘禮樂矣。」曰、「可矣。猶未也。」

它日復見曰、「回益矣。」曰、「何謂也。」曰、「回坐忘矣。」仲尼蹵然曰、「何謂坐忘。」
顏回曰、「隳枝（肢）體、黜聰明、離形去知、同於大通。此謂坐忘。」仲尼曰、「同則无好也。化則无常也。而果其賢乎。丘也請從而後也。」

とあり、[24]天地篇の夫子曰章（二）に、

夫子曰、「……視乎冥冥、聽乎无聲。冥冥之中、獨見曉焉、无聲之中、獨聞和焉。故深之又深、而能物焉。神之又神、而能精焉。故其與萬物接也、至无而供其求、時騁而要其宿。大小長短脩遠。」

とあるのが、[25]その代表例である。

また、『老子』の場合は、第十六章に、

至（致）虛極也、守情（靜）表（篤）也、萬物旁（竝）作、吾以觀其復也。天〈夫〉物雲（䞃）雲（䞃）、各復歸於其〔根。曰情（靜）〕。情（靜）是胃（謂）復命。復命、常也。知常、明也。不知常、巿（妄）。巿（妄）作兇（凶）。知常容、容乃公、公乃王、王乃天、天乃道。〔道乃久〕、沕（沒）身不怠（殆）。（馬王堆帛書甲本・乙本）

とあり、[26]郭店楚簡『老子』甲本第十六章に、

至（致）虛互〈亟（極）〉也、獸（守）中（盅）管（篤）也、萬勿（物）方（旁）复（作）、居以須逡（復）也。天道員（䞃）員（䞃）、各逡（復）亓（其）菫（根）。■

とあり、『老子』第四十八章に、

爲〔學者日益、聞道者日云（損）。云（損）之有（又）云（損）、以至於无爲。无爲而无不爲。將欲〕取天下也、恆〔无事。及亓（其）有事也、不足以取天下〕。（馬王堆帛書甲本・乙本）

とあり、[27]郭店楚簡『老子』乙本第四十八章に、

學者日益、爲道者日損。損之或損、以至亡（無）爲也。亡（無）爲而亡（無）不爲。

とあるのが、その代表例である。

第3節　「知」「言」の復權——「寓言」「重言」「卮言」

A　「知」「言」の撥無の徹底とその破綻

もしも嚴密に徹底して考えるならば、以上のような「無知之知」「不言之言」を知ったり言ったりする「知」「言」も、やはり依然として「知」「言」であるに止まっており、それらの上にさらに「無」「不」を冠して退けられるべきものではなかろうか。——このような疑問は、今日の我々の眼から見た、過度に嚴密な論理に基づくものではなくて、初期道家の思想家たちも十分に意識し、かつ思索していた問題であった。例えば、しばしば引用してきた『莊子』齊物論篇の南郭子綦・顏成子游問答の最終段階に、

子綦曰、「……既已爲一矣、且得有言乎。既已謂之一矣、且得無言乎。一與言爲二、二與一爲三。自此以往、巧歷不能得。而況其凡乎。故自無適有、以至於三。而況自有適有乎。無適焉、因是已。」

とあった[28]ように、「一」の世界をそうであると「謂」い「言」うことによって、世界が「一」であることを妨げてしま

うのを避けるためには、この「無」に止まって「自無適有」ということをやめなければならないのであるが、その「無適焉」とは、「我」が世界の「一」を「謂」わず「言」わないこと、すなわち世界の眞實の姿について「無知」「不言」であることに他ならなかったのを思い起こされたい。

　それ故、南郭子綦・顏成子游問答の最終段階の「無知」「不言」は、それら「無知之知」「不言之言」自體をも「知」らず「言」わない眞實の「無知」「不言」であり、もはやいかなる意味においても感覺・知識、表現・傳達ではなく、恐らく思想家たち個々人の神祕主義的な體驗――「無」なる我が「無」なる世界に直接、融即するという內容における――の中で感得されたものと想像される。[29]

　ところが、他方で、道家の思想家たちの社會的な存在はと言えば、すでに初期から師と弟子によって構成されるグループをなしており、弟子が問い師が答えるという形で思想の敎育や研鑽が行われていた。[30] その上、本章の第２節で述べたように、たとえ「不言之言」であるにしても、そもそも「言」には人間が他人に向かって「言う」という社會性が伴わざるをえない。このような諸事情に條件づけられて、思想家たちは上述の論理の嚴密さ・徹底性を犧牲にしてまでも、「無知」「不言」こそが眞實の「知」「言」であることを知り言う「知」「言」を、特例的に容認しなければならなかった、あたかも「知」「言」ではないかのようなカムフラージュを施しながら。

　この種の「知」「言」の特例的な容認はすでに初期から始まっており、例えば、南郭子綦・顏成子游問答とほぼ同じ時期に書かれた同じく齊物論篇の瞿鵲子・長梧子問答に、

> 長梧子曰、「……夢飮酒者、旦而哭泣、夢哭泣者、旦而田獵。方其夢也、不知其夢也。夢之中又占其夢焉、覺而後知其夢也。且有大覺、而後知此其大夢也。
>
> 而愚者自以爲覺、竊竊然知之。君乎牧乎、固哉。丘也與女、皆夢也。予謂女夢、亦夢也。是其言也、其名爲弔詭。

萬世之後、而一遇大聖知其解者、是旦暮遇之也。」

という文章がある。[31] この文章において、「知」「言」が眞實の「無知」「不言」であり、逆に「無知」「不言」が眞實の「知」「言」であることを知り言う「知」「言」を、作者は「弔詭」（とんでもないでたらめな言葉）と名づけて容認したのである。そして、この「弔詭」は次の時代の中期道家（戰國末期〜前漢初期）にも、「寓言」「重言」「巵言」という形で承け繼がれていった。

B　「寓言」「重言」「巵言」の提唱

『莊子』の作者たちの語る言葉が「寓言」「重言」「巵言」であることは、古くからよく知られていたようであって、『莊子』天下篇の莊周論や『史記』莊子列傳がすでにこの事實を、

莊周聞其風而悅之。以謬悠之說、荒唐之言、无端崖之辭、時恣縱而不儻、不以觭見之也。以天下爲沈濁不可與莊語、以巵言爲曼衍、以重言爲眞、以寓言爲廣。獨與天地精神往來、而不敖倪於萬物、不譴是非、以與世俗處。其書雖瓌瑋、而連犿无傷也。其辭雖參差、而諔詭可觀。（『莊子』天下篇の莊周論[32]）

莊子者、蒙人也、名周。……其學無所不闚。然其要本歸於老子之言。故其著書十餘萬言、大抵率寓言也。作漁父盜跖胠篋、以詆訿孔子之徒、以明老子之術。畏累虛亢桑子之屬、皆空語無事實。然善屬書離辭、指事類情、用剽剝儒墨、雖當世宿學、不能自解免也。其言洸洋自恣以適己。故自王公大人不能器之。（『史記』莊子列傳[33]）

のように證言している。これらは、『莊子』寓言篇の寓言十九章を見てそのように言ったものであろう。その寓言篇の寓言十九章は、

寓言十九、重言十七、巵言日出、和以天倪。

のように、まず『莊子』の作者たちの語る言葉を「寓言」「重言」「巵言」に三大別した後、これを承けて第一に、「寓言」（他人に假託して述べる言葉）を、

寓言十九、藉外論之。親父不爲其子媒。親父譽之、不若非其父者也。非吾罪也、人之罪也。與己同則應、不與己同則反。同於己爲是之、異於己爲非之。

のように、第二に、「重言」（長老の言を借りて重みをつけた言葉）を、

重言十七、所以已言也。是爲耆艾年先矣。而无經緯本末、以期年耆者、是非先也。人而无以先人、无人道也。人而无人道、是之謂陳人。

のようにそれぞれ解說して、第三に、「巵言」（たわごと）について說明する。

巵言日出、和以天倪、因以曼衍、所以窮年。不言則齊、齊與言不齊、言與齊不齊也。故曰、「无言。」言无言、終身言、未嘗言。終身不言、未嘗不言。

のように。(34)

作者の考えによれば、「巵言」は勿論であるが、「寓言」「重言」も一種の眞實の「言」なのである。なぜなら、それらは『莊子』の作者たちが、己れの責任を前面に立てて自らの思想を讀者に向かって直言する「言」ではなく、全く逆に、半身に構えつつ、他人に假託したり長老の言を借りたりして、所期の目的を遂げようとする「不言之言」であるからだ。同じく天下篇の莊周論に、

莊周聞其風而悅之。……以天下爲沈濁不可與莊語、以巵言爲曼衍、以重言爲眞、以寓言爲廣。

とあって、それらが「爲眞」「爲廣」のように意義づけられているのを見逃してはなるまい。「卮言」の説明（中間部分）によれば、世界が「齊同」であることを「言」わなければ、それは「齊同」のままで存在することができる。すなわち、「齊同」の世界はそれを「齊同」であると表現する「言」をすら峻拒し、「齊同」であると「言」えば世界の「齊同」の存在が損われてしまう。そこで、作者は「无言」であれと提唱する。

しかし、この説明（後半部分）における「无言」は、同じく齊物論篇の南郭子綦・顏成子游問答の「無適焉」が眞實の「無知」「不言」であるのとは異なって、世界の「齊同」だけを「言」わないことであった。それ故、「言」の中にその意味での「无言」が含まれているならば、終身それを「言」っても「齊同」を「言」ったことにならないので、世界が「齊同」であり續けるのに何らの不都合もないが、反對に、終身それを「言」わないのは「齊同」を「言」ったのと同じだから、かえって世界の「齊同」の存在を阻害してしまう、と唱えられている。――世界の「齊同」つまり「道」についての「无言」を内包する「言」は、むしろ積極的に「言」うべきだとする強力な「言」の擁護がここに始めて登場し、こうして「言」（主として「不言之言」を言う「言」や、また「萬物」についての「言」も）はほぼ全面的に復權するに至ったのである。[35]「卮言日出」というのは、まさしくこのような狙いを持った提唱に他ならない。

したがって、眞實の「言」としての「卮言」は、主として世界の「齊同」を否定の形でもって表現し傳達する「言」であり、言い換えれば、やはり一種の眞實の「言」でもある「寓言」「重言」の上に位置して、それらの中における「齊同」の阻害を抉剔し批判する「言」であることになる。――あの『莊子』齊物論篇の瞿鵲子・長梧子問答の「弔詭」[36]は、これによって初めて一般化定式化されたわけである。そして、この「卮言」の一般化定式化は、道家の思想家たちが初めて、「齊同」の世界から相對的に分離した「言」の獨自の領域の存在を承認したことの表現でもあった。同じく寓言篇の寓言十九章の末尾には、

非卮言日出、和以天倪、孰得其久。萬物皆種也、以不同形相禪、始卒若環、莫得其倫。是謂天均。天均者、天倪也。

とあるが[37]、これが「天倪」(「萬物」の區別をすりつぶす自然の齊同化作用)をもって補完されなければ、それを「日出」するにしても眞實の「言」としてはまだ不十分であるとされている理由は、たとえ相對的であるにもせよ、「言」が「齊同」の世界から分離して獨自の領域を持ってしまったためであろう。

と言うのは、初期以來、道家思想における「知」「言」と「齊同」の世界の存在との關係は、知識(「無知」「不言」)を通じて「齊同」の存在が把えられたので、兩者は一體であるというよりも、むしろ知識の中から「齊同」の存在が紡ぎ出されてくるという關係であった[38]。筆者が本書第4章の第3節以來、しばしば「知識―存在論」という言葉で表してきたのも、兩者のこのような關係についてである。ところが、ここでは、「齊同」の世界の存在が、それが所有している作用としての「天倪」の內容、

萬物皆種也、以不同形相禪、始卒若環、莫得其倫。

を伴いつつ、「卮言」とは全く無關係にあらかじめ把えられているのだ。以上に確認したような初期以來の知識―存在論をベースに置いて考えるならば、知識と「齊同」の存在とを分離するこの新しい「卮言」の一般化定式化に、作者がなおいくらかの逡巡と躊躇を感じて、「卮言」は「天倪」に照らして始めて意義を有すると主張したとしても、それは無理からぬことと言わなければならない。

しかしながら、こうして作者が、「言」が「齊同」の世界から分離しすぎないために、カウンター・バランスとして設定した「卮言」と「天倪」の關係は、もはや初期以來、把持してきた知識―存在論ではなく、世間的な悟性が描く存在―知識論に逆轉していた。――このようにして、道家思想は、かつて徹底的に否定・排除したはずの素樸實在論[39]に一

歩一歩確實に回歸していくのであった。

第4節　辨證法的な論理――否定による超出

A　「無知之知」「不言之言」の辨證法的な論理

道家思想は、以上に見てきたとおり、もともと、「無知」「不言」こそがかえって眞實の「知」「言」であり、反對に「知」「言」はむしろ眞實の「無知」「不言」である、と說く逆說的なもしくは辨證法的な論理を有していた。

この逆說もしくは辨證法は、道家思想に獨特のものであって、「無知之知」「不言之言」などのテーゼの中に貫かれている、知識・表現という分野における論理思想或いは論理學である。これはまた、「無爲之事」「無爲而無不爲」などのテーゼの中に現れることもあるが、この「無爲」という人爲・作爲に關する領域も、大きく把えれば人間の主觀・主體に關するものであるから、「無爲之事」「無爲而無不爲」などの中の逆說・辨證法も、大體のところ、知識・表現の分野における論理思想・論理學に準じて考えることができるであろう。肝腎なことは、この逆說・辨證法が決して客觀・客體に關する、存在・萬物という分野における論理思想・論理學ではないことである。

これが逆說的もしくは辨證法的であると言うのは、當時の形式論理學（殊に儒家や墨家の）に基づくならば[40]、任意のある「知」「言」という狀態に對して、「無」「不」を冠して「無知」「不言」のように否定した後、結果として出てくる

狀態は單純な「知」「言」の缺如でしかない。例えば、『論語』爲政篇に、

子曰、「由、誨女知之乎。知之爲知之、不知爲不知。是知也。」

とあり、同じく子路篇に、

子路曰、「衞君待子而爲政、子將奚先。」子曰、「必也正名乎。」

子路曰、「有是哉、子之迂也、奚其正。」

子曰、「野哉、由也。君子於其所不知、蓋闕如也。名不正則言不順、言不順則事不成、事不成則禮樂不興、禮樂不興則刑罰不中、刑罰不中則民無所措手足。故君子名之必可言也、言之必可行也。君子於其言、無所苟已矣。」

とあり、同じく子張篇に、

陳子禽謂子貢曰、「子爲恭也、仲尼豈賢於子乎。」

子貢曰、「君子一言以爲知、一言以爲不知。言不可不愼也。夫子之不可及也、猶天之不可階而升也。夫子之得邦家者、所謂立之斯立、道之斯行、綏之斯來、動之斯和、其生也榮、其死也哀。如之何其可及也。」

とある。また、『墨子』經下篇・經說下篇に、

於一有知焉、有不知焉、說在存。（經下篇137）

於。石一也、堅白二也、而在石。故有智焉、有不智焉、可。（經說下篇137）

とあり、

知其所以〈知〉不知、說在以名取。（經下篇148）

智。雜所智與所不智而問之、則必曰、「是所智也、是所不智也。」取去俱能之、是兩智之也。（經說下篇148）

とあるように、形式論理學的思考にあっては、「不知」はあくまで單純な「不知」であるにすぎず、「不知」自體が直

接、そのままで「知」であると認められることは決してない。それ故、「不知」と「知」が明確に區別されて、「不知」を何とかして「知」にまで高めようと努力するわけである。ところが、道家思想は、その「無知」「不言」自體が直接、そのままで「知」「言」であると認める。このような論理思想・論理學が當時の形式論理學的思考とは全くタイプを異にするものであることは、もはや十分に明らかであろう。

從來の通說は、このような思考方法に「逆說」という名稱を與えてきたのであるが、筆者は、文學的なレトリックに比重をかけた「逆說」という言葉よりも、論理思想・論理學としての性格を明示する「辨證法」という言葉を用いて、これを把える方が適切なのではないかと思う。なぜなら、「辨證法」と言われるものの特徵の一つは、形式論理學の矛盾律を侵犯することであるが、道家思想はその初期に、例えば、『莊子』齊物論篇の南郭子綦・顏成子游問答に、

子綦曰、「……以指喩指之非指、不若以非指喩指之非指也。以馬喩馬之非馬、不若以非馬喩馬之非馬也。天地一指也、萬物一馬也。」

とあったように、矛盾律の侵犯を提案していたからである。[41] もっとも「辨證法」という言葉を用いはしても、古代ギリシア哲學以來の西歐思想史の中の「辨證法」とは自ずから異なるのであろうけれども。

B　否定的超出による「知」「言」の發展

さて、道家思想の辨證法的な論理思想・論理學にあっては、「無知」「不言」として否定された前の「知」「言」と、「無知之知」「不言之言」として肯定される後の「知」「言」は、同じ次元にあるものと見なされて同等に價値評價されることはない。改めて論ずるまでもなく、後者の方が相對的に或いは絶對的に高い價値評價を受けるのである。それ

故、この辨證法的な論理思想・論理學は、知識・表現の發展という目的に動機づけられていることになる。すなわち、これは他でもない、任意のある「知」「言」の狀態を出發點に取り、それらを「無」「不」として否定することを通じて、相對的により高いか、或いは絕對的に至高の「知」「言」に發展していこうとする論理思想・論理學なのである。

道家思想の以上のような辨證法的な論理思想・論理學を、かつて赤塚忠教授はその論文「古代事實と辨證的思辨――莊子流の思辨論理成立の問題を中心として――」において、「否定超出の論理」という言葉を用いて特徴づけた。まことに對象の眞實に迫る深切な把握ではないかと思う。筆者も本書において「否定による超出」「否定―超出」という言葉を用いたい(42)。

その相對的により高い「知」「言」とは、「無知」「不言」という「知」「言」に對する否定が不徹底な有限度のものを言い、主に道家思想史の後期（前漢初期～武帝期）以後に現れる、絕對的に至高の「知」「言」の疎外態である。それに對して、絕對的に至高の「知」「言」とは、任意のある「知」「言」から出發して、それらを「無」「不」と否定することを通じて一まずより高い「知」「言」に到達するが、その到達したより高い「知」「言」をも「無」「不」と否定することを通じて、次にさらに高い「知」「言」に到達し、その到達したさらに高い「知」「言」をも「無」「不」と否定することを通じて、その次に一層高い「知」「言」に到達し、……のように、前の次元の「知」「言」を否定することを徹底的に無限度、繰り返した擧げ句の果てに、ついに到達する最終段階の「知」「言」のことである(43)。そして、これは、どこまで行っても相對的に止まる「知」「言」の惡無限の否定とは異なって、それらを眞無限に否定した後に、ついに到達した絕對的な否定、すなわち絕對的な肯定なのであった。

後者が初期道家の思想を承け繼いだ本來の、「知」「言」の分野における論理思想・論理學であることは、『莊子』齊物論篇の南郭子綦・顏成子游問答に、

子綦曰、「……有始也者。有未始有始也者。有未始有夫未始有始也者。有有也者。有無也者。有未始有無也者。有未始有夫未始有無也者。俄而有無矣。而未知有無之果孰有孰無也。」

とあるのによって確かめられる。(44) この文章では、「有」についての「知」の否定的な根源として「無」に遡及し、その「無」の否定的な根源として「無の無」に遡及し、またその「無の無」の否定的な根源として「無の無の無」に遡及し、さらに……のように繰り返して、否定的な根源遡及により「有」性を徹底的に眞無限に撥無して、ついに最終段階で「俄而有無矣」、すなわち絶對の「無」に到達しているからである。(45)

以上に解明した辨證法的な論理思想・論理學は、道家思想がほぼ同時代の名家の知識論と論理思想などから強い直接の影響を被って、それらを自らの思索に積極的に取り入れることを通じて構築されていったものと考えられる。(46) やがて、それが當時の思想界に廣く知られるに及んで、他學派の思想家たちにも大きな影響を與えたようである。本節を終えるに當たって、その辨證法的な論理思想・論理學に影響されて成ったことがよく分かる、他學派（儒家）の有名な文章を一つだけ擧げておこう。『荀子』解蔽篇に、

人何以知道。曰、心。心何以知。曰、虚壹而靜。心未嘗不臧〈藏〉也、然而有所謂虚。心未嘗不滿〈兩〉也、然而有所謂一。心未嘗不動也、然而有所謂靜。人生而有知、知而有志。志也者、臧〈藏〉也。然而有所謂虚、不以所已臧〈藏〉害所將受謂之虚。心生而有知、知而有異。異也者、同時兼知之。同時兼知之、兩也。然而有所謂一、不以夫一害此一謂之壹。心臥則夢、偸則自行、使之則謀。故心未嘗不動也。然而有所謂靜、不以夢劇亂知謂之靜。未得道而求道者、謂之虚壹而靜。作之、則將須道者之虚、〔虚〕則人〈入〉。將事道者之壹、〔壹〕則盡。將思道者〔之〕靜、〔靜〕則察。知道察、知道行、體道者也。虚壹而靜、謂之大清明。

萬物莫形而不見、莫見而不論、莫論而失位。坐於室而見四海、處於今而論久遠、疏觀萬物而知其情、參稽治亂而通其度、經緯天地而材官萬物、制割大理而宇宙裏矣。恢恢廣廣、孰知其極。睪睪廣廣、孰知其德。涫涫紛紛、孰知其形。明參日月、大滿八極、夫是之謂大人。夫惡有蔽矣哉。

とあるのがそれである。(47) この文章では、「人」が「道」を「知」るための「心」の狀態は「虛壹而靜」であると提起し、その「心」の通常の狀態である「臧〈藏〉」「滿〈兩〉」「動」を否定した「虛」「壹」「靜」によって、始めて目標である「道」の把握は可能になると主張している。

否定という知識の作用の肯定的な意義の發見、――これこそが道家思想の論理思想・論理學の中國思想史の中で果たした大きな貢獻であった。

注　釋

（1）本書第5章の第2節・第4節を參照。

（2）本書第5章の第2節・第4節、その注釋（19）（35）、本章の第2節・第3節、及び第14章の第2節を參照。

（3）本書第5章の注釋（27）を參照。

（4）本書第5章の注釋（27）、第6章の注釋（7）、及び第10章の注釋（39）を參照。

（5）本書第4章の注釋（16）、及び第5章の注釋（27）を參照。

（6）本書第12章の注釋（30）を參照。また、『莊子』知北遊篇の泰清・无窮問答を繼承した、ほぼ同じ文章が『淮南子』道應篇にもあることについては、本書第6章の注釋（17）を參照。

（7）本書第6章の第1節、第8章の第1節、及び第10章の第1節・第4節を參照。

（8）『老子』第三十八章の思想史的な意義については、本書第9章の第4節、及びその注釋（43）を參照。

(9) 本書第2章の注釋(1)、第5章の第5節、その注釋(46)(47)、及び第14章の第3節を參照。
(10) 本書第9章の第4節、及び第11章の第5節を參照。
(11) 本書第14章の第4節を參照。
(12) 本書第12章の第5節を參照。
(13) 本書第5章の第4節、その注釋(35)、及び本章の第1節・第3節を參照。
(14) 本書第5章の第1節を參照。
(15) 「道」という實在について「知」ることと「言」うことを分けて、その「知」は肯定するが「言」は否定するという思想が生ずるのは、道家思想の歷史的な展開の中でも中期(戰國末期以後)になってのことである。本文で擧げた『老子』第五十六章及びそれを引用した諸書諸篇以外に、例えば、『莊子』天道篇の桓公・輪扁問答がもっぱらこのテーマを扱っており、また、同じく列御寇篇の莊子曰章に、

莊子曰、「知道易、勿言難。知而不言、所以之天也。知而言之、所以之人也。古之人天而不人。」

とあるのを參照。
(16) 本書第7章の注釋(48)を參照。
(17) これらの文章の中に現れる「不道之道」は、『莊子』齊物論篇の南郭子綦・顏成子游問答の上に引用した文の「既已爲一矣」をふまえた、存在レベルの眞實の「道」を指しており、一方、「不言之言」「不言之辯」は、同じく上に引用した文の「既已謂之一矣」をふまえた、知識レベルの眞實の「道」を指している。したがって、後者は「……之言」「……之辯」という形を取ってはいても、感覺・知識としての「知」と區別された表現・傳達としての「言」ではなく、そのような「知」と「言」の兩者を緩やかにカヴァーした眞實の「道」の認識(知識と表現)を指している、と理解される。
(18) 本書第7章の第6節、その注釋(42)、第8章の注釋(37)、及び第12章の第4節を參照。
(19) 本書第9章の注釋(49)、及び第12章の第3節を參照。
(20) 前者は『莊子』德充符篇の常季・仲尼問答の場合、後者は『老子』第二章・第四十三章・『莊子』知北遊篇の知北遊章・『淮

南子』主術篇の場合である。
(21) 本書第12章の第4節を參照。
(22) 本書第12章の第4節、及びその注釋（46）を參照。
(23) 本書第11章の注釋（31）を參照。
(24) 本書第5章の注釋（39）、及び第11章の注釋（25）を參照。
(25) 本書第6章の第2節、その注釋（8）（9）、及び第10章の注釋（16）を參照。
(26) 本書第7章の第6節、その注釋（43）、第11章の注釋（6）、第12章の第2節・第4節、及びその注釋（16）を參照。
(27) 『莊子』及び『老子』中におけるいわゆる虚靜說を研究した論文としては、赤塚忠教授の兩篇、
「『莊子』中における『管子』心術篇系統の說」

「『老子』中における虚靜說の展開」

が優れている。
(28) 本書第5章の第2節・第4節、その注釋（19）（35）、本章の第1節・第2節、及び第14章の第2節を參照。
(29) 本書第5章の第4節、及び第6章の序文を參照。
(30) 本書第4章の第2節を參照。
(31) 本書第4章の第2節、及びその注釋（14）を參照。
(32) 本書第1章の注釋（18）を參照。
(33) 本書第1章の第3節、及びその注釋（17）を參照。
(34) 本書第1章の第3節、その注釋（18）、及び第4章の注釋（14）を參照。
(35) 『莊子』寓言篇の寓言十九章の、
言无言、終身言、未嘗言。終身不言、未嘗不言。

と大體同じ趣旨のことを、少し後に成った同じく則陽篇の少知・太公調問答は、

太公調曰、「……言而足、則終日言而盡道。言而不足、則終日言而盡物。」と述べている。

(36) 本書第4章の第2節、及びその注釋（14）を參照。
(37) 本書第7章の第5節、その注釋（27）（28）、及び第8章の注釋（17）（42）を參照。
(38) 本書第5章の第5節、及び第6章の第1節を參照。
(39) 本書第5章の第5節、及び第9章の第2節・第4節を參照。
(40) 本書第4章の第3節、第5章の第3節、及びその注釋（29）を參照。
(41) 本書第4章の注釋（15）、第5章の第2節・第3節、その注釋（23）、及び第14章の第2節を參照。
(42) ただし、思想家たちが思い描いている發展のイメージは、實際には、必ずしも上方への超越ばかりでなく、また下方への沈潛も少なくない。――絕對値（the abusolute value）は相い等しいと言うべきなのかもしれない。
(43) 本書第5章の第2節・第4節、及び本章の第1節・第3節を參照。
(44) 本書第5章の第4節、その注釋（36）（37）、及び第9章の注釋（21）を參照。
(45) 本書第5章の第4節、及びその注釋（36）（37）を參照。
(46) 本書第4章の第3節を參照。
(47) 『荀子』解蔽篇が道家思想の影響を被っていることは、侯外廬・趙紀彬・杜國庠『中國思想通史』第一巻「古代思想」の下篇、第十五章、第三節「荀子的心術論」を始めとして、多くの研究が指摘してきたところである。この箇所については、赤塚忠「先秦儒家の目的論の展開」を參照。

參考文獻

侯外廬・趙紀彬・杜國庠『中國思想通史』第一巻「古代思想」　人民出版社　一九五七年
津田左右吉「漢儒の述作のしかた――禮記諸篇の解剖――」『津田左右吉全集』第十八巻　岩波書店　一九六五年

大濱晧『中國古代の論理』　東京大學出版會　一九五九年
大濱晧『老子の哲學』　勁草書房　一九六二年
末木剛博『東洋の合理思想』　講談社現代新書　講談社　一九七〇年
加地伸行『中國論理學史研究――經學の基礎的探究』　研文出版　一九八三年
大室幹雄『新編　正名と狂言――古代中國知識人の言語世界』　せりか書房　一九八六年
赤塚忠「先秦儒家の目的論の展開」『赤塚忠著作集』第三巻　研文社　一九八六年
大室幹雄「齊物論における主觀と客觀」『東京支那學報』第八號　一九六二年
赤塚忠「道家思想の原初の形態」『赤塚忠著作集』第四巻　研文社　一九八七年
赤塚忠「古代の信仰體驗と道家の思辨法」『赤塚忠著作集』第四巻　研文社　一九八七年
赤塚忠「『老子』中における虚静説の展開」『赤塚忠著作集』第四巻　研文社　一九八七年
赤塚忠「古代事實と辨證的思辨――莊子流の思辨論理成立の問題を中心として――」『赤塚忠著作集』第四巻　研文社　一九八七年
赤塚忠「『莊子』中における『管子』心術篇系統の說」『赤塚忠著作集』第四巻　研文社　一九八七年
大濱晧「知の性格」『莊子の哲學』　勁草書房　一九六六年
大濱晧『中國的思惟の傳統――對立と統一の論理――』　勁草書房　一九六九年
板野長八「老子」「莊子」『中國古代における人間觀の展開』　岩波書店　一九七二年
池田知久「『莊子』齊物論篇の知識論――齧缺・王倪問答と瞿鵲子・長梧子問答――」『日本中國學會報』第二十七集　一九七五年
池田知久「『莊子』齊物論篇の知識論――南郭子綦・顏成子游問答――」『岐阜大學教育學部研究報告』人文科學第二十五巻　一九七七年

池田知久「『莊子』是不是考」 日本道教學會『東方宗教』第四十九號 一九七七年
蜂屋邦夫「思惟と言語の間――言盡意論をめぐって――」『中國の思惟』 法藏選書 法藏館 一九八五年
池田知久「莊子――「道」の哲學とその展開」 日原利國編『中國思想史』（上） ぺりかん社 一九八七年
池田知久「《莊子》――"道"的哲學及其展開」（中國文） 向寧譯 南開大學學報編輯部『南開學報』（哲學社會科學版）一九八七年第二期 一九八七年
Max Kaltenmark, translated by Roger Greaves, " *Lao Tzu and Taoism*", Stanford University Press, Stanford, California, 1969.
Michael Lafargue, "*The Tao of the Tao Te Ching*", State University of New York Press, Albany, 1992.
Csikszentmihalyi and Ivanhoe（edit.）, *Religious Philosophical Aspects of the Laozi*, State University of New York Press, Albany, 1999.

傅山『公孫龍子注』 新編諸子集成 中華書局
馬國翰『惠子』『玉函山房輯佚書』子編
小柳司氣太『國譯公孫龍子』 國譯漢文大成經子史部第十八卷 國民文庫刊行會 一九二四年
王琯『公孫龍子懸解』 新編諸子集成 中華書局 一九九二年
譚戒甫『墨辯發微』 科學出版社 一九五八年
高亨『墨經校詮』 科學出版社 一九五八年
譚戒甫『公孫龍子形名發微』 中華書局 一九六三年
天野鎮雄『公孫龍子』 明德出版社 一九六七年
陳癸淼『墨辯研究』 臺灣學生書局 一九七七年
楊俊光『惠施公孫龍評傳』 南京大學出版社 一九九二年
Yi-pao Mei, "*Motse, the neglected rival of Confucius*", Hyperion Press Inc., Connecticut, 1973.

A. C. Graham, "*Later Mohist Logic, Ethics and Science*", CUP, The Chinese University of Hong Kong, SOAS, University of London, 1978.

第14章　諸子百家への批判と諸思想統一の構想

中國古代において、歴史上初めて思想と稱することのできるものを本格的に唱えたのは、春秋時代（紀元前七七〇年～前四〇三年）末期の孔子（紀元前五五二年～前四七九年）であり、また彼を開祖とする儒家の思想家たちであった。その後、墨翟（前五世紀後半）を開祖とする墨家が誕生し、儒家とは異なる立場に立った思想活動を展開するに及んで、儒家と墨家との間には相互に、孔子や墨子の創始した教えを奉ずる自らの思想の正しさを主張し、相手の思想の誤りを批判し打破しようとする幾多の論爭が發生した。――筆者はこれを護教主義的な破邪論と呼ぶことにしたい。

儒家と墨家は、ほぼ同じ變革期の時代社會を共有していたにもかかわらず、メンバーの出身階層や社會改革の青寫眞が異なっていた。その結果、兩者の掲げる思想の目的・内容・形態などは全然異なるものとなった。それ故、兩者の間には、幾多の護教主義的破邪論を繰り返す對立と論爭が發生したのである。この對立と論爭は、諸子百家の活動が活發化し多様化する戰國時代に入ると、儒家と墨家の範圍に止まらずそれを越えて諸子百家全體にまで擴がり、時あたかも戰國競爭の激化という社會的政治的な狀況の進行の中で、ますます盛んになりいよいよ激しさを加えていった。

戰國中期の前三〇〇年ごろ、道家の思想家たちが初めて思想界に登場する。彼らは當初から先行する諸學派（特に儒家と墨家）に對して激しく對抗しており、したがって、一方で、彼らは諸子百家に對する批判をもってこの論爭の盛行や激化を一層、促進させた。このことはまちがいのない確かな事實である。しかしながら、同時に他方で、彼らはこの論爭の中から單なる諸子百家への批判に終わらない、もっと注目に値いする重要なものを導き出した。――道家が戰國末期以降、提唱することになる諸思想統一の構想である。

以上のような結果から振り返って考えてみると、道家の諸子百家への批判に限らず一般に、當時、盛行した諸子百家相互の自己主張と他者批判を內容とする激しい論爭、とりわけその中の優れた部分は、しばらく後に諸思想統一の構想を生み出すことになる母胎であったし、さらにまたその端緒的先驅的な形態でもあったと、評價することができるのではなかろうか。そうは言うものの、前者つまり自己主張と他者批判がそのままで直接、後者つまり諸思想統一の構想になったわけではない。後者が構想されるためには、以下に掲げる三つの條件が必要であった。——第一は護教主義的破邪論の克服、第二は自分自身の思想を特別扱いしない客觀化、第三は對立する諸子百家に對して單純に否定するのではない、否定と肯定のない交ぜになった奥行きのある對應である。

第1節　諸子百家相互の批判

諸思想統一の構想の成立という問題視角から、戰國時代~前漢時代の道家をも含む諸子百家が行ってきた自他に對する批判を大雜把に分類してみると、言い換えれば、戰國中期の儒家の『孟子』乃至前漢末期の劉向に由來する『漢書』藝文志に現れている、當時の諸子百家自身が同時代に至るまでの諸子百家を論じた諸子百家論の敍述を大雜把に分類してみると、舊から新へ、新から最新へと展開していく、以下の三つのタイプに分けることができると考えられる。

その一は、自分自身の思想を正しいと確信する主體的な立場に立って、對立する諸子百家の諸思想の內容を再構成したりそれらの特徴を擧げたりしながら、相手のすべてを誤りとして批判する舊いタイプ。

その二は、第一のタイプの、正しいか誤りかの二元論の枠組みを乗り越えた客觀的な立場に立って、自分をも含めて多種多様の諸子百家の存在をすべて容認し、時にはそれらが發生する歴史的社會的な基盤にまで論及しつつ、當代における諸思想の統一を提唱する新しいタイプ。

その三は、前漢中期、儒教の優位性の確立が進む中で登場して、自分自身の思想を儒教のオーソドックスと同定する主體的な立場に立ちつつ、同時に諸子百家の存在をも容認しそれらを客觀的學問的に分析・整理して、それらの諸文獻を儒教の經典「六經」の支流・末流であり補助であると位置づける最新のタイプ。

この節では、「その一」のタイプについて検討する。

さて、「その一」のタイプは、最初の諸子百家である儒家と墨家の閒に發生した論爭に由來するので、諸子百家の他者に對する批判としては最も舊く、それ故、必ずしも諸思想統一の構想をすでに持っているとは言いがたいものであるが、中にはその端緒的先驅的な形態と評價することができるものも含まれている。そして、批判する側にも批判される側にも必ず儒家と墨家が入る、つまり儒家と墨家を中心とする批判である點に顯著な特徴がある。

A　儒家の諸子百家に對する批判

まず、儒家の行った諸子百家に對する批判を見てみよう。戰國中期に儒家、孟子は直接の「孔子徒」ではなかったものの、熱心に孔子に私淑していたが、このことは周知のとおりである（『孟子』離婁下篇）。それ故、彼の行った諸子百家に對する批判は、「その一」のタイプにならざるをえなかった。例えば、『孟子』滕文公下篇に、

公都子曰、「外人皆稱夫子好辯。敢問何也。」
孟子曰、「予豈好辯哉、予不得已也。……世衰道微、邪說暴行有（又）作。臣弑其君者有之、子弑其父者有之、孔子懼作『春秋』。『春秋』、天子之事也。是故孔子曰、『知我者其惟『春秋』乎、罪我者其惟『春秋』乎。』聖王不作、諸侯放恣、處士橫議、揚朱墨翟之言盈天下。天下之言、不歸揚則歸墨。揚氏爲我、是無君也。墨氏兼愛、是無父也。無父無君、是禽獸也。公明儀曰、『庖有肥肉、廄有肥馬、民有飢色、野有餓莩。此率禽獸而食人也。』揚墨之道不息、孔子之道不著、是邪說誣民、充塞仁義也。仁義充塞、則率獸食人、人將相食。吾爲此懼、閑先聖之道、距揚墨、放淫辭、邪說者不得作。作於其心、害於其事。作於其事、害於其政。聖人復起、不易吾言矣。昔者禹抑洪水而天下平、周公兼夷狄驅猛獸而百姓寧、孔子成『春秋』而亂臣賊子懼。『詩』云、『戎狄是膺、荊舒是懲、則莫我敢承。』無父無君、是周公所膺也。我亦欲正人心、息邪說、距詖行、放淫辭、以承三聖者。豈好辯哉、予不得已也。能言距揚墨者、聖人之徒也。」

とある（1）のが、その最も舊くかつ典型的な例である。ここでは、孟子の信奉する三聖の一人である「孔子之道」と、揚朱の「無君」の爲我說及び墨翟の「無父」の兼愛論とを對立的に把握した上で、「孔子之道」を顯し揚朱・墨翟の邪說を止めさせることに自分の使命を見出している。これは、ただ單に自分の思想の正しさを主張し、相手（揚朱と墨翟）の思想の誤りを批判するだけの、護敎主義の立場に立った最も單純・素樸な破邪論と言ってよい。

また、戰國末期の代表的な儒家、荀子（及び荀子學派）の作品『荀子』には、非十二子篇という篇があって、そこでは、篇頭でまず、

假今之世、飾邪說、文奸言、以梟亂天下、矞宇嵬瑣、使天下混然不知是非治亂之所存者、有人矣。

と前置きした後、它囂・魏牟、陳仲・史鰌、墨翟・宋鈃、愼到・田駢、惠施・鄧析、子思・孟軻の六組十二人の思想

家たちを順次、詳細に批判している。その末尾に、

若夫總（總）方略、齊言行、壹統類、而羣天下之英傑、而告之以大古、敎之以至順、奧窔之閒、簟席之上、斂然聖王之文章具焉、佛然平世之俗起焉、則六說者不能入也、十二子者不能親也。無置錐之地、而王公不能與之爭名、在一大夫之位、則一君不能獨畜、一國不能獨容、成名況乎諸侯、莫不願〔得〕以爲臣。是聖人之不得埶者也、仲尼子弓是也。一天下、財萬物、長養人民、兼利天下、通達之屬、莫不從服、六說者立息、十二子者遷化、則聖人之得勢者、舜禹是也。今夫仁人也、將何務哉。上則法舜禹之制、下則法仲尼子弓之義、以務息十二子之說。如是則天下之害除、仁人之事畢、聖王之跡著矣。

とあるように[(2)]、先に見た孟子ほど單純・素樸ではないけれども、これも依然として、聖人たる「仲尼子弓」の「義」を奉じて「邪說」たる「十二子之說」を根絕やしにしようと圖る、護敎主義的な破邪論である。

ただし、『荀子』の諸子百家に對する批判には、護敎主義的な破邪論を乘り越えて、「その二」のタイプに接近する可能性があった、すなわち荀子は諸思想統一を構想する一步手前にまで到達していた。なぜなら、同じく天論篇に、

萬物爲道一偏、一物爲萬物一偏、愚者爲一物一偏、而自以爲知道、無知也。愼子有見於後、無見於先。老子有見於詘（屈）、無見於信（伸）。墨子有見於齊、無見於畸。宋子有見於少、無見於多。有後而無先、則羣衆無門。有詘（屈）而無信（伸）、則貴賤不分。有齊而無畸、則政令不施。有少而無多、則羣衆不化。『書』曰、「無有作好、遵王之道。無有作惡、遵王之路。」此之謂也。

とあるが[(3)]、この文章の前半部分には、愼子・老子・墨子・宋子の凡そ四名の諸子が「道」や「萬物」の一面をしか把えられない限界を有する、存在論的な原因・理由が、

萬物爲道一偏、一物爲萬物一偏、愚者爲一物一偏、而自以爲知道、無知也。

と指摘されており、その同じ原因・理由は本來、荀子が自分をも「愚者」の仲間に入れて自身を客觀化する方向に導くはずだからである。同じく解蔽篇に、

凡人之患、蔽於一曲、而闇於大理。治則復經、兩疑則惑矣。天下無二道、聖人無兩心。今諸侯異政、百家異說、則必或是或非、或治或亂。亂國之君、亂家之人、此其誠心莫不求正、而以自爲也、妬繆於道、而人誘其所迨也。私其所積、唯恐聞其惡也。倚其所私、以觀異術、唯恐聞其美也。是以與治雖〈離〉走、而是己不輟也。豈不蔽於一曲、而失正求也哉。心不使焉、則白黑在前、而目不見、雷鼓在側、而耳不聞、況於使者乎。德（得）道之人、亂國之君非之上、亂家之人非之下、豈不哀哉。

故爲蔽。欲爲蔽、惡爲蔽、始爲蔽、終爲蔽、遠爲蔽、近爲蔽、博爲蔽、淺爲蔽、古爲蔽、今爲蔽。凡萬物異、則莫不相爲蔽、此心術之公患也。……

昔賓孟（萌）之蔽者、亂家是也。墨子蔽於用、而不知文。宋子蔽於欲、而不知得。愼子蔽於法、而不知賢。申子蔽於埶、而不知知。惠子蔽於辭、而不知實。莊子蔽於天、而不知人。故由用謂之、道盡利矣。由俗（欲）謂之、道盡嗛矣。由法謂之、道盡數矣。由埶謂之、道盡便矣。由辭謂之、道盡論矣。由天謂之、道盡因矣。此數具者、皆道之一隅也。夫道者、體常而盡變、一隅不足以擧之。曲知之人、觀於道之一隅、而未之能識也。故以爲足而飾之、內以自亂、外以惑人、上以蔽下、下以蔽上。此蔽塞之禍也。

と述べられている、[4] 墨子・宋子・愼子・申子・惠子・莊子の凡そ六名の諸子に對する批判も、天論篇とほぼ同樣に考えることができる。そして、この存在論的な原因・理由の指摘は、荀子が道家思想の洗禮を受けたことの端的な證據に他ならない。だが、しかし、ここには護教主義的な破邪論の色彩がまだまだ濃厚である。解蔽篇の今、引用した文

章のすぐ下文に、

孔子仁知且不蔽、故學亂術、足以爲先王者也。一家得周道、擧而用之、不蔽於成積也。故德與周公齊、名與三王竝。此不蔽之福也。聖人知心術之患、見蔽塞之禍。故無欲無惡、無始無終、無近無遠、無博無淺、無古無今。兼陳萬物、而中縣衡焉。是故衆異不得相蔽以亂其倫也。

などとある。孔子だけが以上の六名の諸子から抜きんでて、別格として祭り上げられているのを見られたい。

B　墨家の諸子百家に對する批判

次に、墨家の諸子百家に對する批判であるが、『墨子』非儒下篇や公孟篇などに儒家批判が數多く載っている。例えば、公孟篇に、

子墨子謂程子曰、「儒之道足以喪天下者、四政焉。儒以天爲不明、以鬼爲不神、天鬼不說。此足以喪天下。又厚葬久喪、重爲棺槨、多爲衣衾、送死若徙、三年哭泣、扶後起、杖後行、耳無聞、目無見。此足以喪天下。又弦歌鼓舞、習爲聲樂。此足以喪天下。又以命爲有、貧富壽夭、治亂安危有極矣、不可損益也。爲上者行之、必不聽治矣。爲下者行之、必不從事矣。此足以喪天下。」

程子曰、「甚矣、先生之毀儒也。」子墨子曰、「儒固無此若四政者、而我言之、則是毀也。今儒固有此四政者、而我言之、則非毀也、告聞也。」

程子無辭而出。子墨子曰、「迷〈還〉之。」反、後〈復〉坐。

進復曰、「鄕者先生之言、有可聞〈閒〉者焉。若先生之言、則是不譽禹、不毀桀紂也。」子墨子曰、「不然。夫應孰

辭、〔不〕稱議而爲之、敏也。厚攻則厚吾（禦）、薄攻則薄吾（禦）。應孰辭而稱議、是猶荷轅而擊蛾也。」という文章がある。これは、當時、墨家が最も激しく對立していた儒家の四つの理論「四政」、すなわち無神論（天論）、厚葬論（禮論）、音樂論（樂論）、運命論（命論）を「足以喪天下」の誤りとして批判した、代表的な文章である。この批判の根據をなすものは、墨家が開祖の敎えを奉じつつ唱えていた、以上の四つに對應する天志論・明鬼論、節葬論、非樂論、非命論の四つ乃至五つの理論の正しさであるから、この儒家への批判もやはり護敎主義的な破邪論の典型と見なすべきものであろう。

C　法家の諸子百家に對する批判

次に、法家の諸子百家に對する批判であるが、『韓非子』顯學篇に展開されている「顯學」への批判が特に有名である。

世之顯學、儒墨也。儒之所至、孔丘也。墨之所至、墨翟也。自孔子之死也、有子張之儒、有子思之儒、有顏氏之儒、有孟氏之儒、有漆雕氏之儒、有仲良氏之儒、有孫氏之儒、有樂正氏之儒。自墨子之死也、有相里氏之墨、有相夫氏之墨、有鄧陵氏之墨。故孔墨之後、儒分爲八、墨離爲三。取舍相反不同、而皆自謂眞孔墨。孔墨不可復生、將誰使定世之學乎。孔子墨子、倶道堯舜、而取舍不同、皆自謂眞堯舜。堯舜不復生、將誰使定儒墨之誠乎。殷周七百餘歲、虞夏二千餘歲、而不能定儒墨之眞。今乃欲審堯舜之道於三千歲之前、意者其不可必乎。無參驗而必之者、愚也、弗能必而據之者、誣也。故明據先王、必定堯舜者、非愚則誣也。愚誣之學、雜反之行、明主弗受也。

墨者之葬也、冬日冬服、夏日夏服、桐棺三寸、服喪三月、世主以爲儉而禮之。儒者破家而葬、服喪三年、大毀扶杖、世主以爲孝而禮之。夫是墨子之儉、將非孔子之孝、是孔子之孝、將非墨子之戾也。今孝戾侈儉、俱在儒墨、而上兼禮之。漆雕之議、不色撓、不目逃、行曲則違於臧獲、行直則怒於諸侯、世主以爲廉而禮之。宋榮子之議、設不鬪爭、取不隨仇、不羞囹圄、見侮不辱、世主以爲寬而禮之。夫是漆雕之廉、將非宋榮之恕也、是宋榮之寬、將非漆雕之暴也。今寬廉恕暴、俱在二子、人主兼而禮之。自愚誣之學、雜反之辭爭、而人主俱聽之、故海內之士、言無定術、行無常議。夫冰炭不同器而久、寒暑不兼時而至、雜反之學、不兩立而治。今兼聽雜學繆行同異之辭、安得無亂乎。聽行如此、其於治人、又必然矣。(5)

この文章は、前半部分は、儒家の內部には八つの分派の間に思想上の矛盾があり、墨家の內部にも三つの分派の間に思想上の矛盾があり、儒家と墨家を合わせた「顯學」全體の內部にも思想上の矛盾があるが、矛盾が內部に含まれている限り、儒家・墨家の「顯學」全體の思想は誤り、すなわち「愚誣之學、雜反之行」だと批判するものである。また、後半部分も、墨子と孔子との間に思想上の矛盾があり、漆雕と宋榮子との間に思想上の矛盾があるので、これらは全體として誤り、すなわち「愚誣之學、雜反之辭」であると言って批判している。

このように、韓非という思想家は、一般に、ある一つの思想或いは思想體系の全體が正しいか誤っているか、を判定する客觀的な基準を論理思想・論理學に求め、その中心的な原理である矛盾律が侵犯されてはならないとする視角から、儒家・墨家の「顯學」などへの批判を行ったのだ。同じく難一篇に、

歷山之農者侵畔。舜往耕焉、朞年甽畝正。河濱之漁者爭坻。舜往漁焉、朞年而讓長。東夷之陶者器苦窳。舜往陶焉、朞年而器牢。

仲尼歎曰、「耕漁與陶、非舜官也。而舜往爲之者、所以救敗也。舜其信仁乎。乃躬藉處苦而民從之。故曰、『聖人

之德化乎。』」

或問儒者曰、「方此時也、堯安在。」其人曰、「堯爲天子。」「然則仲尼之聖堯、奈何。聖人明察在上位、將使天下無姦也。今耕漁不爭、陶器不窳、舜又何德而化。舜之救敗也、則是堯有失也。賢舜則去堯之明察、聖堯則去舜之德化。不可兩得也。楚人有鬻楯與矛者。譽之曰、『吾楯之堅、莫能陷也。』又譽其矛曰、『吾矛之利、於物無不陷也。』或曰、『以子之矛陷子之楯、何如。』其人弗能應也。夫不可陷之楯、與無不陷之矛、不可同世而立。今堯舜之不可兩譽、矛楯之說也。」

とあるのを讀まれたい。ここでは、儒家の思想體系の內部に矛盾が含まれていることを指摘し、矛盾が含まれている限り、その思想全體は誤りだと批判した上で、一般に、ある思想が正しいか否かを判定する客觀的な基準として、論理思想・論理學の原理の一つである「矛楯之說」（說は原理という意味）を提唱して、この矛盾律が侵犯されてはならないと自他に要求している。(6)

こういうわけであるから、『韓非子』においては、護敎主義的な立場に立った破邪論を乘り越えること（上記の條件の第一）と表裏一體の關係をなす、自分自身の思想を特別扱いしない客觀化（上記の條件の第二）が多少は進んだのではなかろうか。

第2節　道家の諸子百家に對する批判と自己批判

A　道家の諸子批判に殘る破邪論の要素

道家思想の諸子百家に對する批判で比較的早い時期のものは、以上に擧げた諸子百家の中で、『孟子』滕文公下篇のやや後、『荀子』非十二子篇・天論篇・『墨子』公孟篇・『韓非子』顯學篇などの前に位置している。だから、初期道家の批判が依然として形式面で破邪論の色彩を帯びているのは、思想史の中に占める位置から言ってやむをえないことである。

例えば、初期道家の作品である『莊子』齊物論篇の南郭子綦・顏成子游問答は、すでに本書第5章の第2節・第4節で詳しく論じたとおり、眞實の生を可能にする眞實の「知」を求めていくプロセスにおいて、

子綦曰、「……道惡乎隱而有眞僞、言惡乎隱而有是非。道惡乎往而不存、言惡乎存而不可。道隱於小成、言隱於榮華。」

と前置きした[7]上で、諸子百家によって様々に言語表現された「道」、すなわち「道」に關する様々の「言」に對して、批判を繰り返す徹底的な作業を意識的に行っている。具體的には、一、感情判斷、二、價値判斷、三、事實判斷、四、存在判斷を、次々に誤りであるとして繰り返し批判した。批判された諸子百家は、具體的には、「一」では昭文・師曠・惠子、「二」では儒家・墨家、「三」では惠子・墨子・田駢などである。

それらの批判の實際のありさまは、「一」は、

子綦曰、「……昭文之鼓琴也、師曠之枝策也、惠子之據梧也、三子之知幾乎。皆其盛者也、故載之末年。唯其好之也、以異於彼。其好之也、欲以明之。彼非所明而明之、故以堅白之昧終。而其子又文之綸（倫）終、終身無成。」

（昭文・師曠・惠子に對する批判）

であり、[8]「二」は、

故有儒墨之是非。以是其所非、而非其所是。欲是其所非、而非其所是、則莫若以明。（儒家・墨家に對する批判）

であり、[9]「三」は、

物無非彼、物無非是。自彼則不見、自知則知之。故曰、「彼出於是、是亦因彼。」彼是方生之說也。雖然、方生方死、方死方生、方可方不可、方不可方可、因是因非、因非因是。是以聖人不由、而照之于天。亦因是也。（惠子に對する批判）

であり、[10]「四」は、

以指喩指之非指、不若以非指喩指之非指也。以馬喩馬之非馬、不若以非馬喩馬之非馬也。天地一指也、萬物一馬也。（墨子に對する批判）[11]

道行之而成、物謂之而然。惡乎然、然於然。惡乎不然、不然於不然。惡乎可、可乎可。惡乎不可、不可乎不可。物固有所然、物固有所可。無物不然、無物不可。（田駢に對する批判）[12]

などである。一見して明らかなとおり、これらの批判が依然として形式面で破邪論の色彩を帶びているのは、否定することが難しい。

B　破邪論を乘り超える可能性

しかしながら、以上の批判は、內容面では、ただ單に自分の思想の正しさを主張し、相手の思想の誤りを批判するだけの破邪論を乘り越える可能性を有しており、やがて中國思想史の構想を生み出すことになる母胎、またその端緒的先驅的な形態であるとも評價することができるのではなかろうか。と言うのは、以上の批判には以下のような顯著な二つの特徴が認められるからである。

一つには、作者が論外とした「一」の感情判斷を除けば、最も低い段階の「知」として最初に批判の對象となったのは「二」の價値判斷であって、それは「是」と「非」、「可」と「不可」などの價値的な區別を認める「知」であるが、この價値判斷に對する批判が「三」以下のいずれの場合にも、それらに對する批判の根底の位置に置かれている。したがって、作者が、「三」で批判の對象とする事實判斷にも、また「四」で批判の對象とする存在判斷にも、さらに最終段階で到達した作者自身の「一の無」にも、「是」と「非」、「可」と「不可」などが含まれないことを要求しているのだ。だから、最終段階で到達した作者自身の「一の無」は、その內容面について一般論のレベルで言えば、自分の思想が「是」「可」であり、相手の思想が「非」「不可」であるといった類の、以上に見てきたような破邪論から免れていると考えてよい。

二つには、批判された諸子百家の中に、「四」では、ほとんど最終段階である作者自身の「萬物齊同」つまり「一の有」があり、さらにその上、最終段階で到達した作者自身の「一の無」も批判の對象となっているのだ。前者「一の有」については、

勞神明爲一、而不知其同也、謂之朝三。何謂朝三。曰、「狙公賦芧曰、『朝三而莫（暮）四。』衆狙皆怒。曰、『然則朝四而莫（暮）三。』衆狙皆悅。」名實未虧、而喜怒爲用。亦因是也。是以聖人和之以是非、而休乎天鈞。是之謂兩行。（作者自身の「萬物齊同」に對する批判）

とあり、(13) 後者「一の無」については、

既已爲一矣、且得有言乎。既已謂之一矣、且得無言乎。一與言爲二、二與一爲三。自此以往、巧歴不能得。而況其凡乎。故自無適有、以至於三。而況自有適有乎。無適焉、因是已。（作者自身の「一の無」に對する批判）

とある。(14)

以上の二つの文章が表しているのは、たとえ作者自身の「萬物齊同」や「一の無」であろうとも特別扱いはせず、それらの「知」に「是非」「可不可」が含まれている、すなわち作者の「知」自體は「是」（正しい）であるとして主張されている限り、眞實の「道」としては定立することができないとする自己批判であった。二つの文章の中に登場している「因是」という言葉は、それらの「知」が我が内なる價値「是」に依據している事實を、怜悧に抉剔する自己批判の表現に他ならない。(15)——これらの批判は、その内容面について具體論のレベルで言っても、自分自身を特別扱いしない客觀化（上記の條件の第二）が確實に進んでいるのである。

第3節　道家の諸子百家に對する否定と肯定

戰國末期～前漢初期の、中期以後の道家が行った諸子百家に對する對應は、相當複雜であって明瞭には把えがたい。しかし、その大勢を示すならば、一方では、批判・非難を一層激しくエスカレートさせて嚴しく對抗する一面があるとともに、他方では反對に、道家の下位に位置づけた上で彼らの多くを包攝・總合しようとする一面もあり、この相互に矛盾しあう兩面が、同じ時代の、同じ道家系の諸思想の内部で仲よく混在しているというのが、その實際の姿であったらしい。

A　諸子百家に對する批判の激化

a　儒家・墨家に對して

まず、批判・非難を一層激しくエスカレートさせた一面を、儒家・墨家に對する批判に卽して考えてみよう。初期道家の『莊子』齊物論篇の南郭子綦・顏成子游問答において、儒家・墨家は、先に述べたように、諸子百家に對する「一」～「四」の一聯の批判の中でも、その價値判斷が最も低い段階の「知」であるとしてほとんど最初に批判の對象となっている。それ故、諸子百家の學派對立が激化した中期（戰國末期～前漢初期）以後に至って、道家が儒墨への批判・非難を一層激しくエスカレートさせたのは、初期のそれの延長線上にあることであって格別不思議なことではない。

ただし、ここで注意すべきことは、初期の儒墨批判が、

故有儒墨之是非。以是其所非、而非其所是。欲是其所非、而非其所是、則莫若以明。

とあるように、彼らの「知」が「是非」「可不可」などの對立する價値を內包していることに關する、いわば形式面からの批判であって、內容面にはほとんど觸れるところがなかったのに對して、中期以後の儒墨批判は、彼らの「是」「可」の內容面にまで踏みこんで、その倫理思想や政治思想を批判・非難するようになっていることである。

この段階での儒家批判のシンボルとも言えるものが、『莊子』天地篇の夫子・老聃問答、同じく天道篇の孔子・老聃問答、同じく天運篇の孔子・老聃問答（一）（二）（三）、などのように數多く創作された孔子と老子の會見物語である。

ここでは、ただ一つ、天道篇の孔子・老聃問答だけを引用しておく。

孔子西藏書於周室。子路謀曰、「由聞周之徵藏史、有老聃者、免而歸居。夫子欲藏書、則試往因焉。」孔子曰、「善。」往見老聃、而老聃不許。於是繙十二經以説。老聃中其説曰、「大謾。願聞其要。」

孔子曰、「要在仁義。」老聃曰、「請問、仁義人之性邪。」

孔子曰、「然。君子不仁則不成、不義則不生。仁義眞人之性也。又將奚爲矣。」老聃曰、「請問、何謂仁義。」

孔子曰、「中心物愷、兼愛无私、此仁義之情也。」老聃曰、「意、幾乎。後〈復〉言夫兼愛、不亦迂乎。无私焉乃私也。夫子若欲使天下无失其牧乎、則天地固有常矣、日月固有明矣、星辰固有列矣、禽獸固有羣矣、樹木固有立矣。夫子亦放德而行、循道而趨、已至矣。又何偈偈乎揭仁義、若擊鼓而求亡子焉。意、夫子亂人之性也。」

このような孔子・老聃問答においては、どの場合にも作者たちは必ず孔子を老子の下風に立たせている(16)。

ちなみに、前漢時代の儒家の作品である『禮記』曾子問篇には、弟子の曾子と子夏が「禮」に關して問うたのに對して、孔子が「吾聞諸老聃」と前置きした上で、老聃の「禮」の理論を肯定的に引用して答える問答が凡そ四條存在している。司馬遷が『史記』孔子世家と老子列傳において、孔子が老子に會見して「禮」を問うたと描いて以來、前漢の儒家もそれを歴史的な事實であると信じて、それがもともと、道家が孔子や儒家を貶めるために作ったフィクションに由來することを忘れてしまったらしい。思うに、『禮記』曾子問篇における老聃の描き方は、一方では、前漢時代の儒家が前漢初期の黄老思想の盛行の中から、それと競爭しつつ成長してきた歴史的事實の投影であろうけれども、他方ではそれ以上に、道家思想の洗禮を受けそれを克服してその後は次第に勝利していく（いわゆる儒教の國教化）として、自らの思想に深みを増すための計算の所産ではなかろうか(17)。

また、孔老會見物語ではないけれども、前漢初期の道家の作品には、『莊子』外物篇の儒以詩禮發冢章、同じく盜跖篇の孔子・盜跖問答、同じく列御寇篇の魯哀公・顏闔問答などのように、激越な調子で儒家や孔子に對して人身攻撃を行った文章も殘されている。

b　名家に對して

次に、名家批判について考えてみたい。

『莊子』齊物論篇の南郭子綦・顏成子游問答は、また、惠子などの名家をも批判している。これは、名家を、先述のように、諸子百家への「一」～「四」の一聯の批判の中でも、儒墨よりも一段階高い「知」と見た上で、その事實判斷を批判するものである。問答の作者は、名家の知識論や論理思想とあるところまで思索の歩みをともにし、しかし、最後にはそれを止揚してそれより先へ進んでいく。したがって、道家は、名家に對してはかなり高い評價を與えつつも、結局はそれを批判するという、やや複雜な態度を取るわけである。

この態度のシンボルは、言うまでもなく『莊子』中に數多く存在する惠子と莊子の問答であって、逍遙遊篇の惠子・莊子問答（一）（二）、秋水篇の莊子・惠子問答、外物篇の惠子・莊子問答などの文章が殘されている。ただ一つ、秋水篇の莊子・惠子問答だけを引用しておく。

　莊子與惠子遊於濠梁之上。莊子曰、「鯈魚出游從容。是魚樂也。」
　惠子曰、「子非魚。安知魚之樂。」莊子曰、「子非我。安知我不知魚之樂。」
　惠子曰、「我非子、固不知子矣。子固非魚也、子之不知魚之樂全矣。」莊子曰、「請循其本。子曰、『女安知魚樂』云者、既已知吾知之而問我。我知之濠上也。」

ここでも、莊子は惠子と同じように名家風の嚴密な論理を驅使して、惠子の優位に立つ議論を展開することに成功している。

ところが、戰國末期~前漢初期になると、道家は「萬物齊同」の哲學を放棄して、初期にそれを成立させるために不可缺として唱えていた命題「可不可、然不然。」を、あたかも公孫龍などの名家が言い出した詭辯であるかのように見なして、正反對の批判・非難する側にまわってしまう。『莊子』天地篇の夫子・老聃問答、同じく秋水篇の公孫龍・魏牟問答がそれを示す文章であって、後者には、

公孫龍問於魏牟曰、「龍少學先王之道、長而明仁義之行、合同異、離堅白、然不然、可不可、困百家之知、窮衆口之辯。吾自以爲至達已。今吾聞莊子之言、汒焉異之。不知論之不及與、知之弗若與。今吾无所開吾喙。敢問其方。」公子牟隱机大息、仰天而笑曰、「……且夫知不知是非之竟（境）、而猶欲觀於莊子之言、是猶使蚉負山、商蚷馳河也。必不勝任矣。且夫知不知論極妙之言、而自適一時之利者、是非埳井之鼃與。」

……公孫龍口呿而不合、舌擧而不下、乃逸而走。

とある[18]。その他、同じく秋水篇の惠子・莊子問答に、

惠子相梁。莊子往見之。或謂惠子曰、「莊子來、欲代子相。」於是惠子恐、搜於國中三日三夜。莊子往見之曰、「南方有鳥、其名鵷鶵。子知之乎。夫鵷鶵發於南海、而飛於北海。非梧桐不止、非練實不食、非醴泉不飮。於是鴟得腐鼠、鵷鶵過之。仰而視曰、「嚇。」今子欲以子之梁國、而嚇我邪。」

とある[19]。これなども、戰國末期以後の道家が名家への批判・非難を一層激しくエスカレートさせた例と考えて差し支えない。

c　法家に對して

さらに、法家に對する批判について考えてみたい。

法家は、初期道家以來、特にそれだけを取り上げて批判することはあまりなかったものの、彼らの唱える法律や刑罰を人爲・作爲の典型の一つと見なして、批判の對象としてきた。そして、戰國末期～前漢初期以後に至ると、法家への批判・非難もやはり一層激しくエスカレートさせる場合があった。例えば、『莊子』胠篋篇[20]、同じく在宥篇の聞在宥天下章[21]、同じく在宥篇の崔瞿・老聃問答、同じく天地篇の禹・伯成子高問答などに、それを認めることができる。

『莊子』在宥篇の崔瞿・老聃問答の場合は、

崔瞿問於老聃曰、「不治天下、安臧人心。」

老聃曰、「汝愼无攖人心。……昔者黄帝始以仁義攖人之心。堯舜於是乎股无胈脛无毛、以養天下之形、愁其五藏（臟）以爲仁義、矜其血氣以規法度。然猶有不勝也。堯於是放讙兜於崇山、投三苗於三峗、流共工於幽都。此不勝天下也。

夫施及三王、而天下大駭矣。下有桀跖、上有曾史、而儒墨畢起。於是乎喜怒相疑、愚知相欺、善否相非、誕信相譏、而天下衰矣。大德不同、而性命爛漫矣。天下好知、而百姓求竭矣。於是乎釿鋸制焉、繩墨殺焉、椎鑿決焉、天下脊脊大亂。罪在攖人心。故賢者伏處大山嵁巖之下、而萬乘之君憂慄乎廟堂之上。

今世殊死者相枕也、桁楊者相推也、刑戮者相望也。而儒墨乃始離跂攘臂乎桎梏之閒。意、甚矣哉。其无愧而不知恥也、甚矣。吾未知聖知之不爲桁楊椄槢也、仁義之不爲桎梏鑿枘也。焉知曾史之不爲桀跖嚆矢也。故曰、『絕聖棄知、而天下大治。』」[22]

というのである。ここでは、儒家・墨家が「聖知」「仁義」などの倫理を唱えたことが基盤或いは先驅けとなって、現代の社會に法律・刑罰を用いた殘酷な政治が出現しているという事實を指摘しているが、作者の批判の言葉は恐らく儒家・墨家だけに向けられているのではなくて、當時、次第に一つの學派としての姿を現しつつあった法家の、政治思想や統治方法にも向けられていると考えなければならない。

また、同じく天地篇の禹・伯成子高問答の場合は、

堯治天下、伯成子高立爲諸侯。堯授舜、舜授禹、伯成子高辭爲諸侯而耕。禹往見之、則耕在野。禹趨就下風、立而問焉曰、「昔堯治天下、吾子立爲諸侯。堯授舜、舜授予、吾子辭爲諸侯而耕。敢問、其故何也。」子高曰、「昔堯治天下、不賞而民勸、不罰而民畏。今子賞罰、而民且不仁。德自此衰、刑自此立、後世之亂、自此始矣。夫子闔行邪。无落吾事。」俋俋乎耕而不顧。

というのである。ここでも、「賞罰」を用いた禹の政治を「後世之亂」の始まりとなるであろうと言って批判しているが、その批判は「賞罰」「刑」を主張している法家の政治思想や統治方法に向けられたものであろう。

B　諸子百家に對する包攝

戰國末期〜前漢初期の道家が行った他學派への對應には、他の一面もあった。自學派の下位に位置づけた上で、諸子百家の多くを包攝・總合しようとしたことである。このように他學派を包攝・總合しようとする動きは、儒家・墨家・法家などにも同じように認められる營みであった。

a　儒家に對して

道家がその下位に位置づけた上で、諸子百家の多くを包攝・總合しようとした一面は、まず、儒家に關しては、非常に多くの文章の中に書きこまれており、枚擧するに暇がないほどであるが、例えば、『莊子』天道篇の本在於上章(23)、同じく天運篇の大宰蕩・莊子問答、同じく繕性篇(24)、同じく漁父篇(25)、『淮南子』本經篇、同じく齊俗篇(26)などがある。

ここでは、『莊子』漁父篇を見てみたい。

客悽然變容曰、「……謹脩而身、愼守其眞、還以物與人、則无所累矣。今不脩之身、而求之人。不亦外乎。」孔子愀然曰、「請問何謂眞。」

客曰、「眞者、精誠之至也。不精不誠、不能動人。故強哭者、雖悲不哀。強怒者、雖嚴不威。強親者、雖笑不和。眞悲无聲而哀、眞怒未發而威、眞親未笑而和。眞在內者、神動於外。是所以貴眞也。其用於人理也、事親則慈孝、事君則忠貞、飲酒則歡樂、處喪則悲哀。……功成之美、无一其迹矣。事親以適、不論所以矣。飲酒以樂、不選其具矣。處喪以哀、无問其禮矣。禮者、世俗之所爲也。眞者、所以受於天也。自然不可易也。故聖人法天貴眞、不拘於俗。愚者反此、不能法天、而恤於人、不知貴眞、祿祿而受變於俗、故不足。惜哉、子之早湛於人僞、而晚聞大道也。」……

孔子伏軾而歎曰、「……夫遇長不敬、失禮也。見賢不尊、不仁也。彼非至人、不能下人。下人不精、不得其眞、故長傷身。惜哉、不仁之於人也。禍莫大焉、而由獨擅之。且道者、萬物之所由也。庶物失之者死、得之者生。爲事逆之則敗、順之則成。故道之所在、聖人尊之。今漁父之於道、可謂有矣。吾敢不敬乎。」

この文章における客つまり漁父は、言うまでもなく、道家思想の代辯者である。その漁父が孔子に教える「大道」すなわち「眞」は、一方で、孔子の唱える「仁義」「禮樂」を、「精誠之至」でないと言って批判する性質を持っているが、漁父の去った後、門人の子路に向かう孔子は、他方で、「眞」に到達するためには「禮」「仁」を行うことが必要であると說いている。そして、作者はこの兩者をともに肯定しているのであるから、したがって、作者の思想は、道家の「大道」に到達するための方法として、その下位に位置づけるという制限條件をつけた上で、儒家の「仁義」「禮樂」を切り捨てず、一應、容認して、包攝・總合していこうというものであることになる。

b　名家に對して

次に、名家に關しては、『莊子』徐无鬼篇の莊子送葬章、同じく則陽篇の魏瑩與田侯牟約章などが、惠子を極めて高く評價しているのが注目される。

『莊子』徐无鬼篇の莊子送葬章には、

莊子送葬、過惠子之墓。顧謂從者曰、「郢人堊漫其鼻端若蠅翼。使匠石斲之。匠石運斤成風、聽而斲之。盡堊而鼻不傷。郢人立不失容。宋元君聞之、召匠石曰、「嘗試爲寡人爲之。」匠石曰、「臣則嘗能斲之。雖然、臣之質死久矣。」自夫子之死也、吾无以爲質矣。吾无與言之矣。」

とあって、莊子の口を通じて、亡き惠子に對する極めて高い評價が語られている。

c　法家に對して

さらに、法家に關しては、やはりその政治思想を容認する文章が目立っている、勿論、道家の下位に位置づけながらではあるけれども。このような道家（の形而上學）と法家の政治思想の合體が、いわゆる黄老思想なのであるが、この問題については本書第3章の第1節・第2節、及び第11章の第4節などに既述した。

例えば、『莊子』大宗師篇の知天之所爲章に、

故聖人之用兵也、亡國而不失人心、利澤施乎萬世不爲愛人。故樂通物、非聖人也。有親、非仁也。天時、非賢也。利害不通、非君子也。行名失己、非士也。亡身不眞、非役人也。若孤不偕務光伯夷叔齊箕子胥餘紀他申徒狄、是役人之役、適人之適、而不自適其適者也。……

以刑爲體、以禮爲翼、以知爲時、以德爲循。以刑爲體者、綽乎其殺也。以禮爲翼者、所以行於世也。以知爲時者、不得已於事也。以德爲循者、言其與有足者至於丘也。而人眞以爲勤行者也。……

夫道、有情有信、无爲无形。……傅說得之、以相武丁、奄有天下。

とあり[27]、また、同じく天運篇の孔子・老聃問答（一）に、

孔子行年五十有一而不聞道。乃南之沛見老聃。……

老子曰、「……名、公器也、不可多取。仁義、先王之蘧廬也、止可以一宿、而不可以久處。覯而多責。古之至人、假道於仁、託宿於義、以遊逍遙之虛、食於苟簡之田、立於不貸之圃。逍遙无爲也、苟簡易養也、不貸无出也。古者謂是采眞之遊。……怨恩取與諫敎生殺八者、正之器也。唯循大變无所湮者、爲能用之。故曰、『正者、正也。』其心以爲不然者、天門弗開矣。」

とあるのを見られたい。その他、『莊子』在宥篇の賤而不可不任者章[28]、同じく天道篇の本在於上章[29]、なども重要な文獻である。

このような現象が發生したについては、法家が戰國最末期から自らの政治思想の基礎づけのために、道家の「道」の形而上學・存在論の借用に腐心するという事情[30]も、相互に作用し反作用しあっていたようである。

以上に考察してきた、戰國末期〜前漢初期以後の道家の諸子百家に對する對應を概括するならば、批判・非難を一層激しくエスカレートさせたと同時に、道家の下に諸子百家の多くを包攝・總合しようとした。――單純化して言う

ことが許されるならば、否定しつつ肯定し、肯定しつつ否定したのである。そして、諸子百家に對するこの否定と肯定のない交ぜになった奥行きのある對應は、その後、道家に諸思想統一の構想を可能にさせた條件の第三として擧げるべきものである。

第 4 節　道家による諸思想統一の構想

以上は、道家が諸子百家の多くを包攝・總合しようとした動きである。このような動きは、儒家・墨家・法家などにも同樣に認められるものであった。こうした諸子百家の相互包攝・相互總合の盛行した趨勢を基礎にして、戰國末期から諸思想を統一しようという構想が登場する（上掲の「その二」のタイプ）。

これは、道家またはその系統の思想が「道」の形而上學・存在論（「道―萬物」の關係づけ）を中心にすえて行った、注目に値いする重要な仕事であり、戰國時代の終焉と秦の始皇帝による天下統一という未曾有の社會的政治的状況の變化に、呼應する思想界の現象であったことは言うまでもない。

先には、戰國～前漢の諸子百家論を三つのタイプに分けたが、この節では、「その二」のタイプについて檢討しよう。「その二」のタイプは、「その一」のタイプをふまえ、かつそれに含まれていた問題點を克服して、以上に述べてきた諸思想統一の構想を可能にする三つの條件を充足しつつあるか、或いはすでに充足して現に諸思想統一を構想していると評價できるものである。以下、具體的に考察していく。

A　『呂氏春秋』不二篇の場合

聽群衆人議以治國、國危無日矣。何以知其然也。老耽貴柔、孔子貴仁、墨翟貴廉（兼）、關尹貴淸、子列子貴虛、陳駢貴齊、陽生貴己、孫臏貴勢、王廖貴先、兒良貴後。有金鼓、所以一耳也。同法令、所以一心也。智者不得巧、愚者不得拙、所以一衆也。勇者不得先、懼者不得後、所以一力也。故一則治、異則亂。一則安、異則危。夫能齊萬不同、愚智工拙、皆盡力竭能、如出乎一穴者、其唯聖人矣乎。無術之智、不敎之能、而恃彊（彊）速貫（慣）習、不足以成也。

『呂氏春秋』という書物は、秦の丞相の呂不韋（？〜紀元前二三五年）が配下の多數の思想家を集めて、始皇帝によるいわゆる天下統一の目前に迫った紀元前二三九年以後間もなく編集した、一種の思想の百科全書であってその内容は極めて多岐にわたっている。『漢書』藝文志はこれを「諸子略」の「雜家」に列しているが、決して雜駁な構成を取る何でもづくしを企圖したものではなく、ちょうどその反對で、諸思想を組織化體系化しようとした一つの意欲的な試みと言ってよい。

この文章は、恐らく道家系の思想家の筆に成る作品であろうと思われる。筆者が、『呂氏春秋』不二篇を道家系の作品であろうと推測する理由は、以下のとおり。――第一に、取り上げられている十名の思想家の內、まず、先頭に「老耽」が置かれて最も重視されていること。第二に、道家系の思想家は「老耽」「關尹」「子列子」の三名が擧げられ、十分の三の多きを占めていること。第三に、道家系の思想家である列子を「子列子」と呼び、二つも「子」の尊稱をつけて特に尊崇していること。第四に、「夫能齊萬不同」のような、『莊子』齊物論篇の南郭子綦・顔成子游問答だけにしか現れない特殊な表現を使用していること。(31) 第五に、篇末の「無術之智、不敎之能」は道家の「無知之知」「不言之言」のヴァリアントであり、(32) その方法だけによって「治國」を行うべきことを主張しているのも道家思想であること、などである。(33)

さて、この文章は、自分の思想を特別扱いしない客觀的な立場に立って「老耽」以下、十名の思想家の思想內容の簡單な紹介を行っている。――確かに簡單ではあるけれども、これも一種の諸思想統一の構想なのである。この構想の掲げる目的は、「治國」という政治的なそれであって、作者はこの目的を實現するために、「聖人」が登場して個々の思想家のオリジナルな思想を「一」つにまとめる、すなわち諸思想の統一を實現しなければならないと提言している。なぜなら、統治者が個々の思想家のオリジナルな思想をそのまま用いて、もしくはそれらを單純に總和しただけの思想を用いて政治を行うならば、それらは互いに矛盾しあう主張を持っているので「治國」を行うどころか「危國」を將來しかねないからだと言う。

以上のような目的や觀點から行ったこの諸子百家論は、一見すると、「その一」の舊いタイプであって、十名の思想家をすべて批判するだけの破邪論、或いは高々「阿呆の畫廊」(Gallerie von Narrheiten、ヘーゲル『哲學史講義』の言葉)であるように感じられるかもしれない。しかし、實はそうではない。と言うのは、これによれば、十名の思想家の思想は、それぞれ單獨では「聖人」によって統一されたあるべき思想には相當しえないけれども、しかし一つ一つがそのあるべき思想を作っていくために必要不可缺の契機(moment)である、と位置づけられているからだ。言い換えれば、それらは、否定されつつ肯定され、肯定されつつ否定されているのである。筆者は、これを諸思想統一の構想の端緒的先驅的な形態と評價してよいと思う。

なお、その諸思想の統一は、篇末の「無術之智、不敎之能」という句が示唆しているように、作者は、道家系の「聖人」や彼の抱懐する「道」によって行われると考えているらしい。

B　『莊子』天下篇の場合

天下之治方術者多矣。皆以其有爲不可加矣。古之所謂道術者、果惡乎在。曰、「无乎不在。」曰、「神何由降、明何由出。」聖有所生、王有所成、皆原於一。

不離於宗、謂之天人。不離於精、謂之神人。不離於眞、謂之至人。以天爲宗、以德爲本、以道爲門、兆於變化、謂之聖人。以仁爲恩、以義爲理、以禮爲行、以樂爲和、薰然慈仁、謂之君子。以法爲分、以名爲表、以操爲驗、以稽爲決、其數一二三四是也。百官以此相齒。以事爲常、以衣食爲主、蕃息畜藏、老弱孤寡爲意、皆有以養、民之理也。

古之人其備乎。配神明、醇天地、育萬物、和天下、澤及百姓。明於本數、係於末度、六通四闢小大精粗、其運无乎不在。

其明而在數度者、舊法世傳之史、尚多有之。其在於『詩』『書』『禮』『樂』者、鄒魯之士、縉紳先生、多能明之。『詩』以導（道）志、『書』以導（道）事、『禮』以導（道）行、『樂』以導（道）和、『易』以導（道）陰陽、『春秋』以導（道）名分。其數散於天下、而設於中國者、百家之學、時或稱而道之。

天下大亂、賢聖不明、道德不一。天下多得一察、焉以自好。譬如耳目鼻口、皆有所明、不能相通。猶百家衆技也、皆有所長、時有所用。雖然不該不徧、一曲之士也。判天地之美、析萬物之理、察古人之全、寡能備於天地之美、稱神明之容。

是故內聖外王之道、闇而不明、鬱而不發。天下之人、各爲其所欲焉、以自爲方。悲夫、百家往而不反、必不合矣。後世之學者、不幸不見天地之純、古人之大體。道術將爲天下裂。

不侈於後世、不靡於萬物、不暉於數度、以繩墨自矯、而備世之急。古之道術、有在於是者。墨翟禽滑釐、聞其風而悅之。……相里勤之弟子、五侯之徒、南方之墨者、苦獲已齒鄧陵子之屬、倶誦墨經、而倍譎不同。相謂別墨、以堅白同異之辯相訾、以觭偶不仵之辭相應。以巨子爲聖人、皆願爲之尸、冀得爲其後世、至今不決。墨翟禽滑釐之意則是、其行則非也。將使後世之墨者、必自苦、以腓无胈、脛无毛相進而已矣。亂之上也。治之下也。雖然、墨子眞天下之好也。將求之不得也、雖枯槁不舍也。才士也夫。

不累於俗、不飾於物、不苟於人、不忮於衆。願天下之安寧、以活民命、人我之養畢足而止。以此白心。古之道術、有在於是者。宋鈃尹文、聞其風而悅之。……曰、「君子不爲苛察、不以身假物。」以爲无益於天下者、明之不如已也。以禁攻寢兵爲外、以情欲寡淺爲內。其小大精粗、其行適至是而止。

公而不黨、易而无私、決然无主、趣物而不兩。不顧於慮、不謀於知、於物无擇、與之倶往。古之道術、有在於是者。彭蒙田駢愼到、聞其風而悅之。……常反人、不聚觀、而不免於魭斷。其所謂道非道、而所言之韙、不免於非。彭蒙田駢愼到不知道。雖然、槩乎皆嘗有聞者也。

以本爲精、以物爲粗、以有積爲不足、澹然獨與神明居。古之道術、有在於是者。關尹老聃、聞其風而悅之。……常寬容於物、不削於人、可謂至極。關尹老聃乎、古之博大眞人哉。

寂漠无形、變化无常。死與生與、天地並與、神明往與。芒乎何之、忽乎何適。萬物畢羅、莫足以歸。古之道術、有在於是者。莊周聞其風而悅之。……其於本也、弘大而闢、深閎而肆。其於宗也、可謂調適而上遂矣。雖然、其應於化而解於物也、其理不竭、其來不蛻、芒乎昧乎、未之盡者。惠施多方、其書五車、其道舛駁、其言也不中。歷物之意曰、……由天地之道、觀惠施之能、其猶一蚉一寅之勞者也。其於物也何庸。夫充一尚可。曰愈貴道、幾矣。惠施不能以此自寧、散於萬物而不厭、卒以善辯爲名。惜乎。惠施之才、駘蕩而不得、逐萬物而不反。是窮響以聲、形與影競走也。悲夫。

『莊子』天下篇という文獻は、北宋時代の蘇洵や南宋時代の林希逸あたりから始まって、『莊子』に附けられた、莊周自筆の後序と理解する者が多く、この種の理解が通說もしくは定說となっているが、しかし、例えば、天下篇の中の莊周論に莊周のことを、

雖然、其應於化而解於物也、其理不竭、其來不蛻、芒乎昧乎、未之盡者。

のように、低く評價していることからも分かるように、本當のところを言えば、莊周の自筆でもなければ『莊子』の後序でもない。前漢、文帝期（紀元前一七九年〜前一五七年）乃至は景帝期（紀元前一五六年〜前一四一年）の後期道家が著した、諸思想統一の構想の一つであると把えなければならない[34]。しかも、この文章の描く諸子百家論は、筆者が上に掲げた三つの條件、すなわち、舊い護敎主義的な立場に立った破邪論の乘り越え、それと表裏一體をなす自分を特別扱いしない客觀化、諸子百家への否定と肯定のない交ぜになった對應、をすでに十二分に充足しており、中國古代の同類の文章の中でもまれに見るスケールの大きい諸思想統一の構想と認めることができる。

その構想は、前半部分の序論と、後半部分の諸子百家についての各論の二つの部分から成っている。

まず、前半部分の序論では、『呂氏春秋』不二篇がまだ明確には言わなかった窮極的根源的な實在「道」をここでは「道術」と言い換えて提起し[35]、「古之人」の統一的な「道術」が自己を外化して現代の世界の中に遍く存在している、具體的には、「天人」「神人」「至人」（以上は道家の理想とする人物）、「聖人」「君子」（以上は儒家の理想または目標とする人

物）、「百官」（法術官僚）、「民」（けなげに生きる民衆）、「舊法世傳之史」（法家）、「鄒魯之士、縉紳先生」（儒家）、「百家之學」（諸子百家）がいずれも例外なくその「道術」の現れであると認定した上で、[36]しかし、その統一的な「道術」が「天下大亂」を原因として、今日では「道術將爲天下裂」という分裂の危機に瀕しているが、このような危機の進行の中で諸子百家の「方術」は、全體「天地之純、古人之大體」（「道術」に同じ）の一部分「一察」「一曲」しか把握できていないと言って「百家」を批判している。[37]

次に、後半部分の諸子百家各論では、「墨翟・禽滑釐」「宋鈃・尹文」「彭蒙・田駢・愼到」「關尹・老聃」「莊周」「惠施」の六組の思想家たちを取り上げ、順次、彼らの思想と行動を詳細に紹介し、かつ作者の立場からする辛口の批評を加えている。この諸子百家各論の目的は、上の序論の內容から推測するに、「道術」の分裂がこれ以上進行するをくい止め、その統一を回復することであるにちがいない。したがって、作者は、それぞれ「一察」「一曲」を把握している「百家」の思想を統一することを通じて、あの「古之人」の統一的な「道術」を回復しようと目論んでいるわけである。そして、そのための中心の位置にすえられたのは關尹・老聃の「道」であった。——關尹・老聃論に、

關尹老聃乎、古之博大眞人哉。

とあって、二人がこの各論中、最も高く評價されている事實を見逃してはならない。

C　『淮南子』要略篇の場合

夫作爲書論者、所以紀綱道德、經緯人事。上考之天、下揆之地、中通諸理、雖未能抽引玄妙之中才（哉）、繁然足以觀終始矣。揔要擧凡、而語不剖判純樸、靡散大宗、則爲人之惛惛然弗能知也。故多爲之辭、博爲之說、又恐人

之離本就末也。故言道而不言事、則無以與世浮沈。言事而不言道、則無以與化游息。故著二十篇、有原道、有俶眞、有天文、有地形、有時則、有冥〈覽〉覽〈冥〉、有精神、有本經、有主術、有繆稱、有齊俗、有道應、有氾論、有詮言、有兵略、有說山、有說林、有人閒、有脩務、有泰族也。……

凡屬書者、所以窺道開塞、庶後世使知擧錯取捨之宜適、外與物接而不眩、內有以處神養氣、宴煬至和、而己自樂所受乎天地者也。……故著書二十篇、則天地之理究矣、人閒之事接矣、帝王之道備矣。……

文王之時、紂爲天子、賦斂无度、戮殺无止、康梁沈湎、宮中成市。作爲炮格之刑、刳諫者、剔孕婦、天下同心而苦之。文王四世纍善、脩德行義、處歧（岐）周之閒。地方不過百里、天下二垂歸之。文王欲以卑弱制強暴、以爲天下去殘余（除）賊、而成王道。故太公之謀生焉。

文王業之而不卒、武王繼文王之業、用太公之謀、悉索薄賦、躬擐甲冑、以伐无道、而討不義、誓師牧野、以踐天子之位。天下未定、海內未輯。武王欲昭文王之令德、使夷狄各以其賄來貢、遼遠未能至。故治三年之喪、殯文王於兩楹之閒、以俟遠方。武王立三年而崩、成王在褓繈之中、未能用事。蔡叔管叔輔公子祿父、而欲爲亂。周公繼文王之業、持天子之政、以股肱周室、輔翼成王。懼爭道之不塞、臣下之危上也。故縱馬華山、放牛桃林、敗鼓折抱（枹）、搢笏而朝、以寧靜王室、鎭撫諸侯。成王既壯、能從政事、周公受封於魯、以此移風易俗。孔子脩成康之道、述周公之訓、以教七十子、使服其衣冠、脩其篇籍。故儒者之學生焉。

墨子學儒者之業、受孔子之術、以爲其禮煩擾而不悅、厚葬靡財而貧民、〔久〕服傷生而害事。故背周道而用夏政。禹之時、天下大水、禹身執虆垂〈臿〉、以爲民先、剔河而道九歧（岐）、鑿江而通九路、辟五湖而定東海。當此之時、燒不暇撌、濡不給扢、死陵者葬陵、死澤者葬澤。故節財薄葬閒（閑）服生焉。

齊桓公之時、天子卑弱、諸侯力征。南夷北狄、交伐中國、中國之不絕如綫。齊國之地、東負海而北鄣河、地狹田少、而民多智巧。桓公憂中國之患、苦夷狄之亂、欲以存亡繼絶、崇天子之位、廣文武之業。故管子之書生焉。齊景公內好聲色、外好狗馬、獵射忘歸、好色无辨。作爲路寢之臺、族鑄大鍾、撞之庭下、郊雉皆呴。一朝用三千鍾贛、梁丘據子家噲導於左右。故晏子之諫生焉。晩世之時、六國諸侯、谿異谷別、水絶山隔、各自治其境內、守其分地、握其權柄、擅其政令。下无方伯、上无天子、力征爭權、勝者爲右。恃聯與、約重致、剖信符、結遠援、以守其國家、持其社稷。故縱橫脩短生焉。申子者、韓昭釐之佐。韓、晉別國也。地墽民險、而介於大國之閒。晉國之故禮未滅、韓國之新法重出、先君之令未收、後君之今〈令〉又下。新故相反、前後相繆、百官背亂、不知所用。故刑名之書生焉。秦國之俗、貪狼強力、寡義而趨利。可威以刑、而不可化以善、可勸以賞、而不可厲以名。被險而帶河、四塞以爲固、地利形便、畜積殷富。孝公欲以虎狼之勢、而吞諸侯。故商鞅之法生焉。若劉氏之書、觀天地之象、通古今之論、權事而立制、度形而施宜、原道〔德〕之心、合三王之風、以儲與扈冶玄眇〔妙〕之中。精搖靡覽、棄其畛挈、斟其淑靜、以統天下、理萬物、應變化、通殊類。非循一跡之路、守一隅之指、拘繫牽聯於物、而不與世推移也。故置之尋常而不塞、市〈布〉之天下而不窕。

『淮南子』という書物の編纂に關する諸事情は、本書第2章の第7節ですでに述べた。その要略篇は、前半部分の、本書『淮南子』を著作した目的・內容・構成などを解說した序論と、中閒部分の、諸子百家についての各論を展開した諸思想統一の構想と、後半部分の、「劉氏之書」つまり『淮南子』自體の絶對的な價値を主張した結論、の三つの部分から成っている。

まず、前半部分の序論では、『淮南子』を著作した目的が、讀者のために「帝王之道」を傳える政治的な目的であることが明言されている。この點は、先に檢討した『呂氏春秋』不二篇の揭げる目的によく似ているが、しかし、『呂氏春秋』の「治國」は戰國末期の一つの「國」を統治することでしかないのに對して、『淮南子』の「帝王之道」が前漢、武帝期の「天下」全體を統治するものであることは、兩者の閒に横たわる相異點として注意しておかなければならない。[38] また、『淮南子』の內容の大枠は、「道德」と「人事」、「本」と「末」、「道」と「事」の兩者をバランスよく述べていると言う。[39] 兩者の關係は、從來の道家思想が「道」―「萬物」、「道」―「器」の關係として論じてきたところであるが、[40] それを基準にして比べてみると、『淮南子』では「人事」「萬物」が格段と重んじられるようになっていることが分かる。[41] とは言え、「道德」「道」に價値がなくなってしまったわけではなく、以下に確認するように依然として重要な價値を與えられていたけれども。

次に、中閒部分の諸子百家各論では、「太公之謀」「儒者之學」「節財・薄葬・閒（閑）服」「管子之書」「晏子之諫」「縱横・脩短」「刑名之書」「商鞅之法」の八つの思想を取り上げ、順次、それぞれがいずれも特定の時代における、特定の國家・社會の狀況に條件づけられて、あれこれの具體的な內容を持って發生せざるをえなかった必然性を分析している。――さながら思想の存在被拘束性（Karl Mannheim の Seinsverbundenheit）の指摘である。作者によれば、上文で見た、「人事」「萬物」の存在形式である特定の時閒・空閒に條件づけられている八つの思想は、それら相互の閒に價値上の優劣はなく、いずれもみな同等の相對的な價値を有するものであって、一つ一つがすべて容認されるより緩やかな大調和・大統一の實現の中で、絕對的な價値を有する思想へと止揚されていくべき契機（moment）であるけれども、しかしながら、どれ一つとして過去より未來に向かう永遠の時閒「古今」、無限に擴がりつつある現代の空閒「天下」において、普遍的に妥當する絕對的な價値を有する思想それ自體ではありえない。――『淮南子』の作者もまた、諸子百家を肯定しつつ否定し、否定しつつ肯定したのである。

終わりに、後半部分の結論では、本書『淮南子』が絕對的な價値を有することを主張しているが、その根據として

挙げているものの中で重要なのは、

若劉氏之書、……原道〔德〕之心、合三王之風、以儲與扈冶玄眇〔妙〕之中。

である。「道〔德〕之心」とは道家の「道」を言い、「三王之風」とは三代の聖王、禹・湯・文武の「道」を指すが、「三王」を祖述したと称する儒家「儒者之學」と墨家「節財・薄葬・閒〔閑〕服」の思想を主に言う。[42]『淮南子』の絶對性は、「道〔德〕之心、三王之風」を始めとする八つの思想などを集めて、それらを原形を留めぬまでにミックスして統一しているからだという説明であるが、その統一の中心にすえられた「玄眇〔妙〕之中」とは、『老子』第一章に、

●道可道也、非恆道也。……玄之有〔又〕玄、衆眇〔妙〕之〔門〕。（馬王堆帛書甲本・乙本）

とある[43]とおり、やはり依然として道家の「道」であった。

D　『史記』太史公自序の「六家之要指」の場合

太史公學天官於唐都、受易於楊何、習道論於黃子。太史公仕於建元元封之閒、愍學者之不達其意而師悖、乃論六家之要指。曰、「『易大傳』、『天下一致而百慮、同歸而殊塗。』夫陰陽儒墨名法道德、此務爲治者也。直所從言之異路、有省不省耳。嘗竊觀陰陽之術、大祥而衆忌諱、使人拘而多所畏。然其序四時之大順、不可失也。儒者博而寡要、勞而少功、是以其事難盡從。然其序君臣父子之禮、列夫婦長幼之別、不可易也。墨者儉而難遵、是以其事不可偏循。然其彊本節用、不可廢也。法家嚴而少恩。然其正君臣上下之分、不可改矣。名家使人儉〔檢〕而善失眞。然其正名實、不可不察也。道家使人精神專一、動合無形、贍足萬物。其爲術也、因陰陽之大順、采儒墨之善、撮名法之要、與時

遷移、應物變化、立俗施事、無所不宜。指約而易操、事少而功多。儒者則不然。以爲人主天下之儀表也。主倡而臣和、主先而臣隨。如此則主勞而臣逸。至於大道之要、去健羨、絀聰明、釋此而任術。夫神大用則竭、形大勞則敝。形神騷動、欲與天地長久、非所聞也。

夫陰陽四時八位十二度二十四節、各有敎令。順之者昌、逆之者不死則亡。未必然也、故曰、『使人拘而多畏。』夫春生夏長、秋收冬藏、此天道之大經也。弗順、則無以爲天下綱紀。故曰、『四時之大順、不可失也。』

夫儒者以六藝爲法。六藝經傳以千萬數、累世不能通其學、當年不能究其禮。故曰、『博而寡要、勞而少功。』若夫列君臣父子之禮、序夫婦長幼之別、雖百家弗能易也。

墨者亦尙堯舜道、言其德行曰、『堂高三尺、土階三等、茅茨不翦、采椽不刮。食土簋、啜土刑、糲粱之食、藜藿之羹。夏日葛衣、冬日鹿裘。』其送死、桐棺三寸、擧音不盡其哀。敎喪禮必以此、爲萬民之率。使天下法若此、則尊卑無別也。夫世異時移、事業不必同。故曰、『儉而難遵。』要曰彊本節用、則人給家足之道也。此墨子之所長、雖百家弗能廢也。

法家不別親疏、不殊貴賤、一斷於法、則親親尊尊之恩絶矣。可以行一時之計、而不可長用也。故曰、『嚴而少恩。』若尊主卑臣、明分職不得相踰越、雖百家弗能改也。

名家苛察繳繞、使人不得反其意、專決於名而失人情。故曰、『使人儉（檢）而善失眞。』若夫控名責實、參伍不失、此不可不察也。

道家無爲、又曰無不爲。其實易行、其辭難知。其術以虛無爲本、以因循爲用。無成埶、無常形、故能究萬物之情。不爲物先、不爲物後、故能爲萬物主。有法無法、因時爲業、有度無度、因物與合。故曰、『聖人不朽（巧）、時變是守。虛者、道之常也。因者、君之綱也。』羣臣竝至、使各自明也。其實中其聲者、謂之端、實不中其聲者、謂之窾。窾言不聽、姦乃不生。賢不肖自分、白黑乃形。在所欲用耳、何事不成。乃合大道、混混冥冥。光燿天下、復反無名。凡人所生者神也、所託者形也。神大用則竭、形大勞則敝、形神離則死。死者不可復生、離者不可復反、故聖人重之。由是觀之、神者生之本也、形者生之具也。不先定其神〔形〕、而曰、『我有以治天下。』何由哉。」

「太史公」とは、司馬遷の父、司馬談を指す。司馬談が太史令であった時期の「建元元封之閒」は、建元が紀元前一四〇年~前一三五年、元封が紀元前一一〇年~前一〇五年であるが、彼は元封元年、紀元前一一〇年には卒している。したがって、この文章は、紀元前一四〇年~前一一〇年の間、つまり武帝期の前半に書かれたことになる。

さて、司馬談は、熱心な道家思想の信奉者であって、この文章の中に、

　太史公……習道論於黃子。

とある「道論」は、彼の思想的な立場を決定づけたであろう道家の理論の核心である[44]。

その諸子百家論は、最初の部分の、簡單な序論と、中閒部分の、諸子百家についての各論と、最後の部分の、諸子百家についての詳論の三つの部分から成っている[45]。

中閒の諸子百家各論と最後の諸子百家詳論では、「陰陽」「儒者」「墨者」「名家」「法家」「道家」の六つの學派を取り上げ、順次、それぞれの思想の特徴を紹介した後、それぞれの短所と長所を指摘している。ただし、道家については、短所の指摘は一切なく、道家がどの諸子百家にも勝る優越性を力說するが、それは、道家が、

　道家……其爲術也、因陰陽之大順、采儒墨之善、撮名法之要。

のように、それ自體で諸思想の統一を成し遂げているからだと理由づけられている。

これとは別に、最初の序論では、諸思想の統一を可能にする原理を提起しているが、それは意外にも道家の「道」ではなく、『易大傳』の、

天下一致而百慮、同歸而殊塗。

であった。(46) 當時の『易傳』は道家思想、殊に「道」の形而上學・存在論の強い影響を被っていたので、(47) 司馬談のような熱心な道家思想の信奉者にとって、道家の「道」と『易大傳』の思想との間にそれほどの相異はなかったのかもしれない。いずれにしても、諸思想の統一の中心にすえられるものに、道家の「道」に代わって『易傳』が當てられるようになったことは、しばらくして後、『漢書』藝文志にも承け繼がれていった重大な變化であって、諸子百家論を展開したり諸思想統一を構想したりする思想家が、道家から儒家に移行していく前兆として特に注目に値いする現象である。

第5節　『漢書』藝文志と諸思想統一の構想の終焉

この節では、先に戰國～前漢の諸子百家論を三つのタイプに分けた、「その三」のタイプについて檢討しよう。このような道家サイドの活發な諸思想統一の構想は、同じ問題で立ち後れていた儒家サイドに、多大の衝擊と焦燥をもたらしたと想像される。以上の四つの構想の內、『莊子』天下篇・『淮南子』要略篇・『史記』太史公自序「六家之要指」の三つは、前漢、武帝期に儒教の國教化を實現させた立役者と見なされている儒家、董仲舒とほぼ同時代の作品であり、中でも『淮南子』は、即位したばかりの武帝に「帝王之道」を傳えることを標榜して彼に獻上された書物である。ちなみに、『史記』儒林列傳と『漢書』五行志上によれば、「『春秋』之義」をもって淮南王、劉安の反亂事件を裁いたのは、董仲舒の弟子の呂步舒であった。

武帝期における董仲舒の登用と彼の活動は、確かに儒教國教化の萌芽という大きな潮流の一つを構成しており、その中で彼が一定の役割を演じたことは否定しえないけれども、しかし、その役割が極めて重要或いは決定的であったとまでは言うことができない。儒教國教化の歴史的事實は、『漢書』董仲舒傳などが過褒・美化したのとは異なって、董仲舒と武帝が短期間の內に行ったことではなく、前漢の全期間を通じて儒教を重視する諸營爲が積み重ねられた結果、諸段階を經過した後、前漢末期（紀元前一世紀）までに達成されたものである。(48)

A　董仲舒の諸思想統一の構想

董仲舒とその弟子や亞流たち、すなわち董仲舒學派には二種類の諸思想統一の構想があり、いずれも『漢書』董仲舒傳の對策の中に見えている。

a　第二次對策の構想

第一に、武帝は第二次對策において、諸子百家の思想の內、眞の「帝王之道」はどれであるかと、以下の四點にわたって策問した。

(1) 蓋聞虞舜之時、游於巖郎之上、垂拱無爲、而天下太平。周文王至於日昃不暇食、而宇內亦治。夫帝王之道、豈不同條共貫與。何逸勞之殊也。

(2) 蓋儉者不造玄黃旌旗之飾。及至周室、設兩觀、乘大路、朱干玉戚、八佾陳於庭、而頌聲興。夫帝王之道豈異指哉。

（3）或曰良玉不瑑、又曰非文無以輔德、二端異焉。

（4）殷人執五刑以督姦、傷肌膚以懲惡。成康不式、四十餘年天下不犯、囹圄空虛。秦國用之、死者甚衆、刑者相望、秏矣哀哉。

すなわち、（1）虞舜の道家的「無爲」と周の文王の儒家的努力、（2）「旌旗」を飾らない墨家的儉約と周室の儒家的禮樂、（3）「良玉」の美質を具える人間の本性を彫琢しない道家的素樸と本性に「文」を加えて「德」に進ませる儒家的學問、（4）殷の「五刑」を用いた秦の法家的刑罰とそれを用いない周の成王・康王の儒家的敎化、これらはそれぞれどちらが正しいのか、と策問した。言い換えれば、道家・儒家・墨家・法家など諸子百家の諸思想の相異に對して、眞の「帝王之道」はいかに對處すべきかを問うたのである。

これに對する董仲舒の答問は、

（1）臣聞堯受命、以天下爲憂、而未以位爲樂也、故誅逐亂臣、務求賢聖、……。衆聖輔德、賢能佐職、敎化大行、天下和洽、萬民皆安仁樂誼、各得其宜、動作應禮、從容中道。故孔子曰、「如有王者、必世而後仁。」此之謂也。堯在位七十載、乃遜于位以禪虞舜。堯崩、天下不歸堯子丹朱而歸舜。舜知不可辟、乃卽天子之位、以禹爲相、因堯之輔佐、繼其統業、是以垂拱無爲而天下治。孔子曰、「韶盡美矣、又盡善也〈矣〉。」此之謂也。至於殷紂、逆天暴物、殺戮賢知、殘賊百姓。……天下秏亂、萬民不安、故天下去殷而從周。文王順天理物、師用賢聖、……受施兆民、天下歸之、……。當此之時、紂尚在上、尊卑昏亂、百姓散亡、故文王悼痛而欲安之、是以日昃而不暇食也。……繇此觀之、帝王之條貫同、然而勞逸異者、所遇之時異也。孔子曰、「武盡美矣、未盡善也。」此之謂也。

（2）臣聞制度文采玄黃之飾、所以明尊卑、異貴賤、而勸有德也。故『春秋』受命所先制者、改正朔、易服色、所以應天也。然則宮室旌旗之制、有法而然者也。故孔子曰、「奢則不遜、儉則固。」儉非聖人之中制也。

（3）臣聞良玉不瑑、資質潤美、不待刻瑑、此亡異於達巷黨人不學而自知也。然則常玉不瑑、不成文章。君子不學、不成其德。

（4）臣聞聖王之治天下也、少則習之學、長則材諸位、爵祿以養其德、刑罰以威其惡、故民曉於禮誼、而恥犯其上。武王行大誼、平殘賊、周公作禮樂以文之、至於成康之隆、囹圄空虛四十餘年、此亦敎化之漸而仁誼之流、非獨傷肌膚之效也。至秦則不然。師申商之法、行韓非之說、憎帝王之道、以貪狼爲俗、非有文德以敎訓於下也。誅名而不察實、爲善者不必免、而犯惡者未必刑也。是以百官皆飾虛辭而不顧實、外有事君之禮、內有背上之心、造僞飾詐、趣利無恥。又好用憯酷之吏、賦斂亡度、竭民財力、百姓散亡、不得從耕織之業、群盜竝起。是以刑者甚衆、死者相望、而姦不息、俗化使然也。故孔子曰、「導之以政、齊之以刑、民免而無恥。」此之謂也。

とあるように、儒家の倫理・禮樂・學問を中心にすえつつ、その下位に道家の「無爲」や素僕と法家の「刑罰」などを條件つきで包攝しながら、墨家の儉約主義と法家の誤った刑罰萬能主義をきっぱりと否定する、というものであった。

この構想は、先に掲げた「その三」のタイプであり、道家の手に成る前漢初期の「その二」のタイプに對抗して、統一の中心原理に儒教を當てるなどの修正を施して成ったものである。そして、後の『漢書』藝文志の構想の先驅的形態でもあった。

b　第三次對策の構想

第二に、武帝は第三次對策において、

夫三王之敎所祖不同、而皆有失。或謂久而不易者道也。意豈異哉。

のように、三王（夏の禹王・殷の湯王・周の文王）の相い異なる教えではなく、永遠に不變の「道」とはどういうものであるかと策問した。

これに對して董仲舒は、

臣聞夫樂而不亂、復而不厭者謂之道。道者萬世亡弊、弊者道之失也。先王之道必有偏而不起之處、故政有眊而不行、擧其偏者以補其弊而已矣。三王之道所祖不同、非其相反、將以捄溢扶衰、所遭之變然也。故孔子曰、「亡爲而治者、其舜虖。」改正朔、易服色、以順天命而已。其餘盡循堯道、何更爲哉。故王者有改制之名、亡變道之實。然夏上忠、殷上敬、周上文者、所繼之捄、當用此也。孔子曰、「殷因於夏禮、所損益可知也。周因於殷禮、所損益可知也。其或繼周者、雖百世可知也。」此言百王之用、以此三者矣。夏因於虞、而獨不言所損益者、其道如一而所上同也。道之大原出於天、天不變、道亦不變、是以禹繼舜、舜繼堯、三聖相受而守一道、亡救弊之政也、故不言其所損益也。繇是觀之、繼治世者其道同、繼亂世者其道變。

のように、「天」の「道」こそが永遠・不變であり、それを受け繼いだ三聖（堯・舜・禹）の「道」は三王の「道」に保存されていると答問した。

その上で、その永遠（「古今之通誼」）・不變（「天地之常經」）の「道」は、『春秋』の天下統一を重んずる「孔子之術（道）」に集約されている、

『春秋』大一統者、天地之常經、古今之通誼也。

と前置きして、

今師異道、人異論、百家殊方、指意不同。是以上亡以持一統、法制數變、下不知所守。臣愚以爲諸不在六藝之科、

孔子之術者、皆絕其道、勿使竝進、邪辟之說滅息。然後統紀可一而法度可明、民知所從矣。

のように提唱している。これは、前漢帝國における政治的統一を確保するために、儒教を唯一の正統と定め、それ以外の「百家」をすべて邪說と見なして根絕すべきだとする、極めて明確な主張である。この儒教一尊の構想は、第一の構想とは異質の「その一」のタイプであり、戰國諸子の排他的な護教主義的破邪論にもどってしまった感がある。

第二の構想は、諸思想統一の側面から皇帝權力の強化を進める思想でもあったが、しかし前漢の歷代皇帝は最後までこれを公認しなかった。その上、武帝の人材登用の實際は、『史記』酷吏列傳・『漢書』酷吏傳に登場する法家官僚を除外しても、道家（黃老）・法家・縱橫家・辭賦家などの非儒家系の人物を官僚として多數登用している。例えば、鄧公・司馬談・汲黯・鄭當時・張歐・韓安國・枚乘・司馬相如、等々。したがって、これは董仲舒學派がその內部で抱き續けた諸思想の統一、儒教の國敎化の私的な構想でしかなかったのではなかろうか。歷史的事實としての儒教國敎化は、『漢書』の董仲舒讚美とは無關係に、儒教重視の積み重ねの中で達成されていったのである。

それに引き換え第一の構想は、前漢初期の道家の構想と前漢末期以降の儒家の構想の中間にあって、兩者を橋渡しする役割りを演じている。これが後者に接近していることは疑いないが、しかし、道家の構想と儒家の構想がともに自學派以外の諸子百家をすべて包攝して生かそうとしているのと、共通點を持っている。

B　『漢書』藝文志の諸思想統一の構想

さて、「その二」のタイプは、既述のとおり、戰國末期～前漢初期、武帝期の道家またはその系統の思想が行った、注目に値いする重要な諸思想統一の構想であった。勿論、前節で檢討した四つの構想は完全に同じものというわけではなく、それら相互の間に若干のニュアンスの相異はあるけれども、しかし、道家思想またはその系統の思想が特有の「道」またはそれに類するものを中心にすえて、當代に至るまでの諸子百家の多くの思想を統一しようと提唱している點では、共通した性格を具えていた。これらは、秦漢統一帝國が形成されるという歴史的社會的な變革の巨大なうねりが、鋭敏な感受性を持った道家の思想家たちの心の中に一早く反映したものと把えて大過はないであろう。「その三」のタイプは、以上の「その二」のタイプをふまえ、それに多くを負っているが、同時にまた、「その二」のタイプに重大な變更を加えてもいる。――それは、「その二」のタイプに登場する道家・道家思想の役割を、すべて儒家・儒教が演ずるように變えてしまったことである。

その儒家の手に成る諸子百家論、『漢書』藝文志「諸子略」の總序には次のようにある。

凡諸子千百八十九家、四千三百二十四篇。

諸子十家、其可觀者九家而已。皆起於王道既微、諸侯力政、時君世主、好惡殊方。是以九家之術、蠭出竝作、各引一端、崇其所善、以此馳說、取合諸侯。其言雖殊、辟猶水火、相滅亦相生也。仁之與義、敬之與和、相反而皆相成也。『易』曰、「天下同歸而殊塗、一致而百慮。」今異家者、各推所長、窮知究慮、以明其指、雖有蔽短、合其要歸、亦六經支與流裔。使其人遭明王聖主、得其所折中、皆股肱之材已。

仲尼有言、「禮失而求諸野。」方今去聖久遠、道術缺廢、無所更索。彼九家者、不猶癒於野乎。若能修六藝之術、而觀此九家之言、舍短取長、則可以通萬方之略矣。

後漢時代の班固（紀元後三十二年～九十二年）の『漢書』藝文志が、前漢末期の劉向（前七十九年～前八年）の『別錄』に由來し、その子、劉歆（?～紀元後二十三年）の『七略』に基づいたものであることは、本書第1章の第6節ですでに觸れた。[49] それ故、ここでは、『漢書』藝文志の中の諸子百家論も、後漢時代になって初めて班固が言い出したものではなく、劉向・劉歆が親子二代にわたって書き繼いで成った諸子百家論、つまり前漢末期～王莽新時代の儒家の思想家たちが完成させたもの、として取り扱うことにしたい。

その藝文志の序によれば、劉歆の『七略』は、全體が「輯略」「六藝略」「諸子略」「詩賦略」「兵書略」「術數略」「方技略」から構成されており、當時存在していたあらゆる書物或いは思想・學術を一定の原則に基づいて整理し分類した、極めて組織的體系的な圖書目錄兼學問分類と言うことができる。そして、諸子百家論はこの圖書目錄兼學問分類の全體ではなく、わずかに七分の一を占めるにすぎない。

劉歆『七略』に基づいた藝文志の敍述は、以下のとおり。すなわち、今日殘っていない「輯略」を除いて、六つの「略」の一つ一つに、より具體的な分類項目（子目）が設けられているが、それぞれの子目の下には、始めに、圖書目錄があって書名・著者名などが竝べられ、終わりに、篇序があって解說・論評が加えられている。そして、六つの「略」それぞれの末尾に、各「略」の內容を總括する總序が置かれている。

ここで問題にしたい劉向・劉歆の諸子百家論は、その「諸子略」の中に述べられている。その子目は、「儒家」「道家」「陰陽家」「法家」「名家」「墨家」「縱橫家」「雜家」「農家」「小說家」のいわゆる九流十家であり、始めに各「家」ごとに圖書目錄が竝べられ、終わりに各「家」の篇序が設けられている。そして、「諸子略」の末尾に以上の內容を總括する總序が置かれているわけであるが、それが先に掲げた文章なのである。

この諸子百家論は、「諸子略」の範圍の中だけで考えても「儒家」を中心とするものである。そのことは、子目のトップに「儒家」を戴いていることによっても一目瞭然であるが、そうであるからと言って、これが戰國末期以前の護教主義的な破邪論にもどってしまったわけではない。なぜなら、これもやはり儒家を含む九流十家の存在をすべて容認

した上で、それらの諸思想の統一を提唱しているからである。そして、統一の中心にすえられる原理に、『易』の、

『易』曰、「天下同歸而殊塗、一致而百慮。」

が當てられているのは、先に檢討した『史記』太史公自序の「六家之要指」の提起を踏襲したためであるとともに、劉向・劉歆の時代に至って、『易經』がもはや完全に儒家の文獻となりおおせただけでなく、六經における地位もそれらの首座を占めるまでに伸し上がったためであろう(50)。

九流十家の諸思想の統一は、しかし實は最終の目標ではなく、さらにその上に最終の目標があった。上に引用した「諸子略」の總序に、

今異家者、各推所長、窮知究慮、以明其指、雖有蔽短、合其要歸、亦六經支與流裔。

とあったように、統一された九流十家の諸思想は、儒教の經典「六經」の支流・末流となり補助となることが期待されていたのだ。その「六經」すなわち『樂』『詩』『禮』『書』『春秋』『易』の六つの經典に關しても、「六藝略」の總序を見てみると、

六藝之文、『樂』以和神、仁之表也。『詩』以正言、義之用也。『禮』以明體、明者著見、故無訓也。『書』以廣聽、知之術也。『春秋』以斷事、信之符也。五者、蓋五常之道、相須而備、而『易』爲之原。故曰、「易不可見、則乾坤或幾乎息矣。」言與天地爲終始也。

とあるように、『易』を中心にすえて大きく統一されるべきだと作者は主張する(51)。

したがって、以上の諸事實を總合して考えるならば、『漢書』藝文志の書物或いは思想・學術の整理・分類は、まことにスケールの壯大な圖書や學問の統一・總合の試みであると言って差し支えない。その統一・總合の大枠を圖示すれば、以下のとおり。

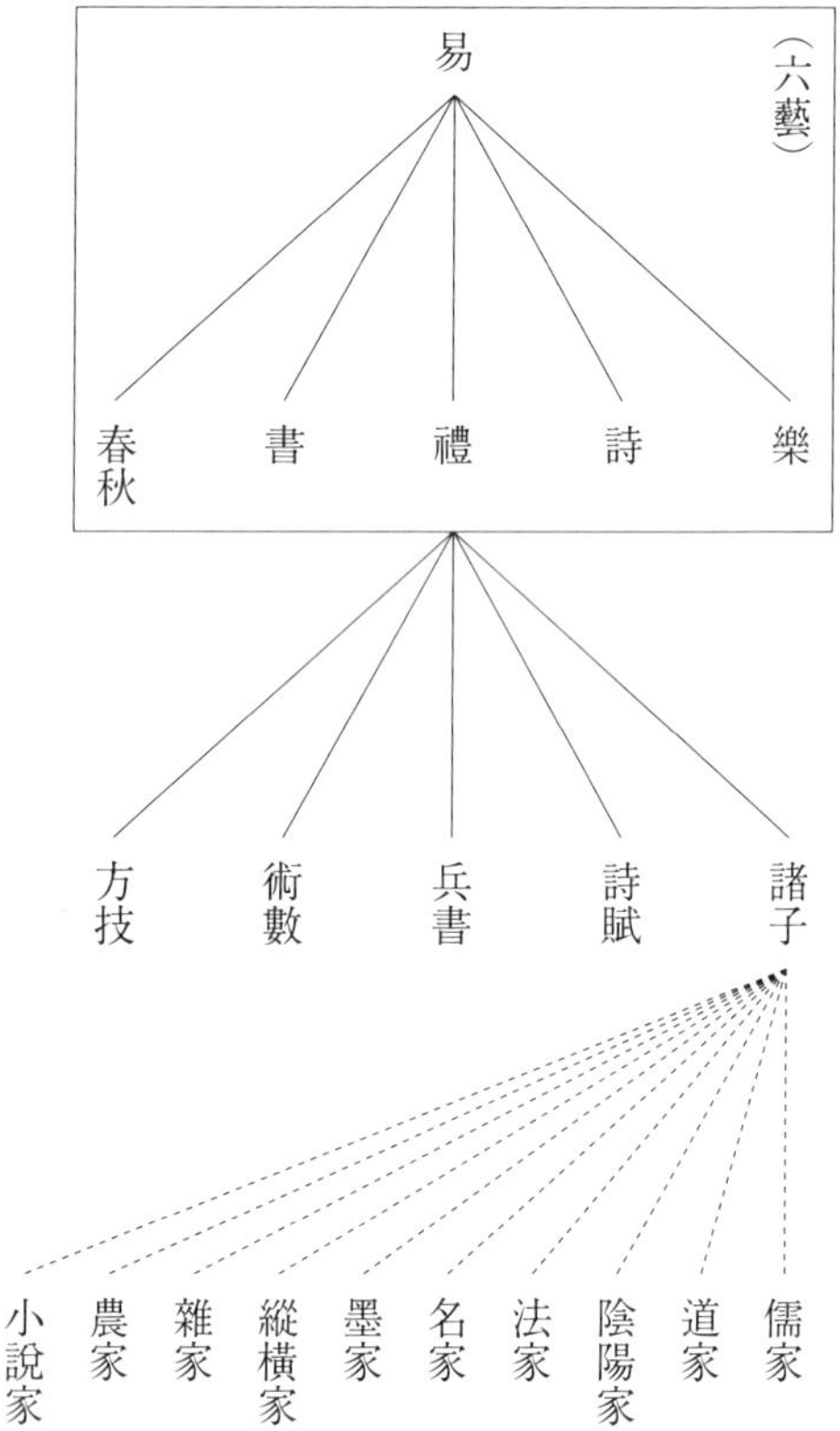

戰國時代~漢代の諸子百家に對する批判と諸思想統一の構想は、『漢書』藝文志においてスケールの壯大な圖書や學問の統一・總合の極點に達した。その統一・總合が極めて組織的體系的であったために、唐代の『隋書』經籍志において四部分類（經・史・子・集）が確立するまでの間、これは規範的な作用を及ぼし續けて、新しい獨創的な諸思想統一の構想をほとんど生ぜしめなかった。このような意味で、筆者はここに至って諸思想統一の構想は一まず終焉したと見なしたいと思う。

これは、言うまでもなく、いわゆる儒教による國教統一が行われた後に登場した、それに呼應する動きの一つであり、また、それが可能にした儒家の思想家たちのアカデミックな營みの一つではあった。しかしながら、凡そ思想というものに關して、以後の知識人たちのアクチュアルな問題意識を鈍化させる作用を及ぼすことがなかったであろうか。

注　釋

（1）本書第4章の第3節を參照。
（2）本書第4章の注釋（22）を參照。
（3）本書第2章の第4節、及び第4章の注釋（22）を參照。
（4）本書第2章の第1節、第4章の注釋（22）、及び第9章の第2節を參照。
（5）本書第4章の第3節を參照。
（6）「矛楯之説」は、『韓非子』難勢篇にも出る言葉。その「説」は、説話・物語という意味ではなく、原理・法則という意味であって、墨家の論理思想・論理學に由來するテクニカル・タームである。
（7）本書第4章の第2節、その注釋（11）、第5章の第2節、及びその注釋（9）を參照。ちなみに、齊物論篇の南郭子綦・顏成子游問答の「小成」「榮華」に對する批判は、先に見た『韓非子』顯學篇の「顯學」批判の前身に當たるものである。
（8）本書第4章の第2節、その注釋（12）、第5章の第2節、及びその注釋（12）を參照。
（9）本書第4章の第2節・第3節、その注釋（11）、第5章の第2節、及び第9章の第3節を參照。
（10）本書第4章の第3節、その注釋（32）、第5章の第2節、その注釋（19）、及び第9章の第2節を參照。
（11）本書第4章の注釋（15）、第5章の第2節・第3節、その注釋（23）、及び第13章の第4節を參照。
（12）本書第4章の第3節、その注釋（27）、第5章の第2節・第4節、その注釋（24）、及び第8章の第4節を參照。
（13）本書第5章の第2節、及びその注釋（14）（15）を參照。
（14）本書第5章の第4節、その注釋（35）、及び第13章の第1節・第2節・第3節を參照。

(15) 本書第4章の第3節、第5章の第2節、その注釋(19)、及び第13章の第1節・第3節を參照。
(16) 本書第1章の第1節を參照。
(17) この問題に關する楠山春樹『道家思想と道教』の「『禮記』曾子問篇に見える老聃について」は、優れた論文であるが、筆者の見解とはかなり異なっている。
(18) 本書第2章の注釋(1)、第5章の第5節、その注釋(46)(47)、及び第13章の第1節を參照。
(19) 本書第10章の注釋(46)を參照。
(20) 本書第11章の第2節を參照。
(21) 本書第9章の注釋(8)、及び第10章の注釋(18)を參照。
(22) 本書第2章の第4節、第7章の注釋(47)、第11章の第3節、及びその注釋(22)を參照。
(23) 本書第9章の第4節、その注釋(48)(49)、第11章の第4節、及びその注釋(33)(34)を參照。
(24) 本書第9章の第3節、及びその注釋(36)(37)を參照。
(25) 本書第9章の第3節、及びその注釋(39)を參照。
(26) 本書第9章の第4節、その注釋(50)、第10章の第1節、及びその注釋(7)を參照。
(27) 本書第9章の注釋(13)、第11章の第4節、及びその注釋(26)を參照。
(28) 本書第9章の注釋(49)を參照。
(29) 本書第9章の第4節、その注釋(36)(48)(49)、第11章の第4節、及びその注釋(34)(35)を參照。
(30) 本書第6章の第3節、その注釋(22)、第11章の注釋(37)、及び第12章の注釋(40)を參照。
(31) 本書第5章の第1節、及びその注釋(1)を參照。
(32) 本書第13章の第1節・第2節を參照。
(33) ただし、この文章にはまた、儒家の荀子學派から被った影響もかなり強く感じられるので、これを純粋の道家と見なすことは不可能である。

（34）『莊子』天下篇の成書年代が、通説もしくは定説の説くのとは相違して、『韓非子』顯學篇よりも後れる前漢初期に在ることは、兩者に含まれている墨子論を比較してみれば直ちに了解されるはずである。『韓非子』顯學篇に描かれた墨家の分裂は、本章の第1節で見たとおり、「相里氏之墨、相夫氏之墨、鄧陵氏之墨」の三墨であったのに對して、『莊子』天下篇に描かれた墨家の分裂は、「相里勤之弟子、五侯之徒、南方之墨者、苦獲己齒鄧陵子之屬」の四墨乃至六墨に進んでおり、このような四分五裂狀態の中で墨家は消滅していったのである。しかも、『莊子』天下篇の「相里勤之弟子」が『韓非子』顯學篇の「相里氏之墨」よりも少なくとも一世代は後であることは、だれの目にも明らかではなかろうか。

（35）本書第6章の注釋（13）、第12章の第5節、及びその注釋（67）（68）を參照。

（36）下文の諸子百家の各論においても、例えば、墨翟・禽滑釐論と宋鈃・尹文論を例に取ってみると、

不侈於後世、不靡於萬物、不暉於數度、以繩墨自矯、而備世之急。古之道術、有在於是者。墨翟禽滑釐、聞其風而悅之。（墨翟・禽滑釐論）

不累於俗、不飾於物、不苟於人、不忮於衆。願天下之安寧、以活民命、人我之養畢足而止。以此白心。古之道術、有在於是者。宋鈃尹文、聞其風而悅之。（宋鈃・尹文論）

のように述べている（彭蒙・田駢・愼到論以下もほぼ同じ形式）。これによれば、作者の諸子百家論の大枠は、そもそも窮極的根源的な實在である「古之道術」の中には、最初から客觀的に「不侈於後世、不靡於萬物、不暉於數度、以繩墨自矯、而備世之急。」という部分（「一曲」）、そして「不累於俗、不飾於物、不苟於人、不忮於衆。願天下之安寧、以活民命、人我之養畢足而止。以此白心。」という部分（「一曲」）が含まれており、墨翟・禽滑釐と宋鈃・尹文はただそれらを聞いて受け入れたにすぎず、決して自分の力で主體的にそれらの思想を創始したのではない、というものであることになる。言い換えれば、「古之道術」が自己を外化して墨翟・禽滑釐の思想と宋鈃・尹文の思想となって顯現した、と考えている（本書第8章の第5節、及び第9章の第4節を參照）のだ。であればこそ、作者は、諸子百家の「方術」を、「古之道術」の一部分しか把えていないとして批判するとともに、「古之道術」の一部分を把えているとして容認する、つまり否定しつつ肯定し、肯定しつつ否定しながら、諸子百家のすべての「方術」を統一したその彼方に窮極的根源的な「古之道術」を回復させることを、自らの諸思想統一を構

想する最終的な目標として設定しているのである。

(37) 本書第5章の注釋(12)を參照。

(38) この「帝王」は、武帝を指す。淮南王、劉安は、一方で、「儒者之學」を含む以上の八つの思想を、特定の時間・空間の下でのみ妥當する相對的な價値のあるものと評價しながら、他方で、本書『淮南子』を、「帝王」がこれを採用し、時間・空間の制限を越えて統治を行うにふさわしい、絕對的な價値のあるものと主張している。したがって、劉安は武帝に向かって、八つの思想を捨てて『淮南子』一尊であれと要求したことになるであろう。筆者の想像によれば、武帝期の國教の地位をめぐる激しい思想對立の開幕を告げたのは、儒教サイドの董仲舒「賢良對策」であるよりも、むしろ道家サイドの劉安『淮南子』だったのではなかったろうか。

(39) 本書第13章の第1節を參照。

(40) 本書の第6章を參照。

(41) 本書第13章の第1節を參照。

(42) 「道德」とは、道家の止揚される契機(moment)としての相對的な「道」を言い、「玄眇(妙)」とは、「道德」と「三王」などを止揚した後の絕對的な「道」を言う。本書第3章の注釋(23)、及び第8章の注釋(19)を參照。

(43) 本書第5章の注釋(13)、第6章の注釋(9)、及び第10章の注釋(16)を參照。

(44) 本書第3章の第5節、及びその注釋(22)を參照。

(45) 中間の諸子百家各論と最後の諸子百家詳論との關係は、經と說、或いは經と解の關係である。このように、經文と說文(或いは解文)が、同一の時代に同一の人物によって一緒に書かれた例は、『史記』太史公自序と相い前後する時代の文獻に相當多く見出すことができる。對應する經的なものと說(或いは解)的なものとの組み合わせを用いて、思想家が自分の思想を述べるというやり方が、この時代の思想界に廣く見られる一つの基本的な敍述スタイルになっていたのである。本書第4章の第2節、及びその注釋(17)を參照。また、拙著『馬王堆漢墓帛書五行篇研究』、第一部、第二章、第二節「『馬王堆漢墓帛書五行篇』における經文と說文との關係」を參照。

（46）『史記』太史公自序「六家之要指」の、

『易大傳』、「天下一致而百慮、同歸而殊塗。」

と類似する表現は、『漢書』司馬遷傳に、

『易大傳』曰、「天下一致而百慮、同歸而殊塗。」

とあって、兩者ともに『易大傳』という文獻を引用している。前漢、武帝期にはこのような『易傳』が「易大傳」の名の下に行われていたらしい。それに對して、通行本『周易』繫辭下傳第三章には、

『易』曰、「憧憧往來、朋從爾思。」子曰、「天下何思何慮。天下同歸而殊塗、一致而百慮。天下何思何慮。」

とあり、その原形をなす文章が、馬王堆帛書『周易』繫辭篇に、

『易』曰、「重重□□、萌從壐思。」子曰、「天下〔何思何慮。天下同歸而殊塗、一致而百慮。天下何思何慮。〕」

とある。前の兩者は、それらよりも古い後の兩者を襲い、句の順序を逆轉させて成ったものであろう。ところが、後の兩者よりもさらに古い馬王堆帛書『周易』要篇には、

子曰、「『易』我後亓（其）祝人矣、我觀亓（其）德義耳也。幽贊而達乎數、明數而達乎德。又仁□□者而義行之耳。贊而不達於數、則亓（其）爲之巫。數而不達於德、則亓（其）爲之史。史巫之筮、鄉之而未也、好之而非也。後世之士、疑丘者或以『易』乎。吾求亓（其）德而已。吾與史巫、同涂（塗）而殊歸者也。君子德行焉求福、故祭祀而寡也。仁義焉求吉、故卜筮而希也。祝巫卜筮亓（其）後乎。」

とあって、以上の數例と、句の形が異なるだけでなく、意味も正反對である。ちなみに、さらに後に書かれた『漢書』藝文志「諸子略」の總序には、

『易』曰、「天下同歸而殊塗、一致而百慮。」

とある。これは、『史記』太史公自序「六家之要指」の思想をよく理解しながらも、表現はそれを採用せず、テキストとして十分、安定するに至った通行本『周易』繫辭下傳を引用したものである。この問題については、以下の兩拙論を參照。

池田知久「『馬王堆漢墓帛書周易』要篇の研究」

池田知久「『馬王堆漢墓帛書周易』要篇の思想」

(47) 本書第6章の第3節を參照。

(48) 前漢における儒教國教化の問題に關する研究史の總括と新しい見解の提示については、福井重雅『漢代儒教の史的研究―儒教の官學化をめぐる定説の再檢討―』の緒言「漢代儒教の官學化をめぐる諸問題」、第一編「五經博士の研究」、第二編「董仲舒の研究」を參照。筆者の見解は、福井教授のそれを基本的に支持するものであるが、拙著（共著）『中國思想史』、第一章、四「儒教國教化と道教・佛教」にまとめて示してある。

(49) 本書第1章の第6節、及びその注釋（32）を參照。

(50) 本書第6章の第4節を參照。

(51) しばらく後、後漢の王充は『論衡』問孔篇において、

問曰、「子文擧子玉、不知人也。智與仁、不相干也。有不知之性、何妨爲仁之行。五常之道、仁義禮智信也。五者各別、不相須而成。故有智人、有仁人者、有禮人、有義人者。人有信者未必智、智者未必仁、仁者未必禮、禮者未必義。子文智蔽於子玉、其仁何毀。謂仁、焉得不可。」

と書いているが、この文章は、當時、すでに十分オーソドックスと化していた『漢書』藝文志の、「六經」や「五常」は統一・總合されなければならないとする思想を批判したものであろう。拙著『馬王堆漢墓帛書五行篇研究』の第二部、第十九章説の注（25）を參照。

參考文獻

中埜肇「ヘーゲルの哲學史」　田中美知太郎編集『講座　哲學大系』第二巻「哲學の歴史」　人文書院　一九六三年

金谷治「思想史とは何か」　赤塚忠・金谷治・福永光司・山井湧編集『思想史』中國文化叢書3　大修館書店　一九六七年

木村英一「中國思想史學の對象について」　木村英一博士頌壽記念事業會『中國哲學史の展望と模索』　創文社　一九七六年

木全德雄「思想史研究の方法論に關する二三の問題」　木村英一博士頌壽記念事業會『中國哲學史の展望と模索』　創文社　一九

七六年
柴田隆行「哲學史概念の成立」　廣松涉・坂部惠・加藤尙武『講座　ドイツ觀念論』5　弘文堂　一九九〇年
福井文雅「中國思想研究の在り方について」『中國思想研究と現代』隆文館　一九九一年
鄭鶴聲『司馬遷年譜』　商務印書館　一九三三年
錢基博『讀莊子天下篇疏記』　人人文庫　臺灣商務印書館影印本
鈴木由次郎『漢書藝文志』　中國古典新書　明德出版社　一九六八年
倉石武四郎『目錄學』　東京大學東洋文化研究所附屬東洋學文獻センター刊行委員會　一九七三年
池田知久「淮南子要略篇について」　井上順理他編『池田末利博士古稀記念東洋學論集』　池田末利博士古稀記念事業會　一九八〇年
赤塚忠「『呂氏春秋』の思想史的意義」『赤塚忠著作集』第四卷　研文社　一九八七年
池田知久「莊子――『道』の哲學とその展開」　日原利國編『中國思想史』（上）　ぺりかん社　一九八七年
池田知久『淮南子――知の百科』　中國の古典　講談社　一九八九年
清水茂『中國目錄學』　筑摩書房　一九九一年
楠山春樹「『禮記』曾子問篇に見える老聃について」『道家思想と道教』　平河出版社　一九九二年
興膳宏・川合康三『隋書經籍志詳攷』　汲古書院　一九九三年
池田知久『馬王堆漢墓帛書五行篇研究』　汲古書院　一九九三年
池田知久「『馬王堆漢墓帛書周易』要篇の研究」　東京大學東洋文化研究所『東洋文化研究所紀要』第一二三册　一九九四年
池田知久「『馬王堆漢墓帛書周易』要篇の思想」　東京大學東洋文化研究所『東洋文化研究所紀要』第一二六册　一九九五年
福井重雅『漢代儒敎の史的研究―儒敎の官學化をめぐる定說の再檢討―』　汲古書院　二〇〇五年
溝口雄三・池田知久・小島毅共著『中國思想史』　東京大學出版會　二〇〇七年

第15章　日本における林希逸『莊子鬳齋口義』

第1節　初めて林希逸『莊子鬳齋口義』を讀んだ惟肖得巖

A　惟肖得巖と彼以前の『莊子』讀解

B　惟肖得巖以後の『莊子』讀解

第2節　林羅山における朱子學と『三子鬳齋口義』

A　林羅山の『三子鬳齋口義』重視

B　『三子鬳齋口義』の重視された因由

第3節　林希逸の人物と思想

A　林希逸の人物と學問の系統

B　林希逸の三教一致論

C　林希逸における佛教

D　林希逸における道家思想と儒教の役割

E　林希逸の「心學」と林羅山

第4節　江戸時代における林希逸『莊子鬳齋口義』の盛衰

A　江戸初期における『三子鬳齋口義』の盛行

B　荻生徂徠の登場と『三子鬳齋口義』の衰退

注　釋

參考文獻

日本の古代より現代に至る思想史の展開の中で、『莊子』を始めとする道家の諸思想が日本人にどのように受け入れられ、どのように理解されたか、また、それらが日本思想史の展開に對してどのような影響を與え、どのような役割を演じたかという問題は、改めてことわるまでもなく、相當に重要でかつ意味のある研究テーマである。

しかし、殘念なことであるが、今のところ、筆者にはこのテーマに關して全面的に解明するだけの用意がない。それで、本章においては、日本の近世思想史における格別に顯著な現象、すなわち、この時期の日本で林希逸『莊子鬳齋口義』が非常に盛行したという事實について述べたいと思う。

さて、古來、日本では、『莊子』という書物を讀む場合には郭象の『注』を用いて讀んでいた。ところが、室町時代（一三三六年～一五七三年）も十四世紀末になると、五山の禪僧たちが林希逸の注釋、つまり『莊子鬳齋口義』を用いて『莊子』を讀み始める。林希逸『莊子鬳齋口義』を用いて『莊子』を讀むというこのやり方は、日本朱子學の開祖である林羅山（一五八三年～一六五七年）も同様であって、彼はただ『莊子』だけでなく、『老子』『列子』も林希逸の注釋、つまり『老子鬳齋口義』『列子鬳齋口義』を用いて讀み、その上、同時にこのやり方を他の人々にも推奬した。そのために、林羅山の強い影響の下、江戸時代（一六〇三年～一八六七年）の十八世紀半ばに至るまで、日本ではずっと林希逸の『老子鬳齋口義』『莊子鬳齋口義』『列子鬳齋口義』が盛行したのである。

しかし、江戸時代も十八世紀半ばになると、荻生徂徠（一六六六年～一七二八年）の學派が思想內容の點でも研究方法の點でも嚴しく『三子鬳齋口義』を批判するに至り、これが原因の一つとなって『莊子鬳齋口義』の盛行が急速に終息してしまう。研究方法について言えば、徂徠學派は、その「古文辭學」という學問方法論の立場から、『莊子』を讀む場合に郭象『注』を用いるべきことを主張したし、かつまた、實際に郭象『注』を用いて『莊子』を研究したからである。この時以來、現代に至るまで、日本では、林希逸『莊子鬳齋口義』を重んずる人はほとんどいなくなっている。

上に述べた日本の十四世紀より十八世紀に至る『莊子』の注釋書の盛衰は、色々な角度から見て、大いに檢討に値いする現象ではなかろうか。と言うのは、

第一に、この現象の檢討する營みの中から、『莊子』と郭象と林希逸の三者の思想の異同や、この間の道家思想の歷史的な展開などを論ずることができる。

第二に、林羅山を開祖とする日本朱子學の特徵や、朱子學派と徂徠學派との對立點などを明らかにし、このことを通じて日本近世思想史の諸問題を考えることができる。

第三に、林希逸の學問の系統をさかのぼると、その源は程伊川の宋學に達するのであるが、こうした事實に基づいて考えて、日本の朱子學と中國の朱子學との比較研究を深めることができる。

と考えられるからだ。

本章は、以上の三つの目標を筆者が初步的に檢討してみた、ごくささやかな研究成果である。

第1節　初めて林希逸『莊子鬳齋口義』を讀んだ惟肖得巖

A　惟肖得巖と彼以前の『莊子』讀解

日本で最初にこの書、林希逸『莊子鬳齋口義』を手に入れて林希逸の思想に基づいて『莊子』を講義した人は、禪僧の惟肖得巖であるらしい(1)。後に、林羅山は「老子口義跋」において、

本朝古來讀『老』『莊』『列』者、『老』則用河上公、『莊』則用郭象、『列』則用張湛、而未嘗有及希逸『口義』者。近代南禪寺沙門岩惟肖、嘗聞『莊子』于耕雲老人明魏、而后惟肖始讀『莊子希逸口義』、爾來比比皆然。雖然未及『老子希逸口義』、至於今人皆依河上。余嘗見道書全書、載『老子』數家注。又有『老子翼』、有『老子通』、且又有林兆恩所解者、不遑枚數。希逸視諸家最爲優。今余隨見隨點、而附倭訓于旁。他日雖有風葉之可校、而又吾家之敝帚在于茲歟。元和戊午孟春吉日辰令。（『林羅山文集』卷五十四）

と往事を回顧している(2)。

惟肖得巖の傳記は、『本朝高僧傳』卷第四十の「京兆南禪寺沙門得巖傳　延寶傳燈錄二十七」に見えている(3)。

釋得巖、號惟肖、備州人也。年十六上京師、從草堂芳禪師、鬀染稟具、參詳歲久、有所私淑。性氣睿敏、經史子集、無不搜抉、以文馳名。大將軍義持源公招居相國西堂、盛待顧遇、歷住攝之棲賢、洛之眞如萬壽天龍、陞董南禪寺。小參垂語曰、「鐘鼓鏜鞳、燈燭交羅、見聞歷歷、無自無佗。於此領略去、百艸頭上、罷卻干戈、其或不然、柔金撓指、亦須按過。」問答罷乃曰、「拈鎚豎拂、祖師門下、以黃葉而止啼。說妙談玄、衲僧面前、望梅林而慰渴。今朝開堂、有條攀條、今夜小參、謂之家敎、去卻之乎者也。」更不指東畫西、向三世諸佛命脈中、六代祖師骨髓裡、盡情傾倒、爲諸人說破去。良久云、「如人上山、各自努力、上堂。天何言哉、四時行焉、地何言哉、萬物生焉。春

陽已謝、來候云更、千村萬村嫩綠、一片兩片殘英、莔石鷃聲老、鳥衣燕舞輕、塵塵刹刹普門境、賺殺善財奔百城。」卓拄杖曰、「莫有直下構得底麼、看佗佛是一生成。」巖構雙桂院於龍山、謝事燕居、義學扣門者衆。巖又玩『莊子』、始講『鬳齋口義』、作鈔十卷。蓋以其中多用禪語、而世人難曉也。有語錄外文若干卷、曰『東海瓊華集』。

彼は延文五年（一三六〇年）生、永亨九年（一四三七年）卒。室町時代の五山の臨濟宗の禪僧であって、五山文學を代表する重要人物の一人である。(4)この『莊子鬳齋口義』が、中國から渡來した禪僧が日本に持ちこんだものであるのか、それとも日本の禪僧が中國に留學して持ち歸ったものであるのか、特に得巖自身が明朝に留學して彼の地から直接、移入したものであるのか、などの諸問題については、殘念ながらすべて未詳。

鎌倉時代の末期から室町時代を通じて、鎌倉の五山と京都の五山は、日本の文化・學問のほとんど中心であった。そして、注目に値いすることは、これら五山の佛寺において儒教（朱子學）も學ばれており、また『老子』『莊子』『列子』などの道家思想も學ばれていたという事實である。

さて、得巖は儒教と關係の深かった京都五山の、さらに上位に位置づけられていた南禪寺（の少林院）に入った。彼はここで佛教の修業を行ったのであるが、同時に儒教をも學び、そして『莊子』をも讀んだ。(5)惟肖得巖『東海瓊華集』の「畊雲老人壽像贊」に、

予比者同住山中閒、得剽聞緒言姬孔之籍、莊列之言及乎漢唐二史上下數千載事、質其疑徵其異聞。

とある。五山ではこのような三教一致論が支配的な地位を占めていて、『莊子鬳齋口義』もこのような雰圍氣の中で受け入れられ、また三教一致論を助長する方向で日本の思想界に影響を及ぼした、と一まず考えられる。

もともと朱子學創立の時代、すなわち宋代の禪宗は、儒佛一致論や三教一致論を唱えていた。これは、唐代の韓愈や北宋の歐陽修などに始まり、間もなく朱子學に承け繼がれることになる、儒教の佛教排擊の動きに對抗するためで

あった。それ故、中國（宋朝）から日本に歸化した僧侶たちは、日本に禪宗（臨濟宗）を傳えるとともに、併せて三教一致論をも傳えたし、また、日本の入宋僧たちは、禪宗と一緒に三教一致論をも持ち歸ったのであった。(6) 得巖もやはり三教一致論者であって、「三教圖」に贊語を寄せて、

合歸于一劈成三、唐梵云云付口譚、更有主人無面目、傳言贈語彼指南。

と記している。(7)

得巖より以前の時代には、『莊子』を讀む場合に郭象の『注』と成玄英の『疏』を用いていた。上引の林羅山「老子口義跋」に、

本朝古來讀『老』『莊』『列』者、『老』則用河上公、『莊』則用郭象、『列』則用張湛。

とあったとおりであり、また、これが事實であることは、日本に現存する最古の『莊子』の寫本である「高山寺本」は鎌倉時代（一一八五年～一三三三年）の寫本であるが、それに郭象『注』が附隨していることによっても證明される。ただし、このころは郭象『注』、すなわち郭象思想に對する深い正確な理解は、まだなかったと考えなければならない。恐らく、單なる訓詁・字義の注釋として利用していたにすぎないようである。(8)

得巖の師は耕雲老人、子晉明魏と言う。明魏も『莊子』を講義する際にはやはり郭象『注』を用いていたはずで、上引の林羅山「老子口義跋」に、

本朝古來讀『老』『莊』『列』者、『老』則用河上公、『莊』則用郭象、『列』則用張湛、而未嘗有及希逸『口義』者。近代南禪寺沙門岩惟肖、嘗聞『莊子』于耕雲老人明魏、而后惟肖始讀『莊子希逸口義』、爾來比比皆然。

とあるのも、そのことを暗示している。(9) それ故、得巖に至って始めて、郭象『注』を棄てて『鬳齋口義』を用いて『莊子』を講義するようになったのだ。

B　惟肖得巖以後の『莊子』讀解

こうして五山では、『莊子口義』の存在が廣く人々に知られるようになっていく。やや後れて室町時代中期の僧、景徐周麟も「希逸字偈序」の中で、

劉宋之有謝希逸也。……趙宋之有林希逸也。（『翰林胡蘆集』第八）

と言って、林希逸の姓名を知っているが、『莊子口義』の撰者としての姓名を知ったにちがいない。また、月舟壽桂『幻雲文集』の「遊雲說」に、

天遊何也。南華眞人所著逍遙遊篇是也。竹溪林鬳齋註之曰、「『論語』之門人形容夫子、只一樂字。三百篇之形容人物、如南有樛木、如南山有臺、曰『樂只君子』、亦止一樂字。所謂逍遙遊、卽『詩』也、『語』也、所謂樂也。」又云、「藐姑射之山有神人、乘雲氣御飛龍、而遊乎四海之外。」良有以哉。

とあるが、これは『莊子口義』逍遙遊篇の文章を引用したものである。[10] 當時、『莊子口義』を讀んで『莊子』の新しい思想的な解釋を試みた者も少なくなく、例えば、天隱龍澤・萬里集九・伯容見雍・一華老人などがそれであり、特に一華老人はよく分からない人物ではあるが、『希逸注抄』を編集している。[11]『莊子口義』を重んずる學風が五山を支配すると、それはやがて日本全國に擴がっていった。この閒の狀況は、林羅山が慶長七年（一六〇二年）に祖愽という人（京都の人、號は涸轍齋）に答えた手紙の中で、

今晨講『莊子』、比年之奇事也。忽思丙申年、東山十如院僧永雄讀此書、未果。距今殆七年于此。余時十有四歲、傾耳於側、雄以希逸『口義』讀之。余恨其不果。今足下以郭象『注』玄英『疏』、一一辨拆、可謂勤矣。余思『注

疏』雖古、而未若『口義』之爲明快也。況古人論郭象之霧露乎。足下據『注疏』、參之『口義』、其可也耶。余聞雄講時、了角童子、不辯菽麥。故其所聞、馬耳東風也。本朝昔儒讀『注疏』、不見『口義』。南禪寺巖惟肖、始讀『口義』。今時往往人皆得見之。足下宜相校以讀之、又是可相助發而已。今日之逍遙遊、他日爲天下篇也。至祝至祝。（『林羅山文集』巻第三「答祖博」）

と述べており、[12]また、林羅山の三男である林恕（號は鵞峯、一六一九年～一六八〇年）が、寛文元年（一六六一年）、林羅山の弟子である人見壹の『莊子鬳齋口義棧航』に寄せた序の中で、

龍皐僧得巖就明魏問郭『註』。既而得希逸『口義』佔畢之。自是以降、郭『註』癈而『口義』行矣。

と書いているのによって、明確に知ることができる。

第2節　林羅山における朱子學と『三子鬳齋口義』

A　林羅山の『三子鬳齋口義』重視

江戸時代に入ると、徳川幕府はその教學政策として儒教（朱子學）一尊を打ち出す。この點については、よく知られていることでもあるのでここでは解明を省略しよう。[13]

さて、徳川家康は朱子學者の藤原惺窩（一五六一年～一六一九年）を召して書を講ぜしめ、林羅山を幕府の儒官として

採用する。特に林羅山は、初代の徳川家康（一五四二年～一六一六年、一六〇三年～一六〇五年在位）、二代の徳川秀忠（一六〇五年～一六二三年在位）、三代の徳川家光（一六二四年～一六五一年在位）、四代の徳川家綱（一六五一年～一六七九年在位）の歴代の將軍に仕えたので、ここに林羅山の儒敎、すなわち朱子學は國敎の地位に上ることになった。

この林羅山は、一方で著名な朱子學者でありながら、他方で同時に林希逸『老子鬳齋口義』と『莊子鬳齋口義』を非常に好みよく研究していた。彼は、上に何度か引用したとおり、元和戊午（元和四年、一六一八年）に『老子鬳齋口義』に訓點を施しており、その跋で次のように言っていた。

本朝古來讀『老』『莊』『列』者、『老』則用河上公、『莊』則用郭象、『列』則用張湛、而未嘗有及希逸『口義』者。近代南禪寺沙門岩惟肖、嘗聞『莊子』于耕雲老人明魏、而后惟肖始讀『莊子希逸口義』、爾來比比皆然。雖然未及『老子希逸口義』、至於今人皆依河上。余嘗見道書全書、載『老子』數家注。又有『老子翼』、有『老子通』、且又有林兆恩所解者、不遑枚數。希逸視諸家最爲優。今余隨見隨點、而附倭訓于旁。他日雖有風葉之可校、而又吾家之敝帚在于茲歟。元和戊午孟春吉日辰令。（「老子口義跋」）

もともと林羅山という人は、文祿四年（一五九五年）から慶長二年（一五九七年）までの間、京都五山の一つである建仁寺に入り、そこで中國の書籍を學んだ人である。この時、彼は『莊子』を林希逸『鬳齋口義』によって學んでいる。と言うのは、五山においては、得巖以來、『莊子』を讀む場合に林希逸『鬳齋口義』を用いるという傳統がほぼでき上がっていたからだ。

林羅山が建仁寺の大統庵にいた時、大統庵に隣接する十如院の僧の英甫永雄が『莊子』を講義していた。彼はこの講義を聽講しているが、永雄が用いたテキストもやはり林希逸『鬳齋口義』であった。この間の狀況は、上引の祖博に答えた手紙の中に、

今晨講『莊子』、比年之奇事也。忽思丙申年、東山十如院永雄讀此書、未果。距今殆七年于此。余時十有四歲、傾耳於側、雄以希逸『口義』讀之。余恨其不果。

とあり、また、林恕が編集した『羅山先生年譜』の慶長元年（一五九六年）の條に、

先生十四歲、今茲永雄講『南華口義』。其所援用、屢請先生校出之。雄又講白氏「長恨歌」「琵琶行」、先生校雄所藏諸書、作之註鈔、人皆稱奇才。

とあるのによって明らかである。

この時以後、林羅山は『莊子』の各種の注釋の中では、林希逸『鬳齋口義』を最も高く評價するようになっている。上引の祖博に答えた手紙の中でも、

余思『注疏』雖古、而未若『口義』之爲明快也。況古人論郭象之霧露乎。

と言い、また、上引の、人見壹『莊子鬳齋口義棧航』に寄せた林恕の序の中に、

我先人羅山翁講經之暇、繙『南華口義』、粗記其出處於鼇頭百數十件、未畢而罷矣。

とあって、彼が『莊子口義』の出典を調べそのメモを作るなど、この注釋書を頗る重視しているのである。

なお、『老子』について述べれば、林羅山は建仁寺にいた時にはこれを學ばなかったらしい。恐らく、建仁寺を去って家に歸った後に、『莊子口義』に引かれて『老子口義』を讀んだのであろう。[14] 上述のとおり、彼は元和四年（一六一八年）に『老子口義』に訓點を施しているが、その增補改訂版を正保四年（一六四七年）、京都の書肆、林甚右衞門より刊行している。さらに、正保二年（一六四五年）には、

正保二年三月五日、『老子』全部以倭字抄解之畢。始于去月二十五日、至此終其章。依鈞〈欽〉命也。蓋演希逸『口義』云。（『老子諺解』自跋）

とあるように、三代將軍、徳川家光の命を承けて、『老子』を和文で解釋した『老子諺解』を書いているが、その解釋も『老子口義』によっている。(15)

B 『三子鬳齋口義』の重視された因由

江戸時代に入って、人々はなぜ林希逸『三子鬳齋口義』を重視するようになったのであろうか。

a 林羅山の推奬と如一卽非の來日

まず、第一に、何と言っても林羅山が『三子鬳齋口義』を好みこれらを推奬したからであるにちがいない。林羅山は徳川幕府の儒官であったから、彼の推奬が廣い範圍に少なからぬ影響力を發揮したであろうことは、誤解の生ずる餘地のない事實である。(16)

第二に、ちょうどこの時期に、林希逸の子孫である如一卽非（明の萬暦四十四年～清の康煕十年）(17)が來日したという事情を擧げることができる。如一は萬暦四十四年（一六一六年）福清の生まれ、十八歳で出家し隆琦の下で印可を受けた。先に來日していた隆琦の要請で萬治元年（一六五八年）に來日、以後、寛文十一年（一六七一年）に長崎で卒するまで日本に滞在していた人である。彼は來日の際に、家に傳えられていた『老子口義』の舊本を攜えてやって來た。このテキストと、日本に流布している『老子口義』のテキストを用いて、經文と注文を校訂し評點を施して（寛文四年（一六六四年）～寛文八年（一六六八年）の間に完成したようである。）、間もなくそれを刋行している。(18)

この書は『卽非老子經』という名稱で、寛文十年（一六七〇年）の『增補書籍目錄』より正徳五年（一七一五年）の『增益書籍目錄大全』に至る十二種の書籍目錄の內、十一種に一貫して斷えることなく記錄されており[19]、この事實は、當時この書がいかに人々に歡迎されたかを示してあまりがある。そして、ここに略述したような、如一卽非の來日や活動と『卽非老子經』の盛行などが、林希逸の『三子口義』に對する人々の興味をさらにかき立てたであろうことも、想像するに難くない。

しかしながら、以上に擧げた二つの原因・理由は、筆者にはあまりに外面的であり、あまりに偶然的であるように感じられる。もっと內面的で必然的な原因・理由が求めなければならないのではなかろうか。そうすると、我々はやはり林羅山が自らの思想の問題として、なぜ『莊子口義』を重視したのかという問題に逢着せざるをえない。

b　林羅山の『三子鬳齋口義』重視の因由

林羅山はなぜ『莊子口義』を重視したのであろうか。これは、殊に、林羅山が林希逸の思想に對してどのように共感を覺えたかという內容にまで踏みこんで檢討しようとするならば、なかなか解明することの難しい問題であり、日本の內外においてこの方向で解明を行っている論文・著書は存在していないようである[20]。その上、筆者は中國の朱子學や日本の思想史を硏究する專門家でもないから、この問題を正しく解明する能力は勿論、全く持っていないけれども、三教一致論の視角から敢えて二三の感想を述べさせていただくことにする。

一つには、すでに上文で略述したとおり、鎌倉時代末期以來、日本においては五山の禪僧たちを中心として三教一致論が盛んに唱えられていた。林羅山にしても江戶時代初期の知識人にしても、この三教一致論という syncretism の大きな潮流の中で生きていたのだ。だから、日本朱子學の開祖と稱される林羅山も當然のことのように自然に、一方で儒敎つまり朱子學を信奉しながら、他方で『老子』『莊子』をも愛好し、また佛敎をも完全には排擊しないのであった。例えば、彼が慶長十二年（一六〇七年）～元和二年（一六一六年）に松永貞徳（號は頌遊）に宛てた手紙「自駿府遺頌遊状」の第七件に、

> 孔子と尺迦との言、相似たる事を云へり。予すでに、さきに申をき侍りし、其相似たる事、何足怪乎。儒書を佛書にぬすみ、入置る故や。又は、諸人の日用の事なれば、佛の云れたる事もありこそするらめ。……又、僧になりて或翻譯し、或は書論作れるも、儒者の言、其外『荘』『老』『列』の書を皆とると見へたり。然則、孔子と佛との言語、相似たる事、何、なしと言はんや。何ぞあやしみとせんや。（『羅山林先生外集』巻第十）

とあり、第十二件に、

> たとへば、我道は大木なり、佛老は葛藤なり。大木あらざれば、葛藤生長する事なりがたし。故に大樹によりて生茂するほどに、是れを寄生となづく。然共、葛藤あまりに生長すれば、大木いたみて、枝幹枯れなんとす。已にかれぬれば、なを大木倒れなんとす。大木倒れぬれば、葛藤も又、何、生長せんや。若、葛藤をきりたひらげて、大木を封植せば、まことに天下國家の棟梁ともなすべし。儒道はひとりたつべし。佛は我道によらずんば、立べからず。故に、ややもすれば、三教吸醋と言。ともすれば、我遺三聖と言うたていかな。我道は堅白也、異端より合て、いかにすりくろますとも、何、うすろがんや。何、けがれんや。然共、同くいすり、くろまされぬはよし歟。烏乎ひとつ口にいわれん事、太山秋毫のみならんや。此大木葛藤のたとへ、をそらくは不易の論なり。
> （『羅山林先生外集』巻第十）

とある。これらは恐らく佛教を排撃することに主眼があったのではあろうけれども、しかし、また佛教を容認或いは包攝する論理をも含んでいることは明らかである。

二つには、林希逸『三子鬳齋口義』が、三教一致論の書物としては相當によくできていたからである。『老子』『荘

子』『列子』の様々の注釋書の中で、全面的に三教一致論を掲げていて、しかも比較的早く日本社會に現れ、その上さらに學問的にもよくできている書物は、この『三子鬳齋口義』を措いて他に見つからないのではなかろうか。（林希逸の三教一致論の、より具體的な内容については、本章の第３節でさらに解明する。）

三つには、『三子鬳齋口義』の盛行は、日本朱子學の形成と發展にとって、その推進者或いは補完物としての役割を果たしたのではないかと考える。しばらく後、朱子學者の貝原益軒（一六三〇年～一七一四年）はその著『愼思錄』（正德四年（一七一四年）の成書）卷之五において、

『老』『莊』之說、固與聖人之道相懸絕。論之不可不嚴。然傷太嚴、則不能平直、而中其病。宋儒之辨『老』『莊』、往往有此病。其所謗與彼書之本意、不相合者亦多矣。恐不免爲冤枉。爲彼學者、所以不心服也。然程朱之辨『老』『莊』、亦甚嚴者、是恐有深意。學者之所宜思也。林希逸取宋儒之意註『老』『莊』。然與『老』『莊』之本意、不相合者多矣。

と述べているが、これは日本朱子學が『鬳齋口義』をどのように意義づけていたかを語る格好の資料と言うことができよう。

振り返って考えてみれば、もともと鎌倉末期以來の五山の禪僧たちは、佛教の信仰を中心にしながら道家思想（老莊）と儒教（朱子學）を包攝してきた。林羅山においては、これら三者の關係が逆轉して、儒教（朱子學）を中心にしつつ道家思想と佛教を容認する、という風に變わったのである。したがって、朱子學に卽して見るならば、かつては從の立場であったものが今は主の立場に躍り出た、ということになる。このような客觀的な大狀況の變化の中で『鬳齋口義』の果たした役割については、今後、一層深く研究されなければならない。

四つには、林羅山における日本朱子學が、どのような性質を具えていたかという問題がある。中國の朱子學は道家

思想を批判し、また佛教排撃を提唱するので、その限りでは純粋な性質の儒教であると言ってよい。ところが、日本の朱子學はもともと禪僧の手で育てられたものであるから、道家思想とも佛教とも握手するという性質を持っている。

より具體的に述べるならば、林希逸『莊子鬳齋口義』自體に朱子學を批判した箇所がある。[21] しかし、林羅山はそうであるとは氣がつかなかったらしく、この種の問題に關して彼はかなり鈍感である。また、中國の朱子學と林羅山はどちらも佛教排撃を主張する。この點は、林羅山と佛教に造詣の深かった林希逸とが、當然對立して然るべきところであるにもかかわらず、彼は『鬳齋口義』の内部に含まれる佛教を非難することが全くないようである。彼は後に徳川幕府の命令に從って法體となり、僧位を受けているという事實もあるから、この佛教排撃というテーマについては、彼に向かって中國朱子學と同じ態度を過度に要求したり、或いは近代的な思想家のエートスを嚴しく要求したりしない方がよいかもしれない。このような林羅山を中心とした江戸時代初期の日本朱子學は、明らかに中國のそれとは異なるものであって、これをもなお「朱子學」と呼ぶべきであるか否かについては、いささか疑問の生ずるところではなかろうか。いずれにしても、この時期の日本朱子學が過渡的な性質を具えていたことは確かである。

第3節　林希逸の人物と思想

ここで、林希逸の人物と思想或いは學問について簡單に觸れておきたい。

A　林希逸の人物と學問の系統

林希逸の傳記は、『宋元學案』巻四十七「艾軒學案・樂軒門人　舍人林竹溪先生希逸」に、

> 林希逸、字肅翁、號竹溪、福清人。端平進士。淳祐中、遷祕省正字。景定中、官司農少卿。終中書舍人。有『鬳齋集』『易義』『春秋傳』『考工記解』。（雲濠案、『鬳齋前集』六十卷、『易義』、『春秋傳』倶佚。『鬳齋續集』三十卷、『考工記解』二卷行世。）

とある(22)、のなどによって知ることができる。それらによれば、彼は紹熙四年（一一九三年）或いは紹熙五年（一一九四年）福清縣に生まれた。曾祖父の林昌言は紹熙年間の進士である。字は肅翁、またの字は淵翁、號は竹溪、またの號は鬳齋或いは獻機。端平二年（一二三五年）進士に及第し、初め平海軍節度推官となり、淳祐六年（一二四六年）祕書省正字に遷るなどしたが、最後は中書舍人で終わった。卒年は未詳であるけれども、咸淳五年（一二六九年）に「後村行狀」という文章を撰しており、この時まだ生存していることが確認される（七十六歳或いは七十七歳）。

林希逸の著作はかなり多いが、現存しているものとしては、『考工記解』二卷、『老子鬳齋口義』二卷、『莊子鬳齋口義』十卷、『列子鬳齋口義』二卷、『鬳齋續集』三十卷、『竹溪十一稿詩選』一卷、「心游摘稿序」などがあるにすぎない。

林希逸の學問の系統は、以下のとおり。

程頤（號伊川）—尹焞（號彥明）—林光朝（號艾軒）—林亦之（號網山）—陳藻（號樂軒）—林希逸

彼の先生は樂軒、樂軒の先生は網山で、さらにさかのぼるならば、程伊川に連なる人ということになる(23)。

程伊川の莊子に對する見方を示す文章としては、『二程全書』卷八に、

莊子有大底意思、無禮無本。

莊子叛聖人者也。而世人皆曰、「矯時之弊。」

とあって、その評價は頗る低いと言わなければならない。莊子についてではないけれども、艾軒には次のような文があって參考にすることができよう。

儒釋之分、若青天白晝。（『艾軒集』卷六「與泉州李倅」）

しかし、この學問の系統の中において、莊子に對する評價は次第に高まっていった。景定改元の年（一二六〇年）に林希逸の友人である林經德が書いた『莊子鬳齋口義』莊子後序には、

余少侍樂軒陳先生、聞其緒餘之論、頗知好之、而未能盡通其章句。其後與竹溪共遊兩學、時取而共讀之。喜其剖析之明、而離合不常、所聞無幾、然而好之益甚矣。既成進士、南歸閑居之日久矣。遂得究力於諸經、其於此書也、愈讀愈好而愈疑之。蓋此書之所以難通者、字義多異於吾書、言論或違於先聖。……戊午訪竹溪於溪上、因語而及。溪忽謂我曰、「余嘗欲爲南華老仙洗去郭向之陋、而逐食轉移、未有閉戶著書之日。憂患廢退以來、遂以此紓憂而娛老、今書幸成矣。」余喜而就求之、歸而亟讀之。……於是作而言曰、「南華之書斯世所不可無、竹溪之解亦南華所不可無者也。」蓋竹溪之學、得於樂軒、樂軒得之網山、網山得之老艾。歷三世之傳、而無旁出者。竹溪既盡其師之傳、又蒐獵釋老諸書於六經子史之外。……竹溪林氏、名希逸、字肅翁。嘗爲文字官矣。今以寶謨直、主王局觀。鬳齋、其書室也。其諸文頗似『莊子』。此書以口義名者、謂其不爲文、雜俚俗而直述之也。景定改元中和節。宣教郎知邵武軍建寧縣林經德序。

とあり[24]、また、景定辛酉の年（一二六一年）に林同という人が書いた『莊子鬳齋口義』序には、

鬳齋先生玉堂林公、得聖人之道於樂軒。樂軒之視漆園、所謂後世之子雲。鬳齋之於樂軒、則太玄之侯芭也。於是出而爲之著其篇焉、分其章焉、析其句焉、明其字焉。……豈惟老仙將雀躍於九萬里之上、樂軒亦必且手舞足蹈於瞻前忽後之閒矣。或曰、「以性命之書加訓詁之學、若朱夫子所謂集大成者、其自『易經』以至『騷詞』、莫不有釋、乃獨闕然於『莊』書、將無不可哉。」同曰、「上規姚姒、下逮『莊』『騷』、非韓公之言乎。晉宋人未足盡『莊』『老』實處、非朱子之言乎。不然豈其猶有所未盡耶、抑果有所待而然耶。鬳齋之功、當不在朱子下矣。」……景定辛酉季夏望日。石塘林同謹書。

とある。

このように、林希逸の思想的な立場は、やはり儒教であって廣義の理學に屬しているが、荒木見悟教授によれば、この學問の系統には程伊川や朱子の「理」の理論が持っている窮屈さやリゴリズムはないと言う。(25)

B　林希逸の三教一致論

林希逸は、自分自身は儒者でありながら道家思想と佛教（禪宗）をもよく研究し、しかも道家思想と佛教（禪宗）を全く同じものと見なしてそれらに傾倒した。例えば、『莊子鬳齋口義』發題で、

『大藏經』五百四十函、皆自此中紬繹出。

と言い、『莊子鬳齋口義』駢拇篇で經文を引用した後、

此數語之中、如所謂聰者、非謂其聞彼也、自聞而已矣。所謂明者、非謂其見彼也、自見而已矣、一『大藏經』不過此意。

と言っているが、これらは『莊子』と『大藏經』を完全に同一視した文章である。

これら以外に、一般に道家思想と佛敎の關係について、林希逸はどのように見ていたかと調べてみると、相當多くの資料を見出すことができる。例えば、『莊子』天下篇の莊周論に、

寂漠无形、變化无常。死與生與、天地竝與、神明往與。芒乎何之、忽乎何適。萬物畢羅、莫足以歸。古之道術、有在於是者。莊周聞其風而悅之。……

とあるのに對して、『鬳齋口義』は、

死與生與、不知生死也。據此一句、卽知釋氏之學、其來久矣。

と注釋し、また、『莊子』知北遊篇の知北遊章に、

黃帝曰、「……夫知者不言、言者不知。故聖人行不言之敎。」

とあるのに對して、『鬳齋口義』は、(26)

知者不言、此是達磨西來、不立文字、直指人心、見性成佛。不言之敎、卽維摩不二法門也。

と注釋し、また、『莊子』天道篇の夫虛靜恬淡章に、

夫虛靜恬淡、寂漠无爲者、天地之平、而道德之至。故帝王聖人休焉。休則虛、虛則實、實者倫矣。

とあるのに對して、『鬳齋口義』は、

虛則實、卽禪家所謂眞空而後實有也。

と注釋し、また、『莊子』大宗師篇の三人相與友章に、

子桑戶孟子反子琴張三人相與友曰、「孰能相與於无相與、相爲於无相爲。孰能登天遊霧、撓挑无極、相忘以生、无所終窮。」三人相視而笑、莫逆於心。遂相與友。

とあるのに對して、『鬳齋口義』は、

莊子雖爲寓言、而『禮記』所載原壤貍首之歌、則知天地之間、自古以來、有此一等離世絕俗之學。今人但云、「佛至明帝時、始入中國。」不知此等人、不待學佛而後自有也。

と注釋し[27]、さらに、『列子』天瑞篇に、

生者、理之必終者也。終者不得不終、亦如生者之不得不生。而欲恆其生、畫其終、惑於數也。精神者、天之分。骨骸者、地之分。屬天、淸而散。屬地、濁而聚。精神離形、各歸其眞、故謂之鬼。鬼、歸也、歸其眞宅。黃帝曰、「精神入其門、骨骸反其根、我尙何存。」

とあるのに對して、『鬳齋口義』は、

此段正言生死之理、說得自是分曉。死生、常理也、而貪生者常欲求生。畫、止也。畫其終、欲止而不終也。惑於數、言爲長短之數所惑也。精神屬於天、骨骸屬於地、『圓覺』四大之說也。分者、分與之也。入其門、言歸其所自出之地也。反其根、言反其所始之地也。精神骨骸既各復其初、則今者之我尙何存乎。此卽『圓覺』所謂今我法身、當在何處也。朱文公於此謂釋氏剽竊其說、恐亦不然。從古以來、天地閒自有一種議論如此。原壤卽此類人物。佛出於西方、豈應於此剽竊。詆之太過、則不公矣。

と注釋している。

以上のいくつかの文章はいずれも、後漢時代の明帝の時になって、始めてインドから傳來したとされる佛敎の諸思想が、實は中國の『莊子』『禮記』『列子』などの中に古くからすでに存在していたのだ、という形の三敎一致論を唱えたものである。その後、淸代になって、このような『莊子鬳齋口義』の實態を熟知した錢謙益は、『牧齋有學集』卷五十「題石天洞書」の中で、林希逸が禪宗をもって『莊子』に注した點を鋭く批判している。

C　林希逸における佛教

林希逸は、若いころから佛書（と道家）に親しみ佛教に傾倒していたが、このことには師の樂軒（陳藻）から被った影響や、さらにさかのぼって艾軒（林光朝）からの影響もあったようである。『莊子鬳齋口義』發題に、

是必精於『語』『孟』『中庸』『大學』等書、見理素定、識文字血脈、知禪宗解數、具此眼目、而後知其言意一一有所歸著、未嘗不跌蕩、未嘗不戲劇、而大綱領大宗旨、未嘗與聖人異也。若此眼未明、強生意見、非以異端邪說鄙之、必爲其所恐動。或資以誕放、或流而空虛、則伊川淫聲美色之喩、誠不可不懼。希逸少嘗有聞於樂軒、因樂軒而聞艾軒之說、文字血脈稍知梗槩。又頗嘗涉獵佛書、而後悟其縱橫變化之機、自謂於此書稍有所得、實前人所未盡究者。

とあり、『莊子鬳齋口義』駢拇篇に、

先師嘗曰、「佛書最好證吾書。」證則易曉也。

とあり、『莊子鬳齋口義』在宥篇の賤而不可不任者章に、

樂軒曰、「儒者悟道、則其心愈細、禪家悟道、則其心愈麤。」此看得儒釋骨髓出、前此所未有也。如『莊子』此段把許多世間事喚做卑、喚做粗、中間又著箇不可不三字、似此手脚便麤了、便無「惟精惟一、允執厥中。」氣像。若分別得這麤細氣像出、方知樂軒是悟道來、是具大眼目者。他人闢佛、只說得皮毛、他既名作出世法、又以絕人類去倫紀之說闢之、何由得他服。

とあるのを見られたい。

しかし、師から影響を被ったというだけでなく、林希逸自身が佛教に求め、従うところがあったはずで、そのことは上に引用した林經德の莊子後序も、

竹溪既盡其師之傳、又蒐獵釋老諸書於六經子史之外。

と證言している。また、彼は當時の禪僧たちとしきりに親しく交わっており、例えば、同郷の枯崖圓悟が編集した『枯崖和尚漫錄』に、景定四年（一二六三年）、彼は跋文を書き、

此集所記、皆近世善知識也。中閒如柔萬庵、元雙杉、皆余舊方外友也。

と述べているとおりである。(28)

それでは、林希逸が求め、従った佛教とは、一體いかなる佛教であったのだろうか。この問題については、すでに荒木教授が「林希逸の立場」で深い追究を行っているので、ここではそれを紹介し補強する形で筆者の見解を述べることにしたい。――さて、林希逸が求め、従った佛教とは、人々の日常生活に活力を與える、生き生きとした佛教であり、その限りでは儒教の倫理思想とも一致することのできる禪宗でなければならなかった。例えば、上に引用した『莊子鬳齋口義』天道篇の夫虛靜恬淡章に、

虛則實、卽禪家所謂眞空而後實有也。

とあったが、この「眞空卽實有」の禪風こそが彼の最も好むものであり、それはまた「全體大用」という思想とも同じことになる。『莊子』秋水篇の河伯・北海若問答に、

河伯曰、「然則何貴於道邪。」北海若曰、「知道者、必達於理。達於理者、必明於權。明於權者、不以物害己。」

とあるのに對して、『鬳齋口義』が、

此一問又好。言既聽造化之所爲、則人亦不必學道矣。朱文公問答書中、廖德明亦曾有此問。文公皆不曾答。想難

言也。……莊子見道、自是親切。特讀其書者、看它不破。道、總言也。理、事物各有之理也。權、用之在我者。

有道之全體、而後有此大用也。

と注釋しているのを見られたい。

さらに具體的に言うならば、例えば、『莊子鬳齋口義』至樂篇の莊子・惠子問答に登場する大惠（慧）宗杲のような「學佛者」こそが、林希逸の求めてやまない理想であった。『莊子』至樂篇の莊子・惠子問答に、

莊子妻死。惠子弔之。莊子則方箕踞、鼓盆而歌。……莊子曰、「……人且偃然寢於巨室、而我噭噭然隨而哭之、自以爲不通乎命。故止也。」

とあるのに對して、『鬳齋口義』は、

李漢老因哭子而問大惠、以爲不能忘情、恐不近道。大惠答云、「子死不哭、是豺狼也。」此老此語、極有見識。其它學佛者、若答此問、必是胡說亂道。

と注釋している。

このように、「大惠（慧）禪」とは人々の日常生活と密切に關係する佛敎であり、或いはまた、人間性にあふれる新しい禪宗であった。そして、『莊子鬳齋口義』が引用している佛經と佛家は、大體のところみな、筆者が今述べたのと同じような色彩を具えている。それとは反對に、林希逸の最も嫌ったものは、人々の日常生活と全く無關係の「默照邪禪」であった。『莊子』刻意篇に、

故曰、「形勞而不休則弊、精用而不已則勞。勞則竭。」水之性、不雜則清、莫動則平、鬱閉而不流、亦不能清、天德之象也。

とあるのに對して、『鬳齋口義』は、

曰、「鬱閉而不流、亦不能清。」則非全然如枯木死灰矣。……鬱閉而不流、則是禪家所謂「坐在黑山下鬼窟裏」、所謂默照邪禪也。

と注釋している。

D　林希逸における道家思想と儒教の役割

次に、林希逸が道家思想（とりわけ『莊子』）と儒教の異同、或いは兩者の關係をどのように見ていたかについて考えてみよう。このテーマについては、彼の特色ある見方をいくつか指摘することができる。

第一に、林希逸は、道家思想を「枯木死灰」を目指すものであって、人々の日常生活と全く無關係の、活力のない頽廢的な、人類・國家と社會を超越してその倫理と政治などのあり方を顧みない、「空寂」の思想であると見なすことに極力反對した。例えば、上に引用した『莊子鬳齋口義』刻意篇に、

曰、「鬱閉而不流、亦不能清。」則非全然如枯木死灰矣。

とあり、また、『列子鬳齋口義』仲尼篇に、

以是觀之、則『莊』『列』之學、何嘗以槁木死灰爲主。

とあるとおりである。そこで、彼は道家思想が、人類・國家・社會の倫理と政治などにとっていかに有用であるかを、『三子鬳齋口義』の至るところで強調している。例えば、『莊子鬳齋口義』天道篇の本在於上章に、

此數句甚平正。精神之運、心術之動、然後從之、蓋言皆由內心以生、非由外鑠我也。末學者、古人有之、而非所以先。此一句尤好。看得『莊子』、何嘗欲全不用兵刑禮樂。

とあり、同じく『莊子鬳齋口義』天下篇の莊周論に、

彼其充實、不可以已者、言其書之中、皆道理充塞乎其閒。亦世閒所不可無之書也。……上遂者、可以上達天理也。

其言雖皆無爲自然、而用之於世、則應於敎化、而解釋物理。謂可以化俗而明理也。

とある。

第二に、林希逸は、『老子』『莊子』など道家の書のあれこれの思想や表現が、儒教の經典のあれこれの思想や表現と一致していることを、一つ一つ具體的に例を擧げて主張した。この種の主張は『鬳齋口義』の中に非常に多く認められ、枚擧するに暇がないほどであるけれども、ここではただ一つの文章を紹介するだけに止めたい。『莊子鬳齋口義』駢拇篇に、

此數語之中、如所謂聰者、非謂其聞彼也、自聞而已矣。所謂明者、非謂其見彼也、自見而已矣、一『大藏經』不過此意、安得此語。若此等語、皆莊獨到不可及處。這一彼字、不是輕可下得。禪家所謂狂犬逐塊、所謂幻花又生幻果、便是這箇彼字。自得其得、自適其適、卽自見自悟也。大抵分別本心與外物耳。不得其本心、而馳騖於外、則皆爲淫僻矣。自聞、自見、若在吾書、卽『論語』所謂「默而識之」、『易』所謂「默而成之、不言而信」、『孟子』所謂「施於四體、不言而喩」、伊川『春秋傳序』曰、「優游涵沫、默識心通」、皆是此意、但說得平易爾。晦翁徽象山之學、謂江西學者、皆楊〈揚〉眉瞬目、自說悟道、深詆而力闢之。故『論語集解』以識音志、曰默而記之爾。『孟子』「不言而喩」、亦曰不待人言而自喩、不肯說到頓悟處、蓋有所懲而然、非『語』『孟』二書之本旨也。若以伊川默識心通之語觀之、豈得音志乎。……先師嘗曰、「佛書最好證吾書。」證則易曉也。上不敢爲仁義之操、是爲善無近名也。下不敢爲淫僻之行、是爲惡無近刑也。道德、自然也。余恐有愧於道德、雖不爲近刑之事、亦不爲近名之事。近名則非自然矣。故曰、「余愧乎道德。」是以上不敢爲仁義之操、而下不敢爲淫僻之行也。觀『莊子』此

語、何嘗不正心修身。

とあって、『莊子』駢拇篇の一一の文が『論語』『周易』『孟子』などと一致すると主張されている。

第三に、林希逸は、さらにその上、道家思想と儒教とは「大綱領大宗旨」の點から見ても同じであり、兩者の間に矛盾はないと認めた。上に引用した『莊子鬳齋口義』發題の中に、

『大藏經』五百四十函、皆自此中紬繹出。……是必精於『語』『孟』『中庸』『大學』等書、見理素定、識文字血脈、知禪宗解數、具此眼目、而後知其言意一一有所歸著、未嘗不跌蕩、未嘗不戲劇、而大綱領大宗旨、未嘗與聖人異也。若此眼未明、強生意見、非以異端邪説鄙之、必爲其所恐動。或資以誕放、或流而空虛、則伊川淫聲美色之喩、誠不可不懼。

とあったとおりである。それ故、林希逸は、老子も莊子も彼ら自身は基本的に、格別、孔子や儒教を批判しようという意圖はなかったと考えている。例えば、『莊子鬳齋口義』在宥篇の賤而不可不任者章に、

此兩行最妙、最親切於學問、但讀者忽而不深求之。無爲而尊者、天道之自然也。有爲而累者、人道之不容不爲者也。上句便屬道心、下句便屬人心。此一累字、便與危字相近。……自賤而不可不任以下、至不可不察也、此『莊子』中大綱領處、與天下篇同。東坡以爲莊子未嘗譏孔子、於天下篇得之。今曰、莊子未嘗不知精粗本末爲一之理、於此篇得之。

とある。その他、『莊子鬳齋口義』の林同の序に、

漆園老仙之作是書也、……其初心豈曰、吾欲以此而垂世立敎哉。又豈曰、吾欲以此而崇老抑儒哉。奈之何讀之者之不之察也。非以虛無宗之、則以異端闢之。見既出塵、語又驚世。往往句讀之未盡通、字義之未盡明、則又以疑辭闕之、脫簡諉之。彼其心亦豈欲得此於後之人哉。

とあるが、この文章も林希逸の考えをほぼ正しく反映していると考えられる。

道家の思想家たちが書いた文章の中には、誤解の餘地なく明確に儒教を批判している箇所が含まれているが、しかしそのような箇所について、林希逸はただ「言語過當」であるにすぎないと辯護している。例えば、『莊子鬳齋口義』駢拇篇に、

莊子與孟子同時。孟子專言仁義、莊子專言道德。故其書專抑仁義、而談自然。亦有高妙處、但言語多過當。大抵莊子之所言仁義、其字義與孟子不同。讀者當知、自分別可也。

とあり、また、同じく駢拇篇に、

其戲侮堯舜夫子曾史伯夷、初非實論、特鼓舞其筆端而已。塘東劉叔平向作「莊騷同工異曲論」曰、「莊周、憤悱之雄也。」樂軒先生甚取此語。看來莊子亦是憤世疾邪、而後着此書。其見又高、其筆又奇、所以有過當處。

とある。「言語過當」というこの句の意味は、言葉の點で莊子は過分、過度であったけれども、思想の點では孟子と對立する意圖は全然なかった、というのであろう。

第四に、しかしながら、林希逸は必ずしも道家思想がもともと直接的に儒教と同じであると主張したのではない。彼の立場にあっては、道家は自ずから道家であり、儒教は自ずから儒教であって、兩者は必ずしも完全に同じではないのだ。すぐ上に引用した『莊子鬳齋口義』駢拇篇に、

莊子與孟子同時。孟子專言仁義、莊子專言道德。故其書專抑仁義、而談自然。

あったとおりで、恐らく彼は、道家と儒教の兩者がそれぞれ異なった役割を演じつつ、高い次元で一致或いは協力しあうことを願っていたのではなかろうか。

儒教を本旨としながら同時に道家・佛教にも傾倒する、以上のような林希逸の思想は、まさに典型的な三教一致論

と言うことができるであろうが、それはやはり師の樂軒などの人々から強烈な影響を被って形成されていったものらしい。樂軒は、儒教を形而下學、人道、器、精、末などの方面を得意とするのに對して、道家・佛教を形而上學、天道、道、粗、本などの方面を得意とすると見なしていた。例えば、『莊子鬳齋口義』在宥篇の賤而不可不任者章に、

> 樂軒曰、「儒者悟道、則其心愈細、禪家悟道、則其心愈麤。」此看得儒釋骨髓出、前此所未有也。如『莊子』此段把許多世間事喚做卑、喚做粗、中間又著箇不可不三字、似此手脚便麤了、便無「惟精惟一、允執厥中。」氣像。若分別得這麤細氣像出、方知樂軒是悟道來、是具大眼目者。他人闢佛、只說得皮毛、他既名作出世法、又以絕人類去倫紀之說闢之、何由得他服。

とある。この文章の中で、樂軒が「儒者悟道、則其心愈細、禪家悟道、則其心愈麤。」と述べているのは、儒者と禪家がそれぞれ異なった役割を演じつつ、高い次元で一致・協力しあうことを願うという趣旨なのであろう。そして、林希逸その人の見解も、基本的には樂軒の說を踏襲したのであるけれども、しかしある時にはさらに一歩を進めて、道家思想が單獨で形而上學と形而下學、天道と人道、道と器、粗と精、本と末などの二つの方面に對して、どちらをもうまくやってのける能力があるとさえ主張している。上に引用した『莊子鬳齋口義』在宥篇の賤而不可不任者章に、

> 觀此一段、莊子依舊是理會事底人、非止談說虛無而已。伊川言、「釋氏有上達而無下學。」此語極好、但如此數語中、又有近於下學處、又有精粗不相離之意。……今曰、莊子未嘗不知精粗本末爲一之理、於此篇得之。更有一說、聖賢之言、萬世無弊、諸子百家、亦有說得痛快處。……何嘗不說精底、何嘗不說粗底。說得如此渾成、便自無弊。

とあって、林希逸はここでも明確にかつ知らず識らずの内に『莊子』を「釋氏」と見なしている。その上で、それらが形而上の「虛無」「上達」「粗」を具えているだけでなく、形而下の「事」「下學」「精」をも具えていると主張しているのである。

しかしながら、林希逸の形而下の事物に對するこのような關心も、事物の「理」を窮める方向に向かうものではなかった。『老子鬳齋口義』發題に、

大抵『老子』之書、其言皆借物以明道、或因時世習尙就以諭之、而讀者未得其所以言。故晦翁以爲『老子』勞攘、西山謂其閒有陰謀之言。蓋此書爲道家所宗、道家者流過爲崇尙、其言易至於誕。旣不足以明其書、而吾儒又指以異端。幸其可非而非之、亦不復爲之參究、前後注解雖多、往往皆病於此。

とあるのによっても、彼が『老子』の書において關心を持っているものは「物」でなくて「道」であると知られる。この「道」とは、以下に述べる「無心」のことであり、したがって、上に引用した『莊子鬳齋口義』在宥篇の賤而不可不任者章の「莊子依舊是理會事底人」が指しているのは、この「無心」を胸中に奥深く抱懷しつつ、「事」を現實的に處理していくという意味でなければならない。そして、實際に『老子鬳齋口義』においては、そのような「道」を胸中奥深く抱懷した「聖人」が、この世の現實的な「物」「事」に對してどのように對處していくかが、中心的なテーマとして追求されているのである。(29)

E　林希逸の「心學」と林羅山

林希逸の思想或いは學問は、結局のところ、どのようなものだったのであろうか。この問題については、まず、荒木教授の「林希逸の立場」が先驅的な研究を行い、その後、大野出教授の『日本の近世と老莊思想　林羅山の思想をめぐって』の第一章、第二節「老子解釋における『無心』の思想」がやや詳細な檢討を行った。これらの研究成果によって大體のところを略述することにしよう。

a　林希逸の「心學」

さて、林希逸は自分の思想或いは學問を「心學」と呼んでいる。例えば、『莊子鬳齋口義』庚桑楚篇の備物以將形章に、

此兩句極佳。在心學工夫、此語最切。

とある。その「心學」とは、『老子鬳齋口義』第一章に、

天地之始、太極未分之時也。其在人心、則寂然不動之地。……其謂之天地者、非專言天地也、所以爲此心之喩也。……此章人多只就天地上說、不知老子之意。上要就心上理會。如此兼看、方得此書之全意。

とあるように、「天地」などの事物の「理」を窮めることよりも、むしろ「心」のあり方に關心を抱くものであって、『莊子鬳齋口義』大宗師篇の知天之所爲章に、

不以心捐道、卽心是道、心外無道也。

とあるような、「心」の中に「道」を求める思想或いは學問である。より具體的に言えば、「無心」(30)、「虛心」(31)、「不動心」(32)、「無容心」（事物に「心」を「容」れないこと）(33)、「自然」(34)などを求めるものであった。これらの諸概念は、いずれもみな林希逸の思想のキーワードと見なすことができる。それに反して、彼が極力反對したものは「有心」(35)、「容心」(36)、「不自然」(37)、「非自然」(38)などであった。

林希逸のこのような「心學」が、朱子學と相い容れない點を多く含んでいることは容易に見て取ることができる。しかし殘念ながら、この問題、すなわち林希逸の「心學」と朱子學とがどの點でどのように相い容れないか、を追究することは、紙幅に制限があるなどの理由によって、本書ではあきらめざるをえない。ただ一つだけ、林希逸の「心

學」と朱子學との不一致を示す象徴的な現象を擧げるに止めておく。――『朱子語類』巻一百二十五「老莊」において、朱子は老子に對して、

『老子』極勞攘。

という簡單なコメントを殘した。これに關して、林希逸は上に引用した『老子口義』發題で、

大抵『老子』之書、其言皆借物以明道、或因時世習尙就以諭之、而讀者未得其所以言。故晦翁以爲『老子』勞攘、西山謂其閒有陰謀之言。

と批判を加えている。朱子の『老子』の讀み方を事柄の表面しか見ない淺薄なものと決めつけているのである。

b　林羅山の「心學」

ところで、論じ來たってここに至ると、先に筆者が本章の第2節において、日本朱子學の開祖である林羅山が自らの思想の問題として、なぜ『莊子口義』を重視したのかと問い、三敎一致論の視角から二三の感想を述べた答えに、新たな答えを一つ追加することのできる可能性が現れてくる。――それは、大野敎授が『老子口義』に關して主張した、林希逸の「無心」の思想に林羅山が共鳴したのだという答えを、『莊子口義』に關しても適用して、そのまま答えとすることができるかもしれない、ということである。[39]

なぜかと言えば、林希逸が『三子鬳齋口義』において「心學」を推し進めたのと同じように、林羅山もまたその著書において「無心」の思想を熱心に鼓吹しているが、兩者は相互に獨立して無關係に、偶然、同じ「無心」を唱えたのでは勿論なく、明らかに林羅山の「無心」が林希逸の「心學」に由來しているからである。以下、いくつかの例を擧げて説明しよう。[40]

林羅山は正保二年（一六四六年）に『老子抄解』という書物を著した。この書物は、彼としては初めて日本語で『老子』を解釋した注釋書であり、大體のところは林希逸『老子鬳齋口義』の解釋を採用しているが、時には自分獨自の解釋を述べている箇所も相當にあって、林羅山の思想をうかがい見るには格好の資料と見なすことができる。このような事情であるから、林希逸が上述したような彼の「心學」を表現するキー・ワード、すなわち「無心」「虛心」「無容心」などを用いた箇所では、林羅山も勿論、それに追從して「無心」「虛心」「無容心」などの言葉を用いている。ところが、林希逸が「無心」「虛心」などの言葉を用いていない箇所でも、林羅山は常に「無心」「虛心」などの言葉を用いて『老子』を解釋するのである。例えば、『老子』第五章の經文に、

天地不仁、以萬物爲芻狗。聖人不仁、以百姓爲芻狗。

とあり、林希逸『鬳齋口義』に、

芻狗之爲物、祭則用之、已祭則棄之。喩其不著意而相忘爾。

とあるのに對して、林羅山『老子抄解』は、

芻狗は、わらくさを以て、狗のかたちをつくり、祭の時にそなへ用ゆ。祭をわれば、これをすつ。わすれてをしむことなし。天地と萬物と相わすれて、無心なるにたとふ。

と注釋し、また、『老子』第二十八章の經文に、

知其白、守其黑、爲天下式。

とあり、林希逸『鬳齋口義』に、

知白守黑、不分別也。……式、天下以爲式也。

とあるのに對して、林羅山『老子抄解』は、

白を知、黒を守るときは、分別の念あらず。此虚心の無分別は、天下の法となるなり。

と注釋し、さらに、『老子』第二十九章の經文に、

侯王自稱孤寡不穀。

とあり、林希逸『鬳齋口義』に、

侯王之稱曰孤、曰寡人、曰不穀、皆是自卑之辭。又以此爲虛而不自有之喩。

とあるのに對して、林羅山『老子抄解』は、

此三つを云ふときは、ひげの詞なり。是又たへりくだるところを、心の虛なるに譬ふ。

と注釋している。同じような例は枚擧するに暇がないありさまである。

林羅山にはもう一種、日本語で『老子』を解釋した注釋書がある。それは承應元年（一六五二年）に刊行された『老子經抄』であり、この書物においては、林希逸の思想から離れている點も認められるが[41]、しかし、やはりその「心學」に對して共感を寄せていることが確認できる。例えば、『老子』第四十九章の經文に、

聖人無常心、以百姓心爲心。

とあり、林希逸『鬳齋口義』に、

無常心者、心無所主也。以百姓之心爲心、則在我者無心矣。

とあるのに對して、林羅山『老子經抄』は、

天、虛空にして無形、因萬物之形以爲形。天、若し自形するときは、萬物を形することあたはじ。聖人法天無心、因百姓之心以爲心。

と注釋しているとおりである。

以上の諸事實に基づいて考えるならば、林羅山は、林希逸がその「心學」によって『老子』を解釋したことにはなはだ共感を覺えただけでなく、林希逸に由來する「無心」の思想をすでに十分に自家薬籠中のものにしてしまっている、と認めて差し支えあるまい。けれども、實を言えば、この「無心」の思想は、林羅山をして林希逸に近づけさせるのには大いに役だったのであろうが、しかし、もっと本格的な朱子學に向かって進むのには妨げとなったのである。

第４節　江戸時代における林希逸『莊子鬳齋口義』の盛衰

A　江戸初期における『三子鬳齋口義』の盛行

江戸時代の初期、十八世紀の前半すなわち一七三〇年代或いは一七四〇年代に至るまで、『老子』『莊子』『列子』は『鬳齋口義』を用いて讀むことが頗る盛行した。江戸初期における『老子鬳齋口義』の盛行という事實を證言している文章としては、明代の萬暦四十七年（一六一九年）に日本に渡ってきた陳元贇（一五八七年〜一六七一年）[42]が、寛文十年（一六七〇年）にその著『老子經通考』に自ら附した序が最も早いようである。[43]その序には、

道德之遺敎、凡五千餘言。明乾坤之微妙、不少錙銖兮、盡萬境之事、爲大毫端。是故注家雖幾于百、猶不證實理矣。舊有河上公之『章句』、公是老子也。閣河公『章句』、而用希逸『口義』、是則非庸士理學之昏昧乎。初學爲欲求多解者、錄于評論附注後、因題曰『老子經通考』。

とあるが、その中の「閣河公『章句』、而用希逸『口義』、是則非庸士理學之昏昧乎。」は、當時の日本の文化界を鋭く批判したコメントとして注目しなければならない。その後、德倉昌堅が延寶二年（一六七四年）に『老子鬳齋口義』のために書いた跋文には、

『道德經』上下篇、余嘗採諸註之約言、考文字之來源、書以付於梓、已向二十年。舊刻靡亂脱誤惟夥。於是乎、剜劂氏重請改正、余不得辭之、世務之暇、增補不足除却有餘、以應其需。庶幾有小補將來云。

とあって、この書物が刊行されて以來二十年近くの間、何度も印刷され、增補版を出すに至るまでよく讀まれたことが描かれている。ほぼ同じころ、延寶三年（一六七五年）に、山本洞雲が『老子經諺解』のために書いた自序には、

古今註者幾六十余家、可謂盛也。本朝古來唯用河上公、不知有其餘。近世鬳齋『口義』行乎世、學者專宗之、而又不知有河上公。凡天地之間、不可無此書、又不可不讀此書。而書之難讀、亦未有如此書者。『口義』比之諸家頗爲優也。

とある。

また、元祿十五年（一七〇二年）に發行された『倭版書籍考』の「諸子百家之部」を繙いてみると、『莊子』の項では『莊子注疏』と『莊子口義』の二種が載せられている。そして『莊子注疏』の下に附した解説には、

晉の郭象『註』、唐の玄英法師『疏』なり。『莊子』の古註なり。『莊子』を看るには先づ『註疏』に依るべし。林氏『口義』のみを專らに看るべからず。

と説かれている。この資料は裏返して讀めば、當時、「林氏『口義』のみを專らに看る」人々がいかに多かったかを語っているようである。なお、『老子』の項ではただ『老子經口義』一種だけが載せられていて、その下には、

『口義』は晩宋の儒者福州の林希逸作る。『老子』諸註の內にて『口義』にまされる註解なし。希逸を鬳齋とも竹

谿とも號す。儒名あれども、實は老佛の見に落たる人なり。『口義』の倭訓始て羅山先生に出たり。

と解説されており、また、『列子』の項でもただ『列子口義』一種だけが載せられている。

さらに、近藤舜政が元文五年（一七四〇年）に著した『老子答問書』には、

『老子』の注、『韓非子』が解老、喩老より、嚴君平の『指揮』、河上公の『章句』、王弼が『注』、周弘政が『疏』、張機が『老子義』、玄宗の『御注』、陸希聲が『注』、蘇子由が『解』、林希逸が『口義』、無垢子の『注』、『老莊翼』、『老莊翼注』、陶周望が『解』、林兆恩が『注』、邵弁が『老莊彙詮』、憨山の『注』、其の外も多く候へども、あらまし如此候。……いかがしたる事にや、此方にては、鬳齋の『口義』盛んに行れ候。『莊』『列』も同じ事にて候。夫故此方の老子者と聞へ候ものは、多くは希逸流にて昆侖に棗を呑など申やうに、虚無自然是老子の道なりと、丸呑に合點して、虚無とはいか成こと、自然とはなにを以て名けたるぞと推尋る輩、まれにも無之候。河上翁流の老子者、是亦稀に候。

とあって、この間の状況が大局的總括的に述べられている。ほぼ同じころ、寛保三年（一七四三年）に、渡邊操（號は蒙庵）が『老子愚讀』のために書いた自序には、

今世人讀『老子』者、多賴林鬳齋『口義』。視我鄉小子學生亦猶爾。陳者取其書詳讀之、其解與經文不相合居多。

とある。

以上に擧げた諸資料を検討して、江戸初期に『三子鬳齋口義』がいかに壓倒的に盛行したかを知るならば、我々はその盛行ぶりに驚嘆の念が興るのを禁じえない。

B　荻生徂徠の登場と『三子鬳齋口義』の衰退

a　荻生學派における郭象『莊子注』の重視

ところが、江戸時代も半ばに至り、荻生徂徠が世に現れて、『莊子』を讀む場合に郭象の『注』を重視するようになると、林希逸の『鬳齋口義』は急速に勢いを失う至った。荻生徂徠は享保十二年（一七二七年）に書いた『答問書』下巻において、

惣じて漢以前の書籍は、『老』『莊』『列』の類も人の知見を益し候。是も林希逸解は悪しく候。

と述べて『三子口義』をすべて退けたのだ。また、荻生徂徠の高弟の一人、服部南郭（一六八三年～一七五九年）が元文四年（一七三九年）、『郭注莊子』を校訂して刊行していることや、服部南郭の門人の杜多秀峯が寛政四年（一七九二年）、郭象『注』を詳細に研究した『郭注莊子覈玄』を出版していることも、注目すべき事實である。

その他、『老子』について述べるならば、上に引用した、渡邊操の『老子愚讀』の寛保三年（一七四三年）の自序に、

今世人讀『老子』者、多賴林鬳齋『口義』。視我鄉小子學生亦猶爾。陳者取其書詳讀之、其解與經文不相合居多。

とあるのは、『老子口義』に對する批判としては、比較的早い時期に現れたものであるが、渡邊操の師は荻生徂徠の高弟の一人、太宰春臺（一六八〇年～一七四七年）である。この『老子愚讀』の末尾には太宰春臺が書いた「春臺先生與操書」が附されていて、その中には、

河上公之說不傳、今所有者、宋以後人之僞作也。……希逸氏見之、其將夜遁。痛快痛快。

とある。また、荻生徂徠の孫弟子に當たる戸崎允明も、明和八年（一七七一年）に著した『老子正訓』の自序の中で、

> 王林諸家囿清言之弊、修辭之際、強解屢蹶矣。此以意害辭也。

のように、王弼と一緒に林希逸を批判している。

b　郭象『莊子注』を重視した思想上の理由

徂徠學派はなぜ郭象の『莊子注』を重視したのであろうか。

第一に、思想上の理由として、郭象『注』の中に「知足安分」の思想が含まれているからであろう。「知足安分」の思想が郭象『注』のきわだった特色であることを知りたければ、『莊子』逍遙遊篇の北冥有魚章を郭象『注』と『鬳齋口義』がそれぞれどのように解釋しているか、を比較してみるのが手っ取り早い。(44) 例えば、逍遙遊篇の北冥有魚章の冒頭を、『鬳齋口義』は、

> 逍遙遊者、此篇所立之名也。内篇有七、皆以三字名之。遊者、心有天遊也。逍遙、言優游自在也。『論語』之門人形容夫子、只一樂字。三百篇之形容人物、如南有樛木、如南山有臺、曰「樂只君子」、亦止一樂字。此之所謂逍遙遊、即『詩』與『論語』所謂樂也。一部之書、以一樂字爲首、看這老子胸中如何。……此段只是形容胸中廣大之樂、却設此譬喩。其意蓋謂人之所見者小、故有世俗紛紛之爭。若知天地之外、有如許世界、自視其身、雖太倉一粒、不足以喩之。戴晉人所謂蝸角蠻觸、亦此意也。北冥、北海也。鯤鵬之名、亦寓言耳。或以陰陽論之、皆是強生節目。

のように、『莊子』の原意に比較的忠實に、「小大」を區別した上で、「大」を目指すべきだとする思想として解釋しているのに對して、郭象『注』は、

夫小大雖殊、而放於自得之場、則物任其性、事稱其能、各當其分、逍遙一也。豈容勝負於其間哉。鵬鯤之實、吾所未詳也。夫莊子之大意、在乎逍遙遊放、無爲而自得、故極小大之致、以明性分之適。達觀之士、宜要其會歸而遺其所寄、不足事事曲與生說。自不害弘旨、皆可略之耳。

のように、『莊子』の原意とは一八〇度反對に、「小大」にかかわりなく「知足安分」すべきだとする思想として解釋しているのだ。そして、筆者の想像によれば、この「知足安分」の思想が江戸時代の「士農工商」の身分制度を強固にする方向で作用するようにと、徂徠學派は期待していたのではないかと思う。

と言うのは、荻生徂徠が江戸の思想界・政治界に頭角を露したのは元祿九年（一六九六年）或いは元祿十五年（一七〇二年）のことである。この時、日本の社會は表面的には繁榮隆盛を極めていたけれども、しかし社會の內部の深いところでは幕府體制の危機が進行していた。荻生徂徠は、享保六年（一七二一年）に著したとされる『太平策』において、

上なる人に學問なく、聖人の道を知らざれば、世界早く老衰して、末々に至りては權勢下に移り、……上の威力次第に薄く成り行き、亂を釀す事速かなり。その兆し今已に見ゑ侍る。

と書いている。また、太宰春臺は、享保十四年（一七二九年）に著した『經濟錄』巻之十「無爲」において、

當代も元祿以來、海內の士民困窮して、國家の元氣衰へたれば、只今の世は萬事を止めて、偏に無爲を行なふ當き時節なり。

と書き、さらに、卒後の天明三年（一七八三年）に刊行された『老子特解』の序において、

坐観世之變態、衰敝日滋甚。雖有聖者、莫能救之。是識老耼著五千言之秋也。余嘗以爲、末世先王之道不若老氏之無爲、而憾五千言竟無明解。

と書いている。このような幕府體制の深刻な危機の進行に直面して、徂徠學派の中でも經濟派の人々、荻生徂徠や太

宰春臺などは、以上の危機の進行をくい止め、日本の社會を拔本的に建て直すために、思想の上でも政治の上でも新しい對策を行うべきことを多方面から提案した。徂徠學派が郭象の『莊子注』を重視したのには、このような理由があったのではなかろうか[45]。徂徠學派はまた同時に『荀子』をもよく研究し、その「分」の思想を有意義なものと認めていたが、實際のところを言えば、郭象『注』の「知足安分」の思想それ自體がすでに、以下に引用する『荀子』の「分」をふまえて形成されたものなのである。

夫貴爲天子、富有天下、是人情之所同欲也。然則從人之欲、則埶（勢）不能容、物不能贍也。故先王案（焉）爲之制禮義以分之、使有貴賤之等、長幼之差、知愚能不能之分、皆使人載其事、而各得其宜、然後使愨祿多少厚薄之稱。是夫羣居和一之道也。故仁人在上、則農以力盡田、賈以察盡財、百工以巧盡械器、士大夫以上至於公侯、莫不以仁厚知能盡官職。夫是之謂至平。故或祿天下、而不自以爲多。或監門御旅抱關擊柝、而不自以爲寡。故曰、「斬而齊、枉而順、不同而一。」夫是之謂人倫。『詩』曰、「受小共大共、爲下國駿蒙。」此之謂也。（『荀子』榮辱篇）[46]

分均則不偏、埶（勢）齊則不壹、衆齊則不使。有天有地、而上下有差、明王始立、而處國有制。夫兩貴之不能相事、兩賤之不能相使、是天數也。埶（勢）位齊、而欲惡同、物不能贍、則必爭。爭則亂、亂則窮矣。先王惡其亂也、故制禮義以分之、使有貧富貴賤之等、足以相兼臨者、是養天下之本也。（『荀子』王制篇）

人生而有欲。欲而不得、則不能無求。求而無度量分界、則不能不爭。爭則亂、亂則窮。先王惡其亂也、故制禮義以分之、以養人之欲、給人之求、使欲必不窮乎物、物必不屈於欲、兩者相持而長。是禮之所起也。（『荀子』禮論篇）

これに對して、荻生徂徠は、正徳四年（一七一四年）に刊行された『蘐園隨筆』卷二において、

予を以て古今の間に玄覽するに、均しく皆なこの物なり。しかうしてこの物の外に、別に他物有ること能はず。故に唐虞三代の時に有る所の者は、今も又これ有り。しかうして今の有る所の者は、唐虞三代の時自づから無く

んば非ず。今の世の種種の惡俗惡態、及び人倫四民の外に出づる者、道術の聖人に非ざる者、技藝の六藝に非ざる者、皆な然り。……巫祝有れば、則ち僧尼有り。又この方の所謂修験者、一向宗、及び行人、願人、道心者、題目叟有り。百工商賈有れば、則ち游民有り。游民は化子に至りて極まる。……夫婦有れば、則ち娼妓有り。娼妓の類は種種、尼にして淫を賣る者に至りて極まる。しかうして又婪童有り。凡そ此の如きの類、勝げて計ふ可からず。此皆な四民五倫の裂けたるならざらんや。愈々裂けて愈々分かれ、愈々繁くして愈々雜る。もし聖人をして今の世に出でしめば、豈に能く一一にして之を去らんや。苟も能く整へて之を理めて、各々其の所を得て以て亂れざらしめば、則ち又皆な堯舜の民ならん。

と述べ、また、享保十二年（一七二七年）に刊行された『答問書』中巻において、

氣質は天より稟け得、父母より生み付け候事に候。氣質を變化すると申し候事は、宋儒の妄説にて、ならぬ事を人に責め候、無理の至りに候。……米は何時までも米、豆は何時までも豆にて候。只氣質を養ひ候て、其の生まれ得たる通りを成就致し候が、學問にて候。……されば世界の爲にも、米は米にて用に立ち、豆は豆にて用に立ち申し候。

と述べ、同じく『答問書』上巻において、

農は田を耕して世界の人を養ひ、工は家器を作りて世界の人に使はせ、商は有無を通はして世界の人の手傳ひを爲し、士は之を治めて亂れぬやうに致し候。各各其の自らの役をのみ致し候へども、相互ひに助けあひて、一色缺け候ても國土は立ち申さず候。

と述べている。筆者は、これらの文章が『荀子』や郭象『注』に依據して書かれているとか、これらの思想が『荀子』や郭象『注』と同じ内容を表しているとか、主張するつもりは毛頭ない。ただ、少なくとも、荻生徂徠が『荀子』の

「分」や郭象『注』の「知足安分」から何らかのヒントを得ていることは確認することはできよう。――筆者としてはそれで十分なのだ。そして、このような徂徠學派の思想上政治上の營みは、江戸時代中期の社會や政治の動向に對して、基本的によく對應していると考えられるのである。ここで思い出されるのが、丸山眞男教授の次のような言葉である。

　彼は皮相な觀察者が「享保の中興」を謳歌してゐるとき曇りなき眼を以て早くもそこにひたよる黃昏の影を看取した。まこと荻生徂徠こそは德川封建社會が生んだ最初の偉大なる「危機の思想家」であつた。(47)

十八世紀に入って以後、徂徠學派が日本の「顯學」の地位に昇っていくにつれて、人々も再び郭象『注』を讀むようになり、このようにして『三子口義』は衰退していった。その際、太宰春臺が『柴芝園漫筆』巻五で言い放った漫罵、

　林希逸『老莊口義』、最爲鈍劣淺學、不足取已。

もやはり效果を發揮したのであろうか。

徂徠學派が郭象『注』を重視した理由の第二に、やはり思想上の理由として、彼らが三敎一致論の曖昧模糊たるsyncretismに疑問を抱き、儒敎を儒敎としてその本來の姿のままに純粹化して把握しよう、それと同時にまた、道家思想も道家思想として夾雜物を容れずに、佛敎も佛敎としてあるがままに正確に、ともに純粹化して理解しようとしたからである。太宰春臺は、『柴芝園漫筆』巻八で、

　宋儒之愚者、當以林希逸爲最矣。夫爲『老』『莊』『列』三子著『口義』、往往傅會以釋氏之說、又時以吾聖人之道較之。夫三子之所以爲道、與吾聖人皆異其指。雖間有如同者、但其末而已。希逸見之、因欲合而一之。所謂不揣其本、而齊其末者也。既不知三子、又不知釋氏之道。何況吾聖人之道乎。

と述べて、林希逸の三教一致論を明確に退けている。これは、中心的な存在である儒教にしてみれば、道家・佛教の助けを借りずに思想として獨立しようということを意味する。それとともに、道家も道家として獨立し、佛教も佛教として獨立しようという、日本の思想史の上に生まれた始めての動きであって、その發展の必然的な方向の一つであったと考えられる。

c　郭象『莊子注』を重視した學問上の理由

第三に、學問上の理由がある。上に引用した太宰春臺の文章は、『老子』『莊子』『列子』を佛教にも頼らず儒教にも頼らず、それらの本來の姿のままに把握しようという學問的な姿勢を表明している點でも、また十分に注目に値いする。この姿勢は、荻生徂徠が提唱しその弟子たちが繼承した「古文辭學」という學問方法論と密接に關係するものであって、やがて『老子』『莊子』『列子』を始めとする諸子百家をそれぞれ固有の言葉、固有の內在的論理に沿って、かつてあったがままに正確に理解しようとする、中國古代文化についての實證的科學的な學問を、その大きく豊かな研究成果とともに生み出した。(48)

『莊子』を讀む場合に、もはや林希逸『鬳齋口義』は言うに及ばず、郭象『注』にさえ滿足できなくなり、さらに根本に立ち返って、精善のテキストを求めてきてその經文を校訂したり、諸子百家の表現や思想との比較・對照を行ったりすることを通じて、『莊子』の眞の意味を把握しなければならないという風潮が形成されて、ここに多くの日本人の學者の手に成る各自の個性的な注釋書が、次々に著作され刊行されるに至ったのである。(49)

以上のような學問的思想的な風潮の進展の下で、林希逸『鬳齋口義』は朱子學サイドからも揚棄されていく。上に引用した朱子學者、貝原益軒の『愼思錄』巻之五に、

『老』『莊』之説、固與聖人之道相懸絶。論之不可不嚴。然傷太嚴、則不能平直、而中其病。宋儒之辨『老』『莊』、往往有此病。其所謗、與彼書之本意、不相合者亦多矣。恐不免爲冤枉。爲彼學者、所以不心服也。然程朱之辨『老』『莊』、亦甚嚴者、是恐有深意。學者之所宜思也。林希逸取宋儒之意、註『老』『莊』。然與『老』『莊』之本意、不相合者多矣。

とあったとおりである。

さらに、佛教サイドからも林希逸『鬳齋口義』は好くないと言われ始める。禪僧の無隱道費（?～一七二九年）が『心學典論』卷之一別傳第四の中で、

希逸雖讀佛書、不達佛理。其言甚亡謂。吾弗取焉。於是余復竊念釋氏未辨內外頓漸之淄澠、浪語道者猶之不至于『老』『莊』之疆場、而況乎佛教哉。

と批判しているのを見られたい。

このようにして、林希逸の『莊子鬳齋口義』は十八世紀の半ば以後、若干の例外はあったものの[50]、もはや二度と重んじられることはなくなったのである。

注　釋

（1）『老子鬳齋口義』を初めて讀んだ日本人がだれであるかという問題は、『莊子鬳齋口義』ほどには明確に分からない。しかし、おそくとも室町時代には日本に傳來していたと考えられる（武內義雄「日本における老莊學」を參照）。『列子鬳齋口義』に關してはさらに不明。

（2）「元和戊午」とは、西曆一六一八年に當たる。

（3）『大日本佛敎全書』第六十三巻史傳部二を參照。
（4）高田眞治『日本儒學史』の第二章、第四節「五山文學の概況」を參照。
（5）芳賀幸四郎『中世禪林の學問および文學に關する研究』の第一編、第四章、第一節、（二）「莊子」を參照。
（6）芳賀幸四郎『中世禪林の學問および文學に關する研究』の第一編、第五章、第一節「大陸における三敎一致論の成立」を參照。
（7）『東海瓊華集』「三敎合面圖贊」。
（8）郭象『注』に對して深く正確に理解することができるようになるのは、徂徠學派が思想界に登場してから後のことであって、大體のところ、十八世紀に入ってからと考えてよいであろう。ちなみに、郭象『注』についての詳細な研究である、杜多秀峯『郭注莊子覈玄』が刊行されたのは、寛政四年（一七九二年）のことである。
（9）『老子』について述べれば、江戸時代に入ってもなおしばらくの間は、河上公の『章句』が主として用いられていた（栂野茂「近世における老子口義」を參照）。林希逸の『三子鬳齋口義』の中では、『莊子口義』が最も早くから盛行したのである。その原因・理由は、『老子口義』には佛敎臭があまり強くなく基本的に儒道二敎の一致論であるのに對して、『莊子口義』は儒佛道三敎の一致論であって佛敎臭がやや強く、恐らくこれが室町時代の禪僧たちの心を打ったからではなかったかと思われる（大野出『日本の近世と老莊思想　林羅山の思想をめぐって』の第一章、第一節、二「林希逸の老莊觀」を參照）。
（10）月舟壽桂の生年は不明、卒年は天文二年（一五三三年）である。
（11）彼らが『莊子口義』を研究していたことについては、芳賀幸四郎『中世禪林の學問および文學に關する研究』の第一編、第四章、第一節、（二）「莊子」に突っこんだ檢討があり、また、栂野茂「近世における老子口義」にも獨自の具體的な追究がある。
（12）この手紙の中の「丙申年」は、西暦一五九六年に當たる。
（13）丸山眞男『日本政治思想史研究』の第一章、第一節「まへがき――近世儒敎の成立」、2を參照。
（14）大野『日本の近世と老莊思想　林羅山の思想をめぐって』の第一章、第一節、一「羅山における『老子鬳齋口義』と『莊子

鬳齋口義』」は、

羅山自身、慶長年中（羅山十四歳から三十三歳）のある時期までは河上公註に依って『老子』を讀んでいたようである。……しかし羅山は慶長年中のある時期にはすでに『老子鬳齋口義』とも邂逅していたらしい。……そして、元和四（一六一八）年、羅山三十六歳の時、すでに羅山は河上公註から『老子鬳齋口義』へと轉換していた。

と述べて、具體的な根據を擧げてそれを證明している。

(15) 栂野「近世における老子口義」を參照。

(16) 渡邊浩『近世日本社會と宋學』の第一章、第二節「幕府との關係」、ヘルマン・オームス『徳川イデオロギー』の第3章、「朱子學の正統性と林家」などは、徳川幕府に占める林羅山の地位・役割を極めて低く評價しており、その意味で特に注目に値いする斬新な研究である。

(17) 西暦一六一六年～一六七一年に當たる。

(18) 如一即非の事跡に關する研究は、栂野「近世における老子口義」が最も詳細である。

(19) 江戸時代に入って書籍の出版が年を追うごとに盛んになると、書肆で賣買されている書籍の目録が必要とされるようになり、その必要に應じて何年か置きに各種の書籍目録が發行された。林希逸『老子鬳齋口義』が江戸時代を通じてどのように盛衰したかというテーマを追究するのに、この資料を用いて成果を擧げた研究としては、栂野「近世における『老子鬳齋口義』」がその嚆矢をなす。その後、大野『日本の近世と老莊思想　林羅山の思想をめぐって』の序章「近世における『老子鬳齋口義』」が、この資料を網羅的に調査して大略同じ結論を得ると同時に、『即非老子經』についても新しい知見を加えている。ちなみに、この資料は、

慶應義塾大學附屬研究所斯道文庫編『江戸時代書林出版書籍目録集成』

に收められている。

(20) 『老子口義』に關してであれば、大野『日本の近世と老莊思想　林羅山の思想をめぐって』の第一章、第二節「老子解釋における『無心』の思想」の解明がある。大野教授は次のように指摘している。――林羅山は林希逸の「無心」の思想に共鳴して

おり、林希逸の思想における「有心――無心」の對比は、林羅山の理解した、朱子學の「天理――人欲」の思想構造と一致している、と。大野教授のこの指摘は、或いは『莊子口義』に關しても適用することができるかもしれない。なお、本章の第3節を參照。

(21) 荒木見悟「林希逸の立場」、及び大野『日本の近世と老莊思想　林羅山の思想をめぐって』の第一章、第一節、二「林希逸の老莊觀」を參照。

(22) これ以外に、

『宋元學案補遺』巻四十七「樂軒門人　補舍人林竹溪先生希逸」

『重纂福建通志』巻百七十三「宋列傳」

『萬世續譜』巻六十四

『宋詩紀事』巻六十五

『南宋館閣續錄』巻七

『福建列傳』宋十二

『閩中理學淵源考』巻八

などを參照。

(23) 林希逸が自己の學問の系統を強く意識していたことは、『莊子口義』天下篇に、

諸家經解、言文法者、理或未通。精於理者、於文或略。所以讀得不精神、解得無滋味。獨艾軒先生、道既高而文尤精妙。所以六經之說、特出千古。所恨網山樂軒之後、其學既不傳、今人無有知之者矣。

とあるのなどによって、はっきりと確かめられる。

(24) 文中の「戊午」は西暦一二五八年である。

(25) 荒木「林希逸の立場」を參照。

(26) 「知者不言、言者不知。」と「聖人行不言之敎」は、『莊子』知北遊篇の知北遊章にあるだけでなく、『老子』にも見える文で

ある。前者は『老子』第五十六章に見え（本書第6章の第3節、第8章の第1節、その注釋（11）（14）、及び第13章の第2節を參照）、後者は同じく第二章に見えている（本書第6章の第3節、第8章の注釋（37）、第12章の第4節、及び第13章の第2節を參照）。このことは林希逸も十分に承知していたはずである。こうした點から見て、林希逸の思想における、『老子』の持つ意義と『莊子』の持つ意義とが異なっていることを強調するのは、筆者はあまり適當ではないと考える。

(27) これとよく似た例が『列子鬳齋口義』にある。『列子』仲尼篇に、

商太宰見孔子曰、「丘聖者歟。」孔子曰、「聖則丘何敢、然則丘博學多識者也。」商太宰曰、「三王聖者歟。」孔子曰、「三王善任智勇者、聖則丘弗知。」曰、「五帝聖者歟。」孔子曰、「五帝善任仁義者、聖則丘弗知。」曰、「三皇聖者歟。」孔子曰、「三皇善任因時者、聖則丘弗知。」商太宰大駭曰、「然則孰者爲聖。」孔子動容有閒曰、「西方之人、有聖者焉、不治而不亂、不言而自信、不化而自行。蕩蕩乎民無能名焉。丘疑其爲聖。弗知眞爲聖歟、眞不聖歟。」商太宰默然心計曰、「孔丘欺我哉。」

とあるのに對して、『鬳齋口義』は、

此章似當時已有佛氏之學、托夫子之名而尊之也。西方之人、出於三皇五帝之上、非佛而何。然則佛之書、入於中國、雖在漢明帝之時、而其說已傳於天下久矣。

と注釋している。

(28) 荒木「林希逸の立場」を參照。

(29) 『老子鬳齋口義』第三章・第五章・第七章などを參照。

(30) 『老子鬳齋口義』第十五章・第二十九章・第五十章など、『莊子鬳齋口義』人閒世篇の顏回・仲尼問答、大宗師篇の知天之所爲章、知北遊篇の顏淵・仲尼問答、外物篇の仲尼・老萊子問答などを參照。

(31) 『老子鬳齋口義』第二十二章などを參照。

(32) 『老子鬳齋口義』第五十五章など、『莊子鬳齋口義』知北遊篇の顏淵・仲尼問答などを參照。

(33) 『老子鬳齋口義』第三章・第五章・第七章など、『莊子鬳齋口義』應帝王篇の天根・无名人問答などを參照。

(34) 『老子鬳齋口義』第二十九章・第三十二章・第六十章など、『莊子鬳齋口義』齊物論篇の南郭子綦・顏成子游問答、應帝王篇

の天根・无名人問答、駢拇篇などを參照。
(35)『老子鬳齋口義』第四十八章・第五十七章など、『莊子鬳齋口義』德充符篇の常季・仲尼問答、大宗師篇の知天之所爲章、應帝王篇の天根・无名人問答などを參照。
(36)『莊子鬳齋口義』在宥篇の賤而不可不任者章などを參照。
(37)『莊子鬳齋口義』在宥篇の賤而不可不任者章などを參照。
(38)『莊子鬳齋口義』駢拇篇、則陽篇の少知・太公調問答などを參照。
(39)本章の第2節、及びその注釋(20)を參照。
(40)大野『日本の近世と老莊思想　林羅山の思想をめぐって』の第一章、第二節「老子解釋における「無心」の思想」を參照。
(41)大野『日本の近世と老莊思想　林羅山の思想をめぐって』の第一章、第二節、一「「無心」による老子解釋」、及びその註解(45)を參照。
(42)陳元贇の事跡などについては、衷爾鉅輯注『陳元贇』を參照。
(43)梅野「近世における老子口義」を參照。
(44)日野龍夫「徂徠學における自然と作爲」がこの比較を行っているけれども、郭象『注』の思想を誤解して「萬物は各自の「性」において自足しているという思想、ありのまま肯定論」と把えている。
(45)郭象の政治思想を研究した論文では、戸川芳郎「郭象の政治思想とその『莊子注』」が優れている。
(46)本書第5章の第5節、第11章の第2節・第4節、及びその注釋(36)を參照。
(47)丸山眞男『日本政治思想史研究』の第一章、第三節「徂徠學の特質」6を參照。
(48)武内義雄「日本における老莊學」は、徂徠學派の人々が作ったおびただしい數量の『老子』『莊子』の注釋書を一覽表にしてまとめている。
(49)福永光司「江戸期の老莊思想」を參照。
(50)野口武彥「徂徠學派における『老子』の受容」によれば、荻生徂徠の孫弟子たちの間では、林希逸も讀まれていたと言う。

參考文獻

郭象『莊子注』　郭慶藩輯『莊子集釋』第一册〜第四册　中華書局　一九六一年

林希逸『老子鬳齋口義』二卷　安田安昌　寛永四年（一六二七年）

　長澤規矩也編『和刻本諸子大成』第九輯　汲古書院　一九七六年

林希逸『列子鬳齋口義』二卷　寛永年間（一六二七年〜一六二九年）

　長澤規矩也編『和刻本諸子大成』第十輯　汲古書院　一九七六年

林希逸『莊子鬳齋口義』十卷附「新添莊子十論」　風月宗知　寛永六年（一六二九年）

　長澤規矩也編『和刻本諸子大成』第十一輯　汲古書院　一九七六年

周啓成『莊子鬳齋口義校注』　中華書局　一九九七年

杜多秀峯『郭注莊子覈玄』　植村藤右衛門　寛政四年（一七九二年）

王叔岷『郭象莊子注校記』　臺灣中央研究院歷史語言研究所專刊之三十三　一九五〇年

武內義雄「日本における老莊學」『武內義雄全集』第六卷「諸子篇」一　角川書店　一九七八年

高田眞治『日本儒學史』　地人書館　一九四一年

丸山眞男『日本政治思想史研究』　東京大學出版會　一九五二年

芳賀幸四郎『中世禪林の學問および文學に關する研究』　日本學術振興會　一九五六年

慶應義塾大學附屬研究所斯道文庫編『江戸時代書林出版書籍目錄集成』　井上書房　一九六二年〜一九六四年

栂野茂「近世における老子口義」　廣島支那學會『支那學研究』第三十三號　一九六八年

『大日本佛敎全書』第六十三卷史傳部二　鈴木學術財團　一九七二年

蘇新鋈『郭象莊學平議』　臺灣學生書局　一九八〇年

林聰舜『向郭玄學之研究』　文史哲學集成66　文史哲出版社　一九八一年

荒木見悟「林希逸の立場」『中國思想史の諸相』中國書店　一九八九年
福永光司「江戸期の老莊思想」『道教と日本文化』人文書院　一九八二年
福永光司「日本人と老莊思想」『道教と日本文化』人文書院　一九八二年
高山寺典籍文書綜合調査團編『高山寺古訓點資料』第二「莊子」七卷　東京大學出版會　一九八四年
池田知久「林希逸《莊子鬳齋口義》在日本」（中國文）周一良譯　中國哲學史研究編集部『中國哲學史研究』一九八七年第二期
一九八七年
池田知久「日本における林希逸『莊子鬳齋口義』の受容」二松學舍大學『二松學舍大學論集』第三十一號　一九八八年
神田秀夫『莊子の蘇生——今なぜ莊子か——』明治書院　一九八八年
大野出『日本の近世と老莊思想　林羅山の思想をめぐって』ぺりかん社　一九九七年
王廸『日本における老莊思想の受容』國書刊行會　二〇〇一年
小島毅・横手裕監修、松下道信主編『林希逸『老子鬳齋口義』譯注稿』東京大學大學院人文社會系研究科　二〇〇五年
山城喜憲『河上公章句『老子道德經』の研究　慶長古活字版を基礎とした本文系統の考察』汲古書院　二〇〇六年
堀勇雄『林羅山』人物叢書　吉川弘文館　一九六四年
戸川芳郎「郭象の政治思想とその『莊子注』」『日本中國學會報』第十八集　一九六六年
戸川芳郎「郭象の政治思想とその『莊子注』——「極小大之致、以明性分之適」に示された意圖を焦點に——」『漢代の學術と文化』研文出版　二〇〇二年
金谷治編集『荻生徂徠集』日本の思想12　筑摩書房　一九七〇年
賴惟勤編『徂徠學派』日本思想大系37　岩波書店　一九七二年
吉川幸次郎他編『荻生徂徠』日本思想大系36　岩波書店　一九七三年
尾藤正英責任編集『荻生徂徠』日本の名著16　中央公論社　一九七四年

吉川幸次郎『仁齋・徂徠・宣長』岩波書店　一九七五年
日野龍夫「"謀叛人"荻生徂徠」『江戸人とユートピア』朝日選書　朝日新聞社　一九七七年
相良亨他編『江戸の思想家たち』（上卷）研究社出版　一九七九年
日野龍夫「徂徠學における自然と作爲」相良亨・尾藤正英・秋山虔編集『講座　日本思想』第1卷「自然」東京大學出版會　一九八三年
渡邊浩『近世日本社會と宋學』東京大學出版會　一九八五年
野口武彦「徂徠學派における『老子』の受容」『江戸人の歷史意識』朝日選書　朝日新聞社　一九八七年
野口武彦『荻生徂徠　江戸のドン・キホーテ』中央公論社　中公新書　一九九三年
衷爾鉅輯注『陳元贇』遼寧人民出版社　一九九四年
武部善人『太宰春臺』吉川弘文館　人物叢書　一九九七年
Herman Ooms, *"Tokugawa Ideology : Early Constructs, 1570-1680"*, Princeton University Press , Princeton , 1985.
ヘルマン・オームス『德川イデオロギー』黑住眞他譯　ぺりかん社　一九九〇年

附録1　郭店楚簡『老子』諸章の上段・中段・下段

――『老子』のテキスト形成史の探究

荊門市博物館『郭店楚墓竹簡』所收の『老子』甲本・乙本・丙本のいくつかの章に、「上段・中段・下段」のすべてではなく一部分だけが現れている章がある。本章はその「上段・中段・下段」について檢討するものである。

周知のとおり、郭店楚簡『老子』の甲本・乙本・丙本の三種類(1)は、現存する『老子』の中で寫本として最も古いテキストであり、その意味では『老子』の原本に最も近い可能性のあるテキストである。そのテキストとしてのあり方は、內容・形式ともに相當多くの點で、通行本『老子』の諸本(2)や、通行本『老子』諸本に連なる馬王堆漢墓帛書『老子』の甲本・乙本とは相異している。その相異の一つに、『老子』諸章の「上段・中段・下段」の問題がある。――馬王堆『老子』甲本・乙本や通行本『老子』が、諸章それぞれに「上段・中段・下段」のすべてが完全具足しているのに對して、郭店『老子』三本は、いくつかの章において、「中段・下段」は具足するが「上段」が缺けるとか、「上段・中段」は具足するが「下段」が缺けるとか、のように「上段・中段・下段」の一部分だけが現れる、という問題である。

この問題を本格的に研究した著書・論文は、今日に至るまでまだ書かれていない。今日までに書かれた論著の中で、多少なりともこの問題に觸れたものは、ほとんど例外なく、諸章の「上段・中段・下段」の完全具足した『老子』がすでに春秋時代末期から戰國時代中期までの閒に成書されていたことを不動の前提としており、『老子』というテキストの形成過程を解明することを可能にする問題としてこれを解こうと試みた論著は、一篇たりとも存在しないのだ。そして、この問題に觸れた多くの論著は、郭店『老子』は、完全具足本『老子』を中國大陸の中原から遠く離れた邊鄙な南方、楚の國で抄寫したテキストだから、このように精善には寫せなかったのだとか、または、完具本の節略本を作って特定のある目的のために使用したのがこのテキストだから、このような內容・形式を具えているのだとか、あるいは、完具本『老子』が盜掘などの原因によってその多くの部分が殘缺・散佚してしまったために、このように不完全なものしか殘らなかったのだとか、さらには、抄寫者の學問的能力が低く『老子』の思想を理解することが難しかったために、このような不完全な結果に陷ってしまったのだとか、などといった說明を行っている。

これらの說明は、それぞれいずれも、立論の根據が薄弱であって、今日までに判明している中國古代思想史・學術史上の諸事實に合致していなかったり、あるいは思考の過程が曖昧であって、知的訓練を經た讀者を十分に納得させるだけの說得力を持っていなかったり、といった類の、當該論著の著者の自由・奔放な思いこみに基づくものでしかない、と筆者には感じられる。

本章は、筆者が東京大學を停年退官した二〇〇三年の二月に、同大學文學部で行った最終講義「郭店楚簡『老子』諸章の上段・中段・下段――『老子』のテキスト形成史の中で――」が基となっている。相い前後して、同名の論文を東京大學中國哲學研究會『中國哲學研究』第十八號（二〇〇三年二月）に發表したが、その後、現山東大學教授の曹峰氏の手により中國語に譯されて、「郭店楚簡『老子』各章的上中下段」と題して荊門郭店楚簡研究（國際）中心編『古墓新知――紀念郭店楚簡出土十周年論文專輯』（國際炎黃文化出版社、二〇〇三年十一月）に揭載された。さらにその後は、曹峰教授譯の「郭店楚簡『老子』各章的上中下段――從『老子』文本形成史的角度出發」として『池田知久簡帛研究論集』（中華書局、二〇〇六年）に收められたが、今回は以上の諸論文に基づきつつ若干の補足・修正を施した。

第1節　始めに

A　研究方法

筆者は、本章において、上述の郭店『老子』諸章の「上段・中段・下段」の問題を、老子や『老子』についてのできあがった既存の知識（すなわち先入觀）に依據して外在的に説明するのではなく、可能な限り、それら一切の既存の知識を一旦白紙にもどし棚上げした上で、それぞれの箇所の文章表現と思想內容から離れずそれらに密に卽しつつ、內在的に檢討したいと思う。

なぜかと言えば、この檢討を成功裏に行うことを通じて始めて、郭店『老子』それ自體の、實際に有する固有の內容・性質・構造などを把握することが可能となるからであり、さらにまた、郭店『老子』の、『老子』テキスト形成史上に占める位置と意義を解明することが可能となるからである。そして、以上の檢討・解明の向こう側に、我々を待ちかまえているのが、他ならぬ『老子』テキストの形成過程の解明という大きな問題であるが、本章は、この大問題に對しても今まで論述してきた本論とは異なった側面から、全面的にではなく部分的にではあれ、答えようと企圖している。

B　基礎的データ

最初に行論の便宜のために、郭店『老子』三本の諸章の出現状況を、主として文物本『郭店楚簡』の「老子釋文注釋」の【説明】に基づき、かつ筆者の見解によってそれを補足・修正しながら、簡單に紹介しておきたい。

第一に、郭店『老子』甲本の出現状況は、

第十九章→第六十六章→第四十六章中段・下段（上段を缺く）→第三十章上段・中段（下段を缺く）→第十五章上段・中段（下段を缺く）→第六十四章下段（上段を缺く）→第三十七章→第六十三章上段・下段（中段を缺く）→第二章→

第三十二章。

第二十五章→第五章中段（上段・下段を缺く）。

第十六章上段（下段を缺く）。

第六十四章上段（下段を缺く）→第五十六章→第五十七章。

第五十五章上段・中段・下段（最下段を缺く）→第四十四章→第四十章→第九章。

となっている。

第二に、郭店『老子』乙本の出現状況は、

第五十九章→第四十八章上段（下段を缺く）→第二十章上段（下段を缺く）→第十三章。

第四十一章。

第五十二章中段（上段・下段を缺く）→第四十五章→第五十四章。

である。

第三に、郭店『老子』丙本の出現狀況は、

第十七章↓第十八章。

第三十五章↓第三十一章中段・下段（上段を缺く）。

第六十四章下段（上段を缺く）。

である。これらの內、「中段・下段（上段を缺く）」などという附記のない、「第十九章」や「第六十六章」などは、當該章の文章がほぼ王弼本のとおりに完具していることを意味する。また、「↓」印は、綴合した竹簡の中で、前の章を受けて後の章が連續して抄寫されていることを示し、「。」の記號は、その連續がそこに至って斷絶していることを示す。以下、通行本（王弼本）『老子』を基準に取り、郭店『老子』のそれと異なる本文のある箇所のすべてを、「上段を缺く諸章」「中段を缺く諸章」「下段を缺く諸章」の三つのタイプに大分して檢討する。(3) 郭店『老子』の本當の姿は、このように單純ではなく、もっと複雜であり微妙であるが、本章では、便宜的に以上のような三大分に基づいて檢討を進めていこうと思う。

この檢討を行う際に採用する主な方法の一つは、郭店『老子』三本を馬王堆『老子』甲本・乙本及び王弼本『老子』と、形式と內容の二つの方面から比較・對照することである。そこで、實際の檢討に入る前に、馬王堆『老子』甲本・乙本及び王弼本『老子』の抄寫年代について、手短かに述べておきたい。(4)

一九七三年、湖南省長沙市の郊外の馬王堆にある前漢時代の墓（三號墓）から、副葬品として大量の帛書・竹簡とともに二種類の『老子』のテキストが出土した。それが馬王堆『老子』の甲本と乙本である。墓主人は、長沙國の丞相である軑侯、利蒼の息子で、文帝の初元十二年（西曆紀元前一六八年）に下葬されたことが判明している。

甲本は、縱幅約二十四センチ・メートルの帛の上に、篆文と隷書の中間の字體で墨書されている。その體裁は、『老子』あるいは『道德經』などという書名がつけられていない、「一章」「二章」……「八十一章」の分章も行われていない、まして「體道」「養身」などの章名もつけられていない、また、約五四〇〇字の全體が二つの部分に大分されてはいるけれども、それぞれに「德經」「道經」という名稱がつけられていない、という古樸なものである。その抄寫年代はいつごろかという問題であるが、用いられている字體については、秦の始皇帝が文字を統一した後の、篆文から隷書に向かって變化しつつある過渡期の字體であることと、皇帝の諱を避ける文字については、前漢の惠帝劉盈の「盈」、高后呂雉の「雉」、文帝劉恆の「恆」などは、いずれもみな避けていないものの、高祖劉邦の「邦」を避けて「國」に改めている部分があること、の二點を根據にして、筆者は、惠帝期（前一九四年～前一八八年）乃至呂后期（前一八七年～前一八〇年）の抄寫であろうと推測する。[5]

乙本は、縱幅約四十八センチ・メートルの帛上に隷書の字體で墨書されている。その體裁は、甲本と同じように、『老子』『道德經』などの書名、「一章」「二章」……「八十一章」の分章、「體道」「養身」などの章名はすべて存在しないが、しかし甲本とは異なって、全體が二つに大分された部分の末尾に、それぞれ「德　三千卌一」「道　二千四百廿六」の如く篇名と字數が記されている。その抄寫年代は、用いられている字體が、よく整えられるに至った時期の美しい隷書であることと、皇帝の避諱の文字が、高祖の「邦」を避けているけれども、惠帝の「盈」以下をいずれも避けていないこと、の二點によって、文帝期（前一七九年～前一五七年）の初年で、紀元前一六八年までであろうと推測することができる。

王弼の『老子注』やその用いた『老子』のテキストについては、古來多くの問題が指摘されているところであるが、筆者は特に詳細な研究をしているわけではないので、本章では暫時、王弼の生卒した魏の、西曆二二六年～二四九年のころの『老子』の經文及びその注釋であると認め、今日比較的入手しやすくかつ校訂の精覈と思われる樓宇烈著『王弼集校釋』上册所收本を用いることにする。

第2節　上段を欠く諸章の検討

A　甲本第四十六章

郭店『老子』甲本第四十六章は、中段と下段は具わっているが、上段を欠く章である。その第四十六章の文章は、以下のとおり。

皋莫厚虖（乎）甚欲、咎莫僉（憯）虖（乎）谷（欲）尋（得）、化（禍）莫大虖（乎）不智（知）足。智（知）足之爲足、此互（恆）足矣。

また、馬王堆『老子』甲本は、

●天下有道、〔却〕走馬以糞。天下无道、戎馬生於郊。●罪莫大於可欲、𣧑（禍）莫大於不知足、咎莫憯於欲得。〔故知足之足〕、恆足矣。

であり、馬王堆乙本は、

〔天下有〕道、却走馬〔以〕糞。无道、戎馬生於郊。罪莫大可欲、禍〔莫大於不知足、咎莫憯於欲得。故知足之足、恆〕足矣。

であり、さらに、王弼本は、

天下有道、却走馬以糞。天下無道、戎馬生於郊。禍莫大於不知足、咎莫大於欲得。故知足之足、常足矣。

である。

まず、これらを形式の上から相互に比較・對照して検討しよう。郭店甲本第四十六章のこの文章の末尾には、郭店『老子』の諸他の章末に多く現れる「■」の符號が、例外的につけられていない。それに代わって、末尾の「矣」の字の下に「―」の符號がつけられている。ここでは、「―」の符號が章末の「■」の符號と同じ意味であるか、もしくはその誤抄であると考えて[6]、以下、考察を進めることにする。

さて、馬王堆甲本は、上段の冒頭と中段・下段の冒頭にそれぞれ「●」の符號がつけてある。この符號は、抄寫者が文章のまとまり・區切りを意識していたことを示しているので、前漢時代初期の馬王堆甲本には第四十六章の「上段・中段・下段」を一つのまとまり（すなわち一つの章）とする考えは、まだ生まれていなかったのではないかと疑われる。そして、第四十六章の上段と中段・下段を二つに分ける馬王堆甲本の考えが、上段を含まず中段・下段だけを抄寫した古い郭店『老子』甲本（またはこれと類似するテキスト）に由來することは明らかである。ところが、馬王堆乙本からは、中段・下段の冒頭にあった「●」の符號が消えてしまっている。したがって、馬王堆乙本は甲本よりも一層、通行本に接近したと見なすことができよう。

ちなみに、戰國時代末期の『老子』を用いたと考えられる『韓非子』解老篇は、第四十六章の上段と中段があって下段がなく、前漢時代初期の『老子』を用いたと考えられる同じく喩老篇は、第四十六章の上段・中段・下段がそろって含まれている。また、第四十六章中段の、

●罪莫大於可欲、𣣈（禍）莫大於不知足、咎莫憯於欲得。（馬王堆甲本）

の中に現れる、「罪・𣣈（禍）・咎」や「大・大・憯」や「欲・足・得」などのキー・ワードは、時代の推移とともに變化した『韓非子』解老篇・喩老篇・馬王堆甲本・乙本などにおける『老子』テキストの變遷の過程で、前代の表現を受けて後代の表現が一歩一歩整えられて、次第に修辭的に彫琢を加えられていった、その足跡を示すものであるが、この問題については、本書第2章の第5節を參照。(7)

次に、これらを內容の上から檢討しよう。檢討の結果判明することは、上段と中段・下段を密接に關聯する文章であるとは見なしがたい、ということである。なぜなら、馬王堆甲本・乙本・王弼本の上段の思想は、

●天下に道が行われている時代には、走りのよい馬が畑を耕すのに〔用いられる〕けれども、天下に道が行われていない時代には、軍馬が首都の近郊に展開するようになる。

という戰爭反對を主張する內容であるのに對して、中段・下段だけから成る郭店甲本の思想は、

罪惡は欲望に身をまかせることほど大きなものはなく、罪咎は物欲をたくましくすることほど痛ましいものはなく、不幸は滿足を知らないことほど大きなものはない。滿足することを知っている者の滿足は、永遠に變わらない滿足である。

という欲望追求を非難する內容であって、兩者の閒には、少なくとも表面上は何の關聯もつけられていないからだ。試みに、本章を解說した『韓非子』解老篇の上段と中段の關聯を考察してみると、上段の解說は君主主導の戰爭に反對する見解を述べるが、君主の欲望追求に對する批判は弱く、一方、中段の解說は君主と民衆の欲望追求に對する批判を述べるが、君主主導の戰爭に反對する非難はない、という具合に、兩者の關聯ははなはだ希薄である。ただし、喩老篇の解說になると、上述の兩要素が緊密に一つに結び合わされている。

とするならば、『韓非子』解老篇において上段と中段が竝んで置かれているのは、偶然のなせるわざにすぎず、より古い郭店『老子』甲本のように、實は本來、兩者の閒には何の關聯もなかったのであるが、その後、馬王堆乙本や『韓非子』喩老篇の段階に至って、始めて兩者を緊密に一つに結び合わせる（すなわち一つの章とする）ようになったのではなかろうか。なお、『韓詩外傳』卷九も『老子』第四十六章を引用するが、その引用には中段・下段はあるが、上段はない。この資料も、本來、上段と中段・下段が別々に取り扱われていた事實を證明するものであると考えられる。

B　甲本第六十四章と丙本第六十四章

郭店『老子』甲本第六十四章と丙本第六十四章も、下段は具わっているが、上段を缺く章である。その甲本第六十四章（下段）の文章は、以下のとおり。

爲之者敗之、執之者遠〈遊（失）〉之。是以聖人亡（無）爲、古（故）亡（無）敗。亡（無）執、古（故）亡（無）遊（失）。臨事之紀、新（愼）冬（終）女（如）忌（始）、此亡（無）敗事矣。聖人谷（欲）不谷（欲）、不貴難导（得）之貨。𡥈（敎）不𡥈（敎）、𨑇（復）衆之所华（過）。是古（故）聖人能尃（輔）萬勿（物）之自肰（然）、而弗能爲。

また、馬王堆『老子』甲本の全文は、

●亓（其）安也、易持也。〔亓（其）未兆也〕、易謀〔也。亓（其）脆也、易泮（判）也。亓（其）微也、易散也。爲之於亓（其）未有、治之於亓（其）未亂。合抱之木、生於〕毫末、九成之臺、作於羸（虆）土、百仁（仞）之高、台（始）於足〔下。爲之者敗之、執之者失之。是以聲（聖）人无爲〕也、〔故〕无敗〔也〕。无執也、故无失也。民之從事也、恆於亓（幾）成事而敗之。故愼終若始、則〔无敗事矣。是以聲（聖）人〕欲不欲、而不貴難得之䝿（䝿）。學不學、而復衆人之所過。能輔萬物之自〔然、而〕弗敢爲。

であり、馬王堆乙本の全文は、

〔亓（其）安也、易持也。亓（其）未兆也、易謀也。亓（其）脆也、易泮（判）也。亓（其）微也、易散也。爲之於亓（其）未有也、治之於亓（其）未亂也。合抱之〕木、作於毫末、九成之臺、作於虆（虆）土、百千（仞）之高、始於足下。爲之者敗之、執〔之〕者失之。是以耶（聖）人无爲〔也、故无敗也。无執也、故无失也。〕民之從事也、恆於亓（幾）成而敗之。故曰、愼冬（終）若始、則无敗事矣。是以耶（聖）人欲不欲、而不貴難得之貨。學不學、復衆人之所過。能輔萬物之自然、而弗敢爲。

であり、さらに、王弼本の全文は、

其安、易持。其未兆、易謀。其脆、易泮。其微、易散。爲之於未有、治之於未亂。合抱之木、生於毫末、九層之臺、起於累土、千里之行、始於足下。爲者敗之、執者失之。是以聖人無爲、故無敗。無執、故無失。民之從事、常於幾成而敗之。愼終如始、則無敗事。是以聖人欲不欲、不貴難得之貨。學不學、復衆人之所過。以輔萬物之自然、而不敢爲。

である。

また、郭店丙本第六十四章（下段）の文章は、以下のとおり。

爲之者敗之、執之者遊（失）之。聖人無爲、古（故）無敗也。無執、古（故）〔無遊（失）也〕。新（愼）終若詞（始）、則無敗事喜（矣）。人之敗也、亙（恆）於亓（其）戲（且）成也敗之。是以〔聖〕人欲不欲、不貴懃（難）㝵（得）之貨。學不學、復（復）衆之所逃（過）。是以能補（輔）墓（萬）勿（物）之自肰（然）、而弗敢爲。■

ところで、郭店『老子』第六十四章は、實は上段も存在している。それは甲本の中にただ上段だけが、（甲本の）下段から離れた別のところに置かれているのである。その郭店甲本の第六十四章（上段）の文章は、

亓（其）安也、易𣐺（持）也。亓（其）未茈（兆）也、易𢘓（謀）也。亓（其）毳（脆）也、易畔（判）也。亓（其）幾也、易𢓜（散）也。爲之於亓（其）亡（無）又（有）也、絧（治）之於亓（其）未亂。合〔抱之木、生於毫〕末、九成之臺、己（起）〔於羸（虆）土、百仁（仞）之高、台（始）於〕足下。■

である。

以上の資料に基づいて、まず、離して別々のところに置くという形式の上から判斷するならば、郭店『老子』甲本の抄寫者に第六十四章の上段と下段を一つの章と見なす考えがなかったことは、明らかである。郭店甲本の上段の末尾に文章のまとまり・區切りを表示する「■」の符號がついていることも、この判斷の正しさを裏づけている。なお、郭店甲本第六十四章の下段の末尾には、郭店『老子』の諸他の章末に多く現れる「■」の符號が、例外的につけられていない。

次に、郭店第六十四章の上段と下段の關聯を内容の上から検討するならば、大雜把に把握して、上段の思想は、諸現象は「安・未茈（兆）・毳（脆）・幾」つまり萌芽したか否かも定かでない、ごく微小の段階から始まるものであり、その段階は人間にとって「易𣐺（持）也・易𢘓（謀）也・易畔（判）也・易𢓜（散）也」つまり對處することが容易である。だから、人間界の倫理的政治的な現象についても、「亡（無）又（有）也・未亂」すなわち發生したか否かも定かでない、ごく微小の段階において「爲之」「絧（治）之」などの對處を行うべきだ。これを裏から言えば、巨大な諸現象も「〔毫〕末・〔羸（虆）土〕・足下」すなわちごく微小の段階から始まって、「合〔抱之木〕・九成之臺・〔百仁（仞）之高〕」にまで發展した結果に他ならない、といったような内容を述べたものである。(8) それに對して、下段の思

想は、「亡（無）敗・亡（無）遊（失）」を望む我々は、「聖人」の「亡（無）爲」「亡（無）執」すなわち「谷（欲）不谷（欲）・不貴難㝵（得）之貨・斈（教）不斈（教）・復（復）衆之所佌（過）」をモデルとして、「能専（輔）萬勿（物）之自肰（然）、而弗能爲。」の態度を取るべきだ、といったような内容を述べたものであり、一言で言えば、「亡（無）爲」の勸めに他ならない。(9)

上段の思想が「爲之於亓（其）亡（無）又（有）也、絧（治）之於亓（其）未亂。」とあるように、「爲之・絧（治）之」という人爲・作爲の必要性を主張しているのに對して、下段の思想はその正反對の立場に立って「亡（無）爲」を勸めているではないか。とすれば、兩者は、郭店『老子』が離れた別々のところに置いて特に關聯のない二つの文章としていたのが、本來の取り扱いであったと考えなければならない。

その後の諸テキストにおける兩者の關聯づけの變遷については、馬王堆甲本は、當該箇所がはなはだしく殘缺しているので、下段の「爲之者敗之、執之者失之。」の冒頭に「●」の符號がつけられていて、上段とは異なる別の文章と見なしていたか否かは不明としか言いようがないが、降って馬王堆乙本になると、兩者を一つのまとまり（一つの章）と見なす考えが、すでに發生していた可能性が高いと思われる。そして、王弼本が後者の延長線上に位置することは、改めて言うまでもない。ちなみに、『韓非子』喩老篇を繙いてみると、第六十四章上段は「其安、易持也。其未兆、易謀也。」の二文だけが存在するが、下段はそれとは離れた別のところにまとめて置かれていて、「欲不欲、而不貴難得之貨。」「學不學、復歸衆人之所過也。」「恃萬物之自然、而不敢爲也。」に作っている。兩者が『韓非子』喩老篇において離れた別々のところに置かれているというこの事實も、やはり筆者の上述の推測の正しさを傍證するものであろう。(10)また、『戰國策』楚策一・賈誼『新書』審微篇・『史記』蘇秦列傳なども『老子』第六十四章を引用しているが、その引用には上段の一部分はあるが、下段はない。これらの資料も、本來、上段と下段が別々に取り扱われていた事實を推測する助けになるかもしれない。

さらに、郭店『老子』第六十四章下段の經文には、甲本と丙本の間にある重要な相異が含まれている。それは、兩テキストの中間部分にある文章である。すなわち、甲本は、

臨事之紀、新（愼）冬（終）女（如）忖（始）、此亡（無）敗事矣。

に作っているところを、丙本は、

新（愼）終若詞（始）、則無敗事喜（矣）。人之敗也、亙（恆）於丌（其）䖒（且）成也敗之。

に作っているのだ。兩者の文章表現は、

新（愼）冬（終）女（如）忖（始）、此亡（無）敗事矣。

の一文を除いて異なっており、その相異は顯著であるが、それだけでなく、兩者の主語は、甲本が一貫して「聖人」であるのに對して、丙本の引用文の後半が一般に「人」である點も相異しており、それ故、この箇所における兩者は、思想內容の點でもかなり相異している。(11)

同じ郭店『老子』の同じ第六十四章下段の經文が、甲本と丙本でこのように相異しているのは、一體なぜであろうか。それは恐らく、郭店『老子』が歷史上ほとんど最初にこの世に現れた『老子』であって、テキストとしてはまだ形成途上にあるはなはだ不安定なものだったからではなかろうか。ちなみに、同じ箇所を馬王堆『老子』甲本は、

民之從事也、恆於亓（幾）成事而敗之。故愼終若始、則〔无敗事矣〕。

に作り、乙本は、

民之從事也、恆於亓（幾）成而敗之。故曰、愼冬若始、則无敗事矣。

に作り、王弼本は、

民之從事也、常於其幾成而敗之。愼終如始、則無敗事。

に作っている。これらを比較・對照すれば、郭店『老子』甲本よりも丙本の方が、馬王堆『老子』甲本・乙本や王弼本に近いことは明らかであるが、その丙本でさえ馬王堆『老子』や王弼本に至るためには、「訢（愼）終若詞（始）、則無敗事喜（矣）。」と「人之敗也、亙（恆）於亓（其）叡（且）成也敗之。」の順序を入れ換えるという修正を施さなければならなかったのである。

C　甲本第五章

郭店『老子』甲本第五章は、中段は具わっているが、上段と下段を缺く章である。その第五章の文章は、以下のとおり。

天陛（地）之勿（閒）、亓（其）猷（猶）囩（橐）籗（籥）與。虛而不屈（竭）、遧（動）而愈出。■

また、馬王堆『老子』甲本は、

天地不仁、以萬物爲芻狗。聲（聖）人不仁、以百省（姓）〔爲芻〕狗。天地〔之〕閒、〔其〕猶橐籥輿（與）。虛而不淈（屈）、踵（動）而俞（愈）出。多聞數窮、不若守於中（盅）。

であり、馬王堆乙本は、

天地不仁、以萬物爲芻狗。耶（聖）人不仁、〔以〕百姓爲芻狗。天地之閒、亓（其）猷（猶）橐籥輿（與）。虛而不淈（屈）、動而俞（愈）出。多聞數窮、不若守於中（盅）。

であり、さらに、王弼本は、

天地不仁、以萬物爲芻狗。聖人不仁、以百姓爲芻狗。天地之間、其猶橐籥乎。虛而不屈、動而愈出。多言數窮、不如守中。

である。

まず、これらを形式の上から比較・對照して檢討しようとする場合、馬王堆『老子』甲本のこの箇所には、「●」の符號が全然つけられていない代わりに、かなり多くの句讀の切れ目に鉤號がつけられている。しかし、それらを文章の大きな一まとまり（一つの章）と認めるのには相當の困難を感ぜざるをえない。他方、馬王堆乙本のこの前後には、明らかに章が分かれるはずの箇所に鉤號も「●」の符號も全然つけられていない、という事態に直面する。したがって、この方面からの檢討を通じては、郭店甲本の末尾に文章のまとまり・區切りを表示する「■」の符號がついていることを確認する以外に、大した成果を得ることはできない。

そこで、次に、內容の上からこれらを檢討するのであるが、第五章も上段と中段と下段が密接に關聯する文章であるとは見なしがたい、と思う。と言うのは、上段の思想は、「天地」の「萬物」に對する對應のし方が、人間・社會の中だけでしか通用しない「仁」などという狹い儒教倫理に背を向け、それを超越していることをモデルとして、「聲（聖）人」の「百省（姓）」に對する對應のし方も、「仁」などに背を向け、それを超越すべきだという政治思想を逆說的に主張するものである。試みに、馬王堆甲本の日本語譯を揭げてみよう。

天地は情けを知らぬ無慈悲なもので、萬物を藁人形のように取り扱う。同樣に、聖人も情けを知らぬ無慈悲なもので、人民を藁人形のように取り扱うのだ。

それに對して、中段の思想は、「天」と「地」に圍まれた巨大な空間が、實有ではなく虛無であるからこそ、かえって生產的なのだと說いて、「道」に關する存在論を示唆的に描いている。

天と地の間は、あたかも鞴《ふいご》のようなものであろうか。その中は虚無であるけれどもその働きは無盡藏で、動くにつれて次から次へと萬物が生み出されてくる。

そして、下段の思想は、多くの知識を攝取して自己を充實させるよりも、「中（盅）」を守る方がよいと言って、「中（盅）」の處世術を勸めるものである。

多くの知識を攝取して自己を充實させようとする者は、必ず行きづまる。「中（盅）」の態度を守るに越したことはない。

こういう具合に、上段と中段と下段は、相互に異なった語彙による文章表現を用いて、異なった領域の思想内容を、各箇ばらばらに述べていると考えられるからである。強いて言えば、中段（「虚」）と下段（「中（盅）」）は同じく虚無の徳を述べた文章であるとも考えられるから、多少の關聯を認めてもよいかもしれない。（下段は中段の意味を一定の方向に限定するために、郭店『老子』甲本より後代に附加されたものであろう。）

しかしながら、上段と中段・下段は、ただ「天地」という同じ一つの共通語によってかろうじて繋がっているにすぎず、思想の上ではほとんど何の關聯もない。だから、郭店甲本第五章が、中段は具わるが、上段・下段を缺くという形態で出現したのは當然であり、正しくそれが『老子』の本來の姿だったのである。恐らく、郭店甲本から馬王堆甲本・乙本に向かう過程で、上段の文章と下段の文章が新たに著述あるいは捜求されて、中段の前後に插入されるに至ったのではなかろうか。

ちなみに、『老子』第五章を引用した文章を調査してみると、戰國・秦・前漢の諸文獻の中に、この大して長くもない第五章の全文を引用するものが一つもない。例えば、『淮南子』道應篇は、下段だけを引用しているが、中段・上段は引用していない。また、成書年代がいつの時代であるか不明の『文子』では、自然篇が上段だけを引用して解説し、道原篇が下段だけを引用して解説しているが、これらにあっても第五章の上段と中段と下段は、相互に異なった思想をばらばらに述べていると考えられているようである。

D　乙本第五十二章

郭店『老子』乙本第五十二章は、中段だけが具わっていて、上段と下段を缺く章である。その第五十二章の文章は、以下のとおり。

閟丌（其）門、賽（塞）丌（其）逸（穴）、終身不盉（敄）。啓丌（其）逸（穴）、賽（濟）丌（其）事、終身不來。

■

また、馬王堆『老子』甲本は、

●天下有始、以爲天下母。旣（既）得丌（其）母、以知丌（其）〔子、旣（既）得丌（其）子〕、復守丌（其）母、沒身不殆。●塞丌（其）閟（穴）、閉丌（其）門、終身不堇（勤）。啓丌（其）閟（穴）、濟丌（其）事、終身〔不來。●見〕小曰〔明〕、守柔曰強。用丌（其）光、復歸丌（其）明、毋遺身央（殃）、是胃（謂）襲常。

であり、馬王堆乙本は、

天下有始、以爲天下母。既得丌（其）母、以知丌（其）子、既知丌（其）子、復守丌（其）母、沒身不佁（殆）。塞丌（其）堄（穴）、閉丌（其）門、冬（終）身不堇（勤）。開丌（其）堄（穴）、齊（濟）丌（其）〔事、冬（終）身〕不來。見小曰明、守〔柔曰〕強、用〔丌（其）光、復歸丌（其）明、无〕遺身央（殃）、是胃（謂）〔襲〕常。

であり、さらに、王弼本は、

天下有始、以爲天下母。既得其母、以知其子、既知其子、復守其母、沒身不殆。塞其兌、閉其門、終身不勤。開其兌、濟其事、終身不救。見小曰明、守柔曰強。用其光、復歸其明、無遺身殃、是爲習常。

である。

まず、これらを形式の上から相互に比較・對照して検討するならば、馬王堆甲本は、上段の冒頭と中段の冒頭にそれぞれ「●」の符號がある。中段の末尾と下段の冒頭の「〔不來。●見〕」は、殘缺している箇所であるが、その缺字數を計ってみると三字乃至四字であるから、この箇所にはもともと「●」の一字が書かれていた可能性が高い。とすれば、前漢初期の馬王堆甲本には第五十二章の「上段・中段・下段」を一つの章とする考えは、まだ生まれていなかったのであり、また、第五十二章の上段と中段と下段を三つに分ける馬王堆甲本の考えは、上段・下段を含まず中段だけを抄寫した古い郭店『老子』乙本（またはこれと類似するテキスト）に由來するものと言うことができよう。目を轉じて、馬王堆乙本を見ると、中段の冒頭と下段の冒頭の「●」の符號が消えている。したがって、馬王堆乙本は甲本よりも一層、通行本に接近したと見なして差し支えあるまい。

また、馬王堆甲本においては、上段に「沒身」という言葉が用いられているが、中段になると同じ意味であるにもかかわらず「終身」（二例）という言葉に變わっている。馬王堆甲本にある文章表現上のこのような齟齬も、馬王堆甲本において「上段・中段・下段」がまだ一つの章とはなっていなかったという事實を端的に示す證據に他ならない。(12)そして、この事實は、「沒身」を含まない、それ故齟齬のない、郭店乙本中段だけの單獨の存在というのが『老子』の本來の姿であることを示している。なぜなら、以上の馬王堆甲本のテキストとしてのあり方は、郭店乙本のそれが反映したものにちがいないからだ。――馬王堆甲本では、上段に「沒身」を含む文章が新たに著述あるいは捜求されて、前後に竝べて一緒に置かれるようにはなったけれども、しかし、中段の冒頭（と下段の冒頭）に「●」の符號がつけてあって、「上段・中段・下段」をまだ一つの章と見なすには至っていないのである。

次に、これらを内容の上から検討するならば、上段と中段と下段を密接に關聯する文章と見なすことは到底できない。と言うのは、上段の思想は、「天下」の「萬物」を生み出す「母」としての「道」を把えた上で、その「子」である「萬物」のありさまを「知」り、また「子」である「萬物」のありさまを「得」た上で、さらにその「母」である「道」の立場を守るならば、一生危險な目に會うことがないと述べて、「道」を把えることと「萬物」を「知」ることの兩者をともに重視している。試みに、馬王堆甲本の日本語譯を掲げてみる。

●この天下の萬物には始まりがある。それを天下のすべてを生み出す母と呼ぼう。その母である道を把えた上で、その〔子である萬物のありさま〕を知り、〔またその子、萬物のありさまを把えた上で〕、さらにその母、道の立場を守るならば、身を終えるまで危險な目に會うことがない。

ところが、中段の思想は、人間がその「門」「逸（穴）」の感覺・知覺器官を(13)「閟《とざ》」し「賽《ふさ》（塞）」ぐ、すなわち「知」を抑えて生きていくならば、一生苦勞をしなくてすむけれども、逆にその「逸（穴）」を「啓」く、つまり「知」を驅使して「事を賽（濟）す」という作爲を行うならば、一生根本に立ち返ることができないと述べて、「無知」の哲學を勸めている。試みに、郭店乙本の日本語譯を掲げてみる。

耳目鼻口の門を閉ざし、知覺の穴を塞ぐならば、一生の間、無理に務めなくてもすむけれども、耳目鼻口の穴を開き、作爲を行って仕事を進めるならば、一生の間、本來の自分に立ち返ることがない。

そしてさらに、下段の思想は、人間が通常の耳目による知「光」を「用」いて、本來有していたはずの「道」を把える眞實の認識「明」に「復歸」するならば、自分自身の身體に災い「央（殃）」を受けることもないと述べて、「常に襲《い》る」すなわち恆常不變な「道」に參入する方法を論究している。馬王堆甲本の日本語譯を掲げてみる。

〔●〕微小なものを〔見定める〕のを〔明知〕と言い、柔らかさを保ち續けるのを強靭と言う。持って生まれた知恵の光を用いながら、道を知る明知に立ち返っていくならば、我が身の災いはすべて消え去るが、これをば恆常不變の道への參入と言う。

このように、上段と中段と下段は、異なった語彙による文章表現を用いて、異なった領域の思想内容を、各箇ばらばらに述べているからである。中んづく、中段の、感覺・知覺器官を「閟・賽（塞）」する「無知」を勸める思想が、上段の、「天下」の「萬物」のありさまを「知」ることを肯定する思想、及び、下段の、通常の耳目による知「光」を「用」いることを是認する思想と、本來、調和することができないことは、はなはだ明らかではなかろうか。

ちなみに、第五十二章を引用して解説している『韓非子』喩老篇には、下段の一部分「見小曰明」があるだけで、上段・中段がないし、また、『淮南子』道應篇には、中段の「塞其兌、閉其門、終身不勤。」と、下段の「見小曰明。」及び「用其光、復歸其明也。」の三箇條が離れたところで別々に引用・解説されているが、これら相互の閒には何の關聯もつけられていない。以上の資料も、本來、上段と中段と下段が別々に取り扱われていた事實を推測する助けになるかもしれない。

E　丙本第三十一章

郭店『老子』丙本第三十一章は、中段と下段が具わっていて、上段を缺く章である。その第三十一章の文章は、以下のとおり。

君子居則貴左、甬（用）兵則貴右。古（故）曰、兵者、〔不祥之器也。不〕导（得）已而甬（用）之、銛（恬）纏

（淡）爲上、弗散（美）也。故〈美〉之、是樂殺人。夫樂〔殺人、不〕以导（得）志於天下。古（故）吉事上左、喪事上右。是以卞（偏）𨟻（將）軍居左、上𨟻（將）軍居右、言以喪豊（禮）居之也。古（故）殺〔人衆〕、則以㤅（哀）悲位（莅）之、戰勅（勝）、則以喪豊（禮）居之。■

また、馬王堆『老子』甲本は、

夫兵者、不祥之器〔也〕。物或惡之、故有欲者弗居。君子居則貴左、用兵則貴右。故兵者、非君子之器也。〔兵者〕、不祥之器也。不得已而用之、銛襲爲上、勿美也。若美之、是樂殺人也。夫樂殺人、不可以得志於天下矣。是以吉事上左、喪事上右。是以便（偏）將軍居左、上將軍居右、言以喪禮居之也。殺人衆、以悲依（哀）立（莅）之。戰勝、以喪禮處之。

であり、馬王堆乙本は、

夫兵者、不祥之器也。物或亞（惡）〔之、故有欲者弗居。君〕子居則貴左、用兵則貴右。故兵者、非君子之器。兵者、不祥〔之〕器也。不得已而用之、銛（恬）憹（淡）爲上、勿美也。若美之、是樂殺人也。夫樂殺人、不可以得志於天下矣。是以吉事〔上左、喪事上右〕。是以偏將軍居左、而上將軍居右。言以喪禮居之也。殺〔人衆、以悲依（哀）〕立（莅）〔之。戰〕朕（勝）、而以喪禮處之。

であり、さらに、王弼本は、

夫佳兵者、不祥之器。物或惡之、故有道者不處。君子居則貴左、用兵則貴右。兵者、不祥之器、非君子之器。不得已而用之、恬淡爲上、勝而不美。而美之者、是樂殺人。夫樂殺人者、則不可以得志於天下矣。吉事尚左、凶事尚右。偏將軍居左、上將軍居右、言以喪禮處之。殺人之衆、以哀悲泣之。戰勝、以喪禮處之。

である。

例によって、まず、これらを形式の上から檢討しようとする場合、馬王堆甲本のこの箇所には、「●」の符號は全然つけられていない代わりに、句讀の切れ目に鉤號がいくつかつけられているが、それらを文章の大きな一まとまり（一つの章）と認めるのは相當に困難である。他方、馬王堆乙本のこの前後には、本章と分かれる前章の末尾に鉤號がつけられてはいるけれども、「●」の符號は一つもつけられていない。だから、この方面からの檢討を通じては、郭店丙本の末尾に文章のまとまりを表示する「■」の符號がついていることを確認する以外に、大した成果を得ることはできない。

そこで、次に、內容の上からこれらを檢討すれば、上段の思想は、明らかに中段・下段の思想と密接に關聯している。とすれば、上段の文章は郭店丙本以前からすでに書かれていたのであって、これが丙本に缺けているのは偶然のことにすぎないと見なしてよいであろうか。筆者はそうでないと考える。なぜなら、上段・中段・下段の完全具足する馬王堆甲本・乙本・王弼本は、いずれも上段の「夫兵者、不祥之器也。」と中段の「兵者、不祥之器也。」が重複しており、少なくとものその內の一方は、後代になって追加された文であると推測することができる。そして、重複する上段の「夫兵者、不祥之器也。」と中段の「兵者、不祥之器也。」の內、どちらを後代に追加された文と見なすべきかと言えば、より古い郭店丙本中段に「兵者、〔不祥之器也〕。」と見えている[14]のであるから、馬王堆甲本・乙本・王弼本上段の「夫兵者、不祥之器也。」の方こそを、後代に追加された文と見なすべきであることになる。恐らく、馬王堆甲本の成書に至る過程で、「夫兵者、不祥之器〔也〕。」の一文だけでなく「物或惡之、故有欲者弗居。」の一文も、同時に合わせて著述あるいは捜求されたのではなかろうか。

ちなみに、『老子』第三十一章を引用した文章を調査してみると、戰國・秦・前漢の諸文獻の中に、上段を引用したと認められるものが一つもない。また、『文子』では、微明篇で中段の「兵者、不祥之器也、非君子之寶也。」を引用して解說し、また、上仁篇で中段と下段の「兵者、不祥之器也。不得已而用之、勝而勿美。……以哀悲泣之、以喪禮居之。」を點綴して解說しているが、上段だけは引用・解說していない。こうして見ると、第三十一章の上段は、馬王堆甲本以來、古い經文に追加されて存在していたことは確實であるが、にもかかわらず、以上のような事情が原因となったためか、あまり重視されることはなかったようである。

第3節　中段を缺く諸章の檢討

A　甲本第六十三章

郭店『老子』甲本第六十三章は、上段と下段は具わっているが、中段を缺く章である。その第六十三章の文章は、以下のとおり。

爲亡（無）爲、事亡（無）事、未（味）亡（無）未（味）。大少（小）之多惖（易）必多難（難）。是以聖人猷（猶）難（難）之、古（故）終亡（無）難（難）。■

また、馬王堆『老子』甲本は、

●爲无爲、事无事、味无未（味）。大小多少、報怨以德。圖難乎〔亓（其）易也、爲大乎亓（其）細也〕。天下之難作於易、天下之大作於細。是以聖人冬（終）不爲大、故能〔成亓（其）大。夫輕若（諾）必寡信、多易〕必多難。

是〔以聲（聖）人〕猷（猶）難之、故終於无難。

であり、馬王堆乙本は、

爲无爲、〔事无事、味无味。大小多少、報怨以德。圖難乎亓（其）易也、爲大〕乎亓（其）細也。天下之〔難作於〕易、天下之大〔作於細。是以耶（聖）人冬（終）不爲大、故能成亓（其）大〕。夫輕若（諾）〔必寡〕信、多易必多難。是以耶（聖）人〔猶難〕之、故〔終於无難〕。

であり、さらに、王弼本は、

爲無爲、事無事、味無味。大小多少、報怨以德。圖難於其易、爲大於其細。天下難事必作於易、天下大事必作於細。是以聖人終不爲大、故能成其大。夫輕諾必寡信、多易必多難。是以聖人猶難之、故終無難矣。

である。

例によって、まず、形式の上から檢討すると、馬王堆甲本のこの箇所には、冒頭以外に「●」の符號がつけられていないのに對して、句讀の切れ目に鉤號がいくつかつけられているが、それらを文章の大きな一まとまり（一つの章）と認めるのは困難である。他方、馬王堆乙本のこの前後は、殘缺がはなはだしいために正確なところは分からないけれども、鉤號も「●」の符號もつけられていないようである。それ故、この方面からの檢討を通じては、郭店甲本の末尾に文章のまとまりを表示する「■」の符號がついていることを確認する以外に、大した成果を得ることはできない。

そこで、次に、內容の上から檢討すると、上段と下段を直接繫ぐ郭店甲本は、確かに密接に關聯する一まとまりの文章であるけれども、それに對して、上段・中段・下段から成る馬王堆甲本・乙本・王弼本は、中段を上段と下段の間に割りこませることによって、そのようなまとまりを破壞してしまっている。——上段・下段の思想は、「亡（無）爲を爲し、亡（無）事を事とし、亡（無）未（味）を味わう。」という逆說的辨證法的な態度が、儒家を始めとする世間的常識とは異なった「道」の立場に基づく行動や處世であるが、それによれば、「大少（小）」のあらゆる事態について「惖（易）」しいと甘く見てかかることの「多」い場合は、必ず「多」くの困「難（難）」に陥るものである。こういうわけで、「聖人」も事態を「難（難）」しいと考えて取り組むのであるが、そうであればこそ「聖人」は最後まで困「難（難）」に陥らないのだ、という內容である。この內容は、始めから終わりまで整合的な論理で一貫した文章、と認めることができる。

ところが、中段の思想は、「怨」みに對しては「德」でもって應ずる。[15]「難」事は「易」しい萌芽から考え、「大」事は「細」かな足下から行う。なぜなら、天下の「難」事はいずれも「易」しいところから發生し、天下の「大」事はいずれも「細」かなところから生起するからである。故に「聖人」は最後まで「大」事を爲そうとはしないが、であればこそ、「大」事を成し遂げることができるのだ。一體、安請け合いは必ず「信」實に乏しいものだ、とこのように述べて、主として、初歩段階における「易・細」な仕事を積み重ねながら、最終段階における「難・大」な事業の成就を目指すべきだ、という主張に變えてしまっている。この主張は、明らかに戰國末期の儒家の代表である、荀子の「積微」の思想をふまえたものであって、それかあらぬか、ここでは、上段・下段に含まれていた「惖（易）」と「難（難）」に關する逆說的辨證法的な思想が姿を消し、中段ではそれに取って代わって「難」と「易」に關する世間的常識論が主張されている。すなわち、上段・下段では、「多惖（易）→多難（難）」「難（難）之→亡（無）難（難）」の展開圖式を想定した上で、「難（難）之」の立場に身を置くことを勸めているのに對して、中段では、「易→難」「細→大」の展開圖式を想定した上で、「易・細」[16]の立場に身を置くことを勸めているのである。兩者を抱えこむ馬王堆甲本・乙本・王弼本の思想內容が、上段・下段と中段では相互に正反對の方向を向いており、特に中段と下段では相互に矛盾さえしているために、はなはだ混亂を來してしまっていることが、だれの目にも明らかではなかろうか。

こういうわけで、郭店甲本第六十三章が、上段・下段は具わるが、中段を缺くという形態で出現したのは當然であり、正しくそれが『老子』の本來の姿だったと考えなければならない。恐らく、郭店甲本から馬王堆甲本・乙本に向かう過程で、當時（戰國最末期）の儒家の代表、荀子の「積微」の思想の壓倒的な影響を受けながら、中段の文章が新たに著述されるなりあるいは捜求されるなりして、上段と下段の間に無理に插入されるに至ったのではなかろうか[17]。

ちなみに、『老子』第六十三章を引用した文章を調査してみると、戰國・秦・前漢以後の諸文獻の中で、上段の一部分だけを引用しているものには、『文子』道原篇と賈誼『新書』退讓篇と劉向『新序』雜事篇四があるが、これらはごく短い文の引用であるためにあまり參考にならない。中段だけを引用しているものには、『韓非子』喩老篇に「天下之難事必作於易、天下之大事必作於細。」「圖難於其易也、爲大於其細也。」とあり、同じく難三篇に「圖難者於其所易也、爲大者於其所細也。」とある。これらの資料によって、中段の文章は、上段・下段とは別のところで後代になって著述されたらしいこと、そのために、その經文は『韓非子』兩篇の段階に至ってもまだ不安定であること、などを確認することができる。

B　甲本第三十章

郭店『老子』甲本第三十章は、上段は具わるが、中段の一部分と下段を缺いている。その第三十章の文章は、以下のとおり。

以衍（道）差（佐）人宔（主）者、不谷（欲）以兵侄（強）於天下。善者果而已、不以取侄（強）。果而弗登（伐）、果而弗喬（驕）、果而弗稐（矜）。是胃（謂）果而不侄（強）。亓（其）事好。

また、馬王堆『老子』甲本は、

以道佐人主、不以兵強〔於〕天下、〔亓（其）事好還。師之〕所居、楚朸（棘）生之。善者果而已矣、毋以取強焉。果而毋驕（驕）、果而勿矜、果而〔勿伐〕、果而毋得已居。是胃（謂）〔果〕而不強。物壯則老、是胃（謂）之不道。不道蚤（早）已。

であり、馬王堆乙本は、

以道佐人主、不以兵強於天下、亓（其）〔事好還。師之所居、楚〕棘生之。善者果而已矣、毋以取強焉。果而毋驕、果而勿矜、果〔而勿〕伐、果而毋得已居。是胃（謂）果而〔不〕強。物壯而老、胃（謂）之不道。不道蚤（早）已。

であり、さらに、王弼本は、

以道佐人主者、不以兵強天下、其事好還。師之所處、荊棘生焉。大軍之後、必有凶年。善有果而已、不敢以取強。果而勿矜、果而勿伐、果而勿驕、果而不得已、果而勿強。物壯則老、是謂不道。不道早已。

である。

例によって、まず、形式の上から検討しよう。郭店甲本第三十章のこの文章の末尾には、郭店『老子』の諸他の章末に多く現れる「■」の符號が、例外的につけられていない。それに代わって、末尾の「好」の字の下に「━」の符號がつけられている。この箇所で文章が一旦終結しているのは明らかであるが、その下文に、文物本『郭店楚簡』【注釋】〔一七〕の言うように、「還」の一字が奪しているのか、あるいはさらに長い奪文があるのかは、今のところ未詳。ここでは、「━」の符號が章末の「■」の符號と同じ意味であるか、もしくはその誤抄であると考えて、以下、考察を進める。

さて、馬王堆甲本のこの箇所には、「●」の符號が全然つけられていないのに對して、句讀の切れ目に鉤號はいくつかつけられているが、それらを文章の大きな一まとまりと認めるのは難しい。他方、馬王堆乙本のこの前後には、章が分かれる箇所その他にいくつかの鉤號がつけられているけれども、「●」の符號は一つもつけられていない。したがって、この方面からの検討では、ほとんど成果を得ることはできない。

次に、內容の上から検討するならば、中段の一部分を缺く郭店甲本の思想は、「人宔（主）」やそれを補「差（佐）」する者が「兵」つまり軍事力を行使することを否定するものではなく、下文にある戰爭を「善くする者」のあり方を描いた文章から分かるように、戰爭における「果」敢・「果」斷をむしろ肯定するものとなっている。ただ、「天下」に對して「兵」に訴えて「強」い態度を取ること、すなわち「癹（伐）」ること、「喬（驕）」ること、「矜（矜）」ることが否定されているにすぎない。ところが、馬王堆甲本・乙本は、中段の一部分に、

〔師之〕所居、楚朸（棘）生之。

という一文があり、これによって、軍事力の行使を全面的に否定する思想という印象を與えている。同じ箇所を王弼本は、「師之所處、荊棘生焉。大軍之後、必有凶年。」に作っているが、後者が軍事力の行使を否定する思想を強化するために、馬王堆甲本・乙本の延長線上に漢代以後、追加された文章であることは、疑問の餘地があるまい。そして、このような軍事力の行使を強く否定する思想は、郭店甲本の上段・中段の後半部分の思想とは十分に調和することはできず、『老子』の本來の姿ではないと見なして差し支えない。――恐らく「〔師之〕所居、楚朸（棘）生之。」の一文も、郭店甲本から馬王堆甲本・乙本に向かう過程で、新たに著述あるいは捜求されて、中段の一部分に插入されるに至ったのではなかろうか。ちなみに、『呂氏春秋』應同篇には「師之所處、必生棘楚。」という文があるが、これは『呂氏春秋』では『老子』とは何の關係もつけられていないのに加えて、「大軍之後、必有凶年。」の一文を含んでいない。

また、『漢書』嚴助傳は「淮南王安上書云」と冠して、

此老子所謂師之所處、荆棘生之者也。……臣聞軍旅之後、必有凶年。

とあるのを引用する。その後半部分の「軍旅之後、必有凶年。」は、『老子』からの引用であるか否か不明であるが、假りに『老子』の引用であったとしても、前漢、武帝期の『老子』の經文は王弼本との閒にまだ若干の距離があることが分かる。(18)

それから、馬王堆甲本・乙本・王弼本の下段には、郭店甲本に缺ける、

物壯則老、是胃（謂）之不道。不道蚤（早）已。

という文章がある。この文章のない郭店甲本が『老子』第三十章の本來の姿なのであろうか、それとも、この文章のある馬王堆甲本以下がその本來の姿なのであろうか。この文章は、實は『老子』第五十五章にも重複して現れている。その郭店『老子』甲本の文章は、以下のとおり。

酓（含）悳（德）之厚者、比於赤子。蟲（蝟）蠆蟲它（蛇）弗蓋（螫）、攫鳥猷（猛）獸弗扣、骨溺（弱）堇（筋）秫（柔）天〈而〉捉固。未智（知）牝戊（牡）之合旁（朘）惹（怒）、精之至也。終日虐（呼）天〈而〉不𢝊（嚘）、和之至也。和曰県（常）、智（知）和曰明。賹（益）生曰羕（妖）、心事（使）槩（氣）曰弜（強）。勿（物）𧻚（壯）則老、是胃（謂）不道。■

また、馬王堆『老子』甲本は、

〔含德〕之厚〔者〕、比於赤子。逢（蜂）㾓（蠆）螝（虺）地（蛇）弗螫、擢鳥猛獸弗搏、骨弱筋柔而握固。未知牝牡〔之會〕而朘〔怒〕、精〔之〕至也。終日號而不𡡉（嚘）、和之至也。和曰常、知和曰明。𥁕生曰祥（妖）、心使氣曰強。〔物壯〕卽老、胃（謂）之不道。不〔道〕蚤（早）〔已〕。

であり、馬王堆乙本は、

含德之厚者、比於赤子。蠭（蜂）癘（蠆）蟲（虺）蛇弗赫（螫）、攫鳥孟（猛）獸弗捕（搏）、骨筋弱柔而握固。未知牝牡之會而朘怒、精之至也。冬（終）日號而不嚘、和〔之至也。和曰〕常、知常曰明。益生〔曰〕祥（妖）、心使氣曰強。物〔壯〕則老、胃（謂）之不道。不道蚤（早）已。

であり、さらに、王弼本は、

含德之厚、比於赤子。蜂蠆虺蛇不螫、猛獸不據、攫鳥不搏。骨弱筋柔而握固、未知牝牡之合而全作、精之至也。終日號而不嗄、和之至也。知和曰常、知常曰明。益生曰祥、心使氣曰強。物壯則老、謂之不道。不道早已。

である。このように、「不〔道〕蚤（早）〔已〕」を除く「勿（物）壓（壯）則老、是胃（謂）不道。」の一文は、重複する郭店甲本・馬王堆甲本・乙本・王弼本のいずれにも含まれているのである。そもそも第五十五章は、一章全體が「養生」思想を述べた文章であるから、その末尾に「養生」思想を内容とする「勿（物）壓（壯）則老、是胃（謂）不道。」といったアフォリズムが置かれても、違和感は全然なく、前後ぴたりと調和している。しかし、第三十章は上段・中段が軍事思想あるいは政治思想を述べているので、その下段にこの一文が置かれると若干、違和感・不調和を生じ、アフォリズムの內容が抽象的なレベルのものにぼけてしまう嫌いなしとしない。とすれば、第五十五章の末尾に「勿（物）壓（壯）則老、是胃（謂）不道。」があり、第三十章の下段に「物壯則老、是胃（謂）之不道。不道蚤（早）已。」がない、したがって兩章に重複する文章がないのが、『老子』の本來の姿であったのであり、第三十章の下段に重複する文章が追加されたのも、やはり郭店甲本から馬王堆甲本・乙本に向かう過程で發生したことではなかろうか。

第4節　下段を缺く諸章の検討

A　甲本第十五章

郭店『老子』甲本第十五章は、上段と中段は具わるが、下段を缺いている。その第十五章の文章は、以下のとおり。

長古之善爲士者、必非（微）溺（妙）玄造、深不可志（識）。是以爲之頌、夜（豫）虐（乎）奴（如）冬涉川、猷（猶）虐（乎）丌（其）奴（如）愄（畏）四哭（鄰）、敢（儼）虐（乎）丌（其）奴（如）客、䁐（渙）虐（乎）丌（其）奴（如）懌（釋）、屯虐（乎）丌（其）奴（如）樸、坉虐（乎）亓（其）奴（如）濁。■竺（孰）能濁以朿（靜）者、酒（將）舍（徐）清。竺（孰）能庀以迬（逗）者、酒（將）舍（徐）生。保此衍（道）者、不谷（欲）𥪕（常）呈（盈）。

また、馬王堆『老子』甲本は、

〔古之善爲道者、微眇（妙）玄達〕、深不可志（識）。夫唯不可志（識）、故強爲之容。曰、與呵（乎）其若冬〔涉水、猶呵（乎）亓（其）若〕畏四〔哭（鄰）、嚴（儼）〕呵（乎）其若客、渙呵（乎）其若淩（凌）澤（釋）、□（敦）呵（乎）亓（其）若楃（樸）、湷〔呵（乎）亓（其）若濁、湛呵（乎）亓（其）〕若浴（谷）。濁而情（靜）之余（徐）清、女（安）以動之余（徐）生。葆（保）此道、不欲盈。夫唯不欲〔盈、是以能𧝪（敝）而不〕成。

であり、馬王堆乙本は、

古之仙（善）爲道者、微眇（妙）玄達、深不可志（識）。夫唯不可志（識）、故強爲之容。曰、與呵（乎）亓（其）若冬涉水、猷（猶）呵（乎）亓（其）若畏四叟（鄰）、嚴（儼）呵（乎）亓（其）若客、渙呵（乎）亓（其）若淩（凌）澤（釋）、沌（敦）呵（乎）亓（其）若樸、湷呵（乎）亓（其）若濁、滋呵（乎）亓（其）若浴（谷）。濁而靜之徐清、女（安）以重（動）之徐生。葆（保）此道〔者、不〕欲盈。是以能斃（敝）而不成。

であり、さらに、王弼本は、

古之善爲士者、微妙玄通、深不可識。夫唯不可識、故強爲之容。豫焉若冬涉川、猶兮若畏四隣、儼兮其若客、渙兮若氷之將釋、敦兮其若樸、曠兮其若谷、混兮其若濁。孰能濁以靜之徐清、孰能安以久動之徐生。保此道者、不欲盈。夫唯不盈、故能蔽不新成。

である。

例によって、まず、形式の上から檢討すると、郭店甲本第十五章のこの文章は、文章が明らかに區切れない途中の箇所に「■」の符號がつけられており、その反面、明らかに章が分かれるはずの末尾には、郭店『老子』の諸他の章末に多く現れる「■」の符號が、つけられていないようである。[19] また、馬王堆甲本のこの箇所には、「●」の符號が全然つけられていないのに對して、句讀の切れ目に鉤號はいくつかつけられているが、それらを文章の大きな一まとまりと認めることは難しい。他方、馬王堆乙本のこの前後には、章が分かれる箇所その他に鉤號も「●」の符號も全然つけられていない。それ故、この方面からの檢討では、ほとんど成果を得ることはできない。

次に、內容の上から檢討すれば、下段を缺く郭店甲本は、上段と中段だけで確かに緊密に關聯する一まとまりの文章となっているが、それに對して、上段・中段の下文にさらに下段の一文を具える馬王堆甲本・乙本・王弼本は、下段の一文の新しい思想內容によって、そのようなまとまりを破壞してしまっている。——郭店甲本の上段・中段の思想は、「長古の善く士爲る者」の「必ず非（微）溺（妙）にして玄造し、深くして志（識）る可からざ」る、姿・形を假りに描いてみようと前置きして、「夜（豫）虖（乎）奴（如）冬渉川」以下、それを六箇條の文を連ねて描く。(20) その姿・形の特徴は、すぐ下文に、

竺（孰）れか能く濁にして以て朿（靜）かなる者、⿰爿酉（將）に舍（徐）ろに清ましめんとする。■竺（孰）れか能く庀にして以て迲《とど》（逗）まる者、⿰爿酉（將）に舍（徐）ろに生ぜしめんとする。

とあるように、「長古の善く士爲る者」は、世間的常識の目から見るとマイナスに價値評價される「濁にして以て朿（靜）かなる者」「庀にして以て迲《とど》（逗）まる者」であるが、であればこそ、かえって、

⿰爿酉（將）に舍（徐）ろに清ましめんとす。……⿰爿酉（將）に舍（徐）ろに生ぜしめんとす。

のように、眞實で絶對の「此の衍（道）」の立場からプラスに價値評價される「清」「生」を結果することができる。だから、「此の衍（道）を保つ者」は、世間的常識のプラスの價値である「⿱亙土（常）に呈（盈）つる」姿・形を取ろうとしないのだ、というものである。これは、上段と中段の範圍内では、『老子』に特有の逆說的辨證法的な論理をもって一貫した整合的な文章である、と認めることができる。

ところが、馬王堆甲本・乙本・王弼本の下段の思想は、

そもそも〔充實を〕望まない〔からこそ、失敗してもそのままで、再び〕新たに成功し〔ないでいられるのだ〕。

という内容であって、眞實で絶對の「此の道を葆（保）つ」者であるにもかかわらず、「不欲盈」のマイナスの價値から逆說的辨證法的な論理によって、やがてプラスの價値に轉じていくということはなく、「〔能褩（敝）而不〕成」というマイナスの價値のままで終結を迎えてしまう。下段を含む馬王堆甲本・乙本・王弼本の思想内容が、上段・中段と下段とでは相互に反對の方向を向いているために、はなはだ混亂を來してしまっているのだ。とすれば、郭店甲本

第十五章の、上段・中段は具わるが下段を缺くという形態こそが、正しく『老子』の本來の姿だったと考えなければならない。恐らく、これも郭店甲本から馬王堆甲本・乙本に向かう過程で、下段の文章が新たに著述あるいは搜求されて、無理に追加されるに至ったのではなかろうか。[21]

ちなみに、『老子』第十五章を引用した文章を調査してみると、『淮南子』道應篇に「故老子曰」を冠して、「服此道者不欲盈。夫唯不盈、是以能弊而不新成。」とある。したがって、『淮南子』の成書された前漢、武帝期の初年には、馬王堆甲本・乙本の下段は經文としてほぼ定着していたかもしれない。また、『文子』九守篇にも「服此道者不欲盈。夫唯不盈、是以弊不新成。」とある。

Ｂ　甲本第十六章

郭店『老子』甲本第十六章は、上段は具わるが、下段を缺いている。その第十六章の文章は、以下のとおり。

至虛亙〈亟（極）〉也、獸（守）中（盅）筥（篤）也、萬勿（物）方（旁）复（作）、居以須逡（復）也。天道員（賦）員（賦）、各逡（復）亓（其）堇（根）。■

また、馬王堆『老子』甲本は、

至（致）虛極也、守情（靜）表（篤）也、萬物旁（竝）作、吾以觀其復也。天〈夫〉物雲（賦）雲（賦）、各復歸於其〔根。曰情（靜）〕、情（靜）是胃（謂）復命。復命、常也。知常、明也。不知常、芇（妄）。芇（妄）作兇（凶）。

知常容、容乃公、公乃王、王乃天、天乃道。〔道乃久〕、沕（沒）身不怠（殆）。

であり、馬王堆乙本は、

至（致）虛極也、守情（靜）督也、萬物旁（竝）作、吾以觀亓（其）復也。天〈夫〉物𥘵（賦）𥘵（賦）、各復歸於亓（其）根。曰靜、靜是胃（謂）復命。復命、常也。知常、明也。不知常、芒（妄）。芒（妄）作凶。知常容、容乃公、公乃王、〔王乃〕天、天乃道。道乃〔久〕、沒身不殆。

であり、さらに、王弼本は、

致虛極、守靜篤、萬物竝作、吾以觀復。夫物芸芸、各復歸其根。歸根曰靜、是謂復命。復命曰常、知常曰明、不知常、妄作凶。知常容、容乃公、公乃王、王乃天、天乃道。道乃久、沒身不殆。

である。

例によって、まず、形式の上から檢討すると、馬王堆甲本のこの箇所には、「●」の符號も句讀の切れ目を表す鉤號も全然つけられていないようである。その上、馬王堆乙本のこの前後にも、「●」の符號も鉤號も全然つけられていない。そのために、この方面からの檢討では、郭店甲本の末尾に文章のまとまり・區切りを表示する「■」の符號がついていることを確認する以外に、ほとんど成果を得ることはできない。

次に、內容の上から檢討すれば、上段だけの郭店甲本の思想は、主人公（ここでは、「吾」としておく。）がもしも「虛」「中（盅）」の態度を徹底して保持することができるならば、そのことを通じて、「萬勿（物）」は本來のあり方を取りもどして、廣い範圍にわたって興起しつつ、「各」々その「根」源である「道」に「逘（復）」っていく、という理想の世界が實現するに至る、という內容である。これは、主體「吾」が原因である「無爲」（「虛」や「中（盅）」がそれに當たる。）の立場に身を置くことによって、客體「萬物」が「自然」（「方（旁）复（作）」や「逘（復）堇（根）」がそれに當たる。）になるという結果が引き起こされるとする、いわゆる「無爲」―「自然」の思想の一種であって、『老子』にしばしば登場するもの、と言うことができる。(22)

馬王堆甲本・乙本・王弼本に含まれる下段の思想も、必ずしも明瞭に述べられているわけではないけれども、上段と同じ「無爲」――「自然」や「復歸」の思想がその中心をなす。すなわち、主人公「吾」の態度が「〔情（靜）〕」かである（馬王堆甲本・乙本の「虛」「情（靜）」に相當する。）ことを通じて、「萬物」が「命に復」るという行動を取る（馬王堆甲本・乙本の「各復歸於其〔根〕」に相當する。）ようになるが、「道」によって支えられている「萬物」のそのような恆「常」不變性を、「吾」は「明」知する（馬王堆甲本・乙本の「吾以觀其復也」に相當する。）必要がある。「萬物」の「命に復」るという恆「常」不變性を、「吾」が「明」知するならば、それからやがて「明→容→公→王→天→道」のように次々にグレード・アップして、ついに「道」を把えることも可能となり、その結果、「吾」が「身」が「久し」く生きながらえて、「沕（沒）身不怠（殆）」という「養生」思想上の希望さえかなえることができる、という内容である。

上段と下段の思想內容が以上のとおりだとすれば、兩者は比較的よく關聯している文章と認めてもよいように考えられるかもしれない。けれども、『老子』の本來の姿は兩者の具備する上段・下段であり、故に兩者は始めから關聯しあう文章だったのだと考えて、これを讀解しようとすると、我々はたちまちの內に多くの問題に逢着してしまう。ここでは、その中から二つの問題だけを指摘しておこう。

その一、馬王堆甲本・乙本・王弼本の下段の「〔曰情（靜）〕、情（靜）是胃（謂）復命。」の「〔情（靜）〕」は、その直前の上段の「天〈夫〉物雲（駈）雲（駈）、各復歸於其〔根〕。」を受け、それをふまえた「〔情（靜）〕」である。上段の文章においては、後者は「至（致）虛極也、守情（靜）表（篤）也。」の「虛」「情（靜）」の結果であるから、よって、下段の「〔情（靜）〕」は、上段の「虛」「情（靜）」とは同じレベルのものではなく、それより一段階高いレベルのものであることになるはずである。しかし、上段と下段の間にこのような立體的な二重のレベルを設定し、第十六章全體の思想內容を過度に複雜化させつつ關聯づけるのは、土臺、無理なことではなかろうか。それよりも、兩者は同じレベル、ほぼ同じ內容の思想が重複しているにすぎず、それは下段の文章が新たに著述あるいは搜求されて、前漢初期までに追加されたからだと考える方が、よほど自然でありかつ合理的である。

その二、上段の掲げる目標は、「萬物旁（竝）作、……。天〈夫〉物雲（賦）雲（賦）、各復歸於其〔根〕。」であるのに對して、下段の掲げる目標は、「〔道乃久〕、沕（沒）身不怠（殆）。」である、というように、兩者の目標は互い相異しており齟齬している。前者は、「百姓」をも含む「萬勿（物）」の廣範圍にわたる興起という、全存在者的・全人類的な「復歸」であるが、それに對して後者は、「道」を把えることを通じて實現される、主として個人の「沕（沒）身不怠（殆）」という「養生」である。この場合もやはり、同じ一つの章の中に、最初からこのような相異や齟齬が含まれていたと想定するよりも、「無爲」―「自然」の思想の目標が、戰國末期の本來の『老子』すなわち郭店甲本では「萬物」の「復歸」であったのが、前漢初期を迎え新しい時代・社會のニーズに應えて、馬王堆甲本・乙本では個人の「養生」を強調せざるをえなかったので、このような事情を背景にして、下段の文章が新たに著述あるいは搜求されたのだと考える方が、自然かつ合理的であろう。もっとも、馬王堆甲本・乙本・王弼本の下段に含まれる、

復命、常也。知常、明也。

という二文と類似する文章が、一章全體が「養生」思想を述べた第五十五章にもまた見えている。(23) 當該箇所は、郭店甲本は、

和曰県（常）、智（知）和曰明。

馬王堆甲本は、

和曰常、知和曰明。

馬王堆乙本は、

〔和曰〕常、知和曰明。

王弼本は、

知和曰常、知常曰明。

である。こういうわけで、郭店甲本に「養生」思想がなかったと見なすことはできない。ただ、筆者としては、前漢初期は戰國末期に比べて、個人の「養生」が強調されるようになっていた事實を指摘したいのである。

ちなみに、『老子』第十六章を引用した文章を調査してみると、『淮南子』道應篇が「致虛極、守靜篤、萬物竝作、吾以觀其復也。」を引用して解説し、『文子』道原篇も「至虛極也、守靜篤也、萬物竝作、吾以觀其復。」を引用して解説している。これらは、ともに上段を引用するものであるが、下段を引用するものは見當たらないようである。

C　甲本第五十五章

郭店『老子』甲本第五十五章は、上段と中段と下段は具わるが、最下段を缺いている。その郭店甲本・馬王堆甲本・乙本・王弼本の文章は、すでに本章第3節のB「甲本第三十章」に掲げたので、ここでは再び全文を掲出することは省略。下段・最下段だけを引用すれば、郭店『老子』甲本は、

勿（物）壓（壯）則老、是胃（謂）不道。■

であり、また、馬王堆『老子』甲本は、

〔物壯〕卽老、胃（謂）之不道。不〔道〕蚤（早）〔已〕。

であり、馬王堆乙本は、

物〔壯〕則老、胃（謂）之不道。不道蚤（早）已。

であり、さらに、王弼本は、

物壯則老、謂之不道。不道早已。

である。

まず、形式の上から檢討しようとすると、馬王堆甲本の第五十五章には、「●」の符號が全然つけられていない代わりに、句讀の切れ目に鉤號がいくつかつけられているが、それらを文章の大きな一まとまりと認めることは難しい。他方、馬王堆乙本の第五十五章には、章中に一二の鉤號がつけられてはいるけれども、「●」の符號は一つもつけられていない。したがって、この方面からの檢討では、郭店甲本の末尾に文章のまとまりを表示する「■」の符號がついていることを確認する以外に、何の成果も得ることはできない。

次に、內容の上から檢討するのであるが、馬王堆甲本・乙本・王弼本の最下段の「不〔道〕蚤（早）〔已〕」は、その上文と密接に關聯する一文であると把えて差し支えあるまい。それでは、これが具わるのが本來の『老子』の姿であるかと訊ねてみると、やはり確實なことはそうであるとも、そうでないともはっきりと斷言することができないと思う。とすれば、今までに檢討してきた諸他の章と同じように、郭店甲本に最下段が具わっていないことと、その末尾に「■」の符號がついていることを重視して、郭店甲本こそが『老子』の本來の姿であろうと推測しておきたい。

D　乙本第四十八章

郭店『老子』乙本第四十八章は、上段は具わるが、下段を缺いている。その第四十八章の文章は、以下のとおり。

學者日益、爲道者日損。損之或損、以至亡（無）爲也。亡（無）爲而亡（無）不爲。

また、馬王堆『老子』甲本は、

爲〔學者日益、聞道者日云（損）。云（損）之有（又）云（損）、以至於无爲。无爲而无不爲。將欲〕取天下也、恆〔无事。及亓（其）有事也、不足以取天下〕。

であり、馬王堆乙本は、

爲學者日益、聞道者日云（損）。云（損）之有（又）云（損）、以至於无〔爲。无爲而无不爲。將欲〕取天下也、恆无事。及亓（其）有事也、〔不〕足以取天〔下矣〕。

であり、さらに、王弼本は、

爲學日益、爲道日損。損之又損、以至於無爲。無爲而無不爲。取天下、常以無事。及其有事、不足以取天下。

である。

まず、形式の上から検討しようとすると、郭店乙本第四十八章のこの文章の末尾には、郭店『老子』の諸他の章末に多く現れる「■」の符號が、例外的につけられていない。それに代わって、末尾の「爲」字の下に「一」の符號がつけられている。ここでは、「一」の符號が章末の「■」の符號と同じ意味であるか、もしくはその誤抄であると考えて、以下、考察を進める。

また、馬王堆甲本のこの箇所は、殘缺がはなはだしいために、「●」の符號も句讀の切れ目を表す鉤號もつけられているのか否か、全然不明。それに、馬王堆乙本のこの前後にも、「●」の符號も鉤號も全然つけられていないようである。それ故、この方面からの検討では、郭店乙本の末尾に文章のまとまり・區切りを表示する「一」の符號がついていることを確認する以外に、何の成果を得ることもできない。

次に、內容の上から檢討してみる。上段だけの郭店乙本の思想は、
學問する者は日に日に知識を外部から益していくが、道を修める者は日に日に夾雜物を內面から減らしていく。減らした上にもさらに減らしていくと、ついに一切の人爲のない無爲の境地に達する。無爲の境地に達すればいかなることも爲し遂げることができる。
という內容である。それに對して、馬王堆甲本・乙本・王弼本の下段の思想は、
天下を取り〔たいと思う〕ならば、常に〔無爲でなければならない。もし人爲を行うようになると、天下を取ることはできないのだ〕。
という內容であって、後者の「天下を取る」ことは、上段の「爲さざる无し」の一例として擧げられていると解釋することができるから、上段と下段は密接に關聯する文章と認めて差し支えない。とすれば、下段の文章は郭店乙本以前からすでに書かれており、これが乙本に缺けているのは偶然にすぎないのであろうか。筆者は、そうではないと考える。と言うのは、郭店乙本・馬王堆甲本・乙本・王弼本の上段では、共通して「亡（無）爲」という言葉が用いられているが、馬王堆甲本・乙本・王弼本の下段になると、同じ意味であるにもかかわらず「〔无事〕」という言葉に變えられているからである。馬王堆甲本・乙本以下に存在している文章表現上のこのような齟齬は、第四十八章の上段と下段の兩者は、本來それぞれ別に書かれていた文章だったのが、ある段階で（すなわち前漢初期までに）關聯づけられて同じ一つの章を構成するに至ったものである、という『老子』經文の形成の歷史を今日に證言してくれる端的な資料である。したがって、「〔无事〕」を含まない、その分齟齬のない、郭店乙本上段だけの單獨の存在というのが、『老子』の本來の姿であると考えなければなるまい。
なお、下段の「天下を取る」ことに關する文章表現について附言すれば、馬王堆『老子』甲本第二十九章に、

將欲取天下而爲之、吾見其弗〔得已。夫天下、神〕器也、非可爲者也。爲者敗之、執者失之。（乙本もほぼ同じ。）

という文章があり、郭店『老子』甲本第五十七章に、

以正之（治）邦、以戠（奇）甬（用）兵、以亡（無）事取天下。

という文があり、馬王堆『老子』甲本第五十七章に、

●以正之（治）邦、以畸（奇）用兵、以无事取天下。（乙本もほぼ同じ。）

という文がある。このように、郭店『老子』では、甲本第五十七章の「亡（無）事」という言葉一種類だけが用いられているのに對して、馬王堆『老子』甲本・乙本では、第二十九章の「無爲」という言葉と第四十八章・第五十七章の「无事」という言葉の二種類が混在しており、狀況が複雜化している。

ちなみに、『老子』第四十八章を引用した文章を調査してみると、戰國・秦・前漢の諸文獻の中に、この全文を引用するものは一つもないようであるが、『莊子』知北遊篇が「黃帝曰」の中で「故曰」を冠して、

爲道者日損。損之又損之、以至於无爲。无爲而无不爲也。

を引用している。これは、上段を引用するだけで、下段を一緒に引用していないところから推測して、郭店乙本第四十八章かあるいはこれと同類の原本『老子』を引用しているのではなかろうか。また、『文子』自然篇が「老子曰」を冠して、

古之善爲君者法江海、江海無爲以成其大、窊下以成其廣、故能長久。爲天下谿谷、其德乃足。無爲故能取百川、不求故能得、不行故能至。是以取天下而無事。

と述べている文章の「取天下而無事」は、すでに上段・下段の完具した『老子』第四十八章の下段を引用したものと思われる。

E　乙本第二十章

郭店『老子』乙本第二十章は、上段は具わるが、下段を缺いている。その第二十章の文章は、以下のとおり。

𢇍（絕）學亡（無）㥑（憂）。售（唯）與可（訶）、相去幾可（何）。㒳（美）與亞（惡）、相去可（何）若。人之所𤰈（畏）、亦不可以不𤰈（畏）。

また、馬王堆『老子』甲本は、

〔絕學无憂〕。唯與訶、其相去幾何。美與惡、其相去何若。人之所〔畏〕、亦不〔可以不畏。望（恍）呵（乎）亓（其）未央才（哉）〕。衆人巸（熙）巸（熙）、若鄉（饗）於大牢、而春登臺。我泊（怕）焉未佻、若〔嬰兒未咳〕、纍（儽）呵（乎）如〔无所歸。衆人〕皆有餘、我獨遺（匱）。我禺（愚）人之心也、惷（沌）惷（沌）呵（乎）。鬻（俗）〔人昭昭、我獨若〕閒（昏）呵（乎）。鬻（俗）人蔡（察）蔡（察）、我獨閩（紊）閩（紊）呵（乎）。忽呵（乎）其若〔海〕、望（恍）呵（乎）其若无所止。〔衆人皆有以、我獨閌（頑）〕以悝（俚）。吾欲獨異於人、而貴食母。

であり、馬王堆乙本は、

絕學无憂。唯與呵、亓（其）相去幾何。美與亞（惡）、亓（其）相去何若。人之所畏、亦不可以不畏人。望（恍）呵（乎）亓（其）未央才（哉）。衆人巸（熙）巸（熙）、若鄉（饗）於大牢、而春登臺。我博（怕）焉未垗（兆）、若嬰兒未咳、纍（儽）呵（乎）佁（似）无所歸。衆人皆又（有）余（餘）、〔我獨遺（匱）〕。我愚人之心也、湷（沌）湷（沌）呵（乎）。鬻（俗）人昭昭、我獨若閒（昏）呵（乎）。鬻（俗）人察察、我獨閩（紊）閩（紊）呵（乎）。沕（忽）呵（乎）亓（其）若海、望（恍）呵（乎）若无所止。衆人皆有以、我獨閌（頑）以鄙。吾欲獨異於人、而貴食母。

であり、さらに、王弼本は、

絶學無憂。唯之與阿、相去幾何。善之與惡、相去若何。人之所畏、不可不畏。荒兮其未央哉。衆人熙熙、如享太牢、如春登臺。我獨泊兮其未兆、如嬰兒之未孩、儽儽兮若無所歸。衆人皆有餘、而我獨若遺。我愚人之心也哉、沌沌兮。俗人昭昭、我獨昏昏。俗人察察、我獨悶悶。澹兮其若海、飂兮若無止。衆人皆有以、而我獨頑似鄙。我獨異於人、而貴食母。

である。

まず、形式の上から検討すると、郭店乙本第二十章のこの文章の末尾には、郭店『老子』の諸他の章末に多く現れる「■」の符號が、例外的につけられていない。それに代わって、末尾の「⿱畏示（畏）」の字の下に「―」の符號がつけられている。この箇所で文章が一旦終結しているのは明らかであるので、本章では、「―」の符號が章末の「■」の符號と同じ意味であるか、もしくはその誤抄であると考えて、以下、考察を進める。

ところで、この「―」の符號を挾んで竝んでいる郭店乙本の前後二つの章、すなわち第二十章上段と第十三章の接續箇所の變遷を注意深く調べてみると、郭店『老子』の經文と馬王堆『老子』の經文の直接的な繼承關係について、一つの重要な事實を發見することができる。最初に、郭店乙本第十三章の全文を通して引用しよう。

人⿱龍心（寵）辱若纓（攖）、貴大患若身。可（何）胃（謂）⿱龍心（寵）辱。⿱龍心（寵）爲下也、㝵（得）之若纓（攖）、遊（失）之若纓（攖）。是胃（謂）⿱龍心（寵）辱〔若〕纓（攖）。〔可（何）胃（謂）貴大患〕若身。虐（吾）所以又（有）大患者、爲虐（吾）又（有）身。⿺辶及（及）虐（吾）亡（無）身、或可（何）〔患。故貴爲身於〕爲天下、若可以厇（託）天下矣。㤅（愛）以（爲）身爲天下、若可以法（寄）天下矣。■

兩章の接續箇所で注意深く調べなければならないポイントは、第二十章上段の末尾もしくは第十三章の冒頭にある「人」の字を、以後の『老子』諸本がどのように處理しているかという問題にある。その核心部分を絞って取り出せば、

人之所褱（畏）、亦不可以不褱（畏）。―人態（寵）辱若纓（攖）、貴大患若身。

であり、その眞ん中にある「人」の字が核心中の核心である。

すでに上にも觸れたように、郭店乙本第二十章の文章が「亦不可以不褱（畏）」で一旦終結していると見なしうるのは、その「圖版」（寫眞版）をよく視てみれば、「褱（畏）」の字の下、「人」の字の上に「―」の符號がつけてあるからである。加うるに、語法の面から論ずると、「不褱（畏）」の客語はすぐ上に「人之所褱（畏）」としてすでに出ており、下の「人」を「不褱（畏）」の客語としたのでは文意を通じさせることができず、したがって、「人」は第十三章の「態（寵）辱若纓（攖）」の主語と取るのが適當だからでもある。[24]

ところが、馬王堆乙本になると、第二十章上段の末尾を「人之所畏、亦不可以不畏人。」に作って、「人」の字を「不畏」の客語の位置に置いている。[25]一體全體、この「人」の字は、どこからここにやって來たのであろうか。――最も合理的な判斷は、郭店乙本第十三章の冒頭からこの位置に移された、と推測することであろう。[26]だとすれば、馬王堆乙本は、郭店乙本それ自體、もしくはそれと同類の『老子』の古いテキストを直接目覩していて、その上で「人」などの經文の文字をいじっていたのではないかと疑われる。けれども、第二十章上段の末尾を「人之所畏、亦不可以不畏人。」に作って、「人」を「不畏」の客語とする馬王堆乙本のこの新しい處置は、語法の面からも到底無理であると斷ぜざるをえない。だからこそ、王弼本を始めとする通行諸本は、いずれもみな「人之所畏、不可不畏。」に作り、それを引用した『淮南子』道應篇も「故老子曰、人之所畏、不可不畏也。」に作り、『文子』上仁篇も「故曰、人之所畏、不可不畏也。」に作って、「人」の字を削ってしまったのである。

それでは、郭店乙本第十三章の冒頭の「人」は、その後どこへ行ったのであろうか。この「人」の字は、馬王堆甲本・乙本第十三章にも王弼本第十三章にも見出されず、『老子』のテキストの歴史の中からついに姿を消してしまったようであるが、それもこれも、馬王堆乙本が無理に第二十章上段の末尾に移した處置に起因にすることであった。ただし、『老子』の注釋の中で最古と考えられる『想爾注』は、第十三章の「貴大患若身」の部分に注釋を施して、

若者、謂彼人也、必違道求榮、患歸若身矣。

と解説している。[27]ことによると、『想爾注』は、郭店乙本のような冒頭に「人」の字があるテキストの存在を知っていたのかもしれない。

以上の「一」の符號の問題を除いて、さらに形式の上からこの郭店『老子』乙本第二十章の上段を馬王堆『老子』甲本と比較・對照して檢討すると、馬王堆甲本の第二十章には、「●」の符號がつけられていない代わりに、句讀の切れ目に鉤號が一二つけられているが、それらを文章の大きな一まとまりと認めることは難しい。他方、馬王堆乙本の第二十章には、鉤號も「●」の符號も全然つけられていない。だから、この方面からの檢討では、これ以上の成果を得ることはできない。

續いて、內容の上から檢討すると、上段と下段を密接に關聯する文章であるとは見なしがたい。なぜなら、上段だけの郭店乙本の思想は、

「學」を捨て去れば、「㥑（憂）」いはなくなる。「學」によって教えられる、「唯（唯）」という答えと「可（訶）」という怒鳴り聲とは、そもそもどれほどのちがいがあろうか。「美」しいものと「亞（惡）」いものとは、一體、どれほどの隔たりがあろうか。ただし、人々の「㽄（畏）」れるものは、「㽄（畏）」れないわけにはいかない。

という內容であって、ここには少なくとも「畏（畏）るる所」に關しては、「我」が「人」に對して同調せざるをえない、という考えが表明されている。それに對して、馬王堆甲本・乙本・王弼本の下段の思想は、「衆人」あるいは「鬻（俗）人」と「我獨」が五回にわたって對比されて、兩者の人間としての生き方の本質に關わる相異が極端にまで強調されている。とすれば、このような內容上の矛盾を含まない郭店乙本第二十章が、下段を缺く上段だけという形態で出現したのは當然であり、正しくそれが『老子』の本來の姿だったのである。恐らく、郭店乙本から馬王堆甲本・乙本に向かう過程で、下段の文章が新たに著述あるいは搜求されて、上段の後に追加されるに至ったのではなかろうか。

ちなみに、『老子』第二十章を引用した文章を調査してみると、戰國・秦・前漢の諸文獻の中に、この全文を引用するものは一つもない。特に、上段の一部分を引用する文獻としては、『文子』道原篇及び『淮南子』道應篇・『文子』上仁篇（上に既引）があるが、下段を引用するものは全然ないようである。

第5節　終わりに

A　郭店『老子』は最古のテキスト

以上、筆者は、郭店『老子』三本の諸章の中に、「上段・中段・下段」の一部分だけが現れている「上段・中段・下段」について、問題となる郭店『老子』三本のすべての箇所、合計十二章を馬王堆『老子』甲本・乙本及び王弼本『老子』のすべての箇所と、形式と內容の兩方面から比較・對照することを通じて檢討してきた。

その結果、主に以下の事實が明らかになった。すなわち、『老子』諸章の「上段・中段・下段」の完全具足していない郭店『老子』三本は、歷史上ほとんど最初にこの世に現れた古い『老子』の、その內部にそれほどの矛盾や齟齬を含まない本來の姿であり、同時にまた、テキストとしてまだ形成途上にあるはなはだ不安定な、原本に最も近い『老子』であること。それに對して、完具している馬王堆『老子』甲本・乙本・王弼本は、前漢初期までにさらにまたそれ以後に、新たな文章が著述されたり捜求されたりして成った『老子』の姿を示しており、それ故、內部に矛盾や齟齬を抱えつつも、テキストとして一歩一歩安定するようになっていく時代の『老子』であること。

この事實を、形式の上から裏づける資料としては、第2節で檢討した甲本第四十六章、甲本第六十四章と丙本第六十四章、乙本第五十二章、第4節で檢討した乙本第二十章を擧げることができる。また、內容の上から裏づける資料としては、第2節の甲本第四十六章、甲本第六十四章と丙本第六十四章、甲本第五章、乙本第五十二章、丙本第三十一章、第3節の甲本第六十三章、甲本第三十章、第4節の甲本第十五章、甲本第十六章、乙本第四十八章、乙本第二十章を擧げることができる。形式の上からも內容の上から裏づけることが困難な資料としては、ただ第4節の甲本第五十五章の一つがあるだけであった。

B　想定される三つの可能性

ひるがえって考えてみれば、ここに同樣の文章表現と同樣の思想內容を有する、二種類のテキストがあるとしよう。

——一つのテキストA本は、文章は稚拙・素樸であり概して短文が多く、全文の中に重複も現れず、思想はおおむね具象的で、內部に異質の要素を含まず、論理的整合性を有し首尾一貫しており、單純で純粹な內容を表明するものであるとする。別のテキストB本は、文章は洗練・彫琢されて時に長文があり、全文の中に若干重複が現れ、思想はまま抽象的で、內部に異質の要素を含み、論理的に齟齬や矛盾を抱えており、複雑で多岐にわたる內容を表明するものであるとする。これらのA本とB本は、どちらが先にありどちらが後にあるものであろうか、どちらが影響を與えどちらが影響を受けたものであろうか。

このような問題を檢討しようという場合、想定される答えは次の三つである。第一は、A本が先にあり影響を與えたテキストであり、B本は後にあり影響を受けたテキストである、というもの。第二は、A本が後にあり影響を受けたテキストであり、B本は先にあり影響を受けたテキストである、というもの。第三は、A本とB本は相互に何の影響も與えたり受けたりすることなく、同じ時代に竝行して別々に存在していた複數のテキストである、というもの。世の中に行われているテキストの實際のあり方は、勿論、もっと複雑に入り組んで微妙であり、三種類の想定それぞれのヴァリエーションも極めて多い、というのが常である。しかしながら、假りにもっと複雑に入り組んだ微妙な作業用のモデルを作ってみても、檢討を進めるのに役に立たず何の結論をも出せないのでは困るので、筆者は、この三種類の想定で必要・十分であり、かつこれが最も現實的なモデルであると考える。

さて、郭店『老子』三本と馬王堆『老子』甲本・乙本・王弼本との先後・影響關係については、筆者は本章において、第一の想定、すなわち、郭店『老子』三本が先にあり影響を與えたテキストであり、馬王堆『老子』甲本・乙本・王弼本は後にあり影響を受けたテキストである、という答えを提出してきた。ではあるが、第二の想定と第三の想定は本當に成立することができないのであろうか。

第二の想定は、郭店『老子』三本が後にあり影響を受けたテキスト、馬王堆『老子』甲本・乙本・王弼本は先にあり影響を與えたテキスト、というものであり、中國を始めとして世界の學界において今日通說となっている。ただし、この想定が問題として意味を持ちうるのは、改めて言うまでもなく、成書年代に關する議論においてだけであって、抄寫年代に關する議論においては全然問題にならない。さて、この想定によれば、馬王堆甲本・乙本・王弼本などの『老子』、少なくともその原型が、春秋末期から戰國中期までの閒に「五千言」をもって先に成書されており、その影響下に郭店『老子』三本が後に成書あるいは抄寫されたのだ、と考えることになる。しかし、これは明らかに成立することができない。そのことを立證することのできる根據ははなはだ多く、枚擧するに遑がないほどであるけれども、ここでは、ただ二點だけを擧げるに止めたい。

その一は、馬王堆甲本・乙本・王弼本『老子』の中には、本章第3節のA「甲本第六十三章」で指摘したとおり、戰國最末期の荀子の「積微」の思想からの壓倒的な影響がある。それに對して、本章第2節のB「甲本第六十四章と丙本第六十四章」で指摘したように、それほど壓倒的ではないけれども郭店『老子』もまた荀子の「積微」の思想から影響を受けていた。本章で檢討した合計十二章の範圍を越えて『老子』全體を調査・考察するならば、馬王堆『老子』甲本・乙本・王弼本の中に荀子の諸思想から影響を受けた箇所が含まれていたり、さらには荀子の諸思想を批判した箇所さえ含まれていることである。ちなみに、本章で指摘した箇所を除いてそれ以外にも、馬王堆甲本・乙本・王弼本『老子』の中に荀子の諸思想から影響を受けた箇所があったり、また、荀子の諸思想を批判した箇所さえあることについて、筆者はかつて若干の事實を指摘したことがある。[28]したがって、荀子の思想を判斷基準に取るならば、郭店『老子』三本は、荀子の思想が世の中にぼつぼつ知られるようになった戰國末期以後に、成書あるいは抄寫されたテキストであり、[29]馬王堆『老子』甲本・乙本はさらにその後、荀子の諸思想がかなり廣く廣まって各方面に壓倒的な影響を與えるに至った戰國最末期以後になって、郭店『老子』三本などをふまえながら成書あるいは抄寫されたテキストである、と判斷することができる。しかしながら、郭店楚簡の下葬年代を戰國中期であると認める通說が、このような判斷と相い容れないことは、自ずから明らかである。

その二は、本章第4節のB「乙本第二十章」で指摘したとおり、郭店『老子』と馬王堆『老子』との直接的な繼承關係を明示している資料として、馬王堆乙本（殘缺がはなはだしいので斷定することはできないが、甲本も恐らく同じ。注釋(25)を參照。）が郭店乙本をふまえ、かつ後者を誤解して抄寫した箇所があることである。兩者の關係は、通說の想定によれば、馬王堆乙本の第十三章の「弄（寵）辱若驚、貴大患若身。……」と第二十章の「……人之所畏、亦不可以不畏人。……」の離れたところに置かれていた二つの文が、（語法上の誤りをも含めて）先にあり影響を與えて、郭店乙本の第二十章上段の末尾と第十三章の冒頭が、「人之所⿱日示（畏）、亦不可以不⿱日示（畏）。人⿱龍心（寵）辱若纓（攖）、貴大患若身。」のように、（語法上の誤りを正して）後に影響を受けて一つの箇所にまとめて抄寫された、と認めることになるのであろうか。だが、このような想定は極めて不合理であり、成立することは全く不可能である。と言うのは、馬王堆乙本から郭店乙本への變化を以上のような內容のものと認める場合、馬王堆乙本においてと同樣に、郭店乙本においても兩章は二つの別の章とされているのだから、郭店乙本においては、兩章を一つの箇所にまとめて抄寫した點には何の意味もなく、ただ「人」の字を第二十章から第十三章に移した點だけに意味があることになるが、しかし、以上の變化の中で有意味な處置がただこれだけであれば、何も特に離れたところに置かれていたこれら兩章の二文に基づいて、わざわざこのような處置を行うまでもないと思われるからである。結局のところ、やはり兩者の關係は、郭店『老子』→馬王堆『老子』の一方通行でしかありえず、その逆の變化が起こることはなかったと判斷すべきであろう。

以上の二點に基づいて、第二の想定は成立することができない、と認めなければならない。

第三の想定は、郭店『老子』三本と馬王堆『老子』甲本・乙本・王弼本は、主として戰國中期を前後する一定の期間、相互に何の影響も與えあわず、同時に竝行して別々に存在していたテキストである、というもの。この想定が成立するか否かを正しく吟味するためには、郭店『老子』三本の經文が、馬王堆兩本や、王弼本を始めとする通行諸本、及び『韓非子』解老篇・喩老篇を始めとする多くの引用文、の經文とどのように同じでどのように異なるか、という問題を、經文の一字一句に即しつつ具體的かつ全面的に檢討する作業を行った上で、郭店『老子』の『老子』テキスト形成の歴史の中に占める位置と意義を解明する必要がある。しかしながら、この解明を本章で行うことは、不可能かつ不適當であろう。筆者によるこの解明の實際については、拙著『郭店楚簡老子研究』（第一刷）及び拙著『老子』に讓るより他ないが、ここにその結論の一端を示せば、――郭店『老子』三本は、内容・形式ともに相當多くの點で、馬王堆甲本・乙本・王弼本などとは相異しているにもかかわらず、『老子』テキストの形成史の上で、諸他から孤立した特異なテキストなどではなく、馬王堆兩本を始めとする、それ以後の諸テキストにきちんとふまえられ承け繼がれていった、テキスト形成の流れに棹刺す正統的なテキストの一つであると認めて差し支えない。こういうわけで、郭店『老子』三本についての一般論を述べるならば、第三の想定も、やはり成立することができないのである。

具體的な檢討の結果を一つだけ示そう。上文の第二の想定の「その二」で述べたとおり、郭店『老子』と馬王堆『老子』の直接的繼承關係を明示する資料に、馬王堆乙本が郭店乙本をふまえ、かつ後者を誤解して抄寫した箇所がある。郭店乙本の第二十章上段の末尾と第十三章の冒頭の接續箇所である。この箇所に對する上文の檢討に基づいて、我々は、馬王堆乙本が郭店乙本（またはこれと類似するテキスト）を直接目覩していて、その上で、後者の經文の文字をいじっていたと推測してよいと考えられる。

以上の第二の想定と第三の想定に對する考察に基づいて、筆者は、馬王堆兩本・王弼本などの『老子』、少なくともその原型が、春秋末期～戰國中期に「五千言」をもって先に成書されており、その影響下に郭店『老子』三本が後に成書・抄寫されたのだ、とする今日の通說や、郭店『老子』三本と馬王堆兩本・王弼本などの『老子』は、主に戰國中期を前後する一定の期間、相互に影響も與えあわず、同時竝行で別々に存在していたテキストだ、とする見解は、いずれも成立不可能であると主張したい。とすれば、正しいのはやはり第一の想定であると見なさなければならない。すなわち、郭店『老子』三本が先に成書・抄寫され他に影響を與えた、今日最古のテキストであり、馬王堆兩本・王弼本『老子』はその後、その影響下に成書・抄寫されたテキストなのである。

C　郭店一號楚墓の下葬年代

最後に、郭店楚墓は、一體いつごろ下葬されたものであろうか。下葬年代が重要であるのは、言うまでもなく、今回出土した諸文獻の成書年代や抄寫年代がいつであるかを測る基礎になるのが、下葬年代だからである。この問題については、すでに中國の研究者に見解があり、例えば、湖北省荊門市博物館の劉祖信「荊門楚墓的驚人發現」は、

該墓的下葬時代應屬戰國中期偏晚。

と言い[30]、また湖北省荊門市博物館「荊門郭店一號楚墓」は、

綜上所述、從墓葬形制和器物特徵判斷、郭店M1具有戰國中期偏晚的特點、其下葬年代當在公元前4世紀中期至前3世紀初。

と言い[31]、さらに崔仁義「荊門楚墓出土的竹簡《老子》初探」は、より詳細かつ具體的に、

竹簡《老子》的入葬時間早於公元前二七八年。郭店1號墓位於以紀南城爲中心的楚國貴族陵墓區、是楚國貴族墓

〔詳見文之《一》〕、而公元前二七八年、秦將白起拔郢、〝燒先王墓夷陵。楚襄王兵散、遂不復戰、東北保於陳城。〟楚都紀南城的廢棄、意味着楚國貴族集團的轉移和公墓區內楚國貴族墓葬的終止。同時、該墓出土的方形銅鏡與包山楚墓出土的方形銅鏡制作一樣、形制相同、紋飾一致、出土的漆耳環等也均與包山楚墓出土的同類同型器接近。包山二號墓入葬於公元前三一六年、郭店1號墓的入葬年代應與之不相上下、即約當公元前三〇〇年。

と述べている。[32] 今日の中國の學界では、最後者の紀元前三〇〇年前後の下葬とする見解が最も盛行しているようである。

しかしながら、筆者は、最近、郭店楚簡の中に収められている『窮達以時』という文獻を、具體的かつ詳細に研究してみた。『窮達以時』の中には『荀子』天論篇の「天人之分」の思想に由來する文章が發見されるからである。研究の方法は、『窮達以時』の思想内容及び文章表現を、これと密接に關聯する諸文獻——『荀子』天論篇・『呂氏春秋』愼人篇・『荀子』宥坐篇・『韓詩外傳』巻七・『説苑』雜言篇・『孔子家語』在厄篇など——と比較・對照することである。そして研究の結果、上述の盛行している見解とは根本的に異なる郭店楚墓の下葬年代を想定せざるをえないと考えるに至った。すなわち、その下葬年代は、戰國末期であり、紀元前二六五年前後〜前二五五年より少し後であろう。その理由は、

第一に、『荀子』天論篇の「天人之分」は、戰國時代の後期、齊の稷下に遊學していた荀子が、莊子學派と接觸してその「天人」關係論から強い影響を被りながらも、彼らの「人」の否定を覆して「人」の肯定に轉ずる思想の革新を起こす中で、齊の土地において形成していった思想であり、天論篇の成書年代は荀子がこの土地に滯在していた紀元前二六五年か二六四年〜前二五五年の約十年の間にあること。

第二に、『窮達以時』は、『荀子』天論篇が世に出た少しばかり後、その影響の下に「天人之分」の思想を大體のと

ころ忠實に襲って、荀子の後學が筆を振るって成書した文獻であること。

第三に、『窮達以時』の成書された土地は、荀子をして莊子學派の「天人」關係論の影響からほぼ完全に自由になることを可能ならしめた楚の蘭陵よりも、むしろそれ以前の齊の稷下の方がふさわしいが、荀子が楚の蘭陵に家を構えて生活していたのは紀元前二五五年～前二三八年の約十八年間であること。

第四に、大體忠實に襲いはしたものの、しかし、『窮達以時』には『荀子』天論篇の「天人之分」の思想を修正した點もあって、この點において、『窮達以時』は『荀子』天論篇より後の『呂氏春秋』愼人篇・『荀子』宥坐篇などに接近しつつあること。

第五に、結局のところ、『窮達以時』の成書年代は、『荀子』天論篇の成書年代（紀元前二六五年前後～前二五五年）よりやや後で、同じく紀元前二六五年前後～前二五五年の約十年間にあるが、『呂氏春秋』編纂（紀元前二三九年乃至二三五年）に至る過程にあること。以上である。(33)

もしも郭店楚墓の下葬年代を以上のように想定することが許されるならば、郭店『老子』三本の成書年代あるいは抄寫年代の下限を、戰國末期、紀元前二六五年前後～前二五五年より少し後までに置くことが、荒唐無稽ではなくなり、そのことを通じて、郭店『老子』三本の中に荀子の諸思想をふまえている箇所があることに關して、合理的な說明を行うことも可能となるのである。

注　釋

（1）本來であれば、甲本・乙本・丙本の三種類だけでなく、丙本と同じテキストの形態・同じ抄寫の字體・類似する諸思想を持った『大一生水』をも、郭店『老子』を構成する一部分であると見なし、その中に入る文獻として一緒に取り扱うべきであるが、そのような取り扱い方をすると、問題が過度に複雑になってしまうので、ここでは行論の必要上、暫定的に甲本・乙本・丙本だけを問題とすることにする。郭店『老子』の三本と『大一生水』との關係に關する筆者の見解は、近い將來公表する予定である。さしあたり、谷中信一「郭店楚簡『老子』及び「太一生水」から見た今本『老子』の成立」を參照。

（2）本章では、立論や比較の根據を示す資料に、『老子』の通行諸本の多くを擧げていたずらに煩瑣に流れるのを避けるために、通行諸本の代表としては原則としてただ王弼本だけを擧げることにする。郭店『老子』三本と馬王堆『老子』兩本・通行本『老子』諸本との異同の詳細を知りたければ、拙著『郭店楚簡老子研究』（第一刷）及び拙著『老子』を參照していただきたい。

（3）筆者の「上段を缺く諸章」「中段を缺く諸章」「下段を缺く諸章」という認定は、文物本『郭店楚簡』所收の「老子釋文注釋」の【說明】における認定とは、若干相異している。

（4）馬王堆『老子』兩本の詳細については、本書第2章の第5節を參照。

（5）從來の研究はいずれも例外なく、馬王堆『老子』甲本及びその卷後古佚書四篇において、劉邦以下の諱がすべて避けられていないと述べているが、この見解は正しくない。なるほど從來の研究が述べているとおり、『老子』甲本では劉邦の「邦」は避けられていないけれども、しかし、『老子』甲本と同じの帛上に同じ字體で抄寫された『五行』には、その第十八章經・說に「國家」という語が三例現れているのだ。これは、『老子』甲本第十八章・第五十七章などに「邦家」とあるように、もともとは「邦家」と書いていたのを、『老子』乙本と同じように「邦」を避けて「國家」に改めたものにちがいない。（ちなみに、郭店楚簡『五行』の當該箇所つまり第十五章も「邦豪（家）」に作っている。）だとするならば、馬王堆『老子』甲本及びその卷後古佚書の中に、部分的にではあれ劉邦の諱を避けている事實があることになる。この問題すなわち馬王堆『老子』甲本及び卷後古佚書四篇において、まちがいなく劉邦の諱が避けられていることについては、拙著『馬王堆漢墓帛書五行篇研究』の第一部、第一章、第二節「『馬王堆漢墓帛書五行篇』の抄寫年代」、及び拙著『《莊子》――「道」的思想及其演變』の第Ⅰ部、第二章、第5節「新出土的馬王堆漢墓帛書《老子》」とその注釋（38）を參照。

（6）郭店『老子』には、文章の末尾につけられている「—」の符號に、章末の「■」の符號と同じ意味が與えられているらしい例がある。このことについては、本章第2節のA「甲本第四十六章」の他、第3節のB「甲本第三十章」、第4節のD「乙本第四十八章」、及び同じくE「乙本第二十章」を參照。

（7）その他、拙著『老莊思想』改訂版の3「新たに出土した馬王堆帛書『老子』」とその注（8）（9）、及び拙著『《莊子》——「道」的思想及其演變』の第Ⅰ部、第二章、第5節「新出土的馬王堆漢墓帛書《老子》」とその注釋（41）（42）をも參照。

（8）郭店『老子』甲本第六十四章の上段、特に最後の箇所の、

合〔抱之木、生於毫〕末、九成之臺、己（起）〔於羸（蘽）土、百仁（仞）之高、台（始）於〕足下。

という文章には、戰國末期の儒家の代表である、荀子の「積微」（微小な努力をこつこつと積み重ねて巨大な目的を達成する）の思想からの影響があるように感じられる。とは言うものの、荀子からの影響は、馬王堆『老子』甲本・乙本・王弼本の第六十三章の中段ほどには強くないので、それ故、郭店『老子』甲本の成書年代及び抄寫年代は、荀子の思想が世の中にぽつぽつ知られるようになったころ、と考えるのが適當であろう。本章第3節のA「甲本第六十三章」及びその注釋（16）（17）を參照。

（9）郭店『老子』甲本第六十四章と丙本第六十四章の下段の冒頭の「爲之者敗之、執之者遠〈遊（失）〉之。」の一文は、馬王堆甲本・乙本・王弼本の第二十九章にもまた見えている。けれども、第二十九章のこの一文を含む章は、郭店『老子』甲本・乙本・丙本には存在しておらず、また『韓非子』解老篇・喩老篇にも引用・解説されていない。恐らく、比較的遅く作られて『老子』（例えば、馬王堆甲本・乙本）に採用された章なのではなかろうか。

（10）小野澤精一『韓非子』上の卷第七、喩老第二十一は、『老子』第六十四章上段の「其安、易持也。其未兆、易謀也。」の解説の中で、

『老子』第六十四の文。……今の第六十四の引用は、このあと二つの他章のが入って、また二段見える。喩老の『老子』は第六十四が今の形に固定する前のものといえよう。

とすでに指摘していた。郭店『老子』が出土したことによって、今日、小野澤教授のこの指摘の正しさが證明されたわけである。

（11）馬王堆甲本・乙本の「民之従事也」や王弼本の「民之従事」は、郭店甲本に依據したものではなくて、郭店丙本の「人之敗也」に依據したものと考えられる。それだけでなく、馬王堆甲本・乙本・王弼本における「聖人」と「民」の二項對立の強調、さ

らには「聖人」の「民」に對する敎化の強調といった思想も、やはりまた郭店丙本に由來しているらしい。

(12) 馬王堆乙本がこの「上段・中段・下段」を一つの章と見なしていたか否かは不明であるが、これより以後は、『老子』というテキストの經典としての權威が次第に高まっていったので、このような齟齬に敏感に反應してこれを修正する道家の思想家や抄寫者の活動は消えてしまって、結局、この齟齬はそのまま王弼本『老子』に受け繼がれるに至っている。

(13)「門」と「兌（穴）」は、ともに人間の感覺器官の比喩である。郭店乙本・馬王堆甲本・乙本・通行本を問わず、『老子』第五十二章が論じているのは欲望の問題ではなく、感覺・認識の問題である。そのことは、重複する句のある第五十六章の冒頭に「智（知）之者弗言、言之者弗智（知）。」（郭店『老子』甲本）とあることからも明らかである。この問題については、拙著『郭店楚簡老子研究』（第一刷）及び拙著『老子』を參照。

(14) 拙著『郭店楚簡老子研究』（第一刷）は、かつてこの箇所の缺字に「〔非君子之器也。不〕」の七字を補っていた。しかし、この箇所の缺字數は合計約六字であるから、「〔不祥之器也。不〕」を補うのが適當である。今ここで、舊說を訂正させていただく。

(15)「報怨以德」は、『論語』憲問篇に、

　或曰、「以德報怨、何如。」子曰、「何以報德。以直報怨、以德報德。」

とある。この中の「以德報怨」は、馬王堆『老子』の「報怨以德」と同じ文であるから、その「或曰」の言葉は馬王堆『老子』などを指しており、『論語』憲問篇のこの箇所は馬王堆『老子』などをふまえて書かれているようである。（その時期は戰國中期以前ではありえまい。）そして、孔子が否定した「報怨以德」の中には、やはり上文の「爲无爲、事无事、味无未（味）。」と同じような反世間常識的な「道」の立場が含まれている。

(16) 馬王堆甲本・乙本の「聖人冬（終）不爲大」は、言うまでもなく「聖人冬（終）爲細」の意味である。

(17) 以上のような經緯から推測するならば、郭店『老子』甲本の成書年代及び抄寫年代は、恐らく、荀子の思想がぼつぼつ世の中に知られ、かつ注目されるようになってはいるものの、まだ『老子』などの諸子がその壓倒的な影響を受けるに至る以前の時代（戰國末期）にあると思われる。本章第2節のB「甲本第六十四章と丙本第六十四章」、及びその注釋（8）を參照。なお、

荀子の「積微」の思想については、池田知久監修『郭店楚簡の研究』（二）の拙著「郭店楚簡『忠信之道』譯注」を參照。

(18)『漢書』魏相丙吉傳にも「軍旅之後、必有凶年。」とある。これも『老子』からの引用であるという明證はないが、假りに『老子』の引用であったとして、前漢、宣帝期の『老子』ですら王弼本との間にまだ若干の距離があるのである。

(19)正確を期して述べれば、「■」の符號に當たる箇所は編線の跡があるところであって、そのために「■」が殘缺してしまった可能性もある。

(20)『老子』第十五章の經文は、郭店甲本・馬王堆甲本・乙本・王弼本相互の間で、相當に相異している。具體的にどこがどのように相異しているかについては、拙著『郭店楚簡老子研究』（第一刷）及び拙著『老子』を參照。

(21)これと類似して、郭店甲本の段階では整合的に一貫して具わっていた逆説的辨證法的な思想が、馬王堆甲本・乙本・王弼本の段階になると、それとは全然異質の文章を追加することによって、混亂させられてしまった例が、他にもまだ存在する。本章第3節のA「甲本第六十三章」を參照。

(22)『老子』を始めとする道家の「自然」の思想については、本書の第12章を參照。その他、筆者の手に成る論著としては、拙論「中國思想史における「自然」の誕生」、拙論「聖人の「無爲」と萬物の「自然」——新たな思想の展開」（拙著『老莊思想』改訂版の13）、拙論「聖人的「無爲」與萬物的「自然」」（拙著『《莊子》——「道」的思想及其演變』の第Ⅲ部、第十二章）などがある。

(23)本章第3節のB「甲本第三十章」を參照。

(24)文物本『郭店楚簡』の「老子釋文注釋」も、「⿱日示」の字で第二十章が終わり、「人」の字から第十三章が始まると理解している。

(25)「老子乙本卷前古佚書釋文」の「老子乙本」、「道經」（『馬王堆漢墓帛書』〔壹〕所收）の「註釋」〔二二〕は、「人、各本皆無、疑是衍文。」と述べている。馬王堆甲本は「人之〔所畏〕、亦不☐」に作っており、殘缺がはなはだしいので證據として擧げることは差し控えざるをえないが、恐らく馬王堆乙本と同じように作っていたのではなかろうか。

(26)ちなみに、馬王堆第十三章の冒頭を調べてみると、甲本・乙本のいずれにも「人」の字は存在していない。

(27)想爾本のテキストは、主に島邦男『老子校正』所收の「想本校正」によったが、饒宗頤『老子想爾注校證』所收の「老子想爾注校箋」などをも參照した。

(28) 拙著『老莊思想』改訂版の10「「仁孝」の否定 (3)――「性」における「天」と「人」」とその注 (10) と、同じく13「「自然」という言葉の出現」の注 (4)、及び拙著『《莊子》――「道」的思想及其演變』の第Ⅲ部、第九章、第3節「「仁孝」的職權恢復」とその注釋 (43)、及び同じく第十二章、第2節、第1項「「自然」出現的狀況和性質」の注釋 (42) を參照。

以上の指摘を行った後、郭店『老子』を研究する過程で、筆者は、馬王堆甲本・乙本・王弼本『老子』が荀子の諸思想をふまえて成っていることについて、一層多くの箇所を擧げて自らの見解を補充した。すなわち、拙著『郭店楚簡老子研究』(第一刷) において新たに補充して、馬王堆甲本・乙本・王弼本が荀子をふまえて成っている事實を指摘した箇所は、『老子』第十八章 (第一編の五「第十八章における一句の追加」とその注 (10) と、及び第四編の「第十八章」とその注 (3) を參照)、第十九章 (第二編の「第十九章」とその注 (5) を參照)、第二十五章 (同じく「第二十五章」とその注 (12) を參照)、第六十四章 (同じく「第六十四章上段」とその注 (8) を參照)、第五十九章 (第三編の「第五十九章」とその注 (3) を參照)、第四十八章 (同じく「第四十八章上段」とその注 (10) を參照)、第二十章 (同じく「第二十章上段」とその注 (3) を參照) など、である。さらに、最近公刊した拙著『老子』においても、この事實を再確認しつつさらに若干の箇所を追加している。

(29) 念のために附言する。筆者は、郭店『老子』甲本・乙本・丙本は、荀子の諸思想がぼつぼつ世に知られ、かつ注目されるようになってはいるものの、まだ廣く廣まって各方面に壓倒的な影響を與えるまでには至っていない、それ以前の時代 (戰國末期) に、『老子』のテキストとしては歷史上ほとんど最初にその成書が開始され、以後徐々に文章が蓄えられていったその蓄積の結果に他ならない、と考えている。

(30) 劉祖信「荊門楚墓的驚人發現」を參照。

(31) 湖北省荊門市博物館「荊門郭店一號楚墓」を參照。なお、文物本『郭店楚簡』の「前言」もこれを肯定的に引用している。

(32) 崔仁義「荊門楚墓出土的竹簡《老子》初探」の四「竹簡《老子》的年代」を參照。

(33) 郭店楚簡『窮達以時』についての詳細な研究は、池田知久監修『郭店楚簡の思想史的研究』第三卷の拙論「郭店楚簡『窮達以時』の研究」、及び池田知久編『郭店楚簡儒敎研究』の拙論「郭店楚簡『窮達以時』の研究」を參照。

參考文獻

荊門市博物館『郭店楚墓竹簡』文物出版社　一九九八年

池田知久「尙處形成階段的《老子》最古文本――郭店楚簡《老子》」（中國文）『道家文化研究』第十七輯「郭店楚簡專號」三聯書店　一九九九年

池田知久「郭店楚簡『老子』諸章の上段・中段・下段――『老子』のテキスト形成史の中で――」東京大學中國哲學研究會『中國哲學研究』第十八號　二〇〇三年二月

池田知久「郭店楚簡『老子』各章的上中下段」（中國文）曹峰譯　荊門郭店楚簡研究（國際）中心編『古墓新知――紀念郭店楚簡出土十周年論文專輯』國際炎黄文化出版社　二〇〇三年

池田知久「郭店楚簡『老子』各章的上中下段――從『老子』文本形成史的角度出發」（中國文）『池田知久簡帛研究論集』曹峰譯　中華書局　二〇〇六年

池田知久「原本『老子』の形成と郭店楚簡『老子』」論集『原典』「古典學の再構築」研究成果報告集Ⅱ　文部科學省科學研究費補助金特定領域研究「古典學の再構築」A01「原典」調整班　二〇〇三年

島邦男『老子校正』汲古書院　一九七三年

小野澤精一『韓非子』上・下　全釋漢文大系第二十卷・第二十一卷　集英社　一九七五年・一九七八年

國家文物局古文獻研究室『馬王堆漢墓帛書』〔壹〕文物出版社　一九八〇年

樓宇烈『王弼集校釋』上册・下册　中華書局　一九八〇年

饒宗頤『老子想爾注校證』上海古籍出版社　一九九一年

池田知久『馬王堆漢墓帛書五行篇研究』汲古書院　一九九三年

池田知久『馬王堆漢墓帛書五行研究』（中國文）王啓發譯　中國社會科學出版社・綫裝書局　二〇〇五年

池田知久「中國思想史における「自然」の誕生」 東大中國學會『中國―社會と文化』第八號 一九九三年六月
池田知久「中國思想史中之「自然」概念――作爲批判既存的人倫價値的「自然」」（中國文） 中華民國漢學研究中心編『中國人的價値觀國際研討會論文集』 一九九二年
池田知久「中國思想史中之「自然」概念――作爲批判既存人倫價値之「自然」」（中國文） 沈清松編『中國人的價値觀――人文學觀點』『中國人叢書』15 桂冠圖書股份有限公司 一九九三年
崔仁義「荊門楚墓出土的竹簡《老子》初探」『荊門社會科學』一九九七年第五期 一九九七年十月
池田知久『郭店楚簡老子研究』（第一刷） 東京大學文學部中國思想文化學研究室 一九九九年
池田知久『老莊思想』改訂版 放送大學教育振興會 二〇〇〇年
池田知久「郭店楚簡『忠信之道』譯注」 池田知久監修『郭店楚簡の研究』（二） 大東文化大學大學院事務室 二〇〇〇年九月
池田知久『《莊子》――「道」的思想及其演變』（中國文） 黃華珍譯 中華民國國立編譯館 二〇〇一年
谷中信一「郭店楚簡『老子』及び「太一生水」から見た今本『老子』の成立」 郭店楚簡研究會『楚地出土資料と中國古代文化』 汲古書院 二〇〇二年
池田知久『老子』 馬王堆出土文獻譯注叢書 東方書店 二〇〇六年

劉祖信「荊門楚墓的驚人發現」『文物天地』一九九五年第六期 一九九五年十一月
湖北省荊門市博物館「荊門郭店一號楚墓」『文物』一九九七年第七期 一九九七年七月
池田知久「郭店楚簡『窮達以時』の研究」 池田知久監修『郭店楚簡の思想史的研究』第三卷 東京大學文學部中國思想文化學研究室 二〇〇〇年一月
池田知久「郭店楚簡『窮達以時』の研究」 池田知久編『郭店楚簡儒教研究』 汲古書院 二〇〇三年
Robert G. Henricks, "*Lao Tzu's Tao Te Ching*", Columbia University Press, New York, 2000.
Sarah Allan and Crisoin Williams (edited), "*The Guodian Laozi*", The Society for the Study of Early China and the Institute of East

Asian Studies, University of California, Berkeley, 2000.

附録2　『老子』に現れる二種類の「孝」

——郭店楚簡『語叢』の「孝」との關連において

本章は、もともと二〇〇二年一月、シンガポール國立大學哲學部藝術社會科學科（Department of Philosophy, Faculty of Arts and Social Sciences, National University of Singapore）の學科長（Dean of Faculty of Arts and Social Sciences）陳金樑教授（Professor Alan K. L. Chan）が主催する、中國傳統文化の中の「孝」に關する國際會議（"Xiao: Nature and Practice of Filial Piety in Chinese Tradition"）に、提出した論文である。この會議において、筆者は現山東大學教授の曹峰氏譯の中國語版「《老子》的二種"孝"和郭店楚簡《語叢》的"孝"」を攜行して、その一部分を中國語で口頭發表した。

その直後に、現成均館大學校研究教授の李承律氏譯の韓國語版「『老子』の二重の「孝」と郭店楚簡『語叢』の「孝」」が『儒教文化研究』第4輯（成均館大學校儒教文化研究所、二〇〇二年八月）に掲載され、また、日本語版「『老子』の二種類の「孝」と郭店楚簡『語叢』の「孝」」が郭店楚簡研究會編『楚地出土資料と中國古代文化』（汲古書院、二〇〇二年）に掲載され、さらに、曹峰氏譯の中國語版「《老子》的二種"孝"和郭店楚簡《語叢》的"孝"」が『池田知久簡帛研究論集』（中華書局、二〇〇六年）に収められた。

相い前後して、二〇〇四年にシンガポール國立大學側は、英文のAlan K. L. Chan and Sor-hoon Tan edited "Filial Piety in Chinese Thought and History", RoutledgeCurzon, London and New York, 2004を作ってそれを刊行したが、筆者の論文はIkeda Tomohisa："The evolution of the concept of filial piety (*xiao*) in the *Laozi*, the *Zhuangzi*, and the Guodian bamboo text *Yucong*"と譯されてその中に収められている。

今回、本書に収めるに當たって舊論文を大幅に補足・修正した。

第１節　始めに――『老子』に現れる二種類の「孝」

通行本（王弼本）『老子』の中には、周知のとおり、「孝」という言葉がただ二つだけ現れる。第十八章に、

大道廢、有仁義。智慧出、有大僞。六親不和、有孝慈。國家昏亂、有忠臣。

とあり、また第十九章に、

絶聖棄智、民利百倍。絶仁棄義、民復孝慈。絶巧棄利、盜賊無有。此三者、以爲文不足、故令有所屬。見素抱樸、少私寡欲。

とあるのが、それである。

ところで、この二つの「孝」に對する『老子』の價値評價は、一方の第十八章の「孝」は否定的であるか、もしくは少なくとも低い評價である。それに反して、他方の第十九章の「孝」は肯定的であり、高い評價である。兩者の評價は、明らかに反對の方向を向いており、したがって、二種類の「孝」を整合的に解釋することは相當に困難である。これは『老子』の思想を正しく解釋する上で、解決しなければならない一つの問題である、と言うことができよう。こういうわけで、從來の研究は、以上の二種類の「孝」を何とか整合的に解釋するために、多大の努力を拂ってきたのであった。(1)

近年、『郭店楚墓竹簡』が公表されて、その中に含まれている『老子』及び『語叢』などの儒家系の資料を研究した後、筆者は以上の問題に答えを與えることができるのではないかと考えるようになった。今回はその答えを發表してみたいと思う。しかし、『郭店楚墓竹簡』に入ってその「孝」を論ずる前に、まず最初に、同じ道家であり『老子』と

の關係が密接な『莊子』に現れている「孝」を検討しておくのが、行論のために便利である。

第2節　『莊子』における「孝」の肯定と否定

『莊子』に現れる「孝」は、人閒世・天地・天運・外物・盜跖・漁父の六篇の中に見えている。

これらの六篇は、人閒世が現在本『莊子』三十三篇の內篇に、天地・天運が同じく外篇に、外物・盜跖・漁父が同じく雜篇に、それぞれ屬している。そして、現在本『莊子』の內篇・外篇・雜篇の區別については、內篇は莊子の自著であり、外篇・雜篇は莊子の門弟・後輩或いは亞流の作である。だから、內篇は成立が最も早く價値も最も高く、外篇は成立がやや新しく價値も低くなり、雜篇ともなれば成立が最も新しく價値も最も低いと、今日の通説は考えている。しかし、この通説が正しくないことについては、本書第3章の第3節「『莊子』の內篇・外篇・雜篇」に既述した[2]。それ故、ここでは『莊子』の「孝」を取り扱うに際して、それを含む六篇が內・外・雜篇のいずれに屬するかという問題には、特に拘泥しないこととする。

これらの「孝」に對する『莊子』の價値評價は、これらの資料を表面的に見るならば、『老子』の二つの「孝」とほぼ同じである。すなわち、ある場合には否定的な或いは低い（以下、單純化して「否定」と稱する。）評價をし、ある場合には肯定的な或いは高い（以下、單純化して「肯定」と稱する。）評價をする、というように、同じ書物の中に相互に反對の方向を向き矛盾しあう評價が共存している。

Ａ　「孝」に對する肯定的評價と否定的評價

一方の、肯定的評價をしている例とは、人閒世篇の葉公子高・仲尼問答に、

仲尼曰、「天下有大戒二。其一命也、其一義也。子之愛親、命也。不可解於心。臣之事君、義也。无適而非君也。无所逃於天地之閒。是之謂大戒。是以夫事其親者、不擇地而安之、孝之至也。夫事其君者、不擇事而安之、忠之盛也。自事其心者、哀樂不易施乎前、知其不可奈何、而安之若命、德之至也。爲人臣子者、固有所不得已。」

とあり、天地篇の孝子不諛其親章に、

孝子不諛其親、忠臣不諂其君、臣子之盛也。親之所言而然、所行而善、則世俗謂之不肖子。君之所言而然、所行而善、則世俗謂之不肖臣。而未知此其必然邪。世俗之所謂然而然之、所謂善而善之、則不謂之道諛之人也。然則俗故嚴於親而尊於君邪。謂己道人、則勃然作色、謂己諛人、則怫然作色、而終身道人也。終身諛人也。合譬飾辭聚衆也、是終始本末不相坐。垂衣裳、設采色、動容貌、以媚一世。而不自謂道諛。與夫人之爲徒、通是非、而不自謂衆人。愚之至也。

とあり、盜跖篇の孔子・盜跖問答に、

（盜跖曰、）「世之所高、莫若黃帝。黃帝尙不能全德、而戰涿鹿之野、流血百里。堯不慈、舜不孝、禹偏枯、湯放其主、武王伐紂、文王拘羑里。此六子者、世之所高也。孰論之、皆以利惑其眞、而強反其情性。其行乃甚可羞也。」

とあり、漁父篇に、

客曰、「眞者、精誠之至也。不精不誠、不能動人。故強哭者、雖悲不哀。強怒者、雖嚴不威。強親者、雖笑不和。

眞悲无聲而哀、眞怒未發而威、眞親未笑而和。眞在內者、神動於外。是所以貴眞也。其用於人理也、事親則慈孝、事君則忠貞、飮酒則歡樂、處喪則悲哀。忠貞以功爲主、飮酒以樂爲主、處喪以哀爲主、事親以適爲主。功成之美、无一其迹矣。事親以適、不論所以矣。飮酒以樂、不選其具矣。處喪以哀、无問其禮矣。禮者、世俗之所爲也。眞者、所以受於天也、自然不可易也。」

とあるのが、それである。

他方の、否定的評價をしている例とは、天地篇の赤張滿稽・門无鬼問答に、

赤張滿稽曰、「天下均治之爲願、而何計以有虞氏爲。有虞氏之藥瘍也、禿而施髢、病而求醫。孝子操藥以脩慈父、其色燋然。聖人羞之。

至德之世、不尙賢、不使能。上如標枝、民如野鹿。端正而不知以爲義、相愛而不知以爲仁、實而不知以爲忠、當而不知以爲信、蠢動而相使不以爲賜。是故行而無迹、事而無傳。」

とあり、天運篇の商大宰蕩・莊子問答に、

商大宰蕩問仁於莊子。……莊子曰、「至仁无親。」

大宰曰、「蕩聞之、『无親則不愛。不愛則不孝。』謂至仁不孝、可乎。」

莊子曰、「不然。夫至仁尙矣。孝固不足以言之。此非過孝之言也。不及孝之言也。夫南行者、至於郢、北面而不見冥山。是何也。則去之遠也。

故曰、『以敬孝易、以愛孝難。以愛孝易、而忘親難。忘親易、使親忘我難。使親忘我易、兼忘天下難。兼忘天下易、使天下兼忘我難。』夫德遺堯舜而不爲也。利澤施於萬世、天下莫知也。豈直太息而言仁孝乎哉。夫孝悌仁義忠信貞廉、此皆自勉以役其德者也。不足多也。故曰、『至貴國爵幷焉、至富國財幷焉、至願名譽幷焉。』

是以道不渝。」

とあり、外物篇の外物不可必章に、

外物不可必。故龍逢誅、比干戮、箕子狂、悪來死、桀紂亡。人主莫不欲其臣之忠。而忠未必信。故伍員流于江、萇弘死于蜀、藏其血三年而化爲碧。人親莫不欲其子之孝。而孝未必愛。故孝己憂而曾參悲。木與木相摩則然、金與火相守則流、陰陽錯行、則天地大絯。於是乎有雷有霆、水中有火、乃焚大槐。有甚憂、兩陷而无所逃、螴蜳不得成。心若縣於天地之閒、慰暋沈屯、利害相摩、生火甚多。衆人焚和、月固不勝火。於是乎有僓然而道盡。

とあり、盜跖篇の孔子・盜跖問答に、

盜跖聞之大怒、目如明星、髮上指冠。曰、「此夫魯國之巧僞人孔丘非邪。爲我告之。爾作言造語、妄稱文武、冠枝木之冠、帶死牛之脅。多辭謬說、不耕而食、不織而衣。搖脣鼓舌、擅生是非、以迷天下之主。使天下學士、不反其本、妄作孝悌、而儌倖於封侯富貴者也。子之罪大極重。疾走歸。不然、我將以子肝益晝餔之膳。」

とあるのが、それである。『莊子』の「孝」は、以上に擧げたものですべてである。

B　肯定的な「孝」の検討

これらの內、まず、「肯定的評價」の例を検討してみよう。

人閒世篇の葉公子高・仲尼問答の例は、一見、「孝」を高く評價しているように見える。しかし、作者によれば、「夫事其親者」と「夫事其君者」よりも「自事其心者」の方がレベルの高い人間であり、それ故、「孝之至也」と「忠之盛也」は、作者の理想とする「德之至也」の下位に位置する倫理、もしくは「德之至也」に包攝される倫理と見なされている。この例において、「孝」と「忠」が「德」に包攝される倫理と見なされている、と解釋するのは、引用文の中では、「德」の內容である「知其不可奈何、而安之若命。」が、「命」「義」としての「孝」「忠」を行うことを意味しているからである。(3) したがって、この「孝」はやむをえず行うものであり、一應、肯定されてはいるけれども消極的な肯定、低い肯定、と把えるべきである。

天地篇の孝子不諛其親章の例は、今、上に檢討した人間世篇の「孝」に似ている。しかし、その肯定の契機(moment)は人間世篇よりもさらに消極的でさらに低く、むしろ「否定的評價」の例の中に入れるべきかもしれない。なぜなら、この文章の、

孝子不諛其親、忠臣不諂其君、臣子之盛也。

は、「世俗」の行う判斷であって、作者はその判斷の正しさに對して根本から疑問を持ち、「愚之至也」と批判しているからだ。

盜跖篇の孔子・盜跖問答の例は、今、上に檢討したその天地篇の「孝」とほとんど同じ。「孝」それ自體に對する作者の評價は、確かに肯定的であるように見えるが、しかし、その「舜不孝」は「世之所高」の一つである「舜孝」に反對するために述べた句であり、この文章の目的は、「世」の行う判斷の正しさに對して根本から疑問を持ち、それを根本的に批判することにある。(4) 盜跖篇のすぐ下文には、

世之所謂賢士、伯夷叔齊。……。世之所謂忠臣者、莫若王子比干伍子胥。……。自上觀之、至于子胥比干、皆不足貴也。

とあって、作者が一貫して「世」の行う判斷を根本的に批判しているのを見られたい。したがって、作者にとっては、「舜」が「孝」であるかそれとも「不孝」であるかなどは、根本的にどうでもよいことなのであるから、この例はむしろ「否定的評價」の例の中に入れるべきであろう。

漁父篇の例は、「眞者、精誠之至也。」という倫理が、「事親」という「人理」において作用する場合に「孝」となって現れる、というものである。(5) これは、全く疑問の餘地のない「肯定的評價」の例であり、その上、『老子』第十九章の「孝」の解釋に重要なヒントを與えるものであるが、その解釋は後の本章の第４節で詳しく述べるので、ここではこれ以上深く議論しないでおきたい。ただ、あらかじめ觸れておかなければならないのは、漁父篇は、一方で、成書年代が『莊子』諸篇の中で最も新しい文章の一つであって、多くの研究者はこれを前漢初期の作品と見なしていること、(6) 他方で、その「眞」が、古くから存在していた道家の思想概念であって、通行本『老子』第二十一章に、

孔德之容、惟道是從。道之爲物、惟恍惟惚。忽兮恍兮、其中有象。恍兮忽兮、其中有物。窈兮冥兮、其中有精。其精甚眞、其中有信。

とあること、(7) の二點である。漁父篇に含まれるこの新しさと古さの二點を、いかに一つに結びつけて解釋するかが課題とならなければならない。

以上の資料と檢討に基づいて考えるならば、『莊子』の「孝」の「肯定的評價」の例も、全く疑問の餘地のないものはただ漁父篇の一例だけであって、しかもそれは前漢初期に成書された新しい作品の中にある。また、「肯定的評價」の場合、漁父篇の例をも含めてそのすべての「孝」が「忠」と竝んで現れる顯著な事實にも注意すべきである（この問題については、後に第６節において簡略に述べる。）が、漁父篇以外のいくつかの例は、肯定されてはいるけれども消極的な肯定、低い肯定であるか、それとも「否定的評價」の中に入れるべきものであるか、のどちらかである。したがって、

『莊子』に現れる「孝」の評價は、否定的評價を受けている例が多い點に特徴がある、と言うことができよう。(8) そして、この特徴は、『老子』第十八章の「孝」の否定的評價に連なるものである。

C　否定的な「孝」の檢討

それでは、『莊子』諸篇は、なぜ「孝」を否定したのであろうか。次に「否定的評價」の例を檢討しながら、この問題を考えみよう。

天地篇の赤張滿稽・門无鬼問答の例は、「慈父」の身體の健康が損なわれ「病」に罹ってからその後に、「藥を操って」それを治療しようとする「孝子」が生まれる、という「孝」である。この「孝」を「聖人羞之」である、すなわち作者が否定する理由は、そもそも「孝」という倫理が、「父」の身體にとって理想的な狀態である健康、すなわち人類にとって理想的な狀態である「至德」が、何らかの原因によって損なわれてからその後に、その空缺を彌縫するための代替物、すなわちその疎外（Entfremdung, alienation）された形態である「義・仁・忠・信・賜」などの儒敎倫理の一つとして作り出されたものだから、と把えられている。端的に言うならば、「孝」が、人類にとっての理想狀態「至德」からの、疎外或いは歴史の退歩の結果、作り出されたものだから、とされているのだ。

天運篇の商大宰蕩・莊子問答の例は、今、上に檢討した天地篇の「孝」に似ている。作者によれば、「孝」は、儒家の唱える世閒的な「孝・親」を遙かに超越した、絕對的な「至仁」に到底及ばず、

以敬孝→以愛孝→忘親→使親忘我→兼忘天下→使天下兼忘我

という倫理的修行の一系列の中で、人類にとって理想狀態である「使天下兼忘我」すなわち「德」、と比較すると、最

下等の段階の倫理であるにすぎない。それだけでなく、「孝悌」は、諸他の儒教倫理「仁義・忠信・貞廉」などと一緒になって、今日、人類にとっての理想狀態「德」を疎外する役割を演ずる惡德でさえある、と見なされている。

外物篇の外物不可必章の例は、「忠」と竝んで「孝」を取り擧げ、それを必ずこうなるとは定められない「外物」の代表であると說明する。そして、このように當てにならない「外物」と深く關わることにより「外物」に翻弄されることは避けて、その窮極的な根源にある「可必」の「道」を把えなければならないと示唆している（下文に「於是乎有僓然而道盡」とあるのを參照）。ここで注目すべきは、以上の本篇の「孝」に對する否定の中にも、上の天運篇と外物篇の場合と同じような、作者の反疎外論に基づく理由づけを見出しうることである。すなわち、作者は、「忠」「孝」と竝んで「外物」の一つである人閒の「心」の、必ずこうなるとは定められない性質から生み出される不安定性が、窮極的根源者の「道」を「僓然而道盡」という狀態に至らしめて、一層その疎外・退步を激化してしまうと、このように否定を理由づけているのだ。

盜跖篇の孔子・盜跖問答の例は、孔子の唱える「孝悌」の行いを「封侯富貴」の僥倖を當てこむものと否定しているが、ここでは、それを「本」の對極にあるものと位置づけている點に注目すべきであろう。この「本」が道家の唱える「道」を指すことは改めて言うまでもない。こうして、「孝」は、窮極的根源者の「道」の反對物なのであるから、當然、否定されなければならないものであった。

以上の檢討を要約するならば、『莊子』の「孝」の「否定的評價」の例は、いずれもみな反疎外論或いは退步史觀に基づく理由でもって否定されている、と言って差し支えない。世界の窮極的根源者であり、人類にとっての理想狀態である「道」や「德」が、何らかの原因によって損なわれ始め、また歷史の退步が積み重なったその後に、ここにその空缺を彌縫するための代替物、その疎外された形態として、「孝」を始めとする種々の儒教倫理が作り出されたのであるが、それだけでなく「孝」などの儒敎倫理は上述の「道」や「德」を、現在もさらに疎外し續け、現在もさらに歷史的に退步させせつつある惡德に他ならない、という主張である。したがって、『莊子』における「孝」に對する價値評價は、こうした反疎外論或いは退步史觀による否定が、その主流であり中心であると言っても、決して誤りではない。

第3節　『老子』諸本における「孝」の否定

A　通行本・馬王堆本第十八章の場合

まず、通行本『老子』第十八章が、

大道廢、有仁義。智慧出、有大僞。六親不和、有孝慈。國家昏亂、有忠臣。

に作っていることは、第1節に見たとおり。『老子』第十八章の馬王堆甲本は、

故大道廢、案（焉）有仁義。知（智）快（慧）出、案（焉）有大僞（爲）。六親不和、案（焉）〔有〕畜（孝）茲（慈）。邦家悶（昏）亂、案（焉）有貞臣。

に作り、同じく乙本は、

故大道廢、安（焉）有仁義。知（智）慧出、安（焉）有〔大僞（爲）〕。六親不和、安（焉）又（有）孝茲（慈）。

國家閽（昏）亂、安（焉）有貞臣。

に作っている。これらの文章は、馬王堆甲本・乙本から通行本に至るまで、基本的には同じであり、大きな變化もなくテキストとしての安定期に入っている、と認められる。

次に、通行本と馬王堆本の「孝」の否定の理由は、先に見た『莊子』の場合と完全に同じである。すなわち、作者は、世界の窮極的根源者の「大道の立」と、それに伴う人類にとっての理想狀態の「智慧の含」「六親の和」「國家の治」が、何らかの原因によって損なわれた後に、それらの空缺を彌縫する代替物、それらの疎外形態として、「仁義」「大僞」「孝慈」「忠臣」の儒敎倫理やそれを有する人物が生み出された、と考えているのだ。ここで我々は、「孝」に對する「否定的評價」の內容や理由の點で、『老子』第十八章が、第２節で檢討した『莊子』の主流・中心と完全に同じであることを確認しなければならない。

ところで、第十八章の第二文「智慧出、有大僞。」は、後述するとおり、郭店楚簡『老子』丙本第十八章には存在していない。これはもともと古い『老子』にはなかった文であり、馬王堆甲本・乙本の形成過程で新たに增補されたものと推測することができる。しかし、馬王堆甲本・乙本では、この一文はすでに第十八章中の不可缺の要素となっているから、上下の三文と十分に整合するように解釋される必要がある。そうだとすれば、「知（智）快（慧）出」は「大道廢」「六親不和」「邦家閽（昏）亂」（馬王堆甲本）と同樣に、否定的なマイナスの貶義句でなければならず、「有大僞」は「有仁義」「（有）畜（孝）茲（慈）」「有貞臣」（馬王堆甲本）と同樣に、世間的に肯定的なプラスの褒義句であり、なおかつ、それらに對する風刺・批判の意味が籠められているはずである。

このように考えてくると、「知（智）快（慧）出」は、道家の「知」に對する低い評價が世間に浸透してそれが常識化した後の產物であると見なすべきであろう。その上また、「有大僞」は、その「僞」という言葉を詐欺という否定的なマイナスの貶義語として解釋することは不可能であって、[9]荀子の唱えた「僞」のように、人間の持って生まれた自然（非作爲、おのずから）の本性に對して人爲・作爲を加えること（褒義語）と解釋するのが適當である。したがって、「僞」は、文字としては「爲」の異體字或いは假借字なのであり、荀子の「爲」の思想を風刺・批判した句である可能性が大きい。以上の點から振り返ってみるならば、第二文の存在していない郭店楚簡『老子』丙本の成書は、荀子の思想が廣く知られるようになる少し前にあるように思われる。[10]そして、この一文「知（智）快（慧）出、案（焉）有大僞（爲）。」の趣旨は、本來の無知のよさが忘れられて「知（智）快（慧）」が世に出現したために、偉大なる人爲などといった低級の倫理がもてはやされるようになった、ということであるにちがいない。[11]

なお、以上のことに關聯してつけ加えておく。周知のとおり、「孝」を除外した「孝」以外の種々の儒敎倫理についても、こういった反疎外論や退歩史觀に基づく理由でもって、それらを否定するのが、『老子』や『莊子』の中に常に現れる基本的な思想である。ここでは、代表例を二三擧げるに止めたい。『老子』第三十八章の馬王堆甲本に、

〔●上德不德、是以有德。下德不失德、是以无〕德。

上德无〔爲而〕无以爲也。上仁爲之〔而无〕以爲也。上義爲之而有以爲也。上禮〔爲之而莫之應（應）也、則〕攘臂而乃（扔）之。故失道矣。

失道而后（後）德、失德而后（後）仁、失仁而后（後）義、〔失義而后（後）禮。夫禮者、忠信之泊（薄）也〕、而亂之首也。〔前識者〕、道之華也、而愚之首也。

是以大丈夫居亓（其）厚、而不居亓（其）泊（薄）。居亓（其）實、〔而〕不居亓（其）華。故去皮（彼）取此。

とあり、[12]『莊子』馬蹄篇に、

夫至德之世、同與禽獸居、族與萬物竝。惡乎知君子小人哉。同乎无知、其德不離、同乎无欲、是謂素樸。素樸而

民性得矣。
及至聖人、蹩躠爲仁、踶跂爲義、而天下始疑矣。澶漫爲樂、摘僻爲禮、而天下始分矣。故純樸不殘、孰爲犧尊。白玉不毀、孰爲珪璋。道德不廢、安取仁義。性情不離、安用禮樂。五色不亂、孰爲文采。五聲不亂、孰應六律。夫殘樸以爲器、工匠之罪也。毀道德以爲仁義、聖人之過也。

とあり、(13)『淮南子』俶眞篇に、

今夫積惠重厚、累愛襲恩、以聲華嘔符嫗掩萬民百姓、使之訢訢然、人樂其性者、仁也。擧大功、立顯名、體君臣、正上下、明親疏、等貴賤、存危國、繼絶世、決挐治煩、興毀宗、立無後者、義也。閉九竅、藏心志、棄聰明、反無識、芒然仿佯于塵埃之外、而消搖于無事之業、含陰吐陽、而萬物和同者、德也。是故道散而爲德、德溢而爲仁義、仁義立而道德廢矣。

とあり、同じく齊俗篇に、

率性而行謂之道、得其天性謂之德。性失然後貴仁、道失然後貴義。是故仁義立而道德遷矣、禮樂飾則純樸散矣、是非形則百姓眩〈昡〉矣、珠玉尊則天下爭矣。凡此四者、衰世之造也、末世之用也。

とある(14)、等々。

B　郭店楚簡本第十八章の場合

さて、新出土の郭店楚簡『老子』丙本は、第十八章を、

古（故）大道發（廢）、安（焉）又（有）𢙍（仁）義。六新（親）不和、安（焉）又（有）孝孳（慈）。邦豙（家）

緍（昏）〔亂〕、安（焉）又（有）正臣。■

に作っている。[15] この文章が上引の馬王堆甲本・乙本・通行本と最も異なる點は、ここには第二文の「智慧出、有大僞。」（通行本）が存在していないことである。これに依據して考えるならば、第二文は、もともと郭店楚簡『老子』のような古い『老子』にはなかったものであり、それ以降、馬王堆甲本・乙本の形成過程で新たに増補されたものと判斷される。

第二文をもともと古い『老子』にはなかったものと判斷し、これを除外して第十八章を解釋するならば、從來、ここに存在していた難しい解釋上の混亂（本節のAに既述）は立ちどころに解消されて、本章は極めてスムーズな一貫した文章として明瞭に把えることができるようになる。――世界の窮極的根源者の「大道の立」と人類にとっての理想狀態の「六新（親）の和」「邦豪（家）の治」が、何らかの原因によって損なわれた後に、それらの空缺を彌縫する代替物、それらの疎外形態として、「㤅（仁）義」「孝孶（慈）」「正臣」などが生み出された、というわけである。

それだけに止まらず、以上のように、第二文をもともと古い『老子』になかったものとして除外することを通じて、「大道」からの疎外や歴史の退歩を引き起こした「何らかの原因」（筆者は今まで何度か「何らかの原因によって」と書いてきた。）について、作者がもともと古くから持っていたにちがいない思想を推測する、新しい解釋の可能性が生まれてくるように感じられる。と言うのは、『老子』第十八章の馬王堆甲本・乙本・通行本は、四文に同じ資格を與えてそれらを竝列することによって、四つのことを疎外・退歩の現象の側に位置づけたのではあるけれども、しかし實は、郭店楚簡丙本などの古い『老子』の作者にとって、第二文は、勿論、當時はまだ竹帛に書かれるには至っていなかったものの、三つの現象の原因の側に位置づけられていた、と思われるからである。具體的には、「大道の發（廢）」と「六新（親）の不和」「邦豪（家）の緍（昏）〔亂〕」という疎外・退歩の現象を引き起こした原因を、もともと古い道家の思想家は「智慧」とそれに基づく「大僞」（偉大なる人爲）だと考えていた、のではなかろうか。

若干の證據を擧げてみよう。筆者は本章の第2節と第3節で、『老子』における「孝」の否定と『莊子』における「孝」の否定が、內容や理由の點で完全に同じであることを解明した。その一例として檢討した天地篇の赤張滿稽・門无鬼問答は、必ずしも明言しているわけではないけれども、「至德之世」を疎外・退步させた原因を大局的には「尙賢・使能」であると見ているようであり、より具體的には「知以爲義、知以爲仁、知以爲忠、知以爲信、以爲賜」、すなわち「義・仁・忠・信・賜」をそれと「知」って目的意識的に行う人閒の理知と作爲であると見ているらしい。

天運篇の商大宰蕩・莊子問答は、今日、「德」を疎外・退步させている原因を、一旦形成された「孝悌・仁義・忠信・貞廉」であると述べていたが、しかし、さかのぼってその「孝悌・仁義・忠信・貞廉」自體を生み出した原因は何と考えているかと言えば、「兼忘天下、使天下兼忘我」の「忘」の反對物、或いは「夫德遺堯舜而不爲也。利澤施於萬世、天下莫知也。」の反對命題、の人閒の「爲」と「知」であると考えている。これは正しく、馬王堆甲本・乙本・通行本『老子』第十八章の「智慧」と「大僞」ではないか。

外物篇の外物不可必章は、今、檢討した天運篇の例に少しばかり似たところがある。と言うのは、「道」を「僨然而道盡」の狀態に至らしめて、一層その疎外・退步を激化させている原因は、作者によれば、「忠」「孝」と竝んで「外物」の一つである人閒の「心」の、必ずこうなるとは定められない性質に由來する不安定性だからである。筆者は、この「心」を理知と作爲の主體と見なしたいと考えるが、それはあながち無理な同定ではあるまい。

盜跖篇の孔子・盜跖問答は、「使天下學士、不反其本、妄作孝悌。」の原因を、孔子の樣々の思想活動であると見ていることは、言うまでもない。具體的には、「爾作言造語、妄稱文武、冠枝木之冠、帶死牛之脅。多辭謬說、不耕而食、不織而衣。搖脣鼓舌、擅生是非、以迷天下之主。」がそれである。假りにもしこれに同篇の作者が整理を加えたとすれば、原因は孔子の理知と作爲になるのではなかろうか。

それから、本節のAで、「孝」以外の儒教倫理をも反疎外論や退歩史觀に基づく理由で否定している例として擧げた『老子』第三十八章は、「道＝德＝上德」から始まってついに現代の「禮」に至る、世界の疎外、歴史の退歩の過程を、

道→德→仁→義→禮

のように描寫している。また同時に、それら疎外・退歩の內在的メカニズムを、

无〔爲而〕无以爲→爲之〔而无〕以爲→爲之而有以爲→〔爲之而莫之應（應）也、則〕攘臂而乃（扔）之。（作爲もなく作爲する意思もない狀態→作爲はあるが作爲する意思のない狀態→作爲もあり作爲する意思もある狀態→作爲もありかつ亂暴狼藉に及ぶ狀態）

とも描寫している。それ故、このような疎外・退歩を引き起こした原因を、作者が、「爲之」つまり人間の作爲と「有以爲」つまり作爲する意思、であると考えていることは、疑問の餘地なく明らかである。(16)

同じく『莊子』馬蹄篇は、「道德」からの疎外・退歩を引き起こした原因について、極めて明確に「毀道德以爲仁義、聖人之過也。」と論じているが、その「聖人之過」とは、「无知」と「无欲」から成る「素樸」の反對物つまり「知」と「欲」、或いは「及至聖人、蹩躠爲仁、踶跂爲義、而天下始疑矣。澶漫爲樂、摘僻爲禮、而天下始分矣。」とあるような、「仁・義・樂・禮」の作爲である。

最後に、同じく『淮南子』俶眞篇と齊俗篇についても簡單に觸れておく。俶眞篇の「道散而爲德、德溢而爲仁義、仁義立而道德廢矣。」は、「道德」が「散溢」したためにその結果「仁義」が「爲」られたと述べると同時に、その「仁義」が「立」ったためにその結果「道德」が「廢」れたとも述べており、疎外・退歩を引き起こした原因についての思想は、循環論に陥っているように見える。齊俗篇もこの點では全く同じであり、その「性失然後貴仁、道失然後貴

義。是故仁義立而道德遷矣、禮樂飾則純樸散矣。」は、「性道」すなわち「道德」が「失」われたために「仁義」が「立」ったと述べると同時に、その「仁義」が「立」ったために「道德」が「遷」ったとも述べている。しかしながら、これらは循環論に陥っているのではなく、疎外・退歩を引き起こす原因について、むしろそのような原因は存在せず、自然（非作爲、おのずから）の内に疎外・退歩が起きてしまうのだ、とする流出論（emanation theory）を拙い表現で述べているように思われる。そして、疎外・退歩の原因についてのこの流出論による説明は、『老子』に萌芽しそれ以降、次第に盛んになっていった道家の新しい「自然」（みずから・おのずから）の思想と密接な關係を持つものであるらしい。(17)

C　郭店楚簡本より馬王堆本に至る變化

さて、郭店楚簡丙本などの古い『老子』は、他の大多數の道家と同じように、「大道の登（廢）」と「六新（親）の不和」「邦豙（家）の緍（昏）〔亂〕」の疎外・退歩の現象を引き起こした原因を、人閒の「智慧」と「大僞」であると考えていた。したがって、この段階における「孝」は、人閒の理知と作爲が原因となって「六新（親）の和」を疎外・退歩させた結果作り出された、その代替物であり、當然、それはマイナスに價値評價しなければならない惡德の一つでしかなかった。

それに對して、やや後の時代の馬王堆『老子』甲本・乙本は、第二文の「知（智）快（慧）出、案（焉）有大僞（爲）。」を執筆してこれを增補し、他の三文と同じ資格を與えて四文を竝列することを通じて、四つのことを疎外・退歩の現象の側に位置づけたのであるが、この處置は、同時に、四つの現象を引き起こした原因の存在を曖昧にする新しい思想、或いはむしろそのような原因は存在せず、自然（非作爲、おのずから）の内に疎外・退歩してしまうとする、新しい思想を導き出す可能性を胚胎していた處置でもあった。

それ故、この段階になって「孝」は、「六新（親）の和」が自然の内に自己を外化したり（Selbstentfremdung、self-alienation）、或いは歴史的に展開したりした結果、發生したものであるから、從來の評價とは異なって肯定してよい正當な倫理の一つとなった、より正確に言えば、正當な倫理の一つとなる可能性が與えられたのである。『老子』の經文それ自體は、馬王堆甲本・乙本も大幅に改變しているわけではないけれども、第二文の增補という些細な改變の中に、道家の以上のような思想史的な展開の可能性が祕められていたことに、我々は十分な注意を拂う必要がある。

以上のように、道家思想史の展開過程における『老子』の經文の改變の中に、肯定的に評價される可能性のある「孝」の萌芽を認めることは、本章の第１節に指摘した、『老子』に現れる二種類の「孝」をめぐる解釋上のアポリア（aporia）を、解決することに繫がるものではなかろうか。

第４節　『老子』諸本における「孝」の肯定

A　通行本・馬王堆本・郭店楚簡本第十九章の場合

通行本『老子』第十九章が、經文を、

絕聖棄智、民利百倍。絕仁棄義、民復孝慈。絕巧棄利、盜賊無有。此三者、以爲文不足、故令有所屬。見素抱樸、少私寡欲。

に作っていることは、本章の第1節で見たとおり。馬王堆『老子』甲本は、

絶聲棄知、民利百負。絶仁棄義、民復畜茲。絶巧棄利、盜賊无有。此三言也、以爲文未足、故令之有所屬。見素抱〔樸、少私而寡欲〕。

に作り、同じく乙本は、

絶耶棄知、而民利百倍。絶仁棄義、而民復孝茲。絶巧棄利、盜賊无有。此三言也、以爲文未足、故令之有所屬。見素抱樸、少私而寡欲。

に作っている。

その經文は、馬王堆甲本・乙本から通行本に至るまで、基本的に同じであり、大きな相異はない。そして、その「民の孝慈」は、「仁義」の對極にある倫理として肯定されている。肯定の理由は、下文に「見素抱樸、少私寡欲。」とあるところから、ある程度は推測することができるけれども、しかし、確かな理由は嚴密には不明としなければならない。

ところが、郭店楚簡『老子』甲本は、第十九章を、

㡭（絕）𣉻（智）弃妄（辯）、民利百伓（倍）。㡭（絕）攷（巧）弃利、覜（盜）恳（賊）亡（無）又（有）。㡭（絕）𢡺（僞）弃慮、民复（復）季〈孝〉子（慈）。三言以爲叓（事）不足、或命之或虐（乎）豆（續）。視（示）索（素）保業（樸）、少厶（私）須〈寡〉欲。

に作っていて、以上の三つのテキストとは相當に異なる。それらの相異點の中で、本章では諸他の相異點はすべて棚上げして議論せず、もっぱら「㡭𢡺弃慮、民复季〈孝〉子。」だけに注目して議論することにしたい。

まず、この一文の內、「憍」の字は、荊門市博物館『郭店楚墓竹簡』の「釋文注釋」が言うように、「僞」の假借字か或いは異體字のどちらかであろう。ただし、「憍」の意味は、その【注釋】〔三〕が言うような、表面上否定的な意味であるはずがない。なぜなら、第十九章において對句をなす上文の「智（智）妄（辯）」も「攷（巧）利」も表面上肯定的な意味であり、もしもこれが表面上否定的な意味であるとすれば『老子』特有の風刺・批判の味が消えてしまうからだ。(18)當然のことながら、この字の意味は、上の第3節で解釋した『老子』第十八章の「智慧出、有大僞。」の「僞」の意味と、同じはずである。

次に、「慮」の字は、荊門市博物館『郭店楚墓竹簡』は、上部は「虍」、中部は「且」、下部は「心」の字と見なしている。しかし、中部を「且」と見るのは誤りで、「田」の字と見るのが正しい。楚系文字の文字作りの問題として、楷書の「田」の字を「目」の字に作る例が相當に多いからである。その上、「慮」の字と判定するならば、前後の韻もぴたりと合うようである。「慮」の意味については、荊門市博物館『郭店楚墓竹簡』の【注釋】〔三〕の引く裘錫圭教授の說は、「詐」の假借字であるとするが、本章の第3節ですでに述べたように、表面上否定的な意味であるはずがない。現代中國の最新の研究も、明治時代以來の日本の研究と同じように、『老子』特有の逆說的或いは辨證法的な表現と思想を、理解できないのであろうか。(19)

以上の考證に基づいて考えるならば、郭店楚簡『老子』甲本は、第十九章の「民の季〈孝〉子（慈）」を、「憍（僞）慮」の對極にある倫理として肯定した。その理由は、郭店楚簡甲本の作者にとっては、「民の季〈孝〉子（慈）」すなわち民衆の閒にかつて行われていた「季〈孝〉子（慈）」は、人閒の作爲的な努力「憍（僞）」や理知的な思慮「慮」を働かせた結果、作り出された儒教倫理などではなく、すべての人閒が例外なく自然の內に生まれながらにして有する、その本來的な內面性であったからである。この「孝」は、世界の窮極的な根源者であり、人類にとっての理想狀態でもある「道」が、人間の理知と作爲という原因によって損なわれ、また歴史が退歩したその後に、その空缺を彌縫するための代替物として、或いはその疎外形態として、作り出されたものではない。まさにその正反對で、初めからそのような「道」の一部分として、その中に含まれているもの、と考えられている。單に「民の季〈孝〉」だけでなく、それを含む三つの「民の季〈孝〉子（慈）」「民利の百伓（倍）」「䟭（盜）恳（賊）の亡（無）又（有）」についても、全く同様である。そして、郭店楚簡『老子』甲本のこのような新しい道家思想は、後の馬王堆甲本・乙本・通行本に至っても、文字や文章は相當に變えられはしたものの、そのまま保持されているのではないかと推測される[20]。

B　道家における「孝」の否定より肯定への轉換

議論をここまで進めてくると、我々は、『老子』の第十九章と第十八章が、相互にそれほど反對の方向を向いた矛盾しあう關係ではないことに氣づかされる。――一方の第十九章は、郭店楚簡甲本・馬王堆甲本・乙本・通行本に現れ、端的に「孝」を肯定的に評價する新しい道家思想の表現であり、他方の第十八章は、馬王堆甲本・乙本・通行本に現れ、「知（智）快（慧）出、案（焉）有大僞（爲）。」の一文を增補することを通じて、從來とは異なり「孝」を肯定的に評價する可能性を持つに至った、やはり新しい道家思想の表現である。

そして、まちがいなく「孝」を肯定している郭店楚簡甲本及びそれ以後の第十九章の中にも、「孝」以外の儒教倫理を否定する思想が存在しているが、それらの否定も第十八章と同様に、道家特有の反疎外論や退歩史観に基づいていることを讀み取ることができる。すなわち、郭店楚簡甲本では「𣉻（智）叏（辯）・攷（巧）利・愚（僞）慮」が、また馬王堆甲本・乙本では「聖智・仁義・功利」がそれぞれ、「民」の生まれながらに有するその自然（非作爲、おのずから）の本來性を疎外・退歩させたと考えており、このことは確かな事實である。そうだとすれば、郭店楚簡甲本以降の新しい第十九章といえども、從來の道家思想の大枠からはみ出てしまう變わった思想を唱えるようになったわけでは、必ずしもないのだ。

ところで、「孝」を肯定する郭店楚簡甲本以降の第十九章と、肯定する可能性を持つ馬王堆甲本・乙本の第十八章の新しさは、第2節で引用し論及した、これらと成書年代の接近している道家文獻、『莊子』漁父篇の例によっても確認することができる。

すでに述べたように、その漁父篇が『莊子』諸篇の中で最も新しく成った作品であることは、學界の定說となっているが、同篇は全く疑問の餘地なく「忠貞」「歡樂」「悲哀」と竝んで「慈孝」を肯定的に評價している。肯定する理由は、そもそも「慈孝」「忠貞」「歡樂」「悲哀」が、「眞」という倫理の、「人理」において作用しているものだからであるが、その「眞」とは一體どういうものであるかについて、作者は引用文の最後に重要な說明を加えている。

禮者、世俗之所爲也。眞者、所以受於天也、自然不可易也。

がそれである。ここでは作者は、「禮」が「世俗」（實は儒敎倫理）の人爲・作爲の所產であるのとは正反對に、「眞」は人類が「天」から「受」けた「自然」であると認めている。したがって、「眞」としての「孝」は、「天」の「道」「德」が自然の內に自己を外化した（Selbstentfremdung, self-alienation）結果、發生したものであって、すべての人間に例外なく生まれながらにして具わる、その本來的な內面性である、ということになる。『老子』の後に成って『老子』を十分にふまえているはずの、こうした漁父篇の例は、郭店楚簡甲本以降の第十九章や馬王堆甲本・乙本の第十八章では、まだ萌芽の段階でしかなかった、道家における「孝」に對する新しい肯定的な評價を、だれの眼にも鮮やかな開花の段階にまで引き上げ、かつそれを不動の評價として定着させたもの、と言ってよいであろう。

郭店楚簡丙本第十八章などの古い『老子』は、他の大多數の道家と同様に、人閒の理知と作爲が原因となって「六新（親）の和」を疎外・退步させた結果作り出された、その代替物と見なして、儒教倫理の「孝」を否定していた。それに對して、郭店楚簡甲本以降の第十九章の新しい『老子』は、すべての人閒が自然の內に生まれながらにして具える、その本來的な內面性と見なして、「民の孝」を肯定するように轉じていったのだ。前者から後者に轉ずる中閒に位置していたのが、馬王堆『老子』甲本・乙本の第十八章であり、後者の肯定を開花させ、かつ定着させて不動にしたのが、『莊子』漁父篇である。

とすれば、『老子』『莊子』を始めとする道家の思想は、「孝」に對する價値評價に關して、反疎外論・退步史觀による古い否定から、自然の本來性に基づいた新しい肯定へと、大きな轉換を經驗した、と認めることができよう。もっとも、大きな轉換を經驗した點は、否定かそれとも肯定かという價値評價、及び反疎外論・退步史觀かそれとも自然的本來性かという理由づけだけではなかった。それだけでなく、道家にとっての、「孝」の實際の內容とその歷史的社會における役割もまた、大きな轉換を經驗したのである。この問題については後の第６節で略述する。

第５節　郭店楚簡『語叢』に現れる「孝」

Ａ　「思孟學派」のこと

新出土資料の郭店楚簡『語叢一』『語叢二』『語叢三』は、儒家の思想をもって書かれた文獻である。

これらの『語叢一』『語叢二』『語叢三』を含めて、『郭店楚簡』の儒家文獻の多くは孔子から孟子に至る中間の時代に位置する、いわゆる「思孟學派」の著した作品であるとする主張が、今日、中國を中心にして廣汎な範圍で流布している。[21] 讀者は、筆者の以下の分析をただ一讀しただけで、ただちに『語叢』などがそのような「思孟學派」の作品でないことを理解できるはずであるが、行論の必要上、最初に、この問題を正しく處理するために有益な參考資料を擧げておく。

一つは、李澤厚教授の「初讀郭店竹簡印象紀要」という文章である。彼は次のように言う。

雖有《緇衣》《五行》《魯穆公問子思》諸篇、却並未顯出所謂〝思孟學派〟的特色（究竟何謂〝思孟學派〟、其特色爲何、並不清楚）。相反、竹簡明確認爲〝仁內義外〟、與告子同、與孟子反。因之斷定竹簡屬〝思孟學派〟、似嫌怱忙、未必准確。相反、竹簡給我的總體印象、毋寧更接近《禮記》及荀子。

この印象批判は、中國の研究者たちがこぞって言う「思孟學派」とは何であるか、その特徴はどこにあるかなどが、今日に至るまでほとんど不明であること、郭店楚簡『六德』ではいわゆる「仁內義外」説が主張されている（例えば、第二十六號簡）が、當の孟子は「仁內義外」説に反對しており（『孟子』公孫丑上篇・告子上篇）、したがって、郭店楚簡の諸篇を「思孟學派」と斷定するのは早とちり・不正確であること、などの重要な事實を明確に指摘している。

二つは、任繼愈教授の『中國哲學發展史（先秦）』である。同書の「孔孟之間的儒家傳承」、三「思孟學派考辨」の中で、彼は戰國時代の當時、「思孟學派」などという學派は存在していなかったという見解を、詳細に論じている。今日に至ってもなお一讀に値いする論文である。ちなみに、この見解は馬王堆帛書『五行』に關するものであるが、二〇〇〇年三月、北京で開かれた『周易』國際會議の席上、筆者が任繼愈教授に向かって直接、「郭店楚簡『五行』が出土した現在、先生の以上のような馬王堆帛書『五行』に關する見解は、變更する必要がないか。」と質問したところ、彼は「その必要は全然ない。」と答えたことであった。

三つは、拙著の『馬王堆漢墓帛書五行篇研究』である。その第一部、第二章「『馬王堆漢墓帛書五行篇』の成書年代とその作者」において、筆者は、馬王堆帛書『五行』に關してではあるが、その當時、「思孟學派」などという學派は存在していなかったこと、『五行』の中心思想には孟子の思想だけでなく荀子の思想も重大な影響を與えていること、それだけに止まらず、『五行』は道家・墨家・法家などの思想からも影響を受けていること、などの諸問題について詳細かつ具體的に論じた。その後、郭店楚簡『五行』が出土・公表されて以後、筆者は「郭店楚墓竹簡『五行』譯注」「郭店楚簡『五行』の研究」などの諸論文を發表してきたが、これらをも參照されたい。

以上の諸研究に基づいて考察を進めるならば、『五行』を始めとする『郭店楚簡』の儒家文獻の多くが、孔子から孟子に至る時代のいわゆる「思孟學派」の作品であるとする見解などは、複雜で豊かな內容を有する中國古代思想史の實際の狀況を、極端に狹い視野から眺めかつ不當に單純化した結果であって、今日では、參照すべき學問的價値が全然ないのみならず、その克服を急がなければならない當の對象ですらある、と認めざるをえない。

B　『語叢一』と『語叢三』の「孝」

さて、その郭店楚簡『語叢一』に、

爲孝、此非孝也。爲弟（悌）、此非弟（悌）也。不可爲也、而不可不爲也。爲之、此非也。弗爲、此非也。

という文章がある。この文章の意味するところは、これを從來の儒家の思想圏の內部に閉じこめて解釋していたのでは、正しく理解することができない。[22]『郭店楚簡』の儒家が『老子』『莊子』を始めとする道家の「無爲」の思想を受容した後に書かれたものと考えて初めて、正しく理解することができる。このことは、だれの眼にも明らかではなかろうか。

この文章の中には、「孝弟（悌）」を「爲」すことに關して、二つの視角からの論述がある。すなわち、一方の視角からの論述は、

爲孝、此非孝也。爲弟（悌）、此非弟（悌）也。不可爲也、……爲之、此非也。

であるが、人間が人爲的作爲的に「爲」す「孝」を否定的に評價しており、當然、反疎外論・退歩史觀による古い道家の「孝」の思想をふまえたもの、と把えなければならない。また、他方の視角からの論述は、

而不可不爲也。……弗爲、此非也。

であって、人間が自然の內に生まれながらに有する「孝」を「爲」さないことを否定的に評價しており、逆に言えば、そのような「孝」を「爲」すことを肯定的に評價しているが、人間の本來的內面性に基づいた新しい道家の「孝」の思想をふまえたもの、と把えてよいであろう。

そして、以上の論述をただ表面的にのみ眺めるならば、『語叢一』の作者自身は二つの「孝」の思想の狹間にあって、動搖し逡巡しているように見えるかもしれない。――「爲之」と「弗爲」の狹間で、さらには「不可爲也」と「不可不爲也」の狹間で、一體どちらの思想を取るべきかについて動搖し逡巡している、ように見えるかもしれない。しかしながら、後代の儒家であればともかくとして、先秦時代乃至前漢初期の儒家にとっては、以上の內の一方の反疎外論・退歩史觀などはほとんど緣の遠い思想であった。それ故、實際には、前者の、

爲孝、此非孝也。爲弟、此非弟也。不可爲也、……爲之、此非也。

は、最初から選擇肢の中に入ってはいなかった。單に、後者の、

而不可不爲也。……弗爲、此非也。

に說得力を持たせるために、修辭的な目的で掲げたにすぎないのではなかろうか。言い換えれば、當時、道家の反疎外論・退歩史觀による「孝」否定のインパクトは、はなはだ強烈であって、それを無視したのではいかに自然的本來性の「孝」であっても、「爲」すことの提唱に說得力を持たせることが難しかったのであろう。

『語叢一』には、他にも、

父子、至上下也。

という文がある。これも「孝慈」を「爲」すことについて、

而不可不爲也。……弗爲、此非也。

とほぼ同じ思想を唱えたものと考えられる。

また、郭店楚簡『語叢三』に、

父孝子悳（愛）、非又（有）爲也。

という文がある。前半の「父孝子悳（愛）」は、涂宗流・劉祖信『郭店楚簡先秦儒家佚書校釋』の「父子兄弟」は、「父に孝なり、子に悳（愛）なるは」とでも訓んだらしく、

像善事父母一樣善事長輩、像珍愛兒子一樣珍愛所有晚輩、不能有所爲（有謀求達到某種目的的私心）。

と解釋している。しかし、後半の「非又（有）爲也」の解釋をも含めて、到底成り立ちがたい無理な說である。思うに、これは「父悳（愛）子孝」の誤抄であろう。

そして、後半は、道家の「無爲」の思想をふまえそれを判斷の基準にして、儒家の「孝」を新しく意味づけ直そう

としたものである。一文の思想史的な意味については、これ以上、縷々解説する必要はあるまいと思うが、誤解を避けるために敢えてもう一度、蛇足を描いておく。すなわち、この一文は、儒家の唱える「又（有）爲」つまり人爲・作爲こそが「道」を疎外・退歩させた原因であり、「道」の疎外・退歩の結果、その代替物として儒教倫理「孝」が作り出されたと意味づける、古い道家の「孝」の否定をふまえた上で、道家の唱える「又（有）爲」への反對つまり自然を自らの判斷の基準として受け容れながら、自らの「孝」がそのような否定的なものではなく、むしろ道家の唱える、すべての人間に生まれながらに具わる自然の本來性そのものだと主張することを通じて、それを新たに肯定的に意味づけ直そうとしたもの、に他ならない。

このように見てくると、儒家文獻である『語叢一』と『語叢三』の「孝」は、本章の第４節で述べた『莊子』漁父篇が、道家にあってその肯定を開花させたのと、ほぼ同じ段階にあるものと認めて差し支えない。『語叢一』と『語叢三』の中には、『老子』『莊子』を始めとする道家の「孝」に對する價値評價が、反疎外論・退歩史觀による古い否定から、自然の本來性に基づいた新しい肯定へと、大きな轉換を經驗した思想史の事實が、鮮やかに反映しているのである。

第６節　終わりに――中國思想史における二種類の「孝」

Ａ　二種類の「孝」の思想史上の由來

『老子』や諸他の文獻に現れた以上のような二種類の「孝」が、より大きな中國思想史の展開の中でいかなる位置を占め、いかなる意義を持つものであるかという問題については、論じなければならないことがあまりに多い。しかし、ここでは、本章を終えるに當たって、ただ二つのことだけを簡略に述べてみたいと思う。

第一は、以上の「孝」が中國思想史の過去に向けて見せる顔である。すでに本章の第４節と第５節で述べたように、『老子』『莊子』を始めとする道家の「孝」に對する價値評價は、反疎外論・退歩史觀による古い否定から、自然的本來性による新しい肯定へと、大きな轉換を經驗したが、このような思想史の事實は新出土資料である儒家の郭店楚簡『語叢一』と『語叢三』の中にも、鮮やかに反映していた。

ところで、道家にとって、古く否定の對象であった「孝」と新たに肯定の對象となった「孝」は、等しく「孝」という言葉で表現されているけれども、同じ內容を持っているのであろうか、それとも異なる內容なのであろうか。――彼らが意識していたか否かは別として、恐らく異なる內容であったろう。なぜかと言えば、一方の、當時の道家にとって、古く否定の對象であった「孝」は、それ以前の儒家が作り出した倫理の一つであり、古來の宗法的親族制度に基礎を置く封建的政治制度を保守し或いは再建していくための、キーストーンであった(23)のに對して、他方の、新たに肯定の對象となった「孝」は、當時の道家が自らのものと認めた倫理の一つであり、當代の家父長的家族制度に基礎を置く郡縣的政治制度を展望し或いは建設していくための、キーストーンであったからである。(24)

前者、すなわち宗法的親族制度に基礎を置く「孝」の特徴は、孔子・孟子などの古い儒家の段階にあっては、血縁的親族の紐帶を他の何にもまして重視しそれを最優先しながら、その基礎の上に西周モデルの緩やかな國家・社會秩序を保守・再建しようと考えるので、彼らが理想とする古い血緣的親族紐帶と、現實に進行しつつある新たな國家・社會秩序との間に、必然的に對立・矛盾關係が發生し、それが父子關係と君臣關係の對立・矛盾、「孝」と「忠」の對立・矛盾として描かれる場合が多いことである。(25)本章では『老子』『莊子』などの諸文獻に現れる二種類の「孝」を檢討してきたが、否定された「孝」の中に「孝」と「忠」を竝稱する例が少ないのは、(26)以上のような思想史上の事實を反映しているのかもしれない。(27)

それに對して、後者、すなわち家父長的家族制度に基礎を置く「孝」の特徴は、『孝經』や『韓非子』忠孝篇などの段階にあって、「一君萬民」の郡縣的政治制度の建設を何にもまして重視し優先しながら、血緣的親族紐帶をその基礎にすえそれを支えるものに改變しようと考えるので、現實に改變されつつある血緣的親族紐帶と、進行しつつある新たな國家・社會秩序との間に、基本的に對立・矛盾關係が發生することはなく、それが父子關係と君臣關係の一致・調和、「孝」と「忠」の一致・調和として描かれる場合があることである。(28)本章で檢討してきた肯定された「孝」の中に「孝」と「忠」を竝稱する例が多いのは、(29)このような思想史の事實を反映しているではなかろうか。(30)

大雜把に把えるならば、『老子』『莊子』などに現れた二種類の「孝」は、以上のようなより大きな中國思想史の展開と、大體のところ軌を一にしていると認めることができよう。ただし、上の注釋（27）と（30）に記しておいたように、若干の例外もないわけではない。

これらの例外について考察してみる。一つには、『老子』『莊子』などの道家が、反疎外論・退歩史観によって否定した對象は、孔子・孟子などの古い儒家が唱えていた宗法制上の封建制を志向する「孝」であった。その意味で、道家の反疎外論・退歩史觀による「孝」の否定は、孔子・孟子などの古い儒家に對抗してその後に生まれたもの、と把えてよいと思う。ただし、宗法制上の封建制を志向する「孝」は、孔子・孟子などによって一旦形成されると、規範的な作用を發揮し續けたから、新しい儒家の段階になっても簡單に消え去ることがなく、それ以降の多くの儒家の思想家たちによって繰り返し唱えられた。こうした事情が原因となって、對抗する道家の「孝」の理解の中に、宗法制封建制を志向する「孝」はいつまでも殘存することになった。それ故にまた、宗法制封建制の「孝」に對する道家の否定も、古い反疎外論・退歩史觀によるものが、繰り返し唱えられて簡單に消え去ることはなかったのである。筆者はすぐ上で、『老子』『莊子』などの諸文獻の中に、「否定された「孝」の中に「孝」と「忠」を竝稱する例が少ない」と書いた後、注釋（27）に「例外は、『老子』第十八章と『莊子』外物篇の外物不可必章」と附記し、また、「肯定された「孝」の中に「孝」と「忠」を竝稱する例が多い」と書いた後、注釋（30）に「例外は、『老子』第十九章」と附記した。これらの例外が生じた因由は、以上のように説明することができるのではなかろうか。

二つには、『老子』『莊子』などの道家が、自然的本來性によって肯定した對象は、『孝經』などの儒家や『韓非子』忠孝篇などの法家が新たに唱えるようになっていたのとほぼ同じ、家父長的郡縣制を志向する「孝」であった。とは言うものの、道家の自然的本來性による「孝」の肯定は、『孝經』や『韓非子』忠孝篇などの新しい儒家・法家の唱道を承けて、その後に生まれたものでは恐らくあるまい。家父長的郡縣制を志向する、多くの様々の倫理のことはさて措いて、「孝」に關する限りは、むしろ逆に、道家こそが最も早く自然的本來性によるその肯定を唱え始めたのではなかろうか。なぜなら、郭店楚簡甲本以降の『老子』第十九章や馬王堆甲本・乙本の『老子』第十八章において萌芽し、

『莊子』漁父篇・『語叢一』・『語叢三』において開花した肯定的な「孝」は、疑問の餘地なく明確に、人間の理知と作爲の對極にあるもの、人間が自然の內に生まれながらに有するもの、として描かれていたからである。このような描き方それ自體が、こうした「孝」が道家にとって他學派からの借り物ではありえず、自らのオリジナルな思考の產物であることを示してあまりがある。

B　名教自然論に向かう「孝」の肯定

第二は、以上の「孝」が思想史の未來に向けて見せる顏である。『老子』『莊子』などの道家が、「孝」に對する價値評價の點で、反疎外論・退步史觀による古い否定から、自然的本來性による新しい肯定へと、大きく轉換していったことは、それ以降の中國思想史の展開に何をもたらしたであろうか。

振り返って調べてみると、第３節で述べたように、馬王堆甲本・乙本の『老子』第十八章は、單に儒家の「孝」だけでなく、それを含む四つの「仁義」「大僞（爲）」「畜（孝）茲（慈）」「貞臣」も、「大道の立」「知（智）快（慧）の含」「六親の和」「邦家の治」が、自然の內に自己疎外（外化）し、或いは歷史退步（展開）した結果、發生したものであるから、從來の評價とは異なって肯定してよい正當な倫理の一つとなる可能性を與えていた。また、第４節で述べたように、郭店楚簡甲本以降の『老子』第十九章は、單に「民の季〈孝〉」だけでなく、それを含む三つの「民利百伓（倍）」「䀭（盜）悬（賊）の亡（無）又（有）」「民の季〈孝〉子（慈）」も、人間の作爲的な努力「憍（僞）」や理知的な思慮「慮」を働かせた結果、作り出された儒教倫理などではなく、すべての人間が例外なく自然の內に生まれながらにして有する、その本來的內面性、と考えていた。

さらに、第4節で述べたように、『莊子』漁父篇は、單に儒家の「孝」だけでなく、それを含む四つの「慈孝」「忠貞」「歡樂」「悲哀」も、「眞」という倫理の、「人理」において作用しているものとして肯定していた。しかも、その「眞」を人類が「天」から「受」けた「自然」であると認めていた。もっとも、ここでは確かにまだ、「禮」を「世俗」の人爲・作爲の所産であるとして否定していたけれども。そして、第5節で述べたように、郭店楚簡『語叢一』と『語叢三』は、單に儒家の「孝」だけでなく、それを含む「孝弟（悌）」「慜（愛）孝」も、當時の道家が唱えていた、すべての人間が自然の內に生まれながらにして具える、その本來的內面性であるとして、それらを行うことを肯定していた。

以上の簡單な調べによっても、道家が「孝」に對する評價を新たに肯定へと大きく轉換した時、それに伴って、古くは否定していた諸他の儒教倫理をも肯定するに至ったことが知られる。肯定の理由は、「孝」の場合と全く同じ。すなわち、諸他の儒教倫理も、「道」や「德」が自然の內に自己外化・歷史展開した結果、發生したものであって、初めからそれらの一部分として、それらの中に含まれるからだ、と考えているらしい。

これだけに止まらない。筆者は第3節において、「「孝」を除外した「孝」以外の種々の儒教倫理についても、こういった反疎外論や退歩史觀に基づく理由でもって、それらを否定するのが、『老子』や『莊子』の中に常に現れる基本的な思想である。」と述べて、その代表例の一つとして『老子』第三十八章を擧げた。これは、荀子の「禮」の思想を主な攻擊のターゲットに定めて書かれた文章であって、その「禮」が、窮極的根源者の「道」から始まって、世界が疎外され、歷史が退歩していった一系列、

道→德→仁→義→禮

の末に位置する、「道」を去ること最も遠い下等な倫理でしかないと言って否定したものである。(31)

ところが、『老子』第三十八章の影響を受けこれを踏まえて成った道家系の文章の中には、後の時代に降れば降るほど、「仁・義・禮」などの儒教倫理を肯定するものが増加していく傾向が認められる。それらの文章はいずれもみな、『老子』第三十八章の前半にあった文章、

〔●上德不德、是以有德。下德不失德、是以无〕德。上德无〔爲而〕无以爲也。上仁爲之〔而无〕以爲也。上義爲之而有以爲也。上禮〔爲之而莫之應也、則〕攘臂而乃之。

に相當する部分を削除しているが、この事實は、かつて疎外・退歩を引き起こす原因であるとされた、人間の作爲と作爲する意思に代わって、自然の内に疎外（外化）・退歩（展開）が起きてしまうのだとする流出論（emanation theory）が有力になっていったことを示しているようである。以上のことを確認する資料を擧げ、その解釋を示し、儒教倫理を肯定する理由を分析するなどのことは、ここでは省略に從う（詳細については、本書第9章の第4節を參照）。

ただ、前漢初期の道家系の文獻を二つだけ擧げておく。例えば、『管子』心術上篇の經の部分に、

虛無無形、謂之道。化育萬物、謂之德。君臣父子人間之事、謂之義。登降揖讓、貴賤有等、親疏有體、謂之禮。簡物小未一道、殺僇禁誅、謂之法。

とある。[32] ここでは、

道→德→義→禮→法

のような世界の疎外、歴史の展開の系列を構想しつつ、「禮」は言うに及ばず（道家にとって）最下等の「法」までも、「道」から自然の内に流出してきた正統な嫡男として認知している。また、馬王堆帛書『經法』道法篇に、

道生法。法者、引得失以繩、而明曲直者殹（也）。

とある。[33] ここでは、もはや否定の契機（moment）を含んだ、一切の中間的な倫理の媒介なしに、窮極的根源者の「道」

から直接的に、現實の社會を處理する「法」が生まれてきたと見なしている。

そして、このような傾向の行き着く先は、魏晉南北朝時代の玄學におけるいわゆる名敎自然論――「孝」を始めとして儒家の唱える種々樣々の倫理は、人間の目的意識的な作爲の所產などではなくして、すべての人間が自然の內に生まれながらに有する、その本來的內面性である、とする理論――であった。郭店楚簡甲本以降の『老子』第十九章や馬王堆甲本・乙本の『老子』第十八章において萌芽し、『莊子』漁父篇・『語叢一』・『語叢三』において開花した、自然的本來性としての「孝」は、このような經過をたどった後、ついに魏晉玄學のいわゆる名敎自然論に到達したのである(34)。

注釋

(1) 例えば、津田左右吉『道家の思想とその展開』、第二編、第一章「「老子」の思想」、大濱晧『老子の哲學』、二章「道……當爲としての道」、３、特にその注11、板野長八『中國古代社會思想史の研究』、「戰國秦漢における孝の二重性」、一「孟子の孝悌と老子の孝慈」、などを參照。

(2) その他、この問題に關して筆者の見解を表明したものとしては、拙著『老莊思想』（改訂版）、２、「『莊子』の內篇・外篇・雜篇」、及び拙著『莊子――「道」的哲學及其演變』、第Ⅰ部、第二章、第３節「《莊子》內篇、外篇、雜篇的區別」がある。

(3) 本書第10章の第４節、その注釋（44）、及び第11章の第１節を參照。

(4) 本書第14章の第３節を參照。

(5) 本書第９章の第２節、その注釋（13）、及び第14章の第３節を參照。

(6) 例えば、武內義雄「讀莊私言」、赤塚忠『莊子』下、漁父第三十一を參照。

(7) ちなみに、馬王堆帛書『老子』甲本は、

孔德之容、唯道是從。道之物、唯朢（恍）唯忽。〔忽呵（乎）朢（恍）〕呵（乎）、中有象呵（乎）。朢（恍）呵（乎）忽呵（乎）、中有物呵（乎）。灣（幽）呵（乎）鳴（冥）呵（乎）、中有請（情）吔〈呵（乎）〉。其請（情）甚眞、其中〔有信〕。

に作り、馬王堆帛書『老子』乙本は、

孔德之容、唯道是從。道之物、唯朢（恍）唯沕（忽）。沕（忽）呵（乎）朢（恍）呵（乎）、中又（有）象呵（乎）。朢（恍）呵（乎）沕（忽）呵（乎）、中有物呵（乎）。幼（窈）呵（乎）冥呵（乎）、亓（其）中有請（情）呵（乎）。亓（其）請（情）甚眞、亓（其）中有信。

に作っている（本書第2章の第4節、その注釋（28）、第6章の注釋（4）（10）、第7章の注釋（41）（47）、第8章の注釋（42）、及び第9章の注釋（13）などを參照）。

（8）ちなみに、上揭の「否定的評價」の場合、「孝」が「忠」と竝んで現れているのは、外物篇の外物不可必章だけである。

（9）從來の研究は、例えば、武內義雄「老子の研究（下）道德經析義」、老子道德經上篇、第十八章、木村英一『老子の新研究』、第三編、第三章、（十八章）、及び大濱晧『老子の哲學』、二章「道……當爲としての道」、3、などは、いずれもみな「大僞」を「相僞り相あざむく」（武內義雄）などと譯しており、これが定說となっている。この點では、日本の研究だけでなく、中國の研究もほぼ同じ。しかし、これでは『老子』特有の逆說的或いは辨證法的な表現と思想を、ほとんど理解できないことになるのではなかろうか。本書第6章の第3節、第12章の第4節、第13章の第4節、及び附録1の第2節・第3節・第4節を參照。

（10）拙著『郭店楚簡老子研究』（第一刷）、第四編、第十八章を參照。

（11）拙著『老子』、老子（甲本）、道經、第十八章を參照。

（12）『老子』第三十八章の思想史的な意義については、本書第9章の第4節、その注釋（43）、及び第13章の第1節、を參照。ちなみに、第三十八章のテキストは、馬王堆甲本・乙本が最も優れており、通行本には混亂がある。また、郭店楚簡『老子』三本には第三十八章は含まれていない。

（13）本書第9章の第3節、その注釋（8）（34）（35）、及び第11章の第2節を參照。

（14）本書第9章の第4節、その注釋（50）、第10章の第1節、及び第11章の第3節を參照。

(15) ちなみに、郭店楚簡『老子』甲本・乙本には第十八章は含まれていない。

(16) したがって、『老子』第三十八章が主な攻擊のターゲットに定めているのは、儒家の作爲の思想、中でも主に荀子の「爲」の思想であることになる。本章の第6節を參照。

(17) この問題については、本章に關聯を有する限りにおいて以下にも述べるが、詳しくは本書第12章を參照。

(18) 本章の第3節、及びその注釋(9)を參照。

(19) なお、裘錫圭教授はその後、「詐」の假借字であるとした自分の舊說を改めて、新たに「慮」の字であると見なすに至っている。裘錫圭「糾正我在郭店『老子』簡釋讀中的一個錯誤——關於"絕僞棄詐"」を參照。

(20) 三つのテキスト（馬王堆甲本・乙本・通行本）の「絕聖棄智」は、確かに郭店楚簡甲本の「㐅智弃叏」を繼承しているのではあるけれども、同時に郭店楚簡甲本の「㐅憍弃慮」とも非常に近い內容を持っており、「㐅憍弃慮」をも繼承していることに注意されたい。

ちなみに、郭店楚簡『老子』の新たな出土以來、特にその第十九章に「絕仁棄義」という「仁義」批判の句が見えないことを根據にして、古い『老子』には強い反儒家色がなかったなどとする珍說奇論が中國でも日本でも盛行している。例えば、日本の硏究を擧げれば、谷中信一教授「郭店楚簡『老子』及び「太一生水」から見た今本『老子』の成立」、第一部、第一章、(4)「郭店老子には「仁・義・聖・智」に對する極端なまでの否定的態度が見られない」、及び楠山春樹教授『老子の人と思想』、第二章、第二節、3「十七章・十八章・十九章について」、などがそれである。しかしながら、まともな硏究を進めようとする者は、事實から安易に眼をそらさずに、郭店楚簡『老子』第十八章に「大道發（廢）、安（焉）又（有）𢜶（仁）義。」という「仁義」批判が依然として存在していることを認めなければならない。

(21) 例えば、涂宗流・劉祖信『郭店楚簡先秦儒家佚書校釋』、丁原植『郭店儒家性情說硏究』、龐樸等『郭店楚簡與早期儒學』、李天虹『郭店竹簡《性自命出》硏究』などである。

(22) 例えば、涂宗流・劉祖信『郭店楚簡先秦儒家佚書校釋』、「父子兄弟」（『語叢一』と『語叢三』の一部分を取り出して再編成し、それを「父子兄弟」と改題したもの）は、この文章を從來の儒家の思想圈の內部に置いて解釋しているので、その意味するところが一向に明らかにならない。

(23) 板野長八『中國古代における人間觀の展開』、第一章「孔子」、二「道」、及び第三章「孟子」、一、4「孝悌の道」を參照。飯尾秀幸『中國史のなかの家族』は、中國古代史における家族を取り扱った最近の論著の中では、勞作の一つに數えられようが、しかし、その②、「孔子の「革新」性」などの箇所における孔子の家族觀に對する評價は、それを後代の商鞅や秦漢帝國下の家族像に引きつけすぎていて、適當とは思われない。

(24) 板野長八『中國古代における人間觀の展開』、第四章「老子」、一、1「老子と孟子」を參照。

(25) 板野長八『中國古代における人間觀の展開』、第二十一章「結び」、二「荀子の時代」、及び尾形勇『中國古代の「家」と國家』、第四章、第一節、一「「忠」「孝」の"兩立"について」を參照。

(26) 例えば、『莊子』天地篇の赤張滿稽・門无鬼問答、天運篇の商大宰蕩・莊子問答、盜跖篇の孔子・盜跖問答は、「孝」と「忠」を竝列せずかつ「孝」を否定する例である。

(27) 例外は、『老子』第十八章と『莊子』外物篇の外物不可必章である。

(28) 板野長八『中國古代における人間觀の展開』、第七章「孝經」、1「位置」、第十二章「忠孝篇と樂論篇」、一「忠孝篇」、板野長八『中國古代社會思想史の研究』、「戰國秦漢における孝の二重性」、二「孝經の孝と忠孝篇の孝」、及び拙著（共著）『中國思想史』、第一章、四、「儒教國教化」、を參照。なお、板野教授は、同じく君主の一元的支配を支える倫理であるにしても、『孝經』の「孝」は封建的體制下のもの、『韓非子』忠孝篇の「孝」は家父長制下のもの、と區別する。

(29) 例えば、『莊子』人間世篇の葉公子高・仲尼問答、天地篇の孝子不諛其親章、盜跖篇の孔子・盜跖問答、漁父篇は、「孝」と「忠」を竝列しかつ「孝」を肯定する例である。

(30) 例外は、『老子』第十九章である。

(31) 本章の第3節、及びその注釋（12）を參照。『老子』第三十八章の內容の分析とその思想史的な意義については、本書第9章の第4節、及びその注釋（44）を參照。

(32) 本書第9章の第4節、第10章の注釋（36）、及び第11章の第5節を參照。

(33) 本書第9章の第4節、第11章の第5節、及び第13章の第1節を參照。

(34) 馮友蘭『中國哲學史新編』第四冊、第四十一章、第九節「郭象關於〝名敎〟與〝自然〟的理論」、及び堀池信夫『漢魏思想史研究』、第三章、三、(二)「「自然」と「性」」を參照。

參考文獻

池田知久「《老子》的二種〝孝〟和郭店楚簡《語叢》的〝孝〟」(中國文)　曹峰譯　二〇〇二年一月　"Conceptions of Filial Piety in Chinese Thought and History"　The National University of Singapore, 2002.

池田知久「『老子』の二重の「孝」と郭店楚簡『語叢』の「孝」」(韓國文)　李承律譯　成均館大學校儒敎文化研究所編『儒敎文化研究』第4輯　二〇〇二年八月

池田知久「『老子』の二種類の「孝」と郭店楚簡『語叢』の「孝」」　郭店楚簡研究會編『楚地出土資料と中國古代文化』　汲古書院　二〇〇二年

池田知久「《老子》的二種〝孝〟和郭店楚簡《語叢》的〝孝〟」(中國文)　曹峰譯　『池田知久簡帛研究論集』　中華書局　二〇〇六年

Ikeda Tomohisa："The evolution of the concept of filial piety (*xiao*) in the *Laozi*, the *Zhuangzi*, and the Guodian bamboo text *Yucong*", Alan K. L. Chan and Sor-hoon Tan edited "Filial Piety in Chinese Thought and History", RoutledgeCurzon, London and New York, 2004

武内義雄「讀莊私言」『武内義雄全集』第六卷「諸子篇」一　角川書店　一九七八年

津田左右吉『道家の思想とその展開』『津田左右吉全集』第十三卷　岩波書店　一九六四年

大濱晧『老子の哲學』　勁草書房　一九六二年

赤塚忠『莊子』上・下　全釋漢文大系第十六卷・第十七卷　集英社　一九七四年・一九七七年

板野長八『中國古代社會思想史の研究』　研文出版　二〇〇〇年

池田知久『老莊思想』（改訂版）　放送大學教育振興會　二〇〇〇年
池田知久『莊子――「道」的哲學及其演變』（中國文）　中華民國國立編譯館　二〇〇一年
武內義雄「老子の研究（下）道德經析義」『武內義雄全集』第五卷「老子篇」　角川書店　一九七八年
木村英一『老子の新研究』　創文社　一九五九年
荊門市博物館『郭店楚墓竹簡』　文物出版社　一九九八年
池田知久『郭店楚簡老子研究』（第一刷）　東京大學文學部中國思想文化學研究室　一九九九年
裘錫圭「糾正我在郭店『老子』簡釋讀中的一個錯誤――關於〝絕僞棄詐〟」　武漢大學中國文化研究院編『郭店楚簡國際學術研討會論文集』　湖北人民出版社　二〇〇〇年
谷中信一「郭店楚簡『老子』及び「太一生水」から見た今本『老子』の成立」　郭店楚簡研究會編『楚地出土資料と中國古代文化』　汲古書院　二〇〇二年
楠山春樹『老子の人と思想』　汲古選書31　汲古書院　二〇〇二年
池田知久『老子』　馬王堆出土文獻譯注叢書　東方書店　二〇〇六年

板野長八『中國古代における人間觀の展開』　岩波書店　一九七二年
尾形勇『中國古代の「家」と國家』　岩波書店　一九七九年
任繼愈『中國哲學發展史（先秦）』　人民出版社　一九八三年
馮友蘭『中國哲學史新編』第四冊　人民出版社　一九八六年
堀池信夫『漢魏思想史研究』　明治書院　一九八八年
池田知久『馬王堆漢墓帛書五行篇研究』　汲古書院　一九九三年
池田知久『馬王堆漢墓帛書五行研究』（中國文）　王啓發譯　中國社會科學出版社・綫裝書局　二〇〇五年

李澤厚「初讀郭店竹簡印象紀要」『李澤厚哲學文存』下編　安徽文藝出版社　一九九九年
池田知久「郭店楚墓竹簡『五行』譯注」東京大學郭店楚簡研究會編『郭店楚簡の思想史的研究』第一巻　東京大學文學部中國思想文化研究室　一九九九年十一月
池田知久「『五行』譯注」池田知久編『郭店楚簡儒敎研究』汲古書院　二〇〇三年
池田知久「郭店楚簡『五行』の研究」東京大學郭店楚簡研究會編『郭店楚簡の思想史的研究』第二巻　東京大學文學部中國思想文化研究室　一九九九年十二月
池田知久「郭店楚簡《五行》研究」（中國文）『中國哲學』第二十一輯　遼寧教育出版社　二〇〇〇年一月
池田知久「郭店楚簡『五行』研究」（中國文）曹峰譯　武漢大學『國際簡帛研討會論文集』二〇〇〇年五月
池田知久「郭店楚簡『五行』の研究」池田知久編『郭店楚簡儒敎研究』汲古書院　二〇〇三年
涂宗流・劉祖信『郭店楚簡先秦儒家佚書校釋』出土文獻譯注研析叢書12　萬卷樓　二〇〇一年
丁原植『郭店儒家性情說研究』出土文獻譯注研析叢書15　萬卷樓　二〇〇二年
龐樸等『郭店楚簡與早期儒學』出土思想文物與文獻研究叢書（十一）臺灣古籍出版　二〇〇二年
李天虹『郭店竹簡《性自命出》研究』新出簡帛研究叢書　湖北教育出版社　二〇〇二年
溝口雄三・池田知久・小島毅共著『中國思想史』東京大學出版會　二〇〇七年
飯尾秀幸『中國史のなかの家族』世界史リブレット87　山川出版社　二〇〇八年

後書き

筆者が道家思想史に關する單行の專門研究書を世に問うのは、これで二册目である。一册目は、二〇〇一年十二月に、黄華珍教授の翻譯による『莊子――「道」的思想及其演變』（中國文）を、臺灣の國立編譯館から上梓した。しかし、これは臺灣における出版であったために、日本や中國大陸の讀者にとっては入手することが難しいものであった。實際、筆者はこの數年間、臺灣版のような研究書を日本でも出版してもらいたいというお勸めを、周圍の讀者諸氏から何度も受けたことであった。

それより先の一九九六年三月、放送大學教育振興會より『老莊思想』を上梓し、また二〇〇〇年三月、その改訂版を刊行したが、これは放送大學の敎養課程の「老莊思想」という科目の教科書であり、專門研究書というわけではなかった。（以上の二種類の書物の出版に至る經緯については、『莊子――「道」的思想及其演變』の「跋文」及び「附記」を參照。）

二册目である今回の出版は、この間に公表された郭店楚簡『老子』や上海博楚簡『周易』などの出土資料に對する筆者の研究を新たに追加した他、舊著を全面的に見直して大幅に補足・修正して成ったものである。このような追加・補足・修正を行った際、筆者が常に念頭に置いて取り組もうとしたのは、「前書き」に記した、思想の二重の意味での歷史性という問題を除いて、以下の諸點である。

第一に、第1章～第4章は道家や道家系の人物と書物を取り扱い、道家思想の誕生と展開をこの側面から検討した。第5章～第8章は道家における「道」の觀念の成立とその把握の過程を中心にして、その存在論的諸思想をそれらが發生した順に論述した。第9章～第12章は「道」を把握してこの世を生きていくという道家の倫理思想・政治思想を、諸領域に分けて歴史的に論述した。第13章と第14章は道家が知識と論理に關説している諸思想を究明した。第15章は特論であるが、日本近世思想史の中に發生した顯著な現象、すなわち林希逸『莊子鬳齋口義』の盛衰について檢討した。そして、附錄1と附錄2は最新の出土資料、郭店楚簡『老子』を資料として用いながら、『老子』のテキストの形成史、及び『老子』中に生まれた新しい思想の展開を研究した。

以上のように、本書は中國古代の道家思想史上に現れた多くの側面を、體系的總合的に解明しようとした試みである。このような試みは、日本近現代の道家思想史の研究史の中でも、一九二六年の『老子原始』に始まる武内義雄教授の一連の研究や、一九二七年の『道家の思想と其の開展』における津田左右吉教授の研究以來、あまり研究者の興味と關心を引かず、したがって途絶えていたものではなかったかと思う。

第二に、本書は道家思想の分析を、絶えず中國古代思想全體及びその歴史的展開全體との關わりの中で行おうとした。道家は先行の儒家・墨家・名家などの諸思想から知的榮養を攝取・受容しつつ、同時にまたそれらに反撥・批判して誕生したが、その後の道家思想史の展開にも本質的契機として諸思想への受容と批判が伴っている。それ故、本書は、道家の書いた一つ一つの文章またはある思想領域が、先行のいかなる諸思想に對して正（受容）もしくは負（批判）の顔を向けており、後出の諸思想にいかなるインパクトを與えたかを、可能な限り具體的かつ詳細に追究して、中國古代思想全體及びその歴史的展開全體の中における道家の眞實の姿を把握することに努めた。

その意味において、本書は道家思想史單獨の研究書ではあるが、同時に道家という切り口からする中國古代思想史全體の解明をも目指している。

第三に、本書の使用している思想史資料は、通行の傳世文獻を博搜しようとしただけではない。周知のとおり近年、中國各地から大量に出土している最新の思想史資料――例えば、馬王堆帛書『老子』・郭店楚簡『老子』、馬王堆帛書『周易』・上海博楚簡『周易』・阜陽漢簡『周易』、馬王堆帛書『五行』・郭店楚簡『五行』等々――は、從來の中國古代思想史理解の根本的な見直しを迫るものであるが、本書ではこれらの資料を積極的に利用して本文の論述や注釋による實證の中に數多く引用した。それを通じて、本書は多くの問題箇所で、通行の傳世文獻の缺を補うことができ、また誤りを正すことができ、さらに不明を明確にすることができた。一言で言えば、新出土資料を積極的に利用することによって、當時の道家思想とその歴史的展開の眞實の姿により接近する道が開けたのではないかと考えている。

從來の研究史の中で、馬王堆帛書などの新出土資料を利用して道家思想史に關する新しい知見を提起した研究は、木村英一教授・金谷治教授・楠山春樹教授などの論著である。しかし、思想史資料の新發見・新出土はその後も陸續として止まることがなく、それ故、これらの研究も今となっては不十分の感を拭うことができない。本書も諸先輩の仕事と同じような運命を免れることはありえないけれども、ただ本書は、出土資料を單獨で取り扱うのではなく、傳世文獻と合わせて利用しつつ、兩々相いまって道家思想史に新知見をもたらす道を開こうとしたものである。

最後に、本書を構成する各章・各節の中の多くの文章は、以前から折りに觸れて發表してきた拙著・拙論を基にして、それらを補足・修正して本書に收めることになったものである。初出一覽の意味をこめて、それらの發表時の題名、掲載雜誌など、發行所、發行年を本書の章・節の順に記しておく。ここに記していないものは、本書を執筆する際に新たに書き下ろした文章である。

第1章の第1節・第6節 『老莊思想』 放送大學教育振興會 一九九六年
第1章の第2節・第3節・第4節・第5節 『莊子』上 中國の古典5 學習研究社 一九八三年
第2章の第1節・第2節・第3節 『莊子』上・下 中國の古典5・6 學習研究社 一九八三年・一九八六年
第2章の第4節・第5節 『莊子』下 中國の古典6 學習研究社 一九八六年
第2章の第6節 『郭店楚簡老子研究』（第一刷） 東京大學文學部中國思想文化學研究室 一九九九年
第2章の第7節 「淮南子の成立——史記と漢書の檢討——」『東方學』第五十九輯 一九八〇年
第3章の第1節・第2節・第3節・第4節・第5節 『莊子』下 中國の古典6 學習研究社 一九八六年
第4章の第1節・第2節・第3節 『莊子』下 中國の古典6 學習研究社 一九九六年
第5章の第1節・第2節・第4節 「『莊子』齊物論篇の知識論——南郭子綦・顏成子游問答——」『岐阜大學教育學部研究報告』人文科學第二十五卷 一九七七年
第5章の第3節 「莊子とヘラクレイトス」『宇野精一著作集』第二卷「月報」 明治書院 一九八六年
第5章の第5節 「中國思想における混沌」 東京大學公開講座53『混沌』 東京大學出版會 一九九一年
第6章の第1節・第2節 「莊子——「道」の哲學とその展開」 日原利國編『中國思想史』（上） ぺりかん社 一九八七年
第6章の第3節・第4節 「《老子》的〝道器論〟——基於馬王堆漢墓帛書本」 道家文化國際學術研討會『論文提要集』 北京大學哲學系 一九九六年
第7章の第1節 『老莊思想』 放送大學教育振興會 一九九六年
第7章の第2節・第3節 「『莊子』の「物化」について」 津田左右吉研究會『思想の研究』創刊號 一九六七年

第7章の第5節・第6節　「道家および道教における物化・轉生・輪廻」　韓國道教學會『第四次道教學國際學術大會　現代文化と道教』　一九九四年
第8章の第1節・第2節・第3節・第4節　「道家および道教における物化・轉生・輪廻」　韓國道教學會『第四次道教學國際學術大會　現代文化と道教』　一九九四年
第8章の第5節　「中國思想における混沌」　東京大學公開講座53『混沌』　東京大學出版會　一九九一年
第9章の第1節　「天人相關と自然」　溝口雄三・池田知久・小島毅共著『中國思想史』　東京大學出版會　二〇〇七年
第9章の第2節　「莊子――「道」の哲學とその展開」　日原利國編『中國思想史』(上)　ぺりかん社　一九八七年
第9章の第3節・第4節　『老莊思想』　放送大學教育振興會　一九九六年
第10章の第1節・第2節　『老莊思想』　放送大學教育振興會　一九九六年
第10章の第3節・第4節　「莊子――「道」の哲學とその展開」　日原利國編『中國思想史』(上)　ぺりかん社　一九八七年
第11章の第1節　『老莊思想』　放送大學教育振興會　一九九六年
第11章の第2節・第3節　「中國思想における混沌」　東京大學公開講座53『混沌』　東京大學出版會　一九九一年
第11章の第4節・第5節　「莊子――「道」の哲學とその展開」　日原利國編『中國思想史』(上)　ぺりかん社　一九八七年
第12章の第2節　「莊子――「道」の哲學とその展開」　日原利國編『中國思想史』(上)　ぺりかん社
第12章の第3節・第4節・第5節・第6節　「中國思想史中之「自然」概念――作爲批判既存的人倫價値的「自然」

（中國文） 中華民國漢學研究中心編『中國人的價値觀國際研討會論文集』一九九二年
第13章の第1節 「『莊子』齊物論篇の知識論――齧缺・王倪問答と瞿鵲子・長梧子問答――」『日本中國學會報』第二十七集 一九七五年
第13章の第2節・第3節 「莊子――「道」の哲學とその展開」 日原利國編『中國思想史』（上） ぺりかん社 一九八七年
第13章の第4節 「『莊子』是不是考」 日本道教學會『東方宗教』第四十九號 一九七七年
第14章の第1節 『老莊思想』 放送大學教育振興會 一九九六年
第14章の第2節・第3節 「莊子――「道」の哲學とその展開」 日原利國編『中國思想史』（上） ぺりかん社 一九八七年
第14章の第4節 「淮南子要略篇について」 井上順理他編『池田末利博士古稀記念東洋學論集』 池田末利博士古稀記念事業會 一九八〇年
第14章の第5節 『老莊思想』 放送大學教育振興會 一九九六年
第15章の第1節・第2節・第4節 「林希逸《莊子鬳齋口義》在日本」（中國文） 周一良譯 中國哲學史研究編集部『中國哲學史研究』一九八七年第二期 一九八七年
第15章の第3節 「日本における林希逸『莊子鬳齋口義』の受容」 二松學舍大學『二松學舍大學論集』第三十一號 一九八八年
附錄1の第1節・第2節・第3節・第4節・第5節 「郭店楚簡『老子』諸章の上段・中段・下段――『老子』のテキスト形成史の中で――」 東京大學中國哲學研究會『中國哲學研究』第十八號 二〇〇三年

附錄2の第1節・第2節・第3節・第4節・第5節・第6節　「《老子》的二種〝孝〟和郭店楚簡《語叢》的〝孝〟」（中國文）　曹峰譯　シンガポール國立大學哲學部藝術社會科學科主催國際シンポジウム『「孝」――中國の傳統における孝の性質と實踐　論文集』　二〇〇二年

なお、本書の出版には、日本學術振興會の平成二十年度科學研究費補助金（研究成果公開促進費）の交付を受けることができた。ここに記して關係各位にお禮申し上げる。また、出版を快く引き受けて下さった汲古書院の石坂叡志社長に深甚なる敬意を表すとともに、本書を直接擔當された同社の小林詔子氏にお禮申し上げたい。そして最後に、索引作りを手傳ってくれた大東文化大學大學院生の田中良明氏と今井敏正氏にもお禮申し上げる。

二〇〇八年九月

日本東京練馬の寓居にて

池田　知久

著者紹介

池田　知久（いけだ・ともひさ）

1942年　朝鮮に生まれる　本籍は東京都
1965年　東京大學文學部卒業
現　在　大東文化大學文學部中國學科教授
専　攻　中國思想史

〔主要著書〕

『莊子』上・下（學習研究社、1983年・1986年）
『淮南子』（講談社、1989年）
『馬王堆漢墓帛書五行篇研究』（汲古書院、1993年）
『老莊思想』（日本放送出版協會、1996年）
『郭店楚簡老子研究』（東京大學中國思想文化學研究室、1999年）
『池田知久簡帛研究論集』（中華書局、2006年）
馬王堆出土文獻譯註叢書『老子』（東方書店、2006年）
共著『中國思想史』（東京大學出版會、2007年）

道家思想の新研究
——『莊子』を中心として

平成二十一年二月二十三日　發行

著　者　池田知久
發行者　石坂叡志
整版印刷　中台整版
　　　　　モリモト印刷

發行所　汲古書院
〒102-0072　東京都千代田區飯田橋二―五―四
電　話〇三（三二六五）九七六四
FAX〇三（三二二二）一八四五

ISBN978-4-7629-2851-2　C3010

KYUKO-SHOIN, Co.,Ltd.　Tokyo

人名索引

き

く

け

こ

書名索引

ろ